Berndt/Nordhoff
Rechnungslegung und Prüfung von Stiftungen

Rechnungslegung und Prüfung von Stiftungen

Herausgegeben von

Dr. Reinhard Berndt
Wirtschaftsprüfer

Frank Nordhoff
Wirtschaftsprüfer, Steuerberater,
Rechtsanwalt und Fachanwalt für Steuerrecht

Bearbeitet von

Dr. Reinhard Berndt
Wirtschaftsprüfer

Dr. Jörg Goddemeier
Wirtschaftsprüfer

Frank Nordhoff
Wirtschaftsprüfer, Steuerberater,
Rechtsanwalt und Fachanwalt für Steuerrecht

2., vollständig neubearbeitete Auflage 2019

Zitierweise: *Autor*/Berndt/Nordhoff Rechnungslegung und Prüfung von Stiftungen Kap. Rn.

www.beck.de

ISBN 978 3 406 71600 3

© 2019 Verlag C.H. Beck oHG
Wilhelmstraße 9, 80801 München
Druck und Bindung: Beltz Bad Langensalza GmbH
Am Fliegerhorst 8, 99947 Bad Langensalza
Umschlaggestaltung: Martina Busch, Grafikdesign, Homburg Saar

Satz: Fotosatz Buck
Zweikirchener Str. 7, 84036 Kumhausen

Gedruckt auf säurefreiem, alterungsbeständigem Papier
(hergestellt aus chlorfrei gebleichtem Zellstoff)

Vorwort zur 2. Auflage

Knapp drei Jahre ist es her, dass wir mit der ersten Auflage des vorliegenden Buches ein umfassendes Werk zu allen Fragestellungen rund um die Rechnungslegung und Prüfung von Stiftungen vorgelegt haben. Die durchweg positive Resonanz und der zügige Abverkauf zeigen uns, dass der Bedarf für ein solches Werk durchaus vorhanden ist. Insofern legen wir nunmehr die aktualisierte zweite Auflage vor.

Eingearbeitet wurden aktuelle Entwicklungen z.B. zur Transparenz von Stiftungen, neue Gesetzgebung wie das Investmentsteuergesetz, neuere Rechtsprechung, aktuelle Schreiben der Finanzverwaltung und deren neue Vordrucke wie auch neue Standards aus der Arbeit des Instituts der Wirtschaftsprüfer. Auch eingegangene Anregungen und Hinweise aus der Leserschaft wurden berücksichtigt.

Neben der vollständigen Durchsicht und Aktualisierung werden einige neue Themen ausführlicher behandelt. So wird auf das für Stiftungen besonders relevante Thema Transparenzregister in einem eigenen Unterkapital eingegangen, ebenso wird das Thema „Compliance Management Systeme" ausführlicher dargestellt. CMS hat insbesondere wegen eines BMF-Schreibens im Bereich der Steuern eine hohe Relevanz erlangt.

Die Bund-Länder-Arbeitsgruppe „Stiftungsrecht" hat im Juni 2018 einen ersten Diskussionsentwurf für ein neues Stiftungsrecht, zentralisiert im BGB, vorgelegt. Auch wenn das Gesetz die Rechnungslegung von Stiftungen nicht unmittelbar betrifft, gibt es eine Reihe von Berührungspunkten. Der vorliegende Band hat die Themen und angedachten Lösungen der Bund-Länder-Arbeitsgruppe an verschiedenen Stellen aufgegriffen, so dass hier jeweils sowohl der aktuelle Stand als auch angedachte Neuerungen dargestellt werden.

Der Stand der Literatur, Rechtsprechung und Verwaltungsschreiben ist der November 2018.

Wiederum sind wir für Hinweise und Anregungen sehr dankbar.

Dortmund und Köln im Januar 2019
Dr. Reinhard Berndt   Frank Nordhoff

Vorwort zur 1. Auflage

Die Stiftungslandschaft in Deutschland weist seit Jahren ein stetiges Wachstum und damit auch eine zunehmende Bedeutung auf. Ende 2014 gab es über 20.700 Stiftungen bürgerlichen Rechts, davon wurden rd. die Hälfte nach dem Jahr 2000 errichtet. Die bestehenden Stiftungen weisen eine hohe Heterogenität auf. So bestehen neben den Stiftungen bürgerlichen Rechts, Stiftungen des Privatrechts, Stiftungen des öffentlichen Rechts, zahlreiche Treuhandstiftungen, deren Zahl nur geschätzt werden kann, und auch Stiftungen in anderen Rechtsformen, beispielsweise als Stiftung GmbH und Stiftung e.V. Die überwiegende Zahl der Stiftungen ist zudem steuerbegünstigt.

Die zunehmende Bedeutung von Stiftungen hat dazu geführt, dass sich in der Fachliteratur bereits eine Reihe von Publikationen mit der Stiftung auseinandersetzen. Allerdings befassen sich die meisten Werke entweder mit dem Stiftungsrecht ganz allgemein, oder es wird das Steuerrecht – konkret das Gemeinnützigkeitsrecht – der Stiftung thematisiert. Umfassende Werke zur Rechnungslegung der Stiftung gibt es dagegen bisher nur vereinzelt. Andererseits zeigt die Nachfrage auf vielen unserer Seminare, dass hier Bedarf besteht.

Unsere Zielsetzung ist es, ein umfassendes Werk zu allen Fragen die Rechnungslegung von Stiftungen betreffend zu präsentieren und dabei die Tatsache, dass rd. 96 % der Stiftungen in Deutschland steuerbegünstigt sind und dieser Sachverhalt erhebliche Auswirkungen auf die Rechnungslegung von Stiftungen hat, zu berücksichtigen. Insofern sind steuerliche Fragestellungen sowohl in einem eigenen Kapitel den eigentlichen Rechnungslegungsthemen vorangestellt, finden sich aber auch anlassbezogen in allen anderen Kapiteln wieder.

Das Werk stellt die Grundlagen der Rechnungslegung von Stiftungen dar. Der Fokus liegt allerdings deutlich auf den Besonderheiten der Rechnungslegung von Stiftungen, wobei zahlreichen teilweise speziellen Einzelthemen nachgegangen wird.

Je nach Rechtsform und Tätigkeit der Stiftung ist eine kaufmännische Rechnungslegung nicht erforderlich. Der Rechnungslegung mittels Einnahmen-Ausgabenrechnung und Vermögensübersicht ist daher ein eigenes Kapitel gewidmet, wobei die kaufmännische Rechnungslegung aufgrund ihrer konkreten Vorgaben durch das HGB und deren umfassende Kommentierung in der Praxis naturgemäß einen größeren Raum umfasst. Auf die Besonderheiten von Stiftungen, die ein Krankenhaus betreiben, wird in einem abschließenden Kapitel vertiefend eingegangen.

Vorwort zur 1. Auflage

Für die kritische Durchsicht des Skriptes möchten wir uns bei Herrn Dimitrios Skiadas und Herrn Sascha Klausner recht herzlich bedanken, für die Beisteuerung des abschließenden Kapitels über die Besonderheiten von Stiftungen, die ein Krankenhaus betreiben, bei Herrn Dr. Jörg Goddemeier.

Der Stand der Literatur, Rechtsprechung und Verwaltungsschreiben ist September 2015.

Für Hinweise und Anregungen sind wir sehr dankbar.

Dortmund und Köln im März 2016

Dr. Reinhard Berndt   Frank Nordhoff

Inhaltsübersicht

Abkürzungsverzeichnis XIX
Literaturverzeichnis XXV
Abbildungsverzeichnis XXXIII
A. Grundlagen des Stiftungsrechts *(Berndt)* 1
B. Grundlagen der Rechnungslegung von Stiftungen *(Berndt)* 17
C. Steuerrechtliche Vorschriften für Stiftungen und deren Auswirkung auf die Rechnungslegung *(Nordhoff)* 49
D. Jahresrechnung, Vermögensübersicht und Bericht über die Erfüllung des Stiftungszwecks *(Berndt)* 97
E. Der kaufmännische Jahresabschluss einer Stiftung *(Berndt)* 127
F. Prüfung der Rechnungslegung von Stiftungen *(Berndt/Nordhoff)* ... 265
G. Publizität von Stiftungen *(Nordhoff)* 313
H. Besonderheiten der Rechnungslegung von Krankenhäusern in der Rechtsform der Stiftung *(Goddemeier)* 331
Sachregister 349

Inhaltsverzeichnis

Abkürzungsverzeichnis XIX
Literaturverzeichnis XXV
Abbildungsverzeichnis XXXIII

A. Grundlagen des Stiftungsrechts

I. Geschichte und Zahlen 2

II. Merkmale und Ausprägungen von Stiftungen 3
   1. Abgrenzungsmerkmale einer Stiftung 3
   2. Ausprägungen von Stiftungen 4
      a) Selbständige Stiftungen bürgerlichen Rechts 4
      b) Unselbständige Stiftungen 6
      c) Öffentlich-rechtliche Stiftungen 6

III. Erscheinungsformen nach verschiedenen Unterscheidungskriterien 7
   1. Kapitalausstattung und Kapitalverwendung 7
   2. Zwecksetzung 9
   3. Aufgabenstellung 11
   4. Entstehung und Aufsicht 12
   5. Bürgerstiftungen 13

IV. Misch- und Ersatzformen 13
   1. Stiftungen in der Rechtsform der Kapitalgesellschaft 14
   2. Stiftungen in der Rechtsform des Vereins 15
   3. Stiftung & Co. KG 15

B. Grundlagen der Rechnungslegung von Stiftungen

I. Zwecke und Adressaten der Rechnungslegung 18
   1. Zwecke der Rechnungslegung 18
   2. Adressaten der Rechnungslegung 20
   3. Konsequenzen aus der Vielfalt der Zwecke und Adressaten 20

II. Gesetzliche Normen zur Rechnungslegung 21
   1. Überblick 21
   2. Bürgerliches Recht.................................. 23
   3. Landesstiftungsrecht 24

Inhaltsverzeichnis

4. Handelsrecht	26
5. Steuerrecht	29
6. Besondere Rechnungslegungsvorschriften	30
7. Weitere Normen zur Rechnungslegung	32
a) Satzung	32
b) Institut der Wirtschaftsprüfer	32
c) Selbstverpflichtungen	34

III. Methoden der Rechnungslegung 35
    1. Überblick über die Rechnungslegungsmethoden 35
    2. Kameralistik 36
    3. Einnahmen-Ausgabenrechnung mit Vermögensübersicht 36
    4. Kaufmännische Rechnungslegung 37
    5. Gründe für die Entscheidung zur Jahresrechnung bzw. zum Jahresabschluss 38

IV. Rahmenbedingungen zur Rechnungslegung 41
    1. Beginn und Ende der Rechnungslegungspflicht 41
    2. Buchführung 42
    3. Kontenrahmen und Kontenplan 43
    4. Aufstellungs- und Einreichungsfristen 45
    5. Feststellung und Unterschrift 46
    6. Aufbewahrungspflichten 46
    7. Offenlegung und Publizität 47

C. Steuerrechtliche Vorschriften für Stiftungen und deren Auswirkung auf die Rechnungslegung

I. Einführung 50
    1. Steuerliche Sphären 50
    2. Steuerliche Einkunftsarten 52

II. Steuerrechtliche Rechnungslegungspflichten 55
    1. Aus nicht-steuerlichen Vorschriften abgeleitete Buchführungs- und Aufzeichnungspflichten 56
    2. Originär steuerliche Buchführungs- und Aufzeichnungspflichten 57
        a) Voraussetzungen 58
        b) Inhalt 59

III. Nachweis gemeinnütziger Mittelverwendung durch steuerbegünstigte Stiftungen 61
    1. Aufstellung der Einnahmen und Ausgaben 61
    2. Vermögensübersicht 63
    3. Mittelverwendungsrechnung 64

Inhaltsverzeichnis

    a) Mittelverwendungsgebote und -verbote 66
    b) Mittelvortrag 69
    c) Steuerliche Rücklagen 69
    d) Vermögen 81
    e) Mittelverwendungsrechnung 82
  4. Tätigkeitsbericht 89
  5. Besonderheiten der Wohlfahrtspflege 89

D. Jahresrechnung, Vermögensübersicht und Bericht über die Erfüllung des Stiftungszwecks

I.   Vorschriften zur Rechnungslegung 97

II. Einnahmen-Ausgabenrechnung 101
  1. Unterschiedliche Konzeptionen zur Einnahmen-Ausgabenrechnung 101
  2. Einnahmen-Ausgabenrechnung in Form einer Kapitalflussrechnung 101
    a) Einzelfragen zu Einnahmen und Ausgaben 101
    b) Gliederung der Einnahmen-Ausgabenrechnung in Form einer Kapitalflussrechnung 102
  3. Einnahmen-Ausgabenrechnung in Form einer Einnahmen-Überschussrechnung 105
    a) Grundlegendes zur Einnahmen-Überschussrechnung 105
    b) Abgrenzung der Einnahmen und der Ausgaben 106
    c) Gliederung der Einnahmen-Ausgabenrechnung in Form einer Einnahmen-Überschussrechnung 107
  4. Einnahmen-Ausgabenrechnung nach § 63 Abs. 3 AO 108

III. Vermögensübersicht 110
  1. Grundlegendes zur Vermögensübersicht 110
  2. Ansatz der Vermögenswerte in der Vermögensübersicht 110
  3. Gliederung der Vermögensübersicht 112
  4. Bewertung in der Vermögensübersicht 114
  5. Nachweis der Vermögenserhaltung 116

IV. Einheitliche Rechnungslegung 120

V. Bericht über die Erfüllung des Stiftungszwecks 123

E. Der kaufmännische Jahresabschluss einer Stiftung

I.   Normen zum kaufmännischen Jahresabschluss 129
  1. Handelsrecht 129
  2. Stellungnahmen des Instituts der Wirtschaftsprüfer (IDW) ... 134

Inhaltsverzeichnis

  3. Internationale Rechnungslegung 136

II. Ansatz-, Ausweis- und Bewertungsvorschriften 139
  1. Ansatzvorschriften 139
  2. Ausweisvorschriften 140
    a) Gliederung der Bilanz 140
    b) Gliederung des Eigenkapitals 143
    c) Gliederung der Gewinn- und Verlustrechnung 145
  3. Bewertungsvorschriften 147

III. Darstellung einzelner Sachverhalte in der Bilanz 151
  1. Anlagevermögen 151
    a) Abgrenzung des Anlagevermögens vom Umlaufvermögen . 151
    b) Aktivierung selbsterstellter immaterieller Vermögens-
      gegenstände (Entwicklungskosten) 153
    c) Bilanzierung von Zuschüssen 156
    d) Bewertung von unentgeltlich erworbenen Vermögensge-
      genständen und unentgeltlichen Leistungen 162
    e) Bewertung des Finanzanlagevermögens 166
  2. Umlaufvermögen 180
    a) Bewertung von Wertpapieren des Umlaufvermögens 181
    b) Ansatz und Bewertung von Forderungen 181
  3. Eigenkapital 183
    a) Posten des Eigenkapitals im Detail 183
    b) Ausweis von nutzungsgebundenem Kapital 197
    c) Nachweis der Vermögenserhaltung 199
  4. Fremdkapital 206
    a) Abgrenzung von Rückstellungen, Verbindlichkeiten und
      Rücklagen im Bereich der Projekte 207
    b) Bewertung von Projektrückstellungen 209
    c) Darstellung ausgewählter Rückstellungen 211
  5. Treuhandvermögen 215
    a) Grundlegendes zur Treuhandstiftung 215
    b) Abbildung von Treuhandvermögen in der Rechnungs-
      legung des Treuhänders 217

**IV. Darstellung einzelner Sachverhalte in der Gewinn- und
Verlustrechnung** 219
  1. Gliederung der Gewinn- und Verlustrechnung nach dem Ge-
    samtkostenverfahren und dem Umsatzkostenverfahren 219
  2. Bedeutung und Abgrenzung von Verwaltungskosten 222
    a) Bedeutung der Verwaltungskosten 222
    b) Abgrenzung der Verwaltungskosten 223
    c) Angemessenheit der Verwaltungskosten 225
  3. Erfassung von Spenden 226

Inhaltsverzeichnis

    a) Abgrenzung von Spenden sammelnden Organisationen 226
    b) Erfassung von Spenden im Normalfall 227
    c) Erfassung von Spenden bei Spenden sammelnden Organisationen 230
  4. Abgrenzung und Erfassung von Sponsoringeinnahmen 234
  5. Abgrenzung des Ergebnisses aus wirtschaftlichen Geschäftsbetrieben 238
  6. Abgrenzung des Ergebnisses aus Vermögensverwaltung 240

V. Anhang 243
  1. Grundlagen zum Anhang 243
  2. Wesentliche Inhalte des Anhangs 245

VI. Lagebericht 250
  1. Grundlagen zum Lagebericht 250
  2. Wesentliche Inhalte des Lageberichts 251

VII. Konzernabschluss 253
  1. Verpflichtung einer Stiftung zur Aufstellung eines Konzernabschlusses 253
  2. Einbeziehung einer Stiftung als Zweckgesellschaft in einen Konzernabschluss 257
  3. Grundzüge der Konzernrechnungslegung 259

F. Prüfung der Rechnungslegung von Stiftungen

I. Prüfung durch die Stiftungsaufsicht 266
  1. Prüfungspflicht 266
  2. Prüfungsgegenstand 268
  3. Prüfung durch die kirchliche Stiftungsaufsicht 270

II. Prüfung durch einen Wirtschaftsprüfer 272
  1. Prüfungspflicht 272
  2. Möglichkeiten prüferischer Tätigkeiten durch einen Wirtschaftsprüfer 274
    a) Überblick 274
    b) Erstellung des Jahresabschlusses 275
    c) Durchführung vereinbarter Untersuchungshandlungen 277
    d) Prüferische Durchsicht 277
    e) Prüfung von Abschlüssen für einen speziellen Zweck (Einnahmen-Ausgabenrechnung mit Vermögensübersicht) . 278
    f) Prüfung von Finanzaufstellungen und deren Bestandteilen . 280
    g) Jahresabschlussprüfung 281
  3. Durchführung einer Jahresabschlussprüfung 281
    a) Mindestumfang einer Jahresabschlussprüfung 281

Inhaltsverzeichnis

      b) Erweiterungen des Prüfungsgegenstandes 283
      c) Geringere Prüfungstiefe und geringerer Prüfungsumfang .. 290
   3. Durchführung der Prüfung 291
   4. Ergebnis der Prüfung 293
      a) Prüfungsbericht 293
      b) Bestätigungsvermerk 295
      c) Prüfungsvermerk des Wirtschaftsprüfers 297
      d) Bescheinigung 297
   5. Siegelpflicht 298

III. Prüfung durch das Finanzamt 299
   1. Veranlagung und Außenprüfung 299
   2. Besonderheiten bei gemeinnützigen Stiftungen 299
      a) Mittelverwendungspflicht 300
      b) Vermögensbindung 300
      c) Allgemeines Gemeinnützigkeitsrecht 301
      d) Wirtschaftliche Geschäftsbetriebe 302
      e) Spendenbescheinigungen 303

IV. Prüfung durch die Rechnungshöfe 304
   1. Prüfungsrecht 304
   2. Prüfungsdurchführung 304

V. Interne Revision in der Stiftung 305

VI. Exkurs: Compliance Management System in der Stiftung ... 307
   1. Notwendigkeit und Ausgestaltung von Compliance Management Systemen 307
   2. Tax Compliance Management System in der Stiftung 309

G. Publizität von Stiftungen

I. Begriff 313

II. Gesetzliche Offenlegungsvorschriften 314
   1. Handelsrecht 314
   2. Landesstiftungsrecht 315
   3. Informationsfreiheitsrecht 317
   4. Steuerrecht 317
      a) Steuererklärung 318
      b) Elektronische Bilanz 319

III. Freiwillige Transparenz im dritten Sektor 321

Inhaltsverzeichnis

IV. Transparenzregister 321
    1. Hintergrund 321
    2. Anwendungsbereich bei rechtsfähigen und nichtrechtsfähigen Stiftungen 322
    3. Eintragungspflichtige Angaben und Frist zur Eintragung 324
    4. Bestimmung des wirtschaftlich Berechtigten einer Stiftung ... 324
        a) Treugeber, Trustee oder Protektor 325
        b) Mitglied des Vorstandes 325
        c) Begünstigter 325
        d) Gruppe, zu deren Gunsten das Vermögen verwaltet oder verteilt werden soll 327
        e) Personen mit sonstigem beherrschendem Einfluss auf die Vermögensverwaltung oder Ertragsverteilung 327
        f) Sonstige wirtschaftlich Berechtigte 328
    5. Einsichtnahme 329

H. Besonderheiten der Rechnungslegung von Krankenhäusern in der Rechtsform der Stiftung

I. Vorbemerkung 331

II. Vorgegebener Rahmen der Krankenhaus-Buchführungsverordnung 333
    1. Kaufmännisches Rechnungswesen 333
    2. Geschäftsjahr 333
    3. Gliederungsvorschriften 334
    4. Bilanzierungspflichten beim Krankenhausträger 335

III. Posten des Jahresabschlusses im Detail 335
    1. Sonderposten aus Zuwendungen zum Anlagevermögen 335
    2. Ausgleichsposten für Eigenmittelförderung 336
    3. Ausgleichsposten aus Darlehensförderung 337
    4. Unfertige Leistungen 338
    5. Forderungen und Verbindlichkeiten nach dem Krankenhausfinanzierungsrecht 339
    6. Krankenhausspezifische Rückstellungen 340
        a) Rückstellung auf Grund von Prüfungen des Medizinischen Dienstes der Krankenkassen (MDK) 340
        b) Rückstellung für Aufbewahrung von Geschäftsunterlagen . 341
        c) Rückstellung für Schadensfälle 341
        d) Rückstellung für Fördermittelrückzahlungsrisiken 342
    7. Umsatzerlöse 342

Inhaltsverzeichnis

IV. **Anhang und Lagebericht** 343

V. **Kosten- und Leistungsrechnung** 345

VI. **Jahresabschlussprüfung** 345
    1. Pflicht zur Prüfung und Gegenstand der Abschlussprüfung von Krankenhäusern 345
    2. Bescheinigungen des Abschlussprüfers für Krankenhäuser 346

Sachregister 349

Abkürzungsverzeichnis

aA/a.A. . . . . anderer Ansicht
Abs. . . . . Absatz
Abschn. . . . . Abschnitt
abzgl. . . . . abzüglich
ADAC . . . . Allgemeiner Deutscher Automobilclub
ADS . . . . Adler/Düring/Schmaltz
a.E. . . . . am Ende
AEAO . . . . Anwendungserlass zur Abgabenordnung
AEUV . . . . Vertrag über die Arbeitsweise der Europäischen Union
aF . . . . alte Fassung
AfA . . . . Absetzung für Abnutzung
AfA-Tabelle AV . . . . Abschreibungstabelle für allgemein verwendbare Anlagegüter
AG . . . . Aktiengesellschaft
AktG . . . . Aktiengesetz
Anm. . . . . Anmerkung
AO . . . . Abgabenordnung
Art. . . . . Artikel
Aufl. . . . . Auflage
AVBayStG . . . . Verordnung zur Ausführung des Bayerischen Stiftungsgesetzes
Az. . . . . Aktenzeichen

BayStG . . . . **Bayerisches Stiftungsgesetz**
BB . . . . BetriebsBerater (Zeitschrift)
BeBiKo . . . . Beck'scher Bilanzkommentar, 9. Aufl. München 2014
BewG . . . . Bewertungsgesetz
BFH . . . . Bundesfinanzhof
BFH/NV . . . . BFH-Entscheidungen, die nicht in der amtlichen Sammlung des BFH veröffentlicht werden
BGB . . . . Bürgerliches Gesetzbuch
BHO . . . . Bundeshaushaltsordnung
BilMoG . . . . Bilanzrechtsmodernisierungsgesetz
BilRuG . . . . Bilanzrichtlinie-Umsetzungsgesetz
BilRuG-RefE . . . . . Bilanzrichtlinie-Umsetzungsgesetz Referentenentwurf

Abkürzungsverzeichnis

BilRuG-ReGE	Bilanzrichtlinie-Umsetzungsgesetz Regierungsentwurf
BMF	Bundesministerium der Finanzen
BPflV	Bundespflegesatzverordnung
BpO	Betriebsprüfungsordnung
BremStiftG	Bremisches Stiftungsgesetz
BStBl.	Bundessteuerblatt
BS WP/vBP	Berufssatzung für Wirtschaftsprüfer und vereidigte Buchprüfer
BT-Drs.	Bundestagsdrucksache
BVA	Bundesverwaltungsamt
bzw.	beispielsweise
CIC	**Codex Iuris Canonici**
CMS	Compliance Management System
DATEV e.G.	**DATEnVerarbeitungszentrale der steuerberatenden Berufe**
DAX	Deutscher Aktienindex
DB	Der Betrieb (Zeitschrift)
DCF	Discounted Cash Flow
DCF-Verfahren	Discounted Cash Flow-Verfahren
d.h.	das heißt
DIIR	Deutsches Institut für Interne Revision e.V.
DPR	Deutsche Prüfstelle für Rechnungslegung
DRS	Deutscher Rechnungslegungs Standard
DRSC	Deutsches Rechnungslegungs Standard Committee
DStR	Deutsches Steuerrecht (Zeitschrift)
dzi	Deutsches Zentralinstitut für soziale Fragen
E-Bilanz	**Elektronische Bilanz**
EBIT	Earnings before Interest and Taxes
EDV	Elektronische Datenverarbeitung
EFC	European Foundation Centre
EG	Europäische Gemeinschaft
EGHGB	Einführungsgesetz zum Handelsgesetzbuch
EL	Ergänzungslieferung
EStG	Einkommensteuergesetz
EStDV	Einkommensteuerdurchführungsverordnung
EU	Europäische Union
EuGH	Europäischer Gerichtshof
EUR	Euro
EÜR	Einnahmen-Überschussrechnung
e.V.	eingetragener Verein

Abkürzungsverzeichnis

f.	folgende
ff.	fortfolgende
FIFO-Verfahren	first in first out-Verfahren
FN/Fn	Fußnote
FN-IDW	Fachnachrichten des IDW (Zeitschrift)
GdPdU	**Grundsätze zum Datenzugriff und zur Prüfbarkeit digitaler Unterlagen**
GewSt	Gewerbesteuer
GewStG	Gewerbesteuergesetz
GG	Grundgesetz
ggf.	gegebenenfalls
gGmbH	gemeinnützige Gesellschaft mit beschränkter Haftung
GKV	Gesamtkostenverfahren
GmbH	Gesellschaft mit beschränkter Haftung
GmbHG	Gesetz betreffend die Gesellschaften mit beschränkter Haftung
GoB	Grundsätze ordnungsmäßiger Buchführung
GoBD	Grundsätze der ordnungsmäßigen Führung und Aufbewahrung von Büchern, Aufzeichnungen und Unterlagen in elektronischer Form sowie zum Datenzugriff
GrStG	Grundsteuergesetz
GuV	Gewinn- und Verlustrechnung
GwG	Geldwäschegesetz
Halbs.	**Halbsatz**
HambStiftG	Hamburgisches Stiftungsgesetz
HessStiftG	Hessisches Stiftungsgesetz
HFA	Hauptfachausschuss des IDW
HGB	Handelsgesetzbuch
HGrG	Haushaltsgrundsätzegesetz
h.M.	herrschende Meinung
Hrsg.	Herausgeber
HWFVO NRW	Haushalts- und Wirtschaftsführungs-Verordnung der Studierendenschaften NRW
IAS	**International Accounting Standards**
IASB	International Accounting Standards Board
IASC	International Accounting Standards Comittee
IDW	Institut der Wirtschaftsprüfer e.V.
IDW PS	IDW Prüfungsstandard
IDW RS	IDW Stellungnahme zur Rechnungslegung
IDW S	Standard des Instituts der Wirtschaftsprüfer e.V.

Abkürzungsverzeichnis

i.d.F.	in der Fassung
i.d.R.	in der Regel
i.E.	im Ergebnis
IFRIC	International Financial Reporting Interpretations Committee
IFRS	International Financial Reporting Standards
i.H.v.	in Höhe von
IKR	Industriekontenrahmen
IKS	Internes Kontrollsystem
inkl.	inklusive
insb.	insbesondere
InsO	Insolvenzordnung
InvStG	Investmentsteuergesetz
ISRS	International Standard on Related Services
i.S.d.	im Sinne der / des
i.V.m.	in Verbindung mit
KAGB	**Kapitalanlagegesetzbuch**
Kap.	Kapitel
KapCoRiLiG	Kapitalgesellschaften- und Co-Richtlinie-Gesetz
KG	Kommanditgesellschaft
KGaA	Kommanditgesellschaft auf Aktien
KHBV	Krankenhausbuchführungsverordnung
KHEntG	Krankenhausentgeltgesetz
KHFA	Krankenhausfachausschuss im IDW
KHG	Krankenhausfinanzierungsgesetz
KHGG NRW	Krankenhausgestaltungsgesetz des Landes Nordrhein-Westfalen
KMU	Kleine und mittelgroße Unternehmen
KSt	Körperschaftsteuer
KStG	Körperschaftsteuergesetz
KSzW	Kölner Schrift zum Wirtschaftsrecht
Lfg.	**Lieferung**
LG	Landgericht
LHO	Landeshaushaltsordnung
lit.	littera
LT-Drucksache	Landtags-Drucksache
Mio.	**Million, Millionen**
Nicht-PIE	**kein Public Interested Entity**
npoR	Zeitschrift für das Recht der Non Profit Organisationen
Nr.	Nummer

Abkürzungsverzeichnis

NRW	Nordrhein-Westfalen
NStiftG	Niedersächsisches Stiftungsgesetz
NWB	Neue Wirtschaftsbriefe
o.Ä.	oder Ähnliches
OFD	Oberfinanzdirektion
oHG	offene Handelsgesellschaft
o.g.	oben genannte
OP	Operation
p.a.	**per annum**
PBV	Pflegebuchführungsverordnung
PIE	Public Interested Entity
Pkt.	Punkt
PS	Prüfungsstandard
PublG	Publizitätsgesetz
R	**Richtlinie**
rd.	rund
RechKredV	Verordnung über die Rechnungslegung der Kreditinstitute und Finanzdienstleistungsinstitute
RegE	Regierungsentwurf
RH	Rechnungslegungshinweis
Rn.	Randnummer
S.	**Satz**
SaarlStiftG	Saarländisches Stiftungsgesetz
SächsStiftG	Sächsisches Stiftungsgesetz
SIC	Standing Interpretations Committee
SKR	DATEV-Standardkontenrahmen
SME	Small and Medium-sized Entities
sog.	sogenannte
St	Stellungnahme
StifG BaWü	Stiftungsgesetz für Baden Württemberg
StiftG Bbg	Stiftungsgesetz für das Land Brandenburg
StiftG Bln	Berliner Stiftungsgesetz
StiftO EBK	Stiftungsordnung für das Erzbistum Köln
StiftG EKvW	Kirchengesetz über rechtsfähige Stiftungen des bürgerlichen Rechts
StiftG LSA	Stiftungsgesetz Sachsen-Anhalt
StiftG M-V	Stiftungsgesetz des Landes Mecklenburg-Vorpommern
StiftG NRW	Stiftungsgesetz für das Land Nordrhein Westfalen
StiftG RhPf	Stiftungsgesetz Rheinland Pfalz
StiftG Schl-H	Stiftungsgesetz Schleswig-Holstein

Abkürzungsverzeichnis

StuB	NWB Unternehmenssteuern und Finanzen (Zeitschrift)
S&S	Stiftung & Sponsoring (Zeitschrift)
Tax CMS	**Tax Compliance Management System**
TEUR	Tausend Euro
ThürStiftG	Thüringer Stiftungsgesetz
u.a.	**unter anderem**
UKV	Umsatzkostenverfahren
UStG	Umsatzsteuergesetz
US-GAAP	United States Generally Accepted Accounting Principles
UStAE	Umsatzsteuer-Anwendungserlass
vBP	**vereidigter Buchprüfer**
VFA	Versicherungsfachausschuss des IDW
vgl.	vergleiche
vH	von Hundert
wGB	**wirtschaftlicher Geschäftsbetrieb**
WP	Wirtschaftsprüfer
WPg	Die Wirtschaftsprüfung (Zeitschrift)
WP-Handbuch	Wirtschaftsprüfer-Handbuch
WPH	Wirtschaftsprüfer-Handbuch
WpHG	Wertpapierhandelsgesetz
WPK	Wirtschaftsprüferkammer
WPO	Wirtschaftsprüferordnung
WRV	Weimarer Reichsverfassung
WVO	Werkstättenverordnung
www	worldwideweb
z.B.	**zum Beispiel**
ZHR	Zeitschrift für das gesamte Handels- und Wirtschaftsrecht
Ziff.	Ziffer
ZIP	Zeitschrift für Wirtschaftsrecht
ZögU	Zeitschrift für öffentliche und gemeinwirtschaftliche Unternehmen
ZSt	Zeitschrift für Stiftungsrecht
ZStV	Zeitschrift für Stiftungs- und Vereinsrecht
z.T.	zum Teil
zzgl.	zuzüglich

Literaturverzeichnis

Arndt, Marcus, Rechnungslegung durch Stiftungen und deren Prüfung durch die Stiftungsaufsicht, npoR 2010, 93–99

Baetge, Jörg, Kirsch, Hans-Jürgen, Thiele, Stefan, Bilanzen, 13. Aufl., Düsseldorf 2014

Ballwieser, Wolfgang, IFRS-Rechnungslegung, 3. Aufl., München 2013

Bassen-Metz, Yasmine, Internationale Rechnungslegung von Nonprofit Organisationen, Lohmar/Köln 2012

Baumbach, Adolf, Hopt, Klaus, Handelsgesetzbuch: HGB, 36. Aufl., München 2015

Berndt, Reinhard, Gestaltungsspielräume beim Jahresabschluss von Stiftungen, S&S 1/2015, 37

Berndt, Reinhard, Modernisierung der Rechnungslegung von Stiftungen – Ausgewählte Themen der überarbeiteten Stellungnahme des Instituts der Wirtschaftsprüfer (IDW ERS HFA 5 n.F.), ZStV 2013, 201–207

Berndt, Reinhard, Bundesverband Deutscher Stiftungen (Hrsg.), Sachgemäßes Rechnungswesen, Grundsätze guter Stiftungspraxis, Berlin 2014, 35–41

Berndt, Reinhard, Heuel, Markus, Wedekind, Ralph, Wie ist die Treuhandstiftung zu bilanzieren, WPg 2016, 204–209

Berndt, Reinhard, Schneider, Daniel, Auch ohne Vorsatz strafbar, DIE STIFTUNG 3/2018, S. 28 f.

Berndt, Reinhard, Schumacher, Holger, Hechenblaikner, Sarah, Die Stellungnahme des IDW zur Bilanzierung bei Spenden sammelnden Organisationen: Offene Fragen und Gestaltungsmöglichkeiten bei Anwendung des IDW RS HFA 21 und der erstmaligen Umstellung, DB 2012, 1217–1222

Bieg, Hartmut, Buchführung: eine systematische Anleitung mit umfangreichen Übungen und einer ausführlichen Erläuterung der GoB, 9. Aufl., Herne 2017

Brömmling, Ulrich, Berliner Muster: Eine Rechnungslegungsart für Transparenz und gegen übermäßige Bürokratie, www.stiftungsnetzwerk-berlin.de

Buchholz, Rainer, Internationale Rechnungslegung – Die wesentlichen Vorschriften nach IFRS und neuem HGB, 10. Aufl., München 2012

Buchna, Johannes, Leichinger, Carina, Seeger, Andreas, Brox, Wilhelm, Gemeinnützigkeit im Steuerrecht, 11. Aufl., Achim 2015

Bund-Länder-Arbeitsgruppe „Stiftungsrecht", Bericht der Bund-Länder-Arbeitsgruppe „Stiftungsrecht" an die Ständige Konferenz der Innenminister und -senatoren der Länder vom 9. September 2016

Literaturverzeichnis

Bund-Länder-Arbeitsgruppe „Stiftungsrecht", Diskussionsentwurf der Bund-Länder-Arbeitsgruppe „Stiftungsrecht" für ein Gesetz zur Vereinheitlichung des Stiftungsrechts vom 27. Februar 2018
Burens, Peter-Klaus, Bundesverband Deutscher Stiftungen (Hrsg.), Fundraising, 1. Aufl., Berlin 2012
Busch, Michael, Listl, Josef/Pirson, Dietrich (Hrsg.), Die Vermögensverwaltung und das Stiftungsrecht im Bereich der katholischen Kirchen, Handbuch des Staatskirchenrechts der Bundesrepublik Deutschland, Bd. 1, 2. Aufl., Regensburg 1994
Carstensen, Carsten, Institut der Wirtschaftsprüfer e.V. (Hrsg.), Die Erhaltung des Stiftungsvermögens, Stiftungen-Rechnungslegung, Kapitalerhaltung, Prüfung und Besteuerung, Düsseldorf 1997
Carstensen, Carsten, Entwicklungstendenzen im europäischen Stiftungsrecht, ZSt 2006, 36–40
Carstensen, Carsten, Die ungeschmälerte Erhaltung des Stiftungsvermögens, WPg 1996, 781–793
Carstensen, Carsten, Vermögensverwaltung, Vermögenserhaltung und Rechnungslegung gem. Stiftungen, 2. Aufl., Frankfurt am Main 1996
Coenenberg, Adolf G., Haller, Axel, Mattner, Gerhard, Schultze, Wolfgang, Einführung in das Rechnungswesen, 6. Aufl., Stuttgart 2016
Coenenberg, Adolf G., Haller, Axel, Schultze, Wolfgang, Jahresabschluss und Jahresabschlussanalyse, 24. Aufl., Stuttgart 2016
Deutscher Spendenrat e.V., Leitlinien für die Buchhaltung sowie Zuordnung der Aufwendungen des Geschäftsjahres nach Sparten; www.spendenrat.de
Deutsches Rechnungslegungs Standard Commitee (DRSC), Deutscher Rechnungslegungs Standard Nr. 19: Pflicht zur Konzernrechnungslegung und Abgrenzung des Konsolidierungskreises (DRS 19), BAnz AT 18.2.2011 (Beilage 28a)
Deutsches Rechnungslegungs Standard Commitee (DRSC), Deutscher Rechnungslegungs Standard Nr. 20: Konzernlagebericht (DRS 20), BAnz AT 4.12.2012 B1.
Deutsches Rechnungslegungs Standard Commitee (DRSC), Deutscher Rechnungslegungs Standard Nr. 21: Kapitalflussrechnung (DRS 21), BAnz AT 8.4.2014 B2.
Deutsches Rechnungslegungs Standard Commitee (DRSC), Deutscher Rechnungslegungs Standard Nr. 7: Konzerneigenkapital und Konzerngesamtergebnis (DRS 7), BAnz AT 18.2.2010, Beilage 27a
Deutsches Zentralinstitut für soziale Fragen, Werbe- und Verwaltungsausgaben Spenden sammelnder Organisationen; www.dzi.de
DIIR Deutsches Institut für Interne Revision e.V., Internationale Standards für die berufliche Praxis der Internen Revision, 2015
Dreyer, Christian, Gabriel, Alexandra, Einbeziehung einer Stiftung als Tochterunternehmen in einem Konzernabschluss nach Inkrafttreten des BilMoG, Der Konzern 2011, 474–478

Literaturverzeichnis

Eisele, Wolfgang, Knobloch, Alois P., Technik des betrieblichen Rechnungswesens, 8. Aufl., München 2011

Erdbrügger, Andreas, BMF-Schreiben vom 23.5.2016 eröffnet neue Möglichkeit zur Absicherung gegen strafrechtliche Vorwürfe bei Fehlern in Steuererklärungen, npoR 5/2016, S. 206-209

Erdbrügger, Andreas, Jehke, Christian, Das BMF-Schreiben vom 23.5.2016 zu § 153 AO – strafrechtliche Haftungsentlastung bei Einrichtung eines Tax-Compliance-Management-Systems, BB 41/2016, S. 24552461

Ernst, Christoph, Seidler, Holger, Gesetz zur Modernisierung des Bilanzrechts nach Verabschiedung durch den Bundestag, BB 2009, 766–771

Ernst, Christoph, Naumann, Klaus-Peter, Das neue Bilanzrecht – Materialien und Anwendungshilfen zum BilMoG, Düsseldorf 2009

Falk, Hermann, Bundesverband Deutscher Stiftungen (Hrsg.), Vermögensanlage – Stiftungen professionell verwalten – Ein Leitfaden, 1. Aufl., Berlin 2011

Falk, Hermann, Kramer, Andreas, Zeidler, Susanne, Bundesverband Deutscher Stiftungen (Hrsg.), Führung, Steuerung und Kontrolle in der Stiftungspraxis: Stiftungsstudie, Berlin 2010

Fleisch, Hans, Eulerich, Marc, Krimmer, Holger, Schlüter, Andreas, Stolte Stefan, Modell unternehmensverbundene Stiftung – Status quo – Gestaltungsmöglichkeiten – Nachfolgelösung, Berlin 2018

Freiherr von Campenhausen, Axel, Richter, Andreas, Hof, Hagen, Stiftungsrechtshandbuch, 4. Aufl., München 2014

Fritz, Stefan, Die Anlageentscheidung der Stiftung, ZStV 2010, 161–167

Genkel, Jan, Kohler, Korin, Gewinnen durch Umschichtungsrücklagen, StiftungsWelt 3/2014, 78 ff.

Götz, Helmut, Die gemeinnützige Stiftung im Zivil- und Steuerrecht, NWB 2005, 93 ff.

Götz, Helmut, Pach-Hanssenheimb, Ferdinand, Handbuch der Stiftungen: Zivilrecht, Steuerrecht, Rechnungslegung, 3. Aufl., Herne 2018

Häuselmann, Holger, Zur Bilanzierung von Investmentanteilen, insbesondere von Spezialfonds, BB 1992, 312–321

Hoffmann, Wolf-Dieter, Lüdenbach, Norbert, Kommentar Bilanzierung- Handels- und Steuerrecht, 5. Aufl., Herne 2014

Hoppen, Christian, Schaufhoff, Stephan (Hrsg.), Handbuch der Gemeinnützigkeit, § 18 Rechnungslegung, 1032–1041, 3. Aufl., München 2010

Hüttemann, Rainer, Richter, Andreas/Weitemeyer, Birgit (Hrsg.), Ertragsverwendung und Rücklagenbildung, Landesstiftungsrecht, 1. Aufl., Köln 2011, 435–448

Hüttemann, Rainer, Gemeinnützigkeits- und Spendenrecht, 3. Aufl., Köln 2015

Hüttemann, Rainer, Richter, Andreas/Weitemeyer, Birgit (Hrsg.), Vermögensverwaltung, Vermögenserhaltung und Vermögensumschichtung, Landesstiftungsrecht, 1. Aufl., Köln 2011, 358–390

Hüttemann, Rainer, Zur Rechnungslegung von Stiftungen – Anmerkungen zum IDW ERS HFA 5, DB 2013, 1561–1570

Literaturverzeichnis

Hüttemann, Rainer, Rawert, Peter: Die notleidende Stiftung, S&S 1/2014, Beilage Rote Seiten.

Institut der Wirtschaftsprüfer e.V.: IDW-Prüfungsstandard: Ziele und allgemeine Grundsätze der Durchführung von Abschlussprüfungen von Abschlüssen (IDW PS 200), FN-IDW 8/2015, S. 438 f.

Institut der Wirtschaftsprüfer e.V.: IDW-Prüfungsstandard: Rechnungslegungs- und Prüfungsgrundsätze für die Abschlussprüfung (IDW PS 201), FN-IDW 6/2015, S. 300 ff.

Institut der Wirtschaftsprüfer e.V.: IDW-Prüfungsstandard: Die Beurteilung von zusätzlichen Informationen, die von Unternehmen zusammen mit dem Jahresabschluss veröffentlicht werden (IDW PS 202), FN-IDW 10/2010, S. 423 ff.

Institut der Wirtschaftsprüfer e.V.: IDW-Prüfungsstandard: Prüfungsstandard zur Aufdeckung von Unregelmäßigkeiten im Rahmen von Jahresabschlussprüfungen (IDW PS 210), FN-IDW 1/2013, S. 11.

Institut der Wirtschaftsprüfer e.V.: IDW-Prüfungsstandard: Beurteilung der Fortführung der Unternehmenstätigkeit im Rahmen der Abschlussprüfung (IDW PS 270 n.F.), IDW Life 8/2018, S. 752 ff.

Institut der Wirtschaftsprüfer e.V.: IDW-Prüfungsstandard: Interne Revision und Abschlussprüfung (IDW PS 321), FN-IDW 10/2010, S. 423 ff.

Institut der Wirtschaftsprüfer e.V.: IDW-Prüfungsstandard: Grundsätze für die ordnungsmäßige Erteilung von Bestätigungsvermerken bei Abschlussprüfungen (IDW PS 400 n.F.), IDW Life 1/2018, S. 29 ff.

Institut der Wirtschaftsprüfer e.V.: IDW-Prüfungsstandard: Modifizierungen des Prüfungsurteils im Bestätigungsvermerk (IDW PS 405), IDW Life 1/2018, S. 101 ff.

Institut der Wirtschaftsprüfer e.V.: IDW-Prüfungsstandard: Hinweise im Bestätigungsvermerk (IDW PS 406), IDW Life 1/2018, S. 130 ff.

Institut der Wirtschaftsprüfer e.V.: IDW-Prüfungsstandard: Grundsätze ordnungsmäßiger Erstellung von Prüfungsberichten (IDW PS 450 n.F.), 145 ff.

Institut der Wirtschaftsprüfer e.V.: IDW-Prüfungsstandard: Prüfung von Abschlüssen, die nach den Rechnungslegungsgrundsätzen für einen speziellen Zweck aufgestellt wurden (IDW PS 480), FN-IDW 1/2015, S. 6 ff.

Institut der Wirtschaftsprüfer e.V.: IDW-Prüfungsstandard: Prüfung von Finanzaufstellungen und deren Bestandteilen (IDW PS 490), FN-IDW 1/2015, S. 19 ff.

Institut der Wirtschaftsprüfer e.V.: IDW-Prüfungsstandard: Prüfung von Beihilfen nach 107 AEUV insbesondere zugunsten öffentlicher Unternehmen (IDW PS 700), FN-IDW 1/2013, S. 39 ff.

Institut der Wirtschaftsprüfer e.V.: IDW-Prüfungsstandard: Berichterstattung über die Erweiterung der Abschlussprüfung nach § 53 HGrG (IDW PS 720), FN-IDW 2/2011, S. 113 f.

Institut der Wirtschaftsprüfer e.V.: IDW-Prüfungsstandard: Prüfung von Stiftungen (IDW PS 740), FN-IDW 4/2000, S. 142 ff.

Literaturverzeichnis

Institut der Wirtschaftsprüfer e.V.: IDW-Prüfungsstandard: Prüfung von Vereinen (IDW PS 750), FN-IDW 2/2011, S. 113 f.

Institut der Wirtschaftsprüfer e.V.: IDW-Prüfungsstandard: Grundsätze für die prüferische Durchsicht von Abschlüssen (IDW PS 900), FN-IDW 10/2001, S. 512 ff.

Institut der Wirtschaftsprüfer e.V.: IDW-Prüfungsstandard: Grundsätze ordnungsgemäßer Prüfung von Compliance Management Systemen (IDW PS 980), FN-IDW 4/2011, S. 203 ff.

Institut der Wirtschaftsprüfer e.V.: Ausgestaltung und Prüfung eines Tax Compliance Management Systems gemäß IDW PS 980 (IDW Praxishinweis 1/2016), IDW Life 7/2017, S. 837 ff.

Institut der Wirtschaftsprüfer e.V.: IDW-Stellungnahme zur Rechnungslegung: Anhangsangaben nach §§ 285 Nr. 21, 314 Abs. I Nr. 13 HGB zu Geschäften mit nahe stehenden Unternehmen und Personen (IDW RS HFA 33), FN-IDW 11/2010, S. 482 ff.

Institut der Wirtschaftsprüfer e.V.: IDW-Stellungnahme zur Rechnungslegung: Anhangsangaben nach §§ 285 Nr. 3, 314 Abs. I Nr. 2 HGB zu nicht in der Bilanz enthaltenen Geschäften (IDW RS HFA 32), FN-IDW 11/2010, S. 478 ff.

Institut der Wirtschaftsprüfer e.V.: IDW-Stellungnahme zur Rechnungslegung: Rechnungslegung von Vereinen (IDW RS HFA 14), FN-IDW 1/2014, S. 75 ff.

Institut der Wirtschaftsprüfer e.V.: IDW-Stellungnahme zur Rechnungslegung: Anwendung der Grundsätze des IDW S 1 bei der Bewertung von Beteiligungen und sonstigen Unternehmensteilen für die Zwecke eines handelsrechtlichen Jahresabschlusses (IDW RS HFA 10), FN-IDW 1/2013, S. 62.

Institut der Wirtschaftsprüfer e.V.: IDW-Stellungnahme zur Rechnungslegung: Auslegung des § 341b HGB neu (IDW RS VFA 2), FN-IDW 5/2002, S. 210 ff.

Institut der Wirtschaftsprüfer e.V.: IDW-Stellungnahme zur Rechnungslegung: Besonderheiten der Rechnungslegung Spenden sammelnder Organisationen (IDW RS HFA 21), FN-IDW 5/2010, S. 201 ff.

Institut der Wirtschaftsprüfer e.V.: IDW-Stellungnahme zur Rechnungslegung: Bilanzierung privater Zuschüsse (HFA 2/1996),

Institut der Wirtschaftsprüfer e.V.: IDW-Stellungnahme zur Rechnungslegung: Bilanzierungsfragen bei Zuwendungen (HFA 1/1984)

Institut der Wirtschaftsprüfer e.V.: IDW-Stellungnahme zur Rechnungslegung: Handelsrechtliche Bilanzierung von Altersversorgungsverpflichtungen (IDW RS HFA 30), FN-IDW 8/2011, S. 545 ff.

Institut der Wirtschaftsprüfer e.V.: IDW-Stellungnahme zur Rechnungslegung: Handelsrechtliche Bilanzierung von Verpflichtungen aus Altersteilzeitregelungen (IDW RS HFA 3), FN-IDW 7/2013, S. 309 ff.

Institut der Wirtschaftsprüfer e.V.: IDW-Stellungnahme zur Rechnungslegung: Rechnungslegung von Stiftungen (IDW RS HFA 5), FN-IDW 1/2014, S. 61 ff.

Literaturverzeichnis

Institut der Wirtschaftsprüfer e.V.: IDW-Rechnungslegungshinweis: Rückstellungen für die Aufbewahrung von Geschäftsunterlagen sowie für die Aufstellung, Prüfung und Offenlegung von Abschlüssen und Lageberichten nach § 249 Abs. 1 HGB (RH HFA 1.009), FN-IDW 8/2010, S. 354 ff.

Institut der Wirtschaftsprüfer e.V.: IDW-Rechnungslegungshinweis: Handelsrechtliche Zulässigkeit einer komponentenweisen planmäßigen Abschreibung von Sachanlagen (IDW RH HFA 1.016), FN-IDW 7/2009, S. 362 f.

Institut der Wirtschaftsprüfer e.V.: VFA zur Bewertung von Kapitalanlagen bei Versicherungsunternehmen, FN-IDW Nr. 11/2002, S. 667 ff.

Institut der Wirtschaftsprüfer e.V.: IDW-Stellungnahme: Grundsätze zur Durchführung von Unternehmensbewertungen (IDW S1), FN-IDW 7/2008, S. 271 ff.

Institut der Wirtschaftsprüfer e.V.: IDW-Stellungnahme: Grundsätze für die Erstellung von Jahresabschlüssen (IDW S7), FN-IDW 12/2009, S. 623 ff.

International Standards Accounting Board (ISAB), Conceptual Framework for Financial Reporting, revised 2018.

Karsten, Klaus, Der Geschäftsbericht nach § 63 AO, BB 2006, 1830–1831

Klassmann, Ralf, Rücklagen und Vermögensbildung bei steuerbegünstigten Stiftungen, KSzW 2014, 197–205

Klassmann, Ralf, Berndt, Reinhard, Kreutter, Peter, Stolte, Stefan (Hrsg.), Ist steuerliche Gemeinnützigkeit immer das anzustrebende Ziel, um der Allgemeinheit zu nutzen? Zukunftsorientiertes Stiftungsmanagement, 2018, S. 93-103

Koss, Claus, Meyn, Christian, Richter, Andreas, Koss, Claus, Gollan, Anna K. (Hrsg.), Rechnungslegung, Die Stiftung, 3. Aufl., 570–642, Freiburg 2013

Koss, Claus, Rechnungslegung von Stiftungen, Düsseldorf 2003

Kruse, Heinrich W., Grundsätze ordnungsmäßiger Buchführung, 3. Aufl., Köln 1978

Kupsch, Peter, Bilanzierung öffentlicher Zuwendungen, WPg 1984, 369–377

Küting, Karl-Heinz, Weber, Claus-Peter, Handbuch der Rechnungslegung – Kommentar zur Bilanzierung und Prüfung, 4. Aufl., Stuttgart 1995

Leffson, Ulrich, GoB – Die Grundsätze ordnungsmäßiger Buchführung, Düsseldorf 1987

Lehmann, Manfred, Wesentliche Änderungen in der Spendenbilanzierung durch den neuen IDW-Standard RS HFA 21, DB 2010, 2513–2518

Ley, Ursula, Rücklagenbildung aus zeitnah zu verwendenden Mitteln gemeinnütziger Körperschaften, BB 1999, 626–634

Loitz, Rüdiger, Sekniczka, Christian, Anteile an Spezialfonds – Bilanzierung, Besteuerung, latente Steuern nach IAS 12, WPg 2006, 355–365

Löwe, Marion, Rechnungslegung von Nonprofit-Organisationen, Berlin 2003

Lüdenbach, Norbert, Freiberg, Jens, BilRuG-RefE: Nur punktuelle Änderungen? BB 2014, 2219–2225

Lüdenbach, Norbert, Freiberg, Jens, BilRuG-ReGE: Mehr als selektive Nachbesserungen? BB 2015, 363–367

Literaturverzeichnis

Lüdenbach, Norbert, Hoffmann, Wolf-Dieter, Freiberg, Jens, Haufe IFRS-Kommentar, 15. Aufl. 2017

Marten, Kai-Uwe, Rainer, Quick, Ruhnke, Klaus, Wirtschaftsprüfung, 5. Aufl. 2015

Merl, Franz, Koss, Claus, Bewertung des Stiftungsvermögens, Beilage Rote Seiten, S&S 1998

Nadwornik, Dennis, Praxishinweise zum Transparenzregister für gemeinnützige Stiftungen, npoR 2017, S. 233-240

Niehus, Rudolf J., Konzernrechnungslegungspflichten von Groß-Vereinen, DB 2013, 1125–1132

Oser, Peter, Droht eine Konzernrechnungslegungspflicht von Stiftungen? StuB 2012, 16 –19

Peemöller, Volker, Kregel, Joachim, Grundlagen der Internen Revision, 2. Aufl., Köln 2014

Pellens, Bernhard, Fülbier, Rolf Uwe, Gassen, Joachim, Sellhorn, Thorsten, Internationale Rechnungslegung, 10. Aufl. 2017

Reuber, Hans-Georg, Die Besteuerung der Vereine, 109. Aktualisierung, Stuttgart 2018

Reuter, Dieter , 100 Bände BGHZ: Vereins- und Genossenschaftsrecht, ZHR 1987, 355–395

Reuter, Dieter, Hüttemann, Rainer, Richter, Andreas, Weitemeyer, Birgit (Hrsg.), Anwendungsbereich des Landesstiftungsrechts, Landesstiftungsrecht, 1. Aufl., Köln 2011, 100–133

Rimmelspacher, Dirk, Reitmeier, Barbara, DRS 21: Neue Grundsätze für die handelsrechtliche Kapitalflussrechnung, WPg 2014, 789–794

Ritter, Gabriele, Compliance im Non-Profit Bereich, Beilage Rote Seiten, S&S 3/2014

Roth, Gregor, Hüttemann, Rainer, Richter, Andreas, Weitemeyer, Birgit (Hrsg.), Verwaltungskosten und Vergütung, Landesstiftungsrecht, 1. Aufl., Köln 2011, 535–570

Schauhoff, Stephan, Handbuch der Gemeinnützigkeit, 3. Aufl., München 2010

Schauhoff, Stephan, Verlust der Gemeinnützigkeit durch Verluste? DStR 1998, 701–706

Schlüter, Andreas, Flexibel und wandelbar: Die Treuhandstiftung , WPg 2015, 1

Schmidt, Ludwig, Heinicke, Wolfgang, EStG, Kommentierung § 4 EStG, 36. Aufl., München 2017

Schröder, Friedrich, Rücklagen nach § 58 AO und zeitnahe Mittelverwendung. Grundsätze, Berechnungsverfahren und Scheinprobleme, Rote Seiten S&S, 2007

Schröder, Friedrich, Zeitnahe Mittelverwendung und Rücklagenbildung nach § 55 und § 58 AO – Ein ökonomisches Verfahren zur Ermittlung und Darstellung, DStR 2005, 1238–1243

Schumacher, Almut, Rechnungslegung von gemeinnützigen Stiftungen, Aachen 2001

Literaturverzeichnis

Segebrecht, Helmut Gunsenheimer, Gerhard, Die Einnahmenüberschussrechnung nach § 4 Abs. 3 EStG, 14. Aufl., Herne 2015

Segna, Ulrich, Publizitätspflicht eingetragener Vereine? DB 2003, 1311–1316

Seifert, Werner, Freiherr von Campenhausen, Axel, Orth, Manfred, Stiftungsrechts-Handbuch, 4. Aufl., München 2014

Spiegel, Harald, Die Bestanderhaltung des Stiftungsvermögens im Rahmen der Rechnungslegung, Beilage Rote Seiten, S&S, 3/2000

Spiegel, Harald, Römer, Stephan, Die Realisierung von Spendenerträgen in der Rechnungslegung von Spenden sammelnden Organisationen, npoR 2010, 100–105

Spiegel, Harald, Die Umschichtungsrücklage, S&S 2/2014, 24–25

Spiegel, Harald, Hüttemann, Rainer, Richter, Andreas, Weitemeyer, Birgit (Hrsg.), Verbale Berichterstattung, Tätigkeitsbericht, Landesstiftungsrecht, 1. Aufl., Köln 2011, 625–636

Spiegel, Harald, Warum ist die Bilanzierung für größer werdende Stiftungen empfehlenswert? S&S 3/1999, 8–9

Stadler, Rainer, Bindl, Elmar: Das neue InvStG – Überblick und Korrekturbedarf, DStR 2016, 1953 ff.

Stahl, Silvana, Entwicklung einer geeigneten Mittelverwendungsrechnung als Nachweis der zeitnahen und satzungsmäßigen Mittelverwendung gemäß § 55 Abs. 1 Nr. 5 AO, ZögU 2013, 38–57

Stöber, Michael, Die geplante Europäische Stiftung, DStR 2012, 804–808

Stumpf, Christoph, Suerbaum, Joachim, Schulte, Martin, Pauli, Rudolph, Stiftungsrecht, Kommentar, 3. Aufl., München 2018

Thiel, Jochen, Lüdtke-Handjery, Alexander, Bilanzrecht, Heidelberg 2010

Thiel, Jochen, Die zeitnahe Mittelverwendung – Aufgabe und Bürde gemeinnütziger Körperschaften, DB 1992, 1900–1906

Thiel, Jochen, Das Gebot der zeitnahen Mittelverwendung im Gemeinnützigkeitsrecht und seine Bedeutung für die tatsächliche Geschäftsführung gemeinnütziger Stiftungen, Beilage Rote Seiten, S&S 3/1998

Tipke, Klaus, Kruse, Heinrich Wilhelm, Abgabenordnung – Finanzgerichtsordnung, 142. Aufl., Köln 2015

Tipke, Klaus, Lang, Joachim, Hey, Johanna, Seer, Roman u.a., Steuerrecht 22. Aufl., Köln 2015

von Hippel, Thomas, Zur Idee einer Europäischen Stiftung , ZSt 2004, 120–126

Wachter, Thomas, Stiftungen: Zivil- und Steuerrecht in der Praxis, Köln 2001

Wallenhorst, Rolf, Halaczinsky, Raymond, Die Besteuerung gemeinnütziger Vereine, Stiftungen und der juristischen Person des öffentlichen Rechts, 7. Aufl., München 2017

Weber, Christoph, Böttcher, Bert, Griesemann, Georg, Spezialfonds nach deutscher und internationaler Rechnungslegung, WPg 2002, 905–918

Werner, Olaf, Saenger, Ingo, Die Stiftung, Berlin 2008

Wöhe, Günter, Döring, Ulrich, Brösel, Gerrit, Einführung in die allgemeine Betriebswirtschaftslehre, 26. Aufl., München 2016

Abbildungsverzeichnis

Abb. 1:	Überblick über die Normen zur Rechnungslegung von Stiftungen.	22
Abb. 2:	Stand der Landesstiftungsgesetze	25
Abb. 3:	Vorschriften der Landesstiftungsgesetze zur Jahresrechnung	26
Abb. 4:	Methoden der Rechnungslegung	35
Abb. 5:	Vergleich der Kontenrahmen der DATEV e.G.	44
Abb. 6:	Fristen zur Einreichung der Rechnungslegungsunterlagen bei der Stiftungsaufsicht	45
Abb. 7:	Vier-Sphären-Theorie	52
Abb. 8:	Einkunftsarten Sphären nach dem Regel-Ausnahme-Prinzip	54
Abb. 9:	Abhängigkeit zwischen Gewinnermittlungsart und Gewinneinkunftsart	55
Abb. 10:	Rücklagenspiegel für steuerliche Zwecke	80
Abb. 11:	Mittelverwendungsrechnung	87
Abb. 12:	Beispiele für Anpassungen bei der Ableitung der Mittelverwendungsrechnung aus der Rechnungslegung	88
Abb. 13:	Gliederung der Einnahmen-Ausgabenrechnung in Form einer Kapitalflussrechnung	103
Abb. 14:	Gliederung der Ausgaben der laufenden Tätigkeit in einer Einnahmen-Ausgabenrechnung	104
Abb. 15:	Gliederung der Einnahmen-Ausgabenrechnung in Form einer Einnahmen-Überschussrechnung	108
Abb. 16:	Gliederung der Vermögensübersicht in Staffelform in Anlehnung an IDW RS HFA 5	113
Abb. 17:	Gliederung der Vermögensübersicht in Kontenform in Anlehnung an IDW RS HFA 5	113
Abb. 18:	Anpassungen der Einnahmen-Ausgabenrechnung in Form einer Kapitalflussrechnung	121

Abbildungsverzeichnis

Abb. 19: Anpassungen der Einnahmen-Ausgabenrechnung in Form einer Einnahmen-Überschussrechnung. 122

Abb. 20: Grundsätze ordnungsmäßiger Buchführung (nach *Leffson*, GoB, 7. Auflage, S. 179). 131

Abb. 21: Größenkriterien nach § 267 HGB 132

Abb. 22: Größenkriterien nach § 1 Abs. 1 PublG. 133

Abb. 23: Beispielsgliederung der Bilanz einer Stiftung nach § 266 HGB und IDW RS HFA 5 Rn. 55 (Gliederung Eigenkapital). 142

Abb. 24: Gliederung des Eigenkapitals einer Stiftung entsprechend dem Vorschlag des IDW 143

Abb. 25: Ergebnisverwendungsrechnung (IDW RS HFA 5 Rn. 68). . . . 145

Abb. 26: Gliederung der GuV einer Stiftung in Staffelform. 146

Abb. 27: Gliederung der GuV einer Stiftung in Kontenform 147

Abb. 28: Bestandteile der Anschaffungs- und Herstellungskosten 149

Abb. 29: Prüfschema Aktivierung immaterieller Vermögensgegenstände 154

Abb. 30: Systematisierung öffentlicher Zuschüsse. 157

Abb. 31: Systematisierung privater Zuschüsse (in Anlehnung an IDW HFA 2/1996). 161

Abb. 32: Gliederung des Eigenkapitals I (in Anlehnung an IDW HFA 5 Rn. 55) 184

Abb. 33: Gliederung des Eigenkapitals II (in Anlehnung an IDW HFA 5 Rn. 55) 186

Abb. 34: Gliederung des Eigenkapitals III (in Anlehnung an IDW HFA 5 Rn. 55) 189

Abb. 35: Gliederung des Eigenkapitals IV (in Anlehnung an IDW HFA 5 Rn. 55) 195

Abb. 36: Abbildung von Projektverpflichtungen im Jahresabschluss. . . 209

Abb. 37: Gegenüberstellung des Gesamtkostenverfahrens und des Umsatzkostenverfahrens 220

Abb. 38: Prüfungsmöglichkeiten eines Abschlussprüfers 275

Abb. 39: Interne Revision und Komplexität der Stiftung. 306

A. Grundlagen des Stiftungsrechts

Übersicht

	Rn.
A. Grundlagen des Stiftungsrechts	1
I. Geschichte und Zahlen	2
II. Merkmale und Ausprägungen von Stiftungen	5
1. Abgrenzungsmerkmale einer Stiftung	5
2. Ausprägungen von Stiftungen	7
a) Selbständige Stiftungen bürgerlichen Rechts	7
b) Unselbständige Stiftungen	11
c) Öffentlich-rechtliche Stiftungen	12
III. Erscheinungsformen nach verschiedenen Unterscheidungskriterien	14
1. Kapitalausstattung und Kapitalverwendung	14
2. Zwecksetzung	16
3. Aufgabenstellung	20
4. Entstehung und Aufsicht	23
5. Bürgerstiftungen	26
IV. Misch- und Ersatzformen	27
1. Stiftungen in der Rechtsform der Kapitalgesellschaft	29
2. Stiftungen in der Rechtsform des Vereins	31
3. Stiftung & Co. KG	33

Die Organisationsform der Stiftung soll die Verwirklichung des Willens 1 seines Stifters durch die Verwendung des gestifteten Vermögens dauerhaft gewährleisten. Wesentliche Merkmale sind insofern die **Widmung eines Vermögens** zur Verwirklichung eines bestimmten **Stiftungszwecks**. Die Rechnungslegung von Stiftungen ist dabei weder auf Bundes- noch auf Landesebene abschließend geregelt. Nachfolgend werden die wesentlichen Strukturmerkmale der Stiftung dargestellt sowie eine Systematisierung der verschiedenen Ausprägungen von Stiftungen vorgenommen. Diese beeinflussen die Art und den Umfang der Rechnungslegung einer Stiftung.

Der Begriff der Stiftung hat zudem eine doppelte Bedeutung: Einerseits ist hiermit die *Rechtsform* Stiftung gemeint, zum anderen wird auch das *gestiftete Vermögen* als Stiftung bezeichnet. Insofern treten Stiftungen auch in anderen Rechtsformen als der Rechtsform „Stiftung" auf, beispielsweise als Stiftung GmbH oder Stiftung Verein. Dies hat wiederum Konsequenzen für die Rechnungslegung, da sich diese grundsätzlich an der Rechtsform einer Organisation orientiert.

I. Geschichte und Zahlen

2 Am Anfang des Stiftungsrechts war die Rechnungslegung. Es ging um die praktische Frage, wie die Wirtschaftsverwaltung einer Stiftung aufgezeichnet werden sollte. Gefunden wurden Wareneingangs-, -ausgangs- und Vorratslisten sumerischer Tempelstiftungen aus der Zeit um 3000 vor Christus. Rechtlich handelte es sich um *fiduziarische Stiftungen*, also Schenkungen unter Lebenden oder testamentarische Verfügungen, verbunden mit der Auflage, die Erträge für einen religiösen oder sozialen Zweck zu verwenden (auch als *unselbstständige Stiftungen* oder *Treuhandstiftungen* bezeichnet → Rn. 11). Was zu einer Stiftung im modernen Sinne fehlte, war die eigene Rechtspersönlichkeit.

Verglichen damit sind die meisten Stiftungen in Deutschland noch sehr jung. Die ältesten von ihnen gehen auf das frühe Mittelalter zurück. Noch heute existieren einige Stiftungsgründungen aus dem zehnten Jahrhundert wie die um 950 gegründete Hospitalstiftung Wemding, die bis heute eine Fürsorgeeinrichtung für arme Personen betreibt. Auch bei diesen Stiftungen handelte es sich zunächst um Treuhandstiftungen, die rechtsfähige Stiftung existiert in Deutschland erst seit rd. 100 Jahren.

3 Die Beliebtheit der Rechtsform einer Stiftung ist ungebrochen. Seit dem Jahr 2000 sind in jedem Jahr rd. 600 Stiftungen neu errichtet worden (2017: 549 Stiftungen). In 2013 wurde erstmals die Grenze von 20.000 Stiftungen überschritten. Ende 2017 waren es 22.274 Stiftungen in Deutschland. Damit hat sich die Anzahl der Stiftungen seit dem Jahr 2000 mehr als verdoppelt (vgl. zu Statistiken über die Stiftungslandschaft in Deutschland Bundesverband Deutscher Stiftungen, www.stiftungen.org). Hierin enthalten sind ausschließlich rechtsfähige Stiftungen bürgerlichen Rechts. Die Anzahl von Treuhandstiftungen, über die es keine verlässlichen Zahlen gibt, wird noch einmal als ähnlich hoch eingeschätzt.

> Die Zahl der Treuhandstiftungen wird auf rd. 20.000 geschätzt (so der Bundesverband deutscher Stiftungen auf seiner Homepage). Teilweise gehen Schätzungen von bis zu 50.000 Treuhandstiftungen aus. Ebenfalls nur vage Vermutungen gibt es über die Anzahl an kirchlichen Stiftungen, deren Zahl auf mindestens 30.000, teilweise deutlich höher geschätzt wird.

4 Die hohe Zahl an Stiftungen ist dahingehend zu relativieren, dass rd. 75 % aller Stiftungen ein Vermögen von höchstens 1 Mio. EUR aufweisen. Da das Vermögen selbst nicht aufgebraucht werden darf, sondern nur dessen Erträge für den Stiftungszweck verwendet werden dürfen (Ausnahme ist die Verbrauchstiftung), gelten diese Stiftungen als kleine Stiftungen. Insgesamt wird das Gesamtvermögen der Stiftungen aller Rechtsformen in Deutschland auf rd. 100 Mrd. EUR geschätzt (vgl. Bundesverband deutscher Stiftungen/*Falk*: Vermögensanlage – Stiftungen professionell verwalten, 2011, S. 11).

Rund 94 % aller Stiftungen in Deutschland sind steuerbegünstigt. Die restlichen Stiftungen sind i.d.R. Familienstiftungen. Wegen dieser erheblichen

Bedeutung der steuerbegünstigten (häufig vereinfachend als „gemeinnützig" bezeichneten) Stiftungen auch und gerade für die Rechnungslegung wird der Gemeinnützigkeit in den folgenden Ausführungen eine besondere Bedeutung beigemessen.

Unter die steuerbegünstigten Zwecke fallen nach der Abgabenordnung *gemeinnützige Zwecke* (§ 52 AO), *mildtätige Zwecke* (§ 53 AO) und *kirchliche Zwecke* (§ 54 AO). Da die gemeinnützigen Zwecke den mit Abstand bedeutsamsten Teil der steuerbegünstigten Einrichtungen umfassen, werden im Folgenden die steuerbegünstigten Stiftungen und die gemeinnützigen Stiftungen vereinfachend gleichgesetzt.

II. Merkmale und Ausprägungen von Stiftungen

1. Abgrenzungsmerkmale einer Stiftung

Die Regelungen zur Rechtsform der Stiftung sind unübersichtlich, nur rudimentär ausgeprägt und werden in der Praxis oft missverständlich gebraucht. So werden Organisationsformen des öffentlichen Rechts, die eigentlich als Anstalten zu bezeichnen wären, zeitweise auch als Stiftung bezeichnet. Der Begriff der Stiftung wird derzeit weder im Bürgerlichen Recht noch in den Landesstiftungsgesetzen definiert.

Im Rahmen der aktuellen Stiftungsrechtsreform wird von der Bund-Länder-Arbeitsgruppe die Aufnahme der folgenden Definition in das Gesetz vorgeschlagen: „Die Stiftung ist eine mit einem Vermögen zur dauernden und nachhaltigen Erfüllung eines vom Stifter vorgegebenen Zwecks ausgestattete mitgliederlose juristische Person." Vgl. Diskussionsentwurf der Bund-Länder-Arbeitsgruppe „Stiftungsrecht" für ein Gesetz zur Vereinheitlichung des Stiftungsrechts vom 27. Februar 2018, § 80 Abs. 1 BGB-Entwurf.

Die Eigenart gegenüber anderen Organisationsformen des Privatrechts besteht darin, dass die Rechtsform der Stiftung zwar über ein Vermögen verfügt, hierfür aber weder *Eigentümer* noch *Gesellschafter* oder *Mitglieder* kennt. Damit unterscheidet sie sich grundsätzlich von Gesellschaften oder vom Verein. Eine Stiftung „gehört sich sozusagen selbst" und legt demnach grundsätzlich auch nur für sich selbst Rechnung.

Wegen ihrer fehlenden Verbandsstruktur wird die Stiftung auch als reinste Form der juristischen Personen bezeichnet. Sie unterscheidet sich hierdurch von allen anderen juristischen Personen. Insofern wird die Rechtsform der Stiftung auch für ganz unterschiedliche Konstellationen verwendet, wodurch der Markt der Stiftungen sehr heterogen ist. So wurde der Ausstieg aus der Steinkohleförderung in Deutschland über eine Stiftung abgewickelt (RAG-Stiftung), Hochschulen und Forschungseinrichtungen werden als Stiftungen geführt und viele Unternehmensnachfolgen werden mit dem Modell der Stiftung abgebildet.

6 Wesentliches Merkmal der Stiftung ist der durch den Stifter im Stiftungsgeschäft festgesetzte **Stiftungszweck**, der grundsätzlich auf Dauer angelegt sein muss (Ausnahme hiervon sind die *Stiftung auf Zeit* und die *Verbrauchsstiftung*). Oberste Richtschnur der Stiftung ist der Wille des Stifters, der sich bei Gründung der Stiftung aus dem Stiftungsgeschäft ergibt und in der Satzung niedergelegt wird. Der Stifterwille ist maßgebend dafür, ob und inwieweit bei der Verpflichtung zur Erhaltung des Stiftungsvermögens eine Substanzerhaltung zu gewährleisten ist und welcher Teil der Erträge aus dem **Stiftungsvermögen** für welche Zwecke eingesetzt werden muss. Insofern gilt als zweites wesentliches Merkmal einer Stiftung das dieser gewidmete Stiftungsvermögen. Die Rechnungslegung dient dem Nachweis, dass den Vorschriften der Stiftungssatzung in Bezug auf den Vermögenserhalt und die Ertragsverwendung entsprochen wurde.

Die sich aus der fehlenden Disposition von persönlichen Rechtsinhabern ergebende Unsicherheit der Vermögensverwaltung wird ersetzt durch die Satzung als Leitfaden für Entscheidungen sowie bei Rechtsfähigkeit durch die öffentlich-rechtliche **Stiftungsaufsicht**. Diese soll sicherstellen, dass die Verwaltung der Stiftung in Übereinstimmung mit den gesetzlichen und satzungsmäßigen Vorgaben und dem Willen des Stifters erfolgt. Die Aufsicht erfolgt durch staatliche oder kirchliche Stellen. Diese Stellen können sich für diese Aufgabe weiterer Prüfer bedienen (z.B. eines Wirtschaftsprüfers → Kapitel F Rn. 3).

2. Ausprägungen von Stiftungen

a) Selbständige Stiftungen bürgerlichen Rechts

7 Die Rechtsgrundlagen für die **selbständige Stiftung** finden sich im Bürgerlichen Gesetzbuch (§§ 80 ff. BGB, wobei § 86 BGB auf zahlreiche Vorschriften des Vereinsrechts verweist) und vor allem in den unterschiedlichen landesrechtlichen Regelungen. Die entsprechenden Landesstiftungsgesetze regeln insbesondere die Voraussetzungen für die Anerkennung als rechtsfähige Stiftung und deren laufende Stiftungstätigkeit sowie ihre Überwachung durch die Stiftungsaufsicht. Entscheidend dafür, welches Landesstiftungsrecht anwendbar ist, ist das Recht des Stiftungssitzes, das mit Wirkung für das gesamte Bundesgebiet gilt. Eine selbständige Stiftung des bürgerlichen Rechts bzw. des Privatrechts entsteht nicht schon durch das *Stiftungsgeschäft*, sondern erst durch *Anerkennung* der zuständigen Landesbehörde (§ 80 Abs. 1 BGB).

Angesichts der Struktur der Stiftung als rechtlich verselbständigte Vermögensmasse kommt der Vermögensausstattung eine zentrale Bedeutung zu. Dabei ist zwischen dem Grundstockvermögen (vermehrt um etwaige später erfolgte Zustiftungen) und dem sonstigen Vermögen zu unterscheiden. Das sonstige Vermögen kann aus Erträgen des Grundstockvermögens oder aus Zuführungen stammen, die unter der Vorgabe des alsbaldigen Verbrauchs (insbesondere Spenden) erfolgen. Insofern wird auch teilweise zwischen einer

II. Merkmale und Ausprägungen von Stiftungen

Vermögenssphäre und einer **Ertragssphäre** unterschieden, wobei die Mittel in der Vermögenssphäre dauerhaft zu erhalten sind, während die Mittel der Ertragssphäre für den Stiftungszweck zu verwenden sind (vgl. zu dieser Aufteilung z.B. Hüttemann/Richter/Weitemeyer/*Hüttemann*: Ertragsverwendung und Rücklagenbildung, in: Landesstiftungsrecht, Rn. 16.3 ff., der eine solche Abgrenzung bei Stiftungen als notwendig ansieht).

Das Grundstockvermögen hat den **Grundsatz der dauerhaften Vermögensausstattung** der Stiftung zu sichern, ist also nicht zum Verbrauch für den Stiftungszweck bestimmt. Dementsprechend schreiben fast alle Landesstiftungsgesetze ausdrücklich die Pflicht zur Erhaltung des Bestandes des Stiftungsvermögens vor. Der planmäßigen Erhaltung des Grundstockvermögens kommt damit eine besondere Bedeutung zu. Eine Ausnahme gilt nur, wenn sich aus dem Stiftungszweck selbst eine zeitliche Begrenzung der Stiftung ergibt (*Stiftung auf Zeit*) und in dieser auch das Grundstockvermögen zu verbrauchen ist (*Verbrauchsstiftung*).

8

> Zur Pflicht zur Erhaltung des Stiftungsvermögens vgl. § 7 Abs. 2 Satz 1 StiftG BaWü, Art. 6 Abs. 2 BayStG, § 3 Satz 1 StiftG Bln, § 7 Abs. 1 Satz 1 BremStiftG, § 4 Abs. 2 Satz 3 HambStiftG, § 6 Abs. 1 Satz 1 HessStiftG, § 6 Abs. 1 Satz 1 NStiftG, § 4 Abs. 2 Satz 1 StiftG NRW, § 7 Abs. 2 Satz 1, 1. Halbsatz StiftG RhPf, § 6 Abs. 1 Satz 1 SaarlStiftG, § 4 Abs. 3 Satz 1 SächsStiftG, § 7 Abs. 2 Satz 1 StiftG LSA, § 4 Abs. 2 Satz 1 StiftG Schl-H, § 8 Abs. 2 Satz 1 ThürStiftG; keine ausdrückliche Vorschrift enthalten hingegen StiftG Bbg und StiftG M-V.

Der stiftungsrechtliche Grundsatz des dauerhaften Erhalts der Vermögensausstattung zugunsten des Stiftungszwecks kann bei steuerbegünstigten Stiftungen mit dem abgabenrechtlichen Grundsatz der **zeitnahen Mittelverwendung** kollidieren, insbesondere wenn das Vermögen aufgrund von Verlusten angegriffen ist. Der stiftungsrechtliche Thesaurierungszwang ist in diesen Fällen mit den steuerlich nur in beschränktem Maße zulässigen Thesaurierungsmöglichkeiten in Einklang zu bringen.

9

Die Stiftung handelt durch ihren **Vorstand**, welcher als deren einziges Organ zwingend gesetzlich vorgeschrieben ist. In der Praxis sehen die Satzungen oft weitere Organe vor, um die Kontrolle der Tätigkeit des Vorstandes zu gewährleisten. Diese Gremien können entweder beratender Natur sein, oder ähnlich einem Aufsichtsrat agieren, also als Kontrollorgan ausgestaltet sein. Zwingend unterliegen Stiftungen aber nur der Aufsicht und der Prüfung durch die öffentlich-rechtlichen oder kirchlichen Aufsichtsbehörden.

10

> Das Kontroll- oder Beratungsgremium wird bei Stiftungen unterschiedlich bezeichnet, beispielsweise als **Kuratorium**, **Verwaltungsrat**, **Beirat** oder **Aufsichtsrat**. In der Gestaltung der Aufgaben des Gremiums ist der Stifter im Rahmen der Formulierung der Satzung frei.

b) Unselbständige Stiftungen

11 Von **unselbständigen Stiftungen** wird gesprochen, wenn alle Voraussetzungen einer selbständigen Stiftung mit Ausnahme der zur Rechtsfähigkeit notwendigen Anerkennung vorliegen. Wegen der fehlenden Rechtsfähigkeit kann eine solche Stiftung nicht selbst handeln. Sie muss sich einer anderen Person bedienen, die für sie treuhänderisch tätig wird, weshalb man auch von **fiduziarischen Stiftungen** oder **Treuhandstiftungen** spricht.

Der Begriff der fiduziarischen Stiftung findet sich heute kaum noch in der Literatur. Die Begrifflichkeiten der unselbständigen oder nicht rechtsfähigen Stiftung finden sich demgegenüber häufiger. Hierbei wird zum Teil kritisiert, dass diese Stiftungsform durch diese Wortwahl ausschließlich negativ von der rechtsfähigen Stiftung abgegrenzt wird, sie aber in letzter Zeit zunehmend als eigenständige Form der Stiftung gesehen wird (vgl. *Schlüter*: Flexibel und wandelbar: die Treuhandstiftung, WPg 5/2015, S. I). Daher ist u.E. grundsätzlich der Begriff der Treuhandstiftung vorzuziehen.

Die Rechnungslegung und Prüfung dieser Stiftungsform richtet sich deshalb nach den maßgeblichen Vorschriften des Trägers (Treuhänder) der Treuhandstiftung (→ Kapitel E Rn. 191 ff.).

Zentrales Kriterium solcher treuhänderischer Stiftungen ist ein organisatorisch beim Treuhänder getrennt verwaltetes, einem bestimmten, meist gemeinnützigen Zweck gewidmetes Vermögen. Als Vorteile gegenüber der selbständigen Stiftung gelten die Gestaltungsfreiheit, die außerhalb der stiftungsrechtlichen Anerkennung erfolgt und die fehlende öffentliche Aufsicht. Steuerlich besteht hingegen regelmäßig kein Unterschied zur rechtfähigen Stiftung.

c) Öffentlich-rechtliche Stiftungen

12 Von **öffentlich-rechtlichen Stiftungen** (auch Stiftungen des öffentlichen Rechts) spricht man, wenn nicht ein privatrechtliches Stiftungsgeschäft, sondern ein auf Gesetz oder Verordnung beruhender *Verwaltungsakt* zu einer juristischen Person des öffentlichen Rechts führt. Diese muss zumindest teilweise die Definition einer Stiftung erfüllen, indem ein bestimmtes selbständiges Vermögen einem bestimmten Zweck gewidmet wird.

Auf einem Gesetz beruhen eine Reihe bekannter Stiftungen. Als Beispiele für öffentlich-rechtliche Stiftungen seien genannt: Stiftung Preußischer Kulturbesitz, Bayerische Landesstiftung, Stiftung „Erinnerung, Verantwortung, Zukunft", dkfz Deutsches Krebsforschungszentrum. Andererseits wird für durch die öffentliche Hand errichtete Stiftungen auch die Form der Stiftung bürgerlichen Rechts gewählt, beispielsweise für die Stiftung caesar und die RAG-Stiftung.

Öffentlich-rechtliche Stiftungen werden häufig von der öffentlichen Hand errichtet, wenn es sinnvoll erscheint, bestimmte Themenstellungen mithilfe des Konstrukts der Stiftung zu lösen. Insofern verfolgen Stiftungen öffentlichen Rechts regelmäßig Zwecke, die von besonderem öffentlichem Interesse sind.

Die *rechtsfähige Stiftung des öffentlichen Rechts* bildet im öffentlichen Bereich als Verwaltungseinheit mit eigener Rechtspersönlichkeit neben der *Körperschaft* und der *Anstalt des öffentlichen Rechts* die dritte Form der juristischen Person des öffentlichen Rechts. Die Errichtung erfolgt durch Hoheitsakt (entweder direkt durch Gesetz oder mittelbar auf der Basis eines Gesetzes) oder Rechtsgeschäft, das staatlicher Genehmigung bedarf. Die Verfassung der Stiftung richtet sich nach der Stiftungssatzung, die oft auch das Verhältnis zu den Genussberechtigten festlegt.

Nicht rechtsfähige Stiftungen (unselbstständige Stiftungen) des öffentlichen Rechts stellen von einer öffentlich-rechtlichen Einrichtung zur Erfüllung öffentlicher Zwecke zugewendetes Vermögen dar; dieses muss vom übrigen Vermögen der Einrichtung getrennt ausgewiesen werden, wobei die nicht rechtsfähigen Stiftungen durch eine eigene Organisation (Kuratorium) verwaltet werden können. Für diese Organe gelten dann die Grundsätze der rechtsfähigen Stiftungen.

III. Erscheinungsformen nach verschiedenen Unterscheidungskriterien

1. Kapitalausstattung und Kapitalverwendung

Die in der Praxis am häufigsten anzutreffende Form der Stiftung bezogen auf ihre Kapitalausstattung ist die **Kapitalstiftung**. Sie wird vom Stifter mit einem Vermögensgrundstock ausgestattet, aus dessen Erträgen sie ihre Zwecke verfolgen soll. Insofern entspricht diese Form dem Idealbild der Stiftung. Beim Stiftungskapital sollte es sich zumindest partiell um ertragsbringende Vermögensgegenstände handeln, so dass die Stiftung im Idealfall unabhängig von zusätzlichen Mitteln ist.

Als eine Abwandlung der Kapitalstiftung kann sich der Stifter zu Lebzeiten auf die Errichtung einer **Vorratsstiftung** beschränken, die mit einem bestimmten Kapital ausgestattet wird, welches ausreicht, um erste Erfahrungen bei der Zweckverfolgung zu sammeln. Später wird das Grundstockvermögen dann vom Stifter selbst oder von einem Dritten durch Zustiftungen aufgestockt, oder die Stiftung wird beim Ableben des Stifters mit einer Erbschaft oder einem Vermächtnis bedacht.

Dagegen sind **Einkommensstiftungen** nur mit wenig Stiftungskapital ausgestattet und bleiben insofern ständig vom Stifter abhängig, der ihnen in der Regel jährlich bestimmte Geldbeträge zur Erfüllung des Stiftungszweckes zuweist. Stifter sind hier häufig juristische Personen der öffentlichen Hand, die über den Umfang der Mittelzuweisung auch Einfluss auf die Geschäftstätigkeit der Stiftung nehmen können. Damit steht gleichzeitig die Autonomie dieser Stiftungen auf dem Spiel. Eine Stärkung dieser Stiftungen lässt sich erreichen, indem sie Rechtsansprüche auf Leistungen des Stifters erhalten oder sich einen von den Zuwendungen des Stifters unabhängigen Vermögensgrundstock aufbauen. Dies ist z.b. durch die Thesaurierung von Spenden oder Erbschaften möglich.

15 Von einer **Verbrauchsstiftung** wird gesprochen, wenn das Grundstockvermögen der Stiftung bereits während der Dauer ihres Bestehens für die Zwecke der Stiftung ausgegeben werden kann. Der Grundsatz der Vermögenserhaltung findet damit nur eingeschränkt Anwendung.

Grundsätzlich ist eine Stiftung nur dann als rechtsfähig anzuerkennen, wenn die dauernde und nachhaltige Erfüllung des Stiftungszwecks gesichert erscheint (§ 80 Abs. 2 S. 1 BGB). Insofern waren nicht auf Dauer angelegte, ihr Vermögen verbrauchende Stiftungen bis zu ihrer Kodifizierung im BGB zumindest umstritten. Mit dem Ehrenamtsstärkungsgesetz ist im Jahr 2013 die Verbrauchsstiftung explizit in das Gesetz aufgenommen worden. Nunmehr „erscheint die dauernde Erfüllung des Stiftungszwecks gesichert, wenn die Stiftung für einen im Stiftungsgeschäft festgelegten Zeitraum bestehen soll, der mindestens zehn Jahre umfasst" (§ 80 Abs. 2 S. 2 BGB). Entsprechend ist eine Verbrauchsstiftung, welche dieses Kriterium erfüllt, nunmehr auch anzuerkennen.

Bei einer **Stiftung auf Zeit** wird anders als bei einer Verbrauchsstiftung das Kapital während ihres Bestehens erhalten und nicht aufgebraucht. Die Stiftung ist jedoch von vornherein nur für eine bestimmte Dauer angelegt, regelmäßig bis ein bestimmter Zeitpunkt oder ein bestimmter Zweck erreicht ist. Nach dem Zeitablauf wird das Stiftungsvermögen entweder zur Erreichung des Stiftungszweckes eingesetzt oder an den Stifter zurückgeführt. Soll eine solche Stiftung steuerbegünstigt sein, ist eine entsprechende Anfallsklausel in der Satzung zu formulieren, d.h., das Stiftungsvermögen muss nach Ablauf des Bestehens der Stiftung einer ebenfalls steuerbegünstigten Einrichtung zufallen (vgl. Anlage 1 zu § 60 AO Ausführungen unter § 5 der Mustersatzung). Ist der Stifter selbst nicht gemeinnützig, ist eine Rückführung ohne (rückwirkenden) Verlust der Gemeinnützigkeit nicht möglich.

> Im Rahmen der Diskussion um eine Reform des Stiftungsrechts wird die Stiftung auf Zeit von der eingerichteten Bund-Länder-Arbeitsgruppe abgelehnt. Es wird auch grundsätzlich in Frage gestellt, ob die Stiftung auf Zeit mit § 80 BGB vereinbar ist, so dass im Rahmen der Reform ein explizites Verbot zu erwarten ist (vgl. Bericht der Bund-Länder-Arbeitsgruppe „Stiftungsrecht" vom 9. September 2016, S. 16 ff.). Im Diskussionsentwurf der Bund-Länder-Arbeitsgruppe „Stiftungsrecht" für ein Gesetz zur Vereinheitlichung des Stiftungsrechts vom 27. Februar 2018 heißt es in § 80 Abs. 1 S. 2 und 3 BGB-Entwurf: „Die Stiftung ist auf unbestimmte Zeit zu errichten. Abweichend von Satz 2 kann eine Stiftung für einen bestimmten Zeitraum errichtet werden, innerhalb dessen ihr gesamtes Vermögen zur Erfüllung ihres Zwecks zu verbrauchen ist (Verbrauchsstiftung)". In der Begründung heißt es hierzu: „Stiftungen auf Zeit, die ihr Vermögen erhalten sollen, sind auch weiterhin nicht anerkennungsfähig".

III. Erscheinungsformen nach verschiedenen Unterscheidungskriterien

2. Zwecksetzung

Die **gemeinnützige Stiftung** zeichnet aus, dass ihre Leistungen der Allgemeinheit ohne weitere Eingrenzung des Kreises der Begünstigten zugute kommen. Als steuerbegünstigt anerkannt sind in der Abgabenordnung bestimmte, dem Gemeinwohl dienende, gemeinnützige, mildtätige oder kirchliche Zwecksetzungen (§§ 51 ff. AO).

Die Abgabenordnung spricht von steuerbegünstigten Organisationen und subsumiert hierunter gemeinnützige (§ 52 AO), mildtätige (§ 53 AO) und kirchliche (§ 54 AO) Zwecke. In der Praxis wird häufig vereinfachend insgesamt von gemeinnützigen Organisationen gesprochen.

Die Gemeinnützigkeit der Stiftung bietet dem Stifter und der Stiftung erhebliche Steuervorteile gegenüber **privatnützigen Stiftungen**. Letztere lassen ihre Leistungen regelmäßig nur einem begrenzten Kreis von Begünstigten zukommen, beispielsweise einer bestimmten Familie. Andererseits haben gemeinnützige Stiftungen zahlreiche Vorgaben der Abgabenordnung zu beachten; hier haben privatnützige Stiftungen größere Freiräume.

Tatsächlich kann die Gemeinnützigkeit nicht nur zu gewissen Einschränkungen führen, sondern sogar steuerlich nachteilig sein, wenn die Stiftung z.B. über einen größeren wGB verfügt, dessen positive Ergebnisse zu versteuern sind und bei denen eine Verrechnung mit etwaigen negativen Ergebnissen aus einem Zweckbetrieb, anders als bei einer nicht gemeinnützigen Stiftung, nicht möglich ist. Dem steht dann die hohe Reputation der Gemeinnützigkeit gegenüber. Vgl. zu dieser Fragestellung auch Berndt/Kreutter/Stolte/*Klaßmann*: Ist steuerliche Gemeinnützigkeit immer das anzustrebende Ziel, um der Allgemeinheit zu nutzen, in: Zukunftsorientiertes Stiftungsmanagement, 2018, S. 93 ff.

In der Literatur diskutiert, für die Praxis aber bedeutungslos ist die sog. **Selbstzweckstiftung**, die nur das ihr anvertraute Vermögen verwaltet und bewirtschaftet. Bei ihr fehlt es an einem Stiftungszweck, der über die wirtschaftlichen Aufgaben der Vermögenserhaltung und Vermögensmehrung hinausgeht. Aufgrund des fehlenden Stiftungszwecks i.S.d. BGB gilt ein Verbot der Selbstzweckstiftung (vgl. Götz/Pach-Hanssenheimb/*Götz*: Errichtung der rechtsfähigen Stiftung des Privatrechts, in Handbuch der Stiftung, 3. Aufl. 2018, S. 92 f.)

Gleiches gilt für die **Stiftung für den Stifter**. Zum einen ist sie in keiner Weise (auch) fremdnützig. Zum anderen verfolgt sie keine zeitlich über das Leben des Stifters hinausgehende Zwecke.

Anders zu beurteilen ist die **Unternehmensselbstzweckstiftung**, die auf Erhaltung und Förderung eines Wirtschaftsunternehmens, seiner Beschäftigten und deren Angehörigen ausgerichtet ist. Bedenken gegen sie bestehen, wenn die Stiftung unauflöslich mit dem Schicksal des Unternehmens verbunden ist, dessen Zwecksetzung in den Vordergrund dringt und die Autonomie der Stiftung damit in Frage stellt. Dem lässt sich begegnen, indem der Stifter ihr gleichgewichtig über das Unternehmen hinausreichende Zwecke setzt und ihr ermöglicht, neben dem im Unternehmen gebundenen Vermögen und von diesem unabhängig, weiteres Vermögen zu bilden.

Mit der Unternehmensselbstzweckstiftung verwandt ist in mancher Hinsicht die unternehmensverbundene Stiftung (zur Abgrenzung der unternehmensverbundenen Stiftungen vgl. IDW RS HFA 5 Rn. 8). Bei **unternehmensverbundenen Stiftungen** wird zwischen zwei Fällen unterschieden: Die **Unternehmensbeteiligungsstiftung** hält als Grundstockvermögen Beteiligungen an Personen- oder Kapitalgesellschaften. Sie beschränkt sich auf das Ausüben ihrer Mitgliedschaftsrechte und ist unter den Kapitalstiftungen weit verbreitet.

Eine Reihe bekannter unternehmensverbundener Stiftungen sind Unternehmensbeteiligungsstiftungen, beispielsweise die Alfried Krupp von Bohlen und Halbach-Stiftung, die Possehl-Stiftung und die Joachim Herz Stiftung. Diese Stiftungsform eignet sich gut zur Unternehmensnachfolge, weil sich die Stiftung als Gesellschafter weitgehend aus den Unternehmensbelangen heraushalten kann und das Unternehmen damit weiterhin eine hohe Flexibilität aufweist. Sie ist bei mittelständischen Unternehmen weit verbreitet.

Der Zweck einer **Unternehmensträgerstiftung**, teilweise auch als unternehmensbezogene Stiftung bezeichnet, liegt hingegen im Betrieb eines Wirtschaftsunternehmens. Zumindest muss die Stiftung einen maßgeblichen Einfluss auf die laufende wirtschaftliche Aktivität des Unternehmens ausüben (als Gesellschafterin einer oHG oder als Komplementärin einer KG wäre diese Einflussnahme auf Grund der Regelung des § 114 Abs. 1 HGB präjudiziert; für die KG über § 161 Abs. 2 HGB).

Eine der bekanntesten Unternehmensträgerstiftung war die Carl Zeiss-Stiftung, die Träger der beiden Stiftungsunternehmen Carl Zeiss AG und SCHOTT AG war. Sie hat sich allerdings 2004 eine neue Struktur gegeben und ist seitdem als Unternehmensbeteiligungsstiftung tätig. Ein weiteres Anwendungsbeispiel sind die zahlreichen Anstaltsstiftungen.

Einen weiteren Sonderfall der unternehmensverbundenen Stiftung stellt die **Stiftung & Co. KG** dar, bei der die Stiftung einzige Komplementärin ist. Bei der Stiftung & Co. KG handelt es sich um eine Personengesellschaft, bei der mit der Stiftung als einzige Komplementärin keine natürliche Person mehr als Vollhafter zur Verfügung steht. Seit dem KapCoRiLiG ist eine Umgehung der Publizitäts- und Prüfungspflicht auf der Ebene der KG mit einer Stiftung & Co. KG nicht mehr möglich (§§ 264a i.V.m. § 264 ff., 316 ff. HGB). Danach werden Personengesellschaften, die keine natürliche Person als persönlich haftenden Gesellschafter haben, hinsichtlich der Rechnungslegungs- und Prüfungsvorschriften den Kapitalgesellschaften gleichgestellt.

19 Die **Familienstiftung** stellt den Hauptanwendungsfall der privatnützigen Stiftung dar. Sie soll das ihr vom Stifter gewidmete Vermögen vor der Zersplitterung im Erbgang bewahren und der Familie insgesamt verfügbar halten. Soweit die Satzung einen Familienrat oder eine Familienversammlung vorsieht, enthält diese Art der Stiftung korporative Komponenten, die dem Stiftungsrecht ansonsten fremd sind.

III. Erscheinungsformen nach verschiedenen Unterscheidungskriterien   20–22   **A**

Parallelen zur Familienstiftung weist die **Unterhaltsstiftung** auf. Sie soll den Lebensunterhalt des Stifters, seiner nächsten Angehörigen und sonstiger ihm nahestehender Personen sichern. Im durch die Abgabenordnung begrenzten Rahmen können solche Unterhaltsleistungsverpflichtungen auch gemeinnützigen Stiftungen aufgegeben werden (§ 58 Nr. 6 AO).

> Nach § 58 Nr. 6 AO dürfen gemeinnützige Stiftungen einen Teil ihrer Einkünfte, jedoch maximal ein Drittel, dazu verwenden, um in angemessener Weise den Stifter und seine nächsten Angehörigen zu unterhalten. Dabei achtet die Finanzverwaltung darauf, dass die Unterstützung unabhängig von der Drittel-Regelung auch „angemessen" ist.

3. Aufgabenstellung

Förderstiftungen unterstützen die ihren Zwecksetzungen entsprechenden Tätigkeiten Anderer auf finanzielle Weise. Gemeinnützigkeitsrechtlich können Stiftungen reine Förderstiftungen sein, wenn die Satzung dies vorsieht (§ 58 Nr. 1 AO). Wenn keine Regelung hierzu in die Satzung aufgenommen wurde, können Stiftungen partiell Förderstiftungen sein. Sie dürfen ihre Mittel dann allerdings nicht überwiegend (mehr als zur Hälfte) weitergeben (§ 58 Nr. 2 AO). Insbesondere die vielen kleineren Stiftungen mit einem Stiftungsvermögen von bis zu einer Mio. EUR sind in den meisten Fällen reine Förderstiftungen.   20

Dagegen verfolgen **operativ tätige Stiftungen** ihre Zwecke selbst durch eigene Initiative. Die Stiftung verfolgt ihre Satzungszwecke mittels Durchführung eigener Projekte, sie gibt also nicht lediglich Mittel weiter. Die steuerbegünstigte Stiftung ist von der Idee her eine operativ tätige Stiftung, da § 57 AO die Unmittelbarkeit der Stiftungstätigkeit vorsieht. Dabei kann sie sich allerdings einer Hilfsperson bedienen, sie muss also die Projekte nicht notwendigerweise mit eigenen Mitarbeitern durchführen (vgl. § 57 Abs. 1 S. 2 AO).   21

> Als Beispiel für eine operativ tätige Stiftung kann die Bertelsmann-Stiftung genannt werden. Mit über 300 Mitarbeitern ist sie gleichzeitig eine der größten Stiftungen in Deutschland. Nach Angaben des Bundesverbandes Deutscher Stiftungen sind rd. 20 % aller Stiftungen ausschließlich operativ tätig. Die meisten Stiftungen in Deutschland sind dagegen zumindest auch fördernd tätig (vgl. Bundesverband deutscher Stiftungen (Hrsg.), *Burens*: Fundraising, 2012, S. 72).

Anstaltsstiftungen betreiben bestimmte Einrichtungen, beispielsweise ein Krankenhaus oder eine Pflegeeinrichtung. Diese Form von Stiftungen ist häufig im Bereich der Wohlfahrtspflege anzutreffen. Einige der ältesten Stiftungen in Deutschland sind Anstaltsstiftungen. Bei dieser Stiftungsform besteht das eingebrachte Stiftungsvermögen häufig nicht in Barkapital, sondern aus Grundstücken und Gebäuden. Insbesondere bei älteren Anstaltsstiftungen ist daher die Frage nach der Vermögenserhaltung nicht immer einfach zu beantworten.   22

Beispiele für Anstaltsstiftungen finden sich insbesondere im kirchlichen Bereich, im diakonischen Bereich z.b. die v. Bodelschwinghschen Stiftungen Bethel.

Im Hinblick auf die Rechnungslegung existieren für Anstaltsstiftungen häufig Sonderregelungen, z.b. durch die Krankenhaus-Buchführungsverordnung (KHBV) oder die Pflegebuchführungsverordnung (PBV).

Auf die Besonderheiten von Krankenhäusern in der Rechtsform der Stiftung wird in Kapitel H im Detail eingegangen.

4. Entstehung und Aufsicht

23 Privatrechtliche, öffentlich-rechtliche und kirchliche Stiftungen unterscheiden sich nach ihrer Entstehung und der für sie zuständigen Aufsicht. **Privatrechtliche Stiftungen** entstehen nach den §§ 80 ff. BGB durch privatrechtlichen Stiftungsakt, dem Stiftungsgeschäft, und staatliche Anerkennung. Für Fragen der Rechnungslegung ist die Unterscheidung insofern von Bedeutung, als den Stiftungen öffentlichen Rechts regelmäßig eine Rechnungslegung (auch) nach haushaltsrechtlichen Grundsätzen auferlegt wird.

24 In aller Regel werden die **Stiftungen des öffentlichen Rechts** durch die öffentliche Hand errichtet und zwar durch Gesetz oder Verwaltungsakt. Aber auch Privatpersonen können Stifter sein. Diese Stiftungen verfolgen regelmäßig öffentliche Zwecke. Sie sind in den Funktionskreis des öffentlichen Rechts und der Staatsverwaltung eingeordnet. Maßgebend für die rechtliche Zuordnung sind letztlich Entstehung und Erscheinungsbild. Anders als die selbständigen Stiftungen privaten Rechts unterliegen sie neben der Rechtsaufsicht auch der Fachaufsicht durch die ihnen übergeordnete Behörde.

Auch viele **kommunale Stiftungen** gehören zu den Stiftungen des öffentlichen Rechts. Ihr Wirken ist grundsätzlich auf den lokalen oder regionalen Bereich beschränkt, ihre Zwecksetzung ist auf die Erfüllung öffentlicher Aufgaben im Bereich der Kommune gerichtet. Typisch ist ihre Verflechtung mit der örtlichen Gemeinschaft und lokalen Behörden. Sie unterliegen nicht der Stiftungsaufsicht, sondern der Kommunalaufsicht.

25 Wie die Stiftungen des öffentlichen Rechts durch die Einordnung in die staatliche Verwaltung werden die **kirchlichen Stiftungen** von ihrer Einordnung in den kirchlichen Bereich geprägt. Typisch für sie ist neben der kirchlichen oder religiösen Zwecksetzung die Zuständigkeit kirchlicher Stellen für Genehmigung und Aufsicht und bei unselbständigen Stiftungen auch für die Trägerschaft. Nach den meisten Landesstiftungsgesetzen sind die kirchlichen Stiftungen von der staatlichen Stiftungsaufsicht weitgehend befreit, wenn sie der kirchlichen Stiftungsaufsicht unterstellt sind. Zwar verpflichten die kirchlichen Stiftungsgesetze und Stiftungsordnungen zur Vorlage der Rechnungslegung gegenüber der kirchlichen Stiftungsaufsicht. Über Art, Umfang und Inhalt der Rechnungslegung treffen diese aber keine Aussage. Regelmäßig wird eine Jahresabrechnung nebst einer Vermögensübersicht und einem Bericht über die Erfüllung des Stiftungszweckes verlangt (→ Kapitel F Rn. 8 ff.).

5. Bürgerstiftungen

In einer Vielzahl neuerer privater Initiativen werden gegenwärtig Stadt-, Gemeinschafts- oder Bürgerstiftungen errichtet. Neben der räumlichen Begrenzung auf eine Stadt, einen Landkreis oder eine Region weisen sie die Besonderheit auf, dass sie einer Vielzahl von Stiftern die Gelegenheit bieten, mit kleineren Beiträgen soziale, kulturelle oder Umweltbelange der örtlichen Gemeinschaft zu fördern. Um den Stiftern Einfluss auf die Tätigkeit dieser Stiftungen zu eröffnen, sehen Satzungen häufig neben dem Vorstand einen *Stiftungsrat* und eine *Stiftungsversammlung* vor. Damit erhält diese Gestaltungsform korporative Elemente und rückt sie in die Nähe eines Vereins.

IV. Misch- und Ersatzformen

Das vielfarbige Bild der Stiftungstypologie wird weiter bereichert durch eine kaum überblickbare Zahl von **Mischformen** der oben genannten Stiftungstypen. Zwischen bestimmten Typen von Stiftungen sind jedoch Mischformen ausgeschlossen. So ist eine Stiftung entweder rechtsfähig oder nicht. Miteinander unvereinbar sind ferner Stiftungen des privaten und öffentlichen Rechts. Auch zieht das Steuerrecht der Verfolgung privater Zwecke durch gemeinnützige Stiftungen Grenzen.

Ersatzformen sind vereins- oder gesellschaftsrechtlich geprägte Konstruktionen, die zwar nicht in der Rechtsform der Stiftung geführt werden, sich allerdings als Stiftung bezeichnen können, wenn sie einen dauerhaften Stiftungszweck, eine stiftungsähnliche Organisation und eine ausreichende Vermögensausstattung aufweisen. Als Motive für solche Gestaltungen werden insbesondere angeführt, dass diese Rechtsformen, anders als die rechtsfähige Stiftung, keiner staatlichen Anerkennung bedürfen, der staatlichen Aufsicht nicht unterworfen sind und dem Stifter im Unterschied zur selbständigen Stiftung größere Einwirkungsmöglichkeiten bieten.

Hintergrund dieser Rechtsformen ist die doppelte Natur des Stiftungsbegriffs. Im Falle der Ersatzformen handelt es sich nicht um die *Rechtsform Stiftung* sondern um die *Stiftung als zweckgebundenes Vermögen*.

> Die Tatsache, dass sich auch andere Rechtsformen als Stiftung bezeichnen dürfen und nach Außen häufig auch primär mit der Marke „Stiftung" auftreten, wird zum Teil auch kritisch gesehen. Die aktuelle Stiftungsrechtsreform versucht dieser Entwicklung dadurch zu begegnen, dass entsprechend dem vorgelegten Entwurf für ein neues Stiftungsrecht die rechtsfähige Stiftung des bürgerlichen Rechts den Zusatz „rechtsfähige Stiftung des bürgerlichen Rechts" oder kurz SbR, die Verbrauchsstiftung den Zusatz „rechtsfähige Verbrauchsstiftung des bürgerlichen Rechts" (kurz VsbR) führen soll. Inwieweit sich dieser Vorschlag durchsetzt, bleibt abzuwarten. Vgl. Diskussionsentwurf der Bund-Länder-Arbeitsgruppe „Stiftungsrecht" für

ein Gesetz zur Vereinheitlichung des Stiftungsrechts vom 27. Februar 2018, § 83a BGB-Entwurf.

1. Stiftungen in der Rechtsform der Kapitalgesellschaft

29 Beispiele für Ersatzformen in Form einer Kapitalgesellschaft sind die **Stiftung GmbH** oder die **Stiftung AG**.

Hierbei handelt es sich um Körperschaften des Gesellschaftsrechts, die funktionell weitgehend Stiftungen entsprechen. Im Folgenden wird vereinfachend ausschließlich auf die in der Praxis häufiger anzutreffende Stiftung GmbH eingegangen. Die Angleichung an eine Stiftung erfolgt im Fall einer Stiftung GmbH über die Ausgestaltung des Gesellschaftsvertrags. Wesentliche Unterschiede zur *Rechtsform* der Stiftung sind:

- Eine Stiftung GmbH muss zwingend *mindestens einen Gesellschafter* haben, während es eine Stiftung auszeichnet, gerade keine Mitglieder oder Gesellschafter zu haben.
- Durch Ausgestaltung des Gesellschaftsvertrages bzw. der Satzung wird die *Dauerhaftigkeit der Vermögensbindung simuliert*. Grundsätzlich haben die Gesellschafter aber immer das Recht, durch Beschlüsse grundlegende Änderungen herbeizuführen.
- Die Stiftung GmbH muss nicht staatlich anerkannt werden und *unterliegt auch nicht der Stiftungsaufsicht*.
- Sie wird in das *Handelsregister* eingetragen.

30 Bei der Stiftung GmbH handelt es sich insofern nicht um die Rechtsform „Stiftung". Entsprechend sind auch die Landesstiftungsgesetze oder die Regelungen des BGB zur Stiftung nicht einschlägig. Relevant sind ausschließlich das **Handels- und das GmbH-Recht**.

Dies ist für die Rechnungslegung der Stiftung GmbH wichtig, da sich diese an der Rechtsform orientiert. Die Stiftung GmbH wird daher unabhängig von ihrer Tätigkeit immer als Kaufmann eingestuft (§ 6 Abs. 1 i.V.m. § 2 S. 1 HGB, sog. Formkaufmann), so dass für diese immer das Handelsrecht anwendbar ist und entsprechend bilanziert werden muss. Auch gelten immer die strengeren Vorschriften für Kapitalgesellschaften (→ Kapitel E Rn. 7 f.).

Die Stiftung GmbH ist regelmäßig gemeinnützig. Über ihre Anzahl gibt es keine verlässlichen Angaben. *Wachter* nannte in 2001 die Zahl von 100, die tatsächliche Anzahl dürfte mittlerweile höher, aber bei nicht mehr als einigen hundert Gesellschaften liegen (vgl. *Wachter*, Stiftungen: Zivil- und Steuerrecht in der Praxis, 2001, S. 204; vgl. *Fleisch/Eulerich/Krimmer/Schlüter/Stolte*: Modell unternehmensverbundene Stiftung, 2018, S. 83 ff).

Einige große unternehmensverbundene Stiftungen existieren in der Rechtsform der Stiftung GmbH, beispielsweise die Robert Bosch Stiftung gGmbH.

IV. Misch- und Ersatzformen

2. Stiftungen in der Rechtsform des Vereins

Beim **Stiftungs-Verein** handelt es sich ebenso wie bei der Stiftung GmbH 31
um eine Körperschaft (hier des Vereinsrechts), welche mittels Ausgestaltung
der Satzung den Charakter einer „Stiftung" simuliert. Auch in diesem Fall
liegt insofern funktionell eine Stiftung vor, hinsichtlich der Rechtsform gilt
allerdings ausschließlich das Vereinsrecht (vgl. zum Stiftungs-Verein auch
Meyn/Richter/Koss/Gollan/*Meyn*: Stiftungs-Verein, in: Die Stiftung, 3. Aufl.
2013, S. 173 ff.). Wesentliche Unterschiede zur Rechtsform der Stiftung sind:

- Ein Stiftungs-Verein hat eine körperschaftliche Struktur und bedarf insofern Mitglieder. Die Errichtung des Vereins muss durch mindestens sieben Mitglieder erfolgen (§ 59 Abs. 3 BGB).
- Durch Ausgestaltung des Gesellschaftsvertrages bzw. der Satzung wird die *Dauerhaftigkeit der Vermögensbindung simuliert*. Grundsätzlich haben die Mitglieder aber immer das Recht, durch Beschlüsse grundlegende Änderungen herbeizuführen.
- Der Stiftungs-Verein wird nicht staatlich anerkannt und *unterliegt auch nicht der Stiftungsaufsicht*.
- Er wird in das *Vereins-Register* eingetragen.

Wie auch bei der Stiftung GmbH handelt es sich beim Stiftungs-Verein 32
insofern ebenfalls nicht um die Rechtsform „Stiftung". Auch hier sind entsprechend nicht die Vorschriften zur Rechnungslegung von Stiftungen, sondern die Vorschriften zur Rechnungslegung von Vereinen maßgebend. Da
allerdings die Vorschriften zur Stiftung größtenteils auf das Vereinsrecht
verweisen, bestehen hier kaum Unterschiede. Die Landesstiftungsgesetze sind
für den Stiftungs-Verein allerdings nicht einschlägig.

Beispiele für Stiftungsvereine sind die Parteienstiftungen. Sämtliche Parteienstiftungen (mit Ausnahme der Friedrich Naumann Stiftung) bestehen in der Rechtsform des eingetragenen Vereins.

3. Stiftung & Co. KG

Eine besondere Mischform stellt die Stiftung & Co. KG dar. Hierbei handelt 33
es sich um eine Personengesellschaft, bei der bei der die Rolle der Komplementärin, also der persönlich haftenden Gesellschafterin, eine Stiftung übernimmt. Ist die Komplementärstellung der einzige Zweck der Stiftung, wie es
regelmäßig die Rolle der GmbH bei der GmbH & Co. KG ist, so ist dies nach
herrschender Meinung unzulässig, da zum Stiftungsbegriff ein Zweck gehört,
dessen Erfüllung ein Vermögen voraussetzt (vgl. *Fleisch/Ederich/Krimmer/
Schlüter/Stolte*: Modell unternehmensverbundene Stiftung, 2018, S. 90 mit
Verweis auf § 81 Abs. 1 Satz 2 BGB). Die Stiftung kann gleichwohl die Rolle
als Komplementärin einnehmen, wenn sie einen weiteren von dieser Rolle
unterschiedlichen Zweck unter Einsatz ihres Vermögens verfolgt. Dieser

Zweck kann gemeinnützig sein, es kann sich aber auch um einen nicht gemeinnützigen fremdnützigen Zweck handeln, wie es typischerweise bei einer Familienstiftung der Fall ist.

B. Grundlagen der Rechnungslegung von Stiftungen

Übersicht

	Rn.
B. Grundlagen der Rechnungslegung von Stiftungen	1
I. Zwecke und Adressaten der Rechnungslegung	1
1. Zwecke der Rechnungslegung	1
2. Adressaten der Rechnungslegung	5
3. Konsequenzen aus der Vielfalt der Zwecke und Adressaten	7
II. Gesetzliche Normen zur Rechnungslegung	10
1. Überblick	10
2. Bürgerliches Recht	12
3. Landesstiftungsrecht	14
4. Handelsrecht	17
5. Steuerrecht	24
6. Besondere Rechnungslegungsvorschriften	28
7. Weitere Normen zur Rechnungslegung	32
a) Satzung	32
b) Institut der Wirtschaftsprüfer	33
c) Selbstverpflichtungen	36
III. Methoden der Rechnungslegung	39
1. Überblick über die Rechnungslegungsmethoden	39
2. Kameralistik	40
3. Einnahmen-Ausgabenrechnung mit Vermögensübersicht	41
4. Kaufmännische Rechnungslegung	42
5. Gründe für die Entscheidung zur Jahresrechnung bzw. zum Jahresabschluss	43
IV. Rahmenbedingungen zur Rechnungslegung	48
1. Beginn und Ende der Rechnungslegungspflicht	48
2. Buchführung	50
3. Kontenrahmen und Kontenplan	52
4. Aufstellungs- und Einreichungsfristen	56
5. Feststellung und Unterschrift	58
6. Aufbewahrungspflichten	59
7. Offenlegung und Publizität	60

I. Zwecke und Adressaten der Rechnungslegung

1. Zwecke der Rechnungslegung

1 Unter dem **Rechnungswesen** wird allgemein die Gesamtheit aller Verfahren verstanden, die das betriebliche Geschehen erfassen und überwachen und hierdurch einen Beitrag zur Steuerung der Stiftung leisten sollen. Bestandteile des Rechnungswesens sind dabei unterschiedliche Steuerungsinstrumente, insbesondere die *Finanzbuchhaltung*, die *Kosten- und Leistungsrechnung* und die *Planungsrechnung* (vgl. zu den folgenden Ausführungen auch Bundesverband Deutscher Stiftungen/*Berndt*: Sachgemäßes Rechnungswesen, in: Die Grundsätze guter Stiftungspraxis, 2014, S. 35 f.).

- Die **Finanzbuchhaltung** beinhaltet die Buchführung und die jährlich zu erstellende Jahresrechnung. Letztere wird vorwiegend (aber nicht ausschließlich) für externe Zwecke erstellt.
- Die **Kosten- und Leistungsrechnung** ist demgegenüber für Zwecke der internen Steuerung gedacht. Sie enthält teilweise kalkulatorische Elemente und wird in kürzeren Zyklen (z.B. monatlich) erstellt.
- Mittels der **Planungsrechnung** sollen bestimmte Größen des Rechnungswesens im Vorhinein geplant, Soll-Ist-Abweichungen festgestellt und ggf. Gegensteuerungsmaßnahmen abgeleitet werden.

Während die Kosten- und Leistungsrechnung sowie die Planungsrechnung i.d.R nur bei größeren und komplexen Stiftungen anzutreffen sind, ist eine Finanzbuchhaltung und damit die Pflicht zur (externen) **Rechnungslegung** aufgrund der gesetzlichen Vorgaben (→ Rn. 10 ff.) für alle Stiftungen relevant.

2 Die Rechnungslegung der Stiftung hat unterschiedliche *Funktionen*. Die wesentlichen Zwecke sind hierbei die *Steuerungs-*, die *Dokumentations-*, die *Rechenschafts-* und die *Informationsfunktion* (vgl. auch IDW RS HFA 5 Rn. 27; vgl. zu den Funktionen eines Jahresabschlusses im Allgemeinen *Coenenberg/Haller/Schultze*, Jahresabschluss und Jahresabschlussanalyse, 24. Auflage 2016 S. 17 ff.).

Wesentliche Funktion der Rechnungslegung ist die **Steuerungsfunktion**. Da Stiftungen sachzielorientiert arbeiten, spielen die Steuerungsgrößen, die bei Profit-Unternehmen im Fokus stehen (z.B. Jahresergebnis, EBIT), eine eher untergeordnete Rolle. Allerdings muss auch die Stiftung auf Dauer höhere Erträge als Aufwendungen erzielen, soll das Stiftungskapital erhalten bleiben. Einzelne Größen wie die Verwaltungskosten sind ebenfalls zu steuern.

Für den Vorstand der Stiftung hat die **Dokumentationsfunktion** wesentliche Bedeutung. Er dokumentiert seine Entscheidungen, beispielsweise die Wahl einer bestimmten Anlageform. Bei der Frage, ob der Vorstand sich etwas zu Schulden hat kommen lassen, wenn das Stiftungskapital (zeitweise) nicht erhalten ist, kann die Dokumentation eine wichtige Rolle spielen (z.B. durch den Nachweis der Einhaltung der Vorgaben einer Anlagerichtlinie,

I. Zwecke und Adressaten der Rechnungslegung

vgl. hierzu BGH 20.11.2014 – III ZR 509/13, DStR 2015, 237 zur Haftung eines Stiftungsvorstands wegen pflichtwidriger Vermögensverwaltung).

Eng verbunden mit der Dokumentationsfunktion ist die **Rechenschaftsfunktion**. Der Stiftungsvorstand verwaltet ein fremdes Vermögen und muss entsprechend Rechenschaft über seine Aktivitäten legen. Dies geschieht mittels der Rechnungslegung. Der Stiftungsvorstand legt insofern dar, dass er ordentlich gewirtschaftet hat.

Für die Adressaten der Rechnungslegung ist insbesondere die **Informationsfunktion** relevant. So ist beispielsweise die Stiftungsaufsicht an Informationen zur Erhaltung des Stiftungsvermögens und zur satzungsmäßigen Verwendung der Stiftungsmittel interessiert. Problematisch im Hinblick auf die Informationsfunktion ist, dass die unterschiedlichen Adressaten der Rechnungslegung auch jeweils unterschiedliche Informationsbedürfnisse haben. Liefert die Jahresrechnung aber zu viele Informationen, leidet ihre Verständlichkeit und Übersichtlichkeit.

Für die *kaufmännische Rechnungslegung* werden als weitere Zielsetzungen die **Gläubigerschutzfunktion** sowie eine **Ausschüttungsbemessungsfunktion** genannt (vgl. hierzu *Coenenberg/Haller/Schultze*, Jahresabschluss und Jahresabschlussanalyse, 24. Auflage 2016 S. 18 ff. Letztere wird auch als „Gewinnverteilungsfunktion" bezeichnet, vgl. *Thiel/Lüdtke-Handjery*: Bilanzrecht, S. 99 ff.). Stiftungen sind aufgrund ihrer besonderen Konstruktion häufig (nahezu) ausschließlich mit Eigenkapital finanziert. Damit spielt die Gläubigerschutzfunktion eine eher untergeordnete Rolle. Grundsätzlich kann die Funktion bei Stiftungen aber einschlägig sein, da sie, wie Kapitalgesellschaften, den Gläubigern gegenüber nur mit ihrem Eigenkapital haften.

Eine Ausschüttungsbemessungsfunktion besteht dagegen, zumindest bei steuerbegünstigten Stiftungen, nicht. Ausschüttungen sind Stiftungen schon deshalb wesensfremd, weil es keine Gesellschafter gibt. Allerdings ist eine solche bei privatnützigen Stiftungen an die Destinatäre möglich und im Bereich der Familienstiftungen auch ganz wesentlich.

Als Ausprägungen der Rechenschaftsfunktion werden im Stiftungsbereich als weitere Funktionen der **Nachweis der satzungsgemäßen Mittelverwendung** sowie der **Nachweis der Vermögenserhaltung** genannt (vgl. IDW RS HFA 5 Rn. 29). Diese Zwecke ergeben sich regelmäßig auch aus den Landesstiftungsgesetzen (vgl. z.B. § 4 Abs. 2 und 3 StiftG NRW; Art. 6 Abs. 2 und 3 BayStG).

> In einigen Bundesländern hat der Wirtschaftsprüfer, wenn ein solcher zur Prüfung der Jahresrechnung bzw. des kaufmännischen Jahresabschlusses beauftragt wird, die Vermögenserhaltung und satzungsgemäße Mittelverwendung zusätzlich zu prüfen und zu bestätigen, vgl. z.B. Art. 16 Abs. 3 S. 1 BayStG, § 8 Abs. 2 S. 3 StiftG Bln, § 12 Abs. 3 HessStifG, § 11 Abs. 3 SaarlStiftG.

2. Adressaten der Rechnungslegung

5 Sowohl interne als auch externe Adressaten sind an den sich aus der Rechnungslegung ergebenden Informationen interessiert. Als **interne Adressaten** sind insbesondere der Vorstand der Stiftung sowie weitere Gremien, z.B. ein Kuratorium, zu nennen. Der *Vorstand* selbst kann an dem Ergebnis der Jahresrechnung messen, inwieweit er die Planung bzw. seine Ziele für ein Wirtschaftjahr erreicht hat. Für das *Kuratorium* oder ein anderes Aufsichtsorgan (z.B. ein Aufsichtsrat) dient die Rechnungslegung als Grundlage für die Überwachung der Geschäftsführung der Stiftung. Daneben sind weitere interne Adressaten denkbar, z.B. *beratende Gremien* (ein Stiftungsrat) oder *interne Abteilungen*, welche die Informationen zu Planungs- oder Budgetierungszwecken benötigen.

6 Die wesentlichen **externen Adressaten** der Rechnungslegung sind die *Stiftungsaufsicht* und die *Finanzverwaltung*. Die Stiftungsaufsicht ist in erster Linie an einem ordnungsgemäßen und der Satzung entsprechendem Wirtschaften einschließlich der satzungsgemäßen Zweckverwirklichung sowie der Erhaltung des Stiftungsvermögens interessiert. Das Finanzamt prüft neben der satzungsgemäßen auch die zeitnahe Verwendung der Mittel. Da wirtschaftliche Tätigkeiten unter bestimmten Voraussetzungen der Ertrag- oder Umsatzsteuerpflicht unterliegen, ist aus Sicht der Finanzverwaltung darüber hinaus die Abgrenzung der Tätigkeitsbereiche der Stiftung von besonderer Bedeutung.

Der Stiftungsvorstand hat allerdings auch gegenüber weiteren externen Dritten Rechenschaft über die ordnungsgemäße Verwendung der Mittel abzugeben. Dies können Geldgeber wie der *Stifter, Spender* oder *Zustifter* sein, darüber hinaus kommen *Fremdkapitalgeber*, beispielsweise Kreditinstitute, in Frage. Schließlich sind auch *Fördermittelgeber, Leistungsempfänger* und *Kooperationspartner* der Stiftung als externe Adressaten zu nennen.

Da steuerbegünstigte Stiftungen indirekt durch die Steuern zahlende *Öffentlichkeit* gefördert werden, wird auch die Öffentlichkeit selbst als Adressat der Rechnungslegung genannt.

3. Konsequenzen aus der Vielfalt der Zwecke und Adressaten

7 Die Rechnungslegung von Stiftungen soll einer Reihe von Funktionen gerecht werden. Dabei stellt bereits die Informationsfunktion aufgrund der Vielzahl von Adressaten ein Problem dar, weil die unterschiedlichen Adressaten an unterschiedlichen Informationen interessiert sind. So ist die Stiftungsaufsicht an einem Nachweis der Kapitalerhaltung interessiert. Diese lässt sich allerdings, insbesondere dann, wenn eine reale Kapitalerhaltung angestrebt wird, nicht oder nur bedingt durch einen Jahresabschluss nachweisen (→ Kapitel E Rn. 163 ff.). Insofern bedarf es dann einer Nebenrechnung.

Gleiches gilt für die Anforderungen, welche die Finanzverwaltung an den Nachweis zur Gemeinnützigkeit stellt. Auch hier kann der Ersteller den verschiedenen Anforderungen (z.B. Darstellung der unterschiedlichen steuerlichen Sphären, der zeitnahen Mittelverwendung oder der Rücklagenbildung im Sinne der Abgabenordnung) nur bedingt im Jahresabschluss der Stiftung gerecht werden (zur Frage einer Einheitsbilanzierung → Kapitel D Rn. 46 ff.). Entsprechend wird man auch hier in vielen Fällen mit Nebenrechnungen arbeiten müssen.

Erschwerend kommt hinzu, dass die unterschiedlichen Adressaten teilweise widersprüchliche Anforderungen an die Rechnungslegung der Stiftung stellen. Beispielsweise wird nach einem Verlust eines Teils des zu erhaltenden Stiftungskapitals die Stiftungsaufsicht tendenziell eine Thesaurierung von Mitteln zur Wiederauffüllung des Stiftungskapitals fordern, wohingegen die Finanzverwaltung auch weiterhin dem Grundsatz der zeitnahen Mittelverwendung Priorität einräumen wird. 8

> Bei einem handelsrechtlichen Jahresabschluss handelt es sich entsprechend der Einordnung des Instituts der Wirtschaftsprüfer (IDW) um einen Abschluss für allgemeine Zwecke. Dagegen wird eine Jahresrechnung, bestehend aus einer Einnahmen-Ausgabenrechnung mit einer Vermögensübersicht, nach Auffassung des IDW als ein „Abschluss für spezielle Zwecke" eingestuft, konkret für Zwecke der Berichterstattung gegenüber der Stiftungsaufsicht. Dies hat seit 2016 Auswirkungen auf die Prüfung und Berichterstattung durch den Wirtschaftsprüfer (vgl. IDW PS 480: Prüfung von Abschlüssen, die nach Rechnungslegungsgrundsätzen für einen speziellen Zweck aufgestellt wurden → Kapitel F Rn. 25 ff.).

Um den unterschiedlichen Anforderungen der Adressaten an die Rechnungslegung gerecht zu werden, bestehen bei der Aufstellung eines handelsrechtlichen Jahresabschlusses *Wahlrechte* und *Ermessensspielräume*. Bei **Wahlrechten** sieht der Gesetzgeber explizit mehrere Möglichkeiten der Bilanzierung vor (z.B. Wahlrecht zwischen verschiedenen Abschreibungsmethoden). Bei **Ermessensspielräumen** sehen die Vorschriften aufgrund einer gewissen Unschärfe implizit eine Bandbreite von Möglichkeiten vor (z.B. Bewertung von Rückstellungen, vgl. hierzu auch *Berndt*: Gestaltungsspielräume beim Jahresabschluss von Stiftungen, in S&S 1/2015, S. 37). 9

Im Rahmen der Aufstellung von Einnahmen-Ausgabenrechnungen und Vermögensübersichten sind die Gestaltungsspielräume aufgrund von fehlenden gesetzlichen Vorgaben naturgemäß noch größer.

II. Gesetzliche Normen zur Rechnungslegung

1. Überblick

Im deutschen Stiftungsrecht lässt sich eine historisch gewachsene Aufteilung feststellen. Das private Stiftungsrecht ist Gegenstand der konkurrierenden Gesetzgebung des Bundes (Art. 72 GG). Der privatrechtliche Teil ist von daher bundeseinheitlich im BGB geregelt. Die öffentlich-rechtlichen Regelungen, einschließlich der Stiftungsaufsicht, erfolgen hingegen durch den Landesgesetzgeber. 10

Derzeit sind aufgrund der sehr knapp gehaltenen Ausführungen im BGB zahlreiche materielle Vorschriften in den Landesstiftungsgesetzen zu finden. Dies wird zunehmend kritischer gesehen, so dass geplant ist, im Rahmen der Stiftungsrechtsreform die Vorschriften des BGB deutlich auszuweiten. Hierzu liegt mittlerweile ein erster Diskussionsentwurf der Bund-Länder-Arbeitsgruppe „Stiftungsrecht" für ein Gesetz zur Vereinheitlichung des Stiftungsrechts vom 27. Februar 2018 vor. Dieser sieht anstelle der bisherigen 9 Paragraphen zum Stiftungsrecht 30 Paragraphen vor.

Neben den gesetzlichen Normen der Rechnungslegung, die sich aus *bürgerlich-rechtlichen, handelsrechtlichen, steuerrechtlichen* und *landesstiftungsrechtlichen* Vorschriften ergeben können, treten weitere Quellen der Rechnungslegung einer Stiftung hinzu. Als solche kommen die *Satzung* der Stiftung, eingegangene *Selbstverpflichtungen*, die allgemeinen *Grundsätze ordnungsgemäßer Buchführung*, Vorgaben der einzelnen Stiftungsaufsichtsbehörden und verschiedene *Verlautbarungen des Instituts der Wirtschaftsprüfer e.V. (IDW)* in Betracht.

Für Stiftungen, welche öffentliche Gelder erhalten, kann darüber hinaus auch das *Europarecht* relevant sein, wenn die Stiftung auch wirtschaftliche Tätigkeiten durchführt und mittels einer Trennungsrechnung nachzuweisen ist, dass die Mittel der öffentlichen Hand nicht im Bereich der wirtschaftlichen Tätigkeit eingesetzt worden sind. Die folgende Grafik zeigt die wesentlichen Normen zur Rechnungslegung von Stiftungen:

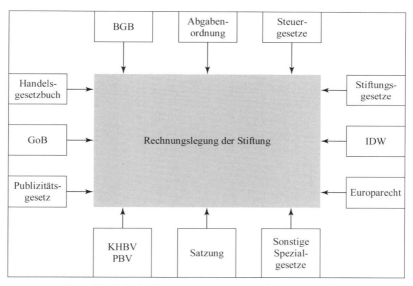

Abb. 1: Überblick über die Normen zur Rechnungslegung von Stiftungen

11   Die grundlegenden Regelungen zur Rechnungslegung von Stiftungen finden sich im bundeseinheitlich geregelten Privatrecht, dem BGB. Konkretisierende Regelungen sind in den einzelnen Landesstiftungsgesetzen geregelt.

II. Gesetzliche Normen zur Rechnungslegung 12, 13 **B**

Problematisch hierbei ist, dass mit Ausnahme von Sachsen und Thüringen, deren Stiftungsgesetze inhaltsgleich sind, die landesrechtlicher Regelungen zum Teil sehr heterogen sind. Dies gilt allerdings nur begrenzt für die Regelungen zur Rechnungslegung, welche nach den letzten Reformen der Landesstiftungsgesetze in allen Gesetzen inhaltlich nahezu identisch ausgestaltet sind (Unterschiede findet man insbesondere in der Terminologie).

Alle über die Regelungen des BGB und der Landesstiftungsgesetze hinausgehenden Regelungen betreffen Stiftungen mit bestimmten Besonderheiten, beispielsweise Stiftungen mit wirtschaftlicher Tätigkeit, Krankenhausbetreiber oder gemeinnützige Stiftungen.

Im Folgenden werden die wesentlichen Normen zur Rechnungslegung im Einzelnen dargestellt.

2. Bürgerliches Recht

Die Verpflichtung zur Rechnungslegung ergibt sich für Stiftungen zunächst einmal aus dem Zivilrecht, konkret aus den §§ 80 ff. des Bürgerlichen Gesetzbuchs (BGB), wobei die Vorschriften nur wenig konkret ausgestaltet sind. Über § 86 BGB wird auf die Vorschriften für Vereine verwiesen (§ 27 Abs. 3 BGB), die wiederum auf die allgemeineren Vorschriften der §§ 666, 259 und 260 BGB verweisen. Nach § 666 BGB hat der Beauftragte dem Auftraggeber gegenüber Rechenschaft abzulegen. Nach den §§ 259, 260 BGB hat der Rechenschaftspflichtige, also in diesem Fall der Stiftungsvorstand, eine **geordnete Zusammenstellung der Einnahmen und Ausgaben** schriftlich mitzuteilen und ggf. ein **Bestandsverzeichnis** vorzulegen. Ein Turnus zur Rechenschaftslegung wird nicht genannt, wobei diese Vorschrift regelmäßig als periodisch, konkret jährlich, ausgelegt wird (vgl. IDW RS HFA 5 Rn. 13). Ergänzend muss die Feststellbarkeit einer Zahlungsunfähigkeit oder einer Überschuldung gewährleistet sein (§§ 86 Satz 1, 42 Abs. 2 Satz 1 BGB i.V.m. §§ 17 und 19 InsO). 12

Die Vorschriften des BGB sind als Mindestanforderungen an die Rechnungslegung zu verstehen. Sie werden durch die Landesstiftungsgesetze ergänzt. 13

So kann beispielsweise ein Bestandverzeichnis bei Vereinen aus dem BGB heraus nicht gefordert werden, wenn der Nachweis, dass keine Überschuldung vorliegt, anderweitig erbracht werden kann (vgl. IDW RS HFA 14: Rechnungslegung von Vereinen, Rn. 7). Bei Stiftungen ist die Situation anders, da sie die Erhaltung des Vermögens nachweisen müssen und dies nicht mittels einer Aufstellung der Einnahmen und Ausgaben zu erreichen ist. Insofern fordern sämtliche Landesstiftungsgesetze, dass die Rechnungslegung eine Vermögensübersicht umfassen muss. Diese Vorschriften ergänzen insofern das Bundesrecht.

Als Bestandsverzeichnis ist bei Stiftungen nicht notwendigerweise eine *bewertete* Vermögensübersicht vorzulegen, auch eine *unbewertete* Aufstellung der vorhandenen Vermögensgegenstände ist grundsätzlich möglich (vgl. *Koss*:

Rechnungslegung von Stiftungen, 2003, S. 48 mit weiteren Quellen, vgl. zum Nachweis der Vermögenserhaltung → Kapitel D Rn. 42 ff. (Jahresrechnung); → Kapitel E Rn. 165 ff. (kaufmännischer Jahresabschluss)).

Das Bundesstiftungsrecht ist zuletzt durch das Gesetz zur Modernisierung des Stiftungsrechts vom 15. Juli 2002 reformiert worden. Dieses Gesetz führte allerdings zu keinen Änderungen im Bereich der Rechnungslegungsvorschriften, welche insofern weiterhin durch Verweis auf das Vereinsrecht geregelt sind. Derzeit ist eine Reform des Stiftungsrechts in der Umsetzung. Hierzu hat eine eingerichtete Bund-Länder-Arbeitsgruppe im September 2016 einen ausführlichen Bericht ihrer zweijährigen Konsultationen vorgelegt, und in 2018 einen ersten Diskussionsentwurf für ein Gesetz zur Vereinheitlichung des Stiftungsrechts. Eine umfassende Reform ist in 2019 zu erwarten. Unter anderem wurde das Thema Transparenz diskutiert, und hier auch die Fragestellung, ob Stiftungen (ggf. ab einer gewissen Größe) verpflichtend bilanzieren und ggf. ihren Jahresabschluss offenlegen sollen. Dies wird von der Arbeitsgruppe allerdings abgelehnt. Vgl. hierzu Bericht der Bund-Länder-Arbeitsgruppe „Stiftungsrecht" vom 9. September 2016, S. 102 ff.

Zusammenfassend ergibt sich aus dem Zivilrecht die Pflicht zur (periodischen) Rechnungslegung mittels einer Zusammenstellung der Einnahmen und Ausgaben der Stiftung sowie der Vorlage eines Bestandsverzeichnisses. Wie die Berichterstattung im Einzelnen zu erfolgen hat, wird nicht weiter konkretisiert.

3. Landesstiftungsrecht

14 Grundsätzlich hat das Bundesrecht Vorrang vor dem Landesrecht (vgl. Art. 31, 72 Abs. 1 GG). Das Landesrecht hat nur dort Geltung, wo Regelungen im Bundesrecht nicht oder nicht abschließend geregelt sind (vgl. Hüttemann/Richter/Weitemeyer/*Reuter*: Anwendungsbereich des Landesstiftungsrechts, in: Landesstiftungsrecht, 2011, S. 100).

Im Bereich der Rechnungslegung von Stiftungen sind die Vorschriften des Bundesrechts allerdings nur rudimentär ausgeprägt, insofern konkretisieren die landesstiftungsrechtlichen Vorschriften die Vorschriften des BGB einerseits (z.B. Bestandteile der Rechnungslegung) und ergänzen diese andererseits (z.B. Pflicht zur periodischen Rechnungslegung). Während das Bundesrecht zurzeit insbesondere die Entstehung und Beendigung der Stiftung regelt, wird die laufende Tätigkeit, und damit auch die periodische Rechnungslegung, derzeit noch im Landesrecht geregelt.

15 Die einzelnen Landesstiftungsgesetze wurden im Anschluss an die Reform des (Bundes-)Stiftungsrechts im Jahr 2002 sämtlich entweder neu verfasst (z.B. Nordrhein-Westfalen) oder deutlich angepasst (z.B. Baden-Württemberg). Sachsen-Anhalt war das letzte Bundesland ohne eigenes Stiftungsgesetz, hier galt bis Anfang 2011 das Stiftungsgesetz der DDR vom 13. September 1990. Seit dem 20. Januar 2011 haben alle Bundesländer ihr eigenes Landesstiftungsgesetz. Die folgende Grafik zeigt den jeweiligen Gesetzesstand der Landesstiftungsgesetze:

II. Gesetzliche Normen zur Rechnungslegung

Bundesland	Stiftungsgesetz	Datum des Gesetzes	Letzte Änderung
Baden-Württemberg	StiftG BaWü	04.10.1977	09.11.2010
Bayern	BayStG	26.09.2008	k.Ä.
Berlin	StiftG Bln	22.07.2003	k.Ä.
Brandenburg	StiftG Bbg	20.04.2004	23.09.2008
Bremen	BremStiftG	07.03.1989	27.02.2007
Hamburg	HambStiftG	14.12.2005	k.Ä.
Hessen	HessStiftG	04.04.1966	06.09.2007
Mecklenburg-Vorpommern	StiftG M-V	07.06.2006	k.Ä.
Niedersachsen	NStiftG	24.07.1968	23.11.2004
Nordrhein-Westfalen	StiftG NRW	15.02.2005	k.Ä.
Rheinland-Pfalz	StiftG RhPf	19.07.2004	k.Ä.
Saarland	SaarlStiftG	09.08.2004	15.02.2006
Sachsen	SächsStiftG	07.08.2007	29.01.2008
Sachsen-Anhalt	StiftG LSA	20.01.2011	k.Ä.
Schleswig-Holstein	StiftG Schl-H	02.03.2000	12.10.2005
Thüringen	ThürStiftG	16.12.2008	k.Ä.

Abb. 2: Stand der Landesstiftungsgesetze

Sämtliche Stiftungsgesetze verpflichten die in ihrem Land ansässigen Stiftungen zur Aufstellung eines Abschlusses der Rechnungslegung, bestehend aus einer **Jahresabrechnung** verbunden mit einer **Vermögensübersicht**. Seit dem Jahr 2011 verpflichten darüber hinaus ebenfalls sämtliche Gesetze die Stiftungen zusammen mit dem Abschluss einen **Bericht über die Erfüllung des Stiftungszweckes** (auch Tätigkeitsbericht genannt) einzureichen. An Stelle des Begriffs der Jahresabrechnung werden auch die Begriffe *Jahresrechnung* und *Rechnungsabschluss* verwendet. Da es jeweils an einer Legaldefinition der Jahresabrechnung fehlt, steht es den Stiftungen frei, die Stromgrößen in einer *Einnahmen-Ausgabenrechnung*, einer *Einnahmen-Überschussrechnung*, einer *Gewinn- und Verlustrechnung* oder einem *Verwaltungshaushalt* zu erfassen.

Um neben der zweckentsprechenden Mittelverwendung durch die Jahresabrechnung auch die Sicherung des Vermögensbestandes nachvollziehen zu können, wird zudem von allen Stiftungsgesetzen eine Vermögensübersicht gefordert. Mangels gesetzlicher Vorgaben steht es der Stiftung frei, dieser Forderung durch die Aufstellung einer *Vermögensübersicht*, einer *Bilanz* oder eines *Vermögenshaushalts* nachzukommen.

Eine Aufstellung der Anforderungen zur Rechnungslegung der einzelnen Landesstiftungsgesetze zeigt die folgende Grafik (wobei der in den Stiftungsgesetzen als *Bericht über die Erfüllung des Stiftungszwecks* bezeichnete Bericht in der Grafik verkürzend als *Tätigkeitsbericht* bezeichnet wird):

Bundesland	Vorschrift	Anforderung
Baden-Württemberg	§ 9 Abs. 2 Nr. 3 StiftG BaWü	Jahresabrechnung, Vermögensübersicht, Tätigkeitsbericht
Bayern	Art. 16 Abs. 1 BayStG	Buchführung, Rechnungsabschluss, Vermögensübersicht, Tätigkeitsbericht
Berlin	§ 8 Abs. 1 Nr. 2 StiftG Bln	Jahresabrechnung, Vermögensübersicht, Tätigkeitsbericht
Brandenburg	§ 6 Abs. 2 StiftG Bbg	Jahresabrechnung, Vermögensübersicht, Tätigkeitsbericht; ggf. Jahresabschluss
Bremen	§ 12 Abs. 2 Nr. 2 BremStiftG	Jahresabrechnung, Vermögensübersicht, Tätigkeitsbericht
Hamburg	§ 4 Abs. 4 HambStiftG	Jahresabrechnung, Vermögensübersicht, Tätigkeitsbericht
Hessen	§ 7 Abs. 2 HessStiftG	Jahresabrechnung, Vermögensübersicht, Tätigkeitsbericht; Rücklagenbildung
Meck.-Vorpommern	§ 4 Abs. 2 Nr. 2 StiftG M-V	Jahresabrechnung, Vermögensübersicht, Tätigkeitsbericht
Niedersachsen	§ 11 Abs. 3 NStiftG	Jahresabrechnung, Vermögensübersicht, Tätigkeitsbericht
Nordrhein-Westfalen	§ 7 Abs. 1 StiftG NRW	Jahresabrechnung, Vermögensübersicht, Tätigkeitsbericht
Rheinland-Pfalz	§ 7 Abs. 4 StiftG RhPf	Jahresrechnung, Vermögensübersicht, Tätigkeitsbericht
Saarland	§ 11 Abs. 2 Nr. 2 SaarlStiftG	Jahresrechnung, Vermögensübersicht, Tätigkeitsbericht
Sachsen	§ 6 Abs. 2 SächsStiftG	Rechnungsabschluss und Tätigkeitsbericht
Sachsen-Anhalt	§ 7 Abs. 5 StiftG LSA	Jahresrechnung, Vermögensübersicht, Tätigkeitsbericht
Schleswig-Holstein	§ 10 Abs. 1 StiftG Schl-H	Jahresabrechnung, Vermögensübersicht, Tätigkeitsbericht
Thüringen	§ 8 Abs. 4 ThürStiftG	Jahresbericht und Tätigkeitsbericht

Abb. 3: Vorschriften der Landesstiftungsgesetze zur Jahresrechnung

4. Handelsrecht

17 Sowohl das BGB als auch die Landesstiftungsgesetze fordern keine Rechnungslegung für Stiftungen nach handelsrechtlichen Vorschriften. Eine solche ist allerdings (freiwillig) immer möglich (IDW RS HFA 5 Rn. 33). Zu der Frage, wann eine freiwillige Anwendung der handelsrechtlichen Vorschriften sinnvoll ist → Rn. 43 ff.

18 Das Handelsgesetzbuch knüpft seine Rechnungslegungspflichten (§ 238 ff. HGB) an die **Kaufmannseigenschaft**. Kaufmann ist nach § 1 HGB, wer einen Gewerbebetrieb betreibt. Darüber hinaus sind Kapitalgesellschaften als sog. *Formkaufleute* kraft ihrer Rechtsform immer zur Rechnungslegung nach HGB verpflichtet (§ 6 HGB). Da die Stiftung kein Kaufmann kraft Rechtsform ist (mit Ausnahme der Stiftung GmbH), wird sie entweder durch die *Eintragung in das Handelsregister* (§ 2 HGB) oder das *Betreiben eines Handelsgewerbes* (§ 1 HGB) zum Kaufmann. Letzteres gilt auch für steuerbegünstigte Stiftungen, wenn der steuerpflichtige oder steuerbefreite Geschäftsbetrieb ein

II. Gesetzliche Normen zur Rechnungslegung

kaufmännisches Gewerbe darstellt. Dazu muss nicht nur ein Gewerbebetrieb vorliegen, dieser muss auch „einen nach Art und Umfang in kaufmännischer Weise eingerichteten Geschäftsbetrieb" erfordern (§ 1 Abs. 2 HGB), also eine gewisse Größe und Selbstständigkeit aufweisen. Etwas anderes gilt für die Ersatzform der Stiftung GmbH: Als Formkaufmann muss diese immer handelsrechtlich Rechnung legen, selbst wenn sie nicht gewerblich tätig ist (→ Kapitel A Rn. 30).

Darüber hinaus kann die Stiftung eine Handelsregistereintragung beantragen. Wenn ihr Gewerbebetrieb oder ihr land- und forstwirtschaftlicher Betrieb nicht schon nach Art oder Umfang einen in kaufmännischer Weise eingerichteten Geschäftsbetrieb erfordert, ist diese Handelsregistereintragung konstitutiv und führt dazu, dass das Handelsrecht anzuwenden ist. Dies kommt in der Praxis allerdings so gut wie nicht vor.

Die Verpflichtung zur handelsrechtlichen Rechnungslegung ist insbesondere auch für unternehmensverbundene Stiftungen relevant. Sie trifft die **Unternehmensträgerstiftung**, soweit diese (mindestens) ein Einzelunternehmen betreibt. Bei der **Unternehmensbeteiligungsstiftung** trifft die Verpflichtung grundsätzlich nur die Beteiligungsgesellschaften selbst, nicht aber die Stiftung, da diese hier i.d.R. nur vermögensverwaltend und nicht unternehmerisch tätig wird. Etwas anderes kann für die Unternehmensbeteiligungsstiftung gelten, wenn sie als geschäftsleitende Holding selbst unternehmerisch tätig wird oder wenn der von ihr verwaltete Anteilsbesitz so umfangreich ist, dass seine Verwaltung einen in kaufmännischer Weise eingerichteten Geschäftsbetrieb erfordert (IDW RS HFA 5 Rn. 18). 19

Die handelsrechtliche Rechnungslegung erstreckt sich nur auf das *Unternehmensvermögen* der Stiftung, nicht aber ihr übriges nicht-kaufmännisches Vermögen, also insbesondere nicht auf den Bereich der Vermögensverwaltung (wenn diese nicht selbst zum wirtschaftlichen Geschäftsbetrieb wird). Bei einer gemeinnützigen Stiftung betrifft dies also die Sphären der *steuerpflichtigen oder steuerbefreiten wirtschaftlichen Geschäftsbetriebe (letzteres sind die Zweckbetriebe* → Kapitel C Rn. 6), bei einer öffentlich-rechtlichen Stiftung den Bereich der *Betriebe gewerblicher Art*. Bei mehreren Unternehmungen kann die Stiftung für jedes einzelne Handelsgeschäft getrennt Rechnung legen oder diese zusammenfassen.

Aus Vereinfachungsgründen wird jedoch empfohlen, für die Stiftung selbst und ihr Unternehmen einheitlich Rechnung zu legen, insbesondere wenn der Betrieb nahezu die gesamte Tätigkeiten der Stiftung umfasst (IDW RS HFA 5 Rn. 22). 20

> Mit Hinweis auf die Beschränkung der Haftung auf das Vermögen der Stiftung wird teilweise darauf verwiesen, dass eine Stiftung als juristische Person einer Kapitalgesellschaft ähnlicher sei als einem Einzelkaufmann oder einer Personenhandelsgesellschaft. Auch wenn diese Ähnlichkeitsüberlegung zutreffen mag, gibt es keine Verpflichtung der Stiftung zur Anwendung der ergänzenden handelsrechtlichen Vorschriften für Kapitalgesellschaften, wohl aber die entsprechende Empfehlung des IDW, vgl. IDW RS HFA 5 Rn. 40.

21 Überschreitet das von der Stiftung betriebene einzelne Gewerbe oder überschreiten mehrere Gewerbe zusammen die Größenmerkmale des **Publizitätsgesetzes** (§ 3 Abs. 1 Nr. 4 i.V.m. § 1 Abs. 1 PublG für die einzelne Unternehmung bzw. § 11 Abs. 1 PublG für Konzerne mit einer Stiftung als Mutterunternehmen), so sind die ergänzenden Vorschriften für Kapitalgesellschaften weitgehend sinngemäß anzuwenden (§ 5 PublG für den Einzelabschluss bzw. § 13 PublG für den Konzernabschluss). Hierbei sind nach § 298 Abs. 1 HGB die für große Kapitalgesellschaften geltenden Vorschriften weitestgehend entsprechend auch auf den Konzernabschluss anzuwenden. Zur Verpflichtung der Aufstellung eines Konzernabschlusses → Kapitel E Rn. 268 ff.

> Beschränkt sich die Tätigkeit der Stiftung lediglich auf das Halten von Beteiligungen, ist bereits das Vorhandensein eines Gewerbebetriebs als erste Voraussetzung nicht erfüllt (*ADS*, § 3 PublG, Rn. 13). Als weitere Voraussetzung muss eine unternehmerisch tätige Stiftung an drei aufeinander folgenden Abschlussstichtagen jeweils mindestens zwei der drei Größenmerkmale erfüllen: eine Bilanzsumme von über 65 Mio. EUR, mehr als 130 TEUR Umsatzerlöse und/oder durchschnittlich mehr als 5.000 Mitarbeiter.

22 Eine weitere Verpflichtung zur (sinngemäßen) Anwendung der handelsrechtlichen Vorschriften kann sich aus speziellen Gesetzen zu einzelnen Branchen ergeben. So hat ein Krankenhaus nach der *Krankenhaus-Buchführungsverordnung (KHBV)* handelsrechtlich zu bilanzieren, wobei die KHBV einige Besonderheiten vorsieht (beispielsweise die Verpflichtung einen verkürzten Anhang aufzustellen, vgl. § 4 Abs. 1 und 3 KHBV). Ähnliches gilt für weitere **Spezialgesetze** beispielsweise die *Pflege-Buchführungsverordnung (PBV)* für Pflegeeinrichtungen (→ Rn. 29).

23 Wenn sich aufgrund der vorstehend genannten Vorschriften des Handelsrechts oder der Spezialgesetze keine Verpflichtung zur handelsrechtlichen Rechnungslegung ergibt, so kann sich diese weiterhin aus der **Satzung** der Stiftung ergeben. Die Satzung stellt insoweit den Stifterwillen dar und ist zwingend zu beachten, wenn sie eine bestimmte Form der Rechnungslegung vorsieht und kein Gesetz dieser Forderung entgegensteht.

Zusammenfassend ist eine handelsrechtliche Rechnungslegung in folgenden Fällen erforderlich:

- Es liegt ein (steuerpflichtiger oder steuerbefreiter) **Gewerbebetrieb** vor, der einen nach Art und Umfang in kaufmännischer Weise eingerichteten Geschäftsbetrieb erfordert.
- Der Gewerbebetrieb überschreitet die Grenzen des **Publizitätsgesetzes:** in diesem Fall sind die Vorschriften für Kapitalgesellschaften sinngemäß anzuwenden.
- Es handelt sich um eine **Stiftung GmbH** oder **Stiftung AG** (Anwendung der Vorschriften für Kapitalgesellschaften, auch ohne wirtschaftliche Tätigkeit).
- Es handelt sich um eine Stiftung, die unter ein **Spezialgesetz** fällt (i.d.R. sinngemäße Anwendung der Vorschriften für Kapitalgesellschaften).
- Die **Satzung** sieht eine handelsrechtliche Rechnungslegung vor.

5. Steuerrecht

Dient die Rechnungslegung im Stiftungsrecht dem Nachweis des Erhalts 24
des Stiftungsvermögens und der zweckentsprechenden Mittelverwendung,
dient sie im Steuerrecht als Ermittlungsgrundlage für die Steuer und bei steuerbegünstigten Stiftungen auch zum Nachweis der Einhaltung der gemeinnützigkeitsrechtlichen Vorgaben. Damit sind grundsätzlich die folgenden Funktionen der Rechnungslegung in Bezug auf die steuerlichen Vorschriften zu unterscheiden:

– Ermittlung der *Grundlagen für die Besteuerung* (bei steuerbegünstigten Stiftungen betrifft dies nur den wirtschaftlichen Geschäftsbetrieb).
– Nachweis der Einhaltung *gemeinnützigkeitsrechtlicher Vorschriften* (betrifft nur steuerbegünstigte Stiftungen).

Bei Überschreiten der in der Abgabenordnung genannten Schwellenwerte 25
in ihrem kaufmännischen Bereich hat die Stiftung die allgemeinen handelsrechtlichen Vorschriften entsprechend anzuwenden (§ 141 Abs. 1 Satz 2 AO i.V.m. §§ 238, 240 bis 242 Abs. 1 und 243 bis 256 HGB). Das Finanzamt kann die Stiftung zur doppelten Buchführung und Gewinnermittlung mittels Betriebsvermögensvergleich (Bilanzierung) auffordern, wenn der Umsatz 600 TEUR (§ 141 Abs. 1 Nr. 1 AO) oder der Gewinn 60 TEUR (§ 141 Abs. 1 Nr. 4 AO (Gewerbe) und Nr. 5 AO (Land- und Forstwirtschaft)) im Jahr übersteigt. Die Verpflichtung ist ab dem auf die Mitteilung des Finanzamtes folgenden Geschäftsjahres zu erfüllen (§ 141 Abs. 2 AO). Die Buchführungspflicht nach § 141 AO wird auch als **originäre Buchführungspflicht** bezeichnet.

Bedeutung hat diese steuerrechtliche Vorschrift in erster Linie für wirtschaftliche Geschäftsbetriebe gemeinnütziger Stiftungen. Denn ansonsten wird sich die Pflicht zur handelsrechtlichen Rechnungslegung bereits auf Grund der unternehmerischen Tätigkeit nach dem Handelsrecht selbst ergeben. § 140 AO verpflichtet eine Stiftung, welche nach anderen Gesetzen (z.B. HGB) bilanzieren muss, insoweit, dies auch für steuerliche Zwecke zu tun (sog. **abgeleitete** oder **derivative Buchführungspflicht**). Wie auch die Vorschrift nach Handelsrecht, umfasst die steuerliche Rechnungslegungspflicht nur den betrieblichen Bereich der Stiftung, nicht aber deren übrige Aktivitäten.

Grundsätzlich hat die Stiftung für einen kaufmännisch Rechnung legenden wirtschaftlichen Geschäftsbetrieb die Bilanz und die Gewinn- und Verlustrechnung bei der Finanzverwaltung elektronisch im entsprechenden Datenformat einzureichen (§ 5b Abs. 1 EStG, sog. E-Bilanz). Die Anforderungen wurden mit verschiedenen BMF-Schreiben konkretisiert und zuletzt mit BMF-Schreiben aus dem Jahr 2013 für gemeinnützige Einrichtungen deutlich erleichtert (BMF 19.12.2013, DStR 2014, 100, → Kapitel G Rn. 16 f.).

Auch unterhalb der Grenzen zur Bilanzierungspflicht muss ein Ergebnis für 26
den wirtschaftlichen Geschäftsbetrieb ermittelt werden. Dazu muss die Stif-

tung für diesen Bereich, wenn er die Besteuerungsgrenze von 35 TEUR Einnahmen einschließlich Umsatzsteuer (§ 64 Abs. 3 AO) überschreitet, eine **Einnahmen-Überschussrechnung** nach § 4 Abs. 3 EStG erstellen. Hierbei handelt es sich um eine Einnahmen-Ausgabenrechnung mit bestimmten Modifikationen (→ Kapitel D Rn. 15 ff.). Zur Ermittlung der Grenze sind sämtliche steuerpflichtige wirtschaftlichen Tätigkeiten zusammenzurechnen (§ 64 Abs. 2 AO).

27 Eine steuerbegünstigte Stiftung hat durch *ordnungsgemäße Aufzeichnungen* den Nachweis zu führen, dass ihre tatsächliche Geschäftsführung den gemeinnützigkeitsrechtlichen Vorgaben entspricht. Eine einfache Aufzeichnung über die Art und die Höhe der Einnahmen und Ausgaben soll dafür schon ausreichen (vgl. § 63 Abs. 3 AO). Eine besondere Form der Aufzeichnung, insbesondere eine doppelte Buchführung, wird, mit Ausnahme des Vorliegens umfangreicher wirtschaftlicher Tätigkeit (§§ 140 f AO) grundsätzlich nicht gefordert.

Für steuerbegünstigte Stiftungen gilt darüber hinaus der *Grundsatz der zeitnahen Mittelverwendung* (§ 55 Abs. 1 Nr. 5 AO). Deshalb muss die *Bildung von Rücklagen* aus der Rechnungslegung klar hervorgehen (AEAO zu § 62 Nr. 14). Die Finanzverwaltung fordert zum Nachweis der zeitnahen Mittelverwendung und zulässigen Rücklagenbildung eine **Mittelverwendungsrechnung** (AEAO zu § 55 Nr. 27), deren Inhalt aber nicht definiert wird (→ Kapitel C Rn. 41 ff.).

Um den unterschiedlichen Anforderungen an die einzelnen Sphären des Steuerrechts gerecht zu werden, wird man auch eine Rechnungslegung, die zwischen den *vier Sphären* einer steuerbegünstigten Stiftung trennt, fordern müssen. So dürfen steuerpflichtige wirtschaftliche Geschäftsbetriebe und die Vermögensverwaltung nicht dauerhaft Verluste erwirtschaften (vgl. AEAO zu § 55 AO Nr. 3), darüber hinaus werden freie Rücklagen in den einzelnen Sphären unterschiedlich berechnet (vgl. § 62 Abs. 2 AO; vgl. zur **Vier-Sphären-Theorie** → Kapitel C Rn. 6).

6. Besondere Rechnungslegungsvorschriften

28 Sowohl die Tätigkeiten wie auch die Ausprägungen von Stiftungen sind vielfältig. Im Hinblick auf die Rechnungslegung bedeutet dies, dass Stiftungen immer dann die besonderen Vorschriften zur Rechnungslegung einer bestimmten Rechtsform oder in Bezug auf die besondere Tätigkeit der Stiftung zu beachten haben, wenn diese über die allgemeinen Vorschriften für Stiftungen hinausgehen. Im Bereich der Rechtsform ist beispielsweise die *Stiftung GmbH* als eine Form der **Kapitalgesellschaft** zu nennen. Die Rechtsform der GmbH erfordert eine Rechnungslegung nach HGB unabhängig davon, ob die Stiftung wirtschaftlich tätig wird (Formkaufmann) und darüber hinaus die Anwendung der zusätzlichen Vorschriften des Handelsrechts für Kapitalgesellschaften (§§ 264 ff. HGB).

29 Bei Stiftungen die bestimmte Tätigkeiten ausüben, welche die Beachtung besonderer Rechnungslegungsvorschriften erfordern, handelt es sich i.d.R.

II. Gesetzliche Normen zur Rechnungslegung

um sog. Anstaltsstiftungen. Diese unterliegen beim Betrieb bestimmter Einrichtungen deren besonderen Rechnungslegungsvorschriften. Die Betreiber von **Krankenhäusern** haben beispielsweise nach der *Krankenhaus-Buchführungsverordnung* (vgl. § 1 Abs. 1 Satz 1 KHBV) und die von **Pflegeeinrichtungen** nach der *Pflege-Buchführungsverordnung* (vgl. § 1 Abs. 1 Satz 1 PBV) in Anlehnung an das Handelsgesetzbuch Rechnung zu legen. Hierbei wird allerdings nicht lediglich auf das Handelsrecht verwiesen (§ 4 Abs. 3 KHBV; § 4 Abs. 1 Nr. 3 PBV), vielmehr sehen die Vorschriften Ergänzungen und Modifikationen der handelsrechtlichen Vorschriften vor (§ 5 KHBV, § 5 PBV). Darüber hinaus enthalten beide Buchführungsverordnungen jeweils spezielle Gliederungen für die Bilanz und die Gewinn- und Verlustrechnung sowie einen speziellen Kontenrahmen (vgl. KHBV bzw. PBV jeweils Anlagen 1, 2 und 4).

> Die Modifikationen des Handelsrechts sollen die Besonderheiten dieser Einrichtungen insbesondere hinsichtlich ihrer Finanzierung durch öffentliche oder private Zuwendungen widerspiegeln. So sind Zuschüsse der öffentlichen Hand für Investitionen in Anlagevermögen zwingend als Sonderposten auf der Passivseite zu zeigen (§ 5 Abs. 2 KHBV, § 5 Abs. 2 PBV). Handelsrechtlich wäre auch eine direkte Verrechnung mit den Anschaffungskosten möglich. Zu den Besonderheiten der Rechnungslegung von Stiftungen, die ein Krankenhaus betreiben, wird auf Kapitel H verwiesen.

Auch die Betreiber von **Werkstätten für Behinderte Menschen** haben gemäß der *Werkstättenverordnung* unabhängig von ihrer Rechtsform nach kaufmännischen Grundsätzen Bücher zu führen (§ 12 Abs. 1 WVO). Hier wird im Wesentlichen auf die kaufmännische Bilanzierung verwiesen, lediglich zur Berechnung des sog. „Arbeitsergebnisses" gibt es weitere Vorschriften.

30 Weitere Sondervorschriften können sich aus dem **Haushaltsrecht** ergeben. Dies betrifft insbesondere *Öffentlich-rechtliche Stiftungen* oder *Stiftungen, die durch die öffentliche Hand errichtet* und verwaltet werden. Die Grundlagen hierzu finden sich primär in der Bundeshaushaltsverordnung (BHO) und im Haushaltsgrundsätzegesetz (HGrG). Hieraus kann sich beispielsweise die Verpflichtung zur kameralen Buchführung ergeben (→ Rn. 40). Häufig sieht die Satzung dieser Stiftungen allerdings eine kaufmännische Buchführung vor. In diesen Fällen wird gleichwohl die Prüfung durch Wirtschaftsprüfer regelmäßig um die *Prüfung der Ordnungsmäßigkeit der Geschäftsführung* nach § 53 HGrG erweitert (→ Kapitel F Rn. 52 ff.).

31 Die Sondervorschriften gelten jeweils nur für den abgegrenzten besonderen Bereich (z.B. das Krankenhaus). Für ihre übrigen Bereiche kann die Stiftung die Art und Weise der Rechnungslegung frei wählen. Aus Vereinfachungsgründen wird sie in der Praxis allerdings regelmäßig eine einheitliche Methode der Rechnungslegung wählen.

7. Weitere Normen zur Rechnungslegung

a) Satzung

32 Über die Methodik der Rechnungslegung kann der Stifter eine Verfügung treffen, er muss dies jedoch nicht tun. Trifft der Stifter in der Stiftungssatzung keine gesonderte Verfügung, ist der Stiftungsvorstand bezüglich der Rechnungslegung nur an die Mindestanforderungen der vorstehend dargestellten gesetzlichen Normen gebunden.

Grundsätzlich kann der Stifter keine geringeren Anforderungen an die Rechnungslegung stellen, als sich aus den Gesetzen ergeben. Betreibt die Stiftung also beispielsweise einen größeren Gewerbebetrieb, ist zumindest für diesen zwingend Handelsrecht anzuwenden. Höhere Anforderungen können vom Stifter vorgegeben werden (z.b. Anwendung der (strengeren und umfangreicheren) Vorschriften für Kapitalgesellschaften). An diese Vorgaben ist der Stiftungsvorstand dann zwingend gebunden.

b) Institut der Wirtschaftsprüfer

33 Wirtschaftsprüfer sind in besonderer Weise mit dem Mangel an Regelungen zur Rechnungslegung der Stiftung konfrontiert. Denn die Stiftungsaufsicht verzichtet regelmäßig auf eine eigene Prüfung, wenn die Stiftung ihren Abschluss bereits durch einen Wirtschaftsprüfer hat prüfen lassen.

Weitere Vorrausetzung dafür, dass die Stiftungsaufsicht keine eigene Prüfung durchführt, ist regelmäßig, dass die Jahresabschlussprüfung durch den Wirtschaftsprüfer erweitert wird um die Prüfung der Erhaltung des Stiftungsvermögens und der satzungsmäßigen Verwendung der Stiftungsmittel (vgl. z.B. § 7 Abs. 1 S. 2 StiftG NRW).

Viele Stiftungen machen von dieser Möglichkeit Gebrauch, weil sie ihren Abschlussprüfer dadurch selbst bestimmen können. Es kann aber auch die Stiftungsaufsicht selbst die Prüfung der Stiftung durch einen dann von ihr benannten Wirtschaftsprüfer anordnen.

34 Prüfen bedeutet in diesem Fall, einen Abgleich des Ist-Zustandes der Rechnungslegung der Stiftung mit dem Soll-Zustand, der sich aus den Rechnungslegungsnormen ergibt, vorzunehmen. Besteht keine Norm oder ist diese unklar, lässt sich keine ordnungsgemäße Prüfung durchführen. Die unklaren gesetzlichen Regelungen waren der Grund dafür, warum die Wirtschaftsprüfer schon Ende der Neunziger Jahre eindeutige Regelungen anstrebten. Mit seinen Verlautbarungen, insbesondere der **IDW Stellungnahme zur Rechnungslegung: Rechnungslegung von Stiftungen (IDW RS HFA 5)** und dem IDW Prüfungsstandard: **Prüfung von Stiftungen (IDW PS 740)** hat das Institut der Wirtschaftsprüfer in Deutschland e.V. (IDW) im Jahr 2000 die Berufsauffassung der Wirtschaftsprüfer dargelegt. Die Stellungnahme IDW

RS HFA 5 wurde in 2013 umfassend überarbeitet, der IDW PS 740 wird derzeit überarbeitet.

Die Verlautbarungen des IDW bieten einen ersten Ansatz zur Ausgestaltung der Rechnungslegung einer Stiftung (sowie deren Prüfung). Mangels gesetzlicher Ermächtigung haben die Verlautbarungen jedoch keinen unmittelbaren verbindlichen Charakter. Sie entfalten nur eine mittelbare Wirkung. Ohne die IDW Prüfungsstandards (IDW PS) ausdrücklich zu nennen, hat der Wirtschaftsprüfer nach der von der Wirtschaftsprüferkammer erlassenen Berufssatzung die fachlichen Regeln zu beachten (§ 4 Abs. 1 Satz 1 BS WP/vBP). Das IDW selbst weist darauf hin, dass eine Abweichung von den Verlautbarungen des IDW darzustellen und ausführlich zu begründen ist, weil die Abweichung ansonsten in haftungs-, berufsaufsichts- und strafrechtlichen Verfahren zum Nachteil des Wirtschaftsprüfers ausgelegt werden kann (IDW PS 201, Rn. 13). Mitglieder des IDW haben sich über die Satzung des IDW (§ 4 Abs. 9 IDW-Satzung) zur Einhaltung der IDW Verlautbarungen verpflichtet. Dies gilt zumindest für die Prüfungsstandards des IDW, allerdings ist auch eine Nichtanwendung der Stellungnahmen zur Rechnungslegung kritisch zu prüfen, da diesen zumindest aus Sicht des Berufsstandes der Charakter von „Grundsätzen ordnungsmäßiger Buchführung" (GoB) beigemessen wird → Kapitel E Rn. 5 f.

Die Stellungnahme zur Rechnungslegung von Stiftungen behandelt sowohl die *Bilanzierung* von Stiftungen, als auch die Aufstellung einer *Einnahmen-Ausgabenrechnung* mit einer *Vermögensübersicht*. Bei den Erläuterungen zur Bilanzierung geht es insbesondere um die Besonderheiten bei Stiftungen (z.B. Gliederung des Eigenkapitals), während für die Einnahmen-Ausgabenrechnung mit Vermögensübersicht grundlegende Normen festgelegt werden, da in diesem Bereich keine gesetzlichen Vorgaben existieren.

<small>Fragestellungen, mit denen sich die Stellungnahme beschäftigt, sind beispielsweise, welche Vermögenswerte in einer Vermögensübersicht gezeigt werden sollten, ob Schulden ebenfalls in die Vermögensübersicht aufzunehmen sind und wie die Bewertung innerhalb der Vermögensübersicht erfolgen sollte (Kapitel D).</small>

Das IDW empfiehlt die Einnahmen-Ausgabenrechnung mit Vermögensübersicht nur für leicht überschaubare Verhältnisse, in denen sich die Zufälligkeiten der Zahlungszeitpunkte nicht wesentlich auswirken (IDW RS HFA 5 Rn. 32 f.).

Im Jahr 2010 wurde die **IDW Stellungnahme zur Rechnungslegung:** 35 **Besonderheiten der Rechnungslegung Spenden sammelnder Organisationen (IDW RS HFA 21)** veröffentlicht, welche über IDW RS HFA 5 Rn. 17 Fn. 18 auch für Spenden sammelnde Stiftungen relevant ist. Die Stellungnahme betrifft insofern Stiftungen, die aktiv Spenden sammeln und deren Anteil von Spenden an den Gesamteinnahmen nicht unwesentlich ist (→ Kapitel E Rn. 214 ff.).

Zusammenfassend haben die Stellungnahmen des IDW nicht die Qualität gesetzlicher Normen, werden aber immer dann relevant, wenn sich die Stiftung durch einen Wirtschaftsprüfer prüfen lässt und geben darüber hinaus wertvolle Hinweise und Auslegungen zu stiftungsspezifischen Fragestellungen der Rechnungslegung.

c) Selbstverpflichtungen

36   Neben den genannten Vorgaben existieren eine Reihe von Prinzipien und Kodizes, denen sich Stiftungen freiwillig unterwerfen können. Zielsetzung solcher Selbstverpflichtungen ist es, Transparenz nach Außen zu schaffen. Insbesondere für Spenden sammelnde Stiftungen ist es wichtig, das Vertrauen der Spender zu gewinnen und im Zeitablauf nicht zu verlieren. Solche „Codes of Good Practice" hat beispielsweise der Bundesverband Deutscher Stiftungen e.V. mit seinen **„Grundsätzen guter Stiftungspraxis"** im Jahr 2006 herausgegeben.

Die Grundsätze guter Stiftungspraxis stehen zum Download für jedermann unter „http://www.stiftungen.org/de/news-wissen/grundsaetze-guter-stiftungspraxis.html" zur Verfügung.

Allerdings sind die Empfehlungen zur Rechnungslegung sehr allgemein gehalten. So führt der Grundsatz 3 zur Rechnungslegung aus: „Das Rechnungswesen bildet die wirtschaftliche Lage der Stiftung zeitnah, vollständig und sachlich richtig ab". Um die Grundsätze zu verdeutlichen hat der Bundesverband im Jahr 2014 die Broschüre „Die Grundsätze guter Stiftungspraxis: Erläuterungen, Hinweise und Anwendungsbeispiele aus dem Stiftungsalltag" veröffentlicht, die u.a. auch die Erwartungen an die Rechnungslegung von Stiftungen konkretisiert.

Ergänzend zu den „Grundsätzen Guter Stiftungspraxis" haben Vorstand und Beirat des Bundesverbandes Deutscher Stiftungen am 30. März 2012 speziell für Treuhandstiftungen die **„Grundsätze Guter Verwaltung von Treuhandstiftungen"** – sog. Treuhandverwaltungs-Grundsätze – verabschiedet. Diese Grundsätze enthalten Qualitätsanforderungen an Verwalter und bieten für Stifter Anhaltspunkte für die Auswahl eines Dienstleisters als Treuhänder des Stiftungsvermögens.

37   Das **European Foundation Centre (EFC)** mit Sitz in Brüssel versteht sich als Koordinator von Stiftungsinteressen in Europa. Es hat im Jahr 2006 die „EFC Principles of Good Practice" herausgebracht. Diese verpflichten Stiftungen allerdings nur zur Anwendung der Rechnungslegungs- und Buchführungsvorschriften im Land ihrer Geschäftsführung. Freiwillige Ergänzungen sind jedoch jederzeit möglich (Näheres unter www.efc.be).

38   Das **Deutsche Zentralinstitut für soziale Fragen (dzi)** mit Sitz in Berlin verleiht das sog. Spenden-Siegel an Spenden sammelnde Organisationen und ist selbst eine Stiftung bürgerlichen Rechts. Um das dzi Spenden-Siegel zu erhalten, muss sich die Spenden sammelnde Stiftung zu einer ordnungsgemäßen Rechnungslegung verpflichten, die in Ausführungsbestimmungen des dzi konkretisiert ist. Maßgebend für den Umfang der Rechnungslegung und die

Prüfungspflicht ist das jährliche Sammelergebnis, bestehend aus Spenden, Mitgliedsbeiträgen, Bußgeldern, Zinsen, Erbschaften und Schenkungen (vgl. im Einzelnen www.dzi.de).

Ähnliches gilt für den **Deutschen Spendenrat e.V.** Auch dieser hat für seine Mitglieder Vorgaben herausgegeben, welche von diesen einzuhalten sind. Die Mitglieder geben eine Selbstverpflichtungserklärung ab, in der sie sich u.a. verpflichten, den Jahresabschluss prüfen zu lassen und offenzulegen (vgl. zu weiteren Details www.spendenrat.de).

III. Methoden der Rechnungslegung

1. Überblick über die Rechnungslegungsmethoden

Es werden drei Methoden der Rechnungslegung unterschieden, die *Kameralistik*, die *Einnahmen-Ausgabenrechnung* und die *kaufmännische Rechnungslegung*. Die Methoden unterscheiden sich insbesondere hinsichtlich der Periodenzuordnung der Zahlungsströme. Die Kameralistik ist dabei als eine Unterform der Einnahmen-Ausgabenrechnung zu sehen.

Über die gesamte Lebensdauer einer Stiftung kommen alle drei Systeme nominal zum gleichen Ergebnis. Während die kamerale und die einfache Buchführung (Einnahmen-Ausgabenrechnung) vorwiegend die Zahlungsströme direkt abbilden, werden die in der kaufmännischen Rechnungslegung erfassten Zahlungsströme als Aufwendungen und Erträge den einzelnen Perioden zugeordnet. Früher oder später werden die Aufwendungen und Erträge aber ebenfalls zahlungswirksam. Die folgende Abbildung gibt eine Übersicht über die einzelnen Methoden und ihre Bestandteile:

Buchführung	Rechnungslegung	Bestandteile des Abschlusses
einfach	Einnahmen-Ausgabenrechnung	1. Einnahmen-Ausgabenrechnung 2. Vermögensübersicht
doppelt	kaufmännischer Jahresabschluss	1. Bilanz 2. Gewinn- und Verlustrechnung 3. Anhang 4. Lagebericht
kameral	Haushalt	1. Haushaltsplan (Soll-Einnahmen/-Ausgaben) 2. Verwaltungshaushalt (Ist-Einnahmen/-Ausgaben) 3. Vermögenshaushalt

Abb. 4: Methoden der Rechnungslegung

2. Kameralistik

40 Die *Kameralrechnung* stellt die tatsächlichen Veränderungen des Bestandes der liquiden Mittel den zuvor geplanten Einnahmen und Ausgaben (Haushaltsplan) gegenüber. Sie stellt damit eine **liquiditätsmäßige Soll-Ist-Rechnung** dar. Bei der Kameralistik handelt es sich um das Rechnungswesen der öffentlich-rechtlichen Verwaltung. Sie wird deshalb teilweise bei öffentlich-rechtlichen Stiftungen angewendet und kommt ansonsten insbesondere bei Stiftungen vor, die von Trägern der öffentlichen Hand verwaltet werden. Auch den Stiftungsaufsichtsbehörden, die selbst dem Haushaltsrecht unterliegen, ist die Kameralrechnung grundsätzlich vertraut.

Die Vorgehensweise bei einer kameralen Buchführung ist wie folgt: Zunächst wird ein Soll-Etat im Voraus geplant (Haushaltsplan) der nach Ablauf der Rechnungslegungsperiode mit dem Ist-Etat abgeglichen wird. Es werden Einnahmen und Ausgaben nach systematisch geordneten Haushaltstiteln geplant und später im Ist erfasst. Das Ergebnis der Rechnung ist die Einhaltung des Plans, herabgebrochen auf die einzelnen Titel.

Die kamerale Buchführung kommt selbst bei öffentlich-rechtlichen Stiftungen nur noch selten vor, da sich die kaufmännische Buchführung hier als überlegen erwiesen hat. Im Folgenden wird auf diese Methode der Rechnungslegung nicht weiter eingegangen.

3. Einnahmen-Ausgabenrechnung mit Vermögensübersicht

41 Die **Einnahmen-Ausgabenrechnung** zeigt ebenfalls nur die Veränderung des Finanzmittelbestandes. Im Gegensatz zur Kameralrechnung fehlt jedoch der Soll-Ist-Vergleich. Sie bildet nur die vergangenen Zahlungsströme ab. Dies gilt für alle Zahlungsströme, also beispielsweise auch für Finanzierungsströme wie die Aufnahme und Tilgung von Darlehen. Die Ausstattung der Stiftung mit Sachmitteln, Sach-Zustiftungen oder Sachspenden stellen keine Zahlungsströme dar; sie sollten allerdings aus Gründen der Vollständigkeit der Rechnungslegung mittels einer Fiktion eines Geldflusses berücksichtigt werden (vgl. IDW RS HFA 5 Rn. 82, → Kapitel D Rn. 8).

Die Aussagekraft einer Einnahmen-Ausgabenrechnung ist, zumindest wenn eingehende oder verausgabte Mittel mehrere Jahre betreffen, begrenzt. Sie kommt dennoch insbesondere bei kleineren Stiftungen häufig vor, da sie einfacher als die kaufmännische Buchführung zu handhaben ist. Wenn eine Einnahmen-Ausgabenrechnung als *Jahresrechnung* vorgelegt wird, ist diese zwingend um eine **Vermögensübersicht** zu ergänzen. Dies ergibt sich aus der Tatsache, dass eine Erhaltung des Stiftungsvermögens nur mittels einer Vermögensübersicht, aber nicht durch eine Einnahmen-Ausgabenrechnung nachgewiesen werden kann. Daher wird diese Ergänzung auch in sämtlichen Landesstiftungsgesetzen gefordert.

III. Methoden der Rechnungslegung

Der Begriff der „Jahresrechnung" grenzt sich hierbei vom Begriff des „Jahresabschlusses" ab, welcher das Ergebnis der kaufmännischen Rechnungslegung darstellt.

Ein Unterfall der Einnahmen-Ausgabenrechnung ist die vor allem für Zwecke der Besteuerung eingesetzte **Einnahmen-Überschussrechnung**. Diese erfasst zunächst den Zu- und Abfluss von Geldmitteln. Durchlaufende Posten sowie die Aufnahme und Tilgung von Darlehen werden jedoch nicht erfasst (§ 4 Abs. 3 S. 2 EStG). Investitionen werden über Abschreibungen (steuerlich: Absetzungen für Abnutzungen, kurz AfA) berücksichtigt (§ 4 Abs. 3 S. 3 EStG). Mit Ausnahme der Abschreibung findet, ebenso wie bei der Einnahmen-Ausgabenrechnung, keine Periodisierung statt.

Zu den Details zu dieser Rechnungslegungsmethode wird auf das **Kapitel D** verwiesen.

4. Kaufmännische Rechnungslegung

Die kaufmännische Rechnungslegung stellt unabhängig vom Zeitpunkt des Zu- und Abflusses der Mittel auf die *periodengerechte Erfassung* der Aufwendungen und Erträge ab. Systematisch verlangt diese Methode der Rechnungslegung eine Verknüpfung zwischen der Erfassung der Stromgrößen (Gewinn- und Verlustrechnung) und der Bestandsgrößen (Bilanz).

Die **Bilanz** stellt die *Bestandsrechnung* dar, welche das Vermögen der Stiftung zu einem bestimmten Stichtag zeigt. Dabei wird das Vermögen zweifach dargestellt:

— Auf der *Aktivseite* der Bilanz wird aufgezeigt, in welche Vermögensgegenstände die Mittel der Stiftung investiert sind.
— Auf der *Passivseite* wird die Finanzierung des Vermögens abgebildet.

Die **Gewinn- und Verlustrechnung** (GuV) ist eine *Stromgrößenrechnung*, hier werden die Aufwendungen und Erträge einer bestimmten Periode gezeigt, i.d.R. eines Jahres. Bilanz und GuV sind miteinander verknüpft, d.h. in der Regel berührt eine Buchung sowohl die Bilanz als auch die GuV. Buchungen erfolgen bei dieser Buchführungsmethode jeweils doppelt (Soll an Haben), weshalb auch von der doppelten Buchführung gesprochen wird. Das Jahresergebnis findet sich sowohl in der Bilanz (innerhalb des Eigenkapitals) als auch in der GuV wieder.

In bestimmten Fällen ist der Jahresabschluss um einen Anhang zu ergänzen und es ist zusätzlich ein Lagebericht aufzustellen. Der **Anhang** ist zwingend von Kapitalgesellschaften zu erstellen und gibt zusätzliche Informationen zum Jahresabschluss, während der **Lagebericht** die Lage der Stiftung verbal darstellt und zusätzlich auf die zukünftige Entwicklung eingeht.

Zu den Details eines kaufmännischen Jahresabschlusses wird auf das **Kapitel E** verwiesen.

5. Gründe für die Entscheidung zur Jahresrechnung bzw. zum Jahresabschluss

43 Stiftungen müssen unter bestimmten Umständen einen kaufmännischen Jahresabschluss aufstellen, beispielsweise wenn sie einen größeren wirtschaftlichen Geschäftsbetrieb führen (→ Rn. 23). Unabhängig von der Verpflichtung zur Bilanzierung stellt sich für viele Stiftungen die Frage, ab wann eine Bilanzierung Sinn ergibt, und wann die einfachere Variante der Jahresrechnung ausreichend ist. Die Problematik ergibt sich insbesondere dann, wenn zunächst sehr kleine Stiftungen im Zeitablauf größer und komplexer werden, und sich die Frage nach einer Umstellung von einer Jahresrechnung auf einen (kaufmännischen) Jahresabschluss stellt (vgl. auch *Spiegel*, Warum ist die Bilanzierung für größer werdende Stiftungen empfehlenswert? In S&S 3/1999, S. 8/9, der anhand eines Beispiels die Unzulänglichkeiten einer Jahresrechnung ab einer gewissen Komplexität darstellt).

44 Kapitalgesellschaften werden entsprechend § 267 HGB in Größenklassen unterteilt. **Größenkriterien** hierfür sind die *Umsatzerlöse*, die *Bilanzsumme* und die *Arbeitnehmerzahl*. Überschreiten zwei der drei Kriterien an zwei aufeinanderfolgenden Stichtagen bestimmte Grenzen, gilt eine Kapitalgesellschaft als mittelgroß oder groß. Für Stiftungen eignen sich diese Kriterien nur bedingt: Kapitalstiftungen haben regelmäßig eine sehr hohe Bilanzsumme, was aber wenig über die Komplexität der Stiftung aussagt, und andererseits häufig keine Umsatzerlöse. Auch die übrigen Erlöse (z.B. Zinsen) sind im Vergleich zur Bilanzsumme eher gering. Das IDW schlägt gleichwohl vor, diese Kriterien heranzuziehen für die Frage, ob die zusätzlichen Anforderungen für Kapitalgesellschaften (z.B. Aufstellung eines Anhangs) bei bilanzierenden Stiftungen beachtet werden sollen (vgl. IDW RS HFA 5, Rn. 40, allerdings mit dem Hinweis, dass eine gewisse Komplexität hinzukommen muss). Sind die Kriterien schon generell auf Stiftungen bezogen fragwürdig (z.B. bei der Frage, ob ein Anhang aufgestellt werden sollte), eignen sich diese für die Frage, ob überhaupt bilanziert werden soll oder nicht, unseres Erachtens nicht.

45 Für die Fragestellung, ab wann bilanziert werden soll, müssen zunächst die Vorteile bzw. Nachteile, die jeweils mit einer Jahresrechnung bzw. einem kaufmännischen Jahresabschluss verbunden sind, betrachtet werden.

Als **Vorteile der Jahresrechnung** sind zu nennen:

– ihre Einfachheit,
– es sind keine Kenntnisse der doppelten Buchführung notwendig,
  So argumentiert beispielsweise *Hey* in *Tipke/Lang*: Eine periodisch genaue Ermittlung der positiven und negativen Erfolgsbeiträge sei so schwierig, dass sie nur von Fachleuten praktiziert werden kann (vgl. Tipke/Lang/*Hey*, Steuerrecht, 23. A. 2018, S. 323, mit Bezug auf die Einnahmen-Überschussrechnung).
– Der Stiftungsaufsicht ist die einfache Buchführung in Form einer Jahresrechnung häufig vertrauter, da sie als Teil der öffentlichen Verwaltung der Kameralistik näher steht als der Bilanzierung.

III. Methoden der Rechnungslegung

Demgegenüber sind als **Vorteile des kaufmännischen Jahresabschlusses** zu nennen:

– Die höhere *Sicherheit* der doppelten Buchführung,
– die höhere *Aussagekraft* eines Jahresabschlusses gegenüber einer Einnahmen-Ausgabenrechnung,
– die bessere *Vergleichbarkeit* von periodengerecht zugeordneten Stiftungsergebnissen.

Die höhere Sicherheit der doppelten Buchführung resultiert daraus, dass Buchungsfehler eher auffallen. Das Ergebnis wird zweimal ermittelt; über die Gewinn- und Verlustrechnung, aber auch über die Bilanz. Die Aktiva und Passiva müssen übereinstimmen.

Aus der Einnahmen-Ausgabenrechnung kann zudem nicht ersehen werden, ob Zahlungen für eine oder mehrere Perioden geleistet bzw. empfangen wurden, was zu einer geringeren Aussagekraft dieser Rechnung führt. Schließlich sind Zahlungszeitpunkte gerade zum Jahresende hin häufig zufällig. Eine periodengerechte Zuordnung von Einnahmen und Ausgaben führt insofern zu einer besseren Vergleichbarkeit der Ergebnisse im Zeitablauf wie auch mit anderen Stiftungen.

> **Beispiel: Unterschiede der Methoden zur Rechnungslegung**
>
> Anfang Januar 01 wird die Ferdinand-Fleißig-Stiftung errichtet. Die Stiftungssatzung enthält keine nähere Bestimmung zur Rechnungslegung. Fleißig überträgt der Stiftung ein bebautes Grundstück. Das Gebäude hat einen Wert von 500.000 EUR. Im Kalenderjahr wird eine Miete von 20.000 EUR vereinnahmt. Die Nebenkosten trägt der Mieter selbst. Außerdem erhält die Stiftung ein Barvermögen von 50.000 EUR. Fleißig, der auch Stiftungsvorstand ist, legt das Geld Ende Juni in festverzinsliche Wertpapiere an. Die Zinsen i.H.v. 4% p.a. sollen jährlich am 1. Juli ausgezahlt werden.
>
> Das Kuratorium erteilt zwei Studenten im Herbst eine Förderzusage für ein Auslandssemester an einer renommierten japanischen Universität. Für das im März 02 beginnende Semester ist bis Ende Februar 02 eine Studiengebühr von umgerechnet 5.000 EUR pro Student zu überweisen.
>
> Ende des Jahres 01 befindet sich auf dem Bankkonto der Stiftung die für das Jahr 01 vereinnahmte Miete von 20.000 EUR. Auch die Einnahmen-Ausgabenrechnung schließt mit einem Überschuss von 20.000 EUR.
>
> Nach dem Blick auf den Kontoauszug, der ein Guthaben von 20.000 EUR ausweist, möchte das Kuratorium Ende Dezember 01 eine dritte Förderzusage über 5.000 EUR erteilen. Fleißig fragt sich, ob die 20.000 EUR Bankguthaben aus wirtschaftlicher Sicht wirklich zur Verfügung stehen. Er stellt folgende Berechnung an:

Forderung Zinsertrag: 50.000 EUR x 4 % x ½ Jahr	1.000 EUR
bereits erteilte Förderzusagen: 5.000 EUR x 2 Studenten	− 10.000 EUR
Abschreibung Gebäude: 500.000 EUR x 2 % x 1 Jahr	− 10.000 EUR
Belastung des Vermögens am Ende des Jahres 01	− 19.000 EUR

Die Gewinn- und Verlustrechnung hätte in diesem Fall also nur ein (periodengerecht zugeordnetes) Jahresergebnis von 1.000 EUR ausgewiesen. Daraufhin teilt er dem Kuratorium mit, dass wirtschaftlich gesehen nur (20.000 EUR Bankguthaben abzüglich 19.000 EUR Belastung =) 1.000 EUR zur Verfügung stehen und die Vergabe eines weiteren Stipendiums nicht möglich sei.

46　Im Ergebnis kann eine Jahresrechnung immer dann als sinnvoll angesehen werden, wenn die Verhältnisse leicht überschaubar sind und sich die Zufälligkeiten der Zahlungszeitpunkte nicht wesentlich auswirken (vgl. IDW RS HFA 5 Rn. 32). Umgekehrt sollten Stiftungen mit umfangreichen abnutzbaren Anlagevermögen und wesentlichen Forderungen, Verbindlichkeiten oder Rückstellungen, oder Stiftungen, deren Stiftungstätigkeit nicht durch einen gleichmäßigen Geschäftsverlauf geprägt ist, bilanzieren (vgl. IDW RS HFA 5 Rn. 33).

Als Kriterien für einfache Verhältnisse sind beispielsweise denkbar:

− Bar- bzw. Wertpapiervermögen statt Sachwerte (insb. Immobilien),
− ausschließlich fördernde und keine operative Tätigkeit,
− Die Stiftung hat kein eigenes Personal und damit keinen Personalaufwand,

Es werden keine Geschäftsanteile an anderen Gesellschaften gehalten.

Beispiel Entscheidungskriterien Rechnungslegungsmethode

Jahresrechnung
Die Norbert-Neureich-Stiftung weist ein erhebliches Stiftungsvermögen von 100 Mio. EUR aus. Dieses ist im Wesentlichen in festverzinslichen Wertpapieren investiert. Die Stiftung ist eine reine Förderstiftung; wenn entschieden wird, ein Projekt zu fördern, fließt das Geld kurze Zeit später ab.

→ Obwohl die Bilanzsumme und auch die Einnahmen signifikant hoch sind, erscheint die Stiftungstätigkeit über eine Jahresrechnung gut darstellbar.

Jahresabschluss
Die Denkmal-Stiftung hat als Stiftungsvermögen eine historische Siedlung übernommen, welche verwaltet und vermietet wird. Die Gebäude sind mit sehr niedrigen Werten von der Stiftung übernommen worden, da sie renovierungsbedürftig waren. Zudem arbeitet die Stiftung viel mit Subunternehmern und hat nur wenige eigene Mitarbeiter.

→ Obwohl die Bilanzsumme der Stiftung eher klein sein dürfte und die Stiftung nur wenig Personal hat, ist eine Bilanzierung anzuraten, um über die Abschreibungen den Werteverzehr des Anlagevermögens darzustellen und Instandhaltungsbedarf sowie Forderungen und Verbindlichkeiten aus der Bewirtschaftung adäquat abbilden zu können.

Wenn die Verhältnisse der Stiftung überschaubar sind, weichen kaufmännische Rechnungslegung und Einnahmen-Ausgabenrechnung nicht stark voneinander ab. Dies gilt auch hinsichtlich des Arbeitsaufwands, so dass teilweise die Auffassung vertreten wird, dass in diesen Fällen auch gleich eine kaufmännische Bilanzierung erfolgen kann (vgl. beispielsweise *Koss*, Rechnungslegung von Stiftungen, 2003, S. 156). Allerdings werden grundlegende Kenntnisse der kaufmännischen Bilanzierung immer notwendig sein, weshalb sehr kleine Stiftungen mit ausschließlich ehrenamtlichen Mitarbeitern in der Regel die Einnahmen-Ausgabenrechnung bevorzugen werden.

IV. Rahmenbedingungen zur Rechnungslegung

1. Beginn und Ende der Rechnungslegungspflicht

Die Stiftung beginnt zivilrechtlich mit Anerkennung durch die Stiftungsbehörde. Die Existenz einer sog. „Vorstiftung" vor Anerkennung durch die Behörde wird mittlerweile allgemein abgelehnt. Insofern ist die Formulierung des IDW, wonach die Pflicht zur Rechnungslegung mit der Aufnahme der Geschäftstätigkeit, spätestens jedoch mit dem Tag der Anerkennung beginnt, zumindest nicht klar formuliert (vgl. IDW RS HFA 5 Rn. 35; vgl. auch *Meyn/Richter/Koss/Gollan/Koss*: Die Stiftung 2013, S. 587; a.A. noch *Koss*: Rechnungslegung von Stiftungen, 2003, S. 102 f.). Eine Rechnungslegungspflicht vor Eintragung bezieht sich insofern nicht auf die Stiftung selbst.

Die Existenz einer sog. „Vorstiftung" ähnlich einer Vor-GmbH wurde immer wieder diskutiert, wird aber mittlerweile mehrheitlich abgelehnt (vgl. zuletzt BFH-Urteil vom 11.2.2015, X R 36/11, DB 2015, 1324 mit dem Hinweis, dass „nach wohl überwiegender Meinung in der Finanzrechtsprechung und in der Literatur (…) das Rechtsgebilde der Vorstiftung (…) abgelehnt" wird).

Bei Stiftungserrichtungen von Todes wegen gilt die Stiftung gemäß § 84 BGB für die Zuwendungen an die Stiftung als schon vor dem Tod des Stifters entstanden. In diesem Fall beginnt die Pflicht zur Rechnungslegung mit der fingierten Entstehung der Stiftung.

Die Auflösung einer Stiftung erfolgt entweder durch die Beendigung einer Liquidation, einer entsprechenden Satzungsvorschrift (z.B. bei einer Verbrauchstiftung) oder durch Hoheitsbeschluss (vgl. auch § 87 BGB). Im letzten

Fall kann die Stiftungsaufsicht eine Stiftung aufheben, wenn entweder der Stiftungszweck unmöglich geworden ist, oder die Stiftung das Gemeinwohl gefährdet.

Eine Auflösung einer Stiftung ist insofern kaum möglich. Derzeit wird insbesondere auch im Zusammenhang mit der geplanten Stiftungsrechtsreform darüber diskutiert, wie mit sog. „notleidenden Stiftungen" umgegangen werden soll. Dies sind Stiftungen, welche aufgrund des derzeitigen Zinsniveaus im Grunde keine Erträge mehr generieren, aber grundsätzlich ihre Stiftungszwecke in sehr geringem Umfang noch durchführen können. Vgl. zu der Thematik grundlegend *Hüttemann/Rawert*: die notleidende Stiftung, in: S&S 1/2014, Beilage Rote Seiten). Aktuell liegt zur Stiftungsrechtsreform ein erster Diskussionsentwurf der Bund-Länder-Arbeitsgruppe „Stiftungsrecht" für ein Gesetz zur Vereinheitlichung des Stiftungsrechts vom 27. Februar 2018 vor, welcher in den §§ 86-86h, 87 bis 87c BGB-Entwurf für die Themen Zulegung, Zusammenlegung, Auflösung und Aufhebung Lösungsvorschläge gibt.

Während eines Liquidationsverfahrens bleibt die Stiftung rechtsfähig. Die Liquidatoren veräußern das Stiftungsvermögen, tilgen die Schulden und kehren das verbliebene Vermögen an die Anfallsberechtigten aus (vgl. IDW RS HFA 5, Rn. 36). Die Rechnungspflicht bleibt bis zu dieser Auskehrung bestehen.

2. Buchführung

50   Nur wenige Landesstiftungsgesetze verweisen explizit auf die Pflicht zur Buchführung. Eine bestimmte Methode der Buchführung kann allerdings aus keinem Stiftungsgesetz abgeleitet werden. Teilweise wird diese ausdrücklich in die Wahl der Stiftung gestellt.

Vgl. hierzu beispielsweise Art. 16 Abs. 1 BayStG: „Die Stiftungen sind zu einer ordnungsgemäßen Buchführung verpflichtet. Die Buchführungsart können sie im Rahmen der gesetzlichen Bestimmungen selbst wählen."

Überschreitet die Stiftung die abgabenrechtlichen Größenkriterien (§ 141 AO), kann sie jedoch vom Finanzamt zur doppelten Buchführung und Bilanzierung für ihren wirtschaftlichen Bereich aufgefordert werden. Dazu muss sie mit ihrer wirtschaftlichen Tätigkeit mehr als 600.000 EUR Umsatz oder 60.000 EUR Gewinn machen.

Grundsätzlich kann parallel zu den Rechnungslegungsmethoden (→ Rn. 39) zwischen der *einfachen Buchführung*, der *doppelten Buchführung* und der *kameralen Buchführung* unterschieden werden.

51   Die **doppelte Buchführung** weist ein geschlossenes Kontensystem auf, welches sämtliche Vorgänge nicht nur in zeitlicher sondern auch in sachlicher Ordnung erfasst. Jeder Vorgang (jede Buchung) berührt mindestens zwei Konten, es wird also „doppelt" gebucht (eine Soll- und eine Habenbuchung). Häufig ist ein Konto ein Aufwands- oder Ertragskonto (Erfolgskonto), welches abschließend in die Gewinn- und Verlustrechnung fließt, während das andere

Konto ein Bestandskonto ist, welches sich im Rahmen des Jahresabschlusses in der Bilanz wiederfindet. Daher wird letztendlich der Erfolg ebenfalls doppelt ermittelt: einerseits über die Bilanz, andererseits wird der Erfolg über die GuV ermittelt.

Demgegenüber steht die **einfache Buchführung:** Sie beschränkt sich auf die Erfassung der Einnahmen und Ausgaben und stellt insofern in ihrer einfachsten Form eine Kassenveränderungsrechnung dar. Eine Vermögensübersicht kann nur mittelbar über ein Inventar ermittelt werden, sie kann nicht aus der Buchführung selbst abgeleitet werden (vgl. *Coenenberg/Haller/Mattner/Schultze*: Einführung in das Rechnungswesen, 6. Aufl. 2016 S. 122). Ergebnis der einfachen Buchführung ist die Einnahmen-Ausgabenrechnung; mit bestimmten Modifikationen auch die steuerliche Einnahmen-Überschussrechnung nach § 4 Abs. 3 EStG (→ Kapitel D Rn. 15 ff.).

Handelsübliche Buchführungsprogramme verbuchen Geschäftsvorfälle (fast) immer nach der doppelten Buchführung, auch wenn am Ende eine einfache Einnahmen-Ausgabenrechnung erzeugt wird.

Die **kameralistische (oder kamerale) Buchführung** stellt ebenfalls eine reine Einnahmen-Ausgabenrechnung dar. Basis ist hier der Haushaltsplan, so dass am Ende die Plan-Einnahmen und -Ausgaben den Ist-Einnahmen und -Ausgaben gegenüberstehen.

3. Kontenrahmen und Kontenplan

Die Buchhaltung und damit der **Kontenplan** einer Stiftung muss den stiftungsrechtlichen Besonderheiten Rechnung tragen. Für die Stiftungsaufsicht ist insbesondere der gesonderte Ausweis des erhaltungspflichtigen Grundstockvermögens zum Nachweis seiner Erhaltung von Bedeutung.

Steuerbegünstigte Stiftungen müssen mittels ihrer Buchführung zudem nachweisen, dass sie ihre Mittel zeitnah und ausschließlich für die steuerbegünstigten Satzungszwecke verwendet haben. Darüber hinaus sollte bereits in der Buchführung eine einfache Aufteilung in die vier Tätigkeitsbereiche (vier Sphären des Gemeinnützigkeitsrechts) erfolgen. Soweit zahlreiche Aufwendungen und Erträge zu unterschiedlichen Bereichen gehören, kann sich auch eine Zuordnung über eine Kosten- und Leistungsrechnung empfehlen.

Aus buchungstechnischen Überlegungen heraus werden bei Stiftungen einzelne Bereiche teilweise auch in eigenen Buchungskreisen gebucht und dann eigene (Teil-)Jahresabschlüsse für diese Bereiche erstellt, insbesondere für steuerpflichtige wirtschaftliche Geschäftsbetriebe und Zweckbetriebe. Um den zusammengefassten Jahresabschluss der Stiftung zu erhalten, müssen die Teilabschlüsse in entsprechender Anwendung der Vollkonsolidierung einer Konzernrechnungslegung zu einem konsolidierten Jahresabschluss zusammengefasst werden.

Basis für die Buchführung ist der **Kontenrahmen**. Dieser versucht, die Konten und Kontengruppen zu vereinheitlichen, um so eine einheitliche Buchungspraxis zu erreichen. Die bekanntesten Kontenrahmen sind die Kontenrahmen der Industrie (IKR) sowie die DATEV-Standardkontenrahmen (SKR). Die DATEV e.G., Nürnberg, bietet mit dem SKR 49 eine Branchenlösung für gemeinnützige Körperschaften an. Für die Rechnungslegung von Stiftungen wurde insbesondere die Stellungnahme des IDW zur Rechnungslegung von Stiftungen berücksichtigt (IDW RS HFA 5). Daneben wird den ertrag- und umsatzsteuerlichen Besonderheiten der steuerbegünstigten Stiftungen Rechnung getragen.

Das folgende Schaubild stellt den Kontenrahmen SKR 49 den beiden allgemeinen und weit verbreiteten DATEV-Kontenrahmen SKR 03 und SKR 04 gegenüber:

Konten-klasse		SKR 03 Leistungsprozessgliederung Gemeinschaftskontenrahmen		SKR 04 Abschlussgliederung Industriekontenrahmen		SKR 49 Bereichsgliederung Vereinskontenrahmen
0	↓ von der Produktion zum Verkauf ↓	langfristiges Kapital (Anlagevermögen)	Bilanz Aktiva	Anlagevermögen	Zweckerfüllung	langfristiges Kapital (Anlagevermögen)
1		kurzfristiges Kapital (Umlaufvermögen)		Umlaufvermögen		kurzfristiges Kapital (Umlaufvermögen)
2		neutrale Aufwendungen und Erträge	Bilanz Passiva	Eigenkapital		ideeller Bereich
3		Stoffe und Warenbestände		Fremdkapital		neutrale Einnahmen und Ausgaben
4		Kostenarten	Gewinn- und Verlustrechnung	Erträge	Verm. Verw	Vermögensverwaltung
5		(Kostenstellen)		Materialaufwand	Zweck- betrieb	Zweckbetrieb Sport
6		(Kostenstellen)		Personal, AfA, sonstige betriebliche Aufwendungen		andere Zweckbetriebe
7		Erzeugnisse		weitere Aufwendungen und Erträge	Geschäfts- betrieb	Geschäftsbetrieb Sport
8		Erträge		(Kostenstellen)		andere Geschäftsbetriebe
9		(Abschlusskonten)				

Abb. 5: Vergleich der Kontenrahmen der DATEV e.G.

Erkennbar ist, dass insbesondere die steuerlichen Sphären innerhalb der Kontenklassen des SKR 49 abgebildet werden. Dies bedeutet allerdings nicht zwingend, dass dieser Kontenrahmen von gemeinnützigen Organisationen verwendet werden muss. Entscheidet sich die Stiftung für einen der anderen Kontenrahmen, so kann die Abgrenzung der einzelnen Sphären auch über Unterkonten oder aber über eine Kosten- und Leistungsrechnung erfolgen.

54   Spezielle Branchen haben eigene Kontenrahmen. Zu nennen sind beispielsweise Banken und Versicherungen. Für Stiftungen sind die speziellen Kontenrahmen der Anstaltsstiftungen relevant: Stiftungen, die ein **Krankenhaus** betreiben, haben den *Kontenrahmen nach Krankenhausbuchführungsverordnung* anzuwenden (Anlage 4 KHBV), Stiftungen, die eine **Pflegeeinrichtung** betreiben, den *Kontenrahmen nach Pflegebuchführungsverordnung* (Anlage 4 PBV).

55   Aus dem Kontenrahmen wird der individuelle Kontenplan für die einzelne Stiftung erstellt. Hierzu werden einerseits Konten, die der Kontenrahmen vorsieht, aber die nicht benötigt werden, weggelassen, andererseits kann der

IV. Rahmenbedingungen zur Rechnungslegung

Kontenrahmen an die individuellen Verhältnisse durch Ergänzungen und Erweiterungen angepasst werden (vgl. *Eisele/Knobloch*: Technik des betrieblichen Rechnungswesens, 8. Aufl. 2011, S. 717 ff.). Hierüber besteht die Möglichkeit, die eigentlich für Profitunternehmen gedachten Kontenrahmen an die individuellen Gegebenheiten einer Stiftung und des Gemeinnützigkeitsrechts anzupassen.

4. Aufstellungs- und Einreichungsfristen

Stiftungen unterliegen unterschiedlichen Aufstellungs- und Einreichungsfristen hinsichtlich der geforderten Rechnungslegung. Diese ergeben sich aus den jeweiligen Landesstiftungsgesetzen. In einigen Ländern wird die Einreichungsfrist gesetzlich verlängert, wenn statt des einfachen Abschlusses ein geprüfter Abschluss eingereicht wird. Die folgende Übersicht nennt die Fristen in den einzelnen Bundesländern:

Bundesland	Vorschrift	Aufstellungszeitraum	bei Prüfung
Baden-Württemberg	§ 9 Abs. 2 Nr. 3 StiftG BaWü	6 Monate	identisch
Bayern	Art. 16 Abs. 1 BayStG	6 Monate	identisch
Berlin	§ 8 Abs. 2 Nr. 1 StiftG Bln	4 Monate	8 Monate
Brandenburg	§ 6 Abs. 2 StiftG Bbg	6 Monate	identisch
Bremen	§ 12 Abs. 2 Nr. 2 BremStiftG	auf Verlangen	identisch
Hamburg	§ 5 Abs. 2 HambStiftG	6 Monate	9 Monate
Hessen	§ 7 Nr. 2 HessStiftG	6 Monate	identisch
Mecklenburg-Vorpommern	§ 4 Abs. 2 Nr. 2 StiftG M-V	9 Monate	identisch
Niedersachsen	§ 11 Abs. 3 NStiftG	5 Monate	identisch
Nordrhein-Westfalen	§ 7 Abs. 1 StiftG NRW	12 Monate	identisch
Rheinland-Pfalz	§ 9 Abs. 2 StiftG RhPf	9 Monate	identisch
Saarland	§ 11 Abs. 2 Nr. 2 SaarlStiftG	6 Monate	identisch
Sachsen	§ 6 Abs. 2 SächsStiftG	6 Monate	identisch
Sachsen-Anhalt	§ 7 Abs. 5 StiftG LSA	12 Monate	identisch
Schleswig-Holstein	§ 10 Abs. 1 StiftG Schl-H	8 Monate	identisch
Thüringen	§ 8 Abs. 4 ThürStiftG	6 Monate	identisch

Abb. 6: Fristen zur Einreichung der Rechnungslegungsunterlagen bei der Stiftungsaufsicht

Die landesrechtlichen Fristen gelten jedoch nur, wenn sich nicht aus weiteren für die jeweilige Stiftung einschlägigen Gesetzen andere Aufstellungsfristen ergeben. Aus dem **Handelsgesetzbuch** ergibt sich keine Aufstellungsfrist für Stiftungen, da es eine Frist ausschließlich für Kapitalgesellschaften vorsieht (§ 264 Abs. 1 HGB). Für den Fall, dass die Stiftung in der Rechtsform einer Kapitalgesellschaft geführt wird, beträgt die Aufstellungsfrist hiernach *drei Monate*, für kleine Kapitalgesellschaften *sechs Monate*. Eine Aufstellungsfrist kann sich für Stiftungen ansonsten aus dem **Publizitätsgesetz** ergeben. Stiftungen, die dem Anwendungsbereich des Publizitätsgesetzes unterliegen, haben den Jahresabschluss innerhalb von *drei Monaten* (§ 5 Abs. 1 Satz 1 PublG; dies bedeutet eine Verkürzung der Aufstellungsfrist in allen Ländern), einen etwaigen Konzernabschluss innerhalb von *fünf Monaten* (§ 13 Abs. 1 PublG) des Geschäftsjahres für das vorausgegangene Geschäftsjahr aufzustellen. Betreibt die Stiftung ein **Krankenhaus**, gilt eine Frist von *vier Monaten* (§ 4 Abs. 2 KHBV), betreibt sie eine **Pflegeeinrichtung**, beträgt die Frist *sechs Monate* (§ 4 Abs. 1 Satz 2 PBV).

5. Feststellung und Unterschrift

58 Für Stiftungen gibt es keine Vorschriften, wie im Hinblick auf den aufgestellten Jahresabschluss zu verfahren ist. Die Aufstellung des Jahresabschlusses liegt in der Verantwortung des Stiftungsvorstandes. Dieser kann die letztendliche Verantwortung nicht delegieren. Es empfiehlt sich daher, in Analogie zum kaufmännischen Jahresabschluss, dass der Vorstand die Rechnungslegungsunterlagen, wie in § 245 HGB gefordert, unter Angabe des Datums unterzeichnet (vgl. IDW RS HFA 5 Rn. 26).

Auch eine Feststellung des Jahresabschlusses ist nicht geregelt, da für Stiftungen vom Gesetz her zwingend nur ein Organ vorgesehen ist (der Stiftungsvorstand). Es empfiehlt sich aber, wenn beispielsweise ein Kuratorium eingesetzt ist, dass dieses den Jahresabschluss feststellt. Dies kann der Stifter bereits in der Satzung bestimmen.

6. Aufbewahrungspflichten

59 Das Zivilrecht (BGB) und auch die Landesstiftungsgesetze sehen keine explizite Pflicht zur Aufbewahrung von Unterlagen zwecks späterer Prüfung vor. Allerdings haben Stiftungen ihre Jahresrechnung der Stiftungsaufsicht vorzulegen und auf Anfrage weitere Unterlagen hierzu einzureichen (vgl. z.B. § 11 Abs. 1 NStiftG, § 7 Abs. 3 StiftG NRW). Hieraus kann implizit auf eine Aufbewahrungspflicht zumindest für eine gewisse Zeit geschlossen werden. Sinn ergibt es, sich an den *Aufbewahrungsfristen des Handelsrechts* zu orientieren, zumal diese mit den steuerlichen Fristen nahezu identisch sind (§§ 257 HGB, 147 Abs. 3 AO; Unterschiede bestehen lediglich beim Beginn der Frist). Das HGB sieht vor, dass die Unterlagen des Rechnungswesens *zehn Jahre*, der Schriftverkehr *sechs Jahre* aufzubewahren sind.

Steuerlich gelten die gleichen Fristen, wobei diese nicht ablaufen, soweit und solange bei steuerlich relevanten Unterlagen die Festsetzungsfrist noch nicht abgelaufen ist (§ 147 Abs. 3 S. 3 AO). Entsprechend der **Grundsätze zur ordnungsmäßigen Führung und Aufbewahrung von Büchern, Aufzeichnungen und Unterlagen in elektronischer Form sowie zum Datenzugriff (GoBD)** können die Finanzbehörden elektronisch geführte Unterlagen auch elektronisch auswerten (vgl. BMF 14.11.2014 – IV A 4 – S 0316 – 13/10003, BStBl. I 2014, 1450). Entsprechend sind diese Unterlagen auch elektronisch aufzubewahren und bei Bedarf wieder lesbar auswertungsfähig zu machen.

IV. Rahmenbedingungen zur Rechnungslegung

Die GoBD gelten seit 2015 und haben die Grundsätze zum Datenzugriff und zur Prüfbarkeit digitaler Unterlagen (GDPdU) ersetzt.

7. Offenlegung und Publizität

Die Landesstiftungsgesetze bestimmen in der Regel, dass der Stiftungsvorstand die Jahresrechnung und den Bericht über die Erfüllung des Stiftungszwecks der Stiftungsaufsicht innerhalb einer bestimmten Frist vorzulegen hat. Anders als bei Kapitalgesellschaften besteht für Stiftungen grundsätzlich aber keine Pflicht, ihre Jahresrechnungen weiteren Personen offen zu legen. Lediglich bei Überschreiten der Größenkriterien des Publizitätsgesetzes wird die Stiftung offenlegungspflichtig (Einreichung und Bekanntmachung über den elektronischen Bundesanzeiger innerhalb von zwölf Monaten nach dem Abschlussstichtag (§ 9 Abs. 1 Satz 1 PublG i.V.m. § 325 HGB)).

Daneben ist die Stiftung GmbH als Kapitalgesellschaft (§ 325 HGB) und die Stiftung & Co. KG als den Kapitalgesellschaften gleichgestellte Rechtsform (§§ 325, 264a HGB) zur Offenlegung ihres Jahresabschlusses beim Bundesanzeiger verpflichtet.

Die Transparenz von Stiftungen ist auch Thema der Bund-Länder-Arbeitsgruppe „Stiftungsrecht", die im Jahr 2014 zur Erarbeitung von Reformvorschlägen für das Stiftungsrecht eingerichtet worden ist und mittlerweile einen ersten Diskussionsentwurf für ein Gesetz zur Vereinheitlichung des Stiftungsrechts vorgelegt hat.). Ergebnis der Überlegungen zur Transparenz ist der Vorschlag, ein Stiftungsregister einzuführen. Weitergehende Vorschriften zur Rechnungslegung oder Offenlegung von Stiftungen werden von der Arbeitsgruppe abgelehnt.

Dem Stiftungsregister ist allerdings das seit 2017 eingerichtete Transparenzregister ein Stück weit zuvor gekommen (vgl. zum Transparenzregister in Bezug auf gemeinnützige Stiftungen: *Nadwornik,* npoR 2017, S. 233 ff.)

Zu weiteren Einzelheiten hinsichtlich der Publizität von Stiftungen wird auf **Kapitel G** verwiesen.

C. Steuerrechtliche Vorschriften für Stiftungen und deren Auswirkung auf die Rechnungslegung

Übersicht

	Rn.
C. Steuerrechtliche Vorschriften für Stiftungen und deren Auswirkung auf die Rechnungslegung	1
I. Einführung	1
1. Steuerliche Sphären	4
2. Steuerliche Einkunftsarten	8
II. Steuerrechtliche Rechnungslegungspflichten	16
1. Aus nicht-steuerlichen Vorschriften abgeleitete Buchführungs- und Aufzeichnungspflichten	18
2. Originär steuerliche Buchführungs- und Aufzeichnungspflichten	23
a) Voraussetzungen	24
b) Inhalt	29
III. Nachweis gemeinnütziger Mittelverwendung durch steuerbegünstigte Stiftungen	32
1. Aufstellung der Einnahmen und Ausgaben	34
2. Vermögensübersicht	44
3. Mittelverwendungsrechnung	46
a) Mittelverwendungsgebote und -verbote	51
b) Mittelvortrag	53
c) Steuerliche Rücklagen	56
aa) Abgrenzung zum Handelsrecht	58
bb) Einzelne Rücklagen	60
cc) Ausweis	79
d) Vermögen	84
e) Mittelverwendungsrechnung	89
aa) Anforderungen und Lösungsmodelle	90
bb) Besonderheiten bei bilanzierenden Stiftungen	93
cc) Zahlungsstromorientierte Mittelverwendungsrechnung mit Überleitung zur Vermögensrechnung	97
4. Tätigkeitsbericht	101
5. Besonderheiten der Wohlfahrtspflege	103

I. Einführung

1   Um zu verstehen, welchen Einfluss das Steuerrecht auf die Rechnungslegung der Stiftung hat, muss man die steuerlichen Kategorien kennen, nach welchen das Steuerrecht unterscheidet. Denn für die Rechtsform der Stiftung gibt es keine besonderen steuerlichen Rechnungslegungsvorschriften. Die anzuwendenden Vorschriften finden sich vielmehr an den unterschiedlichsten Stellen der Steuergesetze und in den dazugehörigen Richtlinien der Finanzverwaltung. Abhängig davon, in welcher Steuersphäre (→ Rn. 4 ff.) die Einkünfte erzielt werden und um welche Einkunftsart (→ Rn. 8 ff.) es sich handelt, kommen für die Stiftung abgeleitete (→ Rn. 18 ff.) oder originäre (→ Rn. 23 ff.) steuerliche Buchführungs- und Aufzeichnungspflichten in Betracht. Ob und inwieweit das sich daraus berechnete Jahresergebnis für die **Besteuerung** maßgebend ist, bestimmt sich nach den körperschaft-, einkommen- und gewerbesteuerlichen Vorschriften über die Ermittlung der Bemessungsgrundlagen.

2   Während sowohl das Stiftungs- als auch das Handelsrecht die Dokumentation der Geschäftsvorfälle in den Vordergrund stellen, haben die besonderen Rechnungslegungsvorschriften der Abgabenordnung für gemeinnützige Stiftungen in erster Linie die Funktion, nachzuweisen, dass die Steuerbegünstigung zu Recht gewährt wird. Deshalb dient die Rechnungslegung bei gemeinnützigen Stiftungen vorrangig dem Nachweis, dass die tatsächliche Geschäftsführung den **gemeinnützigkeitsrechtlichen Anforderungen** entspricht, indem die Mittel satzungsgemäß und zeitnah verwendet werden. In diesem Zusammenhang kommt bei gemeinnützigen Stiftungen den Voraussetzungen und Grenzen der Bildung von steuerlichen Rücklagen (→ Rn. 56 ff.) und von Vermögen (→ Rn. 84 ff.) als wichtigste Ausnahmen zur zeitnahen Mittelverwendung eine entscheidende Bedeutung zu. Daneben dient die steuerliche Gewinnermittlung natürlich auch der Feststellung der **Besteuerungsgrundlagen** für den steuerpflichtigen wirtschaftlichen Bereich, soweit die steuerbegünstigte Stiftung einen solchen betreibt.

3   Die Bücher und Aufzeichnungen werden durch die Finanzbehörden geprüft (→ Kapitel F Rn. 76 ff.). Der Umfang richtet sich danach, ob die Prüfung im Rahmen der Veranlagung oder der Außenprüfung stattfindet. Bei gemeinnützigen Stiftungen geht es insbesondere um die Frage, ob die Steuerbegünstigungen in den einzelnen Veranlagungszeiträumen zu Recht in Anspruch genommen wurden.

1. Steuerliche Sphären

4   **Handelsrechtlich** wird zwischen dem unternehmerischen und dem übrigen Bereich einer Stiftung unterschieden. Unternehmerisch in diesem Sinne meint den Gewerbebetrieb einer Stiftung. Nicht gemeinnützige und damit grundsätzlich ertragsteuerpflichtige Stiftungen haben aus steuerlicher Sicht

I. Einführung

ebenfalls nur zwei Sphären: den Bereich der Einkünfteerzielung und den *privaten* Bereich zur Verwirklichung des Satzungszwecks. Bei nicht steuerbegünstigten Stiftungen umfasst dieser, ähnlich wie bei Kapitalgesellschaften, die Kapitaleinzahlungen in das Vermögen sowie die Auszahlungen an die Destinatäre.

> **Beispiel**
>
> Eine nicht steuerbegünstigte Familienstiftung hat den Satzungszweck, den Unterhalt der Nachkommen des Stifters zu sichern.
>
> Die vom Stifter auf Grund des Stiftungsgeschäfts geleistete Einzahlung in das Stiftungsvermögen fällt nicht unter eine der Einkunftsarten der Stiftung und ist damit bei der Stiftung nicht ertragsteuerpflichtig.
>
> Der aus den steuerpflichtigen Erträgen des Grundstockvermögens an die Nachkommen gewährten Unterhalt stellt eine satzungsgemäße Ausgabe dar. Diese kann von der Stiftung weder als Betriebsausgabe noch als Werbungskosten noch anderweitig einkommensmindernd berücksichtigt werden (§ 10 Nr. 1 KStG).

Bei gemeinnützigen Stiftungen erfolgt eine weitere Untergliederung im Bereich der Einküfteerzielung. Zunächst wird zwischen der Vermögensverwaltung und den wirtschaftlichen Geschäftsbetrieben unterschieden. Letztere werden wiederum unterteilt in die steuerbefreiten Zweckbetriebe (§ 64 Abs. 1 2. Halbs. i.V.m. §§ 65 bis 68 AO) und die steuerpflichtigen wirtschaftlichen Geschäftsbetriebe (*partielle Steuerpflicht* § 64 Abs. 1 1. Halbs. AO i.V.m. § 5 Abs. 1 Nr. 9 S. 2 KStG, § 3 Nr. 6 S. 2 GewStG). Somit hat eine gemeinnützige Stiftung insgesamt vier Tätigkeitsbereiche, die steuerlich unterschiedlich zu behandeln sind: den nicht steuerbaren ideellen Bereich (vergleichbar mit dem *Privatbereich* einer Privatperson), die steuerfreie Vermögensverwaltung, die steuerfreien Zweckbetriebe und die steuerpflichtigen wirtschaftlichen Geschäftsbetriebe (**Vier-Sphären-Theorie**), die jeweils aufzeichnungstechnisch voneinander zu trennen sind. Denn die Ergebnisse der vier Sphären werden zum einen ertragsteuerlich unterschiedlich behandelt (→ Rn. 10) und sind deshalb auch getrennt in der „Erklärung zur Körperschaftsteuer und Gewerbesteuer von Körperschaften, die gemeinnützigen, mildtätigen oder kirchlichen Zwecken dienen" (bis VZ 2016: amtlicher Vordruck „Gem 1"; ab VZ 2017: in den Vordruck „KSt 1" integriert sowie ergänzend „Anlage Gem") getrennt darzustellen. Zum anderen bilden die Ergebnisse der vier Sphären die Bemessungsgrundlagen für die jeweils unterschiedliche Zuführung zu den Rücklagen (→ Rn. 60 ff.). Die Pflicht zur getrennten Erfassung gilt außerdem für jeden wirtschaftlichen Geschäftsbetrieb (Anlage Gem, Zeilen 11 bis 17). Bei den wirtschaftlichen Geschäftsbetrieben dient dies vor allem zum Nachweis der Einhaltung der Mittelübertragungs- und Verlustausgleichsbeschränkungen zwischen dem wirtschaftlichen Geschäftsbetrieb und den übrigen

Bereichen (→ Rn. 52). Bei den Zweckbetrieben ermöglicht die Nennung der einzelnen Zweckbetriebe (Anlage Gem, Zeilen 18 bis 24) eine erste Prüfung, ob jeweils die Zweckbetriebseigenschaften vorliegen sowie im Einzelfall die Einhaltung der betragsmäßigen Zweckbetriebsgrenze (§ 67a Abs. 1 AO), weil ansonsten regelmäßig ein wirtschaftlicher Geschäftsbetrieb vorliegen wird.

7

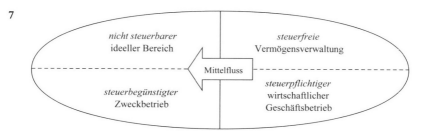

Abb. 7: Vier-Sphären-Theorie

2. Steuerliche Einkunftsarten

8 Mit Ausnahme der Einkünfte aus nichtselbständiger Arbeit (§ 2 Abs. 1 S. 1 Nr. 4 EStG) kann eine Stiftung mit ihren Tätigkeiten sämtliche Einkünfte erzielen (bis VZ 2016: „Körperschaftsteuererklärung [...] für unbeschränkt Steuerpflichtige, bei denen auch andere Einkünfte als solche aus Gewerbebetrieb vorliegen können", amtlicher Vordruck „KSt 1 B", Zeilen 21 bis 47; ab VZ 2017: amtlicher Vordruck „KSt 1" mit „Anlage ZVE"). Dies gilt gleichermaßen für rechtsfähige und nichtrechtsfähige Stiftungen (Umkehrschluss aus § 8 Abs. 2 KStG i.V.m. § 1 Abs. 1 Nr. 4 und Nr. 5 KStG) sowie für gemeinnützige und nicht steuerbegünstigte Stiftungen. Im Einzelnen sind dies die Einkünfte aus

- Land- und Forstwirtschaft (§ 2 Abs. 1 Satz 1 Nr. 1 i.V.m. §§ 13 ff. EStG),
- Gewerbebetrieb (§ 2 Abs. 1 Satz 1 Nr. 2 i.V.m. §§ 15 ff. EStG),
- selbständiger Arbeit (§ 2 Abs. 1 Satz 1 Nr. 3 i.V.m. § 18 EStG, verneint durch OFD Münster, Stiftungen aus steuerlicher Sicht, Stand 1. Juli 2015, Tz. 6.2, mit Hinweis auf BFH, Urteil vom 7. Juli 1971, Az. I R 41/70, BStBl II 1971, 771),
- Kapitalvermögen (§ 2 Abs. 1 Satz 1 Nr. 5 i.V.m. § 20 EStG),
- Vermietung und Verpachtung (§ 2 Abs. 1 Satz 1 Nr. 6 i.V.m. § 21 EStG) sowie
- sonstige Einkünfte (§ 2 Abs. 1 Satz 1 Nr. 7 i.V.m. § 22 EStG).

9 Schwierigkeiten treten in der Praxis auf, weil für die sechs Einkunftsarten einer Stiftung (→ Rn. 8) unterschiedliche Arten der Einkünfteermittlung Anwendung finden können. Denn das auf das Einkommensteuergesetz verweisende Körperschaftsteuergesetz (§ 8 Abs. 1 Satz 1 KStG) und das Gewerbesteuergesetz (§ 7 Satz 1 GewStG) übernehmen das Ergebnis der nach stiftungs-

oder handelsrechtlichen Grundsätzen erstellten Jahresrechnung nicht durchgängig für die Ermittlung der Besteuerungsgrundlagen. Dem Einkommensteuergesetz liegt vielmehr ein dualistischer Begriff der Einkünfte zugrunde. So unterliegt bei den Einkünften aus Land- und Forstwirtschaft, aus Gewerbebetrieb sowie aus selbständiger Arbeit der Gewinn (**Gewinneinkünfte**, § 2 Abs. 2 Satz 1 Nr. 1 i.V.m. §§ 4 ff. EStG) und bei den Vermietungs- und Verpachtungs-, Kapitalvermögens- und sonstigen Einkünften der Überschuss der Einnahmen über die Werbungskosten (**Überschusseinkünfte**, § 2 Abs. 2 Satz 1 Nr. 2 i.V.m. §§ 8 ff. EStG) der Besteuerung.

Gemeinnützige Stiftungen sind nur mit ihren Einkünften aus wirtschaftlichen Geschäftsbetrieben steuerpflichtig (§ 64 Abs. 1 AO). Dies sind die Einkünfte aus Gewerbebetrieb, aus Land- und Forstwirtschaft sowie aus selbständiger Arbeit, wenn es sich nicht ausnahmsweise um einen steuerbegünstigten Zweckbetrieb handelt. Bei den Einkünften aus Kapitalvermögen, aus Vermietung und Verpachtung sowie den sonstigen Einkünften, wird es sich regelmäßig um ertragsteuerfreie Einnahmen der Vermögensverwaltung handeln (§ 14 Satz 3 AO), wenn nicht ausnahmsweise ein wirtschaftlicher Geschäftsbetrieb, wie bspw. im Fall der Betriebsaufspaltung vorliegt oder Art und Umfang der Geschäftstätigkeit über die reine Vermögensverwaltung hinausgehen, wie bspw. beim gewerblichen Grundstückshandel.

> **Beispiel**
>
> Eine steuerbegünstigte Stiftung verpachtet ein 5.000 qm großes unbebautes Grundstück. Sie ist seit mehr als zehn Jahren Eigentümerin des Grundstückes. Der Buchwert, der den Anschaffungskosten entspricht, beträgt 100 T€ (entspricht 20 €/qm). Aktuell liegt der Bodenrichtwert des gesamten Grundstückes bei 500 T€ (entspricht 100 €/qm). Der Vorstand beschließt, das Vermögen umzuschichten. Hierfür wird das Grundstück in zehn gleich große Grundstücke parzelliert, baureif gemacht und noch im gleichen Jahr für jeweils 150 T€, also insgesamt für 1.500 T€ veräußert (entspricht 300 €/qm). Für die Erschließung entstehen der Stiftung Aufwendungen in Höhe von 200 T€. Von den verbleibenden 1.300 T€ erwirbt die Stiftung ein vollvermietetes Mehrfamilienhaus.
>
> Mit der bisherigen Verpachtung des unbebauten Grundstückes und der zukünftigen Vermietung der Wohnungen erzielt die Stiftung jeweils Einkünfte aus *Vermietung und Verpachtung* (§ 21 Abs. 1 Satz 1 Nr. 1 EStG), die aber der Sphäre der steuerfreien *Vermögensverwaltung* zugeordnet werden. Die Veräußerung des gesamten Grundstückes ohne vorherige Parzellierung und Baureifmachung wäre als *privates Veräußerungsgeschäft* (§ 23 Abs. 1 Satz 1 Nr. 1 Satz 1 EStG) ebenfalls in die Sphäre der steuerfreien *Vermögensverwaltung* gefallen. Die Parzellierung, Baureifmachung und Veräußerung von mehr als drei Objekten innerhalb von fünf Jahren führt nach Ansicht der Finanzverwaltung hingegen zur Annahme eines *gewerblichen Grundstückshandels* (BMF 26.3.2004 – IV A 6 – S 2240 – 46/40, BStBl I 2004 434 ff., Tz. 3), wel-

cher zur Sphäre der *steuerpflichtigen wirtschaftlichen Geschäftsbetriebe* zählt. Die während der Verpachtung entstandenen stillen Reserven in Höhe von (500 T€ Teilwert bei Baureifmachung ./. 100 T€ historische Anschaffungskosten =) 400 T€ fallen noch in den Zeitraum der steuerfreien Vermögensverwaltung und werden deshalb nicht besteuert (§ 13 Abs. 5 i.V.m. Abs. 2 und 3 KStG). Als *Einkünfte aus Gewerbebetrieb* (§ 15 Abs. 1 Satz 1 Nr. 1 EStG) unterliegt der Gewinn in Höhe von (1.500 T€ Veräußerungserlös ./. 500 T€ Teilwert bei Baureifmachung ./. 200 T€ Erschließungskosten =) 800 T€ der Körperschaftsteuer nebst Solidaritätszuschlag sowie der Gewerbesteuer.

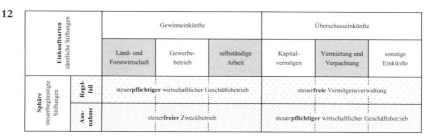

Abb. 8: Einkunftsarten Sphären nach dem Regel-Ausnahme-Prinzip

13 Die **Gewinnermittlung** für die unternehmerischen Einkünfte (→ Rn. 9) erfolgt dabei in Abhängigkeit von der Einkunftsart und Art der Buchführung unterschiedlich durch

– einen auf dem *Grundsatz der Maßgeblichkeit des Handelsrecht aufbauenden Betriebsvermögensvergleich* (derivative Steuerbilanz) für gewerbliche Betriebe (§ 5 Abs. 1 EStG), und damit für den Teilbereich einer Stiftung, mit welchem sie die Kaufmannseigenschaften erfüllt oder weil die Stiftung freiwillig entsprechende Bücher führt (§ 5 Abs. 1 S. 1 EStG), oder
– einen rein *steuerlichen Betriebsvermögensvergleich* (originäre Steuerbilanz) für Land- und Forstwirte oder Selbständige (§ 4 Abs. 1 EStG), wenn die Stiftung in diesen Bereichen tätig ist und für diese freiwillig Bücher führt sowie für gewerbliche und land- und forstwirtschaftliche Betriebe, wenn die Stiftung für diese originär steuerlich buchführungspflichtig ist, oder
– den Ansatz von *Durchschnittswerten* (§ 13a EStG), für den land- und forstwirtschaftlichen Betrieb der Stiftung, für den sie nicht buchführungspflichtig ist und den Gewinn auch nicht freiwillig durch Bilanzierung oder Überschussrechnung ermittelt, oder
– eine *Einnahmen-Überschuss-Rechnung* (§ 4 Abs. 3 EStG), wenn die Stiftung Einkünfte aus Land- und Forstwirtschaft, aus Gewerbebetrieb oder aus Selbständigkeit erzielt und nicht bereits unter die drei vorgenannten Gewinnermittlungsarten fällt.

II. Steuerrechtliche Rechnungslegungspflichten

		Gewinnermittlungsart		
		originäre Steuerbilanz (§ 4 Abs. 1 EStG)	derivative Steuerbilanz (§ 5 Abs. 1 EStG) Maßgeblichkeitsgrundsatz	Einnahmen-Überschuss-Rechnung (§ 4 Abs. 3 EStG)
Gewinneinkunftsart	Gewerbebrieb	steuerrechtlich buchführungspflichtig (§ 141 AO)	nach anderen Gesetzen buchführungspflichtig (§ 140 AO) .... freiwillig buchführend	weder buchführungspflichtig noch freiwillig buchführend
	Selbständig	freiwillig buchführend		nicht freiwillig buchführend
	Land- und Forstwirtschaft	steuerrechtlich buchführungspflichtig (§ 141 AO) .... freiwillige Bilanzierung trotz Unterschreitens der Grenzen für die Besteuerung nach Durchschnittssätzen (§ 13a Abs. 2 EStG)		Überschreiten der Grenzen für die Besteuerung nach Durchschnittssätzen (§ 13a Abs. 1 EStG) und nicht steuerrechtlich buchführungspflichtig .... freiwillige Überschussrechnung trotz Unterschreitens der Grenzen für die Besteuerung nach Durchschnittssätzen (§ 13a Abs. 2 EStG)

Abb. 9: Abhängigkeit zwischen Gewinnermittlungsart und Gewinneinkunftsart

Die vorstehenden steuerlichen Überschuss- und Gewinnermittlungsarten sind bei Vorliegen entsprechender Einkunftsarten und bei Gewinneinkünften darüber hinaus in Abhängigkeit von der Art der Buchführung (→ Rn. 8) jeweils **zwingend** anzuwenden. Dies bedeutet zum einen, dass ein entsprechend den stiftungs- oder handelsrechtlichen Grundsätzen ermittelter Gewinn (→ Rn. 19 ff.), soweit dieser ertragsteuerpflichtige Vermietungs- und Verpachtungs- oder Kapitalvermögens- oder sonstige Einkünfte enthält, in einen Überschuss der Einnahmen über die Werbungskosten umzurechnen ist. Andererseits reicht bei einer Stiftung, die ertragsteuerpflichtige Einkünfte aus Land- und Forstwirtschaft, aus Gewerbebetrieb oder aus Selbständigkeit erzielt, eine Überschussrechnung für die steuerliche Gewinnermittlung nicht aus, wenn die Stiftung freiwillig nach handelsrechtlichen Grundsätzen Bücher führt. Dies gilt nicht nur für die Stiftung insgesamt, sondern bspw. auch für einen Gewerbebetrieb unter ihrer Trägerschaft, der einen handelsrechtlichen Teilabschluss erstellt.

II. Steuerrechtliche Rechnungslegungspflichten

Die steuerlichen Aufzeichnungspflichten (§§ 140 bis 144 AO) sollen die Stiftung präventiv in die Lage versetzen, ihre Steuererklärung (§§ 149, 150 AO) anhand ihrer ordnungsmäßigen Aufzeichnungen (§§ 145, 146 AO) und somit zeitnah und fehlerfrei erstellen zu können. Diese Aufzeichnungen müssen aufbewahrt werden (§ 147 AO), damit die Finanzverwaltung, vor allem durch die Außenprüfung (§§ 193 ff. AO) als wirksames ex-post-Instrument zur

Verifikation die Richtigkeit der Buchführung und der darauf aufbauenden Steuerdeklaration der Stiftung überprüfen kann. Durch die steuerlichen Aufzeichnungspflichten wird somit die Pflicht der Stiftung zur Mitwirkung (§ 90 Abs. 1 AO) bei der Ermittlung der steuerwirksamen Sachverhalte konkretisiert. Die Pflichten (§§ 140 ff. AO) dienen der Dokumentation des materiell richtigen Besteuerungsergebnisses (BFH 7.10.2009 – II R 23/08, BStBl II 2010, 219). Neben der **Konkretisierungsfunktion** haben die Vorschriften (§§ 140 ff. AO) auch eine **Aufklärungs- und Beweisfunktion**. Denn die steuerlich relevanten Sachverhalte ereignen sich durchweg in der Sphäre der Stiftung, ohne dass die Finanzverwaltung davon Kenntnis erlangt.

17 Die allgemeinen steuerrechtlichen Vorschriften über die Rechnungslegung (§§ 140 bis 148 AO) gelten auch für Stiftungen. Diese unterteilen sich in die abgeleiteten (§ 140 AO; → Rn. 18 ff.) und die originären Buchführungs- und Aufzeichnungspflichten (§ 141 AO; → Rn. 23 ff.). Die Vorschriften greifen jedoch nur, wenn die Stiftung überhaupt ertragsteuerpflichtig ist.

Besondere Pflichten gelten darüber hinaus für gemeinnützige Stiftungen (§ 63 Abs. 3 AO; → Rn. 32 ff.), die ordnungsmäßige Aufzeichnungen über ihre satzungsgemäße und zeitnahe Mittelverwendung zu führen haben, und zwar unabhängig davon, ob sie ertrag- oder umsatzsteuerpflichtig sind oder nicht.

1. Aus nicht-steuerlichen Vorschriften abgeleitete Buchführungs- und Aufzeichnungspflichten

18 Eine Stiftung, die bereits nach anderen als den Steuergesetzen Bücher und Aufzeichnungen zu führen hat, die steuerlich von Bedeutung sind, hat diese Pflichten auch für Zwecke der Besteuerung zu erfüllen (§ 140 AO). Eine solche abgeleitete Mindestanforderung zur Aufstellung einer einfachen Jahresabrechnung nebst Vermögensübersicht ergibt sich aus

– dem Bürgerlichen Gesetzbuch, welches allerdings nur sehr rudimentäre Vorschriften zur Rechnungslegung beinhaltet (→ Kapitel B Rn. 12 f.), und
– dem für die Stiftung geltenden Landesstiftungsgesetz, soweit nicht im Einzelfall das Stiftungsgesetz einer Kirche vorrangig anzuwenden ist (→ Kapitel B Rn. 14 ff.).

19 Darüber hinaus können sich für Stiftungen gesteigerte Anforderungen an die Bücher oder Aufzeichnungen ergeben, insbesondere die Pflicht zur Aufstellung eines Abschlusses, der aus einer Bilanz und einer Gewinn- und Verlustrechnung besteht, wenn diese beispielsweise die Voraussetzungen

– des Handelsgesetzbuches (→ Kapitel B Rn. 17 ff.) oder
– des Publizitätsgesetzes (→ Kapitel B Rn. 21) oder
– bestimmter Gewerbe erfüllt (siehe Aufzählung bei *Tipke/Kruse/Drüen*, Lfg. 154, § 140 AO, ab Rn. 12), wie beispielsweise die Anforderungen aus der Krankenhaus-Buchführungsverordnung (→ Kapitel B Rn. 22).

II. Steuerrechtliche Rechnungslegungspflichten

Die nach anderen Gesetzen als Steuergesetzen bestehenden Buchführungs- und Aufzeichnungspflichten sind nur dann für die Besteuerung zu erfüllen, wenn sie *für die Besteuerung von Bedeutung* sind. Zwar sind die nach den nichtsteuerlichen Gesetzen zu führende Bücher und Aufzeichnungen grundsätzlich nicht darauf ausgerichtet, steuerlich relevante Sachverhalte auszuweisen. Sie haben aber regelmäßig die Nebenwirkung, dass ihnen solche Sachverhalte zu entnehmen sind. Damit sind sie, zumindest zusammen mit etwaigen ergänzenden Aufzeichnungen, für die Besteuerung von Bedeutung, weil sie geeignet sind, die Überprüfung der Besteuerungsgrundlagen zu ermöglichen. 20

Die gesteigerten Anforderungen an die Rechnungslegung gelten in diesen Fällen auch für Zwecke der Besteuerung (§ 140 AO). Sie erstrecken sich allerdings nur auf den aus handelsrechtlicher Sicht unternehmerischen Teil (→ Rn. 4). Wendet die Stiftung die handelsrechtlichen Vorschriften nicht freiwillig auch auf ihren nichtunternehmerischen Teil an, gelten für diesen nur die Anforderungen des einschlägigen Landesstiftungsgesetzes oder des Bürgerlichen Gesetzbuches (→ Rn. 18). 21

Die nach den Landesstiftungs- oder anderen Gesetzen zu führenden Bücher und Aufzeichnungen sind auch dann für die Besteuerung maßgeblich, wenn sich im Einzelfall die Besteuerungsgrundlagen nicht ohne weitere Anpassungen aus diesen ableiten lassen (*Tipke/Kruse/Drüen*, Lfg. 154, § 140 AO, Rn. 15). Bei den Anpassungen wird es regelmäßig darum gehen, den Abschluss nach den verschiedenen Sphären der Stiftung (→ Rn. 4 ff.) und deren unterschiedlichen Einkunftsarten (→ Rn. 8 ff.) aufzugliedern. Denn in welchem Umfang der Abschluss zur Ermittlung der Besteuerungsgrundlagen dient, wird durch die jeweiligen Steuergesetze geregelt. 22

2. Originär steuerliche Buchführungs- und Aufzeichnungspflichten

Auch wenn grundsätzlich keine Pflicht der Stiftung zur handelsrechtlichen Rechnungslegung besteht und deshalb zunächst nur die einfachen Mindestanforderungen des Bürgerlichen Gesetzbuches oder des Landesstiftungsgesetzes gelten (→ Rn. 18), können Stiftungen entweder als Gewerbetreibende oder als Land- und Forstwirte verpflichtet werden, in entsprechender Anwendung der wesentlichen handelsrechtlichen Grundsätze Bücher zu führen und aufgrund jährlicher Bestandsaufnahmen Abschlüsse zu machen (§ 141 Abs. 1 S. 2 AO i.V.m. §§ 238, 240, 241, 242 Abs. 1 und §§ 243 bis 256 HGB). Neben der Buchführungs-, Inventur- und Abschlusspflicht sind land- und forstwirtschaftlich tätige Stiftungen verpflichtet, ein Anbauverzeichnis (§ 142 AO) und gewerblich tätige Stiftungen verpflichtet, Aufzeichnungen über den Wareneingang und Warenausgang zu führen (§§ 143 und 144 AO). 23

a) Voraussetzungen

24 Die originär steuerliche Rechnungslegungspflicht (§ 141 AO) greift nur subsidiär, wenn die Stiftung nicht bereits aufgrund anderer nicht steuerlicher Gesetze (→ Rn. 18 ff.) zur Buchführung verpflichtet ist (§ 141 Abs. 1 Satz 1 AO a.E. i.v.m. § 140 AO). Da Stiftungen bereits nach dem für sie geltenden Landesstiftungsgesetz oder subsidiär zumindest nach dem Bürgerlichen Gesetzbuch zur Erstellung einer Jahresabrechnung verpflichtet sind (→ Rn. 23), kommt eine originär steuerliche Buchführungspflicht für Stiftungen grundsätzlich nicht in Betracht. Vielmehr sind die Besteuerungsgrundlagen aus der Jahresabrechnung abzuleiten (→ Rn. 18). Eine originär steuerliche Buchführungspflicht kann für eine Stiftung deshalb nur ausnahmsweise in Frage kommen, wenn die tatsächliche Buchführung für eine Ableitung der Besteuerungsgrundlagen nicht ausreicht, insbesondere weil diese hinter den handelsrechtlichen Mindestanforderungen zurückbleibt (Schauhoff/*Hoppen*, 3. Aufl., § 18, Rn. 14). Diese Mindestanforderungen (§ 141 Abs. 1 Satz 2 AO i.V.m. §§ 238, 240, 241, 242 Abs. 1 und §§ 243 bis 256 HGB) beinhalten vor allem die Pflichten zur

- Buchführung (§ 238 HGB) und somit zur ordnungsgemäßen Dokumentation von Geschäftsvorfällen, die es einem sachverständigem Dritten, zu denen auch die steuerliche Veranlagungsstelle und Betriebsprüfer zählen, ermöglicht, sich einen Überblick über die Geschäftsvorfälle und die Lage der Stiftung zu verschaffen;
- Inventarisierung der Vermögensgegenstände und Schulden (§ 240 und § 241 HGB);
- Bilanzaufstellung zu Beginn der Gewerbetätigkeit und am Schluss eines jeden Geschäftsjahres (§ 242 Abs. 1 HGB); die Aufstellung einer Gewinn- und Verlustrechnung wird hingegen nicht gefordert (fehlender Verweis in § 141 Abs. 1 S. 2 AO auf § 242 Abs. 2 HGB);
- Beachtung der für alle Kaufleute geltenden Grundsätze ordnungsgemäßer Buchführung, insbesondere die gesetzlich vorgeschriebenen Aufstellungs- (§ 243 bis § 245 HGB), Ansatz- (§ 246 bis § 251 HGB) und Bewertungsvorschriften (§ 252 HGB bis § 256 HGB); nicht zwingend anzuwenden sind die darüber hinausgehenden Regeln für Kapitalgesellschaften (fehlender Verweis in § 141 Abs. 1 S. 2 AO auf § 264 HGB ff).

25 Aber auch wenn mit der in Übereinstimmung mit dem einschlägigen Landesstiftungsgesetz oder dem Bürgerlichen Gesetzbuch (→ Rn. 18) erstellten Jahresabrechnung diese Mindestanforderungen nicht eingehalten werden, sind für eine originär steuerliche Rechnungslegungspflicht zwei Voraussetzungen zu erfüllen: zum einen das Überschreiten einer der drei steuerlichen Schwellenwerte (→ Rn. 26) und zum anderen eine entsprechende Aufforderung des Finanzamtes mit dem Inhalt, diese Verpflichtung zukünftig einzuhalten (§ 141 Abs. 2 S. 1 AO). Die Verpflichtung setzt also nicht automatisch ein. Sie gilt erstmals für das Wirtschaftsjahr, welches auf die Mitteilung des Finanzamtes folgt (§ 141 Abs. 2 Satz 1 AO) und endet ebenso erst mit Ablauf des Wirt-

II. Steuerrechtliche Rechnungslegungspflichten

schaftsjahres, das auf das Wirtschaftsjahr folgt, in dem die Finanzverwaltung das Ende der gesteigerten Rechnungslegungspflicht mitgeteilt hat (§ 141 Abs. 2 Satz 2 AO).

Eine Mitteilung des Finanzamtes, zukünftig in Anwendung der wesentlichen handelsrechtlichen Grundsätze Rechnung zu legen, setzt zunächst eine Überschreitung einer der festgelegten Schwellenwerte voraus (§ 141 Abs. 1 S. 1 AO) und zwar

— bei Gewerbebetrieben oder Land- und Forstwirten: Umsätze einschließlich der nicht steuerbaren Auslandsumsätze (AEAO Nr. 3 Satz 3 zu § 141 AO) und den steuerfreien Umsätzen, jedoch ohne die Finanz-, Grundstücks-, und Versicherungsumsätze, von mehr als EUR 600.000 (§ 141 Abs. 1 S. 1 Nr. 1 AO) oder
— bei Land- und Forstwirten: bewertungsrechtlicher Wirtschaftswert der selbstbewirtschafteten Flächen von mehr als EUR 25.000 (§ 141 Abs. 1 S. 1 Nr. 3 AO) oder
— bei Gewerbebetrieben oder Land- und Forstwirten: steuerlicher Gewinn von mehr als EUR 60.000 im Wirtschaftsjahr (§ 141 Abs. 1 S. 1 Nr. 4 und 5 AO).

Auf Grund des Kataloges der maßgeblichen Schwellenwerte kann eine originär steuerliche Rechnungslegungspflicht bei einer Stiftung nur greifen, wenn diese Einkünfte aus Gewerbebetrieb oder Land- und Forstwirtschaft erzielt. Denn die übrigen Einkunftsarten werden von dieser Vorschrift nicht umfasst. Für eine steuerbegünstigte Stiftung kommt eine solche Verpflichtung nur in Betracht, wenn sie die gewerblichen oder land- und forstwirtschaftlichen Einkünfte innerhalb eines steuerpflichtigen wirtschaftlichen Geschäftsbetriebes erzielt. Denn auf wirtschaftliche Geschäftsbetriebe, die steuerbefreite Zweckbetriebe sind, ist die Vorschrift nicht anwendbar (OFD Rostock 26.2.2003 – S 2706 – 1/01 – St 24a, DStR 2003, 936).

Die Buchführungspflicht gilt grundsätzlich für jeden einzelnen Betrieb, auch wenn eine Stiftung mehrere Betriebe der gleichen Einkunftsart unterhält (AEAO Nr. 3 Satz 1 zu § 141 AO). Etwas anderes gilt allerdings für steuerbegünstigte Stiftungen, weil mehrere wirtschaftliche Geschäftsbetriebe als ein Betrieb behandelt werden (AEAO Nr. 3 Satz 2 zu § 141 AO mit Hinweis auf § 64 Abs. 2 AO). In diesem Fall ist das Überschreiten eines Schwellenwertes auf Grundlage des aus den einzelnen Betrieben bestehenden Gesamtbetriebes zu beurteilen.

b) Inhalt

Die handelsrechtlichen Schwellenwerte bis zu deren Überschreiten die Pflicht zur Buchführung und Erstellung eines Inventars entfällt (§ 241a HGB) gelten zwar nur für Einzelkaufleute. Da die Vorgaben, ab wann nach Handelsrecht zu bilanzieren ist aber nicht konkret festgelegt sind (§ 1 Abs. 2 HGB), können sich Stiftung bei der Frage, wann deren Gewerbebetrieb so umfangreich ist, dass er einen in kaufmännischer Weise eingerichteten Geschäftsbetrieb erfordert, unseres Erachtens grundsätzlich an den handelsrechtlichen Schwellenwerten für die Buchführungspflicht von Einzelkaufleuten orientieren.

30 Zwar gelten für die originäre steuerliche Buchführungspflicht (§ 141 AO) in Bezug auf die gleichen Schwellenwerte wie für die Befreiung von der handelsrechtlichen Buchführungspflicht (§ 241a HGB). Doch verhalten sich die Vorschriften wegen der unterschiedlichen Voraussetzungen und Bemessungsgrößen nicht zwingend kongruent. Während für die handelsrechtlichen Schwellenwerte die handelsrechtlichen Umsatzerlöse (§ 277 Abs. 1 HGB) und der handelsrechtliche Jahresüberschuss (§ 268 Abs. 1 HGB) maßgeblich sind, kommt es bei den steuerlichen Schwellenwerten auf die Umsätze einschließlich der nicht steuerbaren Auslandsumsätze (AEAO Nr. 3 Satz 3 zu § 141 AO) und den steuerfreien Umsätzen, jedoch ohne die Finanz-, Grundstücks-, und Versicherungsumsätze (§ 141 Abs. 1 S. 1 Nr. 1 AO) und den nach steuerlichen Grundsätzen ermittelten Gewinnen an. Aus diesen Gründen werden Beginn und Ende der handels- und steuerrechtlichen Buchführungspflicht trotz angenäherter Schwellenwerte in fast allen Fällen auseinander fallen. Weil der steuerliche Gewinn regelmäßig über dem handelsrechtlichen Jahresüberschuss liegt, wird der Schwellenwert der originären steuerlichen Buchführungspflicht regelmäßig überschritten werden, bevor die handelsrechtliche Buchführungspflicht greift. Bleibt allerdings die zwingend erforderliche Aufforderung des Finanzamts zur Bilanzierung aus, sollten sich Stiftungen bei Überschreiten der Kleinstunternehmergrenzen die Frage stellen, ob sie mit ihren gewerblichen Einkünften die Kaufmannseigenschaft begründen und somit den handelsrechtlichen Rechnungslegungspflichten unterliegen (→ Rn. 19). Bejaht die Stiftung diese Frage, darf die Stiftung ihre gewerblichen Einkünfte nicht mehr durch eine Überschussrechnung ermitteln, sondern muss eine derivative Steuerbilanz erstellen (Maßgeblichkeitsgrundsatz → Rn. 13).

31 Inhaltlich verlangt das Gesetz die Führung von Büchern und Abschlüsse aufgrund jährlicher Bestandsaufnahmen unter Anwendung bestimmter handelsrechtlicher Vorschriften (§ 141 Abs. 1 Satz 2 AO i.V.m. §§ 238, 240, 241, 242 Abs. 1 und §§ 243 bis 256 HGB). Die Buchführung muss kaufmännisch ausgestaltet sein, jedoch genügt eine einfache Buchführung, die es einem sachkundigen Dritten ermöglicht, jederzeit die Höhe und sachliche Zusammensetzung des Vermögens festzustellen (§ 145 Abs. 1 AO und fehlender Verweis in § 141 Abs. 1 Satz 2 AO auf § 242 Abs. 2 HGB). Der Abschluss ist jährlich zu machen. Wenn dieser nicht auf einer einfachen, sondern auf einer doppelten Buchführung aufbaut, soll er auch eine Gewinn- und Verlustrechnung enthalten (Tipke/Kruse/*Drüen*, Lfg. 154, § 141 AO, Rn. 35).

III. Nachweis gemeinnütziger Mittelverwendung durch steuerbegünstigte Stiftungen

Gemeinnützige Stiftungen müssen mit ihren Aufzeichnungen den Nachweis der rechtmäßigen Inanspruchnahme der Steuerbegünstigung erbringen können. Das Gesetz verlangt deshalb ordnungsgemäße Aufzeichnungen über die Einnahmen und Ausgaben (§ 63 Abs. 3 AO; → Rn. 34 ff.). Zum Nachweis der zeitnahen Mittelverwendung (§ 55 Abs. 1 Nr. 5 Satz 3 AO) soll entweder die gesetzlich geforderte Einnahmen-Ausgaben-Rechnung als Mittelverwendungsrechnung ausgestaltet sein oder durch eine solche ergänzt werden (AEAO Nr. 28 Sätze 2 und 3 zu § 55 AO; → Rn. 89 ff.). Eine bestimmte Form oder einen bestimmten Inhalt schreiben aber weder der Gesetzgeber noch die Finanzverwaltung vor. 32

Von der Finanzverwaltung werden darüber hinaus ein Tätigkeitsbericht (→ Rn. 101 f.), eine Vermögensübersicht (→ Rn. 44 ff.) sowie ein Nachweis über die Bildung und Entwicklung der steuerlichen Rücklagen (→ Rn. 83) gefordert (AEAO Nr. 1 Satz 1 zu § 63 AO). Zusammen mit der Mittelverwendungsrechnung sollen die Unterlagen der zuständigen Finanzverwaltung den erforderlichen Aufschluss darüber geben, ob die tatsächliche Geschäftsführung der Stiftung auf die ausschließliche und unmittelbare Erfüllung ihrer steuerbegünstigten Zwecke gerichtet ist. 33

1. Aufstellung der Einnahmen und Ausgaben

Die Gegenüberstellung der Einnahmen und Ausgaben soll im Zusammenspiel mit den Erläuterungen des Tätigkeitsberichts (→ Rn. 101) den Nachweis erbringen, ob die tatsächliche Geschäftsführung der Stiftung auf die ausschließliche und unmittelbare Erfüllung der steuerbegünstigten Zwecke gerichtet ist und den Bestimmungen entspricht, welche die Satzung der Stiftung über die Voraussetzungen der Steuervergünstigung enthält (§ 63 Abs. 3 AO). 34

Für die **Gliederung** der Aufzeichnungen gilt, was auch für die Mittelverwendungsrechnung und den Nachweis der Rücklagen gilt. Gemeinnützige Stiftungen müssen ihre Aufzeichnungspflichten getrennt für jede ihrer steuerlichen Sphären erfüllen (Tipke/Kruse/*Seer*, Lfg. 154, § 63 AO, Rn. 9; *Buchna*, Rn. 2.14.7 Seite 273 unten). Begründet wird dies mit der gesetzlichen Verpflichtung, Aufzeichnungen so vorzunehmen, dass der Zweck, den die Aufzeichnungen für die Besteuerung haben, erreicht wird (§ 145 Abs. 2 AO). Bezogen auf die vier steuerlichen Sphären einer gemeinnützigen Stiftung (→ Rn. 4) ergeben sich im Wesentlichen folgende Zwecke, die bei der Gliederung der Aufzeichnungen zu berücksichtigen sind: 35

(1) **Ideeller Bereich:** Die Aufzeichnungen dienen dem Nachweis der ausschließlichen, unmittelbaren und selbstlosen Verfolgung des Satzungszwecks sowie zur Ermittlung der Mittel oder Bruttoeinnahmen für die Rücklagenbildung („Anlage Gem", Zeilen 50 bis 62) und Vermögenszuführung („Anlage Gem", Zeilen 63 bis 73). 36

37 (2) **Vermögensverwaltung:** Die Ermittlung des Überschusses aus der Vermögensverwaltung erfolgt für Zwecke der Rücklagenbildung und Vermögenszuführung („Anlage Gem", Zeile 63) und erbringt zudem den Nachweis der Verwendung der Überschüsse im ideellen Bereich oder im Zweckbetrieb (→ Rn. 7). Auch wenn sich die Ergebnisse aus der gesamten Vermögensverwaltung ausgleichen, können Verluste aus einzelnen Geschäften dem Verlustausgleichsverbot unterliegen (*Buchna*, Rn. 2.5.5.3.2). Dies kann eine weitere Untergliederung nach den einzelnen Vermögensgegenständen der Vermögensverwaltung erforderlich machen.

38 (3) **Zweckbetriebe:** Die Aufzeichnungen dienen dem Nachweis der Voraussetzungen für Zweckbetriebe (§§ 65 ff. AO) und damit regelmäßig für die Anwendung des ermäßigten Umsatzsteuersatzes (§ 12 Abs. 2 Nr. 8 lit. a) AO). Außerdem ist die Ermittlung des Gewinns für die Rücklagenbildung („Anlage Gem", Zeilen 50 bis 58) und Vermögenszuführung („Anlage Gem", Zeile 63) erforderlich. Werden mehrere Zweckbetriebe unterhalten, ist eine Untergliederung erforderlich, weil die Zweckbetriebseigenschaft für jeden Betrieb einzeln nachzuweisen ist („Anlage Gem", Zeilen 18 bis 24).

39 (4) **Wirtschaftliche Geschäftsbetriebe:** Die Aufzeichnungen dienen der Ermittlung der Besteuerungsgrundlagen und als Nachweis des gemeinnützigkeitsunschädlichen Ausgleichs von etwaigen Verlusten wirtschaftlicher Geschäftsbetriebe mit Mitteln der anderen Sphären. Darüber hinaus sind sie Grundlage für die Ermittlung des Gewinns für die Besteuerung, für die Rücklagenbildung („Anlage Gem", Zeilen 58 bis 62) und für die Vermögenszuführung (Gem 1, Zeile 38). Werden mehrere wirtschaftliche Geschäftsbetriebe unterhalten, gelten die Aufzeichnungspflichten für jeden einzelnen Betrieb („Anlage Gem", Zeilen 11 bis 17), um die Einhaltung des Verlustausgleichsverbots nachvollziehen zu können, auch wenn die verschiedenen wirtschaftlichen Aktivitäten der Stiftung für Zwecke der Besteuerung wie ein Betrieb behandelt werden (§ 64 Abs. 2 AO).

40 Die Gliederung nach steuerlichen Sphären ist für die gemeinnützige Stiftung zwar mit zusätzlicher Arbeit verbunden. Allerdings wird diese Aufteilung regelmäßig ohnehin erforderlich sein, weil für die Vermögensverwaltung auf der einen Seite und den wirtschaftlichen Geschäftsbetrieben, einschließlich den Zweckbetrieben, auf der anderen Seite, unterschiedliche **Einkünfteermittlungsarten** gelten (→ Rn. 12 ff.).

41 Die Untergliederung durch Nutzung gesonderter Konten muss eine Zusammenstellung der jeweiligen Einnahmen und Ausgaben der vier steuerlichen Sphären und, soweit erforderlich, innerhalb der einzelnen Sphären ermöglichen. Durch die Zusammenfassung der einzelnen Teilbereiche wird die gesetzlich geforderte Gegenüberstellung der Einnahmen und Ausgaben generiert. Aus der steuerlichen Aufzeichnungspflicht (§ 63 Abs. 3 AO) ergibt sich für die gemeinnützige Stiftung allerdings nur dann eine originäre Aufzeichnungspflicht, wenn die Stiftung diese nicht bereits auf Grund der stiftungs- oder handelsrechtlichen Rechnungslegung die genannten Zwecke (→ Rn. 35) erfüllt. Dies ist der Fall, wenn auf Grund gesonderter Konten Teilabrechnun-

III. Nachweis gemeinnütziger Mittelverwendung

gen und Teilvermögensübersichten der verschiedenen Teilbereiche erstellt werden können.

Zwischen den einzelnen Sphären einer Stiftung können keine zivilrechtlich wirksamen Schuldverhältnisse vereinbart werden, da die Stiftung mit sich selbst keine Rechtsgeschäfte eingehen kann. Dies hat zur Folge, dass bei der Einkünfteermittlung von wirtschaftlichen Geschäftsbetrieben grundsätzlich keine Vergütungen an die den Betrieb tragende Stiftung abgesetzt werden können. Eine **Kostenweiterbelastung** ist hingegen möglich, soweit die Stiftung tatsächliche Aufwendungen trägt, die durch den wirtschaftlichen Geschäftsbetrieb veranlasst sind.

Gemischte Aufwendungen, die nicht ausschließlich durch den wirtschaftlichen Geschäftsbetrieb verursacht sind, werden im Rahmen der Einkommensermittlung anteilig dem wirtschaftlichen Geschäftsbetrieb zugeordnet (AEAO Nr. 6 Abs. 1 S. 1 zu § 64 AO). Davon ausgenommen sind wiederum Aufwendungen, die ihren primären Anlass im steuerfreien Bereich haben und in gleicher Art und gleichem Umfang auch ohne die unternehmerische Tätigkeit entstanden wären (AEAO Nr. 5 S. 1 zu § 64 AO). Verrechnungen zwischen einzelnen wirtschaftlichen Geschäftsbetrieben erübrigen sich regelmäßig, weil diese für steuerliche Zwecke zusammengefasst werden (§ 64 Abs. 2 AO), es sei denn, im Einzelfall sind gemeinnützigkeitsrechtliche oder einzelsteuergesetzliche Regelungen zur Verlustverrechnung zu beachten.

2. Vermögensübersicht

Zwar besteht keine ausdrückliche steuerrechtliche Verpflichtung zur Aufstellung einer Vermögensübersicht (arg ex § 63 AO). Gleichwohl verlangt die Finanzverwaltung eine solche als Anlage zur Gemeinnützigkeitserklärung (AEAO Nr. 1 S. 1 zu § 63 AO).

Jede Stiftung ist bereits nach dem für sie geltendem Landesstiftungsgesetz und nach den Vorschriften des Bürgerlichen Gesetzbuches (→ Rn. 18), zur Aufstellung einer Vermögensübersicht verpflichtet. Insofern erübrigt sich für Stiftungen die grundsätzliche Frage nach der Erforderlichkeit einer Vermögensübersicht. Da die Stiftungsgesetze und das Bürgerliche Recht den Inhalt der Vermögensübersicht jeweils nicht festlegen, wird die Vermögensübersicht, wenn nach Gesetz (→ Rn. 18) oder Satzung keine anderen, insbesondere handelsrechtlichen Rechnungslegungsvorschriften zwingend zu beachten sind, in der Praxis teilweise als Steuerbilanz (entsprechend § 60 Abs. 2 EStDV) aufgestellt. Dies ermöglicht der gemeinnützigen Stiftung beispielsweise den Ausweis der steuerlichen Rücklagen im Eigenkapital, was nur in einer am Gemeinnützigkeitsrecht orientierten Steuerbilanz sinnvoll und praktikabel erscheint (→ Rn. 81).

3. Mittelverwendungsrechnung

46 Die steuerbegünstigte Stiftung muss ihre Mittel zeitnah verwenden, im Idealfall schon im Wirtschaftsjahr des Zuflusses, spätestens aber in den beiden darauffolgenden Wirtschaftsjahren (§ 55 Abs. 1 Nr. 5 S. 3 AO). Neben der sachorientierten Verwendung für steuerbegünstigte Zwecke hat die Stiftung somit eine zeitliche Verwendungsvorschrift zu beachten. Sind die eingenommenen Mittel noch über den Abschlussstichtag des Jahres des Zuflusses hinaus bei der Stiftung vorhanden, müssen sich aus deren Rechnungslegung oder der ergänzenden steuerlichen Nebenrechnung (Mittelverwendungsrechnung, AEAO Nr. 28 Satz 3 zu § 55 Abs. 1 Nr. 5 AO; → Rn. 89 ff.) das Jahr ihres Zuflusses und die Gründe für die vorübergehende oder endgültige Thesaurierung ergeben.

47 Den Begriff der steuerlichen **Mittel** verwenden die Abgabenordnung und deren Anwendungserlass an verschiedenen Stellen. Es gibt aber keine klare Definition der Mittel im steuerlichen oder gemeinnützigkeitsrechtlichen Sinn. Deshalb wird der Begriff der Mittel sehr unterschiedlich verwendet. Im allgemeinen Sprachgebrauch werden in Anlehnung an die Rechnungslegung der Stiftung unter Mittel regelmäßig nur die aus gemeinnützigkeitsrechtlicher Sicht zeitnah zu verwendenden Mittel oder der Mittelvortrag einer Stiftung verstanden. Tatsächlich sagt der Begriff der Mittel aber nichts über deren Verwendungspflicht oder Zuordnung zu den steuerlichen Sphären (→ Rn. 4 ff.) aus. Nach allgemeinem Verständnis sind unter Mittel im gemeinnützigkeitsrechtlichen Sinn sämtliche Vermögenswerte (auch das Grundstockvermögen), Vermögenszugänge (insbesondere Zustiftungen, Spenden oder Zuschüsse) oder Vermögensmehrungen (Umschichtungsgewinne, Überschüsse aus Vermögensverwaltung sowie Gewinne aus Zweckbetrieben und wirtschaftlichen Geschäftsbetrieben) zu verstehen (grundlegend BFH 23.10.1991 – I R 19/91, BStBl. II 1992, 62, 64 und 2. Leitsatz zuletzt bestätigt durch BFH 20.3.2017 – X R 13/15, BStBl. II 2017, 1110). Begründen lässt sich dies mit der Forderung des Gesetzgebers an die Stiftung, alle Mittel final für ihre steuerbegünstigten Zwecke verwenden, also spätestens mit Aufhebung der Stiftung oder Wegfall des steuerbegünstigten Zwecks (§ 61 Abs. 1 AO). Im Gegensatz dazu orientiert sich die Finanzverwaltung nicht unmittelbar am Begriff des Vermögenswertes (auch wenn AEAO Nr. 28 Satz 4 zu § 55 Abs. 1 Nr. 5 AO nunmehr ergänzend auf BFH 20.3.207 – X R 13/15, BStBl. II 2017, 1110, mit der darin genannten Saldo- oder Globalbetrachtung verweist). Vielmehr ergebe sich aus der gesetzlichen Forderung an die Geschäftsführung, die Einnahmen und Ausgaben aufzuzeichnen (§ 63 Abs. 3 AO), der Hinweis auf die zwingende Anwendung des Zu- und Abflussprinzips (AEAO Nr. 28 zu § 55 Abs. 1 Nr. 5 AO). Die auf den Zufluss abstellende Sichtweise legt den Schluss nahe, dass eine ein- und auszahlungsorientierte Sichtweise gefordert wird. Mittel sind demnach alle der Stiftung tatsächlich zugeflossenen und noch nicht abgeflossenen Vermögenswerte.

III. Nachweis gemeinnütziger Mittelverwendung

48 Die Mittel der Stiftung lassen sich aus steuerlicher Sicht in die **zeitnah** und die nicht zeitnah zu verwendenden Mittel unterteilen. Grundsätzlich sind alle Mittel zeitnah für die steuerbegünstigten Satzungszwecke der Stiftung zu verwenden. Zeitnah bedeutet bis zum Ende des zweiten auf den Zufluss folgenden Wirtschaftsjahres (§ 55 Abs. 1 Nr. 5 Satz 3 AO). Von der zeitnahen Verwendungspflicht sind die Mittel ausgenommen, die zulässigerweise den steuerlichen Rücklagen (→ Rn. 56 ff.) oder dem Vermögen zugeführt wurden (→ Rn. 84 ff.). Eine Heilung von Verstößen gegen das Gebot der zeitnahen Mittelverwendung kann durch eine Mittelverwendung innerhalb einer vom Finanzamt zu setzenden Frist erreicht werden (§ 63 Abs. 4 AO).

49 Am Ende des Wirtschaftsjahres nicht verwendete und damit noch vorhandene Mittel müssen am Abschlussstichtag dem Vermögen oder einer Rücklage oder dem Mittelvortrag zugeordnet sein (AEAO Nr. 28 Satz 2 zu § 55 Abs. 1 Nr. 5 AO). Die noch nicht verwendeten Mittel einer steuerbegünstigten Stiftung, also ihr steuerliches Eigenkapital, lassen sich demnach drei verschiedenen Bereichen zuordnen:

- dem steuerlichen Mittelvortrag, der solche Vermögenswerte widerspiegelt, die zwar der zeitnahen Verwendungsfrist unterliegen, aber noch nicht verwendet wurden (→ Rn. 53 ff.),
- die in gemeinnützigkeitsrechtliche Rücklagen eingestellten Beträge, die nicht der zeitnahen Mittelverwendungspflicht unterliegen, sondern ausnahmsweise für zukünftige Ausgaben oder zur allgemeinen Leistungserhaltung angesammelt wurden (ab → Rn. 56 ff.) und
- Vermögen, das auch ohne Zuführung zu einer steuerlichen Rücklage auf Dauer nicht zeitnah zu verwenden ist (→ Rn. 84 ff.).

50 Dabei ermöglicht die Zuordnung der Mittel der steuerbegünstigten Stiftung zu diesen drei Kategorien nur eine wertmäßige Zuordnung, nicht aber eine konkrete Zuordnung einzelner Vermögenswerte und Schulden zu einer bestimmten Mittelkategorie (nicht erforderlich nach AEAO Nr. 28 Satz 4 zu § 55 Abs. 1 Nr. 5 AO mit Hinweis auf BFH 20.3.2017 – X R 13/15, BStBl. II 2017, 1110). Die Zuordnung zu den einzelnen Mittelkategorien ist nicht zu verwechseln mit den vier steuerlichen Sphären (→ Rn. 4 ff.).

Nach der hier vertretenen Meinung ist eine wertmäßige Zuordnung auch ausreichend, obwohl sich im Rechnungswesen, vor allem bei kleineren Stiftungen, oft getrennt geführte Depots für das Grundstockvermögen und für vereinnahmte Spendenmittel oder für Rücklagenkonten, teilweise sogar für einzelne Projekte, geführt werden. Auch die Rechtsprechung (BFH 20.3.2017 – X R 13/15, BStBl. II 2017, 1110) hat der „geldscheinbezogenen", gegenständlichen Mittelverwendung („Geldscheintheorie") zwischenzeitlich eine Absage erteilt. Die Rechtsprechung bestätigt damit die „bilanzorientierte" Betrachtung, bei der sich ein eventueller Verwendungsüberhang oder Verwendungsrückstand rein rechnerisch aus der Buchhaltung ergibt, ohne auf konkrete Konten oder Depots zurückzugreifen. Hier ist zwar, wie vorstehend beschrieben, eine Zuordnung von Aktiva und Passiva zu den einzelnen Sphären der gemeinnützigen Körperschaft erforderlich, nicht aber die Zuordnung einzelner Vermögenswerte zu spezifischen Rücklagen oder anderen Passivposten (*Wallenhorst/Wallenhorst,* Zur gemeinnützigen Mittelverwendung: das Ende der „Geldscheintheorie", DStR 2018, 851 (853); anders IDW RS HFA 5, Tz. 49, 57, 66 und 90, wonach das Errichtungs- und Zustiftungskapital auf der Aktivseite durch Davon-Vermerke gekennzeichnet werden soll).

a) Mittelverwendungsgebote und -verbote

51 Die Stiftung darf ihre Mittel nur für ihre satzungsmäßigen Zwecke (§ 55 Abs. 1 Nr. 1 AO) oder eine unschädliche Betätigung (§ 58 AO) einsetzen. Die satzungsgemäße Verwendung der zeitnah zu verwendenden Mittel durch die Stiftung kann insoweit auf unterschiedliche Weise erfolgen, insbesondere kann die Stiftung dem **Mittelverwendungsgebot** unter anderem nachkommen durch

- den tatsächlichen Verbrauch der Mittel durch die Stiftung für die eigenen ideellen Satzungszwecke (§ 57 Abs. 1 Satz 1 AO) einschließlich der steuerbegünstigten Zweckbetriebe. Dazu zählen insbesondere die unmittelbaren Ausgaben für Projekte und die eigene Verwaltung.
- die Anschaffung oder Herstellung von nutzungsgebundenem Vermögen, welches wiederum für satzungsmäßige Zwecke einzusetzen ist (§ 55 Abs. 1 Nr. 5 Satz 2 AO). Handelsrechtlich wird es sich dabei regelmäßig um Anlagevermögen handeln, weil das nutzungsgebundene Vermögen zumindest für eine gewisse Dauer zur Erfüllung der Satzungszwecke eingesetzt wird. Werden diese Vermögensgegenstände aus zeitnah zu verwendenden Mitteln angeschafft oder hergestellt und zu einem späteren Zeitpunkt veräußert, ist der Veräußerungserlös zeitnah zu verwenden (AEAO Nr. 29 Abs. 2 zu § 55 Abs. 1 Nr. 5 AO). Insoweit unterscheidet sich die Verwendungspflicht für diese Mittel von Veräußerungsgewinnen aus dem Bereich der Vermögensverwaltung, welche grundsätzlich nicht der zeitnahen Mittelverwendungspflicht unterliegen (AEAO Nr. 29 Abs. 1 Sätze 1 und 2 zu § 55 Abs. 1 Nr. 5 AO).
- die vollständige Mittelweitergabe (§ 58 Nr. 1 AO) durch eine Förderstiftung, deren Satzungszweck einzig oder unter anderem die Beschaffung von Mitteln für andere steuerbegünstigte Körperschaften ist. Die Empfängerin muss in der Satzung der hingebenden Stiftung nicht namentlich genannt sein. Wenn die zu unterstützende Körperschaft allerdings in der Satzung angegeben ist, darf die Förderstiftung ihre Mittel erst nach einer entsprechenden Satzungsänderung auch an andere Einrichtungen weitergeben (OFD Frankfurt 27.5.2014 – S 0177 A – 6 – St 53, Rn. 1.3, BeckVerw 287403).
- die teilweise Mittelweitergabe (§ 58 Nr. 2 AO) an eine andere steuerbegünstigte Einrichtung zur Verwendung durch die empfangende Einrichtung. Weder die Weitergabe der Mittel noch der steuerbegünstigte Zweck, für den die Mittel von der Empfängerkörperschaft zu verwenden sind,

III. Nachweis gemeinnütziger Mittelverwendung

muss Satzungszweck der weitergebenden Stiftung sein (OFD Frankfurt 27.5.2014 – S 0177 A – 6 – St 53, Rn. 2.1, BeckVerw 287403). Für die Berechnung der maximal zulässigen Weitergabe der Hälfte der Mittel der Stiftung ist das Nettovermögen (Vermögenswerte abzüglich Verbindlichkeiten) der Stiftung im Veranlagungszeitraum der Weitergabe maßgebend (AEAO Nr. 2 Abs. 1 Satz 2 zu § 58 Nr. 2 AO).

– die Vermögensausstattung einer anderen steuerbegünstigen Einrichtung oder juristischen Person des öffentlichen Rechts, wenn die Empfängerin die erhaltenen Mittel ebenfalls zeitnah für ihre steuerbegünstigten Zwecke einsetzt (OFD Frankfurt 28.3.2014 – S 0174 A – 16 – St 53 Rn. 5.1.2, BeckVerw 284629). Werden die Mittel bei einer inländischen (OFD Frankfurt 27.5.2014 – S 0177 A – 6 – St 53, Rn. 3, BeckVerw 287403) steuerbegünstigten Empfängerin nicht zeitnah verwendet, sondern dort im Rahmen einer Gründung oder Kapitalerhöhung (AEAO Nr. 3 a.E. zu § 58 Nr. 3 AO) dem Vermögen zugeführt, darf die Stiftung höchstens die Summe des vorangegangenen Wirtschaftsjahres (AEAO Nr. 3 Satz 2 zu § 58 Nr. 3 AO) aus dem Einnahmenüberschuss aus ihrer Vermögensverwaltung, ihrer Gewinne aus den wirtschaftlichen Geschäftsbetrieben sowie 15 Prozent ihrer sonstigen zeitnah zu verwendenden Mittel einsetzen. Zu letzteren, den sonstigen zeitnah zu verwendenden Mitteln, zählen nicht die durch Auflösung einer Projekt- (→ Rn. 63 ff.), Wiederbeschaffungs- (→ Rn. 67 ff.) oder Kapitalbeteiligungserhaltungsrücklage (→ Rn. 75 ff.), wohl aber die durch Auflösung einer freien Rücklage frei gewordenen Mittel (OFD Frankfurt 27.5.2014 – S 0177 A – 6 – St 53, Rn. 3, BeckVerw 287403). Vor diesem Hintergrund muss die Stiftung innerhalb der Mittelverwendungsrechnung oder auf andere Weise dokumentieren, ob in den zeitnah zu verwendenden Mitteln derartige Auflösungsbeträge enthalten sind. Die Empfängerin muss mit den erhaltenen Mitteln zwingend einen Zweck fördern, den auch die zuwendende Stiftung verfolgt (§ 58 Nr. 3 Satz 2), und sie darf die zugewendeten Mittel nicht zu einer Vermögensausstattung einer weiteren Einrichtung nutzen (§ 58 Nr. 3 Sätze 2 und 3 AO). Unter anderem aus diesem Grund verlangt die Finanzverwaltung Angaben über die Weitergabe und den Erhalt von Mitteln zur Vermögensausstattung („Anlage Gem", Zeilen 64 bis 73).

– die Überlassung ihrer Arbeitskräfte (§ 58 Nr. 4 AO) oder Zurverfügungstellung ihrer Räume (§ 58 Nr. 5 AO) an andere steuerbegünstige Einrichtungen für steuerbegünstigte Zwecke.

– die angemessene Versorgung des Stifters und seiner nächsten Angehörigen mit höchstens einem Drittel des Einkommens der steuerbegünstigten Stiftung (§ 58 Nr. 6 AO).

Der betragsmäßige Nachweis der einzelnen Verwendungen der Mittel erfolgt durch die Mittelverwendungsrechnung (→ Rn. 89 ff.) der steuerbegünstigten Stiftung. Ob diese jeweils in Übereinstimmung mit der Satzung getätigt wurden, kann allerdings nur im Zusammenhang mit dem Tätigkeitsbericht (→ Rn. 101 ff.) nachvollzogen werden.

52 Ebenso muss sich aus der Mittelverwendungsrechnung nachvollziehen lassen, ob die **Mittelverwendungsverbote** eingehalten wurden. Das Gesetz und die Konkretisierungen durch die Finanzverwaltung verbieten steuerbegünstigten Stiftungen unter anderem den Einsatz zeitnah zu verwendender Mittel

- für die Errichtung eines steuerpflichtigen wirtschaftlichen Geschäftsbetriebes. Hierfür kann die Stiftung nur ihr Vermögen einschließlich der in die freie Rücklage eingestellten Beträge verwenden (→ Rn. 71; OFD Frankfurt 28.3.2014 – S 0177 A – 6 – St 53, Anm. 4, BeckVerw 284629).
- für die Vermögensausstattung einer anderen nicht steuerbegünstigten Einrichtung. Für die Ausstattung einer Kapitalgesellschaft im Rahmen der Gründung oder einer Kapitalerhöhung kann die Stiftung nur ihr Vermögen, einschließlich der in die freie Rücklage eingestellten Beträge verwenden (→ Rn. 71; OFD Frankfurt 28.3.2014 – S 0174 A – 16 – St 53, Rn. 5.2.1 i.V.m. Rn. 5.1.1, BeckVerw 284629). Die Ausstattung einer anderen nicht steuerbegünstigten Stiftung ist immer schädlich (OFD Frankfurt 28.3.2014 – S 0174 A – 16 – St 53, Rn. 6, BeckVerw 284629).
- zur Anschaffung von Anteilen an einer Kapitalgesellschaft und zwar auch dann, wenn diese selbst steuerbegünstigt ist. Für den Anteilserwerb kann die Stiftung nur ihr Vermögen, einschließlich der in die freie Rücklage eingestellten Beträge verwenden (→ Rn. 71; OFD Frankfurt 28.3.2014 – S 0174 A – 16 – St 53, Rn. 7, BeckVerw 284629.).
- um Zuwendungen an den Stifter und dessen Erben zu tätigen (§ 55 Abs. 3 i.V.m. § 55 Abs. 1 Nr. 1, 2 und 4 AO). Soweit dies ihre Satzung vorsieht, darf die steuerbegünstigte Stiftung allerdings ausnahmsweise bis zu einem Drittel ihres Einkommens verwenden, um den Stifter und seine nächsten Angehörigen angemessen zu versorgen (§ 58 Nr. 6 AO).
- um politische Parteien zu fördern (§ 55 Abs. 1 Nr. 1 Satz 3 AO).
- um bei ihrer Auflösung mehr als den gemeinen Wert des eingezahlten Kapitals und der geleisteten Sacheinlagen an den Stifter oder dessen Rechtsnachfolger zurückzuzahlen (§ 55 Abs. 3 i.V.m. Abs. 1 Nr. 2 und Nr. 4 AO).
- um Dritte zu begünstigen (§ 55 Abs. 3 i.V.m. Abs. 1 Nr. 3 AO). Deshalb müssen Leistungen an Dritte, zu denen auch der Stifter, die Organe der Stiftung und deren Arbeitnehmer sowie verbundene Unternehmen zählen, entweder durch den satzungsmäßigen Zweck gerechtfertigt sein oder eine angemessene Gegenleistung für eine an die Stiftung erbrachte Leistung darstellen.
- zur Vergabe von Darlehen, es sei denn mit der Darlehnshingabe werden ausnahmsweise selbst unmittelbar steuerbegünstigte Zwecke verfolgt. Letztere sind im Rechnungswesen kenntlich zu machen, um sicherstellen zu können, dass Rückflüsse (Zinsen und Tilgung) zeitnah wieder für satzungsmäßige Zwecke verwendet werden (AEAO Nr. 15 Sätze 4 und 5 zu § 55 Abs. 1 Nr. 1 AO).
- zur Bestreitung unangemessen hoher Verwaltungsausgaben (AEAO Nr. 18 bis Nr. 21 zu § 55 Abs. 1 Nr. 1 AO).

b) Mittelvortrag

Grundsätzlich sind sämtliche Mittel einer steuerbegünstigen Stiftung zeitnah zu verwenden. Werden zugeflossene Mittel nicht bereits innerhalb des Jahres ihres Zuflusses satzungsgemäß verwendet sind diese spätestens innerhalb der beiden Folgejahre zu verwenden (§ 55 Abs. 1 Nr. 5 Satz 2 AO). Der die Mittelverwendung übersteigende Teil des Mittelzuflusses eines Jahres ist innerhalb der Mittelverwendungsrechnung als Mittelvortrag auszuweisen. Werden in einem Jahr mehr Mittel verwendet, als verwendungspflichtige Mittel im Mittelvortrag des Vorjahres vorhanden waren und zugeflossen sind, kommt es zu einem Mittelüberhang, der teilweise auch als Verwendungsüberhang bezeichnet wird. Mit der Verrechnung von Mittelüberhang und Mitteln, die im Folgejahr zufließen, gelten die im Folgejahr zugeflossenen Mittel insoweit als verwendet, ohne dass es einer tatsächlichen Verwendung bedarf. 53

Der Mittelvortrag zum Ende eines Jahres ist im Rahmen der Mittelverwendungsrechnung idealerweise dreigeteilt darzustellen. Erstens der Betrag der Mittel, der im Folgejahr zu verwenden ist, zweitens der Betrag, der im übernächsten Jahr zu verwenden ist und drittens der Betrag, der die zweijährige Mittelverwendungsfrist eigentlich schon überschritten hat. Aus welchem Jahr die noch nicht verwendeten Mittel tatsächlich stammen, ist dabei unerheblich, denn es gilt dabei das FIFO-Verfahren (first in first out). Es wird folglich unterstellt, dass die ältesten Mittelzuflüsse zuerst verbraucht werden. 54

Eine weitere Untergliederung des Mittelvortrages kann sich anbieten, wenn dieser Mittel enthält, die in ihrer Verwendung bestimmten Beschränkungen unterliegen. Alternativ können diese Beträge aber auch durch einen Davon-Vermerk, eine Nebenrechnung oder auf andere Weise dokumentiert werden. Dies gilt vor allem für Beträge, die aus der Rücklagenauflösung einer Projekt- (→ Rn. 63 ff.), Wiederbeschaffungs- (→ Rn. 67 ff.) oder Kapitalbeteiligungs-erhaltungsrücklage (→ Rn. 75 ff.) stammen und bis zum Jahresende noch nicht verwendet wurden. Denn diese Mittel dürfen zum einen, auch wenn es sich grundsätzlich um zeitnah zu verwendende Mittel handelt, nicht für die Vermögensausstattung einer anderen Körperschaft verwendet werden (OFD Frankfurt 27.5.2014 – S 0177 A – 6 – St 53, Rn. 3, BeckVerw 287403). Zum anderen können Mittel aus der Rücklagenauflösung nicht der freien Rücklage zugeführt werden (AEAO Nr. 14 Sätze 7 und 8 zu § 62 Abs. 2 AO). 55

c) Steuerliche Rücklagen

Unter Beachtung der gesetzlichen Voraussetzungen (§ 62 Abs. 1 und 2 AO) dürfen steuerbegünstigte Stiftungen zeitnah zu verwendende Mittel in eine freie oder zweckgebundene Rücklage einstellen. Für diese *zurückgelegten* Mittel gilt vorübergehend oder dauerhaft (→ Rn. 88) eine **Ausnahme** von der zeitnahen Verwendungspflicht, da die Mittel, die zulässigerweise in eine Rücklage einfließen, als verwendet gelten. 56

57 Ein **Beschluss** des zuständigen Organs der Stiftung über die Bildung und Auflösung steuerlicher Rücklagen wird vom Gesetz nicht verlangt, aber allgemein gewünscht (*Reuber*, 105. EL, Rücklagenbildung, Rn. 23 und 27). Hingegen muss die Möglichkeit zur Bildung von steuerlichen Rücklagen nicht in der **Satzung** der Stiftung verankert sein. Deshalb können auch ohne entsprechende Satzungsbestimmungen steuerliche Rücklagen gebildet werden, wenn die Satzung die Bildung steuerlicher Rücklagen nicht ausdrücklich ausschließt (AEAO Nr. 13 Satz 1 zu § 58 Nr. 2 bis 10 AO). Wird die Bildung einer Gewinnrücklage allerdings ausnahmsweise durch die Satzung beschränkt, dürfte der zulässige Höchstbetrag für die Zuführung im Zweifel auch für die freie Rücklage gelten.

aa) Abgrenzung zum Handelsrecht

58 Der **Begriff** der Rücklage entstammt zwar grundsätzlich dem handelsrechtlichen Bilanzrecht und bezeichnet denjenigen Teil des Eigenkapitals, der eigentlich verwendbar ist, tatsächlich aber eine gewisse Zeit nicht für Leistungen der Stiftung verwendet werden soll. Die Abgrenzung des gemeinnützlichkeitsrechtlichen Rücklagenbegriffs von dem bilanzrechtlichen Rücklagenbegriff bereitet in der Theorie und Praxis gleichwohl immer wieder Schwierigkeiten. Denn die steuerlichen Rücklagen sind nicht mit den handelsrechtlichen Gewinnrücklagen gleichzusetzen. Steuerliche Rücklagen stehen für eine *Liquiditätsvorsorge* (*Schröder* DStR 2005, 1238, Anm. 1.2), weil die Liquidität erst zu einem späteren Zeitpunkt zur Erfüllung von Satzungszwecken abfließt oder dauerhaft angesammelt wird. Handelsrechtliche Gewinnrücklagen sind hingegen nicht liquiditäts- sondern ertragsbezogen. Unabhängig davon, ob es sich um satzungsmäßige, gesetzliche oder andere Gewinnrücklagen handelt, werden diese aus dem handelsrechtlichen Jahresergebnis und dem Gewinnvortrag gebildet (§ 272 Abs. 3 HGB). Da sich der für die Bildung der steuerlichen Rücklagen zur Verfügung stehende ein- und auszahlungsorientierte Mittelüberschuss (→ Rn. 60) nicht mit dem handelsrechtlichen ertrags- und aufwandsorientierten Ergebnis deckt, können steuerliche Rücklagen keine Teilmenge der handelsrechtlichen Gewinnrücklagen sein (*Schröder* DStR 2005, 1238, Anm. 1.2).

59 In der Praxis weisen viele insbesondere kleinere Stiftungen die gemeinnützigkeitsrechtlichen Rücklagen in der Handelsbilanz innerhalb des Eigenkapitals aus. Hiervon ist grundsätzlich aufgrund des unterschiedlichen Charakters abzuraten. Werden die gemeinnützigkeitsrechtlichen Rücklagen gleichwohl in der Handelsbilanz gezeigt, müssen sie den handelsrechtlichen Vorschriften genügen, also letztendlich Gewinnrücklagen im handelsrechtlichen Sinne darstellen (IDW RS HFA 5 Rn. 67).

bb) Einzelne Rücklagen

60 Eine Schwierigkeit besteht darin, unter Berücksichtigung der angewendeten Gewinnermittlungsart zunächst die Ausgangsgröße der zur Rücklagenbildung

III. Nachweis gemeinnütziger Mittelverwendung

zur Verfügung stehenden Mittel zu bestimmen. Diese Ermittlung ist aber wichtig, weil nur die tatsächlich vorhandenen Mittel einer Rücklage zugeführt werden dürfen (AEAO Nr. 14 Satz 2 zu § 62 Abs. 2 AO, wobei fraglich ist, ob dies auch für Spendeneinnahmen gilt, weil AEAO Nr. 10 Satz 2 zu § 63 Abs. 1 Nr. 3 AO insoweit von „Bruttoeinnahmen" spricht). Bei einer Stiftung, die ihr Jahresergebnis durch eine Einnahmen-Ausgaben Rechnung ermittelt, sind die Mittel, die zurückgelegt werden können, ohne weiteres zu ermitteln. Bei einer bilanzierenden Stiftung stellt sich die Frage, ob das bilanzielle Jahresergebnis durch eine Nebenrechnung in eine Einnahmen-Ausgaben-Rechnung oder Kapitalflussrechnung überzuleiten ist. Man wird diese Frage trotz des damit verbundenen Aufwandes bejahen müssen, weil das Gesetz ausdrücklich von Einnahmen und Ausgaben spricht (§ 63 Abs. 3 AO) und deshalb auch die Bildung steuerlicher Rücklagen nach dem Zufluss-Abfluss-Prinzip zu erfolgen hat.

Da zur Dotierung der steuerlichen Rücklagen nicht das gesamte Jahresergebnis zur Verfügung steht, unterliegt die zuvor ermittelte Ausgangsgröße verschiedenen Anpassungen (vereinfachtes Berechnungsschema siehe *Ley* BB 1999, 626 Anm. II. 1. a.E.). Denn es müssen solche Mittel abgezogen werden, die der Stiftung zwar zugeflossen sind, aber nicht der zeitnahen Mittelverwendung unterliegen, also insbesondere solche Mittel, die unmittelbar dem Vermögen zugeführt werden (AEAO Nr. 16 Abs. 2 zu § 62 Abs. 3 AO; → Rn. 84 und 86). Sofern Verluste aus einem wirtschaftlichen Geschäftsbetrieb oder aus der Vermögensverwaltung entstanden sind, müssen diese hinzugerechnet werden, da sie regelmäßig nicht durch zeitnah zu verwendende Mittel gedeckt werden dürfen. Hinzuzurechnen ist auch ein etwaiger Mittelvortrag aus den Vorjahren, ein etwaiger Verwendungsüberhang ist hingegen abzuziehen. Letztlich sind solche Mittel hinzuzurechnen, die durch Auflösung einer steuerlichen Rücklage frei geworden sind, weil der Grund für die Rücklagenbildung entfallen ist und die eingestellten Mittel bislang nicht verbraucht wurden.

Das Gesetz unterteilt die steuerlichen Rücklagen in vier Kategorien: (1) die Rücklage für nachhaltiges Erfüllen satzungsmäßiger Zwecke (*Projektrücklage* nach § 62 Abs. 1 Nr. 1 AO), (2) die *Wiederbeschaffungsrücklage* (§ 62 Abs. 1 Nr. 2 AO), (3) die *freie Rücklage* (§ 62 Abs. 1 Nr. 3 AO) und (4) eine *Rücklage für den Erwerb von Gesellschaftsrechten* (§ 62 Abs. 1 Nr. 4 AO). Daneben lässt die Finanzverwaltung auch die Bildung von steuerlichen Rücklagen in der Vermögensverwaltung und im wirtschaftlichen Geschäftsbetrieb zu (AEAO Nr. 15 zu § 62 Abs. 2 AO). Mit einer Ausnahme können sämtliche Rücklagen **nebeneinander** gebildet werden, insbesondere mindert die Bildung einer zweckgebundenen Projekt- oder Wiederbeschaffungsrücklage nicht die Bemessungsgrundlage für die Bildung einer freien Rücklage (AEAO Nr. 5 zu § 62 Abs. 1 Nr. 1 AO und Nr. 13 Satz 3 zu § 62 Abs. 1 Nr. 4 AO). Lediglich für die freie Rücklage ist zum einen die Anrechnung der Mittel vorgeschrieben, die im Jahr des Zuflusses zum Erwerb von Gesellschaftsrechten verwendet werden oder in einer entsprechenden Rücklage angesammelt werden (§ 62 Abs. 1 Nr. 4 AO; → Rn. 75) und zum anderen wird die Bemessungsgrundlage um den Betrag gemindert, der unmittelbar dem Vermögen zugeführt wird (→ Rn. 86 ff.).

63 (1) Im Unterschied zum nutzungsgebundenem Vermögen (→ Rn. 96) und zur freien Rücklage (→ Rn. 70 ff.) dienen die **Projektrücklagen** regelmäßig nur der *vorübergehenden* Mittelansammlung. Die Stiftung darf ihre Mittel ganz oder teilweise einer zweckgebundenen Rücklage zuführen, soweit dies erforderlich ist, um die steuerbegünstigten satzungsmäßigen Zwecke nachhaltig erfüllen zu können (§ 62 Abs. 1 Nr. 1 AO), nicht aber, um die Leistungsfähigkeit oder das Vermögen der Stiftung zu steigern (AEAO Nr. 4 Sätze 2 und 7 zu § 62 Abs. 1 Nr. 1 AO). Alternativ werden auch die Bezeichnungen *Förder-* oder *Förderungsrücklage* oder *projektbezogene Rücklage* oder *Investitionsrücklage*, wenn es um die erstmalige Anschaffung eines langfristig zu nutzenden Wirtschaftsgutes geht (→ Rn. 51), oder *Betriebsmittelrücklage* verwendet, letzteres wenn es unabhängig von einem konkreten Vorhaben um die Sicherstellung der Liquidität für zukünftige anfallende Verwaltungsausgaben geht (AEAO Nr. 4 Satz 5 zu § 62 Abs. 1 Nr. 1 AO). Die Rücklage darf nur für die Zweckverwirklichung in der ideellen Sphäre und in den Zweckbetrieben gebildet werden, und zwar nur für Projekte, für deren Durchführung bereits konkrete Zeitvorstellungen bestehen (AEAO Nr. 4 Satz 3 zu § 62 Abs. 1 Nr. 1 AO). Gibt es noch keine konkrete Zeitvorstellung, so ist eine Rücklagenbildung nur dann zulässig, wenn die Durchführung des Vorhabens glaubhaft und bei den finanziellen Verhältnissen der Stiftung in einem angemessenen Zeitraum möglich ist (AEAO Nr. 4 Satz 4 zu § 62 Abs. 1 Nr. 1 AO).

64 Das Gesetz lässt eine solche Rücklagenbildung vor allem zu, um auch größere Projekte zu ermöglichen, die nicht aus den laufenden Einnahmen eines Jahres oder zumindest nicht innerhalb des Mittelverwendungszeitraumes durch ein Ansparen von Mitteln finanziert werden können. Die Dokumentation des Projekts erfolgt idealerweise durch einen entsprechenden Beschluss des Organs, das über die Mittelverwendung zu entscheiden hat. Ergänzend empfiehlt es sich für die Stiftung, im Jahr der Bildung der Rücklage und bei weiteren Zuführungen zur Rücklage geeignete projektbezogene Dokumente über das Vorhaben und die Zeitvorstellung (Planungsunterlagen oder Projektbeschreibungen) aufzubewahren. Denn diese Nachweispflicht über die einzelfallbezogene Notwendigkeit und die konkrete Zeitvorstellung (AEAO Nr. 2 zu § 62 Abs. 1 AO, Nr. 4 Sätze 3 und 4 zu § 62 Abs. 1 Nr. 1 AO und Nr. 14 Satz 3 zu § 62 Abs. 2 AO) besteht zusätzlich zur Pflicht, die steuerliche Rücklage in der Rechnungslegung oder einer Nebenrechnung auszuweisen, um dem Finanzamt jederzeit und ohne besonderen Aufwand eine Kontrolle der Zulässigkeit der Bildung und Fortführung der Projektrücklage zu ermöglichen (AEAO Nr. 14 Satz 3 zu § 62 Abs. 2 AO; der Grund und der Endbestand der Projektrücklage ist für jedes Vorhaben in der „Anlage Gem", Zeilen 50 bis 53, darzulegen).

65 Eine Projektrücklage darf nicht gebildet werden für die Vermögensausstattung einer anderen Einrichtung (OFD Frankfurt 27.5.2014 – S 0177 A – 6 – St 53 Rn. 3, BeckVerw 287403). Hierfür können nur das Vermögen, die Bestände der freien Rücklage und ausnahmsweise auch zeitnah zu verwendende Mittel (→ Rn. 51) eingesetzt werden.

III. Nachweis gemeinnütziger Mittelverwendung

In der Literatur wird über eine Pflicht zur Abzinsung von steuerlichen Rücklagen, insbesondere im Zusammenhang mit angesparten Projektrücklagen, teilweise aber auch bei der Wiederbeschaffungsrücklage (→ Rn. 67), kontrovers diskutiert. Dabei greifen die Befürworter auf den bewertungsrechtlichen Abzinsungssatz von 5,5 v.H. zurück (§ 12 Abs. 3 BewG; *Thiel* DB 1992, 1990, Anm. V.3.). Allerdings verlangen weder der Gesetzeswortlaut noch die Finanzverwaltung eine Abzinsung steuerlicher Rücklagen (*Hüttemann*, S. 119). Dem ist zuzustimmen. Es können die Mittel in die Rücklage eingestellt werden, die voraussichtlich für das jeweilige Projekt benötigt werden. Werden mit den zum Nominalwert zurückgelegten Mitteln bis zum Verbrauch weitere Erträge erwirtschaftet, dienen diese regelmäßig dem Ausgleich der bis zum tatsächlichen Verbrauch eintretenden allgemeinen Preissteigerung und können zur Erhöhung der Projektrücklage genutzt werden. Vor diesem Hintergrund scheint eine Abzinsung der steuerlichen Rücklagen nicht notwendig, so dass eine Abzinsung die ohnehin schon komplexe Mittelverwendungsrechnung ohne ersichtlichen Mehrwert zusätzlich erschweren würde. 66

(2) Die **Wiederbeschaffungsrücklage** (§ 62 Abs. 1 Nr. 2 AO) dient dazu, die Mittel vor der Verausgabung zu schützen, die für künftige Ersatzinvestitionen notwendig werden, wenn für die Anschaffung des Wirtschaftsgutes die laufenden Einnahmen nicht ausreichen (AEAO Nr. 6 Satz 1 zu § 62 Abs. 1 Nr. 2 AO). Bemessungsgrundlage für die zulässige Höhe der Rücklagenzuführung bilden die Anschaffungskosten und die daraus abgeleiteten Abschreibungen (§ 62 Abs. 1 Nr. 2 Satz 2 AO), in Ausnahmefällen auch die höheren Wiederbeschaffungskosten (§ 62 Abs. 1 Nr. 2 Satz 3 AO), wenn die Stiftung einen entsprechenden Nachweis der gestiegenen Wiederbeschaffungskosten erbringen kann (AEAO Nr. 6 Satz 5 zu § 62 Abs. 1 Nr. 2 AO). 67

Die Wiederbeschaffungsabsicht wird grundsätzlich vermutet, wenn die Stiftung eine entsprechende Rücklage in Höhe der planmäßigen Abschreibung bildet (AEAO Nr. 6 Satz 3 zu § 62 Abs. 1 Nr. 2 AO). Diese Nachweiserleichterung gilt nicht für die beabsichtigte Wiederbeschaffung von Immobilien (AEAO Nr. 6 Satz 4 zu § 62 Abs. 1 Nr. 2 AO) oder wenn die Zuführung die planmäßige Abschreibung betragsmäßig übersteigt (AEAO Nr. 6 Sätze 5 und 6 zu § 62 Abs. 1 Nr. 2 AO). In diesen Fällen muss die Stiftung dokumentieren, dass die Neuanschaffung innerhalb eines angemessenen Zeitraums geplant und finanziell auch möglich ist (AEAO Nr. 6 Satz 2 zu § 62 Abs. 1 Nr. 2 AO). Die Nachweispflicht über die durchführbare Planung und die konkrete Zeitvorstellung besteht zusätzlich zur Pflicht, die steuerliche Rücklage in der Rechnungslegung oder einer Nebenrechnung auszuweisen, um dem Finanzamt jederzeit und ohne besonderen Aufwand eine Kontrolle der Zulässigkeit der Bildung und Fortführung der Wiederbeschaffungsrücklage zu ermöglichen (AEAO Nr. 14 Satz 4 zu § 62 Abs. 2 AO; ab VZ 2017 ist die Entwicklung einer Wiederbeschaffungsrücklage für jedes Wirtschaftsgut in der „Anlage Gem", Zeilen 54 bis 57, darzustellen). 68

Die Projektrücklage (→ Rn. 63 ff.) bietet damit mehr Gestaltungsspielraum als die Wiederbeschaffungsrücklage, weil die Möglichkeit zur Bildung einer 69

Wiederbeschaffungsrücklage auf die bei der Stiftung bereits vorhandenen Wirtschaftsgüter beschränkt ist und die Zuführung nur ratierlich in Höhe der Abschreibung erfolgt. Die Projektrücklage kann hingegen für alle denkbaren Vorhaben gebildet werden, die notwendig sind, um den Satzungszweck nachhaltig erfüllen zu können, und zwar sofort in entsprechender Höhe. Im Gegenzug muss die Stiftung aber eine höhere Dokumentationsleistung erbringen. Denn während die Durchführung bestimmter Projekte glaubhaft zu machen ist (→ Rn. 64), genügt als Nachweis für die Wiederbeschaffungsabsicht, mit Ausnahme des geplanten Erwerbs von Immobilien, die Bildung einer entsprechenden Wiederbeschaffungsrücklage (→ Rn. 67).

70 (3) Einen noch weit größeren Gestaltungsspielraum bietet die **freie Rücklage** (§ 62 Abs. 1 Nr. 3 AO). Denn im Gegensatz zu den anderen Rücklagen kann die freie Rücklage auch gebildet werden, ohne dass diese für eine besondere Maßnahme bestimmt sein muss. Sie dient der Erhaltung und Vermehrung des Vermögens als Ertragsquelle und damit zur Finanzierung der zukünftigen, satzungsmäßigen Tätigkeiten. Diese *interne Vermögensbildung* geht zwar zu Lasten der gegenwärtigen Zweckverwirklichung, ermöglicht aber in der Zukunft höhere Ausgaben für satzungsmäßige Zwecke. Berücksichtigt man darüber hinaus etwaige Inflationseffekte, ist die Bildung der freien Rücklage auch ein notwendiges Instrument für eine vorausschauende Wirtschaftsführung und für die Erhaltung der Leistungsfähigkeit (→ Kapitel E Rn. 162).

71 Neben der internen Vermögensbildung stehen die in die freie Rücklage eingestellten Beträge aber auch für verschiedene Maßnahmen zur Verfügung, bei denen sich ein Einsatz zeitnah zu verwendender Mittel verbietet (→ Rn. 52). Die der freien Rücklage zugeführten und damit nicht zeitnah zu verwendenden Mittel können unter anderem eingesetzt werden

– für die *Errichtung eines steuerpflichtigen wirtschaftlichen Geschäftsbetriebes* (OFD Frankfurt 28.3.2014 – S 0174 A – 16 – St53, Rn. 4, BeckVerw 284629).
– zur *Vermögensausstattung* einer steuerbegünstigten Kapitalgesellschaft oder Stiftung (AEAO Nr. 2 Satz 9 zu § 58 Nr. 2 AO; OFD Frankfurt 27.5.2014 – S 0177 A – 6 – St53, Rn. 3 BeckVerw 287403) oder einer nicht steuerbegünstigten Kapitalgesellschaft (OFD Frankfurt 28.3.2014 – S 0174 A – 16 – St53, Rn. 5.1.1., Rn. 5.2.1. und Rn. 6, BeckVerw 284629). Dies gilt unabhängig davon, ob diese Maßnahme im Rahmen der Vermögensverwaltung erfolgt oder ob sie auf Grund der Einflussnahme der Stiftung auf die laufende Geschäftsführung der Kapitalgesellschaft als wirtschaftlicher Geschäftsbetrieb zu beurteilen ist (OFD Frankfurt 28.3.2014 – S 0174 A – 16 – St53, Rn. 5.1.1. BeckVerw 284629; zur Vermögensausstattung mit zeitnah zu verwendenden Mittel → Rn. 52).
– zur *Anschaffung von Anteilen an einer Kapitalgesellschaft* (OFD Frankfurt 28.3.2014 – S 0174 A – 16 – St53, Rn. 7. BeckVerw 284629).
– zum Ausgleich des Verkehrswertes von Vermögensgegenständen, die mit zeitnah zu verwendenden Mitteln angeschafft oder hergestellt wurden und zukünftig nicht mehr satzungsmäßigen Zwecken dienen sollen, sondern

III. Nachweis gemeinnütziger Mittelverwendung

in den Bereich der Vermögensverwaltung oder eines wirtschaftlichen Geschäftsbetriebs *überführt* werden (AEAO Nr. 29 Satz 4 zu § 55 Abs. 1 Nr. 5 AO).
– zur Vergabe von *Darlehen*, wenn mit der Darlehensvergabe keine satzungsmäßigen Zwecke verfolgt werden (AEAO Nr. 15 zu § 55 AO).

Freie Rücklagen können von gemeinnützigen Stiftungen gebildet werden, indem sie höchstens (§ 62 Abs. 1 Nr. 3 S. 1 AO) ein **Drittel** des Überschusses der Einnahmen über die Unkosten aus der **Vermögensverwaltung** zuführen (AEAO Nr. 9 Satz 1 zu § 62 Abs. 1 Nr. 3 AO). Unter Einnahmen sind grundsätzlich alle Einnahmen im steuerlichen Sinne zu verstehen, nicht aber durch eine Vermögensumschichtung realisierte stille Reserven, weil diese schon gar nicht der zeitnahen Mittelverwendungspflicht unterliegen (AEAO Nr. 29 Satz 1 zu § 55 Abs. 1 Nr. 5 AO). Die Unkosten aus der Vermögensverwaltung sind gesetzlich nicht definiert, werden aber als Ausgaben verstanden, die Werbungskosten wären, wenn die Stiftung mit ihren Einnahmen aus der Vermögensverwaltung nicht steuerbefreit wäre (AEAO Nr. 9 Satz 2 zu § 62 Abs. 1 Nr. 3 AO). Damit sind Anschaffungs- oder Herstellungskosten nach dem Gesetzeswortlaut im Jahr der Anschaffung oder Herstellung in voller Höhe und nicht nur jährlich in Höhe der Abschreibung in Abzug zu bringen. In der Praxis werden die Anschaffungs- oder Herstellungskosten im Bereich der Vermögensverwaltung gleichwohl über die jährliche Abschreibung erfasst. Dies wird seitens der Finanzverwaltungen auch nicht beanstandet und hat einen wesentlichen Vorteil für die Stiftung. Denn solange die Unkosten die Einnahmen übersteigen, wäre eine Rücklagenbildung insofern nicht möglich. Darüber hinaus wäre die Bemessungsgrundlage in den Folgejahren entsprechend zu kürzen, so dass eine Unterdeckung auch die Möglichkeit zur Bildung einer freien Rücklage aus dem Bereich der Vermögensverwaltung in den Folgejahren einschränken würde (OFD Frankfurt 13.2.2014 – S-0181 A – 2 – St 53, Anm. 1.3 Abs. 1, DStR 2014, 803 BeckVerw 282885). Unabhängig vom Ergebnis und der Zuführung zur freien Rücklage aus der Vermögensverwaltung (AEAO Nr. 10 Abs. 2 Sätze 3 und 4 zu § 62 Abs. 1 Nr. 3 AO) darf die Stiftung ein **Zehntel** ihrer sonstigen **zeitnah zu verwendenden Mittel** einer freien Rücklage zuführen. Die sonstigen zeitnah zu verwendenden Mittel in diesem Sinne sind (AEAO Nr. 10 Abs. 1 Satz 2 zu § 62 Abs. 1 Nr. 3 AO): Gewinne aus steuerpflichtigen wirtschaftlichen Geschäftsbetrieben und Zweckbetrieben sowie Mittel aus dem ideellen Bereich, wobei etwaige Verluste aus wirtschaftlichen Geschäftsbetrieben oder Zweckbetrieben die Bemessungsgrundlage im Übrigen jeweils nicht mindern (AEAO Nr. 10 Abs. 2 Sätze 1 und 2 zu § 62 Abs. 1 Nr. 3 AO). Dass bei den Mitteln aus dem ideellen Bereich die *Bruttoeinnahmen* als Bemessungsgrundlage maßgebend sind (AEAO Nr. 10 Abs. 1 Satz 2 zu § 62 Abs. 1 Nr. 3 AO), soll auch solchen Stiftungen die Bildung freier Rücklagen ermöglichen, die ihre Einnahmen noch im Geschäftsjahr des Zuflusses wieder ausgeben. In der Praxis werden auf Grundlage dieser Richtlinie häufig zehn Prozent der eingenommenen Spenden der freien Rücklage zugeführt und zwar ohne Rücksicht auf die widerstreitende Regelung, nach der eigentlich nur die tatsächlich vorhandenen Mittel einer Rücklage zugeführt werden dürfen (AEAO Nr. 14 Satz 2 zu § 62 Abs. 2 AO).

73 Die vom Gesetzgeber vorgesehenen Drittel- und Zehntel-Grenzen sind als jährliche Obergrenzen für die Zuführung zur freien Rücklage zu verstehen. Stehen nicht genügend Mittel zur Verfügung (eine Ausnahme gilt nach der hier vertretenen Ansicht bei Spenden, → Rn. 72 a.E.), um einer Rücklage einen Betrag bis zur zulässigen Obergrenze zuzuführen, so kann die Zuführung nur bis zur Höhe der am Ende des Jahres der Zuführung vorhandenen Mittel erfolgen (→ Rn. 60). Kann der jährliche Höchstbetrag nicht ausgeschöpft werden, darf die unterbliebene Zuführung zur freien Rücklage in den beiden folgenden Jahren nachgeholt werden (§ 62 Abs. 1 Nr. 3 Satz 2 AO). Dabei darf sich die Stiftung aussuchen, ob sie die Mittel im ersten oder im zweiten Jahr zuführt oder auf beide Jahre aufteilt (Beispiel in AEAO Nr. 11 Abs. 2 zu § 62 AO). Die Möglichkeit der **Nachholung** gilt ausschließlich für die freie Rücklage und auch nur dann, wenn der Höchstbetrag wegen der fehlenden Mittel in einem Jahr nicht ausgeschöpft werden konnte. Bei der Berechnung des Höchstbetrage sind die unterschiedlichen Bemessungsgrundlagen zu beachten: bei den Spenden die Bruttoeinnahmen, bei der Vermögensverwaltung der Einnahmenüberschuss und bei den Zweckbetrieben sowie den wirtschaftlichen Geschäftsbetrieben der Gewinn.

74 Da weder die Gesamthöhe (OFD Frankfurt 13.2.2014 – S-0181 A – 2 – St 53, Anm. 1.3 Abs. 4 Satz 1, DStR 2014, 803 BeckVerw 282885) noch die Dauer des Bestehens der freien Rücklage begrenzt sind und darüber hinaus unter anderem die Möglichkeit besteht, die in die freie Rücklage eingestellten Beträge dem eigenen Vermögen zuzuführen (AEAO Nr. 11 Abs. 3 Sätze 1 und 2 zu § 62 Abs. 1 Nr. 3 AO; → Rn. 88), bietet die freie Rücklage einige Vorteile gegenüber anderen Rücklagen. Vor diesem Hintergrund werden in der Praxis die zur Rücklagenbildung vorhandenen Mittel (→ Rn. 60 ff.) i.d.R. zunächst auf die Bildung der freien Rücklage verwendet und nur der danach verbleibende Betrag zur Bildung anderer Rücklagen eingesetzt.

75 (4) Als vierte Möglichkeit zur Rücklagenbildung nennt das Gesetz die Rücklage zum Erwerb von Gesellschaftsrechten (§ 62 Abs. 1 Nr. 4 AO). Reichen die in einem Jahr zugeflossenen Mittel der Stiftung (§ 58 Nr. 10 AO) oder die in der freien Rücklage angesammelten Mittel (AEAO Nr. 12 Satz 3 zu § 62 Abs. 1 Nr. 4 AO) nicht aus, um sich zur Erhaltung der prozentualen Beteiligung an einer Kapitalerhöhung zu beteiligen, darf die Stiftung die erforderlichen Mittel in einer **Kapitalbeteiligungserhaltungsrücklage** ansammeln. Nicht von dieser Regelung umfasst sind Beteiligungen an Personengesellschaften sowie der erstmalige Erwerb einer Beteiligung an einer Kapitalgesellschaft oder der Erwerb zur Erhöhung einer bestehenden Beteiligung. Hierfür darf die Stiftung nur die Mittel, die nicht der zeitnahen Mittelverwendung unterliegen verwenden, also ihr Vermögen oder die in der freien Rücklage angesammelten Mittel (OFD Frankfurt 13.2.2014 – S-0181 A – 2 – St 53, Anm. 1.4 Abs. 2 Satz 2, DStR 2014, 803).

III. Nachweis gemeinnütziger Mittelverwendung

Die Ansammlung von Mitteln in einer Kapitalbeteiligungserhaltungsrücklage ist der Höhe nach grundsätzlich unbegrenzt, maximal jedoch in Höhe des erwarteten anteiligen Kapitalerhöhungsbetrags möglich. Auf die Mittel, die der Kapitalbeteiligungserhöhungsrücklage zugeführt werden, findet eine Anrechnung auf etwaige Zuführungen zur freien Rücklage statt (§ 62 Abs. 1 Nr. 4 AO a.E.). Übersteigt der für die Erhaltung der Beteiligungsquote bereitgestellte oder verwendete Betrag die Höchstgrenze für die Bildung der freien Rücklage des laufenden Jahres (→ Rn. 72), ist in den Folgejahren eine Zuführung erst wieder möglich, wenn die für eine freie Rücklage eigentlich verwendbaren Mittel insgesamt die für die Erhaltung der Beteiligungsquote bereitgestellten oder verwendeten Mittel übersteigen (AEAO Nr. 12 Abs. 2 zu § 58 Nr. 10 und Nr. 13 zu § 62 Abs. 1 Nr. 4 AO, jeweils mit Beispiel). **76**

Mit der Kapitalbeteiligungserhaltungsrücklage erlaubt es der Gesetzgeber, vorweg solche Mittel in eine Rücklage einzustellen, die ansonsten unter Berücksichtigung der Höchstgrenzen der freien Rücklage zugeführt worden wären. Im Gegensatz zur Bildung der freien Rücklage (→ Rn. 70) ist die Bildung der Kapitalbeteiligungserhaltungsrücklage aber nur dann zulässig, wenn ein konkreter Anlass besteht. Deshalb muss sich aus der Dokumentation der Stiftung bei Bildung einer solchen Rücklage ergeben, dass eine Kapitalerhöhung bei einer Beteiligungskapitalgesellschaft nicht nur denkbar erscheint, sondern sich bereits konkret abzeichnet (OFD Frankfurt 13.2.2014 – S-0181 A – 2 – St 53, Anm. 1.4 Abs. 2 Sätze 2 und 3, DStR 2014, 803). **77**

(5) Gesetzlich nicht vorgesehen, aber von der Finanzverwaltung ausdrücklich akzeptiert (AEAO Nr. 3 Satz 3 zu § 55 Abs. 1 Nr. 1 AO), wird die Bildung von steuerlichen Rücklagen im Rahmen der **Vermögensverwaltung** und **im wirtschaftlichen Geschäftsbetrieb**. Die Bildung solcher Rücklagen kann erforderlich sein, weil sämtliche im Rahmen der Vermögensverwaltung und im wirtschaftlichen Geschäftsbetrieb erzielten Überschüsse ansonsten zwingend im steuerbegünstigten Bereich zu verwenden sind (AEAO Nr. 3 Sätze 1 und 2 zu § 55 Abs. 1 Nr. 1 AO) und damit nicht für etwaig notwendige Investitionen zur Verfügung stehen. Die Rücklagen müssen bei vernünftiger kaufmännischer Betrachtung wirtschaftlich begründet sein (AEAO Nr. 1 Satz 2 zu § 62 AO mit Hinweis auf die nur in begründeten Ausnahmefällen zulässige Bildung von Gewinnrücklagen bei ertragsteuerlichen Organgesellschaften gemäß § 14 Abs. 1 Nr. 4 KStG). Dies erfordert eine ausreichende Dokumentation über den konkreten Anlass (Reparatur- oder Erhaltungsmaßnahme oder Betriebsverlegung, -ausweitung oder -erneuerung), der aus objektiver Sicht die Bildung der Rücklage rechtfertigt (BFH 28.10.1980 – I R 61/77, BStBl. II 1981, 336, fordert die Darlegung eines *konkreten* Anlasses für die Bildung einer Rücklage durch eine Organgesellschaft). Im Bereich der Vermögensverwaltung dürfen Rücklagen nur in engen Grenzen gebildet werden und zwar zur Durchführung konkreter Reparatur- oder Erhaltungsmaßnahmen, die notwendig sind, um den ordnungsgemäßen Zustand des Vermögensgegenstandes zu erhalten (AEAO Nr. 1 Sätze 5 und 6 zu § 62 AO). Im Gegensatz zum wirt- **78**

schaftlichen Geschäftsbetrieb scheidet die Bildung einer Rücklage für Erweiterungsmaßnahmen in der Vermögensverwaltung somit aus.

cc) Ausweis

79 Weil es sich um eine Ausnahme zur grundsätzlichen Mittelverwendungspflicht handelt, muss die Stiftung in ihrer Rechnungslegung oder in einer gesonderten Nebenrechnung darlegen, ob zunächst die Voraussetzungen für die **Bildung** und im Weiteren für die **Beibehaltung** einer steuerlichen Rücklage vorlagen (AEAO Nr. 14 Sätze 3 und 4 zu § 62 Abs. 2 AO und Nr. 1 Satz 1 zu § 63 AO; OFD Frankfurt 13.2.2014 – S 0181 A – 2 – St 53, Rn. 1, DStR 2014, 803). Diese Anforderung an die Darstellung der steuerlichen Rücklagen ist auf der einen Seite problematisch, weil keine Vorschrift näher regelt, wie dieser Nachweis zu erbringen ist. Auf der anderen Seite sollte die gewählte Darstellung nach Möglichkeit auch sämtliche Anforderungen des Gesetzgebers und der Finanzverwaltung erfüllen, um Rechtsunsicherheiten oder Streitigkeiten zu vermeiden. In der Praxis werden die Ermittlung des Rücklagenvolumens (→ Rn. 60) sowie die Zuführungen und Auflösungen der einzelnen steuerlichen Rücklagen regelmäßig in die Mittelverwendungsrechnung eingearbeitet („Anlage Gem", Zeilen 50 bis 62, fordert nur eine Benennung und den Endbestand oder die Entwicklung der Rücklagen, so dass sich die Rechtfertigung oder Rücklagenbildung aus der weiteren Dokumentation ergeben muss). Die Auseinandersetzung mit den verschiedenen entwickelten Varianten der Mittelverwendungsrechnung (→ Rn. 90 ff.) zeigt jedoch, dass diese je nach Ausgestaltung für die steuerliche Rücklagenbildung und deren Fortschreibung Vor- und Nachteile mit sich bringen. Letzteres gilt vor allem für Mittelverwendungsrechnungen, die das Zuflussprinzip durchbrechen. Denn eine Mittelverwendungsrechnung muss idealerweise so konzipiert sein, dass sie im Zusammenhang mit dem Nachweis der liquiditätsorientierten (§ 63 Abs. 3 AO) zeitnahen Mittelverwendung auch die Dokumentation und Fortschreibung der steuerlichen Rücklagen zulässt.

80 Der **Ausweis** der handelsrechtlichen Rücklagen erfolgt auf der Passivseite der Bilanz innerhalb des Eigenkapitals in eigenen Bilanzposten (§ 266 Abs. 3 HGB). Auch die gemeinnützigkeitsrechtlichen Rücklagen stellen grundsätzlich einen Passivposten dar. Gleichwohl ist ein Ausweis der steuerlichen Rücklagen in der Bilanz, wie teilweise gewünscht (OFD Frankfurt 13.2.2014 – S 0181 A – 2 – St 53, Rn. 1 Abs. 1, DStR 2014, 803), weder sachgerecht noch praktikabel. Denn neben den unterschiedlichen Bemessungsgrundlagen (→ Rn. 60), haben steuerliche Rücklagen im Gegensatz zur handelsrechtlichen Rücklage einen gewissen Bezug zu einem Aktivposten, weil mit einer zulässigerweise gebildeten steuerlichen Rücklage ein aktiver Vermögensgegenstand vor einer Verausgabung zu Satzungszwecken bewahrt wird, auch wenn sich eine konkrete Zuordnung zu einem konkreten Vermögensgegenstand verbietet (BFH, 20.3.2017 – X R 13/15, BStBl. II 2017, 1110). Steuerliche Rücklagen haben insofern eine *Mittelverwendungssperrfunktion* (*Schröder*, S&S Rote Seiten

III. Nachweis gemeinnütziger Mittelverwendung 81, 82 C

6/2007, Anm. 1.2). Vor diesem Hintergrund kann die Dokumentation der steuerlichen Rücklagen regelmäßig nur in einer Nebenrechnung oder Steuerbilanz, nicht aber innerhalb der handelsrechtlich orientierten Bilanz gelingen (so auch die Empfehlung durch IDW RS HFA 5, Rn. 67 i.V.m. Rn. 63).

Weder der Gesetzgeber noch die Finanzverwaltung machen detaillierte Vorgaben, wie die Rücklagen in einer **Nebenrechnung** ausgewiesen und wie deren Zuführung und Auflösung dargestellt werden sollen („Anlage Gem", Zeilen 54 bis 57, erfordert ab VZ 2017 die Darstellung der Entwicklung der Wiederbeschaffungsrücklage je zu ersetzendes Wirtschaftsgut). Es muss sich insoweit lediglich um geeignetes Nachweisinstrument handeln. Nach den Anforderungen des Gesetzgebers und der Finanzverwaltung sollten sich innerhalb der Mittelverwendungsrechnung insbesondere folgende **Mindestangaben** im Zusammenhang mit den betragsmäßigen Zuführungen und Auflösungen der Rücklagen ergeben: 81

— *Höchstbetrag* der Mittel, der für die Zuführung zu den steuerlichen Rücklagen zur Verfügung steht, (AEAO Nr. 14 Satz 2 zu § 62 Abs. 2 AO) einschließlich solcher Beträge, die einer Rücklage zugeführt waren, die aber wegen fehlenden Verbrauchs wieder aufgelöst wurde (→ Rn. 60),
— *Bemessungsgrundlagen* für die Zuführungen zu den einzelnen steuerlichen Rücklagen, insbesondere die sphärenspezifischen Bemessungsgrundlagen zur Ermittlung der Zuführung zur freien Rücklage (→ Rn. 72),
— der Betrag, der etwaig vorzutragenden *Unterdeckung* zur Ermittlung der Zuführung zur freien Rücklage aus den Mitteln der Vermögensverwaltung in den Folgejahren (→ Rn. 72, OFD Frankfurt 13.2.2014 – S 0181 A – 2 – St53, BeckVerw 282885, Tz 1.3. Abs. 2 Satz 6: eine Unterdeckung ist *vorzutragen* und in den Folgejahren bei der Bildung einer freien Rücklage zunächst zuführungsmindernd in Abzug zu bringen),
— der Betrag, der in den Folgejahren für eine *Nachholung* zwecks Zuführung zur freien Rücklage zur Verfügung steht (→ Rn. 73), sowie
— der Betrag, welcher der Kapitalbeteiligungserhaltungsrücklage zugeführt wurde und in den Folgejahren bei der Bildung der freien Rücklage anzurechnen ist (→ Rn. 76).

Darüber hinaus empfiehlt sich eine Darstellung der Entwicklung der gebildeten steuerlichen Rücklagen in einem Rücklagenspiegel, die wie folgt gestaltet sein kann (in Anlehnung an *Reuber*, 105. EL, Rücklagenbildung, Rn. 78): 82

Tätigkeitsbereich	Art	Rechtsgrundlage	Art der Rücklage	Zweck der Bildung	erstmals gebildet	voraussichtliche Nutzung	Vortrag am 1. Januar Berichtsjahr	Veränderung innerhalb des Berichtsjahres			Bestand am 31. Dezember Berichtsjahr
								Verbrauch	Auflösung	Zuführung	
ideeller Bereich	freie Rücklage	§ 62 Abs. 1 Nr. 3 AO					…	…	…	…	…
	Wiederbeschaffungsrücklage	§ 62 Abs. 1 Nr. 2 AO	freie Verwendung		[Jahr]	[Jahr]	…	…	…	…	…
	Förderrücklage	§ 62 Abs. 1 Nr. 1 AO	Anschaffung …		[Jahr]	[Jahr]	…	…	…	…	…
	Förderrücklage	§ 62 Abs. 1 Nr. 1 AO	Projekt …		[Jahr]	[Jahr]	…	…	…	…	…
			Anbau …				*Zwischensumme*				
Vermögensverwaltung	freie Rücklage	§ 62 Abs. 1 Nr. 3 AO	freie Verwendung		[Jahr]	[Jahr]	…	…	…	…	…
	Reparatur und Erhaltung	AEAO Satz 5 Nr. 1 zu § 62 AO	Erneuerung …		[Jahr]	[Jahr]	…	…	…	…	…
							Zwischensumme				
Zweckbetrieb	freie Rücklage	§ 62 Abs. 1 Nr. 3 AO	freie Verwendung		[Jahr]	[Jahr]	…	…	…	…	…
							Zwischensumme				
wirtschaftlicher Geschäftsbetrieb	freie Rücklage	§ 62 Abs. 1 Nr. 3 AO	freie Verwendung		[Jahr]	[Jahr]	…	…	…	…	…
	Kapazitätsausweitung	AEAO Satz 1 Nr. 1 zu § 62 AO	Anschaffung …		[Jahr]	[Jahr]	…	…	…	…	…
							Zwischensumme				
							gesamt				

Abb. 10: Rücklagenspiegel für steuerliche Zwecke

d) Vermögen

Durch das Gebot der zeitnahen Mittelverwendung soll eine gegenwartsnahe Verfolgung von Gemeinwohlzwecken erreicht werden. Dies schließt zwar Maßnahmen zur Vermögensbildung nicht aus. Allerdings gilt ein gesetzliches **Regel-Ausnahme-Verhältnis**, das eine Vermögensbildung nur unter bestimmten und engen Voraussetzungen erlaubt. 84

Im Gegensatz zu den in den steuerlichen Rücklagen ausgewiesenen, ebenfalls nicht zeitnah zu verwendenden Mitteln, sind unter dem **Begriff** des Vermögens solche Mittel zu verstehen, die kraft Satzung oder auf Grund eines Beschlusses des zuständigen Stiftungsorgans nicht verausgabt werden dürfen. Anders als die in die Rücklagen eingestellten Mittel hat das Vermögen eine endgültige Zweckbestimmung gefunden. Das Vermögen soll dauerhaft die finanzielle Leistungskraft der Stiftung stärken und zur Einnahmeerzielung genutzt werden. Es wird deshalb in Abgrenzung zu den in die Rücklagen eingestellten Mittel auch als *Ausstattungsvermögen* oder *Dauervermögen* oder *zulässiges Vermögen* bezeichnet. In der Rechnungslegung kann es einheitlich als Vermögen ausgewiesen werden, wenn sich dessen ursprüngliche Zusammensetzung aus der Buchführung ergibt. 85

Steuerbegünstigte Stiftungen müssen ihre Mittel grundsätzlich zeitnah für ihre satzungsmäßigen Zwecke einsetzen. Deshalb darf die Stiftung eigenes Vermögen, ebenso wie steuerliche Rücklagen, nur in engen Grenzen bilden. Aus diesem Grund sieht die Finanzverwaltung den **gesetzlichen Katalog** der Vermögensbildung (§ 62 Abs. 3 und 4 AO) grundsätzlich als abschließend an (AEAO Nr. 16 Abs. 1 Satz 2 zu § 62 Abs. 3 AO; aA *Buchna*, Rn. 2.13.4). Die Bildung von Vermögen ist zulässig auf Grund von Zuwendungen 86

- *von Todes wegen* (Erbschaft, Vermächtnis, Auflage), sofern der Erblasser nicht ausdrücklich eine Zuwendung für die laufenden Ausgaben der Stiftung bestimmt hat (§ 62 Abs. 3 Nr. 1 AO) und die Stiftung ihr Zuordnungswahlrecht (AEAO Nr. 16 Abs. 1 Satz 1 zu § 62 Abs. 3 AO: „können") dahingehend ausübt, die Zuwendungen nicht zeitnah zu verwenden,
- bei denen der Zuwendende *ausdrücklich erklärt*, dass die Zuwendung an die Stiftung zu deren Ausstattung mit Vermögen (Grundstockvermögen) oder zur Erhöhung des Vermögens (Zustiftung) bestimmt ist (§ 62 Abs. 3 Nr. 2 AO),
- aufgrund eines *Spendenaufrufs* der Stiftung, wenn aus dem Spendenaufruf ersichtlich ist, dass die Zuwendungen zur Aufstockung des Vermögens erbeten werden (§ 62 Abs. 3 Nr. 3 AO) oder
- die *ihrer Natur nach* zum Vermögen gehören (§ 62 Abs. 3 Nr. 4 AO; Sachzuwendungen wie Immobilien, Gesellschaftsanteile, Wertpapiere), sofern der Erblasser nicht ausdrücklich eine Zuwendung des Veräußerungserlöses für die laufenden Ausgaben der Stiftung bestimmt hat und die Stiftung ihr Wahlrecht (AEAO Nr. 16 Abs. 1 Satz 1 zu § 62 Abs. 3 AO: „können") dahingehend ausübt, die Zuwendung dem Vermögen zuzuordnen.

Werden Mittel aus vorgenannten Gründen dem Vermögen zugeführt, sind sie aus der Bemessungsgrundlage für die Ermittlung der Zuführung zur freien Rücklage herauszurechnen (AEAO Nr. 16 Abs. 2 zu § 62 Abs. 3 AO).

87 Stiftungen dürfen darüber hinaus maximal den positiven Betrag der miteinander verrechneten positiven und negativen Ergebnisse der Vermögensverwaltung und der wirtschaftlichen Geschäftsbetriebe ihrem Vermögen zuführen (AEAO Nr. 17 Abs. 2 zu § 62 Abs. 4 AO) und zwar jeweils im Jahr der Errichtung der Stiftung und in den folgenden drei Kalenderjahren (§ 62 Abs. 4 AO). In der Praxis wird diese Rücklage deshalb auch als *Ansparrücklage* oder *Stiftungserrichtungsrücklage* bezeichnet. Letzteres weil die Regelung auf die tatsächlichen Rechtsformen der rechtsfähigen und der nichtrechtsfähigen Stiftung begrenzt ist (AEAO Nr. 13 Satz 3 zu § 58 Nr. 2 bis 10 AO).

88 Daneben kann die Stiftung durch die freiwillige **Umqualifizierung** von bestimmten Mitteln oder Rücklagen zum Vermögen nach außen hin dokumentieren, dass sie diese Mittel, die ohnehin nicht zeitnah zu verwenden waren, nicht nur vorübergehend, mittelfristig oder langfristig, sondern dauerhaft von der Verwendung ausschließt. Dies gilt insbesondere für

– den durch Umschichtungen im Vermögensbereich entstandenen *Umschichtungsgewinn*, der nach Wahl der Stiftung entweder dem Vermögen oder den zeitnah zu verwendenden Mitteln zugeordnet werden kann (AEAO Nr. 29 Abs. 1 Sätze 1 und 2 zu § 55 Abs. 1 Nr. 5 AO), und
– Mittel, die zunächst in eine freie Rücklage eingestellt wurden und zukünftig nach dem Willen der Stiftung dauerhaft die finanzielle Leistungskraft der Stiftung stärken sollen (AEAO Nr. 11 Abs. 2 Satz 2 zu § 62 Abs. 1 Nr. 3 AO).

e) Mittelverwendungsrechnung

89 Die Aufzeichnungen, die nach stiftungs-, handels- oder steuerrechtlichen Vorschriften verlangt werden, genügen allein nicht den gemeinnützigkeitsrechtlichen Anforderungen. Es ist deshalb die Aufgabe der Mittelwendungsrechnung, die Zuwendungsgeber (Stifter, Zustifter und Spender), die Zuwendungsempfänger (Geförderte und Destinatäre) und Dritte, zu denen auch die Stiftungsaufsicht und die Finanzverwaltung zählen, über die betragsmäßige Verwendung der zugeflossenen Mittel zu informieren. Sie soll außerdem den **Mitteleinsatz** dokumentieren und damit Aufschluss darüber geben, ob die Mittel zweckentsprechend und innerhalb der Verwendungsfrist eingesetzt werden. Denn nach Auffassung der Finanzverwaltung müssen am Ende des Kalender- oder Wirtschaftsjahres noch vorhandene Mittel der Stiftung zulässigerweise dem Vermögen oder einer Rücklage zugeordnet sein oder als im zurückliegenden Jahr zugeflossene Mittel, die in den beiden folgenden Jahren für die steuerbegünstigten Zwecke zu verwenden sind, ausgewiesen sein (Mittelvortrag). Für Letzere muss die zeitnahe Verwendung durch die Mittelverwendungsrechnung nachzuweisen sein (AEAO Nr. 28 Satz 2 zu § 55 Abs. 1 Nr. 5 AO).

III. Nachweis gemeinnütziger Mittelverwendung

aa) Anforderungen und Lösungsmodelle

Grundsätzlich findet bei der Mittelverwendung nach Ansicht der Finanzverwaltung, die sich auf den Gesetzeswortlaut stützt, das liquiditätsorientierte **Zu- und Abflussprinzip** Anwendung. Es gibt aber keine detaillierten Vorgaben der Finanzverwaltung zur Ausgestaltung der Mittelverwendungsrechnung. Das Gesetz fordert eine solche noch nicht einmal ausdrücklich. Grundsätzlich muss sie lediglich als Nachweis der satzungsmäßigen und zeitnahen Mittelverwendung geeignet sein (§ 63 Abs. 3 AO). In der Praxis gestaltet sich dies aber als schwierig. Denn die Regelungen des Gesetzgebers und der Finanzverwaltung verlangen von der Mittelverwendungsrechnung folgende **Mindestanforderungen**, die im Ergebnis nur durch eine zahlungsstromorientierte und sphärenspezifische Rechnungslegung erfüllt werden können: 90

– die Mittelverwendungsrechnung sollte mit der Einnahmen-Ausgaben-Rechnung, der Einnahmen-Überschuss-Rechnung und/oder der Bilanz nebst Gewinn- und Verlustrechnung *abstimmbar* sein;
– die Mittelverwendungsrechnung sollte, ähnlich einer Kostenstellenrechnung, nach den vier steuerlichen Sphären *aufgeteilt* sein, insbesondere weil die Ergebnisse jeder Sphäre unterschiedlich besteuert (→ Rn. 6) und bei der Rücklagenbildung unterschiedlich berücksichtigt werden (→ Rn. 72);
– interne Mittelbewegungen zwischen den Sphären sollten sich nachvollziehen lassen, insbesondere um Investitionen in nutzungsgebundenes Vermögen oder *Mitteltransfers* zum und vom wirtschaftlichen Geschäftsbetrieb kontrollieren zu können,
– wegen der zweijährigen *Verwendungsfrist* (§ 55 Abs. 1 Nr. 5 Satz 3 AO) muss sich aus der Mittelverwendungsrechnung ergeben, welche Teilbeträge des Mittelvortrages spätestens im Folgejahr und im übernächsten Wirtschaftsjahr zu verwenden sind, entweder durch eine ergänzende Erläuterung, eine betragsmäßige Aufteilung oder einen Davon-Vermerk;
– wegen der grundsätzlichen Mittelverwendungspflicht sollten die von der Stiftung genutzten Ausnahmen von der zeitnahen Mittelverwendung, insbesondere die Zuführungen zu steuerlichen Rücklagen oder in das Vermögen, aus der Mittelverwendungsrechnung ersichtlich sein.

Trotz der unbestrittenen Bedeutung der Mittelverwendungsrechnung wurden bislang nur wenige praktisch handhabbare **Modelle** entwickelt. Das Modell von *Thiel* setzt keine kaufmännische Buchführung voraus, weil es sich um eine Bestandsrechnung handelt, die in Bilanzform aufgestellt wird (*Thiel* DB 1992, 1900, Anm. VI.). Auf der Aktivseite werden die vorhandenen Mittel dargestellt, auf der Passivseite wird die Bindung des Vermögens ausgewiesen. Damit folgt dieses Modell als eigenständige Nebenrechnung zum Jahresabschluss dem Zu- und Abflussprinzip und verlangt somit von einer bilanzierenden Stiftung größere Umrechnungen. *Buchna* gestaltet seine Mittelverwendungsrechnung ausgehend von der Handel- oder Steuerbilanz als 91

Vermögensübersicht (*Buchna*, Anm. 2.5.9.1.2). Weil in beiden Fällen auf die Anwendung des Zu- und Abflussprinzips verzichtet wird, kann die Mittelverwendungsrechnung als Nebenrechnung zum Jahresabschluss aus der Bilanz abgeleitet werden. Neben der allgemeinen Akzeptanz des Modells von *Buchna* durch die Finanzverwaltung dürfte die einfache Erstellung, insbesondere wenn erstmalig eine Mittelverwendungsrechnung aufgestellt wird, ein weiterer Grund dafür sein, warum dieses Modell bei bilanzierenden Stiftungen in der Praxis die weiteste Verbreitung gefunden hat. Den Kritikpunkt der Bestandsorientierung dieser Modelle greifen *Schröder* und *Stahl* auf und schlagen jeweils eine ergänzende oder angepasste Kapitalflussrechnung vor (*Schröder* DStR 2005, 1238, Anm. 3; *Stahl* ZögU 2013, 38, Anm. IV). Damit nähern sie sich zwar jeweils der vom Gemeinnützigkeitsrecht gewünschten Ein- und Auszahlungsrechnung an, aber nicht ohne erheblichen Aufwand für die laufende Buchhaltung und den Ersteller der Mittelverwendungsrechnung. Als Fazit lässt sich festhalten, dass ein Einheitsmodell einer Mittelverwendungsrechnung, das sowohl für bilanzierende also auch für nichtbilanzierende Stiftungen anwendbar ist, kaum realisierbar ist.

92 Alle Modelle von Mittelverwendungsrechnungen (→ Rn. 91) haben das Ziel, den Anforderungen des Gesetzgebers und der Finanzverwaltung bestmöglich gerecht werden, ohne die Stiftung mit zu viel Buchhaltungs- oder Überleitungstätigkeiten zu belasten. Am einfachsten haben es Stiftungen, die entweder eine sphärenorientierte Einnahmen-Ausgaben-Rechnung aufstellen oder eine solche leicht aus ihrer Rechnungslegung ableiten können. Denn um aus einer sphärenorientierten Einnahmen-Ausgaben-Rechnung eine Mittelverwendungsrechnung zu generieren, bedarf es nur weniger zusätzlicher Angaben (→ Rn. 90).

bb) Besonderheiten bei bilanzierenden Stiftungen

93 Auch wenn das Gemeinnützigkeitsrecht das Zu- und Abflussprinzip grundsätzlich bevorzugt (Wortlaut des § 55 Abs. 1 Nr. 5 AO) hat *Thiel* später eingeräumt, dass aus Vereinfachungsgründen auch eine Ableitung aus der Bilanz durchgeführt werden kann (*Thiel*, S&S Rote Seiten 3/1998, 1, Anm. II. 4.). *Wallenhorst* sieht zwar in den gesetzlichen Vorschriften (§ 55 Abs. 1 Nr. 1 Satz 3 und § 63 Abs. 3 AO) eine lex specialis zugunsten des Zuflussprinzips und begründet damit eine Notwendigkeit zur Umrechnung der Bilanz, räumt aber gleichzeitig aus Gründen der Praktikabilität die Möglichkeit ein, die Mittelverwendungsrechnung aus einer handelsrechtlich orientierten Bilanz abzuleiten (Wallenhorst/Halaczinsky/*Wallenhorst*, Kap. B, Rn. 143). So sieht es auch *Hüttemann*, der auf das über die Totalperiode identische Ergebnis einer bilanzierenden und einer nach dem Zuflussprinzip rechnungslegenden Stiftung hinweist (*Hüttemann*, Rz. 5.26 und 5.189). Für Zwecke einer Mittelverwendungsrechnung jedenfalls nicht einsetzbar ist eine nach der Stellungnahme zur Rechnungslegung für Spenden sammelnde Organisationen (IDW RS HFA 21) aufgestellte Bilanz, weil diese die Erfolgswirksamkeit einer Spende auf den

III. Nachweis gemeinnütziger Mittelverwendung   94–96 **C**

Zeitpunkt der Verwendung der Spende hinausschiebt und somit nur bedingt den von einer Mittelverwendungsrechnung gewünschten Nachweis einer zeitnahen Verwendung liefern kann.

Wendet die Stiftung die Grundsätze der ordnungsgemäßen Bilanzierung **94** an, führt dies vor allem bei den zunächst zahlungsunwirksamen Forderungen, Verbindlichkeiten, Rückstellungen und Rechnungsabgrenzungen zu Abweichungen. Eine zweifache Bilanzierung, zum einen einzahlungs- und auszahlungsorientiert, zum anderen ertrags- und aufwandsorientiert, erscheint aber nicht sinnvoll, weil es sich bei den gemeinnützigen Stiftungen regelmäßig um kleinere Einheiten ohne die entsprechenden Fachkenntnisse handeln wird und die für die doppelte Arbeit entstehenden Kosten besser für gemeinnützige Maßnahmen ausgegeben werden sollen. Allerdings ergeben sich durch den Wortlaut der gesetzlichen Regelungen gerade für die bilanzierende Stiftung verschiedene inhaltliche Probleme, von denen die beiden wichtigsten im Folgenden kurz dargestellt werden sollen.

(1) Das Gesetz stellt für den Beginn der **Verwendungsfrist** auf den *Zufluss* **95** ab (§ 55 Abs. 1 Nr. 5 AO). Die Verwendung kann folglich nur durch einen Abfluss der Mittel erfolgen. Davon abweichend wird es für bilanzierende Stiftungen akzeptiert, statt auf den Zufluss der Einnahmen auf deren Ertragswirksamkeit abzustellen. Da der Ertrag aus der Bilanzierung der Forderung stets vor der Einnahme realisiert wird, stellt sich die Stiftung mit der ertragsorientierten Sichtweise grundsätzlich schlechter, weil der Beginn der Verwendungsfrist früher beginnt. Zum Ausgleich wird bei der Mittelverwendung nicht auf den Abfluss, sondern auf den damit verbundenen Aufwand abgestellt. Auch dieser wird regelmäßig vor dem tatsächlichen Abfluss als Verbindlichkeit oder Rückstellung zu bilanzieren sein (*Hüttemann*, Rz. 5.85 mit Beispiel). Der Zulässigkeit dieser *Vereinfachung* ist zuzustimmen, weil die Auswirkungen in der Praxis für die große Mehrzahl der steuerbegünstigten Stiftungen von untergeordneter Bedeutung sein dürften. Denn im Ergebnis kommt es nur in Höhe des am Bilanzstichtag erfassten Differenzbetrages aus der Summe der erfolgs- aber nicht zahlungswirksamen Bilanzposten (Forderungen und sonstige Vermögensgegenstände, Verbindlichkeiten, Rückstellungen, Rechnungsabgrenzungsposten) zu einer hinnehmbaren *Periodenverschiebung* gegenüber der Einnahmen-Ausgaben-Rechnung. Das Vorstehende gilt allerdings nicht für nach der IDW-Stellungnahme zur Rechnungslegung für Spenden sammelnde Organisationen aufgestellte Bilanzen, weil diese die Erfolgswirksamkeit einer Spende auf den Zeitpunkt der Verwendung der Spende hinausschiebt (IDW RS HFA 21, Rn. 17), so dass der Zufluss erst bei tatsächlicher Ausgabe fingiert wird und es somit nie zu einer Verletzung der Verwendungsfrist kommen könnte.

(2) Schwierig gestaltet sich in der Praxis häufig die Darstellung von **nut- 96 zungsgebundenem Vermögen**, also der Anschaffung oder Herstellung von Vermögenswerten, die länger als ein Jahr für satzungsmäßige Zwecke verwendet werden. Denn obwohl es sich wirtschaftlich betrachtet um einen Mitteltausch und aus bilanzieller Sicht um einen Aktivtausch handelt (*Hüttemann*,

Rz. 5.56 und 5.75), stellt die Investition gemeinnützigkeitsrechtlich in voller Höhe der Anschaffungs- oder Herstellungskosten bereits dann eine zulässige Mittelverwendung dar, wenn die Stiftung die Ausgabe für die Anschaffung oder Herstellung des Vermögenswertes tätigt (§ 55 Abs. 1 Nr. 5 Satz 2 AO). Baut die steuerliche Mittelverwendungsrechnung auf einer reinen Einnahmen-Ausgaben-Rechnung auf oder wird eine solche für steuerliche Zwecke aus der Rechnungslegung abgeleitet, stellen die Anschaffungs- oder Herstellungskosten in voller Höhe wirksame Ausgaben dar. Die Frage der Darstellung der Abschreibung stellt sich in diesem Fall nicht. Basiert die Mittelverwendungsrechnung entweder auf einer Einnahmen-Überschuss-Rechnung oder einer Gewinn- und Verlustrechnung, ist die Abschreibung deshalb grundsätzlich zu korrigieren, weil Anschaffung oder Herstellung bereits zum Mittelabfluss geführt haben. Zwar wird aus Vereinfachungsgründen vorgeschlagen, auf eine Korrektur der Abschreibung zu verzichten, wenn eine Ersatzbeschaffung zu erwarten ist und für diese keine Wiederbeschaffungsrücklage gebildet wird (§ 62 Abs. 1 Nr. 2 Satz 1 AO; *Hüttemann*, Rz. 5.86 bis 5.90 m.w.N.). Weil es sich aber bei der Abschreibung zum einen um den Wertverzehr eines bestehenden und bei der Wiederbeschaffung zum anderen um das Ansparen für die Anschaffung oder Herstellung eines neuen Vermögenswertes handelt, sollten diese beiden Vorgänge aus Gründen der Transparenz getrennt dargestellt werden. Dies gilt umso mehr, als dass die Frage, ob und in welcher Höhe eine Zuführung zur Wiederbeschaffungsrücklage möglich ist, unabhängig von der Abschreibung des bereits vorhandenen Vermögenswertes zu beantworten ist (*Buchna*, Rn. 2, 2.13.1.2).

cc) Zahlungsstromorientierte Mittelverwendungsrechnung mit Überleitung zur Vermögensrechnung

97 Entspricht die Stiftung bei der Erstellung der Mittelverwendungsrechnung den Idealvorstellungen des Gesetzgebers (§ 55 Abs. 1 Nr. 5 Satz 3 AO) und der Finanzverwaltung (AEAO Nr. 28 zu § 55 Abs. 1 Nr. 5 AO), stellt sie diese als reine *Geldrechnung* auf. Bei der Überleitung sind die Unterschiede zwischen den Rechnungsarten zu berücksichtigen (Abb. 12). Es empfiehlt sich, diese Anpassungen *nachrichtlich* unterhalb der Mittelverwendungsrechnung anzugeben (Abb. 11).

III. Nachweis gemeinnütziger Mittelverwendung 98, 99 **C**

	EUR	EUR	**98**
Mittelverwendung im Berichtsjahr			
I. Ideeller Bereich			
Ausgabenüberschuss	…		
Auflösung und Verbrauch von steuerlichen Rücklagen	…		
Zuführung zu steuerlichen Rücklagen	…	…	
II. Vermögensverwaltung			
Einnahmenüberschuss	…		
Auflösung und Verbrauch von steuerlichen Rücklagen	…		
Zuführung zu steuerlichen Rücklagen	…	…	
III. Zweckbetrieb			
Einnahmenüberschuss	…		
Auflösung und Verbrauch von steuerlichen Rücklagen	…		
Zuführung zu steuerlichen Rücklagen	…	…	
III. Wirtschaftlicher Geschäftsbetrieb			
Einnahmenüberschuss	…		
Auflösung und Verbrauch von steuerlichen Rücklagen	…		
Zuführung zu steuerlichen Rücklagen	…	…	
Zwischensumme Berichtsjahr		…	
Mittelverwendung gesamt			
Verwendungsüberhang (-) /-rückstand Vorjahr		…	
Verwendungsüberhang (-) /-rückstand (+) Berichtsjahr		…	
nachrichtlich: Überleitung zur Vermögensrechnung			
Mittelvortrag Vorjahr gemäß Vermögensrechnung		…	
Verwendungsrückstand (+) / -überhang (-) Berichtsjahr		…	
erfolgswirksame Veränderung der Verbindlichkeiten und Forderungen	…		
Einstellung in die Ergebnisrücklage	…		
Veränderung steuerliche Rücklagen	…		
Veränderung Sonderposten nicht verbrauchte Spenden	…	…	
[weitere erfolgswirksame Veränderungen ohne Einnahme oder Ausgabe]	…	…	
Ergebnisvortrag zum [Stichtag] gemäß Vermögensrechnung		…	

Abb. 11: Mittelverwendungsrechnung

Je nach Art der Rechnungslegung sind verschiedene Anpassungen erforderlich (Abb. 12, → Rn. 100): **99**

– Die *Einnahmen-Ausgaben-Rechnung* erfasst sämtliche Vermögensänderungen bei Zu- und Abfluss und kommt der Mittelverwendungsrechnung damit sehr nahe. Mit Ausnahme der Zinszahlungen werden Bewegungen im Finanzbereich insbesondere die Aufnahme und Tilgung von Krediten, nicht in die Mittelverwendungsrechnung übernommen.

– Im Unterschied zur Einnahmen-Ausgaben-Rechnung erfasst die *Einnahmen-Überschuss-Rechnung* die getätigten Investitionen erst über die Abschreibung. Investitionen mindern die zu verwendenden Mittel aber schon bei Anschaffung oder Herstellung.

– Die *handelsrechtliche Rechnungslegung* stellt auf eine periodengerechte Gewinnermittlung ab. Dadurch sind die noch nicht zahlungswirksamen Aufwendungen und Erträge in der Mittelverwendungsrechnung zu eliminieren.

100

Berechnung	Einnahmen-Ausgaben-Rechnung (EAR)	Einnahmen-Überschuss-Rechnung (EÜR)	Jahres-abschluss (JA)	Erläuterung
Ausgangsgröße	Erhöhung/Minderung des Geldmittelbestandes	Gewinn/Verlust	Jahresüberschuss oder -fehlbetrag	
Forderungen			(–)	Die Mittelverwendungsrechnung stellt auf den Zufluss ab (§ 55 Abs. 2 Nr. 5 Satz 3 AO). Eine erfolgswirksame Erhöhung der Forderungen ist abzuziehen.
Verbindlichkeiten und Rückstellungen	(–)	(–)	(+)	Die noch nicht zahlungswirksame Belastung des Vermögens ist gegenüber dem JA grundsätzlich hinzuzurechnen, es sei denn, man vertritt die zulässige Meinung, dass die Geldmittel der Stiftung nicht mehr zur Verfügung stehen. In diesem Fall sind solche Belastungen bei einer EAR oder EÜR noch in Abzug zu bringen.
Aufwandsrückstellungen			(+)	Der Aufwand aus der Zuführung zu Aufwandsrückstellungen im JA ist grundsätzlich hinzuzurechnen, weil es sich um reine Innenverpflichtungen handelt. Im Einzelfall kommt allerdings die Bildung einer steuerlichen Rücklage in Betracht (Rn. 63).
Investitionen		(–)	(–)	Investitionen in nutzungsgebundenes Vermögen werden bereits bei der Anschaffung oder Herstellung als Mittelabfluss berücksichtigt und nicht über die voraussichtliche Nutzungsdauer abgeschrieben (Rn. 96). Werden Verbindlichkeiten bereits als Mittelabfluss angesehen (siehe Verbindlichkeiten und Rückstellungen), kann die Mittelverwendung bereits mit dem Entstehen der Verbindlichkeit angenommen werden.
Abschreibungen		(+)	(+)	
Vermögensumschichtung	(–) / (+)	(–) / (+)	(–) / (+)	Die ein- und auszahlungswirksame oder ertrags- und aufwandswirksame Umschichtung von Grundstockvermögen generiert keine zeitnah zu verwendenden Mittel und darf diese auch nicht mindern. Einzahlungs- oder ertragswirksame Umschichtungen sind abzuziehen (-), auszahlungs- oder aufwandswirksame Umschichtungen sind hinzuzurechnen (+).
Darlehensaufnahme und	(–)	(–)		Die Kreditaufnahme stellt keinen Zufluss von zeitnah zu verwendenden Mittel dar und ist bei der MVR in Abzug zu bringen (-). Tilgungszahlungen dürfen die Mittel dem entsprechend nicht mindern und sind wieder hinzuzurechnen.
Tilgungszahlungen	(+)	(+)		
Sonderposten für nicht verbrauchte Spenden			(+)	Der Sonderposten für nicht verbrauchte Spenden wird erfolgsneutral gebildet (Rn. 95). Da die Spenden aber schon zugeflossen sind, erhöhen diese die zeitnah zu verwendenden Mittel.
Zuführung/Auflösung aktiver RAP			(–) / (+)	Beim aktiven Rechnungsabgrenzungsposten ist das Vermögen der Stiftung bereits durch den Mittelabfluss belastet, beim passiven Rechnungsabgrenzungsposten ist der Mittelzufluss bereits erfolgt, so dass diese entsprechend zu korrigieren sind.
Zuführung/Auflösung passiver RAP			(+) / (–)	

Abb. 12: Beispiele für Anpassungen bei der Ableitung der Mittelverwendungsrechnung aus der Rechnungslegung

4. Tätigkeitsbericht

Neben dem Zahlenwerk benötigt das Finanzamt auch verbale Nachweise, die einen Aufschluss über die tatsächliche Geschäftsführung geben. Der Tätigkeitsbericht soll mit Worten die Einnahmen und Ausgaben erläutern, da nur durch die ergänzende Beschreibung die Prüfung der satzungsgemäßen Mittelverwendung und Vermögenserhaltung möglich ist (*Karsten*, BB 2006, 1830). Der Tätigkeitsnachweis kann aber nicht nur durch Geschäfts- und Tätigkeitsberichte oder detaillierte Aufzeichnungen der Einnahmen und Ausgaben geführt werden. Ausreichend können auch andere Unterlagen sein (Schriftverkehr, Protokolle oder Notizen). 101

Bei gemeinnützigen Stiftungen entspricht der Tätigkeitsbericht grundsätzlich dem nach allen landesrechtlichen Stiftungsgesetzen erforderlichen Bericht über die Erfüllung des Stiftungszweckes (→ Kapitel D Rn. 53 ff.). In der Praxis wird deshalb neben dem Bericht über die Erfüllung des Stiftungszweckes regelmäßig kein weiterer Tätigkeitsbericht für steuerliche Zwecke erstellt. Der Bericht über die Erfüllung des Stiftungszweckes richtet sich allerdings an die Stiftungsaufsicht, die vorrangig die Erhaltung des Stiftungsvermögens prüft. Die Finanzverwaltung hat ihren Fokus vor allem auf der Prüfung der zeitnahen Mittelverwendung. Soweit der Bericht über die Erfüllung des Stiftungszweckes auch Angaben zur zeitnahen und satzungsgemäßen Mittelverwendung enthält, ist ein gesonderter Tätigkeitsbericht allerdings regelmäßig entbehrlich. 102

5. Besonderheiten der Wohlfahrtspflege

Zusätzliche Anforderungen an die steuerliche Rechnungslegung, in Ergänzung zur Mittelverwendungsrechnung (→ Rn. 89 ff.), werden an steuerbegünstigte Einrichtungen der Wohlfahrtspflege gestellt. 103

Das Gesetz definiert die Wohlfahrtspflege als planmäßig zum Wohle der Allgemeinheit und *nicht des Erwerbs wegen* ausgeübte Sorge für Hilfsbedürftige (§ 66 Abs. 2 AO). Dabei kommt es nach Ansicht nicht auf eine *objektive* Eignung des Wohlfahrtsbetriebes zur Gewinnerzielung an, sondern setzt eine *subjektive* Absicht zur Mehrung des eigenen Vermögens voraus, die über das betriebliche Erfordernis herausgehen (BFH 27.11.2013 – I R 17/12, BStBl. II 2016, 68). In Anlehnung an diese Rechtsprechung nimmt die Finanzverwaltung widerlegbar keinen Zweckbetrieb mehr an, wenn der Wohlfahrtsbetrieb in drei aufeinanderfolgenden Veranlagungszeiträumen Gewinne erwirtschaftet, die den *konkreten Finanzierungsbedarf* der *wohlfahrtspflegerischen Gesamtsphäre* übersteigen (BMF 6.12.2017 – IV C 4 – S 0185/14/10002 :001, BStBl. I 2017, 1603). Da sich die unbestimmten Rechtsgriffe des *konkreten Finanzierungsbedarfs* sowie der *wohlfahrtspflegerischen Gesamtsphäre* weder aus der Jahresrechnung noch aus der steuerlichen Mittelverwendungsrechnung der Einrichtung ergeben, ist eine weitere steuerliche Nebenrechnung erforderlich, zu deren inhaltlicher Ausgestaltung es bislang an konkreten, praxistauglichen Vorschlägen fehlt.

(1) Um das tatsächliche Ergebnis („Anlage Gem", Zeilen 32, 34 und 36) der wohlfahrtspflegerischen Gesamtsphäre bestimmen zu können, ist zunächst der Umfang der *Gesamtsphäre* festzulegen. Denn die wohlfahrtspflegerischen Gesamtsphäre umfasst nicht die gesamte Einrichtung oder die gesamte rechtliche Einheit. Vielmehr fließen nur die Ergebnisse bestimmter Bereiche in diese Gesamtsphäre ein, weshalb auch von einem – wenn auch inzwischen gelockerten – *Quersubventionierungsverbot* gesprochen wird. Nicht in die wohlfahrtspflegerische Gesamtsphäre fallen zunächst die übrigen drei steuerlichen Sphären (→ Rn. 4 ff.) der Einrichtung, also

- grundsätzlich der ideelle Bereich, allerdings mit Rückausnahme der Tätigkeiten, die in den Bereich der Wohlfahrt fallen würden (im Sinne des § 66 AO), wenn diese entgeltlich erbracht würden (→ Rn. 104 a. E.),
- die Vermögensverwaltung,
- die wirtschaftlichen Geschäftsbetriebe.

104 Aber auch innerhalb der Zweckbetriebe einer steuerrechtlichen Einheit kommt eine Verrechnung von Gewinnen und Verlusten nicht uneingeschränkt in Betracht. Denn nach Ansicht der Finanzverwaltung (BMF 6.12.2017 – IV C 4 – S 0185/14/10002:001, BStBl. I 2017, 1603) umfasst die wohlfahrtspflegerische Gesamtsphäre ausschließlich

- **Wohlfahrtseinrichtungen** im klassischen Sinne (im Sinne des § 66 AO). Solche liegen vor, wenn mindestens zwei Drittel der Leistungen an hilfsbedürftige Personen (im Sinne des § 53 AO) erbracht werden (bspw. Einrichtungen der ambulanten Pflege, der Behinderten-, Asylanten-, Kranken-, Sucht-, Alten-, Jugend- oder Familienhilfe, der Suppenküchen und Tafeln oder soziale Beratungsstellen).
- die gesetzlich definierten einzelnen **Katalog-Zweckbetriebe** (im Sinne des § 68 AO) soweit diese geleichzeitig die Anforderungen an eine Wohlfahrtseinrichtung (im Sinne des § 66 AO) erfüllen. Das bedeutet, dass bei Vorliegen der Tatbestandsmerkmale eines Katalog-Zweckbetriebes (nach § 66 AO) und einer Wohlfahrtseinrichtung (nach § 68 AO), die Zuordnung zur wohlfahrtspflegerischen Gesamtsphäre erfolgt (insbesondere Zweckbetriebe im Sinne des § 68 Nr. 1 sowie Nr. 2 bis 5 AO, wie bspw. Alten-, Altenwohn- und Pflegeheime, Erholungsheime, Mahlzeitendienste, Kindergärten, Kinder-, Jugend- und Studentenheime, Schullandheime und Jugendherbergen, Werkstätten für behinderte Menschen, Einrichtungen für Beschäftigungs- und Arbeitstherapie, Inklusionsbetriebe, Heimerziehungseinrichtungen oder sonstige betreute Wohnformen), wenn die Leistungen zu mindestens zwei Dritteln bedürftigen Personen zugutekommen (regelmäßig nicht gegeben bei Zweckbetrieben im Sinne des § 68 Nr. 2 und Nr. 6 bis 9 AO, wie bspw. Selbstversorgungseinrichtungen, Lotterien, kulturellen

III. Nachweis gemeinnütziger Mittelverwendung

Einrichtungen, Volkshochschulen und anderen Bildungseinrichtungen sowie Wissenschafts- und Forschungseinrichtungen).
– **Krankenhäuser** soweit diese die gesetzlichen Anforderungen eines Zweckbetriebes erfüllen (nach § 67 AO).
– **ideelle Tätigkeiten**, aber nur wenn diese bei Vorliegen eines entgeltlichen Leistungsaustausches einen wohlfahrtspflegerischen Zweckbetrieb (im Sinne des § 66 AO) darstellen würden (bspw. kostenlose Veranstaltungen für Menschen mit Behinderungen).

Der vorstehende Punkt, die wohlfahrtspflegerischen ideellen Tätigkeit, wirft zum einen Fragen auf und bietet zum anderen einigen Gestaltungsspielraum. (a) Zunächst stellt sich die praktische Frage, in welcher Höhe diese ideellen Ausgaben im Rahmen des Ergebnisses der wohlfahrtspflegerischen Gesamtsphäre berücksichtigt werden dürfen. Denkbar wäre, die Ausgaben nur insoweit einzubeziehen, wie diese nicht durch Einnahmen im ideellen Bereich gedeckt werden können (so *Seeger/Brox/Leichinger*, Abgrenzung eines Erwerbsstrebens in der Wohlfahrtspflege, DStR 2018, 2002, Tz. 3.1.2. (2005)). Nach der hier vertretenen Meinung darf die Einrichtung solche Ausgaben vollumfänglich in das Ergebnis der wohlfahrtspflegerischen Gesamtsphäre einbeziehen, und zwar ohne entsprechende Einnahmen des ideellen Bereichs gegenrechnen zu müssen. Denn zum einen liegt gerade keine entgeltliche Leistung vor, so dass dieser auch keine (fiktiven) Einnahmen zuzuordnen sind und zum anderen würde die Regelung bei Einrichtungen mit umfangreichen Einnahmen im ideellen Bereich (insbesondere Spenden und echte Zuschüsse) ins Leere laufen. (b) Des Weiteren stellt sich die Frage, ob auch Mittelweiterleitungen an andere steuerbegünstigte Einrichtungen, die dort im wohlfahrtspflegerischen Bereich verwendet werden, als Ausgaben berücksichtigt werden dürfen (bspw. eine Stiftung, die Gewinne mit häuslicher Pflege erzielt und diese Gewinne an eine Stiftung weiterleitet, die einen defizitären Kindergarten betreibt und die weitergeleiteten Mittel dort einsetzt). Nach der hier vertretenen Ansicht steht die Mittelweiterleitung der eignen Mittelverwendung gleich und ist somit in die wohlfahrtpflegerischen Sphäre einzubeziehen (so auch *Seeger/Brox/Leichinger*, Abgrenzung eines Erwerbsstrebens in der Wohlfahrtspflege, DStR 2018, 2002, Tz. 5 (2009)).

Einrichtungen müssen zunächst diese vier Bereiche (Wohlfahrteinrichtungen, Katalog-Zweckbetriebe mit wohlfahrtspflegerischen Tätigkeiten, Krankenhaus-Zweckbetriebe und ideelle, wohlfahrtpflegerische Tätigkeiten) in ihren Jahresrechnungen identifizieren und rechnerisch separieren (bspw. im Rahmen einer Spartenrechnung), um im nächsten Schritt das tatsächliche Ergebnis der wohlfahrtspflegerischen Gesamtsphäre ermitteln zu können.

(2) Nach Ansicht der Finanzverwaltung (BMF 6.12.2017 – IV C 4 – S 0185/14/10002:001, BStBl. I 2017, 1603) sind *unbeabsichtigte* oder *nicht beeinflussbare* Gewinne unschädlich. In der Praxis erläutern die Einrichtungen diesen unschädlichen Anteil des Gewinns in einer Nebenrechnung oder ziehen diesen vom Gesamtergebnis der wohlfahrtspflegerischen Gesamtsphäre ab, um so das

tatsächliche Ergebnis der wohlfahrtspflegerischen Gesamtsphäre zu ermitteln. Unschädlich sollen demnach ausdrücklich Gewinne sein, die
- **unbeabsichtigt** aufgrund von Marktschwankungen oder
- **nicht beeinflussbar** aufgrund von staatlich regulierten Preisen (Gebührenordnungen)
- erzielt werden. Wegen der nur beispielhaften Aufzählung wir die Einrichtung weiteren Korrekturen vornehmen dürfen soweit es zu *unbeabsichtigten* oder *nicht beeinflussbaren* Gewinnen gekommen ist. Diese sind der Finanzverwaltung in einer Nebenrechnung zur Steuererklärung offenzulegen. Nach der hier vertreten Meinung könnten dazu zählen
- nicht beabsichtigte (Bilanz-)Gewinne aus der Auflösung von Rückstellungen oder Rücklagen, die ihrer Art und ihrem Umfang nach seinerzeit zulässigerweise gebildet, aber nicht oder nur teilweise in Anspruch genommen wurden (so wohl auch *Seeger/Brox/Leichinger*, Abgrenzung eines Erwerbsstrebens in der Wohlfahrtspflege, DStR 2018, 2002, Tz. 4.1.1 (2007 und 2008).
- nicht beabsichtigte Gewinne aus der Aufdeckung stiller Reserven (bspw. aus dem Verkauf von Anlagevermögen ohne geplante Reinvestition).
- nicht beeinflussbare Gewinne aufgrund von Zuwendungen, die ohne Rechtsanspruch und somit freiwillig an die Einrichtung geleistet werden (bspw. Spenden, echte Zuschüsse oder Mittelweiterleitungen durch andere steuerbegünstigte Einrichtungen) soweit diese nicht ohnehin im ideellen Bereich zu erfassen sind.

107 Abzuwarten bleibt, wie die Finanzverwaltung mit Gewinnen umgehen wird, die auf eine sparsame Haushaltsführung der Einrichtung zurückzuführen sind, weil es nicht sachgerecht sein kann, demjenigen zweckbetriebsschädliches Handeln vorzuwerfen, der Gewinne aufgrund seines wirtschaftlichen Handelns erzielt (bspw. eine Stiftung, die eine Insolvenz nach jahrelangen Verlusten nur durch ein straffes Sanierungskonzept abwenden konnte und nunmehr das vierte Jahr in Folge einen moderaten Gewinn ausweist).

(3) Nachdem die Stiftung den Umfang ihrer wohlfahrtspflegerischen Gesamtsphäre bestimmt hat und deren Gesamtgewinn um *unbeabsichtigte* oder *nicht beeinflussbare* Gewinne korrigiert hat, ist der korrigierte Gewinn dem konkreten Finanzierungsbedarf der wohlfahrtspflegerischen Gesamtsphäre gegenüberzustellen. Nach der hier vertretenen Ansicht ist der Begriff des *konkreten Finanzierungsbedarfs* nicht als geplante Gesamtausgabe zu verstehen. Vielmehr handelt es sich um den **Finanzierungs*mehr*bedarf**, also dem Differenzbetrag um den die Erträge die Aufwendungen (oder beim Einnahmen-Ausgaben-Rechner die Einnahmen die Ausgaben) übersteigen. Die Darstellung des konkreten Finanzierungsbedarfs soll somit die *Gewinnverwendung* des tatsächlich erzielten Ergebnisses rechtfertigen (so wohl auch *Seeger/Brox/Leichinger*, Abgrenzung eines Erwerbsstrebens in der Wohlfahrtspflege, DStR 2018, 2002, Tz. 4 und Tz. 4.1.1 (2007 und 2008)).

III. Nachweis gemeinnütziger Mittelverwendung 108, 109 C

Die Finanzverwaltung lässt verschiedene Möglichkeiten zur Begründung 108
des Finanzierungsmehrbedarfs ausdrücklich zu (BMF 6.12.2017 – IV C 4 – S
0185/14/10002:001, BStBl. I 2017, 1603) und zwar für Mittel,

– die der steuerlichen Projekt- oder Investitionsrücklage (nach § 62 Abs. 1 Nr. 1 AO; (→ Rn. 63 ff.) zugeführt werden dürfen, weil diese der Finanzierung zukünftiger, satzungsgemäßer Vorhaben dienen.
– die der erstmaligen Bildung oder der Erhöhung der Betriebsmittelrücklage (nach § 62 Abs. 1 Nr. 1 AO) dienen, zwecks Kompensation von etwaigen Liquiditätsengpässen für periodisch wiederkehrende Ausgaben (→ Rn. 63).
– mit denen die Rücklage für Wiederbeschaffung (nach § 62 Abs. 1 Nr. 2 AO) gebildet oder erhöht wird, um ein satzungsgemäß eingesetztes Wirtschaftsgut nach dessen Abnutzung erneut beschaffen zu können (→ Rn. 67 ff.).
– die dem Inflationsausgleich dienen.

Die freie Rücklage (nach § 62 Abs. 1 Nr. 3 AO; → Rn. 70 ff.) wird, jedenfalls 109
soweit eine Zuführung über den Inflationsausgleich hinausgehen würde, nicht ausdrücklich genannt. Dies wird in der Literatur zwar kritisiert (so wohl auch *Seeger/Brox/Leichinger*, Abgrenzung eines Erwerbsstrebens in der Wohlfahrtspflege, DStR 2018, 2002, Tz. 4 und Tz. 4.1.4 (2009)). Nach der hier vertretenen Ansicht ist es jedoch sachgerecht, die freie Rücklage nicht einzubeziehen. Denn die freie Rücklage bietet die Möglichkeit, Gewinne ohne weitere Begründung und ohne Befristung zu thesaurieren (→ Rn. 70). Und genau dies ist nach Ansicht der Rechtsprechung vom Gesetz nicht gewünscht (BFH 27.11.2013 – I R 17/12, BStBl II 2016, 68, DStR 2014, 944).

Beispiel

Sachverhalt

Die Stiftung betreibt einen ambulanten Pflegedienst und ist spezialisiert auf Menschen mit einer leichten körperlichen Beeinträchtigung. Das Gleiche gilt für das von ihr angebotene betreute Wohnen. Zusätzlich führt die Stiftung für behinderte Menschen, die nicht Patienten oder Bewohner sein müssen, kostenlose Veranstaltungen durch.

Zum Jahresergebnis teilt die Stiftung ergänzend Folgendes mit:

– im laufenden Jahr wurde wegen einer rückwirkenden Gesetzesänderung in der ambulanten Pflege ein zusätzlicher Ertrag für vorangegangene Wirtschaftsjahre in Höhe von 40 erzielt
– die Abschreibungen betreffen jeweils hälftig solche Wirtschaftsgüter, die erneut angeschafft werden sollen
– sämtliche Aufwendungen stellen wiederkehrende, zahlungswirksame, laufende Sach- und Personalmittelkosten dar, mit Ausnahme der Abschreibungen, der zahlungsunwirksamen Aufwendungen sowie Modernisierungs- und Instandhaltungsaufwendungen

– die Betriebsprüfung akzeptiert eine Betriebsmittelrücklage in Höhe von 3/12 der wiederkehrenden, laufenden Personal- und Sachmittelkosten
für das kommende Jahr wird allgemein mit einer Inflation in Höhe von 2,5 % gerechnet *Berechnung*

Das Jahresergebnis hat die Stiftung wie folgt berechnet

Ergebnis der ambulanten Pflege			
Ertrag		500	
davon unvorhersehbare oder nicht beeinflussbare Gewinne	40		
Aufwand		−400	
davon Abschreibung	−60		
davon sonstige zahlungsunwirksame Aufwendungen	−50		
davon Modernisierungs- und Instandhaltungsaufwendungen	−40		100
Ergebnis des betreuten Wohnens			
Ertrag		300	
davon unvorhersehbare oder nicht beeinflussbare Gewinne	0		
Aufwand		−210	
davon Abschreibung	−30		
davon sonstige zahlungsunwirksame Aufwendungen	−20		
davon Modernisierungs- und Instandhaltungsaufwendungen	−10		90
Ergebnis des ideellen Bereichs			
Spenden		100	
Ausgaben für satzungsmäßige Zwecke		−90	
davon für kostenlose Veranstaltungen für behinderte Menschen		−70	10
Jahresergebnis der Stiftung			200

III. Nachweis gemeinnütziger Mittelverwendung

Den Gewinn ihrer wohlfahrtspflegerischen Gesamtsphäre berechnet die Stiftung für steuerliche Zwecke wie folgt

Ergebnis der ambulanten Pflege		100	
davon unvorhersehbare oder nicht beeinflussbare Gewinne		−40	60
Ergebnis des betreuten Wohnens			90
Ausgaben für kostenlose Veranstaltungen für behimnerte Menschen			−70
Jahresergebnis der wohlfahrtspflegerischen Gesamtsphäre			80

Als übersteigenden Finanzierungsbedarf für das kommende Wirtschaftsjahr hat die Stiftung ermittelt:

Zuführung zur Betriebsmittelrücklage Aufwand				
Ambulante Pflege		−400		
davon keine laufenden Personal- und Sachmittel		150		
Betreutes Wohnen		−210		
davon keine laufenden Personal- und Sachmittel		60	−410	
3/12 der laufenden Personal- und Sachmittelkosten			−100	
bereits gebildete Betriebsmittelrücklage			90	−10
Zuführung zur Wiederbeschaffungsrücklage Abschreibung				
Ambulante Pflege		−60		
davon auf zur Wiederbeschaffung geplante Fahrzeuge entfallend	50 %	−30		
Betreutes Wohnen		−30		
davon auf zur Wiederbeschaffung geplantes Inventar entfallend	50 %	−15	−45	
zusätzlich geplante Erhaltungs- und Modernisierungsmaßnahmen			−10	
geplante Erhaltungs- und Modernisierungsmaßnahmen		−60		
regelmäßige Erhaltungs- und Modernisierungskosten		−50	−10	

Inflationsausgleich		
Aufwand		
Ambulante Pflege	−400	
davon keine laufenden Personal- und Sachmittel	150	
Betreutes Wohnen	−210	
davon keine laufenden Personal- und Sachmittel	60	−400
davon 2,5 % Inflationsausgleich		10
Übersteigender Finanzierungsbedarf		−85

Ergebnis

Die Stiftung erzielt zwar ein Jahresergebnis von 200, davon entfällt aber nur ein Teilbetrag in Höhe von 80 auf die *wohlfahrtspflegerische Gesamtsphäre*. Da die Stiftung den *übersteigenden Finanzierungsbedarf* für das kommende Wirtschaftsjahr plausibel mit 85 ermittelt hat, ist nicht von einer *zweckbetriebsschädlichen Absicht* der Stiftung auszugehen, den Zweckbetrieb des Erwerbs wegen auszuüben.

110 (4) Hat die Stiftung den Umfang ihrer wohlfahrtspflegerischen Gesamtsphäre bestimmt, den Gesamtgewinn der Sphäre ermittelt und um *unbeabsichtigte* oder *nicht beeinflussbare* Gewinne korrigiert sowie den konkreten Finanzierungs*mehr*bedarf der wohlfahrtspflegerischen Gesamtsphäre dargestellt, sind in der Steuererklärung die Gewinne der letzten drei Jahre sowie der Finanzierungsbedarf darzustellen. Im Idealfall unterschreitet der Saldo der Gewinne über den dreijährigen Zeitraum den Finanzierungsbedarf im gleichen Zeitraum. Denn ansonsten geht die Finanzverwaltung von einem, wenn auch widerlegbaren, schädlichen Erwerbsstreben aus (BMF 6.12.2017 – IV C 4 – S 0185/14/10002:001, BStBl. I 2017, 1603).

D. Jahresrechnung, Vermögensübersicht und Bericht über die Erfüllung des Stiftungszwecks

Übersicht

	Rn.
D. Jahresrechnung, Vermögensübersicht und Bericht über die Erfüllung des Stiftungszwecks	1
I. Vorschriften zur Rechnungslegung	1
II. Einnahmen-Ausgabenrechnung	7
1. Unterschiedliche Konzeptionen zur Einnahmen-Ausgabenrechnung	7
2. Einnahmen-Ausgabenrechnung in Form einer Kapitalflussrechnung	8
a) Einzelfragen zu Einnahmen und Ausgaben	8
b) Gliederung der Einnahmen-Ausgabenrechnung in Form einer Kapitalflussrechnung	9
3. Einnahmen-Ausgabenrechnung in Form einer Einnahmen-Überschussrechnung	15
a) Grundlegendes zur Einnahmen-Überschussrechnung	15
b) Abgrenzung der Einnahmen und der Ausgaben	17
c) Gliederung der Einnahmen-Ausgabenrechnung in Form einer Einnahmen-Überschussrechnung	22
4. Einnahmen-Ausgabenrechnung nach § 63 Abs. 3 AO	24
III. Vermögensübersicht	27
1. Grundlegendes zur Vermögensübersicht	27
2. Ansatz der Vermögenswerte in der Vermögensübersicht	29
3. Gliederung der Vermögensübersicht	32
4. Bewertung in der Vermögensübersicht	36
5. Nachweis der Vermögenserhaltung	42
IV. Einheitliche Rechnungslegung	45
V. Bericht über die Erfüllung des Stiftungszwecks	53

I. Vorschriften zur Rechnungslegung

Wie bereits in Kapitel B dargestellt, sind die Rechnungslegungsvorschriften für Stiftungen, sofern diese nicht aufgrund anderer Vorschriften einen kaufmännischen Jahresabschluss vorlegen müssen, nur sehr rudimentär im BGB geregelt. Im Ergebnis lässt sich hieraus eine Pflicht zu einer periodischen Rechnungslegung ableiten, ohne dass diese inhaltlich näher ausgeführt wird.

D 2   D. Jahresrechnung, Vermögensübersicht und Bericht

Die Landesstiftungsgesetze konkretisieren diese Verpflichtung. Regelmäßig werden eine Jahresrechnung bzw. Jahresabrechnung, eine Vermögensübersicht und ein Bericht über die Erfüllung des Stiftungszwecks gefordert. Teilweise wird auch von „Rechnungsabschluss" oder „Jahresbericht" gesprochen, vgl. bspw. Sachsen oder Thüringen. Auch umfasst die Jahres(ab)rechnung z T. die Vermögensübersicht (Art. 16 BayStG), in vielen Fällen aber auch nicht (vgl. z.B. § 7 Abs. 1 StiftG NRW). Vgl. zu den Rechnungslegungsvorschriften nach den Landesstiftungsgesetzen im Einzelnen: § 9 Abs. 2 Ziff. 3 StiftG BaWü, Artikel 16 Abs. 1 BayStG, § 8 Abs. 1 Ziff. 2 StiftG Bln, § 6 Abs. 2 StiftG Bbg, § 12 Abs. 2 Ziff. 2 BremStiftG, § 4 Abs. 4 HambStiftG, § 7 Ziff. 2 HessStiftG, § 4 Abs. 2 Ziff. 2 StiftG M-V, § 11 Abs. 3 NStiftG, § 7 Abs. 1 StiftG NRW, § 7 Abs. 4 StiftG RhPf, § 11 Abs. 2 Ziff. 2 SaarlStiftG, § 6 Abs. 2 SächsStiftG, § 7 Abs. 5 StiftG LSA, § 10 Abs. 1 StiftG Schl-H, § 8 Abs. 4 ThürStiftG.

Im Folgenden wird der Begriff **Jahresrechnung** als Oberbegriff einer Einnahmen-Ausgabenrechnung mit einer Vermögensübersicht in Abgrenzung zum (kaufmännischen) **Jahresabschluss** einer bilanzierenden Stiftung verwendet (so auch die Abgrenzung des Instituts der Wirtschaftsprüfer, vgl. IDW RS HFA 5 Rn. 16).

2   Anders als für den kaufmännischen Jahresabschluss, für den im HGB konkrete Rechnungslegungsvorschriften existieren – welche zudem durch eine umfangreiche Kommentierung regelmäßig ausgelegt werden – existieren für die Jahresrechnung nur wenige Vorschriften. Dies führt in der Praxis zu einer Vielzahl unterschiedlicher Ausprägungen sowohl der Einnahmen-Ausgabenrechnung als auch der Vermögensübersicht. So reichen die Varianten der Einnahmen-Ausgabenrechnung von einer einfachen Erläuterung der Veränderung des Kassenbestands bis hin zu einer weitestgehend der bilanziellen Gewinn- und Verlustrechnung angenäherten Rechnung. Diese Vielfalt ist vor allem vor dem Hintergrund der *fehlenden Vergleichbarkeit* als kritisch zu sehen (vgl. z.B. *Löwe*, Rechnungslegung von Nonprofit-Organisationen, 2003, S. 119 f.). Ein weiterer sich hieraus ergebender Nachteil ist, dass viele Ersteller aufgrund der fehlenden Vorgaben vor dem Problem stehen, nicht zu wissen, wie sie vorgehen sollen.

Das sog. „Berliner Muster" der Stiftungsaufsicht des Landes Berlin versucht diese Nachteile zu beheben, indem ein einheitliches Muster für die Einnahmen-Ausgabenrechnung und die Vermögensübersicht vorgegeben wird, welches verbindlich anzuwenden ist. Die Verpflichtung gilt nicht für bilanzierende Stiftungen, die sich durch einen Wirtschaftsprüfer prüfen lassen. Einige andere Aufsichtsbehörden, insbesondere auch kirchliche Stiftungsaufsichten sind diesem Beispiel gefolgt. Die zwingende Vorgabe eines Musters wird allerdings auch kritisiert, zumal es sich um die Anweisung eines einzelnen Bundeslandes handelt; überregional tätigen Stiftungsverwaltern erschwert dies die Arbeit. Zu den Vorteilen eines einheitlichen Musters vgl. *Brömmling*, Berliner Muster: Eine Rechnungslegungsart für Transparenz und gegen übermäßige Bürokratie. unter http://www.Stiftungsnetzwerk-berlin.de.

I. Vorschriften zur Rechnungslegung

Die Jahresrechnung stellt eine einfache Alternative zur kaufmännischen Rechnungslegung dar, in welcher insbesondere die Periodenabgrenzung nicht oder nur zum Teil Beachtung findet. Grundlegendes Prinzip ist bei dieser Rechnung das **Zufluss-/Abflussprinzip**. Die Zuflüsse des Berichtsjahres stellen die Einnahmen dar, die Abflüsse die Ausgaben. Für welche Periode die Einnahmen oder Ausgaben geleistet werden, ist bei einer Einnahmen-Ausgabenrechnung grundsätzlich nicht relevant. Auch die Vermögensübersicht grenzt dies in ihrer einfachsten Form nicht ab, sie zeigt mithin auch keine Forderungen, Rückstellungen oder Verbindlichkeiten.

> In der Betriebswirtschaftslehre wird zwischen Einnahmen und Ausgaben einerseits sowie Einzahlungen und Auszahlungen andererseits unterschieden. Es gibt nach dieser Sichtweise Einzahlungen, die keine Einnahmen sind (z.B. Aufnahme eines Barkredits) und Einnahmen, die keine Einzahlungen sind (z.B. Verkauf von Waren auf Ziel). Für die Ausgaben gilt gleiches. Im Rahmen der Jahresrechnung werden diese Abgrenzungen nicht konsequent beachtet. So wird z.B. häufig argumentiert, dass in einer Einnahmen-Ausgabenrechnung nur zahlungsrelevante Vorgänge zu erfassen sind, vgl. z.B. IDW RS HFA 5 Rn. 78, wonach Einnahmen und Ausgaben grundsätzlich als Zu- und Abflüsse von Zahlungsmitteln definiert sind. Vgl. auch *Koss* Rechnungslegung von Stiftungen, 2003, S. 154. Vgl. zur betriebswirtschaftlichen Sichtweise *Wöhe/Döring/Brösel*: Einführung in die allgemeine Betriebswirtschaftslehre, 26. Aufl. 2016, S. 645.

Das **Institut der Wirtschaftsprüfer** (IDW) hat sich im Rahmen seiner Stellungnahme zur Rechnungslegung von Stiftungen (IDW RS HFA 5) auch mit der Ausgestaltung der Jahresrechnung befasst. Aufgrund der fehlenden gesetzlichen Vorgaben sind die Vorschläge des IDW eine Möglichkeit, eine gewisse Vereinheitlichung und damit Vergleichbarkeit zu erreichen. Im Rahmen der Überarbeitung der Stellungnahme im Jahr 2013 wurden weitere Alternativen zur Darstellung der Einnahmen-Ausgabenrechnung aufgenommen, was zwar der Zielsetzung einer besseren Vergleichbarkeit zunächst einmal entgegensteht, aber eine Annäherung an die Praxis darstellt und im Ergebnis möglicherweise dazu führen kann, dass nur noch die genannten Alternativen verwendet werden (IDW RS HFA 5 Rn. 78).

Die Vermögensübersicht wurde im Rahmen der Überarbeitung vereinfacht, indem nunmehr eine geringere Gliederungstiefe gefordert wird (IDW RS HFA 5 Rn. 88). Hier wird der Tatsache Rechnung getragen, dass sich eine Jahresrechnung i.d.R. nur für einfache Verhältnisse eignet und dann konsequenterweise auch die Erstellung einfach gehalten werden soll.

Für die Rechnungslegung *bilanzierender Stiftungen* sind die sog. **Grundsätze ordnungsmäßiger Rechnungslegung,** auch **Grundsätze ordnungsmäßiger Buchführung** (GoB) genannt, gesetzlich vorgeschrieben. Da diese die Basisprinzipien einer jeden Rechnungslegung darstellen, sollten sie auch für eine Rechnungslegung in Form einer Jahresrechnung gelten, sie entsprechen „den Anforderungen an eine getreue Rechenschaft" (IDW RS HFA 5 Rn. 30).

Im Einzelnen sind dies die folgenden Grundsätze:
- Richtigkeit und Willkürfreiheit
- Klarheit und Übersichtlichkeit
- Vollständigkeit und Saldierungsverbot
- Einzelbewertung der Vermögens- und Schuldposten
- vorsichtige Bewertung von Vermögen und Schulden
- Ansatz-, Bewertungs- und Ausweisstetigkeit
- Fortführung der Stiftungstätigkeit

Für eine Jahresrechnung sind die Grundsätze wie folgt auszulegen:

- Entsprechend dem **Grundsatz der Richtigkeit und Willkürfreiheit** sollte die Jahresrechnung so weit wie möglich objektiv sein und die betrieblichen Abläufe realistisch wiedergeben.
- Der **Grundsatz der Klarheit und Übersichtlichkeit** erfordert eine verständliche und übersichtliche Darstellung.
- Das Gebot der **Vollständigkeit** und das **Saldierungsverbot** verlangen, dass alle buchungspflichtigen Geschäftsvorfälle erfasst sind und nicht z.B. Einnahmen und Ausgaben saldiert werden.
- Der **Grundsatz der Einzelbewertung** verhindert, dass Vermögenswerte oder Schulden in Gruppen bewertet werden und so Chancen und Risiken nicht einzeln betrachtet werden.
- Der letztgenannte Grundsatz hängt mit dem **Prinzip der vorsichtigen Bewertung** zusammen. Diesem liegt die Vorstellung eines vorsichtigen Kaufmanns zugrunde, der sich nicht reicher rechnet, als er tatsächlich ist, sondern im Zweifel eher ärmer. Dies ist z.B. bei der Bewertung von Wertpapieren relevant. Das bedeutet allerdings nicht, dass in einer Jahresrechnung nicht auch Zeitwerte angesetzt werden können.
- Der **Grundsatz der Stetigkeit** verlangt die Vergleichbarkeit der Jahresrechnungen im Zeitablauf. Dazu sollen gleichartige Sachverhalte im Zeitablauf auch gleich behandelt werden (z.B. die Bewertung von unentgeltlich erworbenen Vermögenswerten in der Vermögensübersicht).
- Es ist von der **Fortführung der Stiftungstätigkeit** auszugehen, es sei denn, es ergeben sich konkrete Anhaltspunkte für eine Auflösung. Dies ist für die Bewertung wichtig, da ansonsten Zerschlagungswerte angesetzt werden müssten.

6 Trotz dieser grundsätzlichen Prinzipien gibt es für Jahresrechnungen mangels konkreter Vorgaben zahlreiche Möglichkeiten der Darstellung. Damit der Leser die angewendeten Rechnungslegungsmethoden der Jahresrechnung nachvollziehen kann (ob also beispielsweise Zeitwerte oder fortgeführte Buchwerte angesetzt wurden), empfiehlt das IDW zur Gewährleistung dieser Nachvollziehbarkeit sowie zum besseren Verständnis der Jahresrechnung die Rechnungslegungsgrundsätze in einer *Anlage zur Jahresrechnung* zu erläutern (IDW RS HFA 5 Rn. 77). Dies dient auch der Transparenz der Jahresrechnung für

II. Einnahmen-Ausgabenrechnung

1. Unterschiedliche Konzeptionen zur Einnahmen-Ausgabenrechnung

Unter einer Einnahmen-Ausgabenrechnung wird gemeinhin eine Stromgrößenrechnung verstanden, die auf Zahlungsströmen beruht (IDW RS HFA 5 Rn. 78, wonach Einnahmen und Ausgaben als Zu- und Abflüsse von Zahlungsmitteln und Zahlungsmitteläquivalente verstanden werden; vgl. auch *Koss*, Rechnungslegung von Stiftungen, 2003, S. 154).

In der Praxis haben sich demgegenüber zahlreiche Varianten, von der reinen Abbildung von Zahlungsströmen bis hin zur weitgehenden Annäherung an eine Bilanzierung herausgebildet. Das IDW empfahl bisher ausschließlich die Einnahmen-Ausgabenrechnung in Form einer *Kapitalflussrechnung*, also basierend auf Zahlungsströmen (IDW RS HFA 5 a.F. Rn. 74 ff.). In der Praxis findet sich demgegenüber häufig die Einnahmen-Ausgabenrechnung in Anlehnung an die steuerliche *Einnahmen-Überschussrechnung* nach § 4 Abs. 3 EStG oder aber die Variante der reinen *Kassenveränderungsrechnung*. Um dieser Praxis Rechnung zu tragen, werden in der überarbeiteten Stellungnahme nunmehr auch die Einnahmen-Überschussrechnung in Anlehnung an § 4 Abs. 3 EStG als alternative Form der Einnahmen-Ausgabenrechnung sowie eine nicht näher erläuterte Variante nach § 63 Abs. 3 AO explizit genannt (IDW RS HFA 5 Rn. 78).

Im Folgenden werden daher die Besonderheiten einer Einnahmen-Ausgabenrechnung in Form einer Kapitalflussrechnung und in Anlehnung an die Einnahmen-Überschussrechnung nach § 4 Abs. 3 EStG ausführlich dargestellt. Auf die Variante nach § 63 Abs. 3 AO wird kurz eingegangen.

2. Einnahmen-Ausgabenrechnung in Form einer Kapitalflussrechnung

a) Einzelfragen zu Einnahmen und Ausgaben

Erfassungskriterium für die Einnahmen und Ausgaben einer Einnahmen-Ausgabenrechnung in Form einer Kapitalflussrechnung ist deren Zahlungswirksamkeit. Die Frage einer Periodisierung wird nicht gestellt. Dies gilt unabhängig von der Art der Einnahme oder Ausgabe. So stellt der Zufluss aus der Aufnahme eines Bankkredits eine Einnahme dar, die Investition in einen langfristig genutzten Vermögensgegenstand (z.B. ein Krankenwagen oder ein Gebäude) stellt in voller Höhe eine sofortige Ausgabe dar. Im Rahmen einer

Bilanzierung wären dagegen beide Vorgänge im ersten Schritt erfolgsneutral. Entsprechend sind auch (Bar-)Zustiftungen in das Stiftungskapital als Einnahmen zu erfassen.

Von dieser grundsätzlichen zahlungsorientierten Sichtweise sollte bei **Sachzuwendungen** abgewichen werden: Um einen vollständigen Einblick in die Ertrags- und Vermögenslage der Stiftung zu erhalten, und um Barspenden und Sachspenden identisch zu behandeln, sollte eine Sachzuwendung als Einnahme und zeitgleich als Ausgabe gezeigt werden. Der Sachverhalt wird dergestalt behandelt, als hätte die Stiftung eine Barspende erhalten und mit dem Geld die Ausgabe für den erhaltenen Gegenstand getätigt (IDW RS HFA 5 Rn. 82).

> **Beispiel: Sachspenden in der Einnahmen-Ausgabenrechnung**
>
> Die Stiftung A bekommt eine Barspende von 15 TEUR. Sie erwirbt damit einen gebrauchten Krankenwagen. In der Einnahmen-Ausgabenrechnung wird eine „Einnahme aus Spenden" sowie „Ausgaben für Satzungszwecke" ausgewiesen.
>
> Die Stiftung B bekommt einen gebrauchten Krankenwagen gespendet. Die Zuwendungsbescheinigung weist einen Wert von 15 TEUR aus. In der Einnahmen-Ausgabenrechnung wird dieser Fall identisch zum Fall der Stiftung A behandelt, das heißt, es werden „Einnahmen aus Spenden" und „Ausgaben für Satzungszwecke" gezeigt, obwohl kein Zu- oder Abfluss von Mitteln bei der Stiftung stattgefunden hat.

Im Namen und für Rechnung eines Dritten vereinnahmte und verausgabte Beträge, sowie im eigenen Namen, aber für Rechnung eines Dritten empfangene und geleistete Beträge stellen aus Sicht der Stiftung in ihrer Einnahmen-Ausgabenrechnung zu erfassende Einnahmen und Ausgaben dar (IDW RS HFA 5 Rn. 80).

b) Gliederung der Einnahmen-Ausgabenrechnung in Form einer Kapitalflussrechnung

9 Für diese Form der Einnahmen-Ausgabenrechnung empfiehlt das IDW, die Zahlungsströme in Anlehnung an die Gliederung einer Kapitalflussrechnung in die Bereiche

- laufende Tätigkeit,
- Investitionstätigkeit und
- Finanzierungstätigkeit

zu unterteilen (vgl. zur Gliederung einer Kapitalflussrechnung im Einzelnen: DRSC: Deutscher Rechnungslegungs Standard Nr. 21 (DRS 21): Kapitalflussrechnung, Rn. 38 ff.). Hierdurch werden die Zahlungsströme, welche nicht der laufenden Tätigkeit zuzuordnen sind, separiert.

II. Einnahmen-Ausgabenrechnung

> **Beispiele: Zuordnung von Zahlungen in der Einnahmen-Ausgabenrechnung in Form einer Kapitalflussrechnung**
>
> – Investitionen in langfristig genutzte Vermögensgegenstände werden – anders als in der Bilanz – in einer Einnahmen-Ausgabenrechnung als Ausgabe in kompletter Höhe im Zeitpunkt der Anschaffung behandelt. Um dennoch eine gewisse Vergleichbarkeit über die Perioden hinweg zu erreichen, werden diese separat als „Investitionstätigkeit" gezeigt.
> – Die Aufnahme eines Darlehens führt zu Mittelzuflüssen, die der Stiftung nicht dauerhaft zur Verfügung stehen, die aber auch nicht endgültig verbraucht werden können – sie müssen zurückgezahlt werden. Diese Mittel werden als „Einnahmen aus Finanzierungstätigkeit" gezeigt. Die Rückzahlung des Darlehens ist entsprechend als „Ausgaben aus Finanzierungstätigkeit" zu zeigen.
> – Zustiftungen stehen ebenfalls nicht für die laufende Tätigkeit zur Verfügung, da sie nicht verwendet werden dürfen. Auch diese stellen „Einnahmen aus Finanzierungstätigkeit" dar.

Hierdurch wird erreicht, dass das Ergebnis aus der laufenden Tätigkeit der Stiftung – mit den oben genannten Einschränkungen – im Zeitablauf vergleichbar und folglich Analysen zugänglich ist.

Das IDW schlägt diesbezüglich – sofern die Satzung (oder z.B. die Stiftungsaufsicht) keine besondere Form der Einnahmen-Ausgabenrechnung vorschreibt – die folgende Gliederung für die Einnahmen-Ausgabenrechnung vor (IDW RS HFA 5 Rn. 81):

	Einnahmen aus laufender Tätigkeit	
−	Ausgaben aus laufender Tätigkeit	
=	Einnahmen-/Ausgabenüberschuss aus laufender Tätigkeit	(a)
	Einnahmen aus Abgängen von Gegenständen des Anlagevermögens	
	Ausgaben für Investitionen in das Anlagevermögen	
=	Einnahmen-/Ausgabenüberschuss aus Investitionstätigkeit	(b)
	Einnahmen aus Finanzierungstätigkeit	
	Ausgaben aus Finanzierungstätigkeit	
=	Einnahmen-/Ausgabenüberschuss aus Finanzierungstätigkeit	(c)
	Erhöhung/Verminderung des Finanzmittelfonds	(d) = (a) + (b) + (c)
+	Finanzmittelfonds am Anfang der Periode	(e)
=	Finanzmittelfonds am Ende der Periode	(f) = (d) + (e)

Abb. 13: Gliederung der Einnahmen-Ausgabenrechnung in Form einer Kapitalflussrechnung

Der Bereich der **Laufenden Tätigkeit** stellt die eigentliche Stiftungsarbeit dar und ist zur Verdeutlichung der wesentlichen Einnahmen und Ausgaben weiter zu untergliedern.

Für die **Einnahmen aus laufender Tätigkeit** schlägt das IDW – sofern vorhanden und wesentlich – die folgende Untergliederung vor (IDW RS HFA 5 Rn. 84):

- Einnahmen aus Umsätzen
- Einnahmen aus Spenden
- Laufende Zuwendungen
- Einnahmen aus Vermögensverwaltung
- Sonstige Einnahmen

Bei den **Ausgaben aus laufender Tätigkeit** ist in Anlehnung an die beiden Varianten zur Gliederung der Gewinn- und Verlustrechnung bilanzierender Stiftungen (Gesamtkosten- und Umsatzkostenverfahren) zu entscheiden, ob die Kosten nach Funktionsbereichen oder nach Kostenarten (Primärkosten) gegliedert werden sollen.

Entsprechend sieht die Mindestgliederung jeweils wie folgt aus:

Kostengliederung innerhalb der laufenden Tätigkeit

Nach Primärkosten

→ Personalausgaben
→ Sachausgaben
→ Sonstige Ausgaben

Nach Funktionsbereichen

→ Projektausgaben
→ Werbeausgaben
    (z.B. Ausgaben für Öffentlichkeitsarbeit)
→ Allgemeine Verwaltungsausgaben
→ Sonstige Ausgaben

Abb. 14: Gliederung der Ausgaben der laufenden Tätigkeit in einer Einnahmen-Ausgabenrechnung

12   Der Bereich der **Investitionstätigkeit** umfasst den Erwerb und die Veräußerung von Vermögenswerten, die dazu bestimmt sind, der Stiftung längerfristig zu dienen. Dies sind immaterielle Vermögenswerte, Sachanlagen und Finanzanlagen, die nicht nur zur vorübergehenden Nutzung angeschafft wurden.

Wenn das Stiftungskapital in Wertpapieren angelegt ist, sollten auch bei häufigen Umschichtungen die An- und Verkäufe von Wertpapieren unter der Investitionstätigkeit gezeigt werden, da diese Aktivitäten mit der laufenden Tätigkeit der Stiftung nur bedingt verbunden sind.

13   Unter die **Finanzierungstätigkeit** fallen alle zahlungswirksamen Aktivitäten, die der in der Regel langfristigen Finanzierung der Tätigkeit der Stiftung dienen. Als Beispiele für Einnahmen und Ausgaben des Finanzierungsbereichs sind die Aufnahme und Tilgung von Fremdkapital (Kredite) oder die Zuführung von Eigenmitteln von außen (insbesondere Errichtungskapital, Zustiftungen und Einzahlungen in die Kapitalrücklage) zu nennen. Erbschaf-

ten können hier ausgewiesen werden, wenn sie nicht zeitnah verwendet werden sollen.

Bei **Sachzuwendungen** ist entsprechend zu unterscheiden: *Sachspenden*, die kurzfristig verwendet werden, sollten entsprechend dem Schema als „Einnahmen aus laufender Tätigkeit" und „Ausgaben aus laufender Tätigkeit" gezeigt werden, bei Spenden in Form von langfristigen Investitionsgegenständen sollten dagegen „Ausgaben aus Investitionstätigkeit" ausgewiesen werden. Sachzuwendungen, welche als *Zustiftung* dauerhaft erhalten werden sollen, stellen eine „Einnahme im Finanzierungsbereich" (und eine „Ausgabe im Investitionsbereich") dar.

3. Einnahmen-Ausgabenrechnung in Form einer Einnahmen-Überschussrechnung

a) Grundlegendes zur Einnahmen-Überschussrechnung

Bei der Einnahmen-Überschussrechnung nach § 4 Abs. 3 EStG handelt es sich um eine selbstständige steuerliche Gewinnermittlungsart (BTDrucks. VI/1901, S. 11), die neben die Gewinnermittlung durch Betriebsvermögensvergleich tritt. Zielsetzung des Gesetzgebers war es, eine vereinfachte Gewinnermittlung für bestimmte Personengruppen zu schaffen und diesen durch Verzicht auf die steuerliche Mindestbuchführung Erleichterungen zu gewähren (vgl. Schmidt/*Heinicke* EStG, 36. Aufl. 2017, § 4 Rn. 372; vgl. zur Einnahmen-Überschussrechnung auch *Segebrecht/Gunsenheimer*, Die Einnahmen-Überschussrechnung nach § 4 Abs. 3 EStG, 14. Aufl. 2015). Damit ist die Idee hinter dieser Rechnung ähnlich der einer Einnahmen-Ausgabenrechnung: Zielsetzung ist es, den Überschuss der Einnahmen über die Ausgaben in einfacher Form zu ermitteln.

Die Einnahmen-Überschussrechnung nach § 4 Abs. 3 EStG wird von Gewerbetreibenden, die nicht nach Handels- oder Steuerrecht bilanzieren müssen (Kleingewerbetreibende), Land- und Forstwirten sowie Freiberuflern zur Gewinnermittlung genutzt, wobei sie immer nur eine Alternative zur Bilanzierung darstellt, also freiwillig ist.

Stiftungen sind verpflichtet, für ihren wirtschaftlichen Geschäftsbetrieb, wenn dessen Bruttoeinnahmen 35.000 EUR übersteigen, den Gewinn mittels einer Einnahmen-Überschussrechnung nach § 4 Abs. 3 EStG zu ermitteln. Dies gilt bis zu den Grenzen des § 141 AO (Umsatz von mehr als 600.000 EUR oder Gewinn von mehr als 60.000 EUR), oberhalb derer zu bilanzieren ist. Alternativ ist eine Bilanzierung auch darunter möglich.

Unabhängig von der Verpflichtung für den **wirtschaftlichen Geschäftsbetrieb** erstellen viele Stiftungen eine Einnahmen-Überschussrechnung für die *gesamte* Stiftungstätigkeit. Steuerlich gilt diese Rechnung dann als Rechnung im Sinne des § 63 Abs. 3 AO (Nachweis der tatsächlichen Geschäftsführung durch ordnungsmäßige Aufzeichnungen der Einnahmen und Ausgaben) stiftungsrechtlich wird hiermit der Verpflichtung aus BGB und den Landesstiftungsgesetzen zur Vorlage einer Einnahmen-Ausgabenrechnung Genüge getan. Die Vorlage einer Einnahmen-Ausgabenrechnung für die gesamte Stiftung in Anlehnung an die steuerliche Einnahmen-Überschussrechnung hat durchaus Vorteile:

- Der Finanzverwaltung wird eine ihr vertraute Rechnungsform vorgelegt.
- Es gibt gesetzliche Vorschriften zur Einnahmen-Überschussrechnung.
- Aufgrund bestimmter Anpassungen nähert sich die Einnahmen-Überschussrechnung der Bilanzierung an und ist entsprechend aussagekräftiger (z.B. durch die Berücksichtigung von Abschreibungen).

Insofern wird die Einnahmen-Überschussrechnung in Anlehnung an § 4 Abs. 3 EStG seit 2013 auch explizit vom Institut der Wirtschaftsprüfer als alternative Form der Einnahmen-Ausgabenrechnung vorgeschlagen (IDW RS HFA 5 Rn. 79).

b) Abgrenzung der Einnahmen und der Ausgaben

17   Grundsätzlich ist auch die Einnahmen-Überschussrechnung eine auf das **Zufluss-/Abflussprinzip** basierende Geldrechnung. Einnahmen und Ausgaben werden im Zahlungszeitpunkt erfasst, das Prinzip der Periodisierung gilt grundsätzlich nicht – hierfür wäre wiederum eine entsprechende Buchhaltung notwendig.

18   Dieses Grundprinzip wird allerdings zum Teil durchbrochen. Wichtigste Einschränkung des Zufluss-/Abflussprinzips ist die Aufnahme von **Abschreibungen** und damit einhergehend die Nichterfassung von Ausgaben im Zeitpunkt der Anschaffung von langfristig genutzten Vermögensgegenständen. Hierdurch wird ein Element der Periodisierung in die Rechnungslegung aufgenommen. Auch nicht abnutzbare und damit nicht abzuschreibende Vermögensgegenstände sind erst im Abgangszeitpunkt mit ihrem Veräußerungserlös zu zeigen (§ 4 Abs. 3 S. 4 EStG). Die ohnehin von Stiftungen zu erstellende Vermögensübersicht erhält hierdurch noch einmal ein höheres Gewicht.

Eine weitere Durchbrechung des Zufluss-/Abflussprinzips stellen **regelmäßig wiederkehrende Einnahmen und Ausgaben** dar, die kurze Zeit vor oder nach Ende des Wirtschaftsjahres bezogen bzw. verausgabt werden. Diese gelten als in dem Jahr bezogen bzw. verausgabt, dem sie wirtschaftlich zuzurechnen sind (§ 11 Abs. 1 S. 2 und Abs. 2 S. 2 EStG). Mit diesen Durchbrechungen des Zufluss-/Abflussprinzips nähert sich die Einnahmen-Überschussrechnung der Bilanzierung an.

19   Einnahmen und Ausgaben für Rechnung eines anderen sind als durchlaufende Posten anders als bei der Einnahmen-Ausgabenrechnung in Form einer Kapitalflussrechnung nicht zu erfassen (§ 4 Abs. 3 S. 2 EStG). Schließlich werden Zustiftungen, wie auch bei einer bilanzierenden Stiftung, nicht in der Einnahmen-Überschussrechnung gezeigt. Diese werden erfolgsneutral erfasst und finden sich nur in der Vermögensübersicht wieder.

II. Einnahmen-Ausgabenrechnung

Für **Sachzuwendungen** gilt grundsätzlich das oben Gesagte. Aus Gründen der Vollständigkeit sollten diese, obwohl keine Zahlungsmittel fließen, auch in eine Einnahmen-Überschussrechnung als Mittelzufluss und gleichzeitig als Mittelabfluss aufgenommen werden. Wenn es sich bei den Sachzuwendungen um langfristige Vermögensgegenstände handelt, gelten allerdings die Regeln zur Abschreibung.

> **Beispiel Sachspenden in der Einnahmen-Ausgabenrechnung (Fortsetzung)**
>
> Die Hospital-Stiftung bekommt einen gebrauchten Krankenwagen gespendet, den sie plant, die nächsten 3 Jahre selbst zu verwenden. Die Zuwendungsbestätigung weist einen Wert von 15 TEUR aus. In der Einnahmen-Überschussrechnung wird in diesem Fall zunächst eine „Einnahme aus Spenden" in Höhe von 15 TEUR ausgewiesen. Die entsprechenden Ausgaben fallen innerhalb der Zeit der Nutzung an in Höhe von 5 TEUR pro Jahr.

Das Steuerrecht sieht vor, dass bestimmte Ausgaben den Gewinn nicht mindern dürfen (§ 4 Abs. 5 EStG). Dies sind beispielsweise Ausgaben für Geschenke oder Bewirtungen in bestimmten Fällen. Diese Vorschriften dienen dazu, dass der zu versteuernde Gewinn eines Steuerpflichtigen nicht um diese Ausgaben gekürzt wird. Für steuerbefreite Stiftungen, welche ihrer stiftungsrechtlichen Verpflichtung zur Erstellung einer Einnahmen-Ausgabenrechnung mittels einer Einnahmen-Überschussrechnung nachkommen, ergeben diese Vorschriften keinen Sinn und sind insofern für diesen Zweck nicht zu beachten.

Etwas anderes gilt natürlich für die Einnahmen-Überschussrechnung des steuerpflichtigen wirtschaftlichen Geschäftsbetriebs. Hier sind die steuerlichen Vorschriften zu berücksichtigen, da dieser Bereich der Stiftung steuerlich wie ein nicht steuerbegünstigtes Unternehmen behandelt wird.

c) Gliederung der Einnahmen-Ausgabenrechnung in Form einer Einnahmen-Überschussrechnung

Seit dem Jahr 2005 muss für die für steuerliche Zwecke erstellte Einnahmen-Überschussrechnung (also bei gemeinnützigen Stiftungen für den wirtschaftlichen Geschäftsbetrieb) ab Einnahmen in Höhe von 17.500 EUR die Anlage EÜR verwendet werden, welche eine bestimmte Gliederung vorsieht. Seit dem Jahr 2011 ist diese Anlage elektronisch beim Finanzamt einzureichen. Diese Pflichten gelten allerdings nur für die gesetzlich vorgeschriebene Einnahmen-Überschussrechnung nach § 4 Abs. 3 EStG im steuerlichen Bereich (im steuerpflichtigen wirtschaftlichen Geschäftsbetrieb).

Stellt die Stiftung eine Einnahmen-Ausgabenrechnung in Anlehnung an die Einnahmen-Überschussrechnung nach § 4 Abs. 3 EStG für die *gesamte* Stiftung auf, so gibt es keine Vorgaben für die Gliederung. Empfehlenswert aus unserer Sicht ist eine Gliederung, welche die Einnahmen und Ausgaben separiert, entweder in Kontenform oder in Staffelform. Eine solche Gliederung könnte wie folgt aussehen:

Einnahmen
Einahmen aus Umsätzen
Einnahmen aus Spenden, Erbschaften u.ä.
Einnahmen aus Zuschüssen
Einnahmen in der Vermögensverwaltung
Miet- und Pachteinnahmen
Zins- und Dividendeneinnahmen
Sonstige Einnahmen

Ausgaben
Personalausgaben
Materialausgaben
Abschreibungen auf Investitionen
Raumkosten und sonstige Grundstückausgaben
Ausgaben für Steuern
sonstige Ausgaben

Einnahmen-/Ausgabenüberschuss
= Einnahmen abzüglich Ausgaben

Abb. 15: Gliederung der Einnahmen-Ausgabenrechnung in Form einer Einnahmen-Überschussrechnung

23   Die Gliederung entspricht insofern der Idee, die Einnahmen-Ausgabenrechnung einer Bilanzierung anzunähern, wobei Abgrenzungen nur in begrenztem Umfang vorgenommen werden. Als Ergebnis wird ein **Einnahmen- oder Ausgabenüberschuss** ausgewiesen. In der Praxis wird die Einnahmen-Ausgabenrechnung häufig auch ausgeglichen dargestellt, das heißt der Saldo aus Einnahmen und Ausgaben beträgt 0 EUR, in dem entweder eine Entnahme aus den Rücklagen oder eine Zuführung in die Rücklagen erfolgt. Eine vollständige Abbildung der Entwicklung der Rücklagen erfolgt dagegen regelmäßig nicht in der Einnahmen-Ausgabenrechnung, da anders als bei einer Bilanzierung keine Verbindung zur Vermögensübersicht besteht. Die gemeinnützigkeitsrechtlichen Rücklagen können in der Vermögensübersicht oder in einer Nebenrechnung gezeigt werden.

4. Einnahmen-Ausgabenrechnung nach § 63 Abs. 3 AO

24   Die Einnahmen-Ausgabenrechnung i.S.v. § 63 Abs. 3 AO wird in der Stellungnahme des IDW zur Rechnungslegung von Stiftungen lediglich als weitere Möglichkeit erwähnt, nähere Ausführungen zu dieser Variante erfolgen

II. Einnahmen-Ausgabenrechnung

nicht (IDW RS HFA 5 Rn. 78). Entsprechend § 63 Abs. 3 AO hat die Stiftung „den Nachweis, dass ihre tatsächliche Geschäftsführung den Erfordernissen des Absatzes 1 (des § 63 AO) entspricht, durch ordnungsmäßige Aufzeichnungen über ihre Einnahmen und Ausgaben zu führen". Damit ist die gemeinnützige Stiftung nicht nur aus dem Stiftungsrecht heraus, sondern auch steuerrechtlich verpflichtet, mindestens eine geordnete Zusammenstellung ihrer Einnahmen und Ausgaben vorzulegen. Wie diese auszusehen hat, darüber gibt § 63 Abs. 3 AO keine Auskunft. Entsprechend der Kommentierung sollten diese Aufzeichnungen nach den vier Sphären getrennt erfolgen (vgl. *Stumpf/ Suerbaum/ Schulte/Pauli*, Stiftungsrecht – Kommentar, 3. Aufl. 2018 S. 625; zu den vier Sphären im Gemeinnützigkeitsrecht → Kapitel C Rn. 6).

> Die Aufnahme der vier Sphären in die Einnahmen-Ausgabenrechnung führt in vielen Fällen zur Unübersichtlichkeit der Rechnung. Deshalb sollte dies nur in sehr einfachen Fällen, wenn es beispielsweise nur den ideellen Bereich und die Vermögensverwaltung gibt, erfolgen. Sinnvollerweise wird die Aufteilung in die vier Sphären auf Kontenebene gelöst.

25 Der Nachweis der Einnahmen und Ausgaben kann im einfachsten Fall über eine Änderung des Geldmittelbestands nachgewiesen werden. Hierzu werden alle *Einzahlungen* und *Auszahlungen* dargestellt, die Differenz der beiden Größen ergibt dann die Veränderung des Geldmittelbestands. Selbstverständlich kann der Nachweis nach § 63 Abs. 3 AO auch über komplexere Rechenwerke geführt werden, z.B. den beiden oben genannten Varianten der Einnahmen-Ausgabenrechnung oder über eine Bilanzierung. Mit dem Verweis des IDW auf die Variante nach § 63 Abs. 3 AO soll darauf hingewiesen werden, dass auch die einfache Variante einer reinen Geldmittelbestandsveränderungsrechnung (ohne weitere Untergliederung wie bei der Kapitalflussrechnung) möglich ist, wenn die Verhältnisse der Stiftung sehr überschaubar sind und eine solche Rechnung auch für steuerliche Zwecke erstellt wird. Hierdurch wird eine Einheitsrechnungslegung für diese sehr kleinen Stiftungen erreicht (vgl. zur Forderung nach einer Einheitsrechnungslegung für Stiftungen generell *Hüttemann* DB 2013, 1562; *Berndt* ZStV 2013, 205 und 207).

26 Eine Einnahmen-Ausgabenrechnung in dieser sehr einfachen Form weist eine sehr begrenzte Aussagekraft auf. So ist bei den Einzahlungen nicht erkennbar, ob es sich um Zahlungen für mehrere Perioden handelt. Auch Zustiftungen oder Darlehensaufnahmen erhöhen den Kassenbestand, ohne dass deren besonderer Charakter erkennbar wird. Die Auszahlungen sind ebenfalls wenig aussagekräftig. So stellen Investitionen Auszahlungen in voller Höhe dar und reduzieren den Geldbestand. Bei den beiden oben genannten Formen der Einnahmen-Ausgabenrechnung werden die Investitionen entweder separiert (Kapitalflussrechnung) oder über Abschreibungen verteilt (Einnahmen-Überschussrechnung). Insofern sollte die Variante nach § 63 Abs. 3 AO im Sinne des IDW nur bei Stiftungen ohne abnutzbarem Anlagevermögen und mit regelmäßigen und kurzfristig verwendeten Einnahmen angewendet werden.

III. Vermögensübersicht

1. Grundlegendes zur Vermögensübersicht

27 Die Vermögensübersicht ist eine Bestandsrechnung, die das Vermögen der Stiftung zu einem bestimmten Stichtag zeigt. Eine Einnahmen-Ausgabenrechnung einer Stiftung ist immer zwingend um eine Vermögensübersicht zu ergänzen. Dies ergibt sich aus der Tatsache, dass die Stiftung die Erhaltung des Stiftungsvermögens nachweisen muss und dies nur über eine Bestandsrechnung möglich ist. Insofern fordern auch sämtliche Landesstiftungsgesetze die Erstellung einer Vermögensübersicht (vgl. u.a. Artikel 16 Abs. 1 BayStG und § 7 Abs. 1 StiftG NRW). Damit ist eine solche auch unabhängig von der Form der Einnahmen-Ausgabenrechnung aufzustellen, also auch bei einer Einnahmen-Überschussrechnung (vgl. auch *Koss*: Rechnungslegung von Stiftungen, 2003, S. 166).

Die Verpflichtung bei Vereinen zur Aufstellung einer Vermögensübersicht ergibt sich dagegen lediglich aus § 260 BGB. Hiernach hat derjenige, der über den Bestand eines „Inbegriffs von Gegenständen" Auskunft zu erteilen verpflichtet ist, ein Bestandsverzeichnis vorzulegen, vgl. § 260 Abs. 1 BGB. Zusätzlich ist nach § 42 Abs. 2 Satz 1 BGB i.V.m. §§ 17 ff. InsO dafür Sorge zu tragen, dass eine eventuelle Überschuldung festgestellt werden kann. Diese Vorschriften gelten auch für Stiftungen, bei denen aber die weitergehenden Vorschriften der Landesstiftungsgesetze hinzukommen.

28 Da es keine verbindlichen Vorschriften zu Inhalt und Ausgestaltung der Vermögensübersicht gibt, haben sich in der Praxis zahlreiche Ausprägungen dieser Rechnung herausgebildet. Dies betrifft die Fragestellungen, welche Posten in die Vermögensübersicht aufzunehmen sind, wie diese zu bewerten sind und wie eine Vermögensübersicht untergliedert werden sollte (Ansatz, Ausweis und Bewertung, vgl. zu dieser Dreiteilung bei bilanzierenden Stiftungen → Kapitel E Rn. 25). Im Folgenden werden daher diese drei Aspekte nacheinander behandelt.

2. Ansatz der Vermögenswerte in der Vermögensübersicht

29 Die Vermögensübersicht weist in ihrer einfachsten Form die Vermögenswerte der Stiftung als *unbewertetes* **Bestandsverzeichnis** bzw. Inventar aus. Dies ist allerdings nur im Sonderfall der Vermögenserhaltung in Form der Substanzerhaltung denkbar (vgl. zur Auslegung der Verpflichtung zur Erhaltung des Stiftungsvermögens → Rn. 42 ff. für *Jahresrechnungen* und → Kapitel E Rn. 155 ff. für *kaufmännische Jahresabschlüsse*). Im Fall der Substanzerhaltung hat die Stiftung bestimmte Vermögensgegenstände (z.B. ein Denkmal) zu erhalten, wobei deren Wert nur eine untergeordnete Rolle spielt. Ausreichend für die Erhaltung des Vermögens ist in diesem Fall, dass der Gegenstand als solcher noch vorhanden ist.

III. Vermögensübersicht 30, 31 **D**

Relevant ist der Wert des Vermögensgegenstandes nur insoweit, als beispielsweise ein denkmalgeschütztes Gebäude regelmäßig instant gehalten werden muss, eine Bildersammlung entsprechend gelagert werden muss.

Zusätzlich ist der Nachweis notwendig, dass eine Überschuldung nicht vorliegt (§ 42 Abs. 2 BGB i.V.m. §§ 17 ff. InsO). Bei einem unbewerteten Bestandsverzeichnis muss dieser Nachweis auf anderem Wege erfolgen (beispielsweise wenn erhebliche stille Reserven vorhanden sind).

Im Normalfall wird in der Vermögensübersicht ein *bewertetes* Vermögen 30 ausgewiesen. Hierfür gilt der Grundsatz der Vollständigkeit (→ Rn. 5). Es sind insofern grundsätzlich alle Vermögenswerte der Stiftung in die Vermögensübersicht aufzunehmen. Unterschiede in der Praxis ergeben sich aus der Tatsache, dass bestimmte Vermögensgegenstände der Abgrenzung dienen, beispielsweise **Forderungen**. In einer Einnahmen-Ausgabenrechnung ist der Ertrag aus der Forderung insofern noch nicht enthalten, weil diese noch nicht zahlungswirksam geworden ist. Forderungen haben damit einen doppelten Charakter: Sie stellen Vermögenswerte dar und gehören insofern grundsätzlich in eine Vermögensübersicht. Sie dienen aber auch der **Periodenabgrenzung**, die in einer Jahresrechnung in ihrer einfachsten Form nicht abgebildet werden soll. In der Praxis werden Forderungen teilweise in Vermögensübersichten ausgewiesen, teilweise auch nicht. Sinnvoll ist u.E. eine Abgrenzung dergestalt, dass Forderungen, die in erster Linie der Periodenabgrenzung dienen (z.B. die noch nicht eingegangene Mieteinnahme für Dezember) aus Vereinfachungsgründen weggelassen werden können. Dagegen stellt sich für größere Posten mit Einmalcharakter die Frage, inwieweit die Vermögenslage der Stiftung ohne deren Ansatz noch korrekt dargestellt wird (z.B. notariell beurkundete Schenkung, die noch nicht als Zahlung eingegangen ist). Diese sollten daher in die Vermögensübersicht aufgenommen werden. Posten, die ausschließlich der Periodenabgrenzung dienen und nicht den Charakter eines Vermögensgegenstandes haben (Rechnungsabgrenzungsposten), gehören dagegen in keinem Falle in die Vermögensübersicht.

Da der Begriff des *Vermögensgegenstandes* eng mit der Bilanzierung verbunden ist, wird im Folgenden an seiner Stelle von **Vermögenswerten** oder **Besitzposten** gesprochen (anders das IDW, welches auch im Rahmen der Vermögensübersicht von Vermögensgegenständen spricht, vgl. IDW RS HFA 5 Rn. 87).

Der Ausweis von Forderungen ist eng mit dem Ausweis von **Schulden** zu 31 sehen. In der Praxis finden sich teilweise Vermögensübersichten, welche ausschließlich das vorhandene (Brutto-)Vermögen ausweisen. Entsprechend dem *Grundsatz der Vollständigkeit* und dem *Grundsatz der Richtigkeit und Willkürfreiheit* sollte die Vermögensübersicht aber um die Verbindlichkeiten ergänzt werden (vgl. auch IDW RS HFA 5 Rn. 87, *Koss*: Rechnungslegung von Stiftungen, 2003, S. 167). Grenze ist hier dann wiederum die Frage, ob es sich in erster Linie um Abgrenzungsposten handelt. Nach der alten IDW-Stellungnahme waren neben den Verbindlichkeiten Rückstellungen für ungewisse Verbind-

Berndt

lichkeiten aufzunehmen (vgl. IDW RS HFA 5 a.F., Rn. 85). Die neue Stellungnahme thematisiert Rückstellungen im Rahmen der Vermögensübersicht nicht mehr und spricht allgemein von Schulden oder Verpflichtungen. Da der Begriff der Schulden allerdings auch Rückstellungen umfasst (Schulden als Oberbegriff für Verbindlichkeiten und Rückstellungen), sind diese mithin implizit benannt.

Insofern gilt auch für Rückstellungen das für Forderungen und Verbindlichkeiten Gesagte: Rückstellungen, welche vorrangig der Abgrenzung dienen (z.b. Urlaubsrückstellungen) müssen nicht aufgenommen werden. Steht hingegen die zukünftige Belastung im Vordergrund, sollten wesentliche Verpflichtungen auch dann aufgenommen werden, wenn sie mit Unsicherheiten behaftet sind und daher Rückstellungscharakter aufweisen.

3. Gliederung der Vermögensübersicht

32 Da es keine Vorgaben zur Gliederung der Vermögensübersicht gibt, ist der Stiftungsvorstand hier relativ frei. In Frage kommen eine Gliederung in Staffelform, bei der die Schulden von den Vermögenswerten abgezogen werden, oder aber eine Gliederung in Kontenform, bei der die Vermögenswerte den Schulden gegenübergestellt werden. Teilweise wird hier auch von „*Besitzposten*" und „*Schuldposten*" gesprochen (vgl. die vorgeschlagene Gliederung bei *Koss* (2003), Anlage G). In beiden Fällen verbleibt eine Residualgröße, welche als Eigenkapital oder Eigenmittel der Stiftung angesehen werden kann.

Da Abgrenzungen insgesamt nur in geringem Umfang vorgenommen werden, ist der Saldo zwischen den Besitzposten und den Schuldposten nur bedingt aussagekräftig. Der Posten ist, wie bei der Bilanzierung das Eigenkapital auch, eine Residualgröße, die entsprechend aussagekräftiger ist, je genauer die Periodenabgrenzung durchgeführt wird. Der Begriff des Eigenkapitals ist für die Bilanzierung belegt, so dass der Begriff *Eigenmittel* vorschlagen wird (das IDW verwendet dagegen in seiner Stellungnahme IDW RS HFA 5 Rn. 88 den Begriff des Eigenkapitals). Die Aussage der Eigenmittel in der Vermögensübersicht lautet: Sie stellen das Vermögen, welches der Stiftung verbleibt, wenn die Schulden beglichen sind, dar (vgl. auch *Koss*: Rechnungslegung von Stiftungen, 2003, S. 168).

33 Während die Gliederung nach der alten Stellungnahme des IDW aus dem Jahr 2000 sehr detailliert war und damit der Bilanzierung sehr nahe kam (vgl. IDW RS HFA a.F. Rn. 82), wird nunmehr der Tatsache Rechnung getragen, dass eine Jahresrechnung nur bei überschaubaren Verhältnissen erstellt werden sollte, ansonsten rät das IDW zur Bilanzierung. Daher ergibt es Sinn, den i.d.R. sehr kleinen Stiftungen mit häufig ehrenamtlich agierenden Stiftungsvorständen auch eine einfach strukturierte Rechnung an die Hand zu geben. Die Mindestgliederung sieht daher in Anlehnung an die IDW-Stellungnahme (Begrifflichkeiten wurden angepasst) und der dort vorgeschlagenen **Staffelform** wie folgt aus:

III. Vermögensübersicht

Vermögensübersicht in Staffelform
Besitzposten
Immaterielle Vermögenswerte
+   Sachanlagen
+   Finanzanlagen
+   Zahlungsmittel
+   Übrige Vermögenswerte
Schuldposten
−   Verbindlichkeiten gegenüber Kreditinstituten
−   Übrige Verpflichtungen
Saldo = Eigenmittel
davon Stiftungkapital

Abb. 16: Gliederung der Vermögensübersicht in Staffelform in Anlehnung an IDW RS HFA 5

In der Praxis wird die Vermögensübersicht in Anlehnung an die Bilanzierung auch häufig in **Kontenform** erstellt. Dies sieht dann z.B. wie folgt aus:

Vermögensübersicht in Kontenform	
Besitzposten	**Eigenmittel und Schuldposten**
Immaterielle Vermögenswerte	Stiftungskapital
Sachanlagen	Rücklagen
Finanzanlagen	Übrige Eigenmittel
Zahlungsmittel	
Übrige Vermögenswerte	Verbindlichkeiten gegenüber Kreditinstituten
	Übrige Verpflichtungen

Abb. 17: Gliederung der Vermögensübersicht in Kontenform in Anlehnung an IDW RS HFA 5

Die vorgeschlagene Gliederung ist dabei als Mindestform (soweit die Posten vorhanden sind) zu verstehen. Wesentliche weitere Posten sind zu ergänzen bzw. Posten können bei Wesentlichkeit weiter untergliedert werden. Zur Aufnahme von Abgrenzungsposten gilt das oben Gesagte.

Die Gliederung des IDW sieht nur einen Posten Eigenkapital vor. Im Rahmen der **Gliederung der Eigenmittel** sollte allerdings zumindest das zu erhaltende Stiftungskapital separat ausgewiesen werden (in der Staffelform als „davon-Vermerk"). Darüber hinaus können Rücklagen separat werden. Da es sich um keinen handelsrechtlichen Abschluss handelt, können in diesem Fall die Rücklagen des Gemeinnützigkeitsrechts ohne Einschränkungen dargestellt werden. So stellen Projektzusagen, für die im Rahmen einer Bilanzierung Rückstellungen oder Verbindlichkeiten zu bilden sind, in der Vermögensübersicht häufig Teile der Eigenmittel dar (sofern sie nicht als Schulden abgezogen werden). In diesen Fällen können für bereits zugesagte oder fest verplante Projekte Rücklagen nach § 62 Abs. 1 Nr. 1 AO innerhalb der Eigenmittel gebildet werden. Auch ist der Ausweis einer freien Rücklage entsprechend § 62 Abs. 1 Nr. 3 AO oder einer Wiederbeschaffungsrücklage (§ 62 Abs. 1 Nr. 2 AO) denkbar. Die Rücklagen stellen dabei eine gedankliche Mittelreservierung dar; eine Sperrung von Mitteln über die Einnahmen-Ausgabenrechnung ist hiermit allerdings, anders als bei einer Bilanzierung über die Gewinn- und Verlustrechnung, nicht verbunden, da es keine Verbindung zwischen der Einnahmen-Ausgabenrechnung und der Vermögensübersicht gibt.

> Bei einer Bilanzierung führt der Ansatz einer Verbindlichkeit oder Rückstellung zu Aufwand und vermindert das Jahresergebnis in der Gewinn- und Verlustrechnung. Die Bildung von Rücklagen führt zwar nicht zu Aufwand in der Gewinn- und Verlustrechnung, wenn diese aber um eine „Mittelverwendungsrechnung" unterhalb des Jahresergebnisses erweitert wird, wird ein entsprechend verminderter Ergebnisvortrag (nach Bildung von Rücklagen) gezeigt.

4. Bewertung in der Vermögensübersicht

36 Anders als für die Bilanzierung, für die das HGB umfassende Bewertungsvorschriften vorsieht, existieren solche für die Vermögensübersicht nicht. Insofern sind unterschiedliche Wertansätze denkbar. Das IDW empfiehlt in seiner Stellungnahme zur Rechnungslegung von Stiftungen für die Wertansätze der Vermögenswerte und Schulden die Wertansätze des HGB analog anzuwenden (IDW RS HFA 5 Rn. 91; **Ansatz von Buchwerten**). Dies bedeutet, dass Vermögenswerte im Zeitpunkt ihres erstmaligen Ansatzes mit ihren **Anschaffungs- oder Herstellungskosten** zu bewerten sind. In Folgeperioden sind abnutzbare Vermögenswerte planmäßig abzuschreiben, hierunter fallen bei Stiftungen insbesondere Gebäude. Dabei orientiert sich die Praxis bei der Frage nach den Nutzungsdauern, über die abzuschreiben ist, regelmäßig an den amtlichen steuerlichen AfA-Tabellen („Abschreibungstabelle für allgemein verwendbare Anlagegüter", kurz: „AfA-Tabelle AV", www.bundesfinanzministerium.de), die aber im ideellen Bereich nicht bindend sind. Bei den nicht abnutzbaren Werten (z.B. Grundstücke, Wertpapiere) bleibt es bei den Anschaffungs- oder Herstellungskosten, wenn der aktuelle Zeitwert diesen mindestens entspricht.

37 Liegen die aktuellen Buchwerte unterhalb der Anschaffungs- oder Herstellungskosten ist auf den niedrigeren beizulegenden Wert außerplanmäßig abzuschreiben (Niederstwertprinzip). Dies betrifft bei Stiftungen insbesondere die Wertpapiere. Werden die Wertansätze des HGB analog angewendet, ist es konsequent, auch zwischen dem *gemilderten* und dem *strengen Niederstwertprinzip* zu unterscheiden. Werden die Wertpapiere also längerfristig gehalten und

III. Vermögensübersicht

liegen die Buchwerte unterhalb der Anschaffungskosten, muss nur dann abgeschrieben werden, wenn die Wertminderung voraussichtlich von Dauer ist (§ 253 Abs. 3 S. 3 HGB). Dies ist z.b. dann nicht der Fall, wenn Rentenpapiere bis zum Ende Ihrer Laufzeit gehalten werden sollen, eine Rückzahlung zu 100% garantiert ist und der Wert zwischenzeitlich unter 100% gesunken ist (Vorausgesetzt, die Bonität des Emittenten ist nicht zweifelhaft). Es besteht allerdings das Wahlrecht, freiwillig auch hier das strenge Niederstwertprinzip anzuwenden und entsprechend bei jeder Wertminderung abzuschreiben (→ Kapitel E Rn. 90 ff.).

Erholen sich die aktuellen Werte der Wertpapiere im Zeitablauf, so sollte entsprechend den handelsrechtlichen Regelungen wieder zugeschrieben werden. Nach dem Anschaffungskostenprinzip erfolgt die Zuschreibung bis zu den Anschaffungskosten, nicht aber darüber hinaus.

Für die **Bewertung der Schulden** gilt Folgendes: Verbindlichkeiten (sichere Schulden) sind mit ihrem Erfüllungsbetrag anzusetzen, also dem Wert, der zur Erfüllung der Verbindlichkeit benötigt wird. Rückstellungen (unsichere Schulden) sind mit dem nach vernünftiger kaufmännischer Beurteilung notwendigen Erfüllungsbetrag auszuweisen (§ 253 Abs. 1 S. 2 HGB). Werden längerfristige Rückstellungen ausgewiesen, sieht das HGB eine Abzinsung vor (§ 253 Abs. 2 S. 1 HGB). Auf diese in der Umsetzung sehr komplizierte Vorgehensweise kann allerdings im Rahmen einer Vermögensübersicht verzichtet werden. 38

> Rückstellungen mit einer Restlaufzeit von mehr als einem Jahr sind mit dem „ihrer Restlaufzeit entsprechenden durchschnittlichen Marktzinssatz der vergangenen sieben Geschäftsjahre abzuzinsen" (§ 253 Abs. 2 S. 1 HGB). Die Zinssätze werden von der Bundesbank für Laufzeiten bis zu 50 Jahren jährlich neu berechnet und auf der Homepage www.bundsbank.de veröffentlicht. Anzusetzen ist in der Bilanz dann der Barwert der Rückstellung, also der Betrag, der benötigt wird, um eine erst in einigen Jahren zu begleichende Schuld bereits heute zu begleichen. Nicht abzuzinsen sind demgegenüber Verbindlichkeiten. Steuerlich sind sowohl längerfristige Verbindlichkeiten als auch Rückstellungen mit einem Abzinsungssatz von 5,5% abzuzinsen (§ 6 Abs. 1 Nr. 3 EStG).

In der Praxis bewerten viele Stiftungen ihre Vermögenswerte innerhalb der Vermögensübersicht nicht zu Buchwerten, sondern setzen z.B. Börsen- oder Marktwerte an (**Ansatz von Zeitwerten**). So werden Wertpapiere zum Jahresende aus Vereinfachungsgründen mit dem aktuellen Tageskurs angesetzt, welcher unter oder über den Anschaffungskosten liegen kann. Diese Vorgehensweise ist entsprechend der IDW Stellungnahme auch zulässig, sofern dieses Bewertungswahlrecht einheitlich für alle betroffenen Vermögensgegenstände ausgeübt wird (IDW RS HFA 5 Rn. 91). Es soll hierdurch verhindert werden, dass die Stiftung im Sinne eines „Rosinen-Pickens" nur z.B. einzelne Wertpapiere zu Zeitwerten bewertet und hierdurch das Ergebnis gestaltet. Möglich sollte allerdings sein, dass Wertpapiere zu Zeitwerten angesetzt werden, Gebäude aber planmäßig abgeschrieben werden. Der Ansatz von Immobilien zu Zeitwerten würde demgegenüber eine regelmäßige Einholung von Wertgutachten erfordern. 39

In der Praxis lassen Stiftungen, die in der Vermögensübersicht Zeitwerte ansetzen, den Wertansatz von Immobilien häufig im Zeitablauf unverändert. Begründet wird dies damit, dass Immobilien in vielen Fällen im Laufe der Zeit sogar an Wert gewinnen. Dabei ist allerdings zu bedenken, dass der Wertzuwachs regelmäßig das Grundstück betrifft, während das aufstehende Gebäude an Wert verliert. Ein Beibehalten des Wertes ist daher nur dann denkbar, wenn die Wertsteigerung im Grund und Boden nachgewiesen werden kann. Es ist ebenfalls zu berücksichtigen, dass auch für die Vermögensübersicht der Grundsatz der Einzelbewertung gilt, und Grundstück und Gebäude zwei verschiedene Vermögenswerte darstellen. Insofern handelt es sich bei dem genannten Vorgehen um eine Vereinfachung.

40 Werden Vermögenswerte zu Zeitwerten, die oberhalb der Anschaffungs- oder Herstellungskosten liegen, angesetzt, sollte der Differenzbetrag in eine gesonderte Rücklage innerhalb der Eigenmittel, der sogenannten **Neubewertungsrücklage**, eingestellt werden (IDW RS HFA 5 Rn. 91). Hierdurch soll verhindert werden, dass diese Mittel verwendet werden, da sie am Markt noch nicht realisiert sind. Eine Verwendung über das Ergebnis der Einnahmen-Ausgabenrechnung ist allerdings insofern nicht möglich, als die Wertzuwächse im Rahmen der Bewertung zu Zeitwerten in dieser Rechnung nicht gezeigt werden. Die Anwendung von Zeitwerten sollte zudem unter der Vermögensübersicht oder in einer Anlage erläutert werden.

41 Hat die Stiftung Vermögenswerte **unentgeltlich** erworben (z.B. Sachspenden oder Zustiftungen in Form von Sachwerten), so gilt handelsrechtlich ein Bewertungswahlrecht: Die Vermögenswerte können mit ihren Anschaffungskosten von Null angesetzt werden oder zu einem vorsichtig geschätzten Zeitwert als fiktive Anschaffungskosten. Das IDW präferiert in diesem Fall den Ansatz von Zeitwerten, um die Vermögenslage realistisch darzustellen (IDW RS HFA 5 Rn. 46 und 92). Dies gilt ebenfalls für die Vermögensübersicht. Die Entscheidung für eine der beiden Alternativen sollte wiederum in einer Anlage oder unterhalb der Vermögensübersicht beschrieben werden. Der in der Vermögensübersicht angesetzte Wert muss aufgrund des Wahlrechts nicht zwingend dem in der Zuwendungsbescheinigung genannten Wert entsprechen (IDW RS HFA 21 Rn. 31; § 10b Abs. 3 Satz 3 EStG).

Insbesondere bei Zustiftungen in Form von Sachwerten sollte der Wertansatz gut überlegt sein. Einerseits ist der Ausweis einer realistischen Vermögenslage sinnvoll. Andererseits ist zu bedenken, dass der angesetzte Wert im Zeitablauf zu erhalten und der Stiftungsaufsicht nachzuweisen ist. So kann z.B. der Ertragswert eines eingebrachten Unternehmens im Zeitablauf stark schwanken. Hier ist einem vorsichtigen Wert der Vorzug zu geben.

5. Nachweis der Vermögenserhaltung

42 Eine wesentliche Aufgabe der Rechnungslegung von Stiftungen besteht darin, den Nachweis der Kapitalerhaltung zu führen. Die meisten Stiftungsgesetze schreiben vor, dass das Stiftungsvermögen zu erhalten ist, wobei keine Aussage darüber getroffen wird, wie dies zu erfolgen hat (→ Kapitel E

III. Vermögensübersicht

Rn. 155 ff.). Das Stiftungsvermögen ist immer dann zu erhalten, wenn der Stifter nichts anderes vorgesehen hat. Hier sei insbesondere auf die Verbrauchsstiftung hingewiesen, bei der die dauerhafte Zweckerfüllung auch dann als gesichert gilt, wenn das Vermögen über einen Zeitraum von mindestens zehn Jahren verbraucht wird, und damit gerade nicht auf Dauer zu erhalten ist (die Verbrauchsstiftung ist im Rahmen des Ehrenamtsstärkungsgesetz im Jahr 2013 erstmals explizit ins BGB aufgenommen worden, vgl. § 80 Abs. 2 BGB).

Wenn das Vermögen der Stiftung erhalten werden soll, sind grundsätzlich zwei unterschiedliche Sichtweisen denkbar: Das Vermögen ist in seiner *Substanz* oder aber in seinem *Wert* zu erhalten. Im Rahmen der **Konzeption der Substanzerhaltung** wünscht der Stifter, dass ein bestimmter Vermögensgegenstand erhalten bleibt (beispielsweise ein Denkmal oder ein bestimmtes Gebäude). In diesem Fall bringt der Stifter einen bestimmten Gegenstand in die Stiftung ein und verfügt, dass der Gegenstand im Zeitablauf zu erhalten ist. Das Stiftungsvermögen gilt in diesem Fall als erhalten, sofern sich der Gegenstand noch im Eigentum der Stiftung befindet. Der Wert des Gegenstandes ist hierbei von untergeordneter Bedeutung, wenngleich ein Gebäude beispielsweise regelmäßig Instand gehalten werden muss. Insofern kann der Nachweis über die Erhaltung des Stiftungsvermögens nach dieser Konzeption auch über eine Vermögensübersicht ohne Werte bzw. ein Inventar erfolgen.

> **Beispiel Substanzerhaltung in der Vermögensübersicht**
>
> Der große Mäzen Hans Dampf bringt in seine Stiftung eine wertvolle Bildersammlung ein. Zweck der Stiftung ist es unter anderem, die Kunstwerke der Öffentlichkeit zugänglich zu machen. Die Sammlung stellt einen Teil des zu erhaltenden Stiftungsvermögens dar. In diesem Falle ist eine Bewertung für die Frage der Erhaltung des Stiftungsvermögens nicht notwendig. Sofern die Sammlung noch vollständig vorhanden ist, gilt das Stiftungsvermögen in Bezug auf diesen Teil als erhalten. Zwar ist der Zustand der Bilder relevant für die Frage der Erhaltung des Stiftungsvermögens, nicht aber deren aktueller Marktwert.

Häufig ist das Stiftungsvermögen nicht gegenständlich sondern in seinem Wert zu erhalten (**Konzeption der Werterhaltung**). In diesem Fall hat der Stifter in der Regel ein bestimmtes Vermögen eingebracht, welches er z.B. in Wertpapieren angelegt hat. Umschichtungen sind regelmäßig möglich. Bei einer bilanzierenden Stiftung wird der Nachweis über die Erhaltung des Stiftungsvermögens über das passivisch ausgewiesene Stiftungskapital geführt. Bei einer Vermögensübersicht stellt sich die Frage, wie hier der Nachweis geführt werden kann, zumal der Stifter auch vorsehen kann, dass die Werterhaltung mit realen Werten zu erfolgen hat, mithin ein Inflationsausgleich zu erwirtschaften und zu erhalten ist. Hierzu wird man auf den Saldo der in der Vermögensübersicht ausgewiesenen Vermögenswerte abzüglich der Schulden schauen (Eigenmittel der Stiftung). Abgezogen werden sollten von diesem Wert die Projektrücklagen, da diese für Projekte reserviert sind und nicht mehr zur Kapitalerhaltung zur Verfügung stehen. Demgegenüber ist eine separat ausgewiesene Neubewertungsrücklage in die Berechnung mit einzubeziehen. Der verbleibende Wert sollte dann mindestens dem (ggf. indexierten) Stiftungsvermögen, bestehend aus Anfangsvermögen und Zustiftungen, entsprechen.

Beispiel Reale Werterhaltung in der Vermögensübersicht

Die Paul Panther-Stiftung wird im Jahr 01 mit einem Stiftungsvermögen in Höhe von 1 Mio. EUR, angelegt in langfristigen Wertpapieren, errichtet. Zur Startfinanzierung des laufenden Geschäfts nimmt Panther einen Kredit in Höhe von 100 TEUR auf. Die Vermögensübersicht zu Beginn sieht wie folgt aus:

Besitzposten	
Wertpapiere	1.000
Bankvermögen	100
Summe	1.100
Schuldposten	−100
Eigenmittel	1.000
Davon Stiftungsvermögen	1.000

Am Ende von Jahr 02 beläuft sich das Bankvermögen auf 150 TEUR. Die Wertpapiere haben sich gut entwickelt und sind auf 1,2 Mio. EUR gestiegen. Die Stiftung hat außerdem eine Zusage für ein Projekt in Höhe von 150 TEUR gemacht, wobei das Geld noch nicht abgeflossen ist. Der Kredit ist nicht zurückgezahlt worden.
Frage: Ist das Stiftungsvermögen real bei einer Inflation von 2 % erhalten?

Beispiel Reale Werterhaltung in der Vermögensübersicht (Lösung)

Bei einer Bewertung zu Zeitwerten sieht die Vermögensübersicht Ende des Jahres 02 wie folgt aus:

Besitzposten	
Wertpapiere	1.200
Bankvermögen	150
Summe	1.350
Schuldposten	−100
Eigenmittel	1.250
(einschließlich 200 Neubewertungsrücklage)	

… III. Vermögensübersicht

Abzüglich Projektrücklage	−150
Frei verfügbare Eigenmittel	1.100
Davon Stiftungsvermögen indexiert	1.020
Die frei verfügbaren Eigenmittel decken das indexierte Stiftungsvermögen, dieses ist also real erhalten.	

Wären statt der Zeitwerte die Buchwerte in der Vermögensrechnung angesetzt worden, wären die ausgewiesenen Eigenmittel unterhalb des zu erhaltenen Stiftungsvermögens. In diesem Fall müssten die stillen Reserven in den Wertpapieren bei der Berechnung der Kapitalerhaltung mit einbezogen werden und man käme so zum gleichen Ergebnis.

Beispiel Reale Werterhaltung in der Vermögensübersicht (Lösung, Fortsetzung)

Bei einer Bewertung zu Buchwerten sieht die Vermögensübersicht Ende des Jahres 02 wie folgt aus:

Besitzposten	
Wertpapiere	1.000
Bankvermögen	150
Summe	1.150
Schuldposten	−100
Eigenmittel	1.050
Abzüglich Projektrücklage	−150
Frei verfügbare Eigenmittel	900
Stiftungsvermögen indexiert	1.020

Das Vermögen erscheint real nicht erhalten. Allerdings sind die stillen Reserven in Höhe von 200 TEUR bei der Ermittlung der Kapitalerhaltung zu berücksichtigen.

Frei verfügbare Eigenmittel (einschließlich stiller Reserven)	1.100
Davon Stiftungsvermögen indexiert	1.020

Die frei verfügbaren Eigenmittel einschließlich stiller Reserven decken das indexierte Stiftungsvermögen, dieses ist also real erhalten.

IV. Einheitliche Rechnungslegung

45 Wie in Kapitel B dargestellt, existieren zahlreiche Adressaten der Rechnungslegung und entsprechend haben diese auch unterschiedliche Erwartungen im Hinblick auf die Rechnungslegung, so dass diese unterschiedlichen und sich teilweise auch widersprechenden Zielen gerecht werden muss (→ Kapitel B Rn. 5 f.). Die Stiftungsaufsicht ist beispielsweise primär an der satzungsmäßigen Verwendung der Stiftungsmittel sowie der Erhaltung des Stiftungsvermögens interessiert. Die Finanzverwaltung ist ebenfalls an einer satzungsmäßigen Verwendung der Mittel interessiert, darüber hinaus an der zeitnahen Mittelverwendung und eng damit verbunden an einer korrekten Rücklagenbildung im Sinne der Abgabenordnung. Ist die Stiftung wirtschaftlich tätig, kommt die korrekte Ermittlung des wirtschaftlichen Ergebnisses als weiterer Punkt der Finanzverwaltung hinzu. Andere Adressaten, wie etwa das Kuratorium oder die Destinatäre der Stiftung, haben ggf. wieder andere Interessen in Bezug auf das Zahlenwerk.

46 Vor diesem Hintergrund stellt sich die Frage, inwieweit die Rechnungslegung der Stiftung in Form eines Jahresabschlusses oder einer Jahresrechnung den unterschiedlichen Interessen der verschiedenen Adressaten gleichzeitig gerecht werden kann, oder ob es weiterer Nebenrechnungen bedarf. Da Nebenrechnungen mit zusätzlichem Aufwand verbunden sind, sind gerade kleinere Stiftungen daran interessiert, zumindest die Anforderungen der Finanzverwaltung an gemeinnützige Einrichtungen in das Rechenwerk zu integrieren und damit eine sog. **Einheitsrechnungslegung** für die beiden wichtigsten Adressaten der Stiftung, die Stiftungsaufsicht und die Finanzverwaltung, vorlegen zu können (vgl. zu dieser Forderung auch *Hüttemann* DB 2013, 1562).

Die Frage, inwieweit dies möglich ist, ist für eine Jahresrechnung und einen kaufmännischen Abschluss separat zu beantworten. Bei einem kaufmännischen Jahresabschluss wird es sich bei dem Versuch, einen Abschluss aufzustellen, der auch das Gemeinnützigkeitsrecht abdeckt, nur um eine Annäherung handeln können, da das Gemeinnützigkeitsrecht grundsätzlich dem Zu- und Abflussprinzip folgt und der kaufmännische Abschluss über das Periodisierungsprinzip dieses gerade nicht anstrebt.

47 Das Gemeinnützigkeitsrecht fordert insbesondere drei Informationen von der Rechnungslegung, die im Folgenden näher betrachtet werden sollen:

– Nachweis der satzungsmäßigen Mittelverwendung
– Nachweis der zeitnahen Mittelverwendung
– Darstellung der gemeinnützigkeitsrechtlichen Rücklagen

(vgl. zu den Anforderungen des Gemeinnützigkeitsrechts → Kapitel C).

48 Zum Nachweis der **satzungsmäßigen Mittelverwendung** dient insbesondere der zwingend nach Landesstiftungsrecht aufzustellende *Bericht über die Erfüllung des Stiftungszwecks*, auch *Tätigkeitsbericht* genannt (→ Rn. 53 ff.). Daneben muss sich der Vorstand auch bei einer Einnahmen-Ausgabenrechnung

IV. Einheitliche Rechnungslegung

entscheiden, ob er diese nach den *Primärkosten* gliedert oder aber die Kosten nach *Funktionsbereichen* zeigt (→ Rn. 11). Im kaufmännischen Abschluss sind dies die beiden Verfahren nach § 275 HGB zur Gliederung der Gewinn- und Verlustrechnung, das Gesamtkosten- und das Umsatzkostenverfahren (→ Kapitel E Rn. 194 ff.). Üblich und weniger aufwendig ist die Gliederung nach Primärkosten (also Personalkosten, Materialkosten, Abschreibungen). Werden aber die Ausgaben aus laufender Tätigkeit entsprechend den Funktionsbereichen aufgegliedert, also insbesondere Projektausgaben und Verwaltungsausgaben gezeigt, werden insofern die *satzungsmäßigen Ausgaben* in der Einnahmen-Ausgabenrechnung explizit ausgewiesen und die Relation zu den *Verwaltungskosten* wird erkennbar. Eine nach Funktionsbereichen gegliederte Einnahmen-Ausgabenrechnung zeigt daher wichtige Informationen aus Sicht des Gemeinnützigkeitsrechts und unterstützt daher eine Einheitsrechnungslegung.

Nach § 55 Abs. 1 Nr. 5 AO muss eine steuerbegünstigte Körperschaft grundsätzlich ihre Mittel zeitnah für ihre steuerbegünstigten satzungsmäßigen Zwecke verwenden (**zeitnahe Mittelverwendung**). „Eine zeitnahe Mittelverwendung ist gegeben, wenn die Mittel spätestens in den auf den Zufluss folgenden zwei Kalender- oder Wirtschaftsjahren (...) verwendet werden" (§ 55 Abs. 1 Nr. 5 S. 3 AO). Die zeitnahe Verwendung ist nachzuweisen, „zweckmäßigerweise durch eine Nebenrechnung (Mittelverwendungsrechnung)" (zu § 55 Abs. 1 Nr. 5 Rn. 27 AEAO). 49

Die zeitnahe Mittelverwendung folgt also dem Zufluss- und Abflussprinzip und die Einnahmen-Ausgabenrechnung basiert grundsätzlich ebenfalls auf diesem Prinzip, so dass sich die Frage stellt, ob diese Rechnung gleichzeitig als Nachweis für die zeitnahe Mittelverwendung dienen kann. *Koss* merkt dazu an: „Die oft vertretene Ansicht, nur die bilanzierenden gemeinnützigen Körperschaften müssten eine Überleitungsrechnung vornehmen, trifft nicht in jedem Fall zu" (*Koss*, Rechnungslegung von Stiftungen, 2003, S. 174).

Die Korrekturen der Einnahmen-Ausgabenrechnung hängen davon ab, ob diese nach dem Muster der Kapitalflussrechnung oder in Form einer Einnahmen-Überschussrechnung erstellt wird. Die **Einnahmen-Ausgabenrechnung in Form einer Kapitalflussrechnung** ist wie folgt zu korrigieren: 50

Ergebnis Einnahmen-Ausgabenrechnung

− Einnahmen aus der Zuführung von Stiftungskapital

− Einnahmen aus der Umschichtung von Grundstockvermögen und Zustiftungen

− Einnahmen aus der Begebung von Anleihen und Aufnahme von Krediten

+ Ausgaben aus der Tilgung von Anleihen und Krediten

− noch nicht wirksame Zahlungsbelastungen des Vermögens (Schulden)

Ergebnis Mittelverwendungsrechnung

Abb. 18: Anpassungen der Einnahmen-Ausgabenrechnung in Form einer Kapitalflussrechnung

Wird die Einnahmen-Ausgabenrechnung in Form einer Kapitalflussrechnung in Anlehnung an das Muster des IDW erstellt, so ist insbesondere der Bereich der Finanzierungstätigkeit zu korrigieren.

51 Wird die Einnahmen-Ausgabenrechnung in **Form einer Einnahmen-Überschussrechnung** erstellt, ergeben sich andere Anpassungen, da nach § 55 Abs. 1 Nr. 5 S. 2 AO auch Mittel als verwendet gelten, die zur Anschaffung oder Herstellung von Vermögensgegenständen für satzungsmäßige Zwecke getätigt wurden. Der Abfluss dieser Mittel wird aber in der Einnahmen-Überschussrechnung, wie bei der Bilanzierung, in Form von Abschreibungen gezeigt, verteilt auf die Nutzungsdauer des Vermögenswertes. Andererseits werden Zustiftungen oder Kreditaufnahmen und -rückzahlungen in dieser Rechnung erfolgsneutral, d.h. ohne Berührung der Einnahmen-Überschussrechnung gezeigt (vgl. zu den Anpassungen auch *Koss*, Rechnungslegung von Stiftungen, 2003, S. 176 f.). Die Anpassungen ergeben sich wie folgt:

Ergebnis Einnahmen-Ausgabenrechnung
− Einnahmen aus der Umschichtung von Grundstockvermögen und Zustiftungen
+ Abschreibungen
− Investitionen
− noch nicht wirksame Zahlungsbelastungen des Vermögens (Schulden)
Ergebnis Mittelverwendungsrechnung

Abb. 19: Anpassungen der Einnahmen-Ausgabenrechnung in Form einer Einnahmen-Überschussrechnung

Zusammenfassend kann gesagt werden, dass eine Einnahmen-Ausgabenrechnung, wenngleich in der strengen Form nur Ein- und Auszahlungen berücksichtigend, nicht ohne Anpassungen als Mittelverwendungsrechnung und damit für den Nachweis der zeitnahen Mittelverwendung geeignet ist. Allerdings können die notwendigen Anpassungen in einer wenig aufwendigen Überleitungsrechnung ergänzt werden.

52 Hinsichtlich der Darstellung der **gemeinnützigkeitsrechtlichen Rücklagen** besteht bei der Vermögensübersicht nicht die Problematik des unterschiedlichen Charakters von handels- und steuerrechtlichen Rücklagen (→ Kapitel E Rn. 140 ff.). Insofern spricht aus dieser Sicht nichts dagegen, gemeinnützigkeitsrechtliche Rücklagen in eine Vermögensübersicht aufzunehmen.

Technisch werden die Rücklagen bei einer Vermögensübersicht in Kontenform als Unterposten der Eigenmittel ausgewiesen, bei der Vermögensübersicht in Staffelform als „davon-Vermerk" der ausgewiesenen Saldogröße Eigenmittel (→ Rn. 35).

V. Bericht über die Erfüllung des Stiftungszwecks

Die Rechnungslegung in Form einer Jahresrechnung mit Vermögensübersicht, ebenso wie die mittels einer Bilanz und Gewinn- und Verlustrechnung, reicht in der Regel nicht aus, um die Tätigkeit der Stiftung abschließend beurteilen zu können. Die quantitativen Angaben sind um qualitative Darstellungen in Form eines **Berichts über die Erfüllung des Stiftungszwecks** (auch als **Tätigkeitsbericht** bezeichnet) zu ergänzen. 53

Mittlerweile sehen sämtliche Landesstiftungsgesetze die Erstellung eines Berichts über die Erfüllung des Stiftungszwecks vor, der zusammen mit der Jahresrechnung innerhalb einer bestimmten Frist bei der Stiftungsaufsicht vorzulegen ist (vgl. § 9 Abs. 2 Ziff. 3 StiftG BaWü, Art. 16 Abs. 1 BayStG, § 8 Abs. 1 Ziff. 2 StiftG Bln, § 6 Abs. 2 StiftG Bbg, § 12 Abs. 2 Ziff. 2 BremStiftG, § 4 Abs. 4 HambStiftG, § 7 Ziff. 2 HessStiftG, § 4 Abs. 2 Ziff. 2 StiftG M-V, § 11 Abs. 3 NStiftG, § 7 Abs. 1 StiftG NRW, § 7 Abs. 4 StiftG RhPf, § 11 Abs. 2 Ziff. 2 SaarlStiftG, § 6 Abs. 2 SächsStiftG, § 7 Abs. 5 StiftG LSA, § 10 Abs. 1 StiftG Schl-H, § 8 Abs. 4 ThürStiftG).

Adressat des Tätigkeitsberichts ist die Stiftungsaufsicht. Ziel des Berichts ist es insofern, der Stiftungsaufsicht die Kontrolle darüber zu ermöglichen, ob die Stiftung bei ihrer Tätigkeit den Stifterwillen beachtet und umgesetzt hat (vgl. Hüttemann/Richter/Weitemeyer/*Spiegel*: Verbale Berichterstattung, Tätigkeitsbericht, in: Landesstiftungsgesetze, S. 633). Dazu sind die quantitativen Angaben der Jahresrechnung und der Vermögensübersicht um qualitative Aussagen zu ergänzen (vgl. auch *Koss*: Rechnungslegung von Stiftungen, 2003, S. 179). 54

Zu Inhalt und Form des Tätigkeitsberichts sagen die Landesstiftungsgesetze nichts. Aus dessen Zielsetzung ergeben sich aber gewisse Punkte, die der Bericht enthalten sollte. Da die Stiftungsaufsicht insbesondere an der *Kapitalerhaltung* und der *satzungsmäßigen Zweckverwirklichung* interessiert ist, sollten diese beiden Aspekte im Mittelpunkt des Berichts stehen. Die Stellungnahme IDW RS HFA 5 listet exemplarisch folgende Inhalte auf, die der Tätigkeitsbericht umfassen sollte (IDW RS HFA 5 Rn. 94): 55

– „Eine **Erläuterung der geförderten Zwecke** (ggf. weiter untergliedert nach geplanten, durchgeführten und abgewickelten einzelnen Projekten oder Tätigkeiten),
– eine **Erläuterung der Höhe der entsprechend verplanten, bewilligten und ausgezahlten Mittel** sowie die Leistungsempfänger,
– **Ausführungen zur Kapitalerhaltung** (falls besondere Umstände dazu führen, dass eine planmäßige Kapitalerhaltung nicht erreicht werden kann, muss auch hierüber berichtet werden),
– **besondere Auflagen**, z.B. Vermögensverwaltung, Nachlassverbindlichkeiten sowie die Unterhaltung des Stifters und seiner nächsten Angehörigen,

- wesentliche **Beschlüsse der Organe** sowie
- einen **Ausblick auf die künftigen Entwicklungen**.

Die wesentlichen Ausführungen betreffen nach dieser Systematik die für die Stiftungsaufsicht wichtigen Aspekte Mittelverwendung und Kapitalerhaltung. In der Literatur werden teilweise weitere Inhalte gefordert, wobei diese dann als Maximalforderungen gesehen werden (vgl. z.b. *Koss*: Rechnungslegung von Stiftungen, 2003, S. 179 f.; *Schumacher*: Rechnungslegung von gemeinnützigen Stiftungen, 2001, S. 171).

Im Einzelnen werden genannt:

- Darstellung der **rechtlichen und wirtschaftlichen Grundlagen** (einschließlich Ausführungen zur steuerlichen Gemeinnützigkeit)
- **Bilanzierungs- und Bewertungsgrundsätze**
- Erläuterung der **Vermögens- und Ertragslage**

56 Das Handelsgesetzbuch schreibt für Kapitalgesellschaften die Aufstellung eines **Anhangs** vor, mittelgroße und große Kapitalgesellschaften haben zusätzlich einen **Lagebericht** aufzustellen (vgl. § 264 Abs. 1 HGB, vgl. zum Anhang → Kapitel E Rn. 241 ff. und zum Lagebericht → Kapitel E Rn. 259 ff.). Das IDW empfiehlt für bilanzierende Stiftungen ebenfalls die Aufstellung eines Anhangs und eines Lageberichts, wobei dem Anhang mehr Gewicht zugemessen wird. Es stellt sich daher die Frage, wie sich der Tätigkeitsbericht vom Anhang bzw. vom Lagebericht abhebt. Grundsätzlich sind Anhang und Lagebericht nur von bilanzierenden Stiftungen aufzustellen und basieren auf handelsrechtlichen Regelungen. Ein Tätigkeitsbericht ist dagegen entsprechend den Landesstiftungsgesetzen von jeder Stiftung aufzustellen, also auch von Stiftungen, die eine Jahresrechnung erstellen.

Das IDW empfiehlt für Stiftungen, die eine Jahresrechnung erstellen, diese um eine Anlage zu erweitern, in der beispielsweise die Bewertungsgrundlagen dargelegt werden sollen. Diese Anlage enthält dann zumindest die wesentlichen Angaben eines handelsrechtlichen Anhangs. Alternativ können die Angaben in einer Fußnote zur Jahresrechnung gemacht werden (vgl. IDW RS HFA 5 Rn. 91). Entsprechend dem oben Gesagten könnten die Bilanzierungs- und Bewertungsgrundlagen auch in den Tätigkeitsbericht aufgenommen werden.

57 Zielsetzung des **Anhangs** ist es, das Zahlenmaterial von Bilanz und Gewinn- und Verlustrechnung zu erläutern, insbesondere die Bilanzierungs- und Bewertungsgrundlagen darzustellen. Der Anhang ist Teil des Jahresabschlusses und wie dieser vergangenheitsorientiert. Die Inhalte des Anhangs sind in den §§ 284 und 285 HGB sowie an einigen weiteren Stellen im HGB abschließend festgelegt. Ergänzungen sind gleichwohl möglich und werden vom IDW an mehreren Stellen des IDW RS HFA 5 vorgeschlagen. Ausführungen zum Stiftungszweck gehören dagegen eher in den Tätigkeitsbericht.

58 Der **Lagebericht** ist, anders als der Jahresabschluss, vorwiegend zukunftsorientiert. Neben Ausführungen zum Geschäftsverlauf und zur Vermögens-, Finanz- und Ertragslage der Stiftung werden Ausführungen zur künftigen

V. Bericht über die Erfüllung des Stiftungszwecks

Entwicklung sowie die Darstellung der Chancen und Risiken der künftigen Entwicklung gefordert (§ 289 Abs. 1 Satz 4 HGB). Während der Lagebericht über die Ausführungen zur Vermögenslage insbesondere dem Rechnungslegungsziel „Kapitalerhaltung" dient, beschäftigt sich der Tätigkeitsbericht vor allem mit dem Ziel der „zweckentsprechenden Mittelverwendung" (vgl. *Koss*: Rechnungslegung von Stiftungen, 2003, S. 181).

Anhang und Lagebericht haben, anders als der Tätigkeitsbericht, fest vorgegebene Inhalte. Erstellt eine Stiftung einen Anhang oder einen Lagebericht, so müssen diese Sachverhalte, sofern einschlägig, auch behandelt werden. Dies führt einerseits zu mehr Vergleichbarkeit, andererseits schreckt dies insbesondere kleinere Stiftungen vor der Erstellung dieser Rechnungslegungsinstrumente ab. 59

> Allerdings gilt, dass für kleine und/oder wenig komplexe Stiftungen viele der Angaben insbesondere für den Anhang nicht einschlägig sind. Hinzu kommt, dass viele Angaben nur von großen Kapitalgesellschaften zu machen sind. Beschränkt sich die Stiftung also auf einen Anhang nach den Normen für kleine Kapitalgesellschaften, so ist dieser i.d.R. sehr übersichtlich. Der wesentliche Punkt, die Darstellung der Bilanzierungs- und Bewertungsgrundlagen, ist aber in jedem Fall zu machen.

Die in der Literatur vorgeschlagenen zusätzlichen Inhalte (→ Rn. 55) wie auch die vom IDW vorgeschlagene Darstellung zur künftigen Entwicklung im Tätigkeitsbericht behandeln Themen des Anhangs oder des Lageberichts. Insofern können diese Punkte in den Tätigkeitsbericht verlagert werden. Umgekehrt kann eine Stiftung, die (z.B. aufgrund der Satzung) einen Lagebericht erstellt, den Tätigkeitsbericht in diesen integrieren (IDW RS HFA 5 Rn. 42). Im Rahmen einer Jahresabschlussprüfung wäre im ersten Fall (Aufstellung eines Tätigkeitsberichts mit Inhalten des Lageberichts) keine Prüfungspflicht für diesen Tätigkeitsbericht gegeben (höchstens im Rahmen der Erweiterung der Prüfung um die Prüfung der satzungsgemäßen Mittelverwendung), während ein Lagebericht mit Inhalten des Tätigkeitsberichts von einer beauftragten Prüfung grundsätzlich vollständig erfasst wäre (→ Kapitel F Rn. 33). 60

E. Der kaufmännische Jahresabschluss einer Stiftung

Übersicht

	Rn.
E. Der kaufmännische Jahresabschluss einer Stiftung	1
I. Normen zum kaufmännischen Jahresabschluss	1
1. Handelsrecht	2
2. Stellungnahmen des Instituts der Wirtschaftsprüfer	13
3. Internationale Rechnungslegung	18
II. Ansatz-, Ausweis- und Bewertungsvorschriften	25
1. Ansatzvorschriften	26
2. Ausweisvorschriften	33
a) Gliederung der Bilanz	33
b) Gliederung des Eigenkapitals	39
c) Gliederung der Gewinn- und Verlustrechnung	45
3. Bewertungsvorschriften	49
III. Darstellung einzelner Sachverhalte in der Bilanz	57
1. Anlagevermögen	58
a) Abgrenzung des Anlagevermögens vom Umlaufvermögen	58
b) Aktivierung selbsterstellter immaterieller Vermögensgegenstände	62
c) Bilanzierung von Zuschüssen	69
aa) Systematisierung von Zuschüssen	69
bb) Bilanzierung finanzieller Zuwendungen der öffentlichen Hand	72
cc) Bilanzierung privater Zuschüsse	79
d) Bewertung von unentgeltlich erworbenen Vermögensgegenständen und unentgeltlichen Leistungen	82
e) Bewertung des Finanzanlagevermögens	87
aa) Grundlegendes zur Bewertung des Finanzanlagevermögens	88
(1) Voraussichtlich dauernde Wertminderung	90
(2) Beizulegender Wert	94
(3) Wertaufholung	95
bb) Bewertung von festverzinslichen Wertpapieren	96
cc) Bewertung von börsennotierten Wertpapieren	100
dd) Bewertung von Anlagen in Spezialfonds	105
ee) Bewertung von Beteiligungen an gemeinnützigen Einrichtungen	110
ff) Bewertung von Finanzanlagen zum Zeitwert	113
2. Umlaufvermögen	115
a) Bewertung von Wertpapieren des Umlaufvermögens	116
b) Ansatz und Bewertung von Forderungen	119

3. Eigenkapital 124
   a) Posten des Eigenkapitals im Detail 124
      aa) Abgrenzung des zu erhaltenen Stiftungskapitals 125
      bb) Ausweis einer Kapitalrücklage 130
      cc) Inhalt und Gliederung der Ergebnisrücklagen 134
      dd) Ausweis steuerrechtlicher Rücklagen in der Stiftungsbilanz 140
      ee) Der Posten „Umschichtungsergebnisse" 145
          (1) Behandlung von Umschichtungsergebnissen im Stiftungsrecht 145
          (2) Behandlung von Umschichtungsergebnissen im Steuerrecht (Gemeinnützigkeitsrecht) 150
   b) Ausweis von nutzungsgebundenem Kapital 151
   c) Nachweis der Vermögenserhaltung 155
      aa) Vermögenserhaltungskonzeptionen 155
      bb) Nachweis der Kapitalerhaltung in der Rechnungslegung 163
4. Fremdkapital 167
   a) Abgrenzung von Rückstellungen, Verbindlichkeiten und Rücklagen im Bereich der Projekte 169
   b) Bewertung von Projektrückstellungen 172
   c) Darstellung ausgewählter Rückstellungen 177
5. Treuhandvermögen 186
   a) Grundlegendes zur Treuhandstiftung 186
   b) Abbildung von Treuhandvermögen in der Rechnungslegung des Treuhänders 191
IV. Darstellung einzelner Sachverhalte in der Gewinn- und Verlustrechnung 194
   1. Gliederung der Gewinn- und Verlustrechnung nach dem Gesamtkostenverfahren und dem Umsatzkostenverfahren 194
   2. Bedeutung und Abgrenzung von Verwaltungskosten 203
      a) Bedeutung der Verwaltungskosten 203
      b) Abgrenzung der Verwaltungskosten 206
      c) Angemessenheit der Verwaltungskosten 210
   3. Erfassung von Spenden 213
      a) Abgrenzung von Spenden sammelnden Organisationen 214
      b) Erfassung von Spenden im Normalfall 216
      c) Erfassung von Spenden bei Spenden sammelnden Organisationen 220
   4. Abgrenzung und Erfassung von Sponsoringeinnahmen 226
   5. Abgrenzung des Ergebnisses aus wirtschaftlichen Geschäftsbetrieben 232
   6. Abgrenzung des Ergebnisses aus Vermögensverwaltung 235
V. Anhang 241
   1. Grundlagen zum Anhang 241
   2. Wesentliche Inhalte des Anhangs 244
VI. Lagebericht 259
   1. Grundlagen zum Lagebericht 259
   2. Wesentliche Inhalte des Lageberichts 262
VII. Konzernabschluss 267

1. Verpflichtung einer Stiftung zur Aufstellung eines
   Konzernabschlusses 268
2. Einbeziehung einer Stiftung als Zweckgesellschaft in einen
   Konzernabschluss 277
3. Grundzüge der Konzernrechnungslegung 282

I. Normen zum kaufmännischen Jahresabschluss

Stiftungen stellen einen *kaufmännischen Jahresabschluss* aufgrund gesetzlicher 1
Vorschriften, einer Satzungsvorgabe oder auf freiwilliger Basis auf. Die hierbei zu beachtenden Normen ergeben sich insbesondere aus dem deutschen Handelsrecht sowie Spezialgesetzen, die wiederum auf das Handelsrecht verweisen (z.B. KHBV); daneben aus den Empfehlungen des Instituts der Wirtschaftsprüfer sowie, und sofern Stiftungen diese anwenden, auch aus den Normen der internationalen Rechnungslegung.

1. Handelsrecht

Entsprechend den Vorschriften des HGB muss kaufmännisch Rechnung 2
legen, wer Kaufmann ist, wobei Kaufmann ist, wer ein Handelsgewerbe betreibt, es sei denn, dieses erfordert keinen „nach Art und Umfang in kaufmännischer Weise eingerichteten Geschäftsbetrieb" (§ 1 HGB). Ein solches Handelsgewerbe ist bei der gemeinnützigen Stiftung der wirtschaftliche Geschäftsbetrieb, der dazu eine gewisse Größe aufweisen muss, wobei dieser auch steuerbefreit sein kann (Zweckbetrieb).

> Konkrete Werte, ab wann ein in kaufmännischer Weise eingerichteter Geschäftsbetrieb notwendig ist, nennt § 1 HGB nicht. Allerdings gilt für *Einzelkaufleute*, dass diese erst kaufmännisch bilanzieren müssen, wenn sie an zwei Bilanzstichtagen mehr als 600.000 EUR Umsatz oder 60.000 EUR Gewinn erzielen (§ 241a HGB). Die genannten Größenkriterien können auch für Stiftungen als Anhaltspunkt dienen (so wohl auch die Stellungnahme IDW RS HFA 5, welche diese Werte in der Fußnote 15 nennt).

Eine Ausnahme hiervon stellt die *Kapitalgesellschaft* dar. Diese gilt immer als Kaufmann, selbst wenn sie beispielsweise nur vermögensverwaltend tätig ist und kein Handelsgewerbe betreibt (sog. Formkaufmann nach § 6 Abs. 2 HGB; dies betrifft auch die in der Praxis häufiger anzutreffende Stiftung GmbH).

Wird ein kaufmännischer Abschluss erstellt, unterscheiden die handels- 3
rechtlichen Vorschriften danach, ob es sich bei dem Kaufmann um eine Kapitalgesellschaft handelt, oder nicht. Das Handelsgesetzbuch unterteilt in Vorschriften, die *alle Kaufleute* anzuwenden haben (§§ 238 bis 263 HGB) und Vorschriften, die zusätzlich von *Kapitalgesellschaften* anzuwenden sind (§§ 264 bis 335 HGB).

4 **Sämtliche Kaufleute** haben gemäß § 242 HGB eine *Bilanz* sowie eine Gegenüberstellung der Aufwendungen und Erträge des Geschäftsjahres (*Gewinn- und Verlustrechnung*) für den Schluss eines jeden Geschäftsjahres aufzustellen. Geregelt sind in den §§ 246 ff. HGB *Ansatz-, Bewertungs- und Gliederungsvorschriften* zum Jahresabschluss von Kaufleuten. So hat der Jahresabschluss sämtliche Vermögensgegenstände, Schulden, Rechnungsabgrenzungsposten, Aufwendungen und Erträge zu enthalten, wenn nichts anderes bestimmt ist (§ 246 Abs. 1 Satz 1 HGB). Zu gliedern ist der Abschluss zumindest in das Anlage- und das Umlaufvermögen, das Eigenkapital, die Schulden und die Rechnungsabgrenzungsposten (§ 247 Abs. 1 HGB). Daneben ergeben sich nach § 252 HGB eine Reihe von Bewertungsgrundsätzen, die der Kaufmann zu beachten hat.

5 Unabhängig von den Vorschriften des HGB haben sich im Laufe der Zeit sogenannte **Grundsätze ordnungsmäßiger Rechnungslegung** herausgebildet (auch *Grundsätze ordnungsmäßiger Buchführung, kurz GoB*). Diese sind nach allgemeiner Auffassung auch dann zu beachten, wenn nicht handelsrechtlich Rechnung gelegt wird (IDW RS HFA 5, Rn. 31, → Kapitel D Rn. 5. Das gilt für die Abgrenzungsgrundsätze allerdings nicht uneingeschränkt. Zu den Grundsätzen im Allgemeinen vgl. *Leffson*, GoB, 7. Auflage 1987, S. 157 ff.; *Bieg*, Buchführung, 9. Auflage 2017, S. 205 ff.; *Coenenberg/Haller/Schultze*, Jahresabschluss und Jahresabschlussanalyse, 24. Auflage 2016, S. 38 ff.).

Bei den Grundsätzen ordnungsmäßiger Buchführung handelt es sich um Rechtsnormen in der Form unbestimmter Rechtsbegriffe (*Bieg*, Buchführung, 9. Auflage 2017 S. 206, *Kruse*, Grundsätze ordnungsmäßiger Buchführung, 3. Auflage, 1978, S. 104 ff.). Der Gesetzgeber hat hier die Normensetzung bewusst offen gelassen, damit sich diese aus der Praxis heraus, aber auch durch die Rechtsprechung und Gesetzesauslegung schnell und unkompliziert weiterentwickeln können (vgl. *Bieg*, Buchführung, 9. Auflage 2017, S. 207). Sie entwickeln sich nach heutiger Ansicht in erster Linie durch Ableitung aus Sinn und Zweck der gesetzlichen Regelungen sowie durch Auslegung des Schrifttums (Deduktion) und nicht aus der allgemeinen Übung der Praxis (Induktion).

Die folgende Grafik listet die wesentlichen Grundsätze im Überblick auf (vgl. zur Kommentierung *Coenenberg/Haller/Schultze*, Jahresabschluss und Jahresabschlussanalyse, 24. Auflage 2016, S. 40 ff.).

I. Normen zum kaufmännischen Jahresabschluss

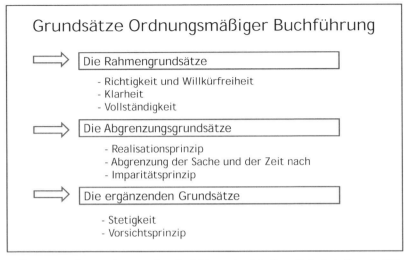

Abb. 20: Grundsätze ordnungsmäßiger Buchführung (nach Leffson, GoB, 7. Auflage, S. 179)

Für bilanzierende Stiftungen sind die Grundsätze wie folgt auszulegen:

– Der **Grundsatz der Richtigkeit und Willkürfreiheit** besagt, dass der Jahresabschluss aus Aufzeichnungen abgeleitet wird, die die betrieblichen Vorgänge zutreffend wiedergeben und er so weit wie möglich objektiv ist.
– Der **Grundsatz der Klarheit** erfordert, dass Geschäftsvorfälle, Bilanzposten und Erfolgsbestandteile eindeutig bezeichnet und ihre Darstellung verständlich und übersichtlich ist.
– Das **Gebot der Vollständigkeit** verlangt, dass alle buchungspflichtigen Geschäftsvorfälle erfasst sind.
– Das **Realisationsprinzip** und das **Imparitätsprinzip** werden häufig auch als Ausprägungen des Vorsichtsprinzips gesehen. Nach dem Realisationsprinzip ist ein Ertrag erst dann zu zeigen, wenn er realisiert ist (z.B. Wertzuwächse bei den Wertpapieren der Stiftung). Wertminderungen oder drohende Verluste sind nach dem Imparitätsprinzip aber schon früher zu zeigen, also im Zweifel auch bevor sie realisiert sind.
– Der **Grundsatz der Abgrenzung der Sache nach** ordnet Aufwendungen den Erträgen zu („matching principle"), die **Abgrenzung der Zeit nach** (Periodisierungsprinzip) ordnet Zahlungen den Perioden zu, die sie betreffen.
– Der **Grundsatz der Stetigkeit** verlangt die Vergleichbarkeit von Jahresabschlüssen im Zeitablauf. Dazu müssen gleichartige Sachverhalte im Zeitablauf gleich behandelt werden.
– Dem **Vorsichtsprinzip** liegt die Vorstellung eines vorsichtigen Kaufmanns zugrunde, der sich nicht reicher rechnet, als er tatsächlich ist, sondern im Zweifel eher ärmer.

7 Für **Kapitalgesellschaften** gelten strengere Vorschriften. Dies ist vor dem Hintergrund der begrenzten Haftung zu sehen. Der „Preis" der Haftungsbegrenzung sind strengere Ansatz-, Bewertungs- und Gliederungsgrundsätze, insbesondere aber darüber hinaus Prüfungs- und Offenlegungsvorschriften. Konsequenterweise müssen nach § 264a HGB auch Kommanditgesellschaften in Form einer GmbH & Co. KG, bei denen keine natürliche Person vollhaftender Gesellschafter ist, die Vorschriften für Kapitalgesellschaften beachten.

Durch das Bilanzrechtsmodernisierungsgesetz (BilMoG) wurden die Bewertungsregelungen für alle Kaufleute denen für Kapitalgesellschaften angeglichen. So wurde die Möglichkeit abgeschafft, weitere Abschreibungen aufgrund „vernünftiger kaufmännischer Beurteilung" vorzunehmen und beim Umlaufvermögen weitere Abschreibungen vorzunehmen, um zu verhindern, dass aufgrund von zukünftigen Wertschwankungen der Bilanzansatz in der nächsten Zukunft geändert werden muss (§ 253 Abs. 3, Satz 3 und Abs. 4 HGB a.f.).

Wichtiger für Stiftungen ist daneben, dass die Option, nach einer Abschreibung auch bei Kurserholungen die niedrigeren Werte beizubehalten, abgeschafft worden ist und stattdessen ein Wertaufholungsgebot – wie für Kapitalgesellschaften – eingeführt worden ist (§ 253 Abs. 5 HGB). Insbesondere im Bereich der Ansatz- und Bewertungsvorschriften bestehen damit zwischen den Vorschriften für alle Kaufleute – und damit auch für Stiftungen, die kaufmännisch Rechnung legen – und denen für Kapitalgesellschaften nur noch geringe Unterschiede.

8 Neben den strengen Ansatz-, Ausweis- und Bewertungsvorschriften haben Kapitalgesellschaften die folgenden weiteren Pflichten:

– Es ist in jedem Fall ein **Anhang** aufzustellen.
– Mittelgroße und große Kapitalgesellschaften müssen daneben einen **Lagebericht** aufstellen.
– Ist eine Kapitalgesellschaft mindestens mittelgroß, hat sie sich darüber hinaus von einem **Wirtschaftsprüfer** prüfen zu lassen.
– Alle Kapitalgesellschaften müssen ihren Jahresabschluss innerhalb einer bestimmten Frist im elektronischen Bundesanzeiger **offenlegen**.
– Schließlich gibt es die Pflicht zur Aufstellung eines **Konzernabschlusses**, soweit Tochterunternehmen vorhanden sind und bestimmte Größen überschritten sind.

Damit eine Kapitalgesellschaft als mittelgroß oder groß eingestuft wird, müssen zwei der folgenden drei Kriterien an zwei Stichtagen hintereinander überschritten sein. Die Größenkriterien sind zuletzt in 2015 mit dem BilRuG

	Bilanzsumme TEUR		Umsatzerlöse TEUR		Arbeitnehmer	
	bisher	neu	bisher	neu	bisher	neu
Kleinst-KapG	350	**350**	700	**700**	10	**10**
kleine KapG	4.840	**6.000**	9.680	**12.000**	50	**50**
mittelgroße KapG	19.250	**20.000**	38.500	**40.000**	250	**250**
große KapG	>19.250	**>20.000**	>38.500	**>40.000**	>250	**>250**

Abb. 21: Größenkriterien nach § 267 HGB

erhöht worden (vgl. hierzu *Lüdenbach/Freiberg*: BilRuG-RefE: Nur „punktuelle Änderungen"? BB 2014, 2220).

Stiftungen sind, wenn sie Kaufmann im Sinne des HGB sind, zunächst nur verpflichtet, die Vorschriften *für alle Kaufleute* anzuwenden. Etwas anderes kann sich ergeben, wenn die Satzung der Stiftung die Anwendung der Vorschriften für Kapitalgesellschaften vorsieht oder die Stiftung z.B. ein Krankenhaus oder eine Pflegeeinrichtung betreibt. In den beiden letztgenannten Fällen sehen Spezialvorschriften (KHBV und PBV) grundsätzlich die Anwendung der Vorschriften in Anlehnung an Kapitalgesellschaften vor.

Stiftungen treten heute in unterschiedlicher Rechtsform auf. So wird in neuerer Zeit die **Stiftung GmbH** verstärkt als Rechtsform gewählt (→ Kapitel A Rn. 29 f.). Hierbei handelt es sich rechtlich um eine Kapitalgesellschaft, die ein gestiftetes Vermögen verwaltet und am Markt auch als Stiftung auftritt. Im Rahmen der kaufmännischen Rechnungslegung sind dann allerdings die (strengeren) Vorschriften für Kapitalgesellschaften zu beachten. Außerdem müssen diese, da sie kraft Rechtsform „Kaufmann" sind, in jedem Fall entsprechend dem HGB Rechnung legen, auch wenn sie keine wirtschaftliche Tätigkeit ausüben (§ 6 Abs. 2 HGB). Andererseits unterliegt die Stiftung GmbH nicht der Stiftungsaufsicht. Auch für andere Rechtsformen (z.B. die Stiftung & Co. KG oder die Stiftung KGaA) gilt: Es sind die entsprechenden Rechnungslegungsvorschriften für die KG oder die KGaA zu beachten (vgl. zur Verbindung der Stiftung mit anderen Rechtsformen auch *Götz/Pach-Hanssenheimb*, Handbuch der Stiftungen, 2013, S. 53 ff. *Fleisch/Eulerich/Krimmer/Schlüter/Stolte*: Modell unternehmensverbundene Stiftung, 2018, S. 54 ff.).

Schließlich kann sich die sinngemäße Anwendung der Vorschriften für Kapitalgesellschaften aus dem **Publizitätsgesetz** ergeben. Das Publizitätsgesetz gilt u.a. für die „rechtsfähige Stiftung des bürgerlichen Rechts, wenn sie ein Gewerbe betreibt" (§ 3 Abs. 1 Nr. 4 PublG). Die Stiftung muss danach gewerblich tätig sein, also im Falle einer steuerbegünstigten Stiftung muss diese einen steuerpflichtigen wirtschaftlichen Geschäftsbetrieb oder einen Zweckbetrieb betreiben. Dann ist z.B. der Jahresabschluss nach §§ 266, 275 HGB zu gliedern und um einen Anhang zu ergänzen; zusätzlich ist ein Lagebericht aufzustellen (§ 5 Abs. 1 und 2 PublG).

Entsprechend § 1 Abs. 1 PublG müssen hierzu an drei aufeinanderfolgenden Abschlussstichtagen jeweils mindestens zwei der folgenden drei Merkmale überschritten sein:

Kriterium	Ausprägung
Bilanzsumme	> 65.000.000 EUR
Umsatzerlöse	> 130.000.000 EUR
Arbeitnehmer	> 5.000

Abb. 22: Größenkriterien nach § 1 Abs. 1 PublG

Diese Kriterien beziehen sich ausschließlich auf die wirtschaftliche Tätigkeit der Stiftung, bei der steuerbegünstigten Stiftung also auf den wirtschaftlichen Geschäftsbetrieb, der auch ein Zweckbetrieb sein kann. Das Erreichen dieser Größenkriterien ist daher bei den meisten Stiftungen sehr unwahrscheinlich und ist eigentlich nur bei Stiftungen, die ein Unternehmen aktiv betreiben, oder, was deutlich häufiger vorkommt, bei sog. Anstaltsstiftungen, denkbar.

12 Die Notwendigkeit zur Aufstellung eines **Konzernabschlusses** kann sich sowohl aus dem HGB als auch aus dem PublG ergeben. Allerdings richten sich die Vorschriften des HGB (§§ 290 ff. HGB) ausschließlich an Kapitalgesellschaften. Damit fallen hierunter unmittelbar nur z.b. die Stiftung GmbH und die Stiftung & Co. KG (über die analoge Anwendung nach § 264a HGB). Die Konzernrechnungslegungspflicht nach dem PublG richtet sich an „Unternehmen mit Sitz (Hauptniederlassung) im Inland, (die) unmittelbar oder mittelbar einen beherrschenden Einfluss auf ein anderes Unternehmen ausüben" (§ 11 Abs. 1 PublG), wenn diese – bezogen auf die Konzerndaten – die oben genannten Kriterien überschreiten. Zur Frage, inwieweit eine Stiftung „Unternehmen" i.S.d. PublG ist, und insofern einen Konzernabschluss aufstellen muss, → Rn. 273 ff.

2. Stellungnahmen des Instituts der Wirtschaftsprüfer (IDW)

13 Die nur rudimentär ausgeprägten Vorschriften zur Rechnungslegung von Stiftungen hat das Institut der Wirtschaftsprüfer zum Anlass genommen, im Jahr 2000 zwei **Stellungnahmen zur Rechnungslegung und Prüfung von Stiftungen** zu verabschieden. Die Stellungnahme zur Rechnungslegung IDW RS HFA 5 beschäftigt sich mit Fragestellungen rund um die Rechnungslegung von Stiftungen, wobei sowohl die kaufmännische Rechnungslegung als auch die einfache Buchführung mit Einnahmen-Ausgabenrechnung und Vermögensübersicht behandelt werden. Der Prüfungsstandard IDW PS 740 befasst sich mit den Besonderheiten der Prüfung von Stiftungen durch Wirtschaftsprüfer. Die Stellungnahme zur Rechnungslegung von Stiftungen wurde 2013 umfassend vom Institut der Wirtschaftsprüfer überarbeitet und liegt derzeit in der Fassung vom 6. Dezember 2013 vor (vgl. IDW RS HFA 5, in Fn. 1/2014, S. 61 ff.). Derzeit wird der IDW PS 740 überarbeitet. Mit dem überarbeiteten Standard ist 2019 zu rechnen.

14 Die Stellungnahmen des IDW verpflichten die Stiftung zwar nicht direkt zu deren Beachtung, Wirtschaftsprüfer dürfen allerdings nur in begründeten Fällen von ihnen abweichen. Da sich viele Stiftungen freiwillig oder aufgrund einer Satzungsbestimmung prüfen lassen, sind sie damit ebenfalls an die Stellungnahmen gebunden, wollen sie kein negatives Urteil des Abschlussprüfers riskieren.

Nach einer Studie des Bundesverbandes Deutscher Stiftungen aus dem Jahr 2010 zum Thema „Führung, Steuerung und Kontrolle in der Stiftungspraxis" lassen „trotz fehlender Verpflichtung 53 Prozent der Stiftungen verteilt über alle Größengruppen ihre Rechnungslegung freiwillig durch einen Wirtschaftsprüfer prüfen"

I. Normen zum kaufmännischen Jahresabschluss

(*Falk/Kramer/Zeidler*, S. 25). Insofern wird – auch von kleineren Stiftungen – die Überwachungsfunktion des Wirtschaftsprüfers als sinnvoll eingeschätzt.

Der Abschlussprüfer hat im Rahmen seiner Prüfung sogfältig zu prüfen, ob die einschlägigen Stellungnahmen zur Rechnungslegung des IDW im Einzelfall zu beachten sind (IDW-Prüfungsstandard: Rechnungslegungs- und Prüfungsgrundsätze für die Abschlussprüfung (IDW PS 201) Rn. 13). Eine vertretbare Abweichung hat er im Prüfungsbericht darzustellen und ausführlich zu begründen. Liegen keine wichtigen Gründe für eine Abweichung vor, so muss er damit rechnen, „dass eine solche Abweichung von der Berufsauffassung ggf. in Regressfällen, in einem Verfahren der Berufsaufsicht oder einem Strafverfahren zum Nachteil des Abschlussprüfers ausgelegt werden kann" (IDW PS 201 Rn. 13).

Viele Aspekte der Stellungnahme zur Rechnungslegung von Stiftungen sind allerdings in Form von Empfehlungen ausgestaltet.

Im Jahr 2005 hat das **IDW Stellungnahmen zur Rechnungslegung und Prüfung von Vereinen** herausgegeben, welche z.B. für Stiftungen mit angeschlossenem Förderverein relevant sind (IDW RS HFA 14 und IDW PS 750). 15

> Die beiden Stellungnahmen wurden 2011 überarbeitet. Zielsetzung war eine Anpassung an die BilMoG-Vorschriften und redaktionelle Änderungen. Wesentlicher inhaltlicher Punkt der Überarbeitung war eine Neueinschätzung hinsichtlich des Verpflichtungscharakters für Vereine, eine Vermögensübersicht neben einer Einnahmen- und Ausgabenrechnung aufstellen zu müssen. Mit der Überarbeitung von IDW RS HFA 5 wurde auch die Stellungnahme IDW RS HFA 14 in 2013 ein weiteres Mal angepasst, um gleiche Sachverhalte in den beiden Stellungnahmen auch gleich zu regeln. Vgl. zum letzten Stand IDW RS HFA 14 in Fn. 1/2014, S. 75 ff. IDW PS 750 wird zur Zeit überarbeitet.

Bereits 1995 hatte sich das Institut der Wirtschaftsprüfer mit der Frage der Rechnungslegung Spenden sammelnder Organisationen auseinandergesetzt. Die Stellungnahme wurde 2010 durch die neue Stellungnahme **„Besonderheiten der Rechnungslegung Spenden sammelnder Organisationen (IDW RS HFA 21)"** ersetzt. Die Stellungnahme regelt insbesondere die Erfassung von Spenden in der Rechnungslegung. Anders als bis dahin ist nach dieser Stellungnahme bei Spendeneingang zunächst eine erfolgsneutrale Erfassung der Spenden vorgesehen – erst mit Verwendung der Spenden werden diese auch Ertrag (zur Bilanzierung von Spenden im Detail → Rn. 213 ff.). Vor dem Hintergrund der neuen Stellungnahme ist es für eine Stiftung von Relevanz, ob es sich bei ihr um eine Spenden sammelnde Organisation handelt, oder ob sich die Stiftung in erster Linie aus Erträgen ihres Stiftungskapitals finanziert. 16

Eine **Spenden sammelnde Organisation** zeichnet sich dadurch aus, dass ihre Tätigkeit ganz oder teilweise darauf ausgerichtet ist, Geldmittel, Sachmittel, Arbeitsleistungen oder Dienstleistungen als freigebige Zuwendungen – d.h. ohne Gegenleistung – entgegen zu nehmen und für bestimmte Förderzwecke einzusetzen, die in der Satzung festgelegt sind (IDW RS HFA 21 Rn. 1). Damit wird nicht ganz deutlich, ab wann eine Stiftung, die auch Spenden einnimmt, 17 eine Spenden sammelnde Organisation im Sinne dieser Stellungnahme ist. Hier sind zwei Aspekte von Relevanz: Die Spenden dürfen nicht von untergeordneter Bedeutung sein, d.h. der Anteil der Spenden an den Einnahmen sollte nicht nur im (unteren) einstelligen Bereich liegen. Als wesentlich können Spendenaufkommen von nachhaltig größer als 10% angesehen werden (vgl. *Berndt/ Schumacher/Hechenblaikner* DB 2012,1218). Der zweite Aspekt ist eine gewisse Aktivität im Bereich des Spendensammelns: Da die Tätigkeit „darauf ausgerichtet" sein muss, freigebige Zuwendungen einzunehmen, sollten auch in gewissen Umfang Fundraising-Aktivitäten durchgeführt werden. Entsprechend führen beispielsweise „zufällige" Erbschaften eines Krankenhauses nicht dazu, dass dieses eine Spenden sammelnde Organisation i.S.d. Stellungnahme ist.

> Die Stellungnahme IDW RS HFA 21 ist im Mai 2010 veröffentlicht worden und war in der Literatur nicht unumstritten (vgl. *Lehmann* DB 2010, 2513 ff., *Spiegel/ Römer* npoR 2010, 100 ff.). Die Kritik betraf unterschiedliche Themenfelder, insbesondere wurde aber der Nutzen und die beabsichtigte höhere Transparenz einer ertragsmäßigen Erfassung von Spenden erst bei deren Verausgabung kritisch hinterfragt. Kritisiert wird u.a. auch der mit der neuen Darstellung verbundene erhöhte administrative Aufwand, der insbesondere kleinere Organisationen belasten würde (z.B. *Spiegel/Römer*, npoR 2010, 104; zu Möglichkeiten, den Aufwand gering zu halten, vgl. *Berndt/Schumacher/Hechenblaikner* DB 2012, 1221). Die Kritik führte allerdings zu keinen Anpassungen der Stellungnahme.

3. Internationale Rechnungslegung

18   Weitere Normen für einen kaufmännischen Jahresabschluss finden sich im internationalen Recht, den **International Financial Reporting Standards (IFRS)** des International Accounting Standards Board (IASB). Kapitalmarktorientierte Mutterunternehmen mit Sitz in einem EU-Mitgliedsstaat haben seit dem 1. Januar 2005 zwingend einen Konzernabschluss nach IFRS-Normen aufzustellen (§ 315a Abs. 1 und 2 HGB), übrige Kaufleute können ihren Konzernabschluss freiwillig nach IFRS anstelle von HGB aufstellen (§ 315a Abs. 3 HGB). Einzelabschlüsse nach IFRS können von Kaufleuten dagegen immer nur zusätzlich erstellt werden. Allerdings ermöglicht § 325 Abs. 2a HGB eine ausschließliche Offenlegung des Einzelabschlusses nach IFRS.

19   Stiftungen, die z.B. aufgrund einer Satzungsvorgabe oder freiwillig, ohne Kaufmann zu sein, kaufmännisch Rechnung legen, können, weil sie kein Kaufmann i.S.d. § 1 HGB sind, einen Jahresabschluss nach IFRS *anstelle* eines HGB-Abschlusses aufstellen.

> Die Aufstellung eines kaufmännischen Jahresabschlusses nach den internationalen Normen der IFRS kann insbesondere für Stiftungen mit internationaler Ausrichtung von Interesse sein, also beispielsweise für Stiftungen, deren Stifter oder wesentliche Geldgeber aus dem Ausland kommen. In der Praxis kommt dies derzeit noch eher vereinzelt vor, was sicher auch daran liegt, dass solche internationalen Verflechtungen durch das derzeitige Stiftungsrecht nicht gefördert werden. So hatte im Februar 2012 die Europäische Kommission ein Statut für eine **Europäische Stiftung** herausgegeben, dem eine jahrelange Diskussion über die Rechtsform vor-

I. Normen zum kaufmännischen Jahresabschluss   20–22   **E**

ausgegangen war (vgl. zum Statut DB, 2012, 24; für einen Überblick über das Statut vgl. *Stöber* DStR 2012, 804 ff. Zur langjährigen Diskussion um die europäische Stiftung vgl. z.B. *von Hippel* ZSt 2004,120 ff.; *Carstensen* ZSt 2006, 36 ff.). In 2014 hat die Europäische Kommission dann allerdings entschieden, das Thema Europäische Stiftung bis auf weiteres nicht weiterzuverfolgen (vgl. DIE STIFTUNG 2015, S. 11).

Die IFRS werden vom *International Accounting Standards Board (IASB)* herausgegeben, eine privatrechtliche Vereinigung, welche aus dem International Accounting Standards Comittee (IASC) hervorgegangen ist, wobei das IASC seinerseits 1973 von sich mit der Rechnungslegung und Prüfung befassenden Berufsverbänden verschiedener Länder – u.a. auch Deutschland – gegründet worden ist. Das IASB hat sich die Formulierung und Veröffentlichung von Rechnungslegungsgrundsätzen sowie deren weltweite Verbreitung zur Aufgabe gemacht.   20

Die Rechnungslegungsstandards werden als *International Financial Reporting Standards (IFRS)* veröffentlicht, wozu auch die – älteren – IAS (International Accounting Standards) gehören. Daneben veröffentlicht das *International Financial Reporting Interpretations Committee (IFRIC)* regelmäßig Interpretationen zu speziellen Problemen bzw. Themenstellungen.

> Wie die Rechnungslegungsstandards beschäftigen sich auch die Interpretationen mit einzelnen Rechnungslegungsfragen. Anders als die Standards treffen die Interpretationen aber keine neuen grundsätzlichen Regelungen, sondern legen die bestehenden Standards aus. Die Themen, mit denen sich die Interpretationen beschäftigen, sind daher deutlich spezieller und betreffen teilweise nur einzelne Branchen.

Die IFRS sind rechtsform- und größenunabhängig von allen Unternehmen anwendbar. Grundsätzlich gelten auch alle Standards – von einigen wenigen Standards abgesehen – für Einzel- und Konzernabschlüsse.   21

Sie sind allerdings prinzipiell auf gewinnorientierte Unternehmen ausgerichtet. Im Mittelpunkt steht das Ziel der Bereitstellung entscheidungsnützlicher Informationen (*decision usefulness*) für (potentielle) Investoren und Fremdkapitalgeber als Adressaten der Rechnungslegung (IFRS-Conceptual Framework for Financial Reporting, revised 2018, Rn. 1.2). Weitere Adressaten neben den (potentiellen) Kapitalgebern sind andere Stakeholder wie Arbeitnehmer, Kreditgeber, Lieferanten, Kunden, Regierungen und die Öffentlichkeit, für welche die internationale Rechnungslegung aber nicht primär bestimmt ist (so das Conceptual Framework for Financial Reporting, revised 2018, Rn. 1.10).

> Mittlerweile hat mit den IPSAS (International Public Sector Accounting Standards) eine Übertragung der IFRS auf den öffentlichen Sektor stattgefunden. Die IPSAS finden in einer Reihe von Ländern bereits Anwendung, z.B. in der Schweiz oder bei der EU-Kommission. Derzeit wird über eine Weiterentwicklung zu sog. EPSAS (European Public Sector Accounting Standards) nachgedacht.

Damit sind die IFRS zunächst einmal zweifach für Stiftungen nicht von Interesse. Zum einen hat die Stiftung als verselbstständigtes Vermögen *keine Anteilseigner* und ihr Kapital gehört ihr selbst. Zwar sind Fremdkapitalgeber   22

Berndt

durchaus anzutreffen, die allermeisten Stiftungen wirtschaften aber vorwiegend mit Eigenkapital, dem Stiftungskapital. Zum anderen sind die meisten Stiftungen in Deutschland gemeinnützig und damit gerade *nicht primär gewinnorientiert*. Gleichwohl kann ein IFRS-Abschluss für Stiftungen von Interesse sein, wenn beispielsweise wesentliche Geldgeber international sind und insofern an einem internationalen Jahresabschluss interessiert sind.

23 Ein weiteres Problem ist, dass die IFRS-Regelungen teilweise komplex sind und auch umfassende Anhangangaben (die sog. notes) erfordern.

So hat die Deutsche Prüfstelle für Rechnungslegung (DPR) in ihren Prüfungen relativ hohe Fehlerquoten von bis zu 26% festgestellt, was insbesondere auf die Komplexität des Regelwerks zurückgeführt wird (vgl. *Ballwieser:* IFRS Rechnungslegung, 3. Auflage 2013, S. 9).

Da es bislang keine Erleichterungen für kleinere Unternehmen gab, war es für Stiftungen eher unattraktiv, den Jahresabschluss nach IFRS-Regelungen aufzustellen. Im Juli 2009 hat das IASB einen Standard für kleine und mittelgroße Unternehmen (Standard for Small and Medium-sized Entities (SMEs)) veröffentlicht, der vereinfachte Regelungen für kleinere Unternehmen beinhaltet und die Rechnungslegung für diese Unternehmen abschließend regelt. Der Standard wurde in 2015 durch das IASB reviewed und überarbeitet (vgl. zu den Unterschieden zwischen den IFRS und den IFRS for SMEs *Pellens/Füllbier/Gassen/Sellhorn*: Internationale Rechnungslegung, 10 Aufl. 2017, S. 123, *Lüdenbach/Hoffmann/Freiberg*: Haufe IFRS-Kommentar, 15. Aufl. 2017, § 50). Zwar wird der Standard aus heutiger Sicht in Deutschland keine Anwendung finden (vgl. zum aktuellen Stand *Lüdenbach/Hoffmann/Freiberg*: Haufe IFRS-Kommentar, 15. Aufl. 2017, § 50 Rn. 6), allerdings könnte er gleichwohl für Stiftungen, die aus internationalen Gründen IFRS anwenden wollen, aber nach Erleichterungen suchen, einen einfacheren Weg zur Anwendung der IFRS bieten. Bisher ist hier allerdings kein Trend erkennbar.

Eine Anerkennung des Standards durch die EU im Wege des sog. Komitologieverfahrens ist nicht möglich, da die entsprechende EU-Verordnung 1606/2002 nur für Konzernabschlüsse kapitalmarktorientierter Unternehmen verpflichtend ist und der Standard diese Unternehmen gerade nicht anspricht. Auch in Deutschland besteht nach Anpassung des HGB durch das BilMoG im Jahr 2010 sowie das BilRuG im Jahr 2016 wenig Interesse an einer Übernahme (vgl. auch *Buchholz*: Internationale Rechnungslegung, 10. Aufl. 2012, S. 259). Gleichwohl wäre eine freiwillige Anwendung von Stiftungen, die nicht verpflichtet sind, einen handelsrechtlichen Jahresabschluss aufzustellen, möglich.

24 Aufgrund der derzeit begrenzten Anwendung der IFRS im Bereich von Stiftungen wird im Folgenden grundsätzlich nicht auf die IFRS-Regelungen eingegangen. Ausnahmen ergeben sich dort, wo Auslegungen von HGB-Vorschriften entsprechend der Zielsetzung des BilMoG, das Handelsrecht an die internationalen Vorschriften anzunähern, auf IFRS-Regelungen basieren (z.B. bei der Aktivierung von selbsterstellten immateriellen Vermögensgegen-

ständen → Rn. 62 ff.). Zur Übertragung der IFRS auf Non-Profit-Organisationen vgl. auch *Bassen-Metz:* Internationale Rechnungslegung von Nonprofit-Organisationen, 2012.

II. Ansatz-, Ausweis- und Bewertungsvorschriften

Bei der kaufmännischen Rechnungslegung wird grundlegend zwischen drei Fragestellungen unterschieden: 25

– **Ansatzvorschriften:** Welche Vermögensgegenstände und welche Schulden sind in der Bilanz anzusetzen, welche nicht? Welche Aufwendungen und Erträge sind in der Gewinn- und Verlustrechnung zu zeigen?
– **Ausweisvorschriften:** Wie sind die Vermögensgegenstände und Schulden, wie die Aufwendungen und Erträge, zu gliedern?
– **Bewertungsvorschriften:** Mit welchem (Geld-)Wert sind die Vermögensgegenstände und Schulden anzusetzen?

Im Folgenden werden zunächst die grundlegenden Vorschriften zum Ansatz, zur Gliederung (Ausweis) und Bewertung der Jahresabschlussposten der Stiftung eingegangen, ehe anschließend im Detail auf Einzelfragen zur Bilanzierung eingegangen wird.

1. Ansatzvorschriften

Die Bilanz weist auf der Aktivseite die Vermögensgegenstände der Stiftung aus und auf der Passivseite das Eigenkapital sowie die Schulden der Stiftung. Die Passiva stellen insofern die *Mittelherkunft* dar, zeigen also, ob die Mittel von Eigenkapital- oder Fremdkapitalgebern stammen. Die Aktiva zeigen dagegen, wie die Mittel investiert worden sind (*Mittelverwendung*). Dabei ist die Mittelverwendung im hier verwendeten Sinne nicht mit der Mittelverwendung im (Gemeinnützigkeits-)Steuerrecht identisch (zur steuerrechtlichen Mittelverwendungsrechnung → Kapitel C Rn. 41 ff.). 26

Entsprechend dem Vollständigkeitsgebot (§ 246 Abs. 1 S. 1 HGB) sind sämtliche **Vermögensgegenstände** auf der Aktivseite anzusetzen und sämtliche **Schulden** zu passivieren, es sei denn, es besteht ein Aktivierungs-(Passivierungs-)verbot bzw. ein explizites Aktivierungs-(Passivierungs-)wahlrecht. 27

Damit ein Vermögensgegenstand vorliegt (und nicht nur direkt zu erfassender Aufwand) muss es sich um einen wirtschaftlichen Wert handeln der selbständig bewertbar sowie selbständig verkehrsfähig, d.h. einzeln verwertbar ist (BeBiKo/*Schubert/Waubke* § 247 Rn. 13; *ADS* § 246 Rn. 26). 28

Entscheidend für die Frage, ob ein Vermögensgegenstand der Stiftung zuzurechnen ist, ist dabei die wirtschaftliche Betrachtungsweise. Dies galt schon vor der Reform durch das BilMoG, mit dem Gesetz wurde dieser Grundsatz explizit in das HGB aufgenommen (§ 246 Abs. 1 Satz 2 HGB).

29 Nach § 248 Abs. 1 HGB bestehen einige Aktivierungsverbote. So dürfen Aufwendungen für die Gründung bzw. Errichtung einer Stiftung nicht aktiviert werden (§ 248 Abs. 1 Nr. 1 HGB). Ebenso ist die Aktivierung von Eigenkapitalbeschaffungskosten nicht erlaubt. Hierunter sind bei einer Stiftung z.b. Aufwendungen zu verstehen, die durch Werbemaßnahmen für Zustiftungen in das Stiftungskapital entstehen (§ 248 Abs. 1 Nr. 2 HGB). Ferner sind auch Aufwendungen für den Abschluss von Versicherungsverträgen nicht aktivierungsfähig.

30 Nicht notwendig ist, dass die Stiftung für die Vermögensgegenstände eine Gegenleistung erbracht hat. Auch **unentgeltlich erworbene Vermögensgegenstände** sind grundsätzlich zu aktivieren; die Frage nach der Bewertung ist unabhängig von der Ansatzfrage in einem weiteren Schritt zu entscheiden (Zur Bewertung von unentgeltlich erhaltenen Vermögensgegenständen → Rn. 82 ff.).

31 Auf der Passivseite sind sämtliche *Schulden*, die der Stiftung zuzurechnen sind, anzusetzen. Eine Schuld ist dann gegeben, wenn die Stiftung eine rechtliche oder wirtschaftliche Verpflichtung zu einer Leistung hat, diese Verpflichtung am Abschlussstichtag eine wirtschaftliche Belastung darstellt und quantifizierbar ist (vgl. *ADS*, § 246 Rn. 102).

Die Schulden unterteilen sich wiederum in *Rückstellungen* und *Verbindlichkeiten*. **Verbindlichkeiten** sind Verpflichtungen eines Unternehmens, die am Bilanzstichtag ihrer Höhe und Fälligkeit nach feststehen (*Coenenberg/Haller/ Schultze*, Jahresabschluss und Jahresabschlussanalyse, 24. Auflage, 2016, S. 417). Demgegenüber sind **Rückstellungen** (mögliche) Verpflichtungen einer Organisation, die bezüglich ihrer Höhe, ihres zeitlichen Eintretens und/oder ihres Bestandes ungewiss sind, aber hinreichend sicher erwartet werden (*Coenenberg/ Haller/Schultze*, 24. Auflage, 2016 S. 429 f.).

32 Betrachtet man die Passivseite der Bilanz als Mittelherkunft, so sind die Schulden Mittel, die der Stiftung von dritter Seite für eine gewisse Zeit zur Verfügung gestellt werden. Demgegenüber stellt das **Eigenkapital** die Eigenmittel der Stiftung dar, die dieser dauerhaft zur Verfügung stehen. Das Eigenkapital ist im kaufmännischen Abschluss die Saldogröße zwischen den Vermögensgegenständen einerseits und den Schulden andererseits.

2. Ausweisvorschriften

a) Gliederung der Bilanz

33 Die Gliederung des Jahresabschlusses einer Stiftung soll einen so vollständigen, klaren und zutreffenden Einblick in die Stiftungstätigkeit geben, dass sich der Adressat ein Urteil über die Verwendung des eingesetzten Vermögens und der damit erzielten Erträge bilden kann. Für Stiftungen, die nicht nach den Vorschriften für Kapitalgesellschaften Rechnung legen, ergeben sich die Gliederungsvorschriften aus § 247 Abs. 1 HGB. Danach sind in der Bilanz das Anlage- und Umlaufvermögen, das Eigenkapital, die Schulden sowie die Rechnungsabgrenzungsposten gesondert auszuweisen und hinreichend aufzugliedern.

II. Ansatz-, Ausweis- und Bewertungsvorschriften   34–37   **E**

Als **Anlagevermögen** sind danach die dem Geschäftsbetrieb dauernd die- 34
nenden Vermögensgegenstände auszuweisen (§ 247 Abs. 2 HGB; zur Frage,
wann ein Vermögensgegenstand dauerhaft dem Geschäftsbetrieb der Stiftung
dient → Rn. 58 f.). Das nicht als Anlagevermögen ausgewiesene und damit
eher kurzfristige Vermögen ist das **Umlaufvermögen**.

Als **Rechnungsabgrenzungsposten** sind auf der Aktivseite Ausgaben im 35
alten Geschäftsjahr auszuweisen, die Aufwand für einen bestimmten Zeitraum
danach darstellen (z.B. die im Dezember vorausbezahlte Miete für den Monat
Januar), auf der Passivseite sind Einnahmen des alten Geschäftsjahres zu zeigen,
die erst im neuen Geschäftsjahr Ertrag werden (z.B. die im Dezember vereinnahmte Miete für den Monat Januar; § 250 Abs. 1 und 2 HGB). Zielsetzung
der Bildung von Rechnungsabgrenzungsposten ist der periodengerechte Ausweis der Zahlungsströme. Die periodengerechte Zuordnung von Zahlungen
ist einer der wesentlichen Unterschiede der kaufmännischen Rechnungslegung
zur Einnahmen-Ausgabenrechnung mit Vermögensübersicht. Daher empfiehlt
z.B. das IDW die Einnahmen-Ausgabenrechnung „nur für leicht zu überschau-
ende Verhältnisse (...), in denen sich die Zufälligkeiten der Zahlungszeitpunkte nicht wesentlich auswirken" (IDW RS HFA 5 Rn. 33).

Um dem Postulat der hinreichenden Aufgliederung zu genügen, wird in 36
der Praxis auch für andere Rechtsformen als Kapitalgesellschaften regelmäßig
auf die für diese geltende gesetzliche Bilanzgliederung (§ 266 Abs. 2 und 3
HGB) zurückgegriffen. Den besonderen Merkmalen von Stiftungen kann
durch Weglassen von Leerposten (§ 265 Abs. 8 HGB), durch Hinzufügung
neuer Posten (§ 265 Abs. 5 HGB) oder Änderungen von Gliederungs- und
Postenbezeichnungen (§ 265 Abs. 6 HGB) Rechnung getragen werden. Darüber hinaus kann es für Zwecke der Stiftungsaufsicht oder der Finanzverwaltung erforderlich sein, zusätzliche Angaben in der Bilanz, der Gewinn- und
Verlustrechnung oder dem Anhang zu machen.

> Kapitalgesellschaften haben erweiterte Rechnungslegungsvorschriften anzuwenden
> vor allem aufgrund der Tatsache, dass fremdes Vermögen durch die Gesellschaftsor-
> gane verwaltet wird. Hierzu gehört auch die detailliertere Gliederung der Bilanz.
> Auch der Vorstand einer Stiftung verwaltet fremdes Vermögen. Insofern hält es das
> IDW für sachgerecht, das Stiftungen die erweiterten Gliederungs- und Erläute-
> rungsvorschriften für Kapitalgesellschaften anwenden (IDW RS HFA 5 Rn. 36 f.).
> Zumindest bei der Bilanz orientieren sich viele Stiftungen in der Praxis an § 266
> HGB (Gliederung der Bilanz). Bei der Gewinn- und Verlustrechnung spiegelt § 275
> HGB dagegen nur unzureichend die Stiftungsrealität wider. Allerdings sind auch
> hier über die oben genannten Paragraphen entsprechende Anpassungen möglich.

Hinsichtlich der Frage, ob und wann die zusätzlichen Vorschriften für 37
Kapitalgesellschaften auch für Stiftungen angewendet werden sollen, sind die
Größenkriterien des § 267 HGB u.E. nicht brauchbar. So ist die Bilanzsumme
bei Kapitalstiftungen regelmäßig sehr hoch, ohne dass dies notwendigerweise
mit einer erhöhten Komplexität einhergeht. Umsatzerlöse gibt es häufig nicht,
oder sie sind von untergeordneter Bedeutung (wirtschaftlicher Geschäftsbe-

trieb). Zudem haben die meisten Stiftungen nur wenige Mitarbeiter. Die Entscheidung sollte stattdessen von der Komplexität der Stiftung abhängig gemacht werden. So sind operativ tätige Stiftungen i.d.R. komplexer als rein fördernde Stiftungen. Da zudem die Ansatz- und Bewertungsvorschriften zwischen Kapital- und Nichtkapitalgesellschaften nach BilMoG stark angenähert wurden, geht es bei der Frage, ob die Vorschriften von Kapitalgesellschaften für Stiftungen angewendet werden sollten, insbesondere um die Erstellung eines Anhangs und ggf. eines Lageberichts.

Die Entscheidung, wann eine Kapitalgesellschaft mittelgroß oder groß ist, wird anhand der Kriterien des § 267 HGB *Umsatzerlöse, Bilanzsumme* und *Arbeitnehmer* getroffen. Da diese Kriterien für Stiftungen wenig aussagekräftig sind, schlug das IDW bisher vor, nur das Kriterium Bilanzsumme oder erhaltene Zuwendungen/Erträge aus der Vermögensverwaltung zu nehmen (jeweils das Kriterium, das für sich in die größere Klasse führt; IDW RS HFA 5 a.F. Rn. 38). Nunmehr sollen die für Körperschaften geltenden ergänzenden Vorschriften angewendet werden, insbesondere, „sofern die Stiftung die Größenkriterien des § 267 Abs. 2 oder 3 erfüllt und die Komplexität der Tätigkeit dies erfordert" (IDW RS HFA 5 a.F. Rn. 40). Die Aufnahme des Kriteriums „Komplexität" ist hierbei ausdrücklich zu begrüßen. *Koss* empfiehlt ausschließlich die Kriterien Bilanzsumme und Arbeitnehmer, wobei nicht klar wird, ob ein oder zwei Kriterien überschritten werden müssen (*Koss*, Rechnungslegung von Stiftungen, 2003, S. 122).

38 Die Gliederung nach § 266 HGB ist auf Stiftungen grundsätzlich – mit Ausnahme des Eigenkapitals – gut übertragbar. Die grobe Gliederung nach § 266 HGB sieht wie folgt aus (hierbei wurde das Eigenkapital an die Gliederung nach IDW RS HFA 5 Rn. 55 angepasst):

Aktiva	Passiva
Anlagevermögen Immaterielle Vermögensgegenstände des Anlagevermögens Sachanlagen Finanzanlagen	**Eigenkapital** Stiftungskapital Rücklagen Umschichtungsergebnisse Ergebnisvortrag
Umlaufvermögen Vorräte Forderungen und sonstige Vermögensgegenstände Wertpapiere des Umlaufvermögens Kassenbestand, Guthaben bei Kreditinstituten	**Rückstellungen** Pensionsrückstellungen Steuerrückstellungen Sonstige Rückstellungen **Verbindlichkeiten** Verbindlichkeiten gegenüber Kreditinstituten Verbindlichkeiten aus Lieferungen und Leistungen Sonstige Verbindlichkeiten
Rechnungsabgrenzungsposten	**Rechnungsabgrenzungsposten**

Abb. 23: Beispielsgliederung der Bilanz einer Stiftung nach § 266 HGB und IDW RS HFA 5 Rn. 55 (Gliederung Eigenkapital)

b) Gliederung des Eigenkapitals

Für die **Gliederung des Eigenkapitals** einer Stiftung ist eine Orientierung an § 266 HGB aufgrund der Besonderheiten von Stiftungen nicht zielführend. Das IDW schlägt daher für das Eigenkapital der Stiftung eine Gliederung vor, die grundsätzlich zwischen dem Stiftungskapital, den Rücklagen und dem Vortrag differenziert. Mit der Überarbeitung der Stellungnahme wurde auch die Gliederung des Eigenkapitals angepasst. In der folgenden Übersicht wird die Gliederung der IDW-Stellungnahme aus dem Jahr 2000 der Gliederung der überarbeiteten Stellungnahme aus 2013 gegenübergestellt (IDW RS HFA 5 a.F. Rn. 51 f.; IDW RS HFA 5 Rn. 55):

IDW RS HFA 5 a.F. (2000)	IDW RS HFA 5 (2013)
I. Stiftungskapital	I. Stiftungskapital
1. Grundstockvermögen einschl. Zustiftungen	1. Errichtungskapital
2. Zuführungen aus der Ergebnisrücklage	2. Zustiftungskapital
3. Ergebnisse aus Vermögensumschichtungen	II. Rücklagen
	1. Kapitalrücklagen
II. Ergebnisrücklagen	2. Ergebnisrücklagen
	(ggf. weiter untergliedern)
	Frei verfügbare Ergebnisrücklagen
1. Kapitalerhaltungsrücklage	
2. Sonstige Ergebnisrücklagen	III. Umschichtungsergebnisse
III. Mittelvortrag	IV. Ergebnisvortrag

Abb. 24: Gliederung des Eigenkapitals einer Stiftung entsprechend dem Vorschlag des IDW

Da das Eigenkapital einer Stiftung zahlreiche Besonderheiten aufweist, wird später in diesem Kapitel eingehend auf die einzelnen Posten eingegangen (→ Rn. 124 ff.). Im Folgenden sollen diese daher nur kurz skizziert und die Anpassungen der überarbeiteten Stellungnahme erläutert werden.

Das **Stiftungskapital** hat insbesondere vor dem Hintergrund der Verpflichtung zur Kapitalerhaltung eine besondere Bedeutung und sollte daher separat ausgewiesen werden (IDW RS HFA 5 a.F. Rn. 14). Der separate Ausweis führt zu einer höheren Transparenz der Rechnungslegung der Stiftung – vor allem die Stiftungsaufsicht ist daher an einem separaten Ausweis interessiert. Wesentlicher Unterschied zwischen der alten und der neuen Gliederung ist der Ausweis der **Umschichtungsergebnisse** innerhalb oder außerhalb des Stiftungskapitals. Ein Ausweis von Umschichtungsergebnissen (Gewinne *und* Verluste aus der Umschichtung des Grundstockvermögens) innerhalb des Stiftungskapitals führt regelmäßig dazu, dass insbesondere eine reale Kapitalerhaltung bei gemeinnützigen Stiftungen nur sehr schwer erreichbar ist. Daher wird nunmehr vorgeschlagen, die Umschichtungsergebnisse als separaten Posten innerhalb des Eigenkapitals zu zeigen, wobei dieser, z.B. aufgrund von Umschichtungsverlusten, auch negativ werden kann (IDW RS HFA 5 Rn. 66. Zu weiteren Ausführungen zu den Umschichtungsergebnissen → Rn. 145 ff.).

41 Die Gliederung des Eigenkapitals sieht neben dem Stiftungskapital und dem Vortrag den Ausweis von Rücklagen vor. Nach der alten Gliederung waren dies ausschließlich **Ergebnisrücklagen**. Diese werden aus dem erwirtschafteten Ergebnis der Stiftung gebildet. Die Ergebnisrücklage war entsprechend dem Vorschlag der alten IDW-Stellungnahme zu untergliedern in eine Kapitalerhaltungsrücklage und die sonstigen Ergebnisrücklagen. Die sonstigen Ergebnisrücklagen können beispielsweise nach Projekten oder anderen Zweckbindungen aufgegliedert werden. Hier hat sich im Grunde wenig geändert; die Kapitalerhaltungsrücklage wird allerdings nunmehr nur noch als eine Möglichkeit der Untergliederung der Ergebnisrücklagen genannt für den Fall, dass eine reale Kapitalerhaltung angestrebt wird (→ Rn. 134 ff.).

42 Neu ist der Ausweis einer **Kapitalrücklage** innerhalb der Eigenkapitalgliederung. Eine Kapitalrücklage ist der Stiftung eigentlich fremd. In der Praxis ist sie bereits heute teilweise anzutreffen, wenn der Spender einer Stiftung Vermögen verbunden mit der Auflage zuführt, dieses nach Ermessen des Stiftungsvorstands dem Stiftungskapital zuzuführen oder für satzungsmäßige Zwecke zu verwenden. Diese Mittel unterliegen nicht der Bestandserhaltung, sind aber infolge der Auflage auch der Verpflichtung zur zeitnahen Verwendung entzogen. Entsprechend der IDW-Stellungnahme werden „unter der Kapitalrücklage (…) Zuwendungen erfasst, die der Stifter oder ein Dritter zur Stärkung des Kapitals (z.B. zur Erfüllung des zugrunde liegenden Kapitalerhaltungskonzeptes) leistet und die weder dem Errichtungskapital noch den Zustiftungen zuzuordnen sind" (IDW RS HFA 5 Rn. 63). Ein typischer Anwendungsfall sind z.B. Zahlungen zum Ausgleich von Verlusten im Stiftungskapital (→ Rn. 130 ff.).

43 Grundsätzlich endet die Gewinn- und Verlustrechnung einer bilanzierenden Stiftung – wie auch die eines erwerbswirtschaftlichen Unternehmens – mit dem Jahresergebnis (Jahresüberschuss oder Jahresfehlbetrag; § 275 Abs. 2 Nr. 20 bzw. Abs. 3 Nr. 19 HGB). Um aber die Erhaltung des Stiftungsvermögens und die satzungsmäßige Verwendung der Erträge des Stiftungsvermögens und der sonstigen Stiftungsmittel nachvollziehbar darzustellen, sollte die Gewinn- und Verlustrechnung um eine **Ergebnisverwendungsrechnung** ergänzt werden. Diese orientiert sich inhaltlich an der aktienrechtlichen Vorlage (§ 158 Abs. 1 AktG). Stiftungen, die einen Anhang aufstellen, können diese Angabe auch im Anhang machen. Entsprechend der Stellungnahme des IDW zur Rechnungslegung von Stiftungen sieht diese Rechnung wie folgt aus (vgl. IDW RS HFA 5, Rn. 61):

II. Ansatz-, Ausweis- und Bewertungsvorschriften 44–47 E

	Jahresergebnis
+/−	Ergebnisvortrag aus dem Vorjahr
+	Entnahmen aus dem Posten Umschichtungsergebnisse
−	Einstellungen in den Posten Umschichtungsergebnisse
+	Entnahmen aus den Ergebnisrücklagen
−	Einstellungen in die Ergebnisrücklagen
=	Ergebnisvortrag

Abb. 25: Ergebnisverwendungsrechnung (IDW RS HFA 5 Rn. 68)

Die Entnahmen aus und Einstellungen in die Ergebnisrücklagen erfordern 44 einen Beschluss des zuständigen Organs, sofern die Satzung keine Regelung zur Rücklagenbildung vorsieht. Dieser Beschluss muss spätestens mit der Feststellung des Jahresabschlusses getroffen werden (wenn die Satzung eine Feststellung des Jahresabschlusses vorsieht, die nicht zwingend ist; IDW RS HFA 5 Rn. 69). Stiftungsmittel, die weder einer bestimmten Verwendung zugeführt, noch in die Ergebnisrücklagen eingestellt oder aus den Ergebnisrücklagen entnommen werden, sind als **Ergebnisvortrag** auszuweisen.

c) Gliederung der Gewinn- und Verlustrechnung

Neben der Bilanz ist die Gewinn- und Verlustrechnung (GuV) das zweite 45 Rechnungslegungsinstrument einer bilanzierenden Stiftung. Während die Bilanz die Bestandsgrößen zu einem bestimmten Stichtag zeigt – einmal nach Mittelherkunft und einmal nach Mittelverwendung – stellt die GuV die Stromgrößen eines bestimmten Zeitraums, typischerweise eines Jahres, dar. Abgebildet werden in der GuV *Aufwendungen und Erträge*, welche sich von den Stromgrößen *Einnahmen und Ausgaben* durch Ihre Periodisierung – also die Zuordnung von Einnahmen und Ausgaben in die wirtschaftlich richtigen Perioden – unterscheiden.

Die Gliederung der Gewinn- und Verlustrechnung einer Stiftung kann sich 46 grundsätzlich an den Vorschriften des § 275 HGB für Kapitalgesellschaften orientieren. Anpassungen sind wiederum über § 265 HGB möglich, wonach Leerposten weggelassen (§ 265 Abs. 8 HGB), neue Posten hinzugefügt (§ 265 Abs. 5 HGB) und Änderungen der Postenbezeichnung vorgenommen werden können (§ 265 Abs. 6 HGB). Anders als bei der Bilanz wird man – um den Besonderheiten der Stiftung gerecht werden zu können – allerdings deutlich mehr Anpassungen vornehmen müssen, da die Gliederung des HGB primär auf die Erträge und Aufwendungen von Profitunternehmen ausgerichtet ist.

Da Stiftungen keine Kapitalgesellschaften sind und grundsätzlich auch nicht 47 nach den entsprechenden Vorschriften Rechnung zu legen haben (eine Ausnahme kann sich durch eine Satzungsbestimmung oder aufgrund der Tätigkeit der Stiftung ergeben), bestimmt zunächst § 242 Abs. 2 HGB zur Gliederung der GuV sehr allgemein, dass die *Aufwendungen* den *Erträgen* gegenüberzustellen sind. Aus den allgemeinen Vorschriften zur Klarheit und Übersichtlichkeit des Jahresabschlusses ergibt sich allerdings das Erfordernis, die Posten sachgerecht weiter aufzugliedern. Bei dieser Aufgliederung orientieren sich die meisten Stiftungen dann wiederum an der Gliederung des § 275 HGB. Für Kaufleute, die keine Kapitalgesellschaften sind, ist die Gewinn- und Verlustrechnung nicht notwendigerweise in *Staffelform*, wie für Kapitalgesellschaften vorgesehen, aufzustellen. Auch die Aufstellung in *Kontenform* ist möglich.

In der Praxis findet man häufig gerade bei kleineren Stiftungen die Gewinn- und Verlustrechnung in Kontenform anstelle der Staffelform. Diese wird in vielen Fällen nicht als „Gewinn- und Verlustrechnung" bezeichnet, sondern z.B. als „Rechnungslegung". Damit es sich bei dem Abschluss aber auch weiterhin um einen kaufmännischen Abschluss handelt, ist es wichtig, dass auch in einer „Rechnungslegung" nur Aufwendungen und Erträge ausgewiesen werden (anstelle von Einnahmen und Ausgaben) und entsprechend die Periodenabgrenzung korrekt erfolgt.

Eine entsprechend § 265 HGB angepasste GuV in **Staffelform** könnte wie folgt aussehen:

	Umsatzerlöse (wirtschaftlicher Bereich)
+	Spendenerträge
+	Sonstige Erträge
-	Personalaufwand
-	Materialaufwand
-	Abschreibungen
-	Sonstige Aufwendungen
+	Zinserträge
-	Zinsaufwendungen
+	Wertpapiererträge
-	Steuern (wirtschaftlicher Geschäftsbetrieb)
	Jahresüberschuss/Jahresfehlbetrag
-	Zuführungen zu den Rücklagen
+	Entnahmen aus den Rücklagen
	Ergebnisvortrag

Abb. 26: Gliederung der GuV einer Stiftung in Staffelform

Wird die GuV in **Kontenform** aufgestellt, wird kein Jahresergebnis ausgewiesen, sondern direkt das Bilanzergebnis, im Stiftungsbereich als Ergebnisvortrag bezeichnet. Eine Beispielgliederung zeigt Abb. 27.

Die Gliederung in Abb. 26 wurde hinsichtlich der Kostendarstellung nach dem **Gesamtkostenverfahren** (§ 275 Abs. 2 HGB), die in Abb. 27 nach dem **Umsatzkostenverfahren** (§ 275 Abs. 3 HGB) erstellt. Zu dieser Unterscheidung → Rn. 195.

48 Bei **steuerbegünstigten Stiftungen** ist darüber hinaus eine Trennung der *vier steuerlichen Sphären* innerhalb der Gewinn- und Verlustrechnung möglich.

Weil die verschiedenen Tätigkeitsbereiche mit unterschiedlichen Steuerfolgen verbunden sind, hat insbesondere das Finanzamt ein Interesse an der separaten Darstellung. Häufig wird zumindest für den steuerpflichtigen wirtschaftlichen Geschäftsbetrieb eine eigene Gewinn- und Verlustrechnung erstellt (vgl. zu den steuerrechtlichen Vorschriften für Stiftungen Kapitel C).

Sinnvoller ist es allerdings, die einzelnen Sphären nicht innerhalb der Gewinn- und Verlustrechnung auszuweisen, sondern jeweils Nebenrechnungen zu erstellen, da ansonsten die Übersichtlichkeit leidet.

Aufwendungen	Erträge
Satzungsmäßige Aufwendungen	Umsatzerlöse
Verwaltungsaufwendungen	Spendenerträge
Aufwendungen für Öffentlichkeitsarbeit	Erträge aus der Vermöhgensverwaltung
	Zinserträge
Sonstige Aufwendungen	Beteiligungserträge
Zinsaufwendungen	sonstige Wertpapiererträge
	Miet-/ und Pachterträge
Einstellungen in die Rücklagen	Entnahmen aus den Rücklagen
(negativer) Ergebnisvortrag	(positiver) Ergebnisvortrag

Abb. 27: *Gliederung der GuV einer Stiftung in Kontenform*

3. Bewertungsvorschriften

Neben der Frage, ob ein Vermögensgegenstand oder eine Schuld vorliegt und wo diese in der Bilanz anzusetzen sind, ist in einem weiteren Schritt die Höhe des Ansatzes (also die Bewertung) zu klären. Grundsätzlich unterscheidet das Handelsrecht auch hier in Vorschriften für alle Kaufleute und solche, die zusätzlich für Kapitalgesellschaften gelten. Allerdings wurden die (strengeren) Vorschriften für Kapitalgesellschaften (§§ 279 bis 283 HGB) im Rahmen des BilMoG aufgehoben und die für alle Kaufleute geltenden Vorschriften an die strengeren Vorschriften angepasst. Insofern gibt es seit 2010 nur noch Bewertungsvorschriften für alle Kaufleute, geregelt in den §§ 252 bis 256a HGB.

Vor BilMoG war es Nicht-Kapitalgesellschaften u.a. möglich, wenn beispielsweise Wertpapiere abgeschrieben worden sind und sich die Kurse im Nachgang wieder erholt hatten, weiterhin den niedrigeren Wert beizubehalten.

Zunächst einmal sind in § 252 HGB eine Reihe der weiter oben bereits angesprochenen Grundsätze ordnungsmäßiger Buchführung kodifiziert (→ Rn. 5 f.). Im Einzelnen sind dies (vgl. auch *ADS* § 252 Rn. 9 ff.):

– **Bilanzidentität**
Die Eröffnungsbilanz eines Geschäftsjahres ist identisch mit der Schlussbilanz des vorherigen Jahres.

- **Annahme der Unternehmensfortführung**
  Es sind solange Fortführungs- und keine Zerschlagungswerte anzusetzen, solange keine tatsächlichen oder rechtlichen Gegebenheiten dem entgegenstehen.
- **Stichtagsbewertung**
  Maßgeblich sind die Verhältnisse am Stichtag, zu dem die Bilanz aufgestellt wird.
- **Einzelbewertung**
  Grundsätzlich ist jeder Vermögensgegenstand und jeder Schuldposten einzeln zu bewerten.
- **Vorsichtige Bewertung**
  Es ist vorsichtig zu bewerten. Hierunter fallen weitere Prinzipien wie das Realisations- und das Imparitätsprinzip sowie auch das Anschaffungskostenprinzip und das damit verbundene Niederstwertprinzip.
- **Periodenabgrenzung**
  Aufwendungen und Erträge werden unabhängig von Zahlungen in den Perioden ausgewiesen, in denen sie verursacht wurden.
- **Bewertungsstetigkeit**
  Die bei der Bewertung der Vermögensgegenstände und Schulden angewandten Bewertungsmethoden sind im Zeitablauf grundsätzlich beizubehalten.

51 Für die Bewertung der Vermögensgegenstände gilt, dass diese höchstens mit ihren **Anschaffungs- oder Herstellungskosten** ggf. vermindert um planmäßige oder außerplanmäßige Abschreibungen angesetzt werden dürfen (§ 253 Abs. 1 HGB; **Anschaffungskostenprinzip**). Dieses Prinzip ist Ausfluss des Vorsichtsprinzips und verhindert, dass noch nicht realisierte Wertsteigerungen, z.B. in Wertpapieren der Stiftung, im Jahresabschluss ausgewiesen und dann beispielsweise für Projekte ausgegeben werden.

Anschaffungskosten sind hierbei die Aufwendungen, „die geleistet werden, um einen Vermögensgegenstand zu erwerben und ihn in einen betriebsbereiten Zustand zu versetzen, soweit sie dem Vermögensgegenstand einzeln zugeordnet werden können" (§ 255 Abs. 1 HGB). Dazu gehören auch Anschaffungsnebenkosten und nachträgliche Anschaffungskosten; Rabatte, Skonti o.ä. sind abzuziehen.

Als **Herstellungskosten** sind die Aufwendungen zu aktivieren, die bei

- Neuerstellung,
- Erweiterung oder
- einer über den ursprünglichen Zustand hinausgehende wesentliche Verbesserung

eines Vermögensgegenstandes entstehen (§ 255 Abs. 2 Satz 1 HGB). Bei den zu aktivierenden Aufwendungen ist zwischen *Pflichtbestandteilen* und *Wahlbestandteilen* zu unterscheiden. Der Kaufmann ist also in einem bestimmten Umfang frei, höhere oder niedrigere Herstellungskosten zu aktivieren. Dabei sind Pflichtbestandteile der Aktivierung die Einzelkosten (Material- und Lohnkosten) und angemessene Teile der Material- und Fertigungsgemeinkosten sowie der Wertverzehr des Anlagevermögens. Daneben bestehen verschiedene Wahlbestandteile. Vertriebs- und Forschungskosten dürfen nicht aktiviert werden.

Die folgende Abbildung veranschaulicht noch einmal die Bestandteile der Anschaffung- und Herstellungskosten:

Anschaffungskosten	Herstellungskosten	
Anschaffungspreis	Pflichtbetandteile:	
− Anschaffungspreisminderungen		Materialeinzelkosten
+ Anschaffungsnebenkosten	+	Fertigungseinzelkosten
+ Nachträgliche Anschaffungskosten	+	Sondereinzelkosten der Fertigung
= Anschaffungskosten	+	Materialgemeinkosten
	+	Fertigungsgemeinkosten
	+	Abschreibungen
	=	Untergrenze der Herstellungskosten
	Wahlbetandteile:	
	+	Kosten der allgemeinen Verwaltung
	+	Aufwendungen für soziale Leistungen
	+	Aufwendungen für betriebliche Altersversorgung
	+	Fremdkapitalzinsen
	=	Obergrenze der Herstellungskosten
	Aktivierungsverbot:	
		Vertriebskosten
		Forschungskosten

Abb. 28: Bestandteile der Anschaffungs- und Herstellungskosten

Bei Stiftungen kommt es häufiger vor, dass keine Anschaffungs- oder Herstellungskosten für den Erwerb von Vermögensgegenständen anfallen, beispielsweise bei der Einbringung von Sachgegenständen als Grundstockvermögen oder als Zustiftung. Dieser Sonderfall, bei dem handelsrechtlich ein Wahlrecht zwischen dem Ansatz zu Null (also den angefallenen Anschaffungskosten) und einem vorsichtig geschätzten Zeitwert gesehen wird (*ADS*, § 255 Rn. 86; BeBiKo/*Schubert/Gadeck* § 255 Rn. 100) wird weiter unten detailliert behandelt (→ Rn. 82 ff.). 52

Die Anschaffungs- bzw. Herstellungskosten sind bei abnutzbaren Vermögensgegenständen des Anlagevermögens um planmäßige Abschreibungen zu kürzen. Diese erfolgen bei Stiftungen i.d.R. linear über die voraussichtliche Nutzungsdauer. Bei den Nutzungsdauern orientieren sich Stiftungen häufig an den amtlichen AfA-Tabellen der Finanzverwaltung (BMF 15.12.2000 – IV-D 2 – S1551 – 188/00, BStBl. I 2000, 1532). Diese Orientierung ist sinnvoll, aber zumindest im nichtwirtschaftlichen Bereich von gemeinnützigen Stiftungen nicht zwingend. Die Vorgaben der Finanzverwaltung dienen einer einheitlichen Besteuerung und sind insofern nur im steuerlichen Bereich relevant und verbindlich. 53

Weitere bei Wirtschaftsunternehmen häufig anzutreffende Arten der planmäßigen Abschreibung sind neben der linearen Abschreibung die geometrisch-degressive Abschreibung, bei der jeweils ein bestimmter Prozentsatz vom Restwert abgeschrieben wird, und die Leistungsabschreibung nach Beanspruchung. Vgl. zu diesen und weiteren Abschreibungsmethoden im Detail *Baetge/Kirsch/Thiele*: Bilanzen, 14. Auflage 2017 S. 261 ff.

54 Unabhängig von der planmäßigen Abschreibung hat eine **außerplanmäßige Abschreibung** auf Vermögensgegenstände zu erfolgen, wenn deren Wert am Bilanzstichtag unter die (fortgeführten) Anschaffungs- oder Herstellungskosten gesunken ist. Dabei ist zu unterscheiden, ob es sich um Vermögensgegenstände des Anlage- oder des Umlaufvermögens handelt. Bei Vermögensgegenständen des *Anlagevermögens* muss eine Abschreibung nur dann erfolgen, wenn die Wertminderung voraussichtlich von Dauer ist (§ 253 Abs. Abs. 2 Satz 3 HGB, sog. **gemildertes Niederstwertprinzip**). Es kann allerdings alternativ immer auf den niedrigeren Wert abgeschrieben werden. Im *Umlaufvermögen* hat dagegen immer eine Abschreibung zu erfolgen, wenn der Wert zum Bilanzstichtag unter die (fortgeführten) Anschaffungs- oder Herstellungskosten gesunken ist, da hier von einer kurzfristigen Veräußerung ausgegangen wird (sog. **strenges Niederstwertprinzip**). Bei Stiftungen ist daher die Zuordnung insbesondere von Wertpapieren zum Anlage- oder Umlaufvermögen von Bedeutung (→ Rn. 60).

55 Die Bewertung der Schulden (Verbindlichkeiten und Rückstellungen) erfolgt zum (voraussichtlichen) Erfüllungsbetrag. **Verbindlichkeiten** sind nach § 253 Abs. 1 Satz 2 HGB mit dem Betrag anzusetzen, der benötigt wird, um die Verbindlichkeit zu erfüllen (z.B. Zusage einer Projektförderung von 100.000 EUR). Nicht relevant ist, wann die Verbindlichkeit zu erfüllen ist. Auch unverzinsliche Verbindlichkeiten sind nicht abzuzinsen, sondern mit dem Erfüllungswert anzusetzen (vgl. BeBiKo/*Schubert* § 253 Rn. 63).

56 **Rückstellungen** sind „in Höhe des nach vernünftiger kaufmännischer Beurteilung notwendigen Erfüllungsbetrages anzusetzen" (§ 253 Abs. 1 Satz 2 HGB). Dies beinhaltet auch erwartete Preis- und Kostensteigerungen. Gegenläufig sind längerfristige Rückstellungen mit einer Restlaufzeit von mehr als einem Jahr abzuzinsen „mit dem Ihrer Restlaufzeit entsprechenden durchschnittlichen Marktzinssatz, der sich im Falle von Rückstellungen für Altersversorgungsverpflichtungen aus den vergangenen zehn Geschäftsjahren und im Falle sonstiger Rückstellungen aus den vergangenen sieben Geschäftsjahren ergibt" (§ 253 Abs. 2 Satz 1 HGB). Mit dem Durchschnittssatz der letzten zehn bzw. sieben Jahre sollen größere Schwankungen der Bilanzansätze wie z.B. bei der Verwendung von Stichtagssätzen vermieden werden. Die Anpassung des zu betrachtenden Zeitraums in 2016 von sieben auf zehn Jahren für Pensionsverpflichtungen ist der aktuellen und andauernden Niedrigzinsphase geschuldet. Viele Unternehmen haben erhebliche Probleme mit steigenden Pensionsverpflichtungen als Konsequenz aus immer weiter sinkenden Durchschnittszinssätzen. Die Zinssätze für Laufzeiten bis zu 50 Jahren werden,

monatlich aktualisiert, von der Bundesbank auf ihrer Homepage veröffentlicht (www.bundesbank.de).

Mit der Einführung der Abzinsungsverpflichtung von Rückstellungen durch das BilMoG hat insbesondere für Förderstiftungen, welche eine Vielzahl von Projekten mit unterschiedlichen Laufzeiten durchführen, die Unterscheidung zwischen Rückstellungen und Verbindlichkeiten eine erhebliche Bedeutung erlangt, da Verbindlichkeiten anders als Rückstellungen nicht abzuzinsen sind. Die Bedeutung liegt dabei allerdings weniger in der absoluten Höhe der Beträge als vielmehr im Arbeitsaufwand im Rahmen der Abzinsung von Rückstellungen (Zur Vorgehensweise im Detail → Rn. 173 ff.).

III. Darstellung einzelner Sachverhalte in der Bilanz

Nach der Darstellung der grundsätzlichen Ansatz-, Ausweis- und Bewertungsvorschriften unter Berücksichtigung von stiftungsspezifischen Besonderheiten sollen im Folgenden anhand einzelner Bilanzposten die Besonderheiten im kaufmännischen Jahresabschluss einer Stiftung aufgezeigt und Lösungsansätze für nicht abschließend geregelte Bereiche aufgezeigt werden.

1. Anlagevermögen

a) Abgrenzung des Anlagevermögens vom Umlaufvermögen

In der Bilanz sind das *Anlagevermögen* und das *Umlaufvermögen* gesondert auszuweisen und hinreichend aufzugliedern. Die Abgrenzung erfolgt, anders als z.B. nach internationalem Recht, nicht streng nach Fristigkeiten, wenngleich das Anlagevermögen in der Regel längerfristig im Unternehmen verbleibt, das Umlaufvermögen sich eher kurzfristig umschlägt.

Definiert wird im Gesetz nur das **Anlagevermögen**. „Beim Anlagevermögen sind die Gegenstände auszuweisen, die dazu bestimmt sind, dauernd dem Betrieb zu dienen" (§ 247 Abs. 2 HGB). Das **Umlaufvermögen** umfasst demgegenüber die Vermögensgegenstände, die nur vorübergehend dem Betrieb dienen. Für die Einteilung zwischen Anlage- und Umlaufvermögen ist insofern das Kriterium „dauernd" entscheidend. Dabei kommt es nicht auf eine rein zeitlich zu sehende dauernde Zugehörigkeit eines Vermögensgegenstandes an (im Sinne der gesamten Lebenszeit des Vermögensgegenstandes), sondern darauf, dass der Vermögensgegenstand dem Geschäftsbetrieb im Sinne seiner Zweckbestimmung langfristig dient. (BeBiKo/*Schubert/Huber* § 247 Rn. 351).

Für die Ermittlung der Zweckbestimmung sind sowohl objektive und als auch subjektive Kriterien heranzuziehen. Führen objektive Kriterien nicht zu eindeutigen Ergebnissen, ist für eine Zuordnung zum Anlage- oder zum Umlaufvermögen zusätzlich auf den Willen des Vorstandes als subjektive Komponente abzustellen, die in der entsprechenden Bilanzierung Ausdruck findet. In zeitlicher Hinsicht kommt es bei der Abgrenzung grundsätzlich auf die Zweckbestimmung an, wie sie sich für den Bilanzstichtag ergibt. Die Zweckbestimmung beim Zugang des Gegenstandes ist also nicht ausschlaggebend, soweit zum Stichtag eine Änderung eingetreten ist. Bei der Ermittlung der Zweckbestimmung eines Vermögensgegenstandes müssen jedoch auch die nach dem Bilanzstichtag gegebenen Umstände in die Betrachtung einfließen, soweit sie die am Bilanzstichtag bestehende Zweckbestimmung erhellen und keine neuen Sachverhalte darstellen. Eine Änderung des Zweckes, die erst nach dem Stichtag eintritt, ist deshalb ohne Auswirkung.

60 Die meisten Vermögensgegenstände sind i.d.R. ohne Probleme dem Anlage- oder Umlaufvermögen zuzuordnen. So sind Grundstücke oder Gebäude regelmäßig dem Anlagevermögen zuzuordnen (es sei denn, sie werden nicht betrieblich genutzt und es besteht eine Verkaufsabsicht zum Stichtag) und Vorräte stellen Umlaufvermögen dar, da eine kurzfristige Veräußerung i.d.R. geplant ist. Ebenfalls dem Umlaufvermögen sind Forderungen zuzuordnen (auch wenn die Restlaufzeit am Abschlussstichtag über einem Jahr liegt). Dagegen können **Wertpapiere** der kurzfristigen als auch der langfristigen Anlage von Mitteln dienen. Sie werden daher in der Bilanz entweder als *Wertpapiere des Anlagevermögens* innerhalb der Finanzanlagen oder als *Wertpapiere des Umlaufvermögens* ausgewiesen. Zur Einteilung in die Kategorien Anlage- oder Umlaufvermögen muss daher im Einzelfall von den subjektiven Absichten des Vorstandes ausgegangen werden. Das vom Stifter übertragene Grundstockvermögen kann grundsätzlich sowohl dem Anlagevermögen als auch dem Umlaufvermögen zuzuordnen sein. Allerdings wird die Absicht des Vorstandes bei der Anlage des Stiftungskapitals regelmäßig langfristiger Natur sein, da das Stiftungskapital gerade nicht verwendet werden soll. Gleichwohl kann es – z.B. bei der Anlage in Rentenpapieren mit kurzen Restlaufzeiten – zu häufigen Umschichtungen innerhalb der Wertpapiere kommen. Hiermit ist nicht zwingend eine Zuordnung zum Umlaufvermögen verbunden.

61 Die Unterscheidung zwischen Anlage- und Umlaufvermögen ist insofern relevant, als für die beiden Kategorien unterschiedliche Bewertungsregeln gelten. So sind Vermögensgegenstände des Anlagevermögens, deren Nutzung zeitlich begrenzt ist (z.B. Gebäude), um **planmäßige Abschreibungen** zu mindern (§ 253 Abs. 3 S. 1 HGB). Dies gilt nicht für das Umlaufvermögen, da hier regelmäßig von nur einer kurzen Verweildauer in der Stiftung ausgegangen wird. Andererseits sind Vermögensgegenstände des Umlaufvermögens immer auf den niedrigeren beizulegenden Wert abzuschreiben (**strenges Niederstwertprinzip**, § 253 Abs. 4 S. 1 HGB), während eine Abschreibung über planmäßige Abschreibungen hinaus beim Anlagevermögen nur bei einer voraussichtlich dauernden Wertminderung vorgenommen werden müssen (**gemildertes Niederstwertprinzip**, § 253 Abs. 3. S. 3 HGB). Zur Bilanzierung von Wertpapieren des Anlagevermögens → Rn. 87 ff.; von Wertpapieren des Umlaufvermögens → Rn. 116 ff.).

b) Aktivierung selbsterstellter immaterieller Vermögensgegenstände (Entwicklungskosten)

Mit Einführung des BilMoG wurde ein Aktivierungswahlrecht für die auf die Entwicklungsphase entfallenden Aufwendungen von selbst erstellten immateriellen Vermögensgegenständen des Anlagevermögens eingeführt (§ 248 Abs. 2 HGB; im Folgenden auch kurz *Entwicklungskosten* genannt). Bis dahin galt für diese Aufwendungen ein explizites Aktivierungsverbot.

Hintergrund der Regelung ist zum einen die generelle Kritik am Aktivierungsverbot von selbsterstellten immateriellen Vermögensgegenständen vor dem Hintergrund des Wandels der Bedeutung dieser Vermögensgegenstände im Wirtschaftsleben (vgl. zur Kritik schon Küting/Weber/*Baetge/Fey/Weber* in: Handbuch der Rechnungslegung, 4. Aufl. 1995, § 248 Rn. 17). Daneben sollte eine Annäherung an die internationalen Vorschriften erfolgen, welche eine Aktivierungspflicht vorsehen (IAS 38). Insofern war zunächst auch in Deutschland eine Aktivierungspflicht geplant, welche aufgrund des erheblichen Widerstands insbesondere im Mittelstand in ein Aktivierungswahlrecht umgewandelt wurde (vgl. *Ernst/Naumann*, Das neue Bilanzrecht, 2009, S. 67).

Im Ergebnis führt eine **Aktivierung der Entwicklungskosten** zu einer Verteilung der angefallenen Aufwendungen auf mehrere Perioden mit den entsprechenden Effekten auf das Jahresergebnis und das Eigenkapital. Gerade für Stiftungen, welche entweder relativ gleichbleibende Erträge aus dem Stiftungskapital ziehen oder auf Spendenakquisition angewiesen sind, kann eine *Verteilung von Aufwendungen* größerer Projekte sehr sinnvoll sein. Als Beispiel sei die eigene Entwicklung einer Software, z.B. im Förderbereich, genannt. Interessant dürfte die Aktivierung im Einzelfall auch für in der Forschung tätige Stiftungen sein.

Aktiviert werden dürfen nur die auf die **Entwicklungsphase** entfallenden Aufwendungen, die Aufwendungen der **Forschungsphase** sind weiterhin sofortiger Aufwand. Mit dem BilMoG sind Definitionen von Forschung und Entwicklung in das Handelsrecht aufgenommen worden.

Forschung ist demnach „die eigenständige und planmäßige Suche nach neuen wissenschaftlichen oder technischen Erkenntnissen oder Erfahrungen allgemeiner Art, über deren technische Verwertbarkeit und wirtschaftliche Erfolgsaussichten grundsätzlich keine Aussagen gemacht werden können" (§ 255 Abs. 2a Satz 3 HGB). Demgegenüber ist **Entwicklung** „die Anwendung von Forschungsergebnissen oder von anderem Wissen für die Neuentwicklung von Gütern oder Verfahren oder die Weiterentwicklung von Gütern oder Verfahren mittels wesentlicher Änderungen" (§ 255 Abs. 2a Satz 2 HGB). In dieser Phase können im Gegensatz zur Forschungsphase Aussagen über die technische Verwertbarkeit und wirtschaftliche Erfolgsaussichten gemacht werden.

Trotz der Aufnahme dieser Definitionen in das Gesetz ist die Abgrenzung in der Realität nicht immer trennscharf. Am Beispiel der selbst erstellten Software wären grundlegende Überlegungen (z.B. Aufwendungen der Entscheidungsphase, ob die Software erworben oder selbst erstellt werden soll) als

Forschungskosten Aufwand, die eigentliche Entwicklung oder Modifizierung einer erworbenen Software dagegen Entwicklungskosten.

65 Entwicklungskosten dürfen erst von dem Zeitpunkt an aktiviert werden, zu dem mit *hoher Wahrscheinlichkeit* ein *Vermögensgegenstand entstehen* wird. Die Abgrenzung kann in der Praxis schwierig sein. Als Beispiel sei eine Stiftung genannt, die Forschung betreibt. So kann ein Forscher zunächst allgemein forschen, es sich im Zeitablauf aber herauskristallisieren, dass ein verwertbarer Vermögensgegenstand entsteht. Eine Aktivierung ist ab dem Zeitpunkt möglich, in welchem ein solcher „mit hoher Wahrscheinlichkeit" entsteht. Kann keine sinnvolle Abgrenzung vorgenommen werden, ist im Zweifelsfall der gesamte Aufwand der Forschungsphase zuzurechnen (§ 255 Abs. 2a HGB).

66 Nicht aktiviert werden dürfen *Marken, Drucktitel, Verlagsrechte, Kundenlisten und vergleichbare selbst geschaffene immaterielle Vermögensgegenstände* (§ 248 Abs. 2 Satz 2 HGB). So kann beispielsweise eine „Spenderliste" einer Spenden sammelnden Stiftung schon aufgrund dieser Vorschrift nicht aktiviert werden, ohne dass geprüft werden muss, ob überhaupt ein Vermögensgegenstand vorliegt. Schließlich gilt in Höhe der aktivierten Entwicklungskosten eine Ausschüttungssperre (§ 268 Abs. 8 HGB).

Für gemeinnützige Stiftungen gilt hinsichtlich Ausschüttungen, dass sie ihren Mitgliedern oder Gesellschaftern keine Gewinnanteile und in dieser Eigenschaft auch keine anderen Zuwendungen aus Mitteln der Stiftung zukommen lassen dürfen (vgl. § 55 Abs. 1 Nr. 1 AO). „Ausschüttungen" sind lediglich im Rahmen von Zuwendungen nach § 58 Nr. 2 AO möglich. Insofern dürfte die Ausschüttungssperre im gemeinnützigen Bereich keine Rolle spielen.

67 Der folgende Entscheidungsbaum stellt dar, wie die Möglichkeit der Aktivierung von Entwicklungskosten überprüft werden kann:

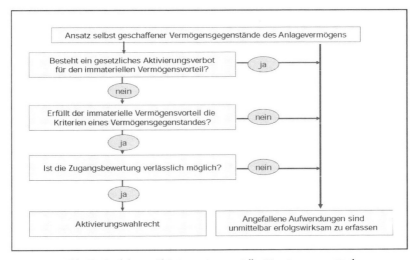

Abb. 29: Prüfschema Aktivierung immaterieller Vermögensgegenstände

III. Darstellung einzelner Sachverhalte in der Bilanz

Ist eine Aktivierung der Entwicklungskosten möglich und macht die Stiftung von diesem Wahlrecht Gebrauch, so sind folgende Kosten Bestandteile der Herstellungskosten:

   Einzelkosten der Fertigung (Personalkosten)
+ Materialeinzelkosten
+ Notwendige Fertigungs- und Materialgemeinkosten
= **Untergrenze der Entwicklungskosten**
+ Angemessene Verwaltungskosten
+ Zinsen auf Fremdkapital zur Herstellung des immateriellen Vermögensgegenstandes
+ Wertverzehr des Anlagevermögens
+ Angemessene Teile der Aufwendungen für soziale Einrichtungen/freiwillige Leistungen
= **Obergrenze der Entwicklungskosten**

Es besteht insofern nicht nur ein Wahlrecht hinsichtlich der Frage, ob die Entwicklungskosten aktiviert werden sollen oder direkt als Aufwand verbucht werden, auch die Höhe der Aktivierung kann durch Einbeziehung bestimmter Kostenkomponenten beeinflusst werden.

Beispiele Entwicklungskosten

(1) Die Stiftung „Hilfe in der Not" sammelt Spenden für in Not geratene Alleinerziehende und hat zahlreiche regelmäßige Spender. Zur Verwaltung ihrer Spender wird eine neue Software benötigt. Die Stiftung holt verschiedene Angebote ein und führt Gespräche mit unterschiedlichen Anbietern. Schließlich entscheidet sie sich, die Software in Eigenproduktion zu erstellen.

Möchte die Stiftung das Wahlrecht zur Aktivierung von Entwicklungskosten ausnutzen, kann sie die Kosten ab dem Zeitpunkt der Entscheidung für die Eigenproduktion aktivieren. Die zuvor angefallenen Kosten stellen Forschungskosten dar.

(2) Die Krebsforschungsstiftung KFS forscht nach Lösungen gegen Krebserkrankungen. Immer wieder ergeben sich im Rahmen der Forschung marktfähige Lösungen. Die Stiftung ist daran interessiert, die z.T. sehr hohen Kosten auf die Zeit der Nutzung eines Patents zu verteilen. Aktiviert werden können die Kosten erst, wenn feststeht, dass ein marktfähiger Vermögensgegenstand entstehen wird.

Dies wird im Zweifelsfall eher spät sein, so dass große Teile der Kosten nicht aktiviert werden können. Wie hoch der zu aktivierende Teil ist, hängt insbesondere auch von der Kostenrechnung und Dokumentation ab. Eine hohe Genauigkeit führt tendenziell auch zu höheren aktivierbaren Kosten.

c) Bilanzierung von Zuschüssen

aa) Systematisierung von Zuschüssen

69 Stiftungen bekommen in der Praxis häufig Zuwendungen von dritter Seite, die dann in vielen Fällen als **Zuschuss** bezeichnet werden. Andererseits finden sich für solche Zuwendungen auch sehr unterschiedliche Begrifflichkeiten (z.b. Zuwendungen, Zulagen, Beihilfen, Spenden, Subventionen oder Verlustausgleich).

Zuschüsse als auch Zuwendungen sind keine festen Rechtsbegriffe und haben eher eine klassifizierende Funktion. Sinn ergibt eine Definition in Anlehnung an das Steuerrecht: Zuwendungen werden danach allgemein abgegrenzt als nicht oder nur bedingt zurückzuführende Geld- und Sachleistungen, die ein Zuwendungsgeber zur Förderung eines in seinem Interesse liegenden Zwecks auf Unternehmen transferiert (R 34 I EStR). Da die Begrifflichkeiten nicht einheitlich verwendet werden, wird im Folgenden der Begriff „Zuschuss" übergreifend verwendet, zumal unter dem Begriff der Zuwendung oft auch freigebige Zuwendungen, also Spenden subsumiert werden, die hier allerdings nicht gemeint sind (vgl. zur Behandlung von Spenden → Rn. 213 ff.).

Eine Systematisierung von Zuschüssen lässt sich insbesondere über die Unterscheidung nach dem *Zuschussgeber* vornehmen. Dies kann die öffentliche Hand oder ein privater Zuschussgeber sein. Das IDW hat sich entsprechend dieser Systematisierung in zwei Stellungnahmen mit der Thematik der Bilanzierung von Zuschüssen beschäftigt:

- Stellungnahme HFA 1/1984 i.d.F. von 1990 (redaktionelle Anpassungen): Bilanzierungsfragen bei Zuwendungen, dargestellt am Beispiel finanzieller Zuwendungen der öffentlichen Hand
- Stellungnahme HFA 2/1996 i.d.F. von 2013: Zur Bilanzierung privater Zuschüsse

70 **Zuschüsse der öffentlichen Hand** treten in der Praxis in vielfacher Form und für zahlreiche unterschiedliche Zwecke auf. Die Stellungnahme des IDW spricht von „*Zuwendungen* der öffentlichen Hand" und unterscheidet zwischen Zuschüssen und Zulagen (→ Rn. 72). Die genauen Konditionen und Besonderheiten ergeben sich hierbei regelmäßig aus dem erteilten Zuwendungsbescheid. Öffentliche Zuwendungen werden häufig aus struktur- oder wirtschaftspolitischen Gründen gewährt. Eine direkte Gegenleistung besteht regelmäßig nicht, wohl aber oft bestimmte Bedingungen, an denen der Zuschuss gebunden ist.

Ein Problem in diesem Bereich ist das **europäische Beihilferecht**, da Vorteilsgewährungen zugunsten einzelner Unternehmen oder Branchen, die einseitig den Wettbewerb verzerren (können), nach Europarecht eine verbotene Beihilfe darstellen (vgl. IDW Prüfungsstandard: Prüfung von Beihilfen nach Artikel 107 AEUV insbesondere zugunsten öffentlicher Unternehmen (IDW PS 700); vgl. hierzu auch den Exkurs → Rn. 76 f.).

III. Darstellung einzelner Sachverhalte in der Bilanz

Private Zuschüsse beruhen demgegenüber i.d.R. auf dem ökonomischen 71
Austauschprinzip, d.h. der Zuschussgeber erwartet eine Gegenleistung für
seinen Zuschuss. Entsprechend der Stellungnahme HFA 2/1996 fallen demgegenüber einseitige Vorteilsgewährungen, also *Schenkungen*, nicht unter den
Begriff eines privaten Zuschusses.

bb) Bilanzierung finanzieller Zuwendungen der öffentlichen Hand

Unter öffentlichen finanziellen Zuwendungen sind „Zahlungen an den 72
Berechtigten zu verstehen, die nicht rückzahlbar oder nur bedingt rückzahlbar
sind" (IDW HFA 1/1984 Pkt. 1). Diese lassen sich zunächst danach unterscheiden, ob es sich um steuerpflichtige Zahlungen (Zuschüsse) oder steuerfreie
Zahlungen (Zulagen) handelt. Wichtiger noch ist die Unterscheidung danach,
ob eine *Investition* gefördert wird, oder bestimmte *Aufwendungen* ausgeglichen
werden sollen. Schließlich sind Zuwendungen entweder nicht rückzahlbar
oder bedingt rückzahlbar. Unkritisch sind dagegen rückzahlbare Zuwendungen. Diese stellen bilanziell immer Verbindlichkeiten dar.

Die folgende Übersicht systematisiert die verschiedenen Formen von öffentlichen Zuwendungen (in Anlehnung an *Kupsch*, Bilanzierung öffentlicher
Zuwendungen, in WPg 1984, 370):

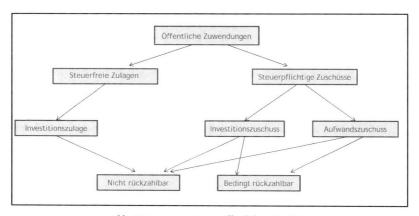

Abb. 30: Systematisierung öffentlicher Zuschüsse

Nicht rückzahlbare Zuwendungen

Zuwendungen der öffentlichen Hand sind, wenn diese nicht ausnahmsweise 73
in ihrer Rolle als Gesellschafterin Zuwendungen in die Kapitalrücklage
eines Beteiligungsunternehmens leistet, regelmäßig *erfolgswirksam* über die
Gewinn- und Verlustrechnung darzustellen. Hinsichtlich der *zeitlichen Vereinnahmung* der Zuwendung in der Gewinn- und Verlustrechnung ist danach zu
unterscheiden, ob es sich um einen *Investitions*- oder einen *Aufwandszuschuss*
handelt (vgl. IDW HFA 1/1984 in WPg 1984, 613):

- **Investitionszuschüsse und -zulagen** sind über die Nutzungsdauer des Vermögensgegenstandes, für den sie gewährt wurden, zu verteilen.
- **Aufwandszuschüsse** sind entsprechend dem Anfall des Aufwands, für dessen Deckung der Zuschuss gewährt wurde, erfolgswirksam zu vereinnahmen.

Hinsichtlich der *Darstellung* der zeitlichen Abgrenzung von *Investitionszuschüssen und -zulagen* besteht ein Wahlrecht:

- Die Zuwendungen der öffentlichen Hand können direkt von den Anschaffungs- oder Herstellungskosten des geförderten Vermögensgegenstands abgesetzt werden. Diese können dann im Extremfall den Wert Null annehmen (wenn der Vermögensgegenstand vollständig mittels Zuwendungen der öffentlichen Hand gefördert wurde). Die Abschreibungen der Folgejahre sind entsprechend niedriger oder sogar Null **(Nettomethode)**.
- Die Zuwendungen der öffentlichen Hand können alternativ in einen Sonderposten auf der Passivseite der Bilanz eingestellt werden. Dieser wird in Folgejahren parallel zu den Abschreibungen auf den Vermögensgegenstand aufgelöst. Als Resultat wird auch in diesem Fall das Jahresergebnis nur mit den Abschreibungen auf den nicht geförderten Teil des Vermögensgegenstands belastet **(Bruttomethode)**.

Aufgrund des besseren Einblicks in die Vermögens- und Ertragslage ist die Bruttomethode vorzuziehen.

Eine Ausnahme von diesem Wahlrecht stellen die Stiftungen dar, die Krankenhäuser oder Pflegeeinrichtungen betreiben (Anstaltsstiftungen). Hier sehen die entsprechenden Buchführungsverordnungen zwingend die Anwendung der Bruttomethode und damit den Ausweis von Sonderposten vor (§ 5 Abs. 3 KHBV, § 5 Abs. 2 PBV).

Eine sofortige vollständige Vereinnahmung von nicht rückzahlbaren Zuwendungen im Gewährungszeitpunkt ist dagegen nicht sachgerecht (IDW HFA 1/1984 Pkt. 2 Buchstabe a)). Eine Ausnahme stellen Aufwandszuschüsse dar, soweit sie bereits angefallene Aufwendungen betreffen. Zuschüsse zur Deckung zukünftiger Aufwendungen sind als *Verbindlichkeiten* oder *passive Rechnungsabgrenzungsposten* auszuweisen.

> **Beispiel Vereinnahmung öffentlicher Zuschüsse**
>
> Die Tierpark-Stiftung unterhält einen zoologischen Garten. Stifterin ist die Stadt, die auch vor Einbringung des Zoos in die Stiftung diesen als Gesellschafterin betrieben hat. Die Stiftung bekommt regelmäßige Ertragszuschüsse und von Zeit zu Zeit für größere Baumaßnahmen separate Zuschüsse. Nachdem im Jahr 01 der Sommer wettermäßig sehr schlecht war, entscheidet die Stadt, einen zusätzlichen Zuschuss für den Ausfall der Besucher zu gewähren.

- die regelmäßigen Ertragszuschüsse lassen sich weder einzelnen Investitionen noch bestimmten Aufwendungen zuordnen und sind daher sofort als Ertrag zu vereinnahmen.
- Die Zuschüsse für die Baumaßnahmen sind abzugrenzen. Für zu aktivierende Baumaßnahmen ist ein Sonderposten zu bilden und parallel zu den Abschreibungen aufzulösen; für Sanierungsaufwendungen ist der Zuschuss parallel zum anfallenden Aufwand als Ertrag zu verbuchen. Alternativ zum Sonderposten können die Zuschüsse auch direkt von den Anschaffungs- bzw. Herstellungskosten der Baumaßnahme abgezogen werden.
- bei dem Schlechtwetterzuschuss handelt es sich um einen Ausgleich für bereits eingetretene Verluste. Dieser ist insofern direkt als Ertrag zu buchen.

Bedingt rückzahlbare Zuwendungen
Zuwendungen der öffentlichen Hand können auf unterschiedliche Weise mit Bedingungen verknüpft sein: Einerseits sehen die Zuwendungsbestimmungen von grundsätzlich nicht rückzahlbaren Zuwendungen häufig bestimmte Bindungsfristen vor, deren Nichteinhaltung dann zu einer Rückzahlungspflicht führt, andererseits sind teilweise Zuwendungen von Vornherein mit bestimmten Bedingungen verknüpft, deren Erreichung dann zu einer Rückzahlung führt.

Im ersten Fall werden grundsätzlich nicht rückzahlbare Zuwendungen der öffentlichen Hand mit *zeitlich begrenzten Auflagen verbunden.* So muss beispielsweise eine bestimmte Einrichtung (mindestens) über einen festgelegten Zeitraum betrieben werden oder das Geld muss (für eine festgelegte Zeit) in einer bestimmten Region investiert werden. Grundsätzlich besteht also während dieser Bindungsfrist die potentielle Gefahr, dass der Zuschuss zurückgezahlt werden muss. Bei solchen Auflagen handelt es sich um sogenannte auflösende Bedingungen, bei denen die Einbuchung einer *Verbindlichkeit* oder *Rückstellung* für das Risiko der Rückzahlung erst dann zu erfolgen hat, wenn die Nichteinhaltung der Auflage feststeht, beabsichtigt oder zu erwarten ist (vgl. IDW HFA 1/1984 Pkt. 2 Buchstabe c)).

Im zweiten Fall ist die Rückzahlung der Zuwendung z.B. an den Erfolg eines bestimmten Projektes gebunden. Im Falle des Eintritts des Erfolgs ist die Zuwendung zurückzuzahlen. Hier ist eine sonstige Verbindlichkeit zu passivieren, wenn der maßgebliche Erfolg eingetreten ist.

Exkurs: Europäisches Beihilferecht
Zuschüsse der öffentlichen Hand an bestimmte Unternehmen können eine unzulässige Beihilfe nach Art. 107 AEUV darstellen („Vertrag über die Arbeitsweise der Europäischen Union", auch Lissabon-Vertrag genannt). Handelt es sich bei dem Zuschuss um eine unzulässige Beihilfe im Sinne des Europarechts, sind staatliche Stellen verpflichtet, den Zuschuss zurückzufordern, die entsprechenden Einrichtungen sind verpflichtet, diesen zurückzuzahlen.

Das Europarecht ist so ausgestaltet, dass den Mitgliedstaaten grundsätzlich untersagt ist, bestimmte Unternehmen oder Produktionszweige mittels staatlicher Mittel zu begünstigen, wenn hierdurch der Wettbewerb verfälscht werden kann. Demgegenüber bestehen Ausnahmevorschriften z.B. für kleinere Beihilfen („Bagatellbeihilfen, sog. „De-Minimis-Verordnung", 1998/2006/EG und 360/2012/EU) oder für bestimmte Beihilfen im Bereich der Daseinsvorsorge (eine Einrichtung übernimmt die (defizitären) Aufgaben der Daseinsvorsorge, z.b. Krankenhausleistungen oder Leistungen des öffentlichen Nahverkehrs, vgl. Beschluss 2012/21/EU der Kommission vom 20.12.2011). Liegt keine Erlaubnisvorschrift vor, muss die Beihilfe bei der EU angemeldet und genehmigt werden (sogenannte *Notifizierung*).

77 Damit das grundsätzliche Beihilfeverbot greift, müssen nach Art. 107 Abs. 1 AEUV folgende Voraussetzungen vorliegen:

- Es muss sich um eine Maßnahme zugunsten eines **Unternehmens** handeln,
- die Maßnahme muss **begünstigende Wirkung** für das Unternehmen haben (also nicht marktüblich sein),
- die Maßnahme muss aus **staatlichen Mitteln** finanziert werden,
- es muss sich um eine **selektive Maßnahme** handeln,
- die Maßnahme muss die Gefahr der **Verfälschung des Wettbewerbs** beinhalten sowie eine **Beeinträchtigung des Handels** zwischen den Mitgliedstaaten hervorrufen.

Der *Unternehmensbegriff* wird hierbei weit ausgelegt, d.h., es handelt sich um ein Unternehmen i.S.d. Vorschrift, wenn eine organisatorisch abgrenzbare Einheit vorliegt, die eine wirtschaftliche Tätigkeit ausübt (vgl. IDW PS 700: Prüfung von Beihilfen nach Artikel 107 AEUV insbesondere zugunsten öffentlicher Unternehmen, Rn. 13). Eine Stiftung, die (auch) eine wirtschaftliche Tätigkeit ausübt und staatliche Zuwendungen erhält, fällt damit unter den Anwendungsbereich des Art. 107 AEUV.

Auch die *staatlichen Mittel* werden weit ausgelegt. Hierunter fällt jeder Vorteil von staatlicher Seite, z.B. auch ein zinsloses Darlehen oder die Übernahme einer Bürgschaft.

78 *Keine* Beihilfe liegt dagegen vor, wenn es sich um Aufgaben der Daseinsvorsorge handelt und die Kriterien des sog. Altmark-Trans-Urteil des EuGH greifen (EuGH- 24.07.2003 – C-280/00, NJW 2003, 2515). Hierzu müssen die folgenden Voraussetzungen kumulativ erfüllt sein:

- Die Aufgabe der Daseinsvorsorge muss in einem **rechtsverbindlichen Betrauungsakt** festgelegt sein,
- es gibt eine verbindliche, vor Ausgleich der Kosten erfolgende objektive **Festschreibung der Kostenparameter**,
- das **Verbot der Überkompensation** wird beachtet,
- die Vergabe der Leistung erfolgt im Wege der **Ausschreibung** oder die Ausgleichssumme ist auf die Kosten eines durchschnittlichen, gut geführten und angemessen ausgestatteten Unternehmens begrenzt.

III. Darstellung einzelner Sachverhalte in der Bilanz

Das *Verbot der Überkompensation* erfordert immer dann, wenn die Einrichtung neben der Daseinsvorsorge weitere wirtschaftliche Tätigkeit entfaltet, eine sog. **Trennungsrechnung**. Hintergrund ist, dass nur die festgeschriebenen Kosten erstattet werden dürfen und keinesfalls die (weitere) wirtschaftliche Tätigkeit gefördert werden darf. Die anfallenden Kosten sind entsprechend auf die Bereiche aufzuteilen und ggf. nach möglichst objektivierten Maßstäben zu schlüsseln. Der Nachweis, dass es keine Überkompensation gegeben hat, ist erbracht, sofern der wirtschaftliche Bereich ein positives Ergebnis erzielt.

cc) Bilanzierung privater Zuschüsse

Bei einem privaten Zuschuss handelt es sich entsprechend der IDW-Stellungnahme „um eine Leistung, die vom Zuschussgeber zur Erreichung eines bestimmten, in seinem Interesse liegenden Ziels gewährt wird und bei der die (erwartete) Gegenleistung des Zuschussempfängers in der Erfüllung des Förderungszwecks zugunsten des Zuschussgebers besteht" (HFA 2/1996 i.d.F. 2013, Pkt 1). Es wird insofern bei privaten Zuschüssen regelmäßig eine *Gegenleistung* angenommen. Als Ausnahmen werden Zuschüsse genannt, die ein Gesellschafter in seiner Rolle als Gesellschafter zuwendet oder Sanierungszuschüsse z.B. von Kreditgebern. Mit dieser Abgrenzung sind private Zuschüsse von freigebigen Zuwendungen in Form von Spenden oder Zustiftungen zu unterscheiden, bei denen regelmäßig keine Gegenleistung erwartet wird.

Private Zuschüsse lassen sich entsprechend der IDW-Stellungnahme danach unterscheiden, ob eine Gegenleistung besteht oder nicht. Ferner kann es sich auch bei privaten Zuschüssen um Investitions- oder Aufwands- bzw. Ertragszuschüsse handeln. Sie lassen sich wie folgt unterteilen:

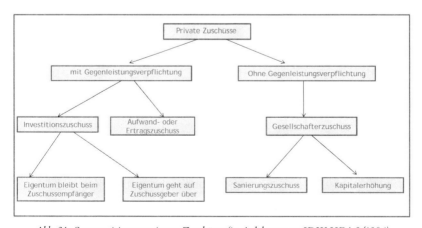

Abb. 31: Systematisierung privater Zuschüsse (in Anlehnung an IDW HFA 2/1996)

80 Bei den *Investitionszuschüssen* **mit Gegenleistungsverpflichtung** wird noch einmal danach unterschieden, ob der Vermögensgegenstand, der bezuschusst wird, im Eigentum des Zuschussnehmers verbleibt oder auf den Zuschussgeber übergeht. Als Gegenleistung sind unterschiedliche Pflichten für den Zuschussnehmer denkbar. So könnte eine Gegenleistung darin bestehen, für den Zuschussgeber eine bestimmte Menge mit dem bezuschussten Vermögensgegenstand zu produzieren. In diesen Fällen ist der Zuschuss nicht sofort zu vereinnahmen, sondern ratierlich mit der Erbringung der Gegenleistung. Der vorausgezahlte Zuschuss ist unter den Verbindlichkeiten als „erhaltene Anzahlung" zu zeigen.

Auch bei *Aufwands- oder Ertragszuschüssen* ist die Vereinnahmung an die Gegenleistung geknüpft. Ist der Zuschussnehmer z.b. verpflichtet, eine bestimmte Werbemaßnahme durchzuführen, so ist der Zuschuss mit Durchführung der Maßnahme zu vereinnahmen. In diesen Fällen sind dann steuerlich die Kriterien für das *Sponsoring* zu beachten (Zur Behandlung von Sponsoringmaßnahmen → Rn. 226 ff.).

81 Bei Zuschüssen **ohne Gegenleistungsverpflichtung** erhöht sich das Vermögen des Zuschussempfängers. Sie sind insofern als Ertrag zu vereinnahmen. Gesellschafter können Zuschüsse mit der Auflage verbinden, diese (ohne Berührung der GuV) in die Kapitalrücklage einzustellen (vgl. IDW: HFA 2/1996 i.d.F. 2013, Pkt. 2.2). Ein Zuschuss ohne Gegenleistungsverpflichtung kann auch ein Forderungsverzicht sein. Besteht der Zuschuss nicht in Geld sondern in Sachwerten, darf höchstens der Zeitwert des zugewendeten Gegenstands angesetzt werden (vgl. IDW: HFA 2/1996 i.d.F. 2013, Pkt. 2.2).

d) Bewertung von unentgeltlich erworbenen Vermögensgegenständen und unentgeltlichen Leistungen

82 Bei Stiftungen gibt es häufig die Situation, dass für die Anschaffung von Vermögensgegenständen keine Anschaffungs- oder Herstellungskosten für die Stiftung selbst angefallen sind, da ihr diese Vermögensgegenstände **unentgeltlich** übertragen wurden. Dies kann beispielsweise im Rahmen der Stiftungserrichtung erfolgen. Häufig anzutreffende Fälle sind:

- Stiftungsakt (Grundstockvermögen)
- Zustiftungen im Nachgang zum Stiftungsakt
- Erbschaften
- Sachspenden

In diesen Fällen stellt sich die Frage, wie die Bewertung des Vermögensgegenstandes in der Bilanz der Stiftung zu erfolgen hat. Die Frage ist auch vor dem Hintergrund des Grundsatzes des Nachweises der Kapitalerhaltung von Relevanz.

III. Darstellung einzelner Sachverhalte in der Bilanz   83, 84 **E**

> **Beispiel unentgeltlich erworbene Vermögensgegenstände**
>
> Ferdinand Fleißig legt in seine Stiftung im Jahr 01 im Wege einer Zustiftung ein Wohnhaus mit drei vermieteten Wohnungen sowie Anteile an der Gambling AG, ein Unternehmen, welches mit Internetspielen Geld verdient, ein. Das Wohnhaus hatte die Ferdinand-Fleißig GmbH vor einigen Jahren bauen lassen, in den Büchern der GmbH steht es mit fortgeführten Anschaffungskosten von 1,8 Mio. EUR; der Zeitwert nach dem Ertragswertverfahren beläuft sich auf 2,2 Mio. EUR. Die Anteile an der Gambling AG schwanken, derzeit sind die Aktien 1,2 Mio. EUR wert. Im letzten Jahr schwankte der Wert zwischen 0,8 Mio. EUR und 1,3 Mio. EUR.
>
> Mit welchen Werten sind Wohnhaus und Unternehmensanteile in der Bilanz der Stiftung anzusetzen?

Nach herrschender Meinung besteht *handelsrechtlich* ein **Bewertungswahlrecht.** Da Anschaffungsvorgänge in der Handelsbilanz nach dem Anschaffungskostenprinzip zu bilanzieren sind und in den Beispielfällen keine Anschaffungskosten angefallen sind, wäre nach diesem Prinzip grundsätzlich ein Wert von Null geboten (oder ein Erinnerungswert von 1,00 EUR); ein höherer Wert kann allerdings nach Handelsrecht gerechtfertigt sein, wenn eine Verbesserung der Kapitalstruktur, der Finanzlage oder der Ertragslage bezweckt war (*ADS* § 255 Rn. 86; BeBiKo/*Schubert/Gadeck* § 255, Rn. 100). Die Bewertungsobergrenze ist dann der vorsichtig zu schätzende beizulegende Wert, der i.d.R. mit dem Wert identisch sein dürfte, den der Kaufmann bei einem käuflichen Erwerb aufgewandt hätte. Wird der Vermögensgegenstand dem Betriebsvermögen des Einbringenden entnommen, kann alternativ als Entnahmewert der Wert angesetzt werden, mit dem der Vermögensgegenstand im Betriebsvermögen angesetzt war (sog. Buchwertprivileg, § 6 Abs. 1 Nr. 4 S. 4 EStG, vgl. auch *Koss*, Rechnungslegung von Stiftungen, 2003, S. 136). 83

Das IDW hält es für sachgerecht, bei der Bewertung unentgeltlich erworbener, aktivierungspflichtiger Vermögensgegenstände regelmäßig fiktive Anschaffungskosten in Höhe des vorsichtig geschätzten beizulegenden Wertes anzusetzen (IDW RS HFA 21, Rn. 31; IDW RS HFA 5 Rn. 46). Dieser Wert ist in der Regel mit dem Betrag identisch, den die Stiftung bei entgeltlichem Erwerb der Vermögensgegenstände hätte aufwenden müssen. Argumentiert wird, dass nur durch eine solche Bewertung ein vollständiger wertmäßiger Nachweis des Erhalts und der Verwendung der empfangenen unentgeltlichen Leistungen erreichbar ist. Allerdings kann aufgrund des handelsrechtlichen gesetzlich vorgesehenen Anschaffungskostenprinzips u.E. ein Wert abweichend von Null nicht gefordert werden, so dass es sich bei der IDW-Aussage um eine Empfehlung handelt. Im Ergebnis hat die Stiftung hier ein Bewertungswahlrecht zwischen dem Anschaffungswert von 0 EUR (oder einem Erinnerungswert) und fiktiven Anschaffungskosten i.S.e. vorsichtig ermittel- 84 ten Zeitwertes. Bei letzterem bestehen zudem Ermessensspielräume. So ist hier u.E. auch ein Ansatz der historischen Anschaffungskosten möglich, wenn diese zumindest nicht über dem aktuellen Zeitwert liegen.

> **Beispiel unentgeltlich erworbene Vermögensgegenstände (Fortsetzung)**
>
> Für das Wohnhaus stehen Fleißig grundsätzlich 3 Möglichkeiten offen: Hätte die Stiftung das Gebäude käuflich erworben, so hätte der Zeitwert (2,2 Mio. EUR) gezahlt werden müssen. Da Fleißig das Wohnhaus seinem Betriebsvermögen entnimmt, ist allerdings auch das Buchwertprivileg anwendbar, so dass ein Ansatz mit den fortgeführten Anschaffungskosten (1,8 Mio. EUR) möglich ist. Dieser Wert ist als eine (vorsichtige) Interpretation des Zeitwertes u.E. auch in anderen Fällen möglich. Schließlich besteht das handelsrechtliche Wahlrecht, einen Wert von 0 EUR (bzw. einen Erinnerungswert) anzusetzen.
>
> Auch die Anteile am Unternehmen können zu einem Wert von 0 EUR angesetzt werden. Alternativ ist ein vorsichtig geschätzter Zeitwert anzusetzen. Problematisch ist, dass der angesetzte Wert der Zustiftung Grundlage für die Prüfung der Kapitalerhaltung in Folgejahren ist. Insofern sollte hier im Zweifel eher ein konservativer Wert (z.B. 0,8 Mio. EUR) angesetzt werden.

84a Ein Ansatz von 0 EUR wird in der Literatur zum Stiftungsrecht zum Teil dahingehend verneint, dass argumentiert wird, dass das Stiftungsvermögen regelmäßig ungeschmälert zu erhalten ist und diese Erhaltung auch nachzuweisen ist. Dies ist mittels eines Wertansatzes von 0 EUR (oder eines Erinnerungspostens) nicht möglich (vgl. v. Campenhausen/Richter/*Spiegel*: 4. Aufl. 2014, § 37 Rn. 184, *Koss*: Rechnungslegung von Stiftungen, 2003, S. 136). Dem kann entgegengehalten werden, dass zumindest in dem Fall, dass das Vermögen gegenständlich zu erhalten ist, es auf den Bilanzwert nicht ankommt (zu Einzelheiten betreffend den einzelnen Vermögenserhaltungskonzeptionen → Rn. 155 ff., insb. → Rn. 158). Zumindest für diesen Fall erscheint der Ansatz von 0 EUR möglich, in den übrigen Fällen erscheint der Ansatz eines Zeitwertes sachgerecht.

85 Ob ein unentgeltlich erworbener Vermögensgegenstand als **Anlage- oder Umlaufvermögen** auszuweisen ist, hängt von dessen Nutzung durch die Stiftung ab. Zwar wird das Grundstockvermögen i.d.R. Anlagevermögen darstellen, es kann aber auch im Einzelfall Umlaufvermögen vorliegen (z.B. ein eingebrachtes Gebäude, welches nicht betrieblich genutzt, sondern kurzfristig veräußert werden soll, vgl. zur Abgrenzung von Anlagevermögen und Umlaufvermögen → Rn. 58 ff.). Erhaltene Sachspenden stellen Vorratsvermögen dar, wenn diese, z.B. an Destinatäre (etwa als Hilfsgüter), weitergegeben werden sollen. Dienen die Sachspenden dagegen der dauernden Nutzung

III. Darstellung einzelner Sachverhalte in der Bilanz

durch die empfangende Stiftung zur Erfüllung Ihres Zwecks (Zustiftung), so ist ein Ausweis im Anlagevermögen vorzunehmen (IDW RS HFA 21 Rn. 27).

Bei Sachspenden in Form **unentgeltlicher Arbeits- oder Dienstleistungen** ist zu unterscheiden, 86

- „ob sie von vornherein unentgeltlich erbracht werden und daher ein Vergütungsanspruch für die erbrachte Leistung nicht entsteht (z.B. ehrenamtliche Tätigkeiten) oder
- ob nach der Art der Leistung im gewöhnlichen Geschäftsverkehr ein Vergütungsanspruch entsteht und auf diesen im Nachhinein ganz oder teilweise verzichtet wird" (IDW RS HFA 21 Rn. 32).

Im ersten Fall ist eine ergebniswirksame Vereinnahmung und ggf. Aktivierung der Leistung nicht sachgerecht (IDW RS HFA 21 Rn. 32). Diese Leistungen werden daher in der Rechnungslegung nicht gezeigt. Im zweiten Fall entsteht zunächst eine Verbindlichkeit gegen den Dienstleister und bei Verzicht die ergebniswirksame Vereinnahmung der Spende.

Beispiel unentgeltliche Dienstleistung

Eine Schule lässt das Dach eines ihrer Schulgebäude von einem ortsansässigen Bauunternehmer erneuern. Zusätzlich wird ein neuer Fahrradschuppen erstellt. Vertraglich ist für das Dach ein Entgelt von 100.000 EUR, für den Schuppen eines von 40.000 EUR vereinbart. Die Handwerker, eifrige Förderer der Schule, verzichten im Nachgang auf Bezahlung.

Die Reparatur des Daches stellt (Erhaltungs-)Aufwand für die Schule dar. Mit Rechnungsstellung durch den Bauunternehmer ist eine Verbindlichkeit bei der Schule zu buchen. Bei Verzicht auf die Forderung ist ein entsprechender Spendenertrag zu buchen.

Der Fahrradschuppen stellt dagegen einen aktivierungspflichtigen Vermögensgegenstand dar. Entsprechend ist dieser zu aktivieren, zunächst als Anlagen im Bau, später als Gebäude. Die Rechnung des Bauunternehmers wird zunächst als Verbindlichkeit gebucht, bei Verzicht ist der „Zuschuss" entweder als Sonderposten auszuweisen (und parallel zu den Abschreibungen aufzulösen) oder unmittelbar mit den Anschaffungskosten zu verrechnen, so dass diese Null betragen. Im Ergebnis ist die Schule in beiden Varianten nicht mit Abschreibungen belastet.

e) Bewertung des Finanzanlagevermögens

87 Die Finanzanlagen gliedern sich nach § 266 HGB wie folgt:

> A. III Finanzanlagen
> 1. Anteile an verbundenen Unternehmen
> 2. Ausleihungen an verbundene Unternehmen
> 3. Beteiligungen
> 4. Ausleihungen an Unternehmen, mit denen ein Beteiligungsverhältnis besteht
> 5. Wertpapiere des Anlagevermögens
> 6. Sonstige Ausleihungen

Für Stiftungen sind insbesondere die *Wertpapiere des Anlagevermögens* von Interesse, da häufig das Stiftungskapital in Wertpapieren angelegt ist. Daneben ist die Bewertung von *Beteiligungen* und *Anteilen an verbundenen Unternehmen* relevant, da Stiftungen vielfach Anteile an anderen – häufig auch gemeinnützigen – Einrichtungen halten.

Im Folgenden wird zunächst auf die allgemeinen Bewertungsregeln im Bereich des Finanzanlagevermögens eingegangen, ehe die Investition in bestimmte Finanzanlagen und ihre Behandlung in der Rechnungslegung dargestellt wird. Eingegangen wird auf die Bewertung von *festverzinslichen Wertpapieren*, *börsennotierten Wertpapieren*, *Investitionen in Spezialfonds* sowie *Anteile an gemeinnützigen Einrichtungen*. Abschließend wird die Bewertung von Finanzanlagen in der Bilanz zum *Zeitwert* behandelt.

aa) Grundlegendes zur Bewertung des Finanzanlagevermögens

88 Vermögensgegenstände des Finanzanlagevermögens sind im Zeitpunkt des Erwerbs mit ihren Anschaffungskosten zuzüglich Anschaffungsnebenkosten zu bewerten (§§ 253 Abs. 1, 255 Abs. 1 HGB) Für die Folgebewertung gilt dieser Wert als Höchstgrenze (**Anschaffungskostenprinzip** → Rn. 51) und darf grundsätzlich auch dann nicht überschritten werden, wenn der Kurswert von börsennotierten Wertpapieren über die Anschaffungskosten steigt (zur Möglichkeit der Bewertung zu Zeitwerten → Rn. 113 f.).

89 Planmäßige Abschreibungen auf Finanzanlagen erfolgen grundsätzlich nicht. Bei der Folgebewertung kann es allerdings zu außerplanmäßigen Abschreibungen kommen, um „bei voraussichtlich dauernder Wertminderung (...) (die Finanzanlagen) mit dem niedrigeren Wert anzusetzen, der Ihnen am Abschlussstichtag beizulegen ist" (sog. beizulegender Wert, § 253 Abs. 3 S. 3 HGB). Hier stellen sich zwei Fragen, denen im Folgenden nachgegangen wird:

– Wann ist eine Wertminderung voraussichtlich von Dauer?
– Wie definiert sich der „beizulegende Wert"?

III. Darstellung einzelner Sachverhalte in der Bilanz

(1) Voraussichtlich dauernde Wertminderung

Hinsichtlich der Frage, wann abzuschreiben ist, ist zu unterscheiden, ob die finanziellen Vermögensgegenstände im Anlage- oder Umlaufvermögen (dann als Wertpapiere des Umlaufvermögens) gehalten werden, weil für das Anlagevermögen das **gemilderte Niederstwertprinzip** gilt während für die Wertpapiere des Umlaufvermögens entsprechend dem **strengen Niederstwertprinzip** zu verfahren ist (vgl. zur Zuordnung zum Anlage- oder Umlaufvermögen → Rn. 58 ff.; zur Bewertung der Wertpapiere des Umlaufvermögens → Rn. 116 ff.). Nach dem *gemilderten Niederstwertprinzip* ist zwingend nur dann auf den niedrigeren beizulegenden Wert abzuschreiben, wenn es sich um eine „voraussichtlich dauernde Wertminderung" handelt (§ 253 Abs. 3 S. 3 HGB), eine wahlweise Abschreibung stets auf den niedrigeren beizulegenden Wert ist allerdings immer möglich (§ 253 Abs. 3 S. 4 HGB). Nach dem *strengen Niederstwertprinzip* führt dagegen jede am Bilanzstichtag bestehende Wertminderung zwingend zu einer Abschreibung.

Eine „voraussichtlich dauernde Wertminderung" wird im HGB nicht definiert. Auch die Kommentierungen sind vage. „Eine dauernde Wertminderung bedeutet ein nachhaltiges Absinken des den Anlagen zum Abschlussstichtag beizulegenden Werts unter den Buchwert. Im Zweifel wird aus Gründen der Vorsicht von einer dauernden Wertminderung auszugehen sein, es sei denn, dass für eine vorübergehende Wertminderung konkrete Anhaltspunkte vorliegen" (*ADS* § 253 HGB Rn. 456).

Hoffmann/Lüdenbach bezeichnen diese Definition als geradezu klassische Tautologie, da die Begriffe „dauernde Wertminderung" und „nachhaltiges Absinken" austauschbar und ähnlich unbestimmt sind. Auch ergeben sich in diesen Fällen immer Zweifel, so dass auch der zweite Teil der Definition nicht wirklich weiter hilft (vgl. *Hoffmann/Lüdenbach:* NWB-Kommentar Bilanzierung, 9. Aufl., § 253 HGB Rn. 191).

Das Bundesministerium der Finanzen definiert eine voraussichtlich dauernde Wertminderung wie folgt (vgl. BMF 2.9.2016 – IV C 6 – S 2171-b/09/10002 „Teilwertabschreibung gemäß § 6 Absatz 1 Nummer 1 und 2 EStG; Voraussichtlich dauernde Wertminderung, Wertaufholungsgebot", Rn. 5 und 6):

„Eine voraussichtlich dauernde Wertminderung bedeutet ein voraussichtlich nachhaltiges Absinken des Werts des Wirtschaftsguts unter den maßgeblichen Buchwert (…). Die Wertminderung ist voraussichtlich nachhaltig, wenn der Steuerpflichtige hiermit aus der Sicht am Bilanzstichtag aufgrund objektiver Anzeichen ernsthaft zu rechnen hat. Aus der Sicht eines sorgfältigen und gewissenhaften Kaufmanns müssen mehr Gründe für als gegen die Nachhaltigkeit sprechen. Grundsätzlich ist von einer voraussichtlich dauernden Wertminderung auszugehen, wenn der Wert des Wirtschaftsguts die Bewertungsobergrenze während eines erheblichen Teils der voraussichtlichen Dauer im Unternehmen nicht erreichen wird."

Im Jahr 2002 hat sich das IDW mit der Fragestellung der Bewertung von Wertpapieren bei Versicherungsunternehmen und insbesondere auch mit der

Berndt

Fragestellung der voraussichtlich dauernden Wertminderung von Wertpapieren beschäftigt (vgl. Institut der Wirtschaftsprüfer e.V.: IDW Stellungnahme zur Rechnungslegung: Auslegung des § 341b HGB (neu) (IDW RS VFA 2)). Die dort gemachten Überlegungen sind entsprechend der Stellungnahme zur Rechnungslegung von Stiftungen auch auf Stiftungen anwendbar (IDW RS HFA 5 Rn. 45).

Zu börsennotierten Wertpapieren führt die Stellungnahme aus: „Bei einer Wertminderung von börsennotierten Wertpapieren – auch soweit sie sich in Spezialfonds befinden, die jeweils einen zu bewertenden Vermögensgegenstand darstellen – sind geringfügige Kursschwankungen grundsätzlich kein Indiz für eine voraussichtlich dauernde Wertminderung." (IDW RS VFA 2 Rn. 18).

93 Gleichwohl ist eine Überprüfung auf Hinweise für eine dauernde Wertminderung regelmäßig vorzunehmen. Für eine solche Überprüfung werden die folgenden zu berücksichtigenden Indizien genannt:

– Höhe der Differenz zwischen historischen Anschaffungskosten bzw. dem Buchwert und dem Zeitwert,
– bisherige Dauer einer bereits eingetretenen Wertminderung,
– stark abweichender Kursverlauf des betreffenden Wertpapiers von der allgemeinen Kursentwicklung (z.B. Korrelation mit entsprechenden Indexwerten),
– Substanzverluste des Emittenten,
– Verschlechterungen der Zukunftsaussichten des Emittenten,
– Erhebliche finanzielle Schwierigkeiten des Emittenten,
– Hohe Wahrscheinlichkeit einer Insolvenz oder sonstiger Sanierungsbedarf des Emittenten.

Die Kriterien können grob zweigeteilt werden: Die Kriterien ab dem dritten Spiegelstrich sind Indiz dafür, dass sich ein Unternehmen – auch im Vergleich zum Gesamtmarkt börsennotierter Unternehmen – negativ entwickelt. In diesen Fällen handelt es sich also um eine Bonitätsverschlechterung des Emittenten. Hier gilt ganz allgemein, dass aufgrund des handelsrechtlichen Vorsichtsprinzips eher schnell abgeschrieben werden sollte. Die ersten beiden Kriterien sind dagegen allgemeiner gehalten. Auch sie werden eintreten, wenn sich ein Unternehmen negativ im Vergleich zum Markt entwickelt. Daneben wird es aber auch immer wieder Situationen geben, in denen sich der gesamte Kapitalmarkt (und damit auch ein Index wie beispielsweise der DAX oder der EUROSTOXX) negativ entwickelt, und entsprechend auch die Kursentwicklung der jeweiligen börsennotierten Unternehmen, obwohl keine Bonitätsverschlechterung des einzelnen Unternehmens eingetreten ist. Hier ist je nach Dauer und Höhe der Wertminderung ggf. ebenfalls abzuschreiben, wenn mit einer baldigen Erholung nicht zu rechnen ist (→ Rn. 102).

93a In 2002 erließ das IDW flankierend eine ergänzende Verlautbarung zur Konkretisierung des obigen Kriterienkatalogs um quantitative Größen auch in Anlehnung an die amerikanische Rechnungslegungspraxis (vgl. IDW: VFA

III. Darstellung einzelner Sachverhalte in der Bilanz 94 **E**

zur Bewertung von Kapitalanlagen bei Versicherungsunternehmen, FN-IDW Nr. 11/2002, S. 667 ff.). Danach besteht die Vermutung für eine Dauerhaftigkeit der Wertminderung in folgenden Fällen:

– Der Zeitwert des Wertpapiers (in Form des Börsen- oder Marktpreises) liegt in den dem Bilanzstichtag vorangehenden sechs Monaten permanent um mehr als 20% unter dem Buchwert.
– Der Durchschnittswert der täglichen Börsenkurse des Wertpapiers liegt in den letzten zwölf Monaten um mehr als 10% unter dem Buchwert.

Solange die genannten Maßstände für die Wertminderung eingehalten werden, braucht eine Abschreibung nicht vorgenommen zu werden. Eine Abschreibung wäre nur geboten, wenn es dem Emittenten selbst schlecht geht. Umgekehrt hat das Vorliegen mindestens einer der beiden Voraussetzungen entsprechend dem IDW-Hinweis eine Beweislastumkehr zur Folge, wonach eine außerplanmäßige Abschreibung nur durch den Nachweis der vorübergehenden Natur der Wertminderung vermieden werden kann.

Der Nachweis kann in diesem Kontext auf einem der folgenden Wege geführt werden:

– Fundierte Aussagen unabhängiger Analysten zu von dem Unternehmen gehaltenen Wertpapieren,
– unternehmensinterne Analysen bezüglich z.B. Kursgewinnverhältnissen (KGV), Substanzwerten oder sonstigen Analysen von Aktienkurse beruhen,
– unternehmensinterne Schätzung des beizulegenden Werts mittels Ertragswert- bzw. DCF-Verfahren.

Insbesondere die Ermittlung des Ertragswerts durch die Stiftung eröffnet weitreichende Schätz- und Ermessensspielräume und mithin hohe Freiheitsgrade, um eine außerplanmäßige Abschreibung zu unterlassen. Auch wird man im Stiftungsbereich die regelmäßig sehr lange Haltedauer mit in die Überlegungen einbeziehen können.

(2) Beizulegender Wert

Wenn eine außerplanmäßige Abschreibung zu erfolgen hat, so ist diese auf 94 den niedrigeren „beizulegenden Wert" vorzunehmen. Gerade im Bereich der Finanzanlagen liegen häufig Börsen- oder Marktpreise vor. Ist ein **Börsen- oder Marktpreis** nicht vorhanden, kommen unterschiedliche Wertansätze als beizulegender Wert in Frage. Grundsätzlich hat sich die Bewertung an den grundlegenden Kriterien des HGB zu orientieren, insbesondere dem Vorsichtsprinzip und dem **Grundsatz der Einzelbewertung**. Entsprechend ist eine Saldierung der Wertminderung mit stillen Reserven im Wertansatz anderer Finanzanlagen nicht zulässig (vgl. auch BeBiKo/*Schubert/Roscher* § 253 HGB Rn. 307).

Für den Wertansatz zum beizulegenden Wert im Bereich der finanziellen Vermögensgegenstände im Anlagevermögen wird tendenziell der Beschaffungsmarkt relevant sein, also der **Wiederbeschaffungswert**. Steht der Absatzmarkt im Vordergrund, wäre der **Veräußerungswert** anzusetzen. Dabei wird der Wiederbeschaffungswert insbesondere bei langfristigen Investitionen (Anlagevermögen), der Veräußerungswert bei kurzfristiger Geldanlage in Wertpapiere (Umlaufvermögen) in Frage kommen.

Schließlich ist der **Ertragswert** als Barwert aller zukünftigen Einnahmeüberschüsse denkbar. Dieser Wert kommt insbesondere in Frage, wenn sich aus Käufer- oder Verkäufersicht kein Wert bestimmen lässt und ein kapitalwertorientiertes Verfahren anwendbar ist (vgl. BeBiKo/*Schubert/Roscher* § 253 HGB Rn. 306 ff.; vgl. im Detail auch IDW S1: Grundsätze zur Durchführung von Unternehmensbewertungen, FN-IDW 2008, S. 271 ff.; IDW Stellungnahme zur Rechnungslegung: Anwendung der Grundsätze des IDW S1 bei der Bewertung von Beteiligungen und sonstigen Unternehmensteilen für die Zwecke eines handelsrechtlichen Jahresabschlusses (IDW RS HFA 10)).

Im Bereich der Finanzanlagen ist das *Ertragswertverfahren* insbesondere im Bereich der Beteiligungen bzw. Anteile an verbundenen Unternehmen anwendbar. Der Fall, dass die Stiftung an einem gemeinnützigen Unternehmen beteiligt ist, stellt hierbei einen Sonderfall dar, da diese Unternehmen nicht auf Gewinnerzielung ausgerichtet sind und Mittelzuflüsse über Ausschüttungen grundsätzlich nicht erfolgen dürfen (§ 55 Abs. 1 Nr. 1 AO; → Rn. 110 ff.).

(3) Wertaufholung

95 Mit dem Bilanzrechtsmodernisierungsgesetz ist die **Verpflichtung zur Wertaufholung** im HGB auch auf Nichtkapitalgesellschaften erweitert worden (§ 253 Abs. 5 HGB). Danach darf ein niedrigerer Wertansatz nicht beibehalten werden, wenn die Gründe nicht mehr bestehen, also z.B. sich die Kurse eines börsennotierten Wertpapiers wieder erholt haben. Es ist allerdings maximal auf die Anschaffungskosten zuzuschreiben.

Beispiel Wertaufholung

Die High-Risk-Stiftung hat Aktien des Internet-Unternehmens Doogle gekauft, welche kurz nach Kauf deutlich an Wert verlieren, sich dann aber sehr gut entwickeln. Die Stiftung wendet das strenge Niederstwertprinzip an.

Stichtag	Kurswert	Buchwert	Kommentar
1.1.01	100	100	Anschaffungskosten
31.12.01	72	72	Abschreibung auf den Börsenkurs
31.12.02	87	87	Zuschreibung auf den Börsenkurs
31.12.03	120	100	Zuschreibung bis zu den Anschaffungskosten
31.12.04	250	100	Aktien weisen nun erhebliche stille Reserven auf

Nach dem gemilderten Niederstwertprinzip hätte man zum 31.12.01 wohl nicht abgeschrieben, da der Zeitraum der Wertminderung noch sehr kurz ist und sich die Kurse bereits Anfang 02 schon wieder erholt hatten.

bb) Bewertung von festverzinslichen Wertpapieren

Stiftungen weisen häufig einen hohen Bestand an festverzinslichen Wertpapieren auf, da die Pflicht zur Kapitalerhaltung eine sehr riskante Geldanlage verbietet. In vielen Fällen liegen Anlagerichtlinien vor, die eine bestimmte Quote an festverzinslichen Wertpapieren, häufig mindestens 70%, vorsehen. Diese Faustformel 70/30 (70% festverzinsliche Wertpapiere und 30% Aktien, Aktienoptionen o.ä.) wird in letzter Zeit teilweise kritisch hinterfragt, weil einerseits mit festverzinslichen Wertpapieren bei einem Niedrigzinsniveau nur sehr geringe Erträge zu erzielen sind und andererseits die Bonität der Emittenten von Anleihen verschiedener Länder im Zuge von Finanzkrisen in Zweifel gezogen wird. So können Staatsanleihen auch von EU-Staaten nicht mehr grundsätzlich als nahezu risikolos angesehen werden.

Die Anlage in festverzinsliche Anleihen erfolgt bei Stiftungen regelmäßig im Anlagevermögen. Entsprechend gilt hier das *gemilderte Niederstwertprinzip*. Werden festverzinsliche Wertpapiere – was im Anlagevermögen regelmäßig der Fall ist – bis zum Ende der Laufzeit gehalten, so ist eine Rückzahlung zu 100%, die Bonität des Emittenten vorausgesetzt, sicher. Notiert die Anleihe zwischenzeitlich unter 100%, so ist dieser Teil insofern nicht dauerhaft wertgemindert und muss nicht abgeschrieben werden (vgl. auch BMF 2.9.2016 – IV C 6 – S 2171-b/09/10002 – BStBl. I 2016, 995, „Teilwertabschreibung gemäß § 6 Absatz 1 Nummer 1 und 2 EStG; Voraussichtlich dauernde Wertminderung, Wertaufholungsgebot", Rn. 21).

Werden festverzinsliche Anleihen oberhalb des Ausgabekurses („**überpari**") erworben, z.B. zu 110% des Ausgabekurses, so sind die 10% Aufgeld über die Haltedauer des Wertpapiers abzuschreiben. Man kann in diesen Fällen wie folgt vorgehen: Der Überpari-Anteil wird ratierlich über die Laufzeit bis auf 100% abgeschrieben. Fällt der Kurs in einem Jahr unter 100%, wird (trotzdem) nur auf den Rückzahlungskurs (also 100%) abgeschrieben. Der Teil unter 100% wird dabei als nur vorübergehend wertgemindert betrachtet. Theoretisch könnte man im Folgejahr auf den fortgeführten Wert auch wieder zuschreiben, bleibt in der Praxis dann aber bei 100%.

Beispiel Bewertung von festverzinslichen Wertpapieren

Die Safety-First-Stiftung hat ihr Stiftungskapital ausschließlich in festverzinslichen Anleihen angelegt. Sie erwirbt am 1.1.01 Anleihen eines Life-Science-Unternehmens zu einem Kurswert von 110. Rückzahlung ist am 31.12.05 zu einem Wert von 100. Die Kurswerte und dazugehörigen Buchwerte entwickeln sich wie folgt:

Stichtag	Kurswert	Buchwert	Kommentar
1.1.01	110	110	Anschaffungskosten
31.12.01	109	108	planmäßige Abschreibung von 20% (= 2)
31.12.02	104	104	planmäßig von 2 und außerplanmäßig von 2
31.12.03	97	100	außerplanmäßig von 4 auf Rückzahlungskurs
31.12.04	102	100	es wäre auch eine Zuschreibung auf 102 möglich
31.12.05	100	100	Rückzahlungskurs

Andere Vorgehensweisen sind denkbar, beispielsweise keine planmäßige Abschreibung, sondern die Abschreibung jeweils auf den Kurswert (allerdings maximal auf 100). In der Praxis wird der Überpari-Anteil auch häufig sofort abgeschrieben.

99 Wenn mit Stiftungskapital Wertpapiere über 100% erworben werden, und diese am Ende der Laufzeit zu 100% veräußert werden, führt dies insoweit zu einem (planmäßigen) Verlust im Stiftungskapital. Es handelt sich hierbei um einen Umschichtungsverlust. Teilweise wird hier gefordert, dass der entsprechende Wert aus laufenden Mitteln dem Stiftungskapital zuzuführen ist, damit dieses nicht gemindert wird. Aus unserer Sicht sollte die Verrechnung mit den Umschichtungsergebnissen aus Vereinfachungsgründen solange unkritisch sein, wie der Verlust durch andere Umschichtungsergebnisse ausgeglichen werden kann. Alternativ können die Umschichtungsverluste mit den höheren Zinsen, die durch den Über-Pari Zuschlag „erkauft" wurden, verrechnet werden. Dies ist bei sehr hohen Über-Pari-Beträgen sachgerecht, da ansonsten ein falsches Bild vermittelt wird.

cc) Bewertung von börsennotierten Wertpapieren

100 Mit der anhaltenden Niedrigzinsphase ist eine vollständige Finanzierung durch festverzinsliche Wertpapiere für die meisten Stiftungen keine Option mehr. Regelmäßig wird daher ein Anteil an Aktien gehalten. Investieren Stiftungen in Aktien, so sind dies meistens Papiere hoher Bonität, welche in der Regel z.B. im DAX oder EUROSTOXX notiert sind. Insofern ist ein Börsen- bzw. Marktpreis vorhanden.

> Der Stiftungsvorstand hat grundsätzlich das Problem, dass er bei der Vermögensanlage mit fremden Vermögen arbeitet und möglicherweise auch für eine Fehlanlage haftet (vgl. ein Urteil des BGH aus 2014, wonach ein Stiftungsvorstand für die Fehlanlage des Stiftungsvermögens zur Haftung herangezogen wurde. Der Vorstand hatte im besagten Fall die Vorgaben der Satzung und der Stiftungsaufsicht missachtet und einen Aktienanteil von bis zu 80% zugelassen (BGH 20.11.2014 – III ZR 509/13, ZIP 2015, 166)).

III. Darstellung einzelner Sachverhalte in der Bilanz

Auch bei der Anlage in börsennotierte Wertpapiere innerhalb des Anlagevermögens stellen sich wiederum die beiden Fragen, wann eine Wertminderung der Wertpapiere voraussichtlich von Dauer ist und auf welchen Wert bei einer voraussichtlich dauernden Wertminderung abzuschreiben ist.

Bei der Frage nach der Einschätzung der **Dauerhaftigkeit der Wertminderung** bestehen nach Handelsrecht große Ermessensspielräume. Sinnvollerweise kann hier wiederum auf die Kriterien des IDW zurückgegriffen werden (→ Rn. 93). Es gilt das oben Gesagte: Die Kriterien ab dem dritten Spiegelstrich zeigen, dass sich ein Wertpapier gegen den Markt entwickelt. Hier sollte sehr schnell abgeschrieben werden. So ergibt es Sinn, bei erheblichen finanziellen Schwierigkeiten oder schlechten Zukunftsaussichten des Emittenten in jedem Fall auf den Börsenkurs i.S.d. strengen Niederstwertprinzips abzuschreiben.

Verlieren die Wertpapiere dagegen allein deshalb an Wert, weil sich der gesamte Markt negativ entwickelt, so ist auch hier die Dauerhaftigkeit einzuschätzen. Handelsrechtlich gilt im Zweifelsfall das Vorsichtsprinzip, so dass eine Abschreibung zumindest zu prüfen ist.

Für die Frage, wann eine Wertminderung voraussichtlich von Dauer ist, sind in diesem Fall insbesondere die beiden ersten Kriterien des IDW, *Ausmaß und Dauer der Wertminderung*, von Bedeutung. Hinsichtlich des **Ausmaßes der Wertminderung** werden z.b. nach amerikanischer Rechnungslegung (US GAAP) 20% über einen Zeitraum von permanent 6 Monaten genannt, bei deren Erreichen im Zweifelsfall abzuschreiben ist. Bei der Frage nach der Beurteilung des Ausmaßes der Wertminderung kommt es stark auf die Volatilität des Fonds bzw. seiner Wertpapiere an. Ist diese, wie bei den gängigen Aktien üblich, hoch, sind u.E. auch Werte von 30% (bezogen auf die einzelne Aktie) vertretbar.

Das IDW schlägt in einem Praxishinweis für Versicherungen aus dem Jahr 2002 auch in Anlehnung an die amerikanische Praxis die beiden folgenden Kriterien vor, wobei hier auch die Dauer schon berücksichtigt ist (vgl. IDW: VFA zur Bewertung von Kapitalanlagen bei Versicherungsunternehmen, FN-IDW Nr. 11/2002, S. 667 ff.):

– Der Zeitwert des Wertpapiers (in Form des Börsen- oder Marktpreises) liegt in den dem Bilanzstichtag vorangehenden sechs Monaten permanent um mehr als 20% unter dem Buchwert.
– Der Durchschnittswert der täglichen Börsenkurse des Wertpapiers liegt in den letzten zwölf Monaten um mehr als 10% unter dem Buchwert.

In Bezug auf die **Dauer der Wertminderung** stellt sich die Frage nach dem Anlagehorizont bzw. – entsprechend dem BMF-Schreiben zur Teilwertabschreibung – nach der voraussichtlichen Verweildauer der Wertpapiere im Unternehmen (BMF 2.9.2016 – IV C 6 – S 2171-b/09/10002 – BStBl. I 2016, 995 "Teilwertabschreibung gemäß § 6 Absatz 1 Nummer 1 und 2 EStG; Voraussichtlich dauernde Wertminderung, Wertaufholungsgebot", Rn. 6). Dieser kann bei börsennotierten Aktien im Anlagevermögen theoretisch unbegrenzt sein. Daher ist grundsätzlich auch eine mehrjährige Nichtabschreibung denkbar (siehe Beispiel unten; ähnlich auch *Hoffmann/Lüdenbach*: NWB-Kommentar Bilanzierung, 2. Aufl. § 253 HGB Rn. 127, die ausführen, dass, wenn Börsenanalysten einen fundamentalen Wert über Einstandswert festgestellt haben, keine Abschreibung zwingend erforderlich ist). Die beiden oben genannten Aufgriffsgrenzen des IDW sind hierbei ein Anhaltspunkt, aber keine zwingenden Grenzen, zumal es sich um einen Hinweis für Versicherungsunternehmen handelt.

Im Ergebnis sollte der Stiftungsvorstand, auch um Diskussionen mit Kuratorium oder Wirtschaftsprüfer führen zu können, Kriterien festlegen, bei deren Erreichen dann zwingend abzuschreiben ist. Dies könnte z.B. eine Wertminderung von 20 oder 30% sein, die bereits ein Jahr oder länger anhält.

103 Bei börsennotierten Wertpapieren ist der **beizulegende Wert**, auf den abzuschreiben ist, i.d.R. unproblematisch zu ermitteln, da ein Börsen- bzw. Marktpreis existiert. Hat sich der Kurs seit dem Bilanzstichtag bis zur Bilanzaufstellung wieder erholt, so ist auch eine Abschreibung auf diesen höheren Kurs möglich, da in Bezug auf die Werterholung klar ist, dass die Differenz zwischen dem Wert am Bilanzstichtag und dem Wert am Aufstellungsstichtag keine dauerhafte Wertminderung darstellt.

Beispiel Bewertung von börsennotierten Wertpapieren

Die Neue-Energie-Stiftung hat ihr Stiftungskapital zum Teil in börsennotierten Wertpapieren angelegt, wobei die einzelnen Papiere ausschließlich guter Bonität sind. Aufgrund von Turbulenzen an den Finanzmärkten verliert der DAX 2000 Punkte und auch die zu 100 gekauften Aktien der Windpark AG verlieren deutlich an Wert.

Das gemilderte Niederstwertprinzip wird dahingehend ausgelegt, dass ab einer Abwertung von 30%, die mindestens ein Jahr anhält, abgeschrieben wird.

Die Bilanz wird jeweils zum 31.3 des Folgejahres aufgestellt.

Stichtag	Kurswert	Buchwert	Kommentar
31.7.01	100	100	Anschaffungskosten
31.12.01	80	100	keine Abschreibung (< 30%; < 12 Monate)
31.12.02	65	100	keine Abschreibung (> 30%; < 12 Monate)
31.12.03	60	68	Abschreibung auf den Kurswert zum Zeitpunkt der Aufstellung
31.3.04	68		

Es wird erstmals zum 31.12.03 abgeschrieben. Da der Kurs sich bis zur Aufstellung des Abschlusses leicht erholt hat, kann auf den höheren Kurs (68) abgeschrieben werden, da die Differenz 60 zu 68 nicht dauerhaft ist.

Nach dem BMF-Schreiben vom 2.9.2016 ist bei börsennotierten Wertpapieren von einer voraussichtlich dauernden Wertminderung auszugehen, wenn der Börsenwert zum Bilanzstichtag unter denjenigen im Zeitpunkt des Aktienerwerbs gesunken ist und der Kursverlust die Bagatellgrenze von 5% der Notierung bei Erwerb überschreitet" (vgl. BMF 2.9.2016 – IV C 6 – S 2171-b/09/10002, BStBl. I 2016, 995 Teilwertabschreibung gemäß § 6 Absatz 1 Nummer 1 und 2 EStG; Voraussichtlich dauernde Wertminderung, Wertaufholungsgebot", Rn. 17). Dieser Gedanke basiert auf einem BFH-Urteil, welches den Börsenkurs als einen Wert interpretiert, der bereits die Zukunftsaussichten des Unternehmens antizipiert (vgl. BFH 21.9.2011 – I R 89/10, BStBl. II 2014, 612). Dies sagt allerdings nichts über die voraussichtliche Dauer der Wertminderung aus und ist insofern handelsrechtlich als Kriterium für die Frage nach der Dauerhaftigkeit abzulehnen. Aus diesem Widerspruch ergibt sich allerdings kein Problem, da die steuerliche Vorgehensweise im Ergebnis zu einer sofortigen Abschreibung bei börsennotierten Wertpapieren führt, die handelsrechtlich auch (alternativ) immer möglich ist (strenges Niederstwertprinzip).

dd) Bewertung von Anlagen in Spezialfonds

Die Bilanzierung und Bewertung von Anteilen an Spezialfonds unterscheidet sich deutlich danach, nach welcher Methode Rechnung gelegt wird. Wesentlicher Unterschied zwischen dem deutschen Handelsrecht und internationaler Rechnungslegung (IFRS) ist die Frage, ob durch den Fonds „durchgeschaut" werden muss oder nicht, oder anders ausgedrückt: Ist der Fonds hinsichtlich der Frage nach einer Wertminderung als *ein* Vermögensgegenstand zu betrachten, oder müssen die Wertpapiere innerhalb des Fonds einzeln betrachtet werden? Nach internationaler Rechnungslegung sind die Wertpapiere im Fonds i.d.R. einzeln zu betrachten. Demgegenüber stellt der Fondanteil nach HGB regelmäßig *einen* Vermögensgegenstand dar. Im Folgenden wird die Bilanzierung nach deutschem Handelsrecht (HGB) dargestellt.

Spezialfonds sind Sondervermögen im Sinne des § 1 Abs. 10 KAGB. Hiernach sind „Sondervermögen (…) inländische offene Investmentvermögen in Vertragsform, die von einer Verwaltungsgesellschaft für Rechnung der Anleger nach Maßgabe dieses Gesetzes und den Anlagebedingungen, nach denen sich das Rechtsverhältnis der Verwaltungsgesellschaft zu den Anlegern bestimmt, verwaltet werden".

Aufgrund der individuellen Anpassungsmöglichkeiten und der Möglichkeiten zur Mitgestaltung für den Investor bei Auflegung, Investition bzw. Desinvestition in den Fonds wie auch bei der Frage nach der Ausschüttungshöhe werden Spezialfonds gerade von Stiftungen häufig aufgelegt bzw. nachgefragt. Auf diese Weise wird versucht, eine Balance zwischen der Pflicht zur Kapitalerhaltung und der zweckentsprechenden Mittelverwendung zu erreichen und so entsprechend dem Stiftungsgedanken das Stiftungsvermögen langfristig zu erhalten.

105a Mit dem Investmentsteuerreformgesetz hat sich allerdings die Besteuerung von Anteilen an Investmentfonds zum 1. Januar 2018 vollständig geändert. Danach wird nunmehr zwischen Spezial-Investmentfonds für maximal 100 Anleger sowie Investmentfonds (entsprechen dem alten Begriff des Publikumfonds) unterschieden. Erstere dürften nur für größere Stiftungen interessant sein, bei letzteren findet nunmehr eine, grundsätzlich auch definitive, Besteuerung auf Ebene des Fonds statt. Aus dieser Besteuerung kommen Stiftungen nur heraus, wenn sie entweder in Investmentfonds investieren, die ausschließlich für steuerbefreite Einrichtungen aufgelegt wurden (vgl. § 10 InvStG), oder über ein aufwendiges Erstattungsverfahren. Dieses hat der Fonds zu initiieren, er ist zudem dazu nicht verpflichtet (für einen Überblick zum neuen InvStG vgl. *Stadler/Bindl*: das neue InvStG – Überblick und Korrekturbedarf, DStR 2016, S. 1953 ff.).

106 Anteile an Spezialfonds stellen nach dem Handelsrecht *einen* Vermögensgegenstand i.S.d. § 246 Abs. 1 HGB dar. Sie fallen nach § 2 WpHG unter die Definition von Wertpapieren und werden entsprechend den allgemeinen Grundsätzen zur Bilanzierung und Bewertung von Wertpapieren behandelt (vgl. *Häuselmann*, Zur Bilanzierung von Investmentanteilen, insbesondere von Anteilen an Spezialfonds, BB 1992, 315; *Weber/Böttcher/Griesemann*: Spezialfonds nach deutscher und internationaler Rechnungslegung, WPg 2002, 906, *Loitz/Sekniczka*: Anteile an Spezialfonds – Bilanzierung, Besteuerung, latente Steuern nach IAS 12, WPg 2006, 356).

Diese Sicht wurde vom Gesetzgeber im Rahmen des BilMoG noch einmal bestätigt, in dem er sich gegen eine Konsolidierung von Spezialfonds im Rahmen des Konzernabschlusses entschieden hat und dafür eine Reihe von Anhangsangaben zum Fonds verpflichtend vorgeschrieben wurden (§ 285 Nr. 26 HGB; zu den Anhangsangaben → Rn. 241 ff.).

Als „Vermögensgegenstand" ist handelsrechtlich der vom Investor gehaltene Anteilsschein am Spezialfonds zu sehen, nicht die einzelnen Wertpapiere innerhalb des Spezialfonds (vgl. *Loitz/Sekniczka*: Anteile an Spezialfonds – Bilanzierung, Besteuerung, latente Steuern nach IAS 12, WPg 2006, 356). Die Bewertung des Fonds im Zugangszeitpunkt erfolgt mit den Anschaffungskosten, also dem gezahlten Ausgabepreis zuzüglich angefallener Anschaffungsnebenkosten.

Für die Folgebewertung gilt das Niederstwertprinzip, d.h., es ist weiterhin (höchstens) zu Anschaffungskosten zu bilanzieren, es sei denn, der beizulegende Wert des Spezialfonds-Anteils ist unter die Anschaffungskosten gesunken (§ 253 Abs. 3 Satz 3 Abs. 4 Satz 1 HGB).

107 Auch bei einem Spezialfonds sind für die Frage der voraussichtlich dauerhalfen Wertminderung die oben genannten Kriterien des IDW maßgebend (→ Rn. 93).

In der Stellungnahme des Versicherungsfachausschusses heißt es zur Bewertung von börsennotierten Wertpapieren in Spezialfonds (IDW RS VFA 2 Rn. 18): „Bei einer Wertminderung von börsennotierten Wertpapieren – auch soweit sie sich in Spezialfonds befinden, die jeweils einen zu bewertenden

Vermögensgegenstand darstellen – sind geringfügige Kursschwankungen grundsätzlich kein Indiz für eine voraussichtlich dauernde Wertminderung."

Zur Bewertung von Fondsanteilen heißt es in der Stellungnahme weiter, dass sich die Beurteilung der voraussichtlichen Dauerhaftigkeit einer Wertminderung nach den im Fonds gehaltenen Vermögensgegenständen richtet. „Neben den o.g. Indizien (→ Rn. 93) sind die Zusammensetzung und das Risikoprofil der Fonds (Art der Wertpapiere, Branchen, regionale Herkunft), mögliche Ausgleichseffekte sowie mögliche Substanzminderungen aufgrund von Ausschüttungen oder (…) Umschichtungen bei wesentlichen Fondspositionen zu berücksichtigen." (IDW RS VFA 2 Rn. 24).

In der Praxis wird man ähnlich wie bei der Bewertung der börsennotierten Wertpapiere vorgehen. Für den Fall, dass der *Emittent des Spezialfonds* Probleme hat oder sich der Fonds gegen den Markt negativ entwickelt, ist eine schnelle Abschreibung geboten. Verliert der Spezialfonds an Wert, weil der Gesamtmarkt sich nach unten entwickelt, sollten auch für den Spezialfonds Kriterien festgelegt werden, bei deren Erreichen abgeschrieben wird. Das könnte z.B. eine durchschnittliche (ggf. gewichtete) Aktienquote multipliziert mit der für börsennotierte Wertpapiere festgelegten Aufgriffsgrenze sein. **108**

Beispiel Bewertung von Anteilen an einem Spezialfonds

Die Safety-First-Stiftung hat Anteile an einem Spezialfonds zum Wert von 50 je Anteil erworben. Der Spezialfonds darf bis zu 30 % Aktien halten. Tatsächlich lag die durchschnittliche Aktienquote in den Jahren 01 und 02 bei 20 %. Mit den erheblichen Turbulenzen an den Finanzmärkten ging der Kurswert der Anteile nach unten.

Stichtag	Kurswert	Buchwert	Kommentar
31.7.01	50	50	Anschaffungskosten
31.12.01	43	50	keine Abschreibung (> 6 %; < 12 Monate)
31.12.02	41	41	Abschreibung (> 6 %; > 12 Monate)

Die Aufgriffsgrenze liegt bei einem Aktienanteil von 20 % und einem auf 30 % festgelegten Wert, bei dem börsennotierte Wertpapiere abgeschrieben werden, bei (0,2 * 0,3 = 0,06) 6 %.

Bei dieser Vorgehensweise ist vereinfachend auf den (durchschnittlichen) Anteil an Aktien abgestellt worden. Die Abschreibungen auf festverzinsliche Wertpapiere, die Überpari erworben wurden, sind wegen Unwesentlichkeit nicht berücksichtigt, dies führt zu einer leicht früheren Abschreibung.

Im Hinblick auf die Interpretation der voraussichtlichen Dauerhaftigkeit eines Anteils an einem Investmentfonds, der im Wesentlichen aus börsennotierten Aktien besteht, durch das BMF-Schreiben vom 2.9.2016 wird auf → Rn. 104 verwiesen. (vgl. BMF 2.9.2016 – IV C 6 – S 2171-b/09/10002, BStBl. I 2016, **109**

995 „Teilwertabschreibung gemäß § 6 Absatz 1 Nummer 1 und 2 EStG; Voraussichtlich dauernde Wertminderung, Wertaufholungsgebot", Rn. 24 ff.).

ee) Bewertung von Beteiligungen an gemeinnützigen Einrichtungen

110 Soll der Wert einer Beteiligung daraufhin überprüft werden, ob ggf. Abschreibungsbedarf besteht, so ist grundsätzlich der *Ertragswert* der Beteiligung als Summe aller diskontierten erwarteten zukünftigen Erträge oder Mittelzuflüsse aus der Beteiligung zu ermitteln. Dieser Ertragswert stellt dann den Unternehmenswert dar (vgl. zu Unternehmensbewertungsverfahren IDW S1, Rn. 101 ff.). Die gängigen Unternehmensbewertungsmodelle (**Ertragswert- oder DCF-Verfahren**) scheitern bei Beteiligungen an gemeinnützigen Einrichtungen allerdings an deren fehlender Rentabilitätsorientierung. Ausschüttungen sind zudem entsprechend dem Gemeinnützigkeitsrecht grundsätzlich nicht gestattet.

> Nach § 55 Abs. 1 Nr. 1 AO dürfen Mitglieder oder Gesellschafter einer steuerbegünstigten Körperschaft keine Gewinnanteile und in ihrer Eigenschaft als Mitglieder auch keine sonstigen Zuwendungen aus Mitteln der Körperschaft erhalten. Auch bei Auflösung der Körperschaft oder Ausscheiden des Gesellschafters dürfen nur die eingezahlten Kapitalanteile zurückerstattet werden (§ 55 Abs. 1 Nr. 2 AO). Profitorientierte Unternehmen können daher keine Mittelzuflüsse aus der Beteiligung erhalten. Eine Gewinnausschüttung kann allenfalls an Gesellschafter erfolgen, die ihrerseits als steuerbegünstigt anerkannt oder eine juristische Person des öffentlichen Rechts sind (vgl. *Buchna/Leichinger/Seeger/Brox*, 11. A., S. 493).

Aufgrund der bei diesen Einrichtungen im Vordergrund stehenden Leistungserbringung (im Gegensatz zur Gewinnorientierung bei Profitunternehmen) sind Zukunftserfolgswerte bei deren Bewertung nicht maßgeblich. Dementsprechend sind bei der Bewertung von gemeinnützigen Beteiligungen **Substanzwertverfahren** anzuwenden. Während es sich beim Liquidationswert um einen Verkaufs- oder Zerschlagungswert handelt, ergibt sich der Substanzwert als sogenannter *Rekonstruktions- oder Wiederbeschaffungswert*.

111 Bei der Ermittlung dieses Rekonstruktionswertes werden die Ausgaben ermittelt, die zur Errichtung einer dem Bewertungsobjekt gleichartigen Organisation zum Bewertungsstichtag erforderlich wären. Der Substanzwert entspricht somit gedanklich den eingesparten Ausgaben für die Errichtung einer identischen Organisation. Kann die vorgegebene Leistungserstellung der zu bewertenden Einrichtung mittels einer effizienteren Unternehmensstruktur oder -substanz erzielt werden, deren Aufbau bei identischem laufenden Nettoaufwand mit wesentlich geringeren Ausgaben verbunden ist, muss der Rekonstruktionswert entsprechend geringer angesetzt werden. Für Vermögen, das für Zwecke der Organisation nicht erforderlich ist, muss der Liquidationswert ermittelt werden.

Im Gegensatz zu den gängigen Unternehmensbewertungsverfahren handelt es sich beim Rekonstruktionswert um eine Einzelbewertungsmethode. Der Rekonstruktionsneuwert (Gesamtrekonstruktionswert) ergibt sich als Summe

III. Darstellung einzelner Sachverhalte in der Bilanz

aller bilanzierungsfähigen und nicht bilanzierungsfähigen Vermögenswerte der Organisation. Nach Berücksichtigung altersbedingter Abschläge der Substanz ergibt sich der *Rekonstruktionszeitwert*. Da in der Praxis die Bewertung nicht bilanzierungsfähiger Vermögenswerte (insbesondere der immateriellen Werte wie Kundenstamm oder Know-how) mit Schwierigkeiten verbunden ist, wird in der Regel ein *Teilrekonstruktionszeitwert* ermittelt.

Der Teilrekonstruktionszeitwert kann vor (brutto) oder nach Abzug aller Schulden (netto) berechnet werden. Zum Zwecke der Bewertung der Beteiligung an einem Tochterunternehmen in Form einer Nonprofit-Organisation wird der Teilrekonstruktionswert um die Schulden des Unternehmens gekürzt, sodass der Unternehmenswert den *„Nettoteilrekonstruktionswert"* darstellt.

Die Grundsätze zur Ermittlung von Unternehmenswerten (Maßgeblichkeit des Bewertungszwecks, Bewertung der wirtschaftlichen Unternehmenseinheit, gesonderte Bewertung des nicht betriebsnotwendigen Vermögens, Unbeachtlichkeit des Vorsichtsprinzips, Nachvollziehbarkeit der Bewertungsansätze sowie Stichtagsprinzip) gelten sinngemäß ebenfalls für die Ermittlung von Substanzwerten.

112

In der Praxis wird man sich den obigen Überlegungen im Rahmen der Bewertung von Unternehmensanteilen zum jeweiligen Bilanzstichtag in einer eher vereinfachten Art und Weise nähern. Auch wird man bei einem kürzlich am Markt erworbenen Unternehmen zunächst einmal von der Werthaltigkeit des Beteiligungsansatzes ausgehen. Insbesondere wenn das Beteiligungsunternehmen einen sehr hohen Wertansatz im Abschluss der Stiftung aufweist, erscheint eine (ggf. vereinfachte) Unternehmensbewertung im dargestellten Sinne zur Ermittlung eines ggf. vorzunehmenden außerplanmäßigen Abschreibungsbedarfs allerdings notwendig.

ff) Bewertung von Finanzanlagen zum Zeitwert

Entsprechend dem *Anschaffungskostenprinzip* dürfen Vermögensgegenstände in einer Bilanz nur maximal mit ihren (ggf. fortgeführten) Anschaffungskosten bewertet werden. Auch Zuschreibungen nach einer außerplanmäßigen Abschreibung dürfen nur bis zur Höhe der Anschaffungskosten erfolgen. Entwickeln sich die Kurse stark nach oben, entstehen **stille Reserven**, die in der Bilanz nicht gezeigt werden dürfen, aber z.B. für die Berechnung der Kapitalerhaltung relevant sind (IDW RS HFA 5 Rn. 58).

113

Vor diesem Hintergrund könnte es für Stiftungen interessant sein, anstelle der Anschaffungskosten **Zeitwerte** auszuweisen, deren Ermittlung zumindest bei börsennotierten Wertpapieren unproblematisch ist. Die überarbeitete Stellungnahme IDW RS HFA 5 aus dem Jahr 2013 greift dieses Thema nicht mehr auf, die Vorgängerstellungnahme hatte diese Möglichkeit allerdings explizit eröffnet. Der Wegfall ist darauf zurückzuführen, dass dieser – in der Praxis selten vorkommende – Fall, nicht herausgestellt werden soll. Die rechtliche Situation hat sich aber nicht geändert, die Möglichkeit besteht insofern grundsätzlich weiterhin.

114 Es darf allerdings nur eine Stiftung, die nicht zur kaufmännischen Rechnungslegung verpflichtet ist – also freiwillig bilanziert – ihre Vermögensgegenstände wahlweise zu Zeitwerten bewerten. Sie erstellt dann keinen Jahresabschluss nach HGB-Normen mehr, und kann entsprechend auch keinen *Bestätigungsvermerk* von einem Wirtschaftsprüfer erhalten (der Wirtschaftsprüfer wird in diesen Fällen einen „*Prüfungsvermerk des Wirtschaftsprüfers*" erteilen, vgl. IDW PS 480 Rn. 20, → Kapitel F Rn. 71 f.).

Setzt die Stiftung Zeitwerte an, so muss dies hinreichend verdeutlicht werden (insbesondere der Zeitpunkt der letzten Wertermittlung), und außerdem muss bilanztechnisch sicher gestellt sein, dass über die Anschaffungs- oder Herstellungskosten hinausgehende Aufwertungsbeträge nicht Bestandteile des verwendungsfähigen Ergebnisses werden. Die Differenzbeträge zwischen den fortgeführten Anschaffungskosten und den Zeitwerten sind in eine **Neubewertungsrücklage** einzustellen. Dabei können Zusatzangaben im Anhang über die Buch- und Zeitwerte der Vermögensgegenstände und Schulden der Stiftung sachgerecht sein. Das Bewertungswahlrecht kann hierbei nur einheitlich ausgeübt werden, so dass sämtliche Vermögensgegenstände und Schulden mit ihren Zeitwerten zu erfassen wären.

Vgl. zu den Regelungen nach der alten Stellungnahme des Instituts der Wirtschaftsprüfer IDW RS HFA 5 a.F., Rn. 49; vgl. auch *Merl/Koss*, Stiftung & Sponsoring, Rote Seiten 5/1998, S. 3, *Koss*, Rechnungslegung von Stiftungen, 2003, S. 124 ff. Die Regelung hat im Bereich der Bilanzierung in der Praxis wenig Bedeutung erlangt. Sie kann aber für den Nachweis der nominalen oder realen Kapitalerhaltung, wenn für diesen die Einbeziehung von stillen Reserven notwendig ist, sinnvoll sein, weil dann der Nachweis direkt über die Bilanz geführt werden kann. Zur Berechnung der Kapitalerhaltung → Rn. 166. Im Bereich der Vermögensübersicht werden dagegen in der Praxis häufig Zeitwerte angesetzt, oft schon aus Vereinfachungsgründen, → Kapitel D Rn. 39).

2. Umlaufvermögen

115 Im Umlaufvermögen werden in Abgrenzung zum Anlagevermögen die Vermögensgegenstände ausgewiesen, die nicht dazu bestimmt sind, „dauernd dem Betrieb zu dienen" (Umkehrschluss aus § 247 Abs. 2 HGB; zur Abgrenzung → Rn. 58 ff.).

Das Umlaufvermögen gliedert sich nach § 266 HGB wie folgt:

B. Umlaufvermögen
  I. Vorräte
  II. Forderungen und sonstige Vermögensgegenstände
    1. Forderungen aus Lieferungen und Leistungen
    2. Forderungen gegen verbundene Unternehmen
    3. Forderungen gegen Unternehmen, mit denen ein Beteiligungsverhältnis besteht
    4. Sonstige Vermögensgegenstände

> III. Wertpapiere
> 1. Anteile an verbundenen Unternehmen
> 2. Sonstige Wertpapiere
> IV. Kassenbestand, Guthaben bei Kreditinstituten

Für Stiftungen sind insbesondere die Posten der *Wertpapiere des Umlaufvermögens* sowie die *Forderungen* relevant. Im Folgenden werden zunächst einige Ergänzungen zu den *Wertpapieren des Umlaufvermögens* gemacht. In großen Teilen kann aber auf die Ausführungen zu den Wertpapieren des Anlagevermögens verwiesen werden. Daran anschließend wird die *Bewertung von Forderungen* behandelt.

a) Bewertung von Wertpapieren des Umlaufvermögens

Bei **Wertpapieren des Umlaufvermögens** handelt es sich um Wertpapiere, die nur vorübergehend gehalten werden, weil beispielsweise zeitweise überschüssige Liquidität kurzfristig angelegt werden soll. Bei steuerbegünstigten Stiftungen sind dies i.d.R. zeitnah zu verwendende Mittel, deren Äquivalent auf der Passivseite entweder der *Ergebnisvortrag*, die *Projektrücklagen* oder auch *Verbindlichkeiten bzw. Rückstellungen für Projekte* darstellen. Anders als bei den Wertpapieren des Anlagevermögens geht es bei den Wertpapieren des Umlaufvermögens darum, die Möglichkeit und den Willen zu haben, diese kurzfristig zu veräußern und insoweit Liquidität zu generieren.

Wertpapiere des Umlaufvermögens sind im Zeitpunkt des Erwerbs mit den Anschaffungskosten zu bewerten, für Folgeperioden gilt das **strenge Niederstwertprinzip**, d.h. es ist zwingend auf den niedrigeren beizulegenden Zeitwert abzuschreiben. Da die Wertpapiere jederzeit veräußert werden können, ist für die Ermittlung des beizulegenden Zeitwerts der Absatzmarkt relevant, also der Veräußerungspreis. In der Kommentierung wird danach unterschieden, ob es zum Abschlussstichtag eine konkrete Absicht der Veräußerung gibt oder nicht. Im ersten Fall ist der niedrigere Börsenwert anzusetzen, wobei dieser noch um die zu erwartenden Verkaufsspesen zu kürzen ist, im zweiten Fall nicht (vgl. BeBiKo/*Schubert/Roscher* § 253 Rn. 609 f.).

Auch für die Wertpapiere des Umlaufvermögens gilt das Wertaufholungsgebot. Es ist insofern, maximal bis zu den ursprünglichen Anschaffungskosten, wieder zuzuschreiben, wenn sich der Wert des Papiers wieder erholt hat.

Für die weiteren Details (beispielsweise zum *beizulegenden Wert*) kann im Wesentlichen auf die Ausführungen zu den Wertpapieren des Anlagevermögens verwiesen werden (→ Rn. 87 ff.).

b) Ansatz und Bewertung von Forderungen

Forderungen werden im Handelsrecht untergliedert in *Forderungen aus Lieferungen und Leistungen*, *Forderungen gegen verbundene Unternehmen*, *Forderungen gegen Unternehmen, mit denen ein Beteiligungsverhältnis besteht,* sowie *sonstige Vermögensgegenstände* als Sammelposten aller übrigen Forderungen.

Auch längerfristige Forderungen sind grundsätzlich im Umlaufvermögen auszuweisen, es ist dann im Anhang ein „davon-Vermerk" über die Höhe der Forderungen mit einer Restlaufzeit von mehr als einem Jahr vorzunehmen (§ 268 Abs. 4 S. 1 HGB, → Rn. 247). Forderungen, deren Rückzahlung bis auf weiteres nicht geplant ist oder auch Darlehensforderungen mit langer Laufzeit (größer 5 Jahre) sind dagegen innerhalb des Anlagevermögens als **Ausleihungen** zu zeigen.

120 Forderungen sind mit ihrem Nennwert anzusetzen, also dem Betrag, den die Stiftung vom Schuldner zurückfordern kann. Da im Umlaufvermögen das **strenge Niederstwertprinzip** gilt, ist ggf. wiederum auf den niedrigeren beizulegenden Wert abzuschreiben (§ 253 Abs. 4 S. 2 HGB). Anders als im Bereich der Wertpapiere existiert für Forderungen allerdings regelmäßig kein Börsen- oder Marktwert. Die Einschätzung der Werthaltigkeit der Forderung obliegt insofern dem Bilanzierenden und ist abhängig von der *Zahlungsfähigkeit* sowie der *Zahlungswilligkeit* des Schuldners. In der Praxis erfolgen Wertberichtigungen auf Forderungen einerseits mittels *Einzelwertberichtigungen*, andererseits werden auf bestimmte Forderungsgruppen *Pauschalwertberichtigungen* vorgenommen.

121 Im Rahmen der **Einzelwertberichtigungen** wird die einzelne Forderung betrachtet. Eine Abwertung erfolgt, wenn der Stiftung Umstände bekannt sind, die darauf schließen lassen, dass die Forderung mit über das allgemeine Kreditrisiko hinausgehenden Risiken behaftet ist (vgl. BeBiKo/*Schubert/Roscher* § 253 Rn. 569). Die Einzelbetrachtung ergibt sich hierbei aus dem Grundsatz der Einzelbewertung. Solche Umstände können Zahlungsschwierigkeiten oder eine Insolvenz des Schuldners sein, aber auch ein Abstreiten der Forderung durch die Gegenseite. Je nach Risiko erfolgt eine Wertberichtigung in Höhe eines festzulegenden Prozentsatzes. Grundsätzlich sollte hier das Vorsichtsprinzip im Vordergrund stehen – eine Wertberichtigung der Forderung bedeutet zudem nicht, dass diese nicht weiter eingetrieben werden sollte. Sie spiegelt lediglich die Wahrscheinlichkeit eines Forderungseingangs unter Berücksichtigung des Vorsichtsprinzips wider. Eine Forderung sollte bei erheblichen Zahlungsschwierigkeiten des Emittenten zu mindestens 50%, bei einer Insolvenz zu 100% wertberichtigt werden.

122 Während bei der Einzelwertberichtigung das konkrete, über das allgemeine Ausfall- und Kreditrisiko hinausgehende Risiko einzelner Forderungen abgebildet wird, wird letzteres durch die sog. **Pauschalwertberichtigungen** berücksichtigt. Hierzu werden einzelne Forderungsgruppen gebildet und individuelle Wertberichtigungssätze angewendet. So sind Auslandsforderungen je nach Länderrisiko möglicherweise mit einem höheren Risiko behaftet. Dagegen gelten Forderungen gegen die öffentliche Hand und Einrichtungen im Einzugsbereich der öffentlichen Hand als „quasi-sicher", so dass hier regelmäßig keine Pauschalwertberichtigungen gebildet werden. In der Regel liegen

die Wertberichtigungssätze für die Pauschalwertberichtigung zwischen einem und fünf Prozent.

Unverzinsliche Forderungen mit einer Laufzeit über einem Jahr sind auf den Barwert abzuzinsen, wobei der landesübliche Zinsfuß für festverzinsliche Wertpapiere mit der entsprechenden Laufzeit als Abzinsungssatz vorgeschlagen wird (vgl. BeBiKo/*Schubert/Roscher* § 253 Rn. 592).

3. Eigenkapital

a) Posten des Eigenkapitals im Detail

Nachdem oben bereits einige Ausführungen zur Gliederung des Eigenkapitals einer Stiftung gemacht worden sind (→ Rn. 39 ff.), wird im Folgenden auf die einzelnen Posten des Eigenkapitals vertiefend eingegangen.

aa) Abgrenzung des zu erhaltenden Stiftungskapitals

Das Stiftungskapital sollte separat ausgewiesen werden, „um den Nachweis der Erhaltung des Vermögens führen zu können" (IDW RS HFA 5 a.F. Rn. 52). Hierbei ist nicht ohne weiteres klar, wie sich das zu erhaltende Stiftungsvermögen abgrenzt. Die Landesstiftungsgesetze sprechen i.d.R. davon, dass „das Stiftungsvermögen in seinem Bestand zu erhalten" ist (z.B. § 7 Abs. 2 S. 1 LStiftG BaWü). Insofern fordern die Landesstiftungsgesetze die Erhaltung des Stiftungs*vermögens*, nicht des Stiftungskapitals. Das Landesstiftungsgesetz Bayern führt hierzu den Begriff des **„Grundstockvermögens"** ein (Art. 6 Abs. 2 BayStG). Dieses wird dort als „das Vermögen, das der Stiftung zugewendet wurde, um aus seiner Nutzung dem Stiftungszweck dauernd zu dienen", definiert.

Beim Grundstockvermögen handelt es sich also um das der Stiftung bei Errichtung im Rahmen des Stiftungsgeschäftes gewidmete Vermögen (§ 82 Satz 1 BGB; vgl. auch IDW RS HFA 5 Rn. 9), welches grundsätzlich (wenn vom Stifter nichts anderes bestimmt ist) im Zeitablauf zu erhalten ist.

Dies können konkrete Vermögensgegenstände sein, für die der Stifter eine explizite Erhaltung vorgesehen hat (z.B. ein denkmalgeschütztes Gebäude); i.d.R. wird es sich aber um Vermögensgegenstände handeln, die grundsätzlich veräußert werden können und bei deren Einbringung der Stifter beabsichtigte, der Stiftung einen bestimmten *Wert* zukommen zu lassen. Hierzu führt das IDW aus: „Die Erhaltung des Grundstockvermögens lässt sich, sofern sie nicht gegenständlich, sondern wertmäßig zu erfolgen hat, konzeptionell durch die Erhaltung des Stiftungskapitals (Kapitalerhaltung) nachweisen" (IDW RS HFA 5 Rn. 9). Im Falle der gegenständlichen Erhaltung des Stiftungsvermögens kann auch von der *Substanzerhaltung*, im Falle der wertmäßigen Erhaltung von der *Kapitalerhaltung* gesprochen werden (zum Nachweis der Vermögenserhaltung → Rn. 155 ff.).

126 Der Gegenwert des auf der Aktivseite der Bilanz ausgewiesenen, bei Errichtung der Stiftung eingebrachten Grundstockvermögens wird unter dem Posten **Stiftungskapital** auf der Passivseite ausgewiesen. Gleiches gilt für **Zustiftungen**, die dem Stiftungskapital im Laufe der Zeit zuwachsen und ebenfalls dauerhaft zu erhalten sind. Die Stellungnahme des IDW zur Rechnungslegung von Stiftungen gliedert das Stiftungskapital wie folgt:

A. Eigenkapital
I. Stiftungskapital
1. Errichtungskapital
2. Zustiftungskapital
II. Rücklagen
1. Kapitalrücklage
2. Ergebnisrücklagen
a. Zweckgebundene Rücklagen
b. Frei verfügbare Rücklagen
III. Umschichtungsergebnisse
IV. Ergebnisvortrag

Abb. 32: Gliederung des Eigenkapitals I (in Anlehnung an IDW HFA 5 Rn. 55)

Verwirrung bereitet es Bilanzlesern teilweise, dass auf der Passivseite von Stiftungen häufig ein Posten mit der Bezeichnung *Grundstockvermögen* ausgewiesen wird, wobei das *Vermögen* normalerweise in der Bilanz auf der Aktivseite, das *Kapital* auf der Passivseite gezeigt wird. Daher verwendet die überarbeitete Stellungnahme des IDW den Begriff des „Grundstockvermögens" nur noch für die Aktivseite, das Stiftungskapital wird nunmehr in Errichtungskapital und Zustiftungskapital unterteilt. Errichtungskapital ist demnach der Wert des Vermögens, welches der Stiftung im Rahmen der Errichtung durch Stiftungsakt vom Stifter übertragen worden ist (IDW RS HFA 5 Rn. 58, die alte Stellungnahme zeigte demgegenüber das Grundstockvermögen innerhalb des Eigenkapitals).

127 Grundstockvermögen ist nicht notwendigerweise *Anlagevermögen*. So kann der Stifter durchaus auch zum Verbrauch bestimmte Vermögensgegenstände dem Stiftungskapital zuführen. Teilweise werden Vermögensgegenstände in die Stiftung eingebracht, die kurzfristig veräußert werden sollen. Zu erhalten ist auch in diesen Fällen nicht der Vermögensgegenstand selbst sondern das entsprechende, auf der Passivseite ausgewiesene *Errichtungskapital*.

128 Das IDW forderte noch in der alten Stellungnahme zur Rechnungslegung von Stiftungen aus dem Jahr 2000, dass die Vermögensgegenstände des Grundstockvermögens auf der Aktivseite mit einem „davon-Vermerk" versehen werden, bzw. alternativ die Zuordnung im Anhang angegeben wird (IDW RS HFA 5 a.F. Rn. 53). In der Praxis führte dies häufig zu Schwierigkeiten, insbesondere wenn auch Umlaufvermögen in die Stiftung eingebracht wird (vgl. auch *Koss*, Rechnungslegung von Stiftungen, 2003, S. 109). Eine zumindest gegenständliche Zuordnung ist allerdings notwendig, um Umschich-

III. Darstellung einzelner Sachverhalte in der Bilanz

tungsergebnisse zuzuordnen und den Nachweis der Kapitalerhaltung besser führen zu können. Die überarbeitete Stellungnahme sieht daher die „davon-Vermerke" nicht mehr grundsätzlich vor, sondern nur noch für zwei Fälle:

- Das Grundstockvermögen ist gegenständlich zu erhalten (IDW RS HFA 5 Rn. 49),
- es werden Umschichtungsergebnisse ausgewiesen (IDW RS HFA 5 Rn. 66).

> **Beispiel zum Verhältnis Grundstockvermögen und Stiftungskapital**
>
> Der Stifter legt als zu erhaltendes Stiftungsvermögen u.a. ein Mehrfamilienwohnhaus mit einem Wert von 500 TEUR ein. Das Grundstück hat einen Wert von 100 TEUR. Das Gebäude wird über 50 Jahre abgeschrieben. Aus den Mieterträgen sollen die Stiftungszwecke erfüllt werden.
>
> Im Zeitpunkt der Errichtung der Stiftung weist diese auf der Aktivseite ein Grundstockvermögen in Form von „Grundstücken und Gebäude" in Höhe von 600 TEUR aus, auf der Passivseite wird ein Stiftungskapital von ebenfalls 600 TEUR gezeigt. Im Laufe der Zeit wird das Gebäude abgeschrieben.
>
> In diesem Fall ist nicht die gegenständliche Erhaltung des Stiftungsvermögens Ziel der Kapitalerhaltung, sondern der Wert des eingebrachten Grundstockvermögens, abgebildet im Stiftungskapital, ist zu erhalten. Dies geschieht, indem aus den Mieterträgen zunächst die Abschreibungen erwirtschaftet werden müssen, erst darüber hinausgehende Mieterträge stehen für den Stiftungszweck zur Verfügung.
>
> Nach 10 Jahren hat das Gebäude noch einen Wert von 400 TEUR. Auf der Passivseite werden weiterhin 600 TEUR Stiftungskapital ausgewiesen. Diesem steht dann Grundstockvermögen wie folgt gegenüber:
>
> Grundstück: 100 TEUR
> Gebäude: 400 TEUR
> Bankkonto: 100 TEUR
>
> Beim Bankkonto handelt es sich um die thesaurierte Mieterträge, welchen der Aufwand aus den Abschreibungen gegenübersteht. Indem die Abschreibungen das Ergebnis gemindert haben (allerdings nicht liquiditätswirksam geworden sind) werden die entsprechenden Erträge geblockt und stehen für Mittelausgaben nicht zur Verfügung. Sie sammeln sich entsprechend auf dem Bankkonto an.

Die Gliederung nach IDW sieht unter dem Posten „Stiftungskapital" nur noch den Ausweis von *Errichtungskapital* und *Zustiftungskapital* vor, da diese Posten im Zeitablauf zu erhalten sind. Eine *Zuführung aus der Ergebnisrücklage*, wie sie die alte Stellungnahme noch explizit vorsah, ist aber nach wie vor möglich (z.B. zum Ausgleich von Verlusten im Stiftungskapital, vgl. IDW RS HFA 5 a.F. Rn. 52). Bei steuerbegünstigten Stiftungen kann eine solche Zuführung zum Stiftungskapital allerdings nur aus freien Rücklagen i.S.d. § 62 Abs. 1 Nr. 3 AO erfolgen.

bb) Ausweis einer Kapitalrücklage

130   Die Stellungnahme des IDW zur Rechnungslegung von Stiftungen sieht den separaten Ausweis einer Kapitalrücklage vor:

A. Eigenkapital
I. Stiftungskapital
1. Errichtungskapital
2. Zustiftungskapital
II. Rücklagen
1. Kapitalrücklage
2. Ergebnisrücklagen
a. Zweckgebundene Rücklagen
b. Frei verfügbare Rücklagen
III. Umschichtungsergebnisse
IV. Ergebnisvortrag

Abb. 33: Gliederung des Eigenkapitals II (in Anlehnung an IDW HFA 5 Rn. 55)

Der Begriff der Kapitalrücklage kommt aus dem Handelsrecht und bezeichnet Zuzahlungen, die ein Gesellschafter in das Eigenkapital einer Kapitalgesellschaft neben dem von ihm einzuzahlenden „gezeichneten Kapital" leistet (vgl. § 272 Abs. 2 HGB, zu weiteren Details vgl. BeBiKo/*Winkeljohann/ Hoffmann* § 272 Rn. 160 ff.). Für Stiftungen, die keine Gesellschafter haben, ist die Tatsache relevant, dass die Kapitalrücklage „solche Kapitalbeiträge (erfasst), die der (Stiftung) von außen zugeführt werden und nicht aus dem erwirtschafteten Ergebnis gebildet werden" (BeBiKo/*Winkeljohann/Hoffmann* § 272 Rn. 160). Insofern ist der Begriff im Bereich der Stiftungen zwar an den Begriff der Kapitalrücklage des Handelsrechts angelehnt, ist aber nicht identisch mit diesem. Unter den Kapitalrücklagen einer Stiftung sollen „sonstige Zuzahlungen des Stifters zur Stärkung des Kapitals erfasst (werden), die weder dem Errichtungskapital noch den Zustiftungen zuzuordnen sind" (IDW RS HFA 5 Rn. 62).

131   Hintergrund dieses Postens ist die Problematik, dass insbesondere gemeinnützige Stiftungen, die von ihren Erträgen nur bestimmte Teile thesaurieren können, bei niedrigem Zinsniveau eine Kapitalerhaltung nur schwer erreichen können. So ist eine reale Kapitalerhaltung i.d.R. nur über entsprechende Umschichtungsergebnisse zu erreichen. Treten Verluste bei der Anlage des Stiftungskapitals ein, können diese ebenfalls häufig nicht über thesaurierte Gewinne ausgeglichen werden. In vielen Fällen zahlen aus diesen oder anderen Gründen Stifter oder Dritte weitere Mittel in die Stiftung ein, die weder Stiftungskapital darstellen sollen (also ihrerseits nicht im Zeitablauf erhalten

III. Darstellung einzelner Sachverhalte in der Bilanz

werden sollen), noch zur zeitnahen Verwendung gedacht sind. Diese Mittel werden dann in eine Rücklage eingestellt, die, da sie nicht aus dem Ergebnis gebildet worden ist, keine Ergebnisrücklage darstellt (vgl. zur Möglichkeit der Bildung einer Kapitalrücklage in Stiftungen auch schon Seifert/von Campenhausen/*Orth*: Stiftungsrechts-Handbuch, 3. Aufl. 2009, § 37 Rn. 240 f.).

Voraussetzung für die Einstellung in eine Kapitalrücklage ist, dass der Stifter oder der Dritte explizit angeordnet hat, dass die Mittel weder im Zeitablauf zu erhalten sind (also eine Zustiftung darstellen) noch zeitnah zu verwenden sind (im Sinne einer Spende). Es ist insofern ausdrücklich die Einstellung in eine zumindest längerfristig verfügbare Rücklage anzuordnen. 132

> Die IDW Stellungnahme zur Rechnungslegung: Besonderheiten der Rechnungslegung Spenden sammelnder Organisationen (IDW RS HFA 21) sieht den Fall, dass Spenden der Stärkung des Eigenkapitals dienen sollen, nur für den Fall gegeben an, dass „der Spender die Spende mit der Auflage (verbindet, dass) die Spende unmittelbar in die Kapitalrücklage i.S.d. § 272 Abs. 2 Nr. 4 HGB der Organisation (eingestellt wird) und (…) hierzu ausdrücklich eine Zuweisung in das Eigenkapital erklärt (worden ist)" (IDW RS HFA 21, Rn. 23 mit Verweis auf IDW St/HFA 2/1996). Der Verweis auf § 272 HGB ist bei einer Stiftung nicht zielführend. Allerdings ist der explizite Hinweis des Stifters, dass die Spende keine Zustiftung ist und auch nicht zeitnah zu verwenden ist, auch hieraus abzuleiten.

In diesem Zusammenhang stellt sich auch die Frage, inwieweit die **Einstellung einer Erbschaft in die Kapitalrücklage** möglich ist. Voraussetzung ist in jedem Fall, dass der Erblasser keine Anweisungen zur Verwendung als Zustiftung oder als Spende erteilt hat. Idealerweise hat er stattdessen die Einstellung in die Kapitalrücklage angeordnet. Fehlt eine explizite Anordnung, ist der mutmaßliche Wille des Erblassers zu ergründen. Da keine Anweisung getroffen wurde, ist allerdings in den meisten Fällen davon auszugehen, dass eine hohe Flexibilität gewünscht ist, bzw. die Entscheidung dem Stiftungsvorstand überlassen wird. Vor diesem Hintergrund spricht u.E. nichts dagegen, auch Erbschaften, bei denen der Erblasser keine explizite Anweisung erteilt hat, der Kapitalrücklage zuzuführen. 132a

Steuerrechtlich handelt es sich bei der Einstellung in die Kapitalrücklage um eine Spende im Sinne des § 62 Abs. 3 Nr. 3 AO, also um „Zuwendungen, bei denen der Zuwendende ausdrücklich erklärt, dass sie zur Ausstattung der Körperschaft mit Vermögen oder zur Erhöhung des Vermögens bestimmt sind". Inwieweit die erhöhten Abzugsmöglichkeiten des Spendenrechts greifen, hängt vom Charakter der Zuwendung im Einzelnen ab (vgl. zur erhöhten Abzugsmöglichkeit von Spenden in den Vermögensstock einer Stiftung § 10b Abs. 1a EStG). 133

Beispiele Kapitalrücklage

In der Satzung der Ferdinand Fleißig-Stiftung wird die reale Kapitalerhaltung gefordert. Da Fleißig ein konservativer Anleger ist, reichen die Erträge der Stiftung nicht aus, um neben dem Stiftungszweck auch den Inflationsausgleich zu decken. Fleißig gleicht die fehlenden Beträge zum

> Inflationsausgleich jeweils aus und stellt diese in die Kapitalrücklage ein. Da das Geld ebenso wie das Stiftungskapital aufgrund der Verpflichtung zur realen Kapitalerhaltung gebunden ist, sollte ein erhöhter Spendenabzug möglich sein.
> Die Hans Dampf-Stiftung legt ihr Stiftungskapital ausschließlich in Aktien an, und verzeichnet immer wieder auch größere Verluste. Dampf gleich diese regelmäßig aus und stellt die Mittel in die Kapitalrücklage ein. Ein erhöhter Spendenabzug wird hier nicht möglich sein.

cc) Inhalt und Gliederung der Ergebnisrücklagen

134 Im Gegensatz zu den Kapitalrücklagen werden die Ergebnisrücklagen nicht von außen der Stiftung zugeführt, sondern aus den Jahresergebnissen gebildet und stellen insofern eine Thesaurierung von (positiven) Ergebnissen dar. Sie sind damit vergleichbar mit *handelsrechtlichen Gewinnrücklagen*. Dort wird als wesentliches Merkmal der Gewinnrücklagen deren Bildung aus dem Jahresüberschuss genannt (vgl. BeBiKo/*Winkeljohann/Hoffmann* § 272 Rn. 230). Zielsetzung der Bildung von Ergebnisrücklagen ist die Stärkung der Eigenkapitalbasis der Stiftung.

135 Sämtliche Stiftungsgesetze sehen vor, dass die Erträge aus dem Stiftungsvermögen grundsätzlich zur laufenden Erfüllung des Stiftungszwecks zu verwenden sind (vgl. z.B. Art 6 Abs. 3 BayStG, § 4 Abs. 3 NRW StiftG). Teilweise wird daher stiftungsrechtlich zwischen einer *Vermögenssphäre* und einer *Ertragssphäre* unterschieden (vgl. Hüttemann/Richter/Weitemeyer/*Hüttemann*: Ertragsverwendung und Rücklagenbildung, in: Landesstiftungsrecht, Rn. 16.3). Danach umfasst die **Vermögenssphäre** das zu erhaltende und damit nicht zu verwendende Vermögen, wohingegen die in der **Ertragssphäre** anfallenden Erträge für den Stiftungszweck zwingend zu verwenden sind. Die Zuführung von Erträgen in die Vermögenssphäre wird auch als **Admassierung** bezeichnet. In diesem Zusammenhang wird auch von einem allgemeinen **Admassierungsverbot** gesprochen (vgl. *Koss*: Rechnungslegung von Stiftungen, 2003, S. 134 f.; Hüttemann/Richter/Weitemeyer/*Hüttemann*: Ertragsverwendung und Rücklagenbildung, in: Landesstiftungsrecht, Rn. 16.12). Insofern stellt die Bildung von Ergebnisrücklagen innerhalb der Ertragssphäre stiftungsrechtlich zunächst einmal eine Durchbrechung der Forderung nach Verausgabung dieser Erträge dar.

136 Einige Stiftungsgesetze sehen ausdrücklich die Bildung von Rücklagen vor.

> § 4 Abs. 3 HambStiftG führt aus: „Rücklagen dürfen gebildet werden, soweit dies der nachhaltigen Verwirklichung des Stiftungszwecks dient und der Satzung nicht entgegensteht". Nach § 7 Abs. 3 BremStiftG heißt es: „... die Verwendung für den Stiftungszweck schließt die Bildung angemessener Rücklagen nicht aus". Schließlich führt § 6 Abs. 2 S. 1 SaarlStiftG aus: „Die Erträge des Stiftungsvermögens und Zuwendungen an die Stiftung sind ausschließlich für den Stiftungszweck und zur Deckung der Verwaltungskosten der Stiftung sowie zur Bildung angemessener Rücklagen zu verwenden".

III. Darstellung einzelner Sachverhalte in der Bilanz

Andere Stiftungsgesetze sehen lediglich die Möglichkeit vor, Teile der Mittel dem Vermögen zuzuführen, was in der Literatur ebenfalls als Erlaubnis der Rücklagenbildung gewertet wird (so z.b. Hüttemann/Richter/Weitemeyer/*Hüttemann:* Ertragsverwendung und Rücklagenbildung, in: Landesstiftungsrecht, Rn. 16.1; vgl. zur Erlaubnis der Vermögenszuführung z.B. Art. 6 Abs. 3 BayStG).

Die Stiftung verfolgt zwei wesentlichen Ziele: Die *Erhaltung des Vermögens* und die *Verwirklichung der Zwecke*. Beide Ziele stehen teilweise im Widerspruch. Aus der Pflicht zur Erhaltung des Vermögens kann nach h.M. die Möglichkeit, ja sogar die *Pflicht* zur Bildung angemessener Rücklagen auch ohne expliziten Hinweis im jeweiligen Landesstiftungsgesetz gefolgert werden. Die Rücklagenbildung dient dabei der dauerhaften Zweckerfüllung, indem Reserven für die Zukunft geschaffen werden.

Zur **Höhe der Rücklagenbildung** enthalten die Stiftungsgesetze keine konkreten Vorgaben, es wird lediglich von der Bildung *angemessener* Rücklagen gesprochen (§ 7 Abs. 3 BremStiftG, § 6 Abs. 2 S. 1 SaarlStiftG). Die Angemessenheit ist dabei vor dem Hintergrund der Pflicht zur Erhaltung des Stiftungsvermögens zu interpretieren.

Die Eigenkapitalgliederung des IDW sieht den separaten Ausweis von **Ergebnisrücklagen** vor.

A. Eigenkapital
I. Stiftungskapital
1. Errichtungskapital
2. Zustiftungskapital
II. Rücklagen
1. Kapitalrücklage
2. Ergebnisrücklagen
a. Zweckgebundene Rücklagen
b. Frei verfügbare Rücklagen
III. Umschichtungsergebnisse
IV. Ergebnisvortrag

Abb. 34: Gliederung des Eigenkapitals III (in Anlehnung an IDW HFA 5 Rn. 55)

In der Stellungnahme des IDW aus dem Jahr 2000 wurde eine Unterteilung in eine **Kapitalerhaltungsrücklage** und *sonstige Ergebnisrücklagen* vorgeschlagen (IDW RS HFA 5 a.F. Rn. 54 f.). Die Kapitalerhaltungsrücklage sollte immer dann dotiert werden, wenn eine über die nominale Erhaltung hinausgehende Erhaltung des Stiftungskapitals angestrebt wird. Entsprechend weist sie den Inflationsausgleich aus, der sich aus einer Indexierung des Kapitals ergibt (→ Rn. 166). Die Problematik in der Praxis ist, dass es der Stiftung häufig aufgrund gemeinnützigkeitsrechtlicher Beschränkungen nicht möglich ist, den rechnerisch notwendigen Betrag in die Kapitalerhaltungsrücklage einzustellen. Ist hier aber nur ein Teilbetrag des Inflationsausgleichs ausgewiesen, ist die

Kapitalerhaltung zumindest aus der Bilanz nicht erkennbar. In der Praxis ist die Kapitalerhaltungsrücklage nicht weit verbreitet – in der überarbeiteten Stellungnahme heißt es dazu nur noch: „Soweit zur realen Kapitalerhaltung aus den Ergebnissen eine entsprechende (Kapitalerhaltungs-)Rücklage gebildet wird, ist diese offen in den Ergebnisrücklagen auszuweisen" (IDW RS HFA 5 Rn. 65).

138 Die Ergebnisrücklagen sollten weiter aufgegliedert werden, beispielsweise nach Projekten oder Zweckbindungen (IDW RS HFA 5 Rn. 65). Möglich ist auch eine Aufteilung in **„frei verfügbare Rücklagen"** und **„zweckgebundene Rücklagen"**. Diese korrespondiert nicht notwendigerweise mit der steuerlichen Rücklagenbildung, wo eine Rücklagenbildung nach § 62 Abs. 1 Nr. 3 AO („freie Rücklage") und nach § 62 Abs. 1 Nr. 1 AO („Projektrücklagen") unterschieden werden kann. Auch aus stiftungsrechtlicher Sicht ist es z.B. für ein Gremium, welches über zukünftige Projekte entscheidet, eine wichtige Information, ob es sich bei den gebildeten Ergebnisrücklagen um Rücklagen handelt, die bereits intern beschlossene aber noch nicht nach außen kommunizierte Projekte betreffen, oder aber ob es sich um frei verfügbare, der Stärkung des Eigenkapitals dienende Rücklagen handelt. Auch für die Frage der Kapitalerhaltung ist diese Unterscheidung wichtig (nur die frei verfügbaren Rücklagen können in die Berechnung einbezogen werden → Rn. 166).

139 Die Stellungnahme zur Rechnungslegung von Stiftungen aus dem Jahr 2000 sah die explizite Möglichkeit vor, dass eine Stiftung, die nicht nach handelsrechtlichen Grundsätzen Rechnung legen muss, ihre Vermögensgegenstände zu **Zeitwerten** bewertet (IDW RS HFA 5 a.F. Rn. 49, → Rn. 113 f.). Dies führt zu einer gewissen Volatilität – im Bereich der Finanzanlagen aber auch zu gewissen Erleichterungen, da jeweils der Jahresendkurs in die Bilanz aufgenommen werden kann. Auch kann der Nachweis der Kapitalerhaltung in vielen Fällen direkt über die Bilanz erbracht werden.

Die Bewertung zu Zeitwerten hat sich dann allerdings auf alle Vermögensgegenstände und Schulden zu erstrecken und dies ist auch hinreichend deutlich zu machen (IDW RS HFA 5 a.F. Rn. 49). Die Bewertung zu Zeitwerten wird in der überarbeiteten Stellungnahme nicht mehr explizit genannt, ist aber weiterhin möglich. Weitere Voraussetzung für die Bewertung zu Zeitwerten ist, dass, über die Anschaffungs- oder Herstellungskosten hinausgehende Beträge nicht verwendet werden dürfen, sondern in eine **Neubewertungsrücklage** eingestellt werden müssen. Auch diese ist dann Teil der Ergebnisrücklagen. Zur Technik der Bildung der Neubewertungsrücklage äußerte sich die Stellungnahme nicht, es sollte allerdings, da die Mittel der Stiftung nicht von außen zugeführt werden, eine Verbuchung über die Gewinn- und Verlustrechnung einer erfolgsneutralen Verbuchung vorgezogen werden.

dd) Ausweis steuerrechtlicher Rücklagen in der Stiftungsbilanz

140 Weit über 90 % aller Stiftungen sind gemeinnützig. In der Praxis versuchen insbesondere kleinere Stiftungen häufig, Vorgaben des Gemeinnützigkeits-

III. Darstellung einzelner Sachverhalte in der Bilanz

rechts in der stiftungsrechtlichen Bilanz abzubilden und insofern eine „*Einheitsbilanz*" für Stiftungs- und Steuerrecht aufzustellen (hierzu im Detail → Kapitel D Rn. 45 ff.). Dies betrifft insbesondere auch die steuerrechtlichen Rücklagen, die eine gemeinnützige Einrichtung nach § 62 der Abgabenordnung bilden darf.

Im Einzelnen sieht § 62 der Abgabenordnung die folgenden Rücklagen vor: *Projekt- oder Zweckrücklage* (§ 62 Abs. 1 Nr. 1 AO), *Betriebsmittelrücklage* (§ 62 Abs. 1 Nr. 1 AO), *Wiederbeschaffungsrücklage* (§ 62 Abs. 1 Nr. 2 AO) und *Freie Rücklage* (§ 62 Abs. 1 Nr. 3 AO). Zur Beschreibung der Rücklagen im Detail → Kapitel C Rn. 55 ff.

Grundsätzlich stellt sich an dieser Stelle die Frage nach dem Charakter steuerrechtlicher Rücklagen. Bei den **stiftungsrechtlichen Ergebnisrücklagen** handelt es sich, wie oben dargestellt, um eine *Ergebnisverwendung*. Handelsrechtlich erwirtschaftet die Stiftung zunächst ein Jahresergebnis als Saldo der Erträge und Aufwendungen. Ist dieses Jahresergebnis (ggf. zuzüglich eines Ergebnisvortrags und abzüglich eines Verlustvortrags aus Vorjahren) positiv, so kann dieser Betrag in die Ergebnisrücklagen eingestellt werden. Bei den **gemeinnützigkeitsrechtlichen Rücklagen** handelt es sich dagegen um eine *Mittelreservierung*. Ansonsten zeitnah zu verwendende Mittel werden in eine Rücklage eingestellt um gerade nicht zeitnah verwendet werden zu müssen. Ob ein entsprechendes handelsrechtliches Ergebnis vorhanden ist, ist für die Berechnung der Rücklagen zunächst einmal nicht relevant, zumal die steuerrechtliche Mittelverwendung auf Basis des Zufluss- und Abflussprinzips berechnet wird, während der handelsrechtliche Jahresabschluss dem Periodisierungsprinzip folgt.

> **Beispiel steuerrechtliche Rücklagen in der Handelsbilanz**
>
> Die Wilhelm-Wohltäter-Stiftung betreibt ein Krankenhaus. Aus der Verwaltung ihres umfangreichen Vermögensstocks erhält sie Mieteinnahmen, Zinsen und Dividenden (jeweils abzüglich Unkosten) von 600.000 EUR. Der Zweckbetrieb Krankenhaus ist dagegen defizitär und liefert einen Verlust in Höhe von 500.000 EUR ab. Die Differenz sei auch das Jahresergebnis.
>
> Gemeinnützigkeitsrechtlich kann entsprechend § 62 Abs. 1 Nr. 3 AO eine freie Rücklage von 200.000 EUR gebildet werden (Ein Drittel des Überschusses aus der Vermögensverwaltung). Auch wenn das Ergebnis des Jahres nur 100.000 EUR beträgt, können ausreichend liquide Mittel verfügbar sein, die gemeinnützigkeitsrechtlich der zeitnahen Verwendung entzogen werden sollen, z.B. weil das Jahresergebnis durch Abschreibungen belastet ist.
>
> Handelsrechtlich kann aber immer nur das Jahresergebnis (hier 100.000 EUR) in die Rücklagen eingestellt werden.

Vor diesem Hintergrund gibt es in der Literatur vereinzelt Stimmen, die der Auffassung sind, dass die gemeinnützigkeitsrechtlichen Rücklagen auf der Aktivseite auszuweisen wären (also beispielsweise als „davon-Vermerk" bei dem Posten „Bankguthaben"). Dieser Sicht ist u.E. nicht zu folgen (vgl. hierzu auch *Spiegel/Römer*, npoR 2010, S. 103).

142 Andererseits sind stiftungsrechtliche Rücklagen auch nicht an die Grenzen des Gemeinnützigkeitsrechts gebunden. Das Stiftungsrecht erwartet – wie oben gezeigt – dass die erwirtschafteten Mittel grundsätzlich auch für den Stiftungszweck verwendet werden, allerdings ist die Bildung angemessener Rücklagen möglich und zur nachhaltigen Zweckerfüllung auch ggf. notwendig.

> **Beispiel steuerrechtliche Rücklagen versus stiftungsrechtliche Rücklagen**
>
> In § 4 Abs. 3 HambStiftG heißt es: „Rücklagen dürfen gebildet werden, soweit dies der nachhaltigen Verwirklichung des Stiftungszwecks dient und die Satzung nicht entgegensteht".
>
> Die gemeinnützige Hamburger Schifffahrts-Stiftung verfolgt entsprechend ihrer Satzung das Konzept der realen Kapitalerhaltung. Der Inflationsausgleich wird jeweils in eine Kapitalerhaltungsrücklage eingestellt.
>
> *Stiftungsrechtlich* in Verbindung mit der Satzung ist der Inflationsausgleich also jeweils in eine Rücklage einzustellen. *Gemeinnützigkeitsrechtlich* ist allerdings möglich, dass die nicht zeitnah zu verwendenden Erträge (Zuführung zur freien Rücklage und Umschichtungsergebnisse) nicht ausreichen, den Inflationsausgleich abzubilden.

143 In diesem Zusammenhang stellt sich die Frage nach dem Vorrang von **Stiftungsrecht** und **Steuerrecht**. Hierzu gibt es unterschiedliche Auffassungen. So wird insbesondere in der älteren Literatur zum Stiftungsrecht die Auffassung vertreten, dass das Stiftungsrecht dem Steuerrecht vorgehe, und von daher steuerliche Begrenzungen bei der Rücklagenbildung unbeachtlich sind (vgl. *Carstensen*, Die Erhaltung des Stiftungsvermögens, in IDW: Stiftungen – Rechnungslegung, Kapitalerhaltung, Prüfung und Besteuerung, 1997, S. 91 f.). Dagegen sieht *Hüttemann* den Vorrang des Steuerrechts schon deshalb als gegeben an, weil das Gemeinnützigkeitsrecht zwingend Teil der Satzung einer gemeinnützigen Stiftung ist (vgl. Hüttemann/Richter/Weitemeyer/ *Hüttemann*: Ertragsverwendung und Rücklagenbildung, in: Landesstiftungsrecht, Rn. 16.20 ff.).

Vom Grundsatz her sind die stiftungsrechtlichen Rücklagen, wenn steuerliche Rücklagen in einer Nebenrechnung geführt werden, nicht an das Gemeinnützigkeitsrecht gebunden. Hier könnten also – z.B. zur Erreichung einer realen Kapitalerhaltung – entsprechende Rücklagen gebildet werden. Allerdings ist dies eine vordergründige Sichtweise. Sobald die Stiftung auf eine

III. Darstellung einzelner Sachverhalte in der Bilanz **144, 145** E

längere Periode hin mehr thesauriert, als steuerrechtlich möglich ist, riskiert sie wegen der Durchbrechung des Grundsatzes der zeitnahen Mittelverwendung (§ 55 Abs. 1 Nr. 5 AO) letztendlich den Status der Gemeinnützigkeit. Im Ergebnis ist daher *Hüttemann* zuzustimmen, wonach die Grenzen der Thesaurierung bei einer gemeinnützigen Stiftung tendenziell durch das Steuerrecht bestimmt sind.

Einen Problemfall stellt allerdings die Konstellation dar, dass der Stifter in der Satzung explizit die reale Kapitalerhaltung angeordnet hat. Ist diese im Rahmen der Vorschriften zum Gemeinnützigkeitsrecht nicht erreichbar, ist der Stiftungsvorstand insoweit gezwungen, gegen eine Satzungsvorschrift zu verstoßen. Im Zweifel wird er allerdings auch hier dem Status der Gemeinnützigkeit den Vorrang geben, da die Auswirkungen einer Nichtbeachtung gravierender sind, als bei einer Nichterreichung der realen Kapitalerhaltung.

Das IDW präferiert vor dem Hintergrund der unterschiedlichen Zwecksetzungen von stiftungsrechtlichen und steuerrechtlichen Rücklagen, letztere in einer Nebenrechnung zu führen (IDW RS HFA 5 Rn. 25). Gleichzeitig wird gesehen, dass insbesondere kleinere Stiftungen in der Praxis häufig die steuerrechtlichen Rücklagen in der Bilanz abbilden wollen. Daher wird ausgeführt: „Rücklagen i.S.d. Abgabenordnung dürfen nur dann auch in der handelsrechtlichen Rechnungslegung als Ergebnisrücklagen gezeigt werden, wenn sie den handelsrechtlichen Vorschriften entsprechen" (IDW RS HFA 5 Rn. 67 mit Verweis auf Rn. 64). Im Ergebnis bedeutet dies, dass, wenn *gemeinnützigkeitsrechtliche Rücklagen* in der Handelsbilanz ausgewiesen werden, diese handelsrechtlich Gewinn- bzw. Ergebnisrücklagen darstellen. Eine Zuführung z.B. zur Rücklage nach § 62 Abs. 1 Nr. 3 AO ist demnach nur möglich, wenn es ein zu verteilendes Ergebnis inklusive Ergebnisvortrag gibt. Steuerrechtlich kann diese Rücklage ggf. – dann aber in einer Nebenrechnung – höher dotiert werden. **144**

Für das obige Beispiel bedeutet dies im Ergebnis, dass in der Stiftungsbilanz eine freie Rücklage nach § 62 Abs. 1 Nr. 3 AO in Höhe von 100.000 EUR gebildet werden kann. In einer Nebenrechnung könnten dagegen 200.000 EUR gebildet werden.

ee) Der Posten „Umschichtungsergebnisse"

(1) Behandlung von Umschichtungsergebnissen im Stiftungsrecht

Umschichtungsergebnisse entstehen, wenn Vermögensgegenstände des Grundstockvermögens zu einem anderen Wert als dem bilanzierten Buchwert veräußert werden und sich hieraus entsprechende Gewinne oder Verluste ergeben. Das Stiftungsrecht selbst äußert sich nicht zur Behandlung von Umschichtungsergebnissen. In der Literatur zum Stiftungsrecht ist der Fall ebenfalls nicht eindeutig geregelt. In der älteren Literatur wird in diesem Fall zum Teil mit dem sog. **Surrogationsprinzip** argumentiert. Vermögensgegenstän- **145** de des Grundstockvermögens werden mit Gewinn veräußert und aus den zugeflossenen Mitteln werden neue Vermögensgegenstände angeschafft. Diese stellen dann ein *Surrogat* für die veräußerten Vermögensgegenstände dar (vgl. hierzu *Carstensen*, Vermögensverwaltung, Vermögenserhaltung und Rechnungslegung gemeinnütziger Stiftungen, 2. Aufl. 1996, S. 162). Entsprechend dieser Sichtweise waren nach der alten Stellungnahme des IDW zur Rechnungslegung von Stiftungen aus dem Jahr 2000 Umschichtungsergebnisse zwingend dem Stiftungskapital zuzuführen und entsprechend zu erhalten (IDW RS HFA 5 a.F. Rn. 54).

Beispiel Umschichtungsergebnisse

Friedrich Pfiffig hat die nach ihm benannte Stiftung im Jahr 1980 mit einem Barvermögen von 1 Mio. DM (rd. 511 TEUR) und einem Grundstück mit einem Zeitwert von 500.000 DM (rd. 256 TEUR) errichtet. In 2016 wird das Grundstück zu einem Wert von 2 Mio. EUR veräußert. Der Erlös aus dem Grundstücksverkauf wird in Wertpapieren angelegt.

Das Stiftungskapital von ursprünglich 1,5 Mio. DM (rd. 767 TEUR) ist über die Umschichtungsergebnisse auf rd. 2,5 Mio. EUR angewachsen.

Hüttemann argumentiert, dass die Stiftung zwei Sphären hat: Die Vermögens- und die Ertragssphäre. Die Mittel der **Vermögenssphäre** dürfen nicht verwendet werden (hierzu gehören auch Vermögensumschichtungen), die Mittel der **Ertragssphäre** müssen dagegen für den Stiftungszweck verwendet werden (vgl. Hüttemann/Richter/Weitemeyer/*Hüttemann*: Ertragsverwendung und Rücklagenbildung, in: Landestiftungsrecht, Rn. 16.2 f.; *Hüttemann* nennt auch explizit das Surrogationsprinzip, vgl. Vermögensverwaltung und Vermögenserhaltung, Rn. 14.50).

Die skizzierte Vorgehensweise führt in der Praxis zu Problemen, weil das *Stiftungskapital* grundsätzlich zu erhalten ist. Strebt die Stiftung eine reale Erhaltung des Stiftungskapitals an, so kann sie den Inflationsausgleich – wenn sie gemeinnützig ist – nur in Höhe der (steuerlichen) freien Rücklagen oder über Umschichtungsgewinne erreichen. Weißt sie letztere innerhalb des Stiftungskapitals aus, so muss sie einen Inflationsausgleich nicht nur für das Grundstockvermögen und das Zustiftungskapital, sondern auch für die Umschichtungsergebnisse im Zeitablauf vornehmen; sie kann diese selbst aber nicht für den Inflationsausgleich verwenden.

Bei den folgenden Überlegungen wird das Konzept der wertmäßigen Kapitalerhaltung unterstellt (IDW RS HFA 5 Rn. 9, → Rn. 125 und 156). Soll die obige Stiftung ihr Stiftungskapital entsprechend der Satzung real erhalten, wäre es für sie unklug, das Grundstück zu veräußern, was aber wirtschaftlich Sinn ergeben könnte. Solange stille Reserven gezeigt werden, werden diese als Inflationsausgleich für das zu erhaltende Stiftungskapital gesehen und das Stiftungskapital ist (real) erhalten. Wird umgeschichtet, ist ab diesem Zeitpunkt das höhere Stiftungskapital zu indexieren mit dem Ergebnis, dass das Stiftungskapital nicht mehr real erhalten ist.

Das Problem verschärft sich, wenn bedacht wird, dass Umschichtungsergebnisse auch *Umschichtungsverluste* beinhalten.

> **Beispiel Umschichtungsergebnisse (Fortsetzung)**
>
> Im Jahr 2017 erkennt Pfiffig, dass es möglicherweise nicht so klug war, größere Teile des ursprünglichen Barvermögens in Anleihen bestimmter europäischer Länder zu investieren. In 2018 entschließt er sich, diese abzustoßen und realisiert einen Verlust von 500 TEUR. Werden die Umschichtungsergebnisse im Stiftungskapital ausgewiesen und sind ihrerseits zu erhalten, beträgt das Stiftungskapital nunmehr nur noch rd. 2 Mio. EUR. Das Stiftungskapital wäre nominell nicht mehr erhalten, 500 TEUR müssten aufgefüllt werden.
>
> Bezogen auf das ursprüngliche Stiftungskapital von rd. 767 TEUR wäre allerdings eine (in diesem Falle sogar reale) Kapitalerhaltung gegeben, wenn die Umschichtungsergebnisse nicht im Stiftungskapital sondern als separater Posten gezeigt werden und somit nicht ihrerseits wiederum real erhalten werden müssten.
>
> Das Stiftungskapital wäre auch erhalten, wenn Pfiffig das Grundstück nicht veräußert hätte. In diesem Fall hätte der Verlust aus den Anleihen zwar das ausgewiesene Stiftungskapital reduziert, die Stiftung hätte allerdings stille Reserven von rd. 1,7 Mio. EUR in die Berechnung einbeziehen können. Die Kapitalerhaltung hängt in diesem Fall davon ab, ob das Grundstück veräußert wird oder nicht.

Entsprechend weist die neue IDW-Stellungnahme aus dem Jahr 2013 das „Umschichtungsergebnis" als eigenen Punkt innerhalb des Eigenkapitals aus, jedoch außerhalb des zu erhaltenden Stiftungskapitals (IDW RS HFA Rn. 55).

A.	**Eigenkapital**		
	I.	Stiftungskapital	
		1.	Errichtungskapital
		2.	Zustiftungskapital
	II.	Rücklagen	
		1.	Kapitalrücklage
		2.	Ergebnisrücklagen
			a. Zweckgebundene Rücklagen
			b. Frei verfügbare Rücklagen
	III.	**Umschichtungsergebnisse**	
	IV.	Ergebnisvortrag	

Abb. 35: Gliederung des Eigenkapitals IV (in Anlehnung an IDW HFA 5 Rn. 55)

Unter diesen Posten fallen:

- Umschichtungsgewinne
- Umschichtungsverluste
- Abschreibungen auf Vermögensgegenstände des Grundstockvermögens
- Zuschreibungen auf Vermögensgegenstände des Grundstockvermögens

Die Einbeziehung der Abschreibungen und Zuschreibungen erfolgt deshalb, weil es keinen Unterschied machen darf, ob ein Vermögensgegenstand mit einem entsprechenden Umschichtungsverlust veräußert wird, oder aber zunächst abgeschrieben und dann ohne Verluste veräußert wird.

148 Der Posten „Umschichtungsergebnis" kann insofern aufgrund der Umschichtungsverluste und der Abschreibungen auch negativ werden (IDW RS HFA 5 Rn. 66), weswegen der häufig verwendete Begriff der **Umschichtungsrücklage** irreführend ist (vgl. z.B. *Spiegel:* Die Umschichtungsrücklage, in S&S, 2/2014, S. 24 f.; *Genkel/Kohler:* Gewinnen durch Umschichtungsrücklagen, in StiftungsWelt 3/2014, S. 78 f.).

149 Die Bildung des Postens „Umschichtungsergebnisse" ist entsprechend der neuen Stellungnahme nicht mehr Pflicht. Vielmehr „können" Umschichtungsergebnisse des Grundstockvermögens sowie Abschreibungen und Zuschreibungen auf das Grundstockvermögen hier ausgewiesen werden. Der Grund hierfür ist die passivische Betrachtung der Kapitalerhaltung → Rn. 159. Wenn im Falle der reinen Kapitalstiftung nicht der Vermögensgegenstand selbst zu erhalten ist, sondern das entsprechende Stiftungskapital, ist auch das Surrogationsprinzip nicht mehr einschlägig (vgl. zu den unterschiedlichen Vermögenserhaltungskonzeptionen → Rn. 156). Entsprechend ist im umgekehrten Fall, bei Anwendung der gegenständlichen Vermögenserhaltung, der Posten zwingend zu bilden. Auch hinsichtlich der Verwendung von Umschichtungsergebnissen ist nach dem jeweiligen Vermögenserhaltungskonzept zu unterscheiden.

Einige Stiftungsaufsichten vertreten demgegenüber die Auffassung, dass Umschichtungsergebnisse separat auszuweisen und nicht zu verwenden sind. Insofern sollte die Behandlung von größeren Umschichtungen mit der jeweiligen Stiftungsaufsicht abgestimmt werden.

Viele gemeinnützige Stiftungen weisen die Umschichtungsergebnisse separat aus, da diese steuerlich nicht zeitnah verwendet werden müssen (→ Rn. 150), und so z.B. für die Verrechnung mit später ggf. anfallenden Umschichtungsverlusten oder Abschreibungen zur Verfügung stehen. Insofern ist, auch wenn die Bildung nicht zwingend ist, der Ausweis des Postens „Umschichtungsergebnisse" in jedem Falle anzuraten, da andernfalls Abschreibungen und Verluste sehr schnell dazu führen, dass das Stiftungskapital nicht mehr erhalten ist.

(2) Behandlung von Umschichtungsergebnissen im Steuerrecht (Gemeinnützigkeitsrecht)

Gemeinnützigkeitsrechtlich sind zunächst sämtliche Mittel der Stiftung zeitnah und satzungsgemäß zu verwenden, sofern das Gesetz oder dessen Auslegung keine Ausnahme vorsieht (§ 55 Abs. 1 Nr. 5 AO). Eine Ausnahme hierzu bildet das Vermögen der gemeinnützigen Einrichtung.

Entsprechend AEAO zu § 55 Nr. 28 heißt es: „Nicht dem Gebot der zeitnahen Mittelverwendung unterliegt das Vermögen der Körperschaften, auch soweit es durch Umschichtungen innerhalb des Bereichs der Vermögensverwaltung entstanden ist". Nach dieser Vorschrift müssen steuerbegünstigte Körperschaften ihre Umschichtungsergebnisse nicht verwenden, sie können es aber. Gemeinnützigkeitsrechtlich besteht insoweit ein Wahlrecht.

Steuerrechtlich muss also der Posten Umschichtungsergebnisse ebenfalls nicht zwingend gebildet werden, es wird in der Praxis allerdings hiervon sehr häufig Gebrauch gemacht, da die Mittel zumindest steuerlich hinsichtlich ihrer Flexibilität vergleichbar mit der freien Rücklage sind.

Während die stiftungsrechtlichen Umschichtungsergebnisse ausschließlich das *Grundstockvermögen* betreffen, kann der Posten steuerlich auch Umschichtungen der Mittel der freien Rücklage beinhalten. Die Umschichtungsergebnisse von zeitnah zu verwendenden Mitteln (welche ebenfalls zeitweise ertragsbringend angelegt werden können) sind dagegen wiederum zeitnah zu verwenden (AEAO zu § 55 Nr. 28).

Vgl. zum Umschichtungsergebnis im Zusammenhang mit dem Gemeinnützigkeitsrecht auch die ausführliche Darstellung bei *Klaßmann*: Die Umschichtungsrücklage bei steuerbegünstigten Stiftungen, ZStV 5/2016, S. 186 ff.

b) Ausweis von nutzungsgebundenem Kapital

In einem kaufmännischen Abschluss wird die Belastung, die aus dem Erwerb von Anlagevermögen entsteht, nicht mit der *Zahlung* des Kaufpreises sondern im Laufe der Nutzung des Vermögensgegenstandes in Form von *Abschreibungen* gezeigt, da der Vermögensverzehr erst im Zeitablauf, mit Nutzung des Anlagevermögens, auftritt. Im Erwerbszeitpunkt ist die Transaktion dagegen erfolgsneutral.

> **Beispiel nutzungsgebundenes Kapital**
>
> Die Kinderwohl-Stiftung betreibt u.a. Kindergärten. Ende des Jahres 01 wird ein neues Kindergartengebäude für 400.000 EUR erworben. Das Gebäude soll über 20 Jahre abgeschrieben werden. Gemeinnützigkeitsrechtlich gelten die vollen 400.000 EUR im Jahr 01 als verwendet. In der Bilanz erfolgt im Jahr 01 lediglich ein Aktivtausch. Der Bilanzposten „Gebäude" erhöht sich um 400.000 EUR, das Bankguthaben sinkt entsprechend. Eine Belastung als Aufwand erfolgt erst ab dem Jahr 02 in Höhe der Abschreibungen von 20.000 EUR p.a.

152 Problematisch wird der Fall, wenn die Stiftung die Mittel vorher über eine Projektrücklage angespart hat. Da das Projekt mit Erwerb des Gebäudes abgeschlossen ist, müsste die Rücklage eigentlich aufgelöst werden. Dies führt dann aber zu einem entsprechend höheren Ergebnisvortrag. Da dieses Ergebnis nicht zielführend ist, schlägt *Thiel* einen Posten **nutzungsgebundenes Kapital** vor, in welchen die Projektrücklage umzubuchen ist und der parallel zu den Abschreibungen aufgelöst wird (vgl. *Thiel* DB 1992, 1902). Der Ausweis des Postens ist innerhalb des Eigenkapitals denkbar oder aber als Sonderposten zwischen Eigenkapital und Fremdkapital.

Die Vorgehensweise entspricht vom Grundsatz her der Behandlung von Sonderposten bei einem Krankenhaus mit der Ausnahme, dass die Mittel in den meisten Fällen selbst erwirtschaftet wurden, wohingegen die Sonderposten bei Krankenhäusern aus den öffentlichen Zuschüssen gebildet werden.

In der Praxis finden sich zahlreiche Stiftungen, die nicht nur den skizzierten Ansparfall über den Posten „nutzungsgebundenes Kapital" abbilden, sondern diesen Posten als Gegenposten zum Anlagevermögen führen. Damit wird die *gemeinnützigkeitsrechtliche Sicht der Mittelverwendung* bei Investitionen in Vermögensgegenstände in der Bilanz abgebildet. Der Aufwand für die Investition wird im Ergebnis auf den Zeitpunkt der Anschaffung vorgezogen und die Abschreibungen in Folgejahren werden durch die Auflösung des Postens „nutzungsgebundenes Kapital" neutralisiert, so dass das Ergebnis der Folgejahre nicht belastet wird (vgl. zu der Vorgehensweise *Schumacher*, Rechnungslegung von gemeinnützigen Stiftungen, 2001, S. 125).

153 Das IDW sieht diese Vorgehensweise innerhalb eines handelsrechtlichen Jahresabschlusses kritisch, weil sie dem handelsrechtlichen Prinzip der Periodisierung zuwider läuft. Stattdessen wird für den Fall, dass Mittel für eine Investition innerhalb einer Rücklage angespart werden, empfohlen, diese zunächst als **zweckgebundene Rücklage** auszuweisen. „Bei Erwerb und Aktivierung der betreffenden Vermögensgegenstände empfiehlt es sich, den entsprechenden Betrag innerhalb der Ergebnisrücklagen als verwendete Rücklage auszuweisen. Korrespondierend zu den Abschreibungen kann in Folgejahren eine Entnahme (aus der Rücklage) erfolgen." (IDW RS HFA 5 Rn. 65). Der Unterschied zur vorher beschriebenen Vorgehensweise ist, dass die **verwendeten Rücklagen** *nach* dem Jahresergebnis aufgelöst werden und somit nur den Ergebnisvortrag beeinflussen. Auch wird eine Auflösung nicht als zwingend angesehen. Wenn also beispielsweise die Jahresergebnisse die Abschreibungen gut verkraften, kann die „verwendete Rücklage" stehen gelassen werden und wird so wieder zur Ansparrücklage für die nächste Wiederbeschaffung.

Die Vorgehensweise kann allerdings steuerrechtlich kritisch sein, weil die Wiederbeschaffungsrücklage nach § 62 Abs. 1 Nr. 2 AO im Bereich von Immobilien nur gebildet werden darf, wenn die Wiederbeschaffungsabsicht nachgewiesen werden kann (AEAO zu § 62 Nr. 7; vgl. auch *Klaßmann*: Rücklagen und Vermögensbildung bei steuerbegünstigten Stiftungen, in KSzW 2014, 202).

III. Darstellung einzelner Sachverhalte in der Bilanz

Der Begriff des „nutzungsgebundenen Kapitals" kann auch bei dieser Betrachtung durchaus beibehalten werden, alternativ kann auch von „nutzungsgebundenen oder gebundenen Rücklagen" gesprochen werden. Welcher Bilanzierungssystematik man folgt, hängt auch davon ab, ob man dem Posten eher *Rücklagencharakter* oder aber *Sonderpostencharakter* zuordnet. Der Ausweis innerhalb des Eigenkapitals und die Inanspruchnahme nach dem Jahresergebnis ist dabei vorzuziehen (dies entspricht auch der Idee von *Thiel*, der das nutzungsgebundene Kapital als Eigenkapitalposten bezeichnet und zur Auflösung keine Angaben macht, vgl. *Thiel* DB 1992, 1902). Ein Gleichlauf von Anlagevermögen und nutzungsgebundenem Kapital ist dann allerdings nur möglich, wenn entweder angespart wird, oder im Jahr der Investition ein ausreichendes Ergebnis vorhanden ist, um den Posten *nutzungsgebundenes Kapital* in Höhe der Investitionen dotieren zu können (da es sich beim nutzungsgebundenen Kapital um eine Ergebnisrücklage handelt und diese – wie oben ausgeführt – nur bei ausreichenden Ergebnissen dotiert werden kann → Rn. 144). 154

Beispiel nutzungsgebundenes Kapital (Fortsetzung)

Die Kinderwohl-Stiftung hat die 400.000 EUR in einer zweckgebundenen Rücklage angespart. Bei Erwerb des Gebäudes erfolgt der oben beschriebene Aktivtausch, gleichzeitig wird die Rücklage innerhalb des Eigenkapitals in das nutzungsgebundene Kapital bzw. die nutzungsgebundene Rücklage umgebucht. In Folgejahren vermindern die Abschreibungen das Jahresergebnis, gleichzeitig werden in der Ergebnisverwendungsrechnung 20.000 EUR dem nutzungsgebundenen Kapital entnommen.

Hätte die Stiftung die Gelder nicht angespart, müsste sie im Jahr des Erwerbs ein Jahresergebnis (inkl. eines möglicherweise vorhandenen Ergebnisvortrags) von mindestens 400.000 EUR ausweisen, um die Rücklage bilden zu können.

c) Nachweis der Vermögenserhaltung

aa) Vermögenserhaltungskonzeptionen

Oberste Richtschnur für die Frage, ob und wie die Vermögenserhaltung zu erfolgen hat, ist der *Stifterwille*. Lediglich in den Fällen, in denen sich aus dem Willen des Stifters keine Anhaltspunkte zur zweckentsprechenden planmäßigen Erhaltung des Vermögens ergeben, greifen die Stiftungsgesetze. Die meisten Landesstiftungsgesetze sehen vor, dass „das Stiftungsvermögen in seinem Bestand ungeschmälert zu erhalten ist" (so oder so ähnlich z.B. in Art. 6 Abs. 2 BayStG; § 7 Abs. 1 BremStifG; § 3 StiftG Bln; § 7 Abs. 2 StifG BaWü; § 4 Abs. 2 HambStiftG; § 6 Abs. 1 HessStiftG und § 4 Abs. 2 StiftG NRW), wobei i.d.R. Ausnahmen vorgesehen sind. Äußert sich der Stifter nicht anderweitig, ist daher davon auszugehen, dass der Stifter die Erbringung der in der 155

Satzung ihrer Art nach bestimmten Stiftungsleistungen *auf Dauer* gewährleisten möchte; das Stiftungsvermögen ist entsprechend zu erhalten. Der Nachweis hierüber muss über das Rechnungswesen geführt werden.

Eine Ausnahme vom Grundsatz der Vermögenserhaltung stellt die Verbrauchsstiftung dar, seit dem Jahr 2013 in § 80 Abs. 2 BGB geregelt. In diesem Spezialfall wird dem Grundsatz der Dauerhaftigkeit Genüge getan, wenn die Stiftung mindestens 10 Jahre besteht und in dieser Zeit ihr Stiftungskapital verbraucht. Eine Verbrauchsstiftung ist allerdings nur möglich, wenn dies der Stifterwille, manifestiert in der Satzung, so vorsieht.

156   Die Anweisung zur Erhaltung des Stiftungsvermögens wird in den Stiftungsgesetzen nicht weiter spezifiziert. Grundsätzlich kommen drei denkbare Konzeptionen zur Vermögenserhaltung in Frage:

– *Vermögens-/Substanzerhaltung:* Das Stiftungsvermögen ist in seiner Substanz (gegenständlich) auf Dauer zu erhalten.
– *Nominelle Kapitalerhaltung:* Das eingebrachte Stiftungsvermögen ist entsprechend seinem Nominalwert – im Zeitpunkt der Einbringung – auf Dauer zu erhalten.
– *Reale Kapitalerhaltung:* Das eingebrachte Stiftungsvermögen ist in seinem realen Wert auf Dauer zu erhalten und entsprechend zu indexieren. Der indexierte Wert ist im Zeitablauf zu erhalten.

Um die unterschiedlichen Konzeptionen nachvollziehen zu können, ist es sinnvoll, auf die Bilanz zu schauen. Die Aktivseite einer Bilanz zeigt das *Vermögen* der Stiftung, die Passivseite ihr *Kapital*. Entsprechend wird auf der *Aktivseite* das zu erhaltende **Stiftungsvermögen** ausgewiesen, welches auch als *Grundstockvermögen* bezeichnet wird und aus einzelnen Vermögensgegenständen besteht (z.B. Art. 6 Abs. 2 BayStG).

Der Begriff des Grundstockvermögens ist dem des Stiftungsvermögens vorzuziehen, da teilweise auch die gesamte Aktivseite als Stiftungsvermögen bezeichnet wird, diese aber nicht Grundlage der Frage der Vermögenserhaltung sein kann.

Demgegenüber weist die *Passivseite* das **Stiftungskapital** aus, welches im Zeitpunkt der Errichtung der Stiftung dem Grundstockvermögen entspricht. Es zeigt insofern den *Wert* des Stiftungsvermögens im Zeitpunkt der Einbringung. Im weiteren Ablauf können beide Größen differieren, z.B. wenn das Grundstockvermögen (auf der Aktivseite) planmäßig abgeschrieben wird (weil beispielsweise ein Gebäude eingebracht wurde), aber der Wert des Stiftungsvermögens (auf der Passivseite) zu erhalten ist.

Beispiel Konzeptionen der Vermögenserhaltung

Der Stifter bringt ein Gebäude in seine Stiftung ein. Der anzusetzende Wert wird mit 500 TEUR festgelegt, das Gebäude wird über 50 Jahre abgeschrieben.

> Nach der **Konzeption der Substanzerhaltung** ist relevant, dass das Gebäude z.b. nach 10 Jahren noch vorhanden und in einem guten Zustand ist. Der (Bilanz-)Wert ist nicht relevant.
> Nach der **Konzeption der nominellen Kapitalerhaltung** ist auch nach 10 Jahren weiterhin der Wert von 500 TEUR nachzuweisen. Da das Gebäude selbst nur noch 400 TEUR wert ist, muss das restliche Stiftungsvermögen z.b. über Bankguthaben nachgewiesen werden.
> Entsprechend der **Konzeption der realen Kapitalerhaltung** ist nach 10 Jahren ein indexiertes Stiftungsvermögen nachzuweisen, welches z.B. bei rd. 580 TEUR liegen könnte.

Die Frage, ob das *Stiftungsvermögen* (gegenständlich) oder aber das *Stiftungskapital* (der Wert des Stiftungsvermögens) zu erhalten ist, wird in dieser Betrachtungsweise häufig auf die Aktivseite der Bilanz bezogen, zumal die Landesstiftungsgesetze regelmäßig vom „Stiftungsvermögen" sprechen (vgl. z.B. *Koss*: Rechnungslegung von Stiftungen, 2003, S. 7 ff.). Auch das IDW hatte in der alten Stellungnahme zur Rechnungslegung von Stiftungen dieses Konzept indirekt zugrunde gelegt, entsprechend waren Umschichtungsgewinne nach dem sog. Surrogationsprinzip dem Stiftungskapital zuzuführen.

> IDW RS HFA 5 a.F. Rn. 54 lautet: „Mehr- oder Minderwerte aus Vermögensumschichtungen sind gesondert im Stiftungskapital auszuweisen". Vgl. auch *Spiegel*: Die Bestanderhaltung des Stiftungsvermögens im Rahmen der Rechnungslegung, in: Rote Seiten in Stiftung & Sponsoring, 3/2000, S. 10. Zu den mit dieser Betrachtungsweise verbundenen Problemen → Rn. 146.

Demgegenüber differenziert die überarbeitete IDW-Stellungnahme: Die Frage, ob das auf der Aktivseite ausgewiesene Grundstockvermögen oder das auf der Passivseite ausgewiesene Stiftungskapital Indikator für die Bemessung des Vermögenserhalts ist, hängt grundsätzlich vom Stifterwillen ab. Hat der Stifter bestimmte Vermögensgegenstände in die Stiftung eingebracht mit der Maßgabe, diese gegenständlich zu erhalten, so ist das auf der Aktivseite ausgewiesene Stiftungsvermögen für die Beantwortung der Frage nach der Vermögenserhaltung relevant. Dies entspricht der **Konzeption der Vermögens- bzw. Substanzerhaltung**. Lässt der Stifter in diesem Fall eine Umschichtung des Stiftungsvermögens zu, so sind die Umschichtungsergebnisse entsprechend dem Surrogationsprinzip auch wieder als Stiftungsvermögen zu erhalten.

> **Beispiel Vermögens- bzw. Substanzerhaltung**
>
> Der Stifter hat in die Stiftung eine unter Denkmalschutz stehende Siedlung, erbaut um 1900, eingebracht, mit der Maßgabe, dass die Siedlung zu erhalten ist. Teilbereiche der Siedlungsfläche dürfen allerdings veräußert werden. Die Stiftung führt alle erforderlichen Erhaltungsmaßnahmen durch. Alle 25 Jahre erfolgt pro Gebäude eine Generalüberholung.

> Relevant für die Frage der Vermögenserhaltung ist die Frage, ob die Siedlung noch im Eigentum der Stiftung steht und wie ihr baulicher Zustand ist. Dazu ist der bilanzielle Wert lediglich ein Anhaltspunkt, da z.B. Abschreibungen den Aktivwert mindern, der laufende Erhaltungsaufwand aber nicht aktiviert werden kann, sondern direkt in den Aufwand geht. Die Generalüberholung erhöht die Anschaffungskosten dann wiederum. Regelmäßige Erhaltungsmaßnahmen sind zur Erhaltung des Stiftungsvermögens aber notwendig.
>
> Werden Teile der Siedlung veräußert, so stellen die entsprechenden Umschichtungsgewinne wiederum (zu erhaltendes) Stiftungsvermögen dar.

159 Die meisten der heute bestehenden Stiftungen sind allerdings reine Kapitalstiftungen, d.h. der Stifter hat die Stiftung nicht mit bestimmten Vermögensgegenständen ausgestattet, sondern mit einem festgelegten Kapitalvermögen. Dieses ist dann regelmäßig in Wertpapieren angelegt, welche i.d.R. umgeschichtet werden dürfen.

Für diesen Fall bestimmt IDW RS HFA 5: „Die Erhaltung des Stiftungsvermögens lässt sich, sofern sie nicht gegenständlich sondern wertmäßig zu erfolgen hat, konzeptionell durch die Erhaltung des Stiftungskapitals (Kapitalerhaltung) nachweisen" (IDW RS HFA 5 Rn. 9). In diesem Fall sind also nicht die Vermögensgegenstände der Aktivseite, sondern das ausgewiesene Stiftungskapital (Errichtungskapital und Zustiftungskapital) maßgeblich für den Nachweis des Vermögenserhalts. Entsprechend lässt sich nach diesem Konzept auch theoretisch begründen, dass Umschichtungsergebnisse nicht mehr automatisch wieder Stiftungsvermögen darstellen, welches wiederum dauerhaft zu erhalten ist. Umschichtungsergebnisse sollten entsprechend als separater Posten innerhalb des Eigenkapitals aber außerhalb des Stiftungskapitals ausgewiesen werden (→ Rn. 147; IDW RS HFA 5 Rn. 55).

160 Wenn der Wert des Stiftungsvermögens, ausgewiesen als Stiftungskapital, zu erhalten ist, stellt sich weiterhin die Frage, ob das Stiftungskapital *nominell* oder *real* zu erhalten ist. Die Vorgabe der Landesstiftungsgesetze, das Stiftungsvermögen in seinem Bestand zu erhalten, wird in der älteren Literatur regelmäßig dahingehend ausgelegt, dass die Ertragskraft des Stiftungsvermögens zu erhalten ist und dies als Forderung nach einer realen Kapitalerhaltung interpretiert (vgl. u.a. *Carstensen*: Die Erhaltung des Stiftungsvermögen, in: Stiftungen: Rechnungslegung, Kapitalerhaltung, Prüfung und Besteuerung, 1996, S. 64 f.; *Carstensen*, WPg 1996, 782). In der neueren Literatur wird eine Pflicht zur **realen Kapitalerhaltung** kritisch angesehen (vgl. z.B. Hüttemann/Richter/Weitemeyer/*Hüttemann*: Vermögensverwaltung und Vermögenserhaltung, in: Landesstiftungsrecht, Rn. 14.29 ff.). Die reale Kapitalerhaltung betone einseitig den *Grundsatz der Vermögenserhaltung* zuungunsten des *Grundsatzes der Zweckverwirklichung* und führt zu Konflikten mit dem Gemeinnützigkeitsrecht. Nach heute herrschender Meinung gibt es zumindest keine gesetzliche Verpflichtung zur realen Kapitalerhaltung und, soweit erkennbar, problematisieren die Stiftungsaufsichten das Thema auch nicht, so dass eine **nominelle Kapitalerhaltung** die minimale Anforderung an die Kapitalerhaltung ist.

> Die bayerische Staatsregierung sieht entsprechend der Begründung zur letzten Änderung des BayStG allerdings eine reale Kapitalerhaltung als Vorgabe. Dort heißt es: „Grundstockvermögen ist grundsätzlich nicht in seiner gegenständlichen Zusammensetzung sondern in seinem realen Wert und seiner Ertragskraft zu erhalten" (vgl. LT-Drucksache 15/10528 (2008) und den entsprechenden Änderungsantrag LT-Drucksache 15/10972 (2008), zu Nr. 2). Soweit erkennbar, problematisieren die bayerischen Stiftungsbehörden derzeit die Thematik nicht allzu stark. Dies kann mit der schwierigen Lage an den Kapitalmärkten ausreichend Ertrag zu generieren, zusammenhängen.

Das IDW forderte in seiner alten Stellungnahme eine reale Kapitalerhaltung (IDW RS HFA 5 a.F. Rn. 56: „Hierfür genügt eine nominale Erhaltung des Stiftungskapitals nicht."). Entsprechend der überarbeiteten Stellungnahme wird keine reale Kapitalerhaltung mehr gefordert, sie ist aber weiterhin wünschenswert: „Dabei sollte der Stiftungsvorstand bestrebt sein, unter Berücksichtigung der Stiftungszwecke das Stiftungskapital real zu erhalten, da ansonsten die Ertragskraft unter Berücksichtigung von Preissteigerungen im Zeitablauf abnimmt" (IDW RS HFA 5 Rn. 10).

Das IDW weist damit ebenfalls auf einen Zielkonflikt hin: Der Stiftungsvorstand hat zwei wesentliche Zielsetzungen: Die **Kapitalerhaltung** und die **Zweckverwirklichung** (vgl. zu diesem Zielkonflikt im Rahmen der Anlageentscheidung auch *Fritz*, in ZStV 2010, 161 ff.). Gerade in Zeiten niedriger Zinsen und damit nur geringer Möglichkeiten der Thesaurierung von Ergebnissen würde eine einseitige Betonung des Grundsatzes der Kapitalerhaltung zu einer Benachteiligung der Zweckverwirklichung führen. Andererseits führt eine rein nominelle Kapitalerhaltung im Zeitablauf dazu, dass die Stiftung ihre Zwecke aufgrund von Inflation in immer eingeschränkterem Umfang verfolgen kann. Insofern sollte die Bestrebung des Stiftungsvorstands sein, unter Beachtung einer ausreichenden Zweckverwirklichung die Inflation zumindest partiell auszugleichen und möglichst regelmäßig die steuerlich zulässigen freien Rücklagen zu bilden.

bb) Nachweis der Kapitalerhaltung in der Rechnungslegung

Dem Stiftungsvorstand obliegen die langfristige Planung und der Nachweis der Kapitalerhaltung. Dazu sollte ein konkretes, für die jeweilige Stiftung zu präzisierendes und zu dokumentierendes, auf mehrere Jahre angelegtes **Kapitalerhaltungskonzept** zugrunde gelegt werden (IDW RS HFA 5 Rn. 10). Ziel sollte sein, das entsprechende Kapitalerhaltungskonzept, wenn auch nicht in jedem Jahr, so doch dauerhaft zu erreichen. Erreicht der Stiftungsvorstand die angestrebte Kapitalerhaltung zeitweise nicht, so sollte er hierüber im **Tätigkeitsbericht** berichten.

164 Der Kapitalerhaltungsplan muss *steuerrechtliche Begrenzungen* und Auflagen der Stiftungsbehörden berücksichtigen. Handelt es sich um eine gemeinnützige Stiftung, ist davon auszugehen, dass der Stifter im Zweifel keine höhere als die steuerlich zulässige Zuführung zum Kapital zwecks Kapitalerhaltung gewollt hat, um die Gemeinnützigkeit und damit die Steuerbegünstigung nicht zu gefährden. Dies ergibt sich auch regelmäßig daraus, dass diese Stiftungen das Gemeinnützigkeitsrecht in ihrer Satzung abbilden (zum Verhältnis Stiftungsrecht zu Gemeinnützigkeitsrecht → Rn. 143).

165 Für den **Nachweis der Substanzerhaltung** im Rahmen der gegenständlichen Betrachtung des Stiftungsvermögens ist es zunächst einmal wichtig, dass die zu erhaltenden Vermögensgegenstände sich noch im Eigentum der Stiftung befinden. Dieses ist über die Rechnungslegung nachzuweisen. Ist der zu erhaltende Vermögensgegenstand noch vorhanden, ist dessen Wert innerhalb der Rechnungslegung von untergeordneter Bedeutung, wobei der Zustand des Vermögensgegenstandes durchaus relevant ist. Das bedeutet, dass regelmäßige Instandhaltungen vorzunehmen sind, der bilanzielle Wert aber nachrangig ist.

Der **Nachweis der nominellen Kapitalerhaltung** kann i.d.R. recht einfach über die Passivseite des Jahresabschlusses erfolgen. Das zu erhaltende Stiftungskapital ist entsprechend der Eigenkapitalgliederung des IDW separat auszuweisen. Dieses stellt das Sollobjekt für die Überprüfung dar. Wird das Stiftungskapital ungekürzt ausgewiesen, ist zu prüfen, ob *negative Umschichtungsergebnisse* ausgewiesen werden und ob ein *negativer Ergebnisvortrag* oder *stille Lasten* vorliegen (z.B. nicht bilanzierte Pensionszusagen). In allen drei Fällen kann es dazu kommen, dass das Stiftungskapital (nominell) nicht erhalten ist. Umgekehrt sind *Kapitalrücklagen, frei verfügbare Ergebnisrücklagen, positive Umschichtungsergebnisse* und *stille Reserven* bei der Berechnung positiv zu berücksichtigen.

> Weist die Stiftung Zeitwerte anstelle von Buchwerten aus und stellt die entsprechenden Buchgewinne in eine Neubewertungsrücklage ein, so kann die nominelle Kapitalerhaltung – sieht man vom sehr seltenen Fall der stillen Lasten ab – vollständig anhand der Bilanz nachgewiesen werden. Ansonsten sollte der Nachweis in einer Nebenrechnung im Anhang und/oder im Tätigkeitsbericht erfolgen.

166 Sieht die Satzung der Stiftung eine reale Kapitalerhaltung vor, ist das Stiftungskapital (Errichtungskapital und Zustiftungskapital) zu indexieren, um das zu erhaltende Kapital zu errechnen. Dieses ist dann wiederum das Sollobjekt für die Überprüfung. Dem indexierten Stiftungskapital sind die Eigenkapitalbestandteile der Stiftung gegenüber zu stellen, welche der Stiftung langfristig zur Verfügung stehen. Dies sind:

– das bilanzielle Stiftungskapital
– die Kapitalrücklage
– die frei verfügbaren Ergebnisrücklagen (einschließlich Kapitalerhaltungsrücklage und Neubewertungsrücklage)

III. Darstellung einzelner Sachverhalte in der Bilanz **166** **E**

– Umschichtungsergebnisse
– stille Reserven / stille Lasten

Aufgrund der *Indexierung des Stiftungskapitals* wird der **Nachweis der realen Kapitalerhaltung** regelmäßig nicht über die Bilanz geführt werden können und muss in einer Nebenrechnung erfolgen. Zur Indexierung kann mangels geeigneterer Indizes der allgemeine Verbraucherpreisindex verwendet werden. Je nach Betätigungsfeld der Stiftung sind auch spezielle Indizes denkbar.

> **Beispiel für reale Kapitalerhaltung:**
>
> Anfang Januar 02 wird die Paul Panther-Stiftung errichtet. Bei Errichtung der Stiftung überträgt Panther der Stiftung ein Depot mit festverzinslichen Wertpapieren. Anfang Januar 02 hatte dieses Depot einen Verkehrswert von 1.000.000 EUR. Die Stiftung soll Studenten aus Entwicklungsländern die Möglichkeit eines Studiums in Deutschland bieten. Ihr erworbenes Wissen sollen die Studenten anschließend vor Ort zur Entwicklung ihres Heimatlandes einsetzen.
>
> Die Satzung bestimmt eine Rechnungslegung nach handelsrechtlichen Grundsätzen und fordert eine reale Kapitalerhaltung. Da die Stiftung den Studenten ein Studieren und Leben in Deutschland ermöglichen soll, hat der Stiftungsvorstand beschlossen, sich für Zwecke der Kapitalerhaltung am allgemeinen Verbraucherpreisindex des Statistischen Bundesamtes zu orientieren. Dieser hatte Ende 01 einen Wert von 100,0. Für die Berechnung der Kapitalerhaltung soll nach dem Willen des Vorstandes jeweils der allgemeine Verbraucherpreisindex des Statistischen Bundesamtes für den Monat Dezember des jeweiligen Jahres zu Grunde gelegt werden.
>
> Zum 31. Dezember 05 weist die Stiftung eine freie Rücklage von 20.000 EUR und Umschichtungsergebnisse von 32.000 EUR aus. Die mittlerweile auch teilweise aus Aktien bestehenden Wertpapiere der Stiftung werden in der Bilanz zu 980.000 EUR ausgewiesen, der Kurswert beläuft sich auf 1.021.000 EUR.
>
> Bis zur Aufstellung des Jahresabschlusses zum 31. Dezember 05 hat sich das zu erhaltende Stiftungskapital entsprechend dem allgemeinen Verbraucherpreisindex wie folgt entwickelt:
>
> | | |
> |---|---|
> | 31.12.01 | 100,0 |
> | 31.12.02 | 102,1 |
> | 31.12.03 | 104,1 |
> | 31.1204 | 105,7 |
> | 31.12.05 | 106,6 |
>
> Das indexierte Stiftungsvermögen beläuft sich mithin Ende 05 auf 1.066.000 EUR.

Berndt

Hinsichtlich der Frage, inwieweit das Stiftungskapital erhalten ist, werden dieser Sollgröße die folgenden Werte gegenübergestellt:

Bilanziertes Stiftungskapital:	1.000.000 EUR
Frei verfügbare Rücklagen	20.000 EUR
Umschichtungsergebnisse	32.000 EUR
Stille Reserven in den Wertpapieren	41.000 EUR
Summe:	1.093.000 EUR

Das Stiftungskapital ist insofern auch real erhalten. Die reale Kapitalerhaltung kann allerdings nicht aus der Bilanz abgelesen werden, da dort weder die Indexierung des Stiftungskapitals noch die stillen Reserven ausgewiesen werden.

4. Fremdkapital

167 Vom Eigenkapital, also dem Vermögen, welches der Stiftung gehört, grenzt sich auf der Passivseite der Bilanz das **Fremdkapital**, auch als **Schulden** bezeichnet, ab. Darunter sind die Mittel zu verstehen, die entweder von Dritter Seite der Stiftung zeitlich begrenzt zur Verfügung gestellt werden (z.B. Bankkredite) oder die noch nicht abgeflossen sind, obwohl die Stiftung Verpflichtungen eingegangen ist (z.B. Projektverpflichtungen). Das Fremdkapital unterscheidet zwischen **Verbindlichkeiten** und **Rückstellungen** (zur Definition → Rn. 31, → Rn. 169).

§ 266 HGB sieht eine weitere Differenzierung dieser Posten wie folgt vor:

B. Rückstellungen:
1. Rückstellungen für Pensionen und ähnliche Verpflichtungen
2. Steuerrückstellungen
3. sonstige Rückstellungen

C. Verbindlichkeiten:
1. Anleihen
2. Verbindlichkeiten gegenüber Kreditinstituten
3. erhaltene Anzahlungen auf Bestellungen
4. Verbindlichkeiten aus Lieferungen und Leistungen
5. Verbindlichkeiten aus der Annahme gezogener Wechsel und der Ausstellung eigener Wechsel
6. Verbindlichkeiten gegenüber verbundenen Unternehmen
7. Verbindlichkeiten gegenüber Unternehmen, mit denen ein Beteiligungsverhältnis besteht
8. sonstige Verbindlichkeiten

168 Anders als beim Eigenkapital ist es für eine Stiftung grundsätzlich sinnvoll, sich im Bereich des Fremdkapitals an dieser Gliederung zu orientieren, wobei nicht einschlägige Posten weggelassen werden. Ggf. empfiehlt es sich, weitere Posten zu ergänzen, z.b. **Projektrückstellungen** oder **Projektverbindlichkeiten** (die Möglichkeiten der Anpassung der Gliederung – auch bei einer Kapitalgesellschaft – ergeben sich aus § 265 HGB).

Im Folgenden werden zunächst die Rückstellungen von den Verbindlichkeiten und, weil dies insbesondere im Bereich der Projektarbeit teilweise nicht ganz trennscharf ist, von den Rücklagen, abgegrenzt. Anschließend wird auf die für Stiftungen besonders wichtigen Projektrückstellungen eingegangen. Zum Abschluss werden ausgewählte, für Stiftungen bedeutsame Rückstellungen kurz dargestellt. Hinsichtlich der **allgemeinen Bewertungsvorschriften** von Verbindlichkeiten und Rückstellungen wird auf den Abschnitt *Bewertungsgrundlagen* verwiesen (→ Rn. 55 bzw. → Rn. 56).

a) Abgrenzung von Rückstellungen, Verbindlichkeiten und Rücklagen im Bereich der Projekte

169 Das **Fremdkapital** der Stiftung (auch als *Schulden* bezeichnet) unterteilt sich in *Rückstellungen* und *Verbindlichkeiten*.

Unter den **Verbindlichkeiten** werden die Verpflichtungen einer Stiftung, die am Bilanzstichtag ihrer Höhe und Fälligkeit nach feststehen, ausgewiesen (*Coenenberg/Haller/Schultze:* Jahresabschluss und Jahresabschlussanalyse, 24. Aufl. 2016, S. 417). Es handelt sich insofern um sichere Schulden, weil die Stiftung eine Außenverpflichtung eingegangen ist, der sie sich von sich aus nicht mehr entziehen kann und deren Höhe festgelegt ist.

Rückstellungen sind demgegenüber (mögliche) Verpflichtungen einer Stiftung, die bezüglich ihrer Höhe, ihres zeitlichen Eintretens und/oder ihres Bestehens ungewiss sind, aber hinreichend sicher erwartet werden. Rückstellungen sind damit unsichere Schulden und werden auch als *unsichere Verbindlichkeiten* bezeichnet. Auch hier ist die Stiftung grundsätzlich eine Außenverpflichtung, der sie sich nicht mehr entziehen kann, eingegangen, wobei entweder die Höhe der Verpflichtung, oder das Eintreten unsicher sind (*Coenenberg/Haller/Schultze:* Jahresabschluss und Jahresabschlussanalyse, 24. Aufl. 2016, S. 429 f.).

> Die Notwendigkeit einer Außenverpflichtung wird im HGB in wenigen Fällen durchbrochen. Bei den sog. „Aufwandsrückstellungen" kann für bestimmte Sachverhalte der Aufwand zurückgestellt werden, auch wenn es keine Außenverpflichtung gibt. Ein Beispiel sind Rückstellungen für unterlassene Instandhaltungsmaßnahmen, die innerhalb von 3 Monaten nach dem Geschäftsjahr nachgeholt werden (§ 249 Abs. 1 S. 2 Nr. 1 HGB). Bis zum Jahr 2010 bestand eine allgemeine Vorschrift, nach der unter bestimmten Bedingungen Aufwandsrückstellungen z.B. für Generalüberholungen oder ähnliche Fälle gebildet werden konnten (vgl. § 249 Abs. 2 HGB a.F.). Diese Vorschrift wurde allerdings mit dem BilMoG abgeschafft.

Die Unterscheidung zwischen Rückstellungen und Verbindlichkeiten ist mithin eher gradueller Natur, in beiden Fällen ist Aufwand zu buchen und das Jahresergebnis reduziert sich entsprechend.

> **Beispiele für Rückstellungen und Verbindlichkeiten im Bereich der Projekte**
>
> Die Kinderwohl-Stiftung unterstützt insbesondere die Arbeit von Kindergärten. Das Kuratorium der Stiftung hat entschieden, dem Fliegenpilz-Kindergarten 10.000 EUR für dringend notwendige Reparaturen zukommen zu lassen. In der Bilanz der Stiftung ist eine **Verbindlichkeit** in Höhe von 10.000 EUR zu passivieren.
>
> Für den Fall, dass die Stiftung sich bereit erklärt, die Reparaturarbeiten in tatsächlicher Höhe zu übernehmen, ist eine **Rückstellung** zu bilden und dabei der voraussichtliche Aufwand zu schätzen.
>
> Die Stiftung ist weiterhin bereit, mit 5.000 EUR ein Migrationsprojekt zu fördern, an dem sich allerdings auch noch weitere Partner beteiligen wollen. Falls diese abspringen, wird das Projekt nicht durchgeführt. Hier ist aufgrund der Unsicherheit des Eintretens wiederum eine **Rückstellung** zu bilden.
>
> Schließlich will die Stiftung eine Stiftungsprofessur an der heimischen Universität, die sich mit sozialwissenschaftlichen Themen beschäftigt, über einen Zeitraum von fünf Jahren fördern. Auch hier ist aufgrund der Unsicherheit der Gehaltsentwicklung des Inhabers des Lehrstuhls eine **Rückstellung** zu bilden. Hierbei sind Kostensteigerungen zu berücksichtigen und aufgrund der Laufzeit ist die Rückstellung abzuzinsen (→ Rn. 172 f.).

170 Bei **Rücklagen** handelt es sich demgegenüber um Eigenkapitalbestandteile. Sie kürzen das Jahresergebnis nicht, sondern werden nach dem Ergebnis gebildet. Es handelt sich insofern um eine *Ergebnisverwendung*. Aus dem Ergebnis heraus können beispielsweise Projektrücklagen gebildet werden, es gibt hierzu allerdings keine Verpflichtung. Eine Bildung ist zudem nur möglich, wenn ein entsprechendes Ergebnis vorhanden ist.

> Die Idee hinter der Bildung von Projektrücklagen in einer Stiftungsbilanz ist – unabhängig von Überlegungen des Gemeinnützigkeitsrechts – dass ein Teil des Ergebnisvortrags für bereits intern beschlossene oder beabsichtigte Projekte reserviert wird, damit z.B. ein Gremium, welches über Projektvergaben entscheidet, nicht über den Ergebnisvortrag entscheidet, ohne zu berücksichtigen, dass bestimmte Projekte schon geplant oder sogar genehmigt sind.

III. Darstellung einzelner Sachverhalte in der Bilanz   171, 172 **E**

> **Beispiel für Projektrücklagen**
>
> Das Kuratorium der Kinderwohl-Stiftung beschließt am 15. Dezember die Förderung des Fliegenpilz-Kindergartens. Ein entsprechendes Schreiben ergeht allerdings erst im Januar. Insofern besteht zum 31.12 noch keine Außenverpflichtung. Damit das Kuratorium aber für seine nächste Sitzung darüber informiert ist, dass vom Jahresergebnis 10.000 EUR schon verplant sind, bildet der Vorstand eine Rücklage in entsprechender Höhe.
>
> Die Rücklage kann handelsrechtlich nur gebildet werden, wenn ausreichend Ergebnis vorhanden ist.
>
> Theoretisch wäre hier auch die Bildung einer Rückstellung denkbar, wenn sich die Stiftung aufgrund ihres Beschlusses der Verpflichtung nicht mehr entziehen kann, weil z.B. eine mündliche Kommunikation schon erfolgt ist.

Die folgende Grafik verdeutlicht noch einmal den Zusammenhang bei der 171 Behandlung von Projektverpflichtungen im handelsrechtlichen Jahresabschluss:

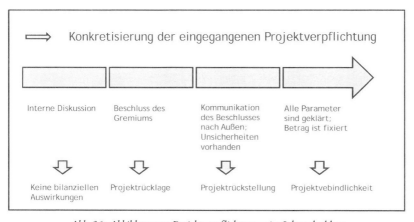

Abb. 36: Abbildung von Projektverpflichtungen im Jahresabschluss

b) Bewertung von Projektrückstellungen

Rückstellungen sind in Höhe des nach vernünftiger kaufmännischer Beurteilung notwendigen Erfüllungsbetrags anzusetzen (§ 253 Abs. 1 S. 2 HGB). 172 Da Rückstellungen definitionsgemäß mit gewissen Unsicherheiten behaftet sind, ist hier i.d.R. eine Bandbreite möglicher Werte denkbar, wobei das Vorsichtsprinzip zu beachten ist (§ 252 Abs. 1 Nr. 4 HGB). Dies bedeutet allerdings nicht, dass immer eine „Worst-Case-Betrachtung" anzustellen ist, also der höchste denkbare Betrag zurückzustellen ist. Vielmehr ist der wahrscheinlichste Fall zurückzustellen (vgl. BeBiKo/*Schubert* § 253, Rn. 155). Der Begriff des notwendigen Erfüllungsbetrages impliziert zudem, dass künftige Preis- und Kostensteigerungen zu berücksichtigen sind.

> **Beispiel künftige Kostensteigerungen**
> Die Ferdinand-Fleißig-Stiftung hat sich der Förderung von Schulen verschrieben. Ferdinand möchte an seiner alten Schule das Pilotprojekt „zwei Lehrer pro Klasse" fördern und sagt im Mai 01 zu, 5 zusätzliche Lehrkräfte für 5 Jahre zu finanzieren. Die Gehälter werden der Schule einmal jährlich im Voraus zu Beginn des Schuljahres überwiesen.
> Es sind die Personalkosten für die Lehrkräfte bei der Stiftung zurückzustellen. Dabei ist zu berücksichtigen, dass es in der Zeit auch zu Gehaltserhöhungen und Beförderungen kommen kann.

173 Darüber hinaus sind Rückstellungen mit einer Restlaufzeit von mehr als einem Jahr „mit dem ihrer Laufzeit entsprechenden Marktzinssatz der vergangenen sieben Geschäftsjahre abzuzinsen" (§ 253 Abs. 2 S. 1 HGB). Die Abzinsung, welche mit dem BilMoG Eingang in das HGB gefunden hat, basiert von der Idee her auf den IFRS-Vorschriften. Dahinter steht der Gedanke, dass zukünftige Auszahlungen die Stiftung weniger belasten als aktuell fällige, da die in den Rückstellungen gebundenen Mittel zwischenzeitlich ertragsbringend angelegt werden können (vgl. hierzu *Lüdenbach/Hoffmann*, NWB-Kommentar Bilanzierung, 9. Aufl., § 253 Rn. 109 mit Verweis auf die Regierungsbegründung zum BilMoG).

Der Durchschnittszinssatz über sieben Jahre soll eine zu große Volatilität der Zinssätze verhindern und eine Glättung herbeiführen. Beim derzeit historisch niedrigen Zinsniveau bedeutet dies allerdings auch eine nur allmähliche Annäherung an das aktuelle Zinsniveau, so dass die Abzinsungssätze derzeit nicht den Möglichkeiten zur Anlage von Mitteln entsprechen, sondern deutlich darüber liegen.

174 Die Bundesbank veröffentlicht monatlich die sich aus dieser Berechnung ergebenen Zinssätze für Laufzeiten zwischen einem und 50 Jahren (vgl. hierzu www.bundesbank.de). Bei Laufzeiten von nicht vollen Jahren (z.B. 4,5 Jahre Restlaufzeit) ist grundsätzlich zu interpolieren. Allerdings spricht aus Vereinfachungsgründen nichts dagegen, in diesen Fällen auf oder abzurunden (vgl. auch *Lüdenbach/Hoffmann*, NWB-Kommentar Bilanzierung, 9. Aufl., § 253 Rn. 114 mit einem Beispiel).

Die sich aus der Ab- bzw. späteren Aufzinsung ergebenden Werte sind in der Gewinn- und Verlustrechnung als Zinserträge (Abzinsung) bzw. Zinsaufwendungen (Aufzinsung) zu zeigen (§ 277 Abs. 5 S. 1 HGB).

175 Die vorgeschriebene Vorgehensweise führt zu gewissen Problemen im Bereich der Projektrückstellungen, wenn die Stiftung zahlreiche Projekte parallel fördert, welche jeweils eine Dauer von mehr als einem Jahr aufweisen.

III. Darstellung einzelner Sachverhalte in der Bilanz   176, 177   **E**

Noch schwieriger wird die Situation, wenn die zurückgestellten Beträge nicht in einem Betrag abfließen, sondern ratierlich ausgezahlt werden.

> **Beispiel Abzinsung von Rückstellungen**
>
> Die im obigen Beispiel gemachte Zusage der Ferdinand-Fleißig-Stiftung, 5 zusätzliche Lehrkräfte für 5 Jahre zu finanzieren, führt nicht nur zu einer Berücksichtigung zukünftiger Kostensteigerungen, sondern (gegenläufig) auch zu einer Abzinsung der Rückstellung. Erschwerend kommt hinzu, dass die Mittel nicht in einem Betrag, sondern zu Beginn des jeweiligen Schuljahres fließen. Konkret ist wie folgt vorzugehen:
> Die Frage der Bewertung der Rückstellungen stellt sich bei Stiftungen i.d.R. nur im Rahmen der Aufstellung des Jahresabschlusses, hier also beim Jahresabschluss zum 31.12.01. Die erste Rate ist zu diesem Zeitpunkt abgeflossen. Die Rate, welche in 02 zu überweisen ist, wird nicht abgezinst aufgrund der Restlaufzeit von unter einem Jahr. Die übrigen Raten sind mit dem Zinssatz von einem, zwei und drei Jahren (bei Abrundung) bzw. zwei, drei und vier Jahren (bei Aufrundung) abzuzinsen. Eine Interpolation ist ebenfalls möglich (also genaue Berechnung des Zinssatzes für 1,7, 2,7 und 3,7 Jahren).

In der Praxis sollte zunächst klar zwischen *Projektverbindlichkeiten* und *Projektrückstellungen* unterschieden werden. Liegt der Betrag fest und gibt es auch keine weiteren Bedingungen für die Förderung, so handelt es sich um eine (nicht abzuzinsende) Verbindlichkeit. Auch könnte sich eine Stiftung im Vorhinein einer Förderung dazu entschließen, anstelle der tatsächlich anfallenden Kosten das Projekt mit einem festen Betrag zu fördern.   176

Kann eine Stiftung auf diese Weise der Abzinsung nicht entgehen und hat sie zahlreiche gleichartige Projekte (z.B. Förderungen von Lehrstühlen) so kann über eine Vereinfachung mittels **Gruppenbewertung** nachgedacht werden. Entsprechend § 240 Abs. 4 HGB dürfen „gleichartige Vermögensgegenstände des Vorratsvermögens sowie andere gleichartige oder annähernd gleichwertige bewegliche Vermögensgegenstände und Schulden" jeweils zu einer Gruppe zusammengefasst und mit dem gewogenen Durchschnittswert angesetzt werden. Da Rückstellungen Schulden der Stiftung darstellen, kann diese Möglichkeit im Einzelfall sinnvoll sein.

c) Darstellung ausgewählter Rückstellungen

Die Gliederung des HGB unterscheidet zwischen *Rückstellungen für Pensionen und ähnlichen Verpflichtungen*, *Steuerrückstellungen* und *sonstigen Rückstellungen*. Unter den sonstigen Rückstellungen werden dabei zahlreiche sehr unterschiedliche Rückstellungen subsumiert. Im Folgenden werden die wichtigsten Rückstellungen für Stiftungen kurz skizziert.   177

Rückstellungen für Pensionen und ähnliche Verpflichtungen

178 Hat die Stiftung ihren Mitarbeitern Zusagen über Pensionszahlungen gegeben, so sind hierfür **Rückstellungen für Pensionen und ähnliche Verpflichtungen** zu bilden. Die Ausgestaltung der Zusage ist variabel. So kann es sich um laufende Zahlungen oder auch eine Einmalzahlung handeln, der Zeitraum der Zahlungen kann lebenslänglich oder auch befristet sein (vgl. BeBiKo/*Schubert* § 249 Rn. 152 f.). Die Pflicht zur Bildung von Rückstellungen gilt zumindest für Pensionszusagen, die nach dem 31.12.1986 ausgesprochen worden sind; für die sog. Altzusagen vor 1987 gilt ein Bilanzierungswahlrecht (vgl. Art. 28 EGHGB). In diesen Fällen ist der nicht bilanzierte Rückstellungsbetrag („Fehlbetrag") im Anhang anzugeben (Art. 28 Abs. 2 EGHGB).

Rückstellungen für Pensionen sind mit ihrem *Barwert* anzusetzen. Der Zinssatz, mit dem auf den Barwert abgezinst wird, ist der *Marktzinssatz* der letzten zehn Jahre und ergibt sich aus den Tabellen der Bundesbank zur Abzinsung von längerfristigen Rückstellungen (→ Rn. 174).

Längerfristige Rückstellungen sind grundsätzlich mit Ausnahme der Pensionsrückstellungen mit einem durchschnittlichen Marktzinssatz der letzten *sieben* Jahre abzuzinsen. Für Pensionsrückstellungen wurde der Zeitraum aufgrund der andauernden Niedrigzinsphase und dem damit verbundenen starken Anstieg der Rückstellungen ab dem Geschäftsjahr 2016 auf zehn Jahre erhöht. Der Differenzbetrag ist zu ermitteln und im Anhang oder unter der Bilanz anzugeben. Darüber hinaus gilt ein Ausschüttungsverbot über den Differenzbetrag (vgl. § 253 Abs. 6 HGB).

Vereinfachend kann – in Abkehr vom Grundsatz der Einzelbewertung nach § 252 Abs. 1 Nr. 3 HGB – für den Gesamtbestand an Zusagen eine „Restlaufzeit" von 15 Jahren angenommen werden (§ 253 Abs. 2 S. 2 HGB). In der Regel ist zur Ermittlung der Pensionsrückstellungen ein versicherungsmathematisches Gutachten erforderlich, weil Lebenserwartungen, Fluktuationen und andere Parameter in die Rückstellungsberechnung einzubeziehen sind.

Werden auf der Aktivseite bestimmte Vermögensgegenstände zur Deckung der Pensionszusagen separiert sowie dem Zugriff aller übrigen Gläubiger entzogen und dienen diese ausschließlich der Erfüllung von Schulden aus Altersversorgungsverpflichtungen und vergleichbaren langfristig fälligen Verpflichtungen (sog. Deckungsvermögen), so sind die entsprechenden Pensionsverpflichtungen mit diesen zu saldieren (§ 246 Abs. 2 S. 2 HGB. Vgl. zu weiteren Details die Pensionsverpflichtungen betreffend: IDW-Stellungnahme: Handelsrechtliche Bilanzierung von Altersversorgungsverpflichtungen (IDW RS HFA 30)).

Weitere Rückstellungen im Personalbereich

179 Weitere Rückstellungen im Personalbereich sind (wenn einschlägig) u.a. zu bilden für nicht genommenen *Urlaub*, *Jubiläumszusagen* und *Sonderzahlungen*, die sich am Ergebnis des abgelaufenen Geschäftsjahres orientieren (Boni, Gratifikationen) sowie Zahlungen für *Abfindungen* und *Altersteilzeitvereinbarungen*.

Bei den **Urlaubsrückstellungen** sind die nicht genommenen Urlaubstage der Mitarbeiter der Stiftung mit dem entsprechenden Gehalt zu bewerten.

III. Darstellung einzelner Sachverhalte in der Bilanz

Hinter der **Jubiläumsrückstellung** steht die Idee, dass die entsprechende Jubiläumszahlung ratierlich erworben wird.

Rückstellungen für Abfindungszahlungen dürfen nur gebildet werden, wenn eine Vereinbarung mit dem Arbeitnehmer vorliegt oder – im Rahmen von Sozialplänen – diese dem Betriebsrat vorgelegt worden sind (vgl. BeBiKo/Schubert § 249 Rn. 100 mit weiteren Quellen aus der Rechtsprechung).

Bei der **Rückstellung für Altersteilzeitvereinbarungen** ist zu unterscheiden, ob der Arbeitnehmer während der kompletten Dauer reduziert arbeitet (Gleichverteilungsmodell), oder nach dem sog. Blockmodell zunächst mit unverminderter Arbeitszeit bei verminderten Bezügen arbeitet und anschließend in eine bezahlte Freistellungsphase eintritt. Im ersten Fall hat ein vom Arbeitgeber gezahlter Aufstockungsbetrag (z.B. 50 % Arbeit und 70 % Vergütung) i.d.R Abfindungscharakter und ist zu Beginn in voller Höhe zurückzustellen. Im zweiten Fall arbeitet der Mitarbeiter in der Aktivphase sozusagen „vor". Diese Beträge sind ratierlich der Rückstellung zuzuführen (vgl. im Einzelnen IDW: Handelsrechtliche Bilanzierung von Verpflichtungen aus Altersteilzeitregelungen (IDW RS HFA 3)).

Rückstellungen für Sonderzahlungen sind zu bilden, wenn beispielsweise der Vorstand eine variable Vergütung erhält, welche einen Gehaltsbestandteil für das abgelaufene Geschäftsjahr darstellt und – wie üblich – erst nach Ablauf des Geschäftsjahres ausgezahlt wird.

Rückstellungen für unterlassene Instandhaltung
Bei den **Rückstellungen für unterlassene Instandhaltung** handelt es sich um sog. Aufwandsrückstellungen, für die (noch) keine Außenverpflichtung besteht. Nach § 249 Abs. 1 S. 2 Nr. 1 HGB dürfen für wiederkehrende Instandsetzungsmaßnahmen, Wartung und Inspektion von Vermögensgegenständen des Anlagevermögens Rückstellungen gebildet werden, wenn diese im Geschäftsjahr unterlassen worden sind (also geboten waren) und innerhalb von drei Monaten im neuen Jahr nachgeholt werden (vgl. auch IDW-Hinweis: Handelsrechtliche Zulässigkeit einer komponentenweisen planmäßigen Abschreibung von Sachanlagen (IDW RH HFA 1.016)).

Die Rückstellung war bis 2010 bilanzpolitisch interessanter, da bis dahin ein Wahlrecht zur Rückstellung von unterlassenen Instandhaltungsmaßnahmen bestand, wenn diese nach drei Monaten aber innerhalb eines Jahres nachgeholt wurden. Dies führte zu einem gewissen Spielraum bei der Bewertung.

Rückstellungen für Prozesskosten
Als **Rückstellungen für Prozesskosten** sind einerseits die Kosten für Aktiv- und Passivprozesse, also z.B. Kosten für Anwälte, Gutachten, Zeugen, Personal und Beschaffung von Beweismaterial zurückzustellen (vgl. BeBiKo/Schubert § 249 Rn. 100). Bei Passivprozessen sind darüber hinaus die wahrscheinlichen Schadensersatzpflichten und Bußgelder zu berücksichtigen.

Projektrückstellungen

182   Bei den **Projektrückstellungen** handelt es sich um Verpflichtungen aus der Projektarbeit der Stiftung, die der Höhe oder in Bezug auf ihren Eintritt noch mit Unsicherheiten behaftet sind. Die Stiftung muss sich in diesem Fall nach Außen zu bestimmten Aktivitäten oder Zahlungen verpflichtet haben. Zur Bewertung von Projektrückstellung und Abzinsung bei längeren Laufzeiten → Rn. 172 ff.

Rückstellungen für ausstehende Rechnungen

183   Für Lieferungen und Leistungen des alten Jahres, für die zum Bilanzstichtag noch keine Rechnungen eingegangen sind, müssen in Höhe der voraussichtlichen Rechnungsbeträge **Rückstellungen für ausstehende Rechnungen** gebildet werden.

Rückstellungen für die Aufstellung und Prüfung des Jahresabschlusses

184   Es ist eine Rückstellung zu bilden für die voraussichtlichen Kosten der **Aufstellung, Prüfung und Veröffentlichung des Jahresabschlusses**, wenn es eine gesetzliche Verpflichtung hierzu gibt (aus dem HGB heraus ergibt sich die Pflicht nur für Kapitalgesellschaften, darüber hinaus kann sich eine Verpflichtung aus dem Publizitätsgesetz für sehr große Stiftungen oder aus Spezialgesetzen z.B. für Krankenhäuser, ergeben). Darüber hinaus führt auch eine privatrechtliche Verpflichtung zur Rückstellungspflicht, z.B. durch eine in der Satzung der Stiftung geregelte Prüfungspflicht (vgl. IDW-Hinweis: Rückstellungen für die Aufbewahrung von Geschäftsunterlagen sowie für die Aufstellung, Prüfung und Offenlegung von Abschlüssen und Lageberichten nach § 249 Abs. 1 HGB (IDW RH HFA 1.009) Rn. 5). Die privatrechtliche Verpflichtung ist steuerlich nicht anerkannt, so dass die entsprechenden Rückstellungen beispielsweise nicht anteilig das Ergebnis des steuerpflichtigen wirtschaftlichen Geschäftsbetriebs kürzen dürfen (vgl. zuletzt BFH 5.6.14 – IV R 26/11, DB 2014, 2020).

Für die Prüfung und Veröffentlichung des Jahresabschlusses sind die voraussichtlichen externen Kosten zurückzustellen. Für die Aufstellung ist abzuschätzen, wie viele Mitarbeiter wie lange mit der Aufstellung und Prüfungsbegleitung beschäftigt sind, es ist dann deren Gehalt zurückzustellen.

Rückstellung für die Aufbewahrung von Geschäftsunterlagen

185   Für die voraussichtlichen Kosten der **Aufbewahrung von Geschäftsunterlagen** sind entsprechende Rückstellungen zu bilden. Die Aufbewahrungspflicht ergibt sich handelsrechtlich aus § 257 HGB, steuerrechtlich aus § 147 AO und beträgt i.d.R. 10 Jahre. Die Rückstellung ist auch steuerlich anerkannt (vgl. BFH 19.8.2002 – VIII R 30/01, DStR 2002, 2030; zur handelsrechtlichen Verpflichtung vgl. IDW RH HFA 1.009 Rn. 4).

Es sind entweder die Kosten eines externen Dienstleisters zurückzustellen, wenn ein solcher mit der Aufbewahrung betraut ist, oder es sind die internen Kosten abzuschätzen. Diese umfassen den einmaligen Aufwand zur Archivierung der Unterlagen und laufende Raum- und Personalkosten sowie

III. Darstellung einzelner Sachverhalte in der Bilanz

Abschreibungen auf die für die Archivierung genutzten Gegenstände des Anlagevermögens (vgl. IDW RH HFA 1.009 Rn. 8).

5. Treuhandvermögen

a) Grundlegendes zur Treuhandstiftung

186 Bei der **Treuhandstiftung** handelt es sich um eine **unselbstständige Stiftung**, auch **fiduziarische Stiftung** oder **nichtrechtsfähige Stiftung** genannt. Unter einer unselbstständigen Stiftung versteht man eine Zuwendung von Vermögen an eine juristische oder natürliche Person mit der Maßgabe, die ihr zugewendeten Vermögenswerte dauerhaft zur Verwirklichung des vom Stifter bestimmten Zwecks zu verwenden (vgl. v. Campenhausen/Richter/*Hof*: Stiftungsrechtshandbuch, 4. Aufl. 2014, § 36 Rn. 1; *Götz/Pach-Hanssenheimb*, Handbuch der Stiftung, 2018, Rz. 335; Werner/Saenger/*Werner*, Die Stiftung Rz. 944).

Damit sind die typischen Merkmale einer Stiftung, *Hingabe eines Vermögens* zur *Verwirklichung eines bestimmten Zwecks* auch bei einer unselbstständigen Stiftung gegeben. Die unselbstständige Stiftung unterscheidet sich von der (selbstständigen) Stiftung des bürgerlichen Rechts insbesondere durch ihre *fehlende Rechtspersönlichkeit*. Dadurch kann sie im Außenverhältnis (grundsätzlich) nicht auftreten und ist auf einen Rechtsträger, der für sie im Außenverhältnis handelt, angewiesen.

187 Juristisch wird diskutiert, ob es sich bei der unselbstständigen Stiftung um eine **Schenkung unter Auflage** nach §§ 518 ff. BGB oder aber um einen **Treuhandvertrag** zwischen einem Treuhänder (Stiftungsträger) und einem Treugeber (Stifter) handelt. Letztendlich kommt es hier auf die konkrete Ausgestaltung im Einzelfall an (vgl. hierzu auch *Berndt/Heuel/Wedekind:* Wie ist die Treuhandstiftung zu bilanzieren? WPg 2016, 204–209). Im Folgenden werden die Begrifflichkeiten aus dem Treuhandverhältnis verwendet.

Die Nichtrechtsfähigkeit der unselbstständigen Stiftung führt dazu, dass die Vorschriften des BGB zur Stiftung (§§ 80 ff. BGB) und auch die Vorschriften der Landesstiftungsgesetze nicht anwendbar sind. Dies bedeutet, dass z.B. die Stiftungsaufsicht für diese Stiftungen nicht zuständig ist. Da es insofern auch keine zahlenmäßige Erfassung der Treuhandstiftungen gibt, können auch keine verlässlichen Aussagen darüber gemacht werden, wie viele Treuhandstiftungen existieren. Die Errichtung einer Treuhandstiftung ist, wie die selbstständige Stiftung, unter Lebenden oder von Todes wegen möglich (vgl. zu Einzelheiten *Wachter*: Stiftungen – Zivil- und Steuerrecht in der Praxis, 2001, S. 189 ff.).

188 Obwohl nichtrechtsfähig, wird die Treuhandstiftung steuerlich nach § 1 Abs. 1 Nr. 5 KStG als **selbstständiges Steuersubjekt** anerkannt und kann insofern auch den *Status der Gemeinnützigkeit* erlangen. Hierzu ist es nicht notwendig, dass der Treuhänder selbst steuerbegünstigt ist. Die §§ 51 ff. AO sind entsprechend separat auf die Treuhandstiftung anzuwenden. Dies hat

Konsequenzen z.b. bei der Fragestellung nach der zeitnahen oder satzungsmäßigen Mittelverwendung, die jeweils auf der Ebene der Treuhandstiftung zu stellen sind.

189 Als **Treuhänder** kommen natürliche und juristische Personen in Frage, wobei aufgrund des Ewigkeitsgedankens, der auch einer unselbstständigen Stiftung grundsätzlich immanent ist, in der Praxis regelmäßig juristische Personen diese Rolle einnehmen. Dies sind sowohl andere gemeinnützige Einrichtungen, also z.b. selbstständige Stiftungen oder Vereine, aber z.b. auch Banken oder Vermögensverwalter.

Der Bundesverband deutscher Stiftungen hat in diesem Zusammenhang im März 2012 die „**Grundsätze guter Verwaltung von Treuhandstiftungen**" herausgegeben. Diese Grundsätze enthalten Qualitätsanforderungen an Verwalter und bieten für Stifter Anhaltspunkte für die Auswahl eines Dienstleisters als Treuhänder des Stiftungsvermögens.

Treuhandstiftungen haben ein besonderes Schutzbedürfnis; sie sind – anders als rechtsfähige Stiftungen – nach der Errichtung veränderbar, unterliegen nicht der staatlichen Stiftungsaufsicht und sind einem möglichen Verlustrisiko bei Insolvenz des Treuhänders ausgesetzt. Sie können den Stifterwillen dauerhaft nur verwirklichen, wenn der Treuhänder besonders kompetent und vertrauenswürdig ist. Die „Grundsätze Guter Verwaltung von Treuhandstiftungen" verlangen daher, dass Geschäftsführung und Gremien einer Treuhandstiftung mit ihren jeweiligen Kontrollfunktionen klar von einander getrennt sind. Die Grundsätze betonen außerdem das Recht auf eine spätere Umgestaltung der Treuhandstiftung in eine rechtsfähige Stiftung sowie die Möglichkeit zum Wechsel des Treuhänders. Keinesfalls darf gewerbliches Eigeninteresse des Treuhänders das gemeinnützige Handeln der Treuhandstiftung belasten.

190 Die **Auflösung einer unselbstständigen Stiftung** erfolgt, wie bei einer selbstständigen Stiftung auch, wenn die Zweckerfüllung unmöglich geworden ist, oder die Stiftung von vornherein nur für eine bestimmte Zeit vorgesehen war (*Stiftung auf Zeit* oder *Verbrauchstiftung*). Daneben ist allerdings, anders als bei der selbstständigen Stiftung, grundsätzlich auch eine Beendigung möglich, wenn das Stiftungsgeschäft vom Stifter, seinen Erben oder aber vom Rechtsträger widerrufen wird oder es von beiden einvernehmlich aufgehoben wird (vgl. v. Campenhausen/Richter/*Hof*: Stiftungsrechtshandbuch, 4. Aufl. 2014, § 36 Rn. 201 ff.).

Allerdings wird genau dies in einem neueren Urteil des OVG Münster verneint. Hier begehrt der Stifter einer nicht rechtsfähigen Stiftung aufgrund von Meinungsverschiedenheiten die Herausgabe des Stiftungsvermögens. Dies wird vom Gericht abgelehnt, und das unabhängig vom Charakter der nicht rechtsfähigen Stiftung als Schenkung unter Auflage oder Treuhandverhältnis, vgl. OVG Münster Urt. vom 31.5.2016 – 16 A 172/13, npoR 2016, 257.

Bei einer steuerbegünstigten unselbstständigen Stiftung ist zu beachten, dass die Satzung eine konkrete Anfallsklausel vorsehen muss. Eine Rückführung

III. Darstellung einzelner Sachverhalte in der Bilanz

des Stiftungskapitals an den Stifter ist, zumindest ohne dass die Stiftung ihre Gemeinnützigkeit rückwirkend verliert, nicht möglich.

b) Abbildung von Treuhandvermögen in der Rechnungslegung des Treuhänders

Der Ausweis des Treuhandvermögens im Jahresabschluss des Rechtsträgers wird in der Stellungnahme des IDW zur Rechnungslegung für Stiftungen behandelt. Für den Ausweis werden zwei Alternativen vorgeschlagen (IDW RS HFA 5 Rn. 74): 191

- Ausweis jeweils als letzter Posten auf der Aktiv- und Passivseite als Sondervermögen bzw. Sonderverpflichtung,
- Ausweis unterhalb der Bilanz.

Als weitere Möglichkeit findet sich in der Praxis auch der Ausweis der einzelnen Posten des Treuhandvermögens als „davon-Vermerke" in einer Vorspalte der Bilanz des Treuhänders. Aufgrund der fehlenden Übersichtlichkeit sollte allerdings dem Ausweis als letzter Posten innerhalb der Bilanz oder unterhalb der Bilanz der Vorzug gegeben werden.

Grundsätzlich wäre auch ein Nichtausweis des Treuhandvermögens möglich, da der Treuhänder nicht wirtschaftlicher Eigentümer des Treuhandvermögens ist (vgl. BeBiKo/*Schmidt/Ries* § 246 Rn. 12, die darauf hinweisen, dass es keine einheitliche Auffassung hierzu gibt, die herrschende Meinung aber den Ausweis unter der Bilanz präferiert). Bei einem Nichtausweis sollte aus Gründen der Transparenz aber eine Anhangangabe zur Höhe des Treuhandvermögens erfolgen.

Nicht möglich ist dagegen, das Treuhandvermögen innerhalb der Bilanz ohne Kennzeichnung zu zeigen, da das fehlende wirtschaftliche Eigentum an dem Vermögen zum Ausdruck gebracht werden muss (vgl. auch *Koss*: Rechnungslegung von Stiftungen, 2003, S. 96).

Grundsätzlich sollte der Ausweis des Treuhandvermögens seinem Charakter folgen: Handelt es sich um eine **Schenkung unter Auflage**, geht das rechtliche und wirtschaftliche Eigentum auf den Treuhänder über. Insofern sollte das Treuhandvermögen auch innerhalb der Bilanz des Treuhänders gezeigt werden. Beim **Treuhandvertrag** verbleibt das wirtschaftliche Eigentum i.d.R. beim Treugeber, insofern ist für diesen Fall der Ausweis unter der Bilanz zu empfehlen (vgl. hierzu auch *Berndt/Heuel/Wedekind:* Wie ist die Treuhandstiftung zu bilanzieren? WPg 2016, 204–209).

> Eine Ausnahme hiervon besteht, wenn der Treuhänder ein Kreditinstitut ist. Entsprechend § 6 Abs. 1 RechKredV sind Treuhandvermögen und -verbindlichkeiten immer (d.h. auch wenn kein wirtschaftliches Eigentum vorliegt) innerhalb der Bilanz zu zeigen und im Anhang aufzugliedern. Die Übertragung dieser Spezialvorschrift auch auf andere Treuhandverhältnisse wird allerdings in der Literatur abgelehnt (vgl. *ADS* § 246 Rn. 279).

192 Wird das Treuhandvermögen separat in der Bilanz gezeigt, sollte dieses weiter aufgegliedert werden, entweder innerhalb der Bilanz oder im Anhang (IDW RS HFA 5 Rn. 74). In diesem Fall sollten auch die Aufwendungen und Erträge, wahlweise auch nur das Ergebnis, aus dem Treuhandvermögen als letzte Posten innerhalb der Gewinn- und Verlustrechnung gezeigt werden. Wird das Treuhandvermögen dagegen unterhalb der Bilanz ausgewiesen, also als zusätzliche Information außerhalb des Jahresabschlusses, sind in der Gewinn- und Verlustrechnung keine weiteren Angaben zu machen.

Verwaltet der Rechtsträger mehrere unselbstständige Stiftungen, so können diese zusammengefasst werden. Auch für die unselbstständigen Stiftungen gilt der **Grundsatz der Vermögenserhaltung.** Die Frage, ob das Stiftungskapital erhalten ist, ist auch bei Zusammenfassung mehrerer Treuhandstiftungen in der Bilanz des Rechtsträgers auf der *Ebene der einzelnen unselbstständigen Stiftung* zu beantworten. Insofern empfiehlt es sich, z.b. in einer Nebenrechnung, eigene Abschlüsse für die Treuhandstiftungen zu erstellen.

Auch für Fragestellungen hinsichtlich der **Gemeinnützigkeit** ist die Treuhandstiftung als eigenständiges Rechtssubjekt zu betrachten. Damit ist z.b. die Fragestellung nach der zeitnahen Mittelverwendung auf Ebene der einzelnen Treuhandstiftung zu beantworten. Gleiches gilt für die Frage, welche Mittel z.b. für Investitionen im wirtschaftlichen Geschäftsbetrieb verwendet werden.

193 Hinsichtlich der Bilanzierungs- und Bewertungsmethoden der Treuhandstiftung wird empfohlen, die Bewertungsgrundsätze des Rechtsträgers aufgrund des engen Bezugs auch auf das Treuhandvermögen anzuwenden (vgl. IDW RS HFA 5 Rn. 74). Dies ist allerdings nicht zwingend und wird insbesondere dann möglicherweise anders gehandhabt, wenn der Rechtsträger keine Stiftung und kein Verein ist, sondern eine Kapitalgesellschaft, für die strengere Vorschriften gelten (§§ 264 ff. HGB), oder ein Kreditinstitut, für welches das HGB besondere Bilanzierungsvorschriften vorsieht (vgl. §§ 340 ff. HGB).

Fraglich ist, ob die Treuhandstiftung z.b. eine Einnahmen-Ausgabenrechnung erstellen kann, wenn der Rechtsträger bilanziert. Dies kann naturgemäß nur dann funktionieren, wenn das Treuhandvermögen unterhalb der Bilanz gezeigt wird. Dann spricht u.E. – vorausgesetzt, es besteht aus keiner Norm eine Verpflichtung zur Bilanzierung – nichts gegen eine solche Lösung, wobei in diesem Falle aus Gründen der Transparenz dieses Vorgehen und wesentliche Bewertungsgrundsätze der Treuhandstiftung im Anhang des Rechtsträgers angegeben werden sollten.

IV. Darstellung einzelner Sachverhalte in der Gewinn- und Verlustrechnung

1. Gliederung der Gewinn- und Verlustrechnung nach dem Gesamtkostenverfahren und dem Umsatzkostenverfahren

§ 275 HGB sieht zwei grundsätzliche Methoden zur Darstellung der Gewinn- und Verlustrechnung vor: Das *Gesamtkostenverfahren* (GKV) und das *Umsatzkostenverfahren* (UKV). Historisch ist das GKV das Verfahren, welches in Kontinentaleuropa lange Zeit ausschließlich verwendet wurde. Erst mit dem Bilanzrichtliniengesetz im Jahre 1985 ist das UKV als zweites, aus dem angelsächsischen Raum stammendes, Verfahren in das HGB aufgenommen worden (vgl. *ADS* § 275 Rn. 4).

Beide Verfahren führen jeweils zum gleichen Ergebnis. Sie unterscheiden sich in zweierlei Hinsicht:

– Das **Gesamtkostenverfahren** stellt darauf ab, den Aufwand der Periode nach *Aufwandsarten* zu gliedern, d.h. es werden insofern die Primäraufwendungen gezeigt **(Gliederung nach Kostenarten)**. Darüber hinaus werden sämtliche Aufwendungen ausgewiesen unbeschadet dessen, ob die im Geschäftsjahr hergestellten Produkte oder erbrachten Leistungen auch am Markt abgesetzt worden sind oder nicht. Daher bedarf diese Form der GuV des Postens „Bestandsveränderung" als Korrektiv, um den Geschäftserfolg auf Basis der abgesetzten Leistungen darzustellen (*ADS* § 275 Rn. 29).

– Beim **Umsatzkostenverfahren** werden den Umsatzerlösen die Herstellungskosten der im Geschäftsjahr verkauften Produkte oder erbrachten Leistungen gegenübergestellt, und zwar unabhängig davon, in welchem Geschäftsjahr die Herstellungskosten angefallen sind. Außerdem ist der Aufwand nicht nach Aufwandsarten gegliedert, sondern nach den *Bereichen* Herstellung, Vertrieb und allgemeine Verwaltung **(Gliederung nach Funktionsbereichen)** (*ADS* § 275 Rn. 30).

Die Unterscheidung betrifft also zum einen die Frage, *welche Aufwendungen* dargestellt werden und zum anderen *nach welchem Gliederungskriterium* die Aufwendungen sortiert sind.

Da die meisten Stiftungen nicht produzierend tätig sind und insofern weder Umsatzerlöse noch entsprechende Umsatzkosten aufweisen (höchstens im Rahmen eines Zweckbetriebs oder des wirtschaftlichen Geschäftsbetriebes), ist das Umsatzkostenverfahren zunächst einmal nicht naheliegend. Tatsächlich stellen die meisten Stiftungen – wie auch die meisten mittelständischen Profit-Unternehmen – ihre GuV nach dem Gesamtkostenverfahren auf. Das Institut der Wirtschaftsprüfer empfahl entsprechend in seiner Stellungnahme zur Rechnungslegung von Stiftungen aus dem Jahr 2000 auch die Anwendung des GKV (IDW RS HFA 5 a.F. Rn. 43).

Allerdings empfiehlt schon die deutlich neuere Stellungnahme zur Rechnungslegung von Spenden sammelnden Organisationen aus dem Jahre 2010 zumindest für Stiftungen, die sich wesentlich durch Spenden finanzieren, das Umsatzkostenverfahren:

„Es empfiehlt sich die Anwendung des Umsatzkostenverfahrens, da es den Informationsbedürfnissen der Spender in Bezug auf die satzungsgemäße Verwendung der Spenden i.d.R. besser Rechnung trägt als das Gesamtkostenverfahren." (IDW RS HFA 21 Rn. 15).

Die überarbeitete Stellungnahme zur Rechnungslegung von Stiftungen geht bei der Empfehlung für das sinnvollste Verfahren zur Darstellung der Kosten in der GuV differenziert vor (IDW RS HFA 5 Rn. 51; vgl. im Detail → Rn. 201).

197 Wird das Umsatzkostenverfahren bei Stiftungen angewendet, so macht dies nur Sinn, wenn die Postenbezeichnungen teilweise angepasst werden. So sollte anstelle der „Herstellungskosten der zur Erzielung der Umsatzerlöse erbrachten Leistungen" die Bezeichnung *Projektaufwendungen* oder *satzungsgemäße Aufwendungen* gewählt werden. Statt von Vertriebskosten sollte von *Werbeaufwendungen* oder von *Aufwendungen für Öffentlichkeitsarbeit* gesprochen werden (vgl. auch IDW RS HFA 21 Rn. 15; IDW RS HFA 5 Rn. 51).

Die entsprechende Gliederung des operativen Ergebnisses der GuV sieht dann wie folgt aus (der Rest der GuV ist bei beiden Verfahren gleich):

Gesamtkostenverfahren	Umsatzkostenverfahren
Umsatzerlöse	Umsatzerlöse
Bestandsveränderungen	Projektaufwendungen
Andere aktivierte Eigenleistungen	(Umsatzkosten)
Sonstige betriebliche Erträge	Bruttoergebnis vom Umsatz
Materialaufwand	Werbeaufwendungen
Personalaufwand	(Vertriebskosten)
Abschreibungen	Allgemeine Verwaltungskosten
Sonstige betriebliche Aufwendungen	Sonstige betriebliche Erträge
	Sonstige betriebliche Aufwendungen

Abb. 37: Gegenüberstellung des Gesamtkostenverfahrens und des Umsatzkostenverfahrens

198 Damit stellt sich die Frage nach den **Vor- und Nachteilen** der beiden Verfahren.

Der **Vorteil des Gesamtkostenverfahrens** liegt insbesondere darin begründet, dass die vorhandenen Kontenrahmen in der Praxis bereits entsprechend gegliedert sind und die GuV ohne größere Probleme aus der Buchhaltung entwickelt werden kann (z.B. als Summe der einzelnen Konten im Bereich des Personalaufwands). Demgegenüber sind die anfallenden Aufwendungen bei Anwendung des Umsatzkostenverfahrens zu einem erheblichen

IV. Darstellung einzelner Sachverhalte in der GuV

Teil zu schlüsseln. So sind die Kostenarten „Personalaufwand" und „Abschreibungen" sowie auch die sonstigen betrieblichen Aufwendungen beim UKV danach aufzuteilen, in welchen Funktionsbereichen diese anfallen.

Der **Vorteil des Umsatzkostenverfahrens** liegt in dem tendenziell höheren Informationsgehalt. Gerade für gemeinnützige Stiftungen ist die Unterscheidung zwischen den „satzungsmäßigen Aufwendungen" einerseits und den „Verwaltungsaufwendungen" andererseits von wesentlicher Bedeutung. Die Informationen des GKV gehen insoweit nicht verloren, als bei Anwendung des UKV im Anhang die Angaben zu den Personalaufwendungen und den Materialaufwendungen zusätzlich zu machen sind (§ 285 Nr. 8 HGB). Diese sollten, wenn kein Anhang erstellt wird, unter der GuV vermerkt werden. Die Abschreibungen als dritte Kostenart des GKV sind dem Anlagespiegel zu entnehmen.

> Das IDW, sieht ebenfalls die zusätzliche Angabe der Posten Personalaufwand und Materialaufwand vor. „Wird kein Anhang aufgestellt, sind diese Angaben in der Gewinn- und Verlustrechnung zu vermerken" (IDW RS HFA 21 Rn. 15).

Die Schlüsselung der Kosten im UKV bedarf i.d.R. einer entsprechend eingerichteten **Kostenrechnung**. Über eine solche werden insbesondere kleine Stiftungen häufig nicht verfügen. Zudem sind auch die internen Organisationsabläufe entsprechend zu gestalten. So müssen bei operativ tätigen Stiftungen Mitarbeiter ihre geleisteten Stunden regelmäßig den einzelnen Projekten oder eben der Verwaltung zuordnen, um die Personalaufwendungen entsprechend schlüsseln zu können.

> Idealerweise aber nicht notwendigerweise erfolgt dies durch eine Stundenaufschreibung über einen gewissen Zeitraum. Stiftungen, die EU-Mittel oder auch andere öffentliche Gelder erhalten und insofern eine Trennungsrechnung aufstellen müssen, haben häufig bereits eine solche Stundenaufschreibung.

Die überarbeitete Stellungnahme des IDW differenziert bei der Empfehlung: „Je nach Art der Stiftungstätigkeit empfiehlt es sich, die Gewinn- und Verlustrechnung nach dem Umsatzkostenverfahren zu gliedern, sofern es den Informationsbedürfnissen in Bezug auf die satzungsgemäße Verwendung der Mittel besser Rechnung trägt als das Gesamtkostenverfahren." (IDW RS HFA 5 Rn. 51). Hierbei wird der Vielfalt der Stiftungslandschaft Rechnung getragen. Die Empfehlung kann wie folgt ausgelegt werden:

- Kleine, rein fördernde Stiftungen bleiben beim Gesamtkostenverfahren, da es einfacher ist, und externe Förderungen durch einen ergänzenden Posten „satzungsmäßige Aufwendungen" abgebildet werden können.
- Für Anstaltsstiftungen, welche beispielsweise ein Krankenhaus oder eine Pflegeeinrichtung betreiben, bleibt es ebenfalls zwingend wegen der einschlägigen Vorschriften (KHBV, PBV) beim Gesamtkostenverfahren.
- Für (zumindest auch partiell) operativ tätige Stiftungen, welche insbesondere in der Projektarbeit tätig sind, ergibt dagegen das Umsatzkostenverfahren Sinn. Diese Stiftungen verfügen i.d.R. über eine entsprechende

Kostenrechnung und die Aufteilung des Personalaufwands auf Projektarbeit und Verwaltung ist für den Jahresabschlussleser eine wichtige Information.

202 In der Praxis findet man auch **Mischformen** aus dem Gesamtkosten- und dem Umsatzkostenverfahren. Dies geschieht dann dergestalt, dass grundsätzlich die Primärkosten entsprechend dem GKV gezeigt werden, daneben aber zusätzlich der Posten „satzungsmäßige Leistungen" ausgewiesen wird. Dies ist dann problematisch, wenn der Posten auch anteilige Personalkosten oder Abschreibungen enthält. Das IDW sieht diese Vorgehensweise kritisch und untersagt dies (IDW RS HFA 21 Rn. 14; IDW RS HFA 5 Rn. 52). Problematisch an der Vermischung von Posten des GKV und des UKV ist, dass nicht erkennbar wird, ob beispielsweise der Personalaufwand vollständig gezeigt wird, oder ob Teile davon unter den „satzungsmäßigen Leistungen" ausgewiesen werden (das gleiche gilt für die anderen Primärkostenarten), was letztendlich zu einer irreführenden Darstellung führt. Daher sollten solche Mischformen grundsätzlich vermieden werden. Eine Ausnahme stellt lediglich der oben skizzierte Fall da, wonach eine Stiftung ihren externen Aufwand für Förderprojekte als „satzungsmäßige Leistungen" oder „Projektaufwendungen" zeigt, die internen Aufwendungen z.B. für das Personal aber vollständig den entsprechenden Posten nach dem GKV zugeordnet werden, da diese Darstellung nicht irreführend ist.

2. Bedeutung und Abgrenzung von Verwaltungskosten

a) Bedeutung der Verwaltungskosten

203 Die Höhe der **Verwaltungskosten** einer Stiftung stellt einen wichtigen Indikator hinsichtlich der Effizienz der Stiftungsarbeit dar. Die Frage nach den Verwaltungskosten ist sowohl aus *Sicht des Stiftungsrechts* als auch aus *Sicht des Steuerrechts* relevant. Da Stiftungen darauf ausgerichtet sind, ihre satzungsmäßigen Zwecke zu erfüllen und die Kosten für die Verwaltung hierzu nur (notwendiges) Mittel zum Zweck darstellen, zählt deren Höhe zu den von der Öffentlichkeit als besonders kritisch betrachteten Kennziffern.

204 Aus **stiftungsrechtlicher Sicht** ist es die wesentliche Zielsetzung einer Stiftung, den in der Satzung manifestierten *Stifterwillen* zu erfüllen. Hierzu sollten die Kosten, die nur mittelbar dem Satzungszweck dienen, auf das Minimum begrenzt werden, das notwendig ist, um die Vorhaltung einer funktionsfähigen Stiftungsorganisation zu gewährleisten (vgl. Hüttemann/Richter/Weitemeyer/*Roth*: Verwaltungskosten und Vergütung, in: Landesstiftungsrecht, Rn. 18.1). Aus diesem Grunde sehen einige Landesstiftungsgesetze explizit eine sparsame bzw. wirtschaftliche Verwaltung des Vermögens der Stiftung vor.

So ist nach Art. 6 Abs. 1 S. 1 BayStG „das Vermögen der Stiftung (...) sicher und wirtschaftlich zu verwalten". Ähnliche Regelungen finden sich z.B. in § 7 Abs. 1 StiftG BaWü („sparsam und wirtschaftlich") und § 4 Abs. 1 SächsStiftG. In einer

IV. Darstellung einzelner Sachverhalte in der GuV

Reihe weiterer Landesstiftungsgesetze werden die Verwaltungskosten zumindest implizit erwähnt, vgl. hierzu die Quellen bei vgl. Hüttemann/Richter/Weitemeyer/ *Roth*, Verwaltungskosten und Vergütung, in: Landesstiftungsrecht Rn. 18.5, Fn. 8).

Entsprechend liegt auch der Fokus der Stiftungsaufsicht – neben der Überprüfung der Kapitalerhaltung – auf der Überprüfung der Verwaltung der Stiftung und damit auch der Höhe der Verwaltungskosten (vgl. Hüttemann/ Richter/Weitemeyer/*Roth*: Verwaltungskosten und Vergütung, in: Landesstiftungsrecht Landesstiftungsrecht, Rn. 18.9 und die Quellen in den entsprechenden Stiftungsgesetzen in der Fn. 20). Da es weder eine Definition der Verwaltungskosten in den Landesstiftungsgesetzen gibt noch konkrete Vorgaben zu deren Höhe, besteht hier allerdings ein nicht unerheblicher Ermessensspielraum.

Aus **steuerrechtlicher Sicht** haben gemeinnützige Stiftungen grundsätzlich alle Mittel satzungsmäßig, also für die in der Stiftungssatzung niedergelegten steuerbegünstigten Zwecke, zu verwenden. Dies ergibt sich aus dem Grundsatz der Ausschließlichkeit (§ 56 AO). Die Verwaltung des Vermögens bzw. die Verwaltung im Rahmen der Stiftungstätigkeit kann dabei kein eigenständiger Stiftungszweck sein. Es ist allerdings allgemein anerkannt, dass angemessene Teile der Stiftungsmittel auch zur Deckung der Verwaltungskosten verwendet werden dürfen, da anders die Stiftungsarbeit nicht möglich ist.

Auch im Steuerrecht gibt es keine konkreten Vorgaben zur Höhe der Verwaltungskosten. Aus der Tatsache, dass Verwaltungskosten nur „geduldet" werden, ergibt sich, dass diese nur in *angemessener* Höhe anfallen dürfen.

Damit stellen sich sowohl stiftungsrechtlich als auch steuerrechtlich insbesondere zwei Fragen: Wie grenzen sich die Verwaltungskosten von den übrigen Kosten ab und wann sind diese (noch) angemessen bzw. wann nicht mehr?

b) Abgrenzung der Verwaltungskosten

In einem **handelsrechtlichen Jahresabschluss** werden die allgemeinen Verwaltungskosten dann explizit ausgewiesen, wenn die Gewinn- und Verlustrechnung nach dem *Umsatzkostenverfahren* und nicht nach dem *Gesamtkostenverfahren* aufgestellt wird (§ 275 Abs. 3 Position 5 HGB, vgl. im Einzelnen zu den beiden Verfahren → Rn. 194 ff.). Eine Definition der Verwaltungskosten liefert das HGB allerdings nicht. Die Kommentierung sieht in diesem Posten einen Auffangposten gegenüber den Herstellungs- und Vertriebskosten (vgl. BeBiKo/*Schmidt/Peun* § 275, Rn. 290 f. mit weiteren Quellen). Genannt werden als Beispiele für Verwaltungskosten die Aufwendungen für die Geschäftsleitung, das Rechenzentrum sowie Aufwendungen für die Personal-, Finanz-, Rechts- und Steuerabteilung.

Das *Institut der Wirtschaftsprüfer e.V.,* welches das Umsatzkostenverfahren für Spenden sammelnde Organisationen empfiehlt, definiert die Verwaltungskosten ebenfalls nicht, verweist aber auf die einschlägigen Abgrenzungen des Deutschen Zentralinstituts für soziale Fragen *(dzi)* und des Deutschen Spendenrats (IDW RS HFA 21 Rn. 15, Fn. 16).

207 Das **Deutsche Zentralinstitut für soziale Fragen (dzi)** definiert Verwaltungskosten wie folgt: „Verwaltungsausgaben beziehen sich in erster Linie auf die Organisation als Ganzes und gewährleisten die Grundfunktionen der betrieblichen Organisation und des betrieblichen Ablaufs. Die hauptsächlichen Bereiche sind Leitungs- und Aufsichtsgremien, Finanz- und Rechnungswesen sowie Personalverwaltung und Organisation." (*Deutsches Zentralinstitut für soziale Fragen [dzi]*: Werbe- und Verwaltungsausgaben Spenden sammelnder Organisationen, S. 3, abrufbar auf www.dzi.de).

Unterschieden wird entsprechend dem dzi zwischen Projektaufwendungen einerseits und Werbe- und Verwaltungsaufwendungen andererseits. Die genannte Unterlage schließt mit einer umfangreichen Tabelle, in der typischerweise bei einer spendensammelnden Organisation anfallende Kosten den einzelnen Bereichen zuordnet werden, wobei teilweise eindeutige Zuordnungen vorgenommen werden, teilweise aber auch mehrere Bereiche in Frage kommen (vgl. *dzi:* Werbe- und Verwaltungsausgaben Spenden sammelnder Organisationen, S. 8 ff.).

So sind nach der dzi-Zuordnung Kosten der Leitungsebene (Vorstand, Geschäftsführung) bei Einrichtungen mit bis zu 20 Mitarbeitern anteilig den Projekt- und den Verwaltungsaufwendungen zuzuordnen. Verfügt die Einrichtung über mehr als 20 Mitarbeiter, sind die Leitungskosten vollständig der Verwaltung zuzuordnen (vgl. *dzi:* Werbe- und Verwaltungsausgaben Spenden sammelnder Organisationen, S. 4).

208 Der **Deutsche Spendenrat** hat eine Zuordnung der Erträge und Aufwendungen eines Geschäftsjahres in Form einer Spartenrechnung vorgelegt (abrufbar auf www.spendenrat.de). Auch dort wird eine Abgrenzung der Verwaltungskosten vorgenommen, wobei bei den Aufwendungen, die nicht unmittelbar den Satzungszweck betreffen, noch einmal zwischen *Verwaltungskosten* und *Fundraising-Kosten* unterschieden wird. Abgrenzungskriterium ist die fehlende Unmittelbarkeit im Hinblick auf den Satzungszweck. Zu den Verwaltungskosten gehören hiernach insbesondere: Kosten der Geschäftsführung, der Bereiche Finanzen, Buchhaltung, Personalwesen, Organisation und EDV, Beratung, Kommunikation und Repräsentation sowie für die allgemeine Büroverwaltung.

209 Viele Kosten sind nicht eindeutig zuzuordnen. Entsprechend müssen für diese Kosten, will man betriebswirtschaftlich sinnvolle Abgrenzungen vornehmen, **Schlüsselungen** vorgenommen werden. Für diese Schlüssel sollten dort, wo es möglich ist, objektiv nachprüfbare Kriterien herangezogen werden (z.B. bei Räumlichkeiten die Miete pro Quadratmeter). Wo dies nicht möglich ist, sind sachgerechte Schätzungen vorzunehmen. Diese sollten – z.B. durch eine Zeitaufschreibung über einen gewissen Zeitraum hinweg – unterlegt werden.

IV. Darstellung einzelner Sachverhalte in der GuV   210–212   **E**

c) Angemessenheit der Verwaltungskosten

Die Verwaltungskosten müssen sich in einem **angemessenen Rahmen**   210
bewegen. Was hierbei unter „angemessen" zu verstehen ist, ist nicht definiert.
Die Angemessenheit ist dabei ein Erfordernis sowohl des *Stiftungsrechts* wie
auch des *Steuerrechts*.

Steuerrechtlich werden zur Angemessenheit keine absoluten oder prozen-   211
tualen Obergrenzen genannt. Entsprechend dem Anwendungserlass zur Abgabenordnung kommt es entscheidend auf die Umstände des jeweiligen Einzelfalls an. So heißt es im Anwendungserlass: „Eine für die Steuerbegünstigung
schädliche Mittelverwendung kann deshalb auch schon dann vorliegen, wenn
der prozentuale Anteil der Verwaltungsausgaben einschließlich der Spendenwerbung deutlich geringer als 50% ist" (AEAO zu § 55 Nr. 17). Diese Aussage
stellt auf eine Gesamtquote ab. Regelmäßig steht aus steuerlicher Sicht aber
nicht nur die Höhe der Verwaltungskosten insgesamt im Fokus, sondern jede
einzelne Verwaltungsausgabe darf nicht unangemessen hoch sein. Das klassische Beispiel sind die Kosten für die Geschäftsführung. So stellen auch bei
einer insgesamt akzeptablen Verwaltungskostenquote von z.B. 30%, aber
unangemessen hohen Geschäftsführergehältern, diese eine Mittelfehlverwendung dar (vgl. auch AEAO zu § 55 Abs. 1 Nr. 19).

Für die Frage nach der Angemessenheit der Verwaltungskosten kann regelmäßig eine Bandbreite von möglichen Werten unterstellt werden. Erst wenn
das obere Ende der Bandbreite überschritten wird, ist von einer Unangemessenheit der Ausgabe auszugehen. Der BFH hat sich mehrfach mit der Frage
der Angemessenheit von Geschäftsführerbezügen auch bei gemeinnützigen
Unternehmen auseinandergesetzt und stellt hierbei grundsätzlich auf einen
Drittvergleich ab (vgl. z.B. BFH 16.10.1991 – I B 227-228/90, BFH/NV
1992, 341; BFH 11.12.1991 – I R 152/90, BStBl.II 1992, 690). Bei diesem
Vergleich sind Größe, Tätigkeit und Struktur des Unternehmens relevant,
nicht aber die Tatsache, dass es sich um eine steuerbegünstigte Einrichtung
handelt. Als Vergleichsmaßstab kommen folglich nicht nur Stiftungen und
gemeinnützige Organisationen in Betracht, sondern auch Profit-Unternehmen
(vgl. Hüttemann/Richter/Weitemeyer/*Roth*: Landesstiftungsrecht, Rn. 18.20
mit weiteren Quellen).

Stiftungsrechtlich gilt hinsichtlich der Vergütung der Organmitglieder   212
die Besonderheit, dass zunächst einmal davon ausgegangen wird, dass diese
ihre Tätigkeit ehrenamtlich und damit unentgeltlich erbringen (vgl. §§ 86 S. 1,
27 Abs. 3, 670 BGB). Ehrenamtlich bedeutet hierbei, dass keinerlei Vergütung
gezahlt werden darf, lediglich die Erstattung von Aufwendungen ist unschädlich. Da es sich um dispositives Recht handelt, kann eine Vergütung vereinbart
werden, dies muss allerdings explizit in der Stiftungssatzung geregelt sein.

Im Rahmen des Ehrenamtsstärkungsgesetzes wurde die Regelung konkretisiert. In
§ 27 Abs. 3 BGB heißt es nun explizit: „Die Mitglieder des Vorstands sind unentgeltlich tätig". Die Vorschrift ist ab dem 1.1.2015 anzuwenden. Spätestens zu diesem

Berndt

Zeitpunkt ist einer Stiftung, die ihren Vorständen eine Vergütung zahlt ohne dass die Satzung dies explizit vorsieht, eine Mittelfehlverwendung vorzuwerfen. Hierzu gehören auch pauschale Aufwandserstattungen.

3. Erfassung von Spenden

213 Aufgrund der Besonderheiten von Spenden sammelnden Organisationen hat das IDW im Jahr 2010 in seiner Stellungnahme „IDW Stellungnahme zur Rechnungslegung: Besonderheiten der Rechnungslegung Spenden sammelnder Organisationen (IDW RS HFA 21)" die Erfassung von Spenden bei eben diesen Organisationen neu geregelt. Da hiernach für Spenden sammelnde Organisationen andere Regelungen als für die übrigen Stiftungen gelten, wird im Folgenden zunächst eine Abgrenzung vorgenommen, in welchen Fällen es sich bei einer Stiftung um eine Spenden sammelnde Organisation handelt.

Nach der Stellungnahme zur Rechnungslegung von Stiftungen ist die Stellungnahme für Spenden sammelnde Organisationen auch auf solche Stiftungen anzuwenden, welche in nicht unwesentlichem Umfang Spenden sammeln und verwenden (IDW RS HFA 5 Rn. 27).

Daran anschließend werden zunächst die allgemeinen Regelungen zur Erfassung von Spenden und dann die speziellen Regelungen für Spenden sammelnde Stiftungen dargestellt. (Zur Bedeutung der Stellungnahmen des IDW generell → Rn. 14).

a) Abgrenzung von Spenden sammelnden Organisationen

214 Die Stellungnahme IDW RS HFA 21 ist ausschließlich für Spenden sammelnde Organisationen einschlägig. Dabei werden diese wie folgt abgegrenzt: „Die Tätigkeit Spenden sammelnder Organisationen ist ganz oder teilweise darauf ausgerichtet, Geldmittel, Sachmittel, Arbeitsleistungen oder Dienstleistungen als freigebige Zuwendungen – d.h. ohne Gegenleistung – entgegenzunehmen und für bestimmte Förderzwecke einzusetzen, die in der Satzung der Organisation festgelegt sind." (IDW RS HFA 21 Rn. 1). Freigebige Zuwendungen werden wiederum sehr weit gefasst, hierunter fallen z.B. auch Schenkungen, Erbschaften und Vermächtnisse.

215 Bei Stiftungen wird i.d.R. nur ein Teil der Einnahmen aus Spenden bestehen, weil z.B. auch Einnahmen aus der Anlage des Stiftungsvermögens oder aus wirtschaftlicher Tätigkeit erwirtschaftet werden. Wie groß dieser Anteil sein muss, wird in der Stellungnahme nicht spezifiziert, allerdings sollte der **Spendenanteil wesentlich** sein. Grundsätzlich erscheint ein Anteil von Spenden an den Einnahmen von 10 % notwendig, da darunter von einer unwesentlichen Höhe ausgegangen werden kann (vgl. *Berndt/Schumacher/Hechenblaikner*: Die Stellungnahme des IDW zur Bilanzierung bei Spenden sammelnden Organisationen, DB 2012, S. 1218). Wichtiger erscheint daneben allerdings

IV. Darstellung einzelner Sachverhalte in der GuV

ein zweiter Aspekt: Da die Tätigkeit darauf *ausgerichtet* sein muss, Spenden einzuwerben, ist ein **aktives Fundraising** zweite Voraussetzung (vgl. hierzu auch *Spiegel/Römer:* Die Realisierung von Spendenerträgen, in npoR 2010, 103). Bei sogenannten *Förderkörperschaften* im Sinne des § 58 Nr. 1 AO wird es sich regelmäßig um Spenden sammelnde Organisationen handeln.

Beispiel: Abgrenzung Spenden sammelnde Organisationen

– Die Ansgar Schönstein-Stiftung bekommt von Ihrem Stifter regelmäßig Zustiftungen, die auch größer als 10 % der Einnahmen sind. Die Stiftung betreibt aber kein aktives Fundraising und ist damit keine Spenden sammelnde Organisation.
– Die Meeresblick-Klinik mit Spezialisierung auf Schönheits-OPs wird von einer Stiftung betrieben. Immer wieder spenden begeisterte Patienten teilweise auch hohe Beträge. Gleichwohl ist die Stiftung nicht darauf ausgerichtet, solche Zuwendungen einzuwerben. Auch in diesem Fall handelt es sich nicht um eine Spenden sammelnde Stiftung.
– Die Stiftung AIDS-Hilfe hat sich die öffentliche Aufklärung über AIDS auf die Fahne geschrieben. Neben den Einnahmen aus dem Stiftungskapital und der Durchführung von sog. AIDS-Galas besteht ein großer Teil der Einnahmen aus Spenden. Entsprechend verfügt die Stiftung über eine Spendenabteilung, es werden auch regelmäßige Mailing-Aktionen durchgeführt. Die Stiftung ist als Spenden sammelnde Organisation einzustufen.

b) Erfassung von Spenden im Normalfall

Frei verfügbare Spenden werden im Normalfall mit Eingang als Ertrag in der Gewinn- und Verlustrechnung gezeigt. Diese sind insofern mit Zuschüssen vergleichbar, die nicht rückzahlbar sind und für die keine (konkrete) Gegenleistung zu erbringen ist (vgl. zur Vereinnahmung von Zuschüssen ohne Gegenleistungsverpflichtung die Stellungnahme des IDW HFA 2/1996 Pkt. 2.2; → Rn. 81).

Spenden stellen insofern *keine Umsatzerlöse* dar, weil Umsatzerlöse regelmäßig einen Leistungsaustausch voraussetzen, bei Spenden als freigebige Zuwendungen aber regelmäßig gerade keine Gegenleistung besteht (IDW RS HFA 21 Rn. 13). Insofern sind Spenden als „sonstige betriebliche Erträge" zu zeigen, ggf. kann auch ein eigener Posten „Spendenerträge" in die GuV aufgenommen werden.

Da Spenden nicht Teil eines Leistungsaustausches sind, ist es im Regelfall auch nicht möglich, eine *Forderung* am Jahresende zu zeigen, wenn die Spende zum Stichtag noch nicht eingegangen ist. Eine Ausnahme hiervon besteht, wenn sich der Spender schriftlich bereits zur Spende verpflichtet hat.

> **Beispiel: Abgrenzung von Spenden**
>
> Die Schönstein GmbH fördert regelmäßig die Stiftung Abendsonne mit einem höheren Betrag zum Jahresende. Die Spende ist für die Stiftung zwar wesentlich, ein aktives Fundraising wird aber nicht betrieben. In 01 wird der Betrag leider zu spät angewiesen und geht erst im Januar 02 bei der Stiftung ein. Gleichwohl kann keine Forderung auf die Spende im alten Jahr gebucht werden. Auch aus der Regelmäßigkeit der Spende in Vorjahren ergibt sich keine Verpflichtung für die Schönstein GmbH zur Spende.
>
> Die Windpark GmbH möchte dem örtlichen Kindergarten ein neues Dach schenken und verpflichtet sich schriftlich, die Arbeiten mit einer Spende von 80.000 EUR zu unterstützen. Die Arbeiten am Dach beginnen in 01, die Spende kommt erst in 02. Hier kann eine Forderung gebucht werden.

217 Im zweiten Fall wurde die Spende fest zugesagt, allerdings mit einer bestimmten Verwendungsbedingung verbunden (sog. **zweckgebundene Spenden**). Hier ist die Stiftung verpflichtet, die Spende ausschließlich für den vorgesehenen Zweck zu verwenden. Bei einer Fehlverwendung hat der Spender einen Anspruch auf Rückzahlung. Insofern ist in diesem Fall zwar eine *Forderung* zu buchen, gleichzeitig aber auch eine *(Rückzahlungs-)Verpflichtung* in Form einer Verbindlichkeit. Im vorliegenden Fall würde die *Verbindlichkeit* um die bereits angefallenen Aufwendungen für die schon getätigten Arbeiten gekürzt.

> **Beispiel: Abgrenzung von Spenden (Fortsetzung)**
>
> Die Reparaturen am Dach des Kindergartens sind fast abgeschlossen, es sind Kosten von 60.000 EUR angefallen. Angenommen, das Dach sei nicht zu aktivieren, sind Instandhaltungsaufwendungen von 60.000 EUR (als Aufwand), eine Forderung von 80.000 EUR (als Ertrag) und eine Verbindlichkeit von 20.000 EUR (als Aufwand) zu bilanzieren. Insgesamt ist der Sachverhalt in der GuV erfolgsneutral.
>
> Würde dagegen ein aktivierungsfähiger Vermögensgegenstand entstehen, hätte der Kindergarten ein Wahlrecht: Es könnten entweder die Anschaffungskosten direkt um den „Zuschuss" in Form der Spende gekürzt werden, oder es wird auf der Passivseite ein Sonderposten gebildet, der parallel zu den Abschreibungen aufgelöst wird (vgl. zu dem Wahlrecht BeBiKo/*Schubert/Gadeck* § 255 Rn. 116). Die Vorgehensweise entspricht der Behandlung von öffentlichen Zuschüssen → Rn. 73.

218 Erfolgt die Spende nicht als Geldspende, sondern als Sachspende, so stellt sich die Frage nach der Bewertung der gespendeten Sache, sowie deren Zu-

IV. Darstellung einzelner Sachverhalte in der GuV

ordnung in der Bilanz. Hinsichtlich der **Bewertung von Sachspenden** besteht handelsrechtlich ein Wahlrecht: Grundsätzlich gilt das Anschaffungskostenprinzip. Die Anschaffungskosten für die Stiftung belaufen sich bei einer Sachspende auf Null EUR. Zum besseren Einblick in die Vermögenslage ist allerdings auch der Ansatz eines vorsichtig geschätzten Zeitwerts möglich.

Vgl. zum handelsrechtlichen Wahlrecht BeBiKo/*Schubert/Gadeck* § 255 Rn. 116. Das IDW präferiert für Stiftungen den vorsichtig geschätzten Zeitwert (IDW RS HFA 5 Rn. 46). Ein von Null abweichender Wert kann allerdings aufgrund des Handelsrechts nicht gefordert werden, so auch IDW RS HFA 21 Rn. 31 (Vgl. zur Bewertung von unentgeltlichen Vermögensgegenständen im Detail → Rn. 82 ff.).

Bei der Zuordnung der Sachspenden in der Bilanz ist zu unterscheiden (IDW RS HFA 21 Rn. 27):

- Sofern die Vermögensgegenstände aus erhaltenen Sachspenden zur Weitergabe bestimmt sind, stellen sie *Vorratsvermögen* dar. Dies gilt auch für Sachspenden, die zu einer Verwertung durch Veräußerung bestimmt sind.
- Dienen die erhaltenen Sachspenden der dauernden Nutzung durch die Stiftung zur Erfüllung ihres Zwecks, so ist ein Ausweis im *Anlagevermögen* geboten. Dies gilt auch für Gegenstände, die in den Herstellungsprozess einer Investition (z.B. Bauvorhaben) eingehen sollen.

In der Praxis erfolgen Spenden häufig nicht in Form von Geld oder Sachen, sondern in Form von Arbeitsleistungen, indem z.B. ein Vorstand einer Stiftung ehrenamtlich tätig ist (sog. **Aufwandsspenden**).

Grundsätzlich finden solche Spenden keinen Niederschlag in der Rechnungslegung. Ist also von vornherein eine ehrenamtliche Arbeits- oder Dienstleistung vereinbart, ist dies für die Buchhaltung irrelevant. Lediglich der Fall, dass „nach der Art der Leistung im gewöhnlichen Geschäftsverkehr ein Vergütungsanspruch entsteht und auf diesen im Nachhinein ganz oder teilweise verzichtet wird (sog. Verzichtsspende)" (IDW RS HFA 21 Rn. 32), ist in der Buchhaltung abzubilden. Hier ist mit Durchführung der Arbeits- oder Dienstleistung eine Verbindlichkeit gegenüber dem Erbringer zu passivieren. Die Ausbuchung der Verbindlichkeit und damit die Vereinnahmung der Spende erfolgt, wenn der Verzicht ausgesprochen wird (IDW RS HFA 21 Rn. 32).

> **Beispiel: Aufwandsspenden**
>
> Der Dachdeckermeister Gustav Giebel repariert das Dach eines Kindergartens. Da der Kindergarten notorisch klamm ist, entschließt sich Giebel, die Reparatur zu spenden.
>
> Der Kindergarten hat zunächst eine Verbindlichkeit für die Reparaturkosten zu buchen, selbst dann, wenn Giebel mündlich den Verzicht schon signalisiert hat. Mit Aussprache des Verzichts kann die Verbindlichkeit ausgebucht werden und es ist Spendenertrag zu vereinnahmen.

Steuerlich sind Aufwandsspenden grundsätzlich nicht als Spende anerkannt. Ein nachträglicher Verzicht kann allerdings unter bestimmten Umständen zur Anerkennung der Spende führen. Hierzu muss der Kindergarten in dem Beispiel finanziell in der Lage sein, die Reparatur zahlen zu können und es muss eine vorherige schriftliche Vereinbarung über die Arbeitsleistung und deren Entgelt (ohne Verzichtserklärung) vorliegen (vgl. hierzu § 10b Abs. 3 Satz 5 EStG).

c) Erfassung von Spenden bei Spenden sammelnden Organisationen

220   Bei Spenden sammelnden Organisationen geht das IDW davon aus, dass eine sofortige Ertragsrealisierung der zugeflossenen Spenden nicht sachgerecht ist. Argumentiert wird wie folgt: Die Geschäftstätigkeit einer Spenden sammelnden Organisation ist mit Wirtschaftsunternehmen nicht vergleichbar: Während im Rahmen einer wirtschaftlichen Tätigkeit Aufwendungen getätigt werden, um Erträge zu generieren, ist es im ideellen Bereich umgekehrt: Erst die Spendenerträge ermöglichen das Tätigen von Aufwendungen (vgl. *Berndt/Schumacher/Hechenblaikner*, DB 2012, 1217 mit weiteren Quellenangaben).

Hintergrund dieser Überlegungen ist auch die Tatsache, dass Spendeneinnahmen gerade zum Jahresende zu teilweise erheblichen Verzerrungen im Jahresergebnis führen können, was dazu führt, dass die Ergebnisse im Zeitablauf nicht vergleichbar, schwer vermittelbar und letztendlich damit auch ohne Aussagekraft sind.

> **Beispiel Ergebnisverzerrung bei einer Spenden sammelnden Stiftung**
>
> Anfang Dezember 01 ereignet sich ein schweres Erdbeben. Die Hilfsbereitschaft ist groß und die Stiftung Help erhält allein im Laufe des Dezembers 4 Mio. EUR an Spendengeldern. Der Jahresabschluss 01 schließt mit einem Jahresüberschuss von 3,8 Mio. EUR ab.
>
> 02 beginnen die Aufbauarbeiten. Ansonsten handelt es sich für die Stiftung um ein gewöhnliches Geschäftsjahr ohne Sondereffekte mit erfreulichem Spendenaufkommen. Gleichwohl weißt die Stiftung Ende 02 einen Jahresfehlbetrag in Höhe von 2,5 Mio. EUR aus.

221   Entsprechend der Stellungnahme sind Spenden im Zeitpunkt ihres Zuflusses zunächst ohne Berührung der GuV in einem **Sonderposten für noch nicht verbrauchte Spendenmittel** zwischen dem Eigen- und dem Fremdkapital auszuweisen. Die Spenden werden in dem Zeitpunkt zu Ertrag, in dem sie verbraucht werden, also der korrespondierende Aufwand anfällt (IDW RS HFA 21 Rn. 17 f.). Werden zu aktivierende Vermögensgegenstände aus Spenden erworben, so erfolgt die Vereinnahmung dieser Spenden korrespondierend zu den anfallenden Abschreibungen auf die Vermögensgegenstände, also

IV. Darstellung einzelner Sachverhalte in der GuV

erst im Zeitablauf mit Abnutzung des Vermögensgegenstandes. Um hier einen besseren Einblick zu haben, sollte der Sonderposten zweigeteilt werden:

- Der **Sonderposten für noch nicht satzungsgemäß verwendete Spenden** zeigt vereinnahmte Spendeneinnahmen, die weder zu Aufwand geführt haben, noch für Investitionen verwendet wurden.
- Der **Sonderposten für längerfristig gebundene Spenden** zeigt vereinnahmte Spenden, die für längerfristig genutzte Vermögensgegenstände verwendet worden sind. Dieser wird ratierlich synchron mit den Abschreibungen erfolgswirksam aufgelöst.

Die Einstellung der Spenden in einen Sonderposten bis zu ihrem Verbrauch betrifft sowohl **freie Spenden** als auch sog. **Massenspenden**, also Spenden über i.d.R. kleinere Beträge, die mittels eines Überweisungsträgers erfolgen, auf dem ein bestimmter Zweck vorgegeben ist (IDW RS HFA 21 Rn. 3).

> Das IDW argumentiert, dass „aus diesen Spenden die (…) Spender i.d.R. keinen Rückforderungsanspruch gegenüber der Spenden sammelnden Organisation geltend machen (können), wenn die Spende nicht entsprechend dem auf dem Überweisungsträger vorgedruckten Zweck verwendet wurde; vielmehr können diese Spenden von der Organisation auch zur Erfüllung allgemeiner Satzungszwecke verwendet werden" (IDW RS HFA 21 Rn. 3). Diese Argumentation ist juristisch durchaus kritisch zu sehen. Insofern steht hinter den Überlegungen des IDW eine wirtschaftliche Betrachtungsweise, da der Nachweis einer Fehlverwendung in diesen Fällen regelmäßig nicht möglich ist und auch der Aufwand einer Rückforderung unverhältnismäßig hoch sein wird.

Spenden, die von vornherein mit einer konkreten, individuell vereinbarten Bedingung hinsichtlich ihrer Verwendung verbunden sind, bei deren Nichterfüllung der Spender einen Rückforderungsanspruch hat, sind im Zeitpunkt der Vereinnahmung – wiederum ohne Berührung der GuV – als Verbindlichkeit zu passivieren, soweit und solange die Verwendungsverpflichtung noch nicht erfüllt ist (sog. **Auflagenspenden**). Ist die Verwendungsverpflichtung erfüllt, so ist wie folgt zu unterscheiden:

- Ist die Verpflichtung mittels entsprechendem Aufwand erfüllt worden, so ist die Spende als Ertrag zu zeigen.
- Bestand die Verpflichtung darin, längerfristig genutzte Vermögensgegenstände zu erwerben oder herzustellen, so ist die Verbindlichkeit bei Anschaffung oder Herstellung in den *Sonderposten für längerfristig gebundene Spenden* umzubuchen und entsprechend dem Abschreibungsverlauf des Vermögensgegenstands aufzulösen.

Die Stellungnahme war lange umstritten und wird auch heute noch nicht flächendeckend von Spenden sammelnden Organisationen angewendet. Teilweise wird die Spendenverbuchung auch in einer leicht abgewandelten Form angewendet: Die Spendeneinnahmen werden mit Spendeneingang nicht erfolgsneutral gebucht, sondern in der GuV als Spendenertrag ausgewiesen.

Gleichzeitig wird aufwandswirksam der Sonderposten dotiert. Diese Variante verhindert ebenfalls die verzerrten Jahresergebnisse und zeigt gleichzeitig das Spendenvolumen des Jahres. Kritisch ist, dass die Spenden über die Totalperiode zweimal als Spendenertrag gezeigt werden. Andererseits entspricht diese Vorgehensweise der Buchungstechnik in Krankenhäusern und Pflegeeinrichtungen, so dass grundsätzlich nichts gegen eine solche Verbuchung spricht (vgl. § 5 Abs. 2 KHBV, § 5 Abs. 2 PBV). Das IDW empfiehlt demgegenüber, im Anhang eine Überleitung von den zugeflossenen Spenden zum Spendenertrag beizufügen, oder die zugeflossenen Spenden in der Vorspalte der GuV anzugeben (vgl. IDW RS HFA 21 Rn. 24 f.).

Die Überleitung wird wie folgt vorgeschlagen (IDW RS HFA 21 Rn. 25):

	im Geschäftsjahr zugeflossene Spenden
+	Verbrauch in Vorjahren zugeflossene Spenden
-	noch nicht verbrauchter Spendenzufluss des Geschäftsjahres
=	Ertrag aus Spendenverbrauch des Geschäftsjahres

224 Eine Problematik, welche in der Stellungnahme nicht thematisiert wird, ist die Zuordnung der anfallenden Aufwendungen zu den Spendeneinnahmen, da die Spenden erst zu Ertrag werden, wenn sie verwendet werden, also entsprechender Aufwand anfällt. Dies ist dann kein Problem, wenn sich die Einrichtung ausschließlich aus Spenden finanziert. Wenn allerdings, wie bei Stiftungen üblich, Einnahmen aus anderen Quellen hinzukommen (z.B. Zinserträge, Mieterträge, Einnahmen aus wirtschaftlichen Geschäftsbetrieben) stellt sich die Frage, aus welchen Mitteln einzelne Aufwandsposten getätigt worden sind, um entscheiden zu können, ob Spenden verwendet worden sind und entsprechend Ertrag zu buchen ist. Wenn sich die Stiftung also nicht ausschließlich aus Spenden finanziert, muss der Bilanzersteller eine **Verwendungsfiktion** festlegen, also eine Entscheidung darüber treffen, welche Aufwendungen mit welchen Einnahmen getätigt wurden. Da es nicht Zielsetzung der Stellungnahme sein kann, ein komplexes System von Zuordnungen zu schaffen, sollte eine einfache Verwendungsfiktion gewählt werden.

Im Folgenden werden beispielhaft drei Verwendungsfiktionen skizziert (vgl. hierzu auch *Berndt/Schumacher/Hechenblaikner*, DB 2012, 1219):

- Unter der Verwendungsfiktion, dass *zunächst alle Spenden verwendet* werden und erst danach die übrigen Erträge, würde die Stiftung, zumindest bei signifikanten weiteren Erträgen regelmäßig keinen Sonderposten ausweisen.
- Wird dagegen unterstellt, dass jeweils *zunächst die übrigen Erträge verwendet* werden und die Spenden erst zum Schluss, wird regelmäßig kein Ergebnis, aber ein Sonderposten ausgewiesen. Das Ergebnis dieser Verwendungsfiktion entspricht dem in der Stellungnahme gewünschten Ergebnis.

IV. Darstellung einzelner Sachverhalte in der GuV

– Eine weitere Fiktion könnte sein, dass *aus den Spenden ausschließlich Projektaufwendungen finanziert* werden, Verwaltungsaufwendungen dagegen aus den übrigen Erträgen. Hierzu müssten dann ausreichend weitere Erträge vorhanden sein. Diese Fiktion lässt sich durchaus werbewirksam einsetzen.

Je nach Verwendungsfiktion kann das Ergebnis der Stiftung deutlich variieren, wie das folgende Beispiel zu den ersten beiden Verwendungsfiktionen zeigt:

Beispiel Verwendungsfiktionen

Die Ansgar Schönstein-Stiftung des renommierten Schönheitschirurgen erhält jedes Jahr ein beträchtliches Spendenvolumen von zufriedenen Kunden. In 01 sehen die Zahlen wie folgt aus:

– Spendeneinnahmen	600.000 EUR
– Zinseinnahmen	120.000 EUR
– Projektausgaben	500.000 EUR
– Verwaltungsausgaben	90.000 EUR

Möchte Ansgar ein möglichst hohes Ergebnis zeigen, um z.B. freie Rücklagen dotieren zu können, wird er zunächst die Spenden verwenden. Das Ergebnis sieht dann wie folgt aus:

Spendenerträge	590.000 EUR
Zinserträge	120.000 EUR
Projektausgaben	500.000 EUR
Verwaltungsausgaben	90.000 EUR
Jahresergebnis	120.000 EUR
In der Bilanz: Sonderposten	10.000 EUR

In diesem Fall sind also sämtliche Ausgaben aus Spenden finanziert worden. Da mehr Spenden eingegangen sind als Ausgaben insgesamt angefallen sind, geht der verbleibende Betrag in den Sonderposten, die übrigen Erträge stellen das Jahresergebnis dar.

Will Ansgar lieber eine Ergebnisglättung, so muss er der Verwendungsfiktion, wonach die Spenden erst zum Schluss verwendet werden, folgen. Das Ergebnis sieht in diesem Fall wie folgt aus:

Spendenerträge	470.000 EUR
Zinserträge	120.000 EUR
Projektausgaben	500.000 EUR
Verwaltungsausgaben	90.000 EUR
Jahresergebnis	0 EUR
In der Bilanz: Sonderposten	130.000 EUR

> In diesem Fall kommt es regelmäßig zum Sonderposten und einem ausgeglichenen Jahresergebnis. Steuerrechtliche Rücklagen können dann allerdings nicht in der Bilanz gezeigt werden, sondern sind in einer Nebenrechnung zu bilden.

225 Das Ergebnis ernüchtert zumindest hinsichtlich der Vergleichbarkeit der Jahresergebnisse. Es lässt andererseits Stiftungen einen Spielraum, die sich nicht primär als Spenden sammelnd betrachten und weiterhin Ergebnisse ausweisen wollen. Für Organisationen, welche sich vorwiegend aus Spenden finanzieren, ergibt dagegen die Bilanzierung über einen Sonderposten durchaus Sinn, weil das Jahresergebnis, wie im Beispiel „Ergebnisverzerrung bei einer Spenden sammelnden Stiftung" dargestellt, regelmäßig keine Aussagekraft hat. *Spiegel/Römer*, welche die Stellungnahme kritisch betrachten, merken hierzu an, dass „dem Spender (nur) erklärt werden (müsste), dass er nicht auf das Jahres-, sondern auf das Bilanzergebnis (nach Rücklagenbildung) schauen soll" (vgl. *Spiegel/Römer*, npoR 2010, 104). Dem ist entgegen zu halten, dass durch die erfolgsneutrale Behandlung der Spendenzuflüsse zumindest das Ergebnis des ideellen Bereichs auf Null gesetzt wird, und damit die „Nichtbedeutung" des Jahresergebnisses auch ohne Erklärung deutlich gemacht wird. Zusätzlich vermitteln die Sonderposten weitere Informationen (vgl. *Berndt/Schumacher/Hechenblaikner*, DB 2012, 1217).

4. Abgrenzung und Erfassung von Sponsoringeinnahmen

226 In den letzten Jahren ist, auch vor dem Hintergrund des anhaltend niedrigen Zinsniveaus, für viele Stiftungen neben Spendeneinnahmen die Einwerbung von Sponsorengeldern zu einer wichtigen Einnahmegröße geworden.

Die Unterscheidung zwischen Spenden und Sponsoringeinnahmen ist nicht immer ganz trennscharf. Bei **Spenden** handelt es sich um freigebige Zuwendungen Dritter, denen keine Gegenleistung der Stiftung gegenübersteht. Bei **Sponsoringeinnahmen** ist demgegenüber regelmäßig eine Gegenleistung vereinbart, wobei diese nicht gleichwertig sein muss, was das Sponsoring wiederum vom herkömmlichen Leistungsaustausch abgrenzt. I.d.R. handelt es sich bei der Gegenleistung um Werbemaßnahmen für den Sponsor.

Die steuerliche Definition des Sponsorings lautet wie folgt: „Unter Sponsoring wird üblicherweise die Gewährung von Geld oder geldwerten Vorteilen durch Unternehmen zur Förderung von Personen, Gruppen und/oder Organisationen in sportlichen, kulturellen, kirchlichen, wissenschaftlichen, sozialen, ökologischen oder ähnlich bedeutsamen gesellschaftspolitischen Bereichen verstanden, mit der regelmäßig auch eigene unternehmensbezogene Ziele der Werbung oder Öffentlichkeitsarbeit verfolgt werden. Leistungen eines Sponsors beruhen häufig auf einer vertraglichen Vereinbarung zwischen dem Sponsor und dem Empfänger der Leistungen (Sponsoring-Vertrag), in dem

Art und Umfang der Leistungen des Sponsors und des Empfängers geregelt sind." (AEAO zu § 64 Nr. 7).

Je nach Ausgestaltung können sich unterschiedliche steuerliche Konsequenzen für die gesponserte Stiftung sowohl *ertrag-* als auch *umsatzsteuerlich* ergeben. Konsequenzen für die Rechnungslegung ergeben sich dadurch, dass das Sponsoring je nach Ausgestaltung unterschiedlichen steuerlichen Sphären zuzuordnen ist und diese in der Rechnungslegung abgebildet werden müssen.

In der Regel werden Leistungen von Sponsoren im Hinblick auf ein Leistungs-/Gegenleistungsverhältnis gewährt und sind damit bei der Stiftung als „Umsatzerlöse" auszuweisen. Falls die Gegenleistung völlig zu vernachlässigen ist, kommt im Ausnahmefall auch ein Ausweis als Spende in Betracht (IDW RS HFA 21 Rn. 44f.). In diesem Fall gelten die oben gemachten Ausführungen zur Erfassung von Spenden (→ Rn. 216 ff. bzw. bei Spenden sammelnden Stiftungen → Rn. 220 ff.).

Beim Sponsor werden die Ausgaben regelmäßig (steuerrechtlich) als Betriebsausgaben eingestuft (zur Einordnung vgl. BMF 18.2.1998, BStBl. I 1998, 212, sog. „Sponsoringerlass" Pkt II). Damit bestehen, anders als bei Spenden, betragsmäßig keine Grenzen der Abziehbarkeit.

Die Abziehbarkeit von Spenden ist demgegenüber der Höhe nach begrenzt. Nach § 10b Abs. 1 EStG können im Jahr Zuwendungen bis zu einer Höhe von 20 % des Gesamtbetrags der Einkünfte oder 4 Promille der Summe der Umsätze und der Löhne und Gehälter eines Kalenderjahres als Sonderausgaben abgezogen werden.

Die **ertragsteuerliche Einstufung** der Leistung des Sponsors bei der gesponsorten Stiftung ist unabhängig von der Einstufung beim Sponsor vorzunehmen (vgl. Sponsoringerlass Pkt. III; AEAO zu § 64 Nr. 8). Die vereinnahmten Gelder des Sponsors können dem *ideellen Bereich,* der *Vermögensverwaltung* oder dem *steuerpflichtigen wirtschaftlichen Geschäftsbetrieb* zugeordnet werden. Um Vermögensverwaltung handelt es sich, wenn die Stiftung ihren Namen für Werbezwecke zur Verfügung stellt, die Werbung aber durch den Sponsor erfolgt, dieser also auf seine Unterstützung der steuerbegünstigten Stiftungszwecke hinweist. Wenn die Stiftung auf das Sponsoring hinweist, wird zwischen den Fällen unterschieden, bei denen die Stiftung ohne besondere Hervorhebung auf die Unterstützung durch den Sponsor verweist *(passives Sponsoring)* und den Fällen, bei denen sie an den Werbemaßnahmen für den Sponsor mitwirkt *(aktives Sponsoring)*.

Das **passive Sponsoring** wird nach dem aktuellen Anwendungserlass zur Abgabenordnung als Einnahme im *ideellen Bereich* eingestuft, mit der Konsequenz, dass nur 10 % anstelle von einem Drittel dieser Einnahmen in die freie Rücklage eingestellt werden können (AEAO zu § 64 Nr. 9). Beim passiven Sponsoring kann auf Plakaten oder in Programmheften auf die Unterstützung durch den Sponsor, auch unter Verwendung von dessen Logo, hingewiesen werden, allerdings darf das Logo nicht zum Sponsor verlinkt sein (AEAO zu § 64 Nr. 9).

Als *steuerpflichtiger wirtschaftlicher Geschäftsbetrieb* wird dagegen ein **aktives Sponsoring** dann eingestuft, wenn der Sponsor z.B. Werbeanzeigen schalten, sponsorbezogene Themen darstellen oder auf Veranstaltungen der Stiftung über diese Themen informieren und dafür werben darf (AEAO zu § 64 Nr. 10).

> **Beispiele Einstufung von Sponsoring**
>
> Die Ferdinand-Fleißig-Stiftung kämpft mit dem niedrigen Zinsniveau. Fleißig bemüht sich, zusätzliche Einnahmen durch die Einwerbung von Sponsoren zu gewinnen und ist dabei recht erfolgreich. Mit der Windpark AG werden folgende Gegenleistungen vereinbart:
>
> – Am Ferdinand-Fleißig-College wird ein Hörsaal nach der Windpark AG benannt.
> – Es wird auf der Homepage der Stiftung für die Unterstützung gedankt und das Logo der Windpark AG (ohne Verlinkung) abgebildet.
> – Für die Förderung einer Seminarreihe am College wird im Programm gedankt.
>
> Bei diesen Tätigkeiten handelt es sich um ein passives Sponsoring, welches nicht der Steuer unterliegt. Dies gilt sowohl ertrag- als auch umsatzsteuerrechtlich.
>
> Mit der Kaufland AG wird folgendes vereinbart:
>
> – Im Programm eines durchgeführten Kongresses darf die Kaufland AG Werbeanzeigen schalten.
> – Der Vorstand der Kaufland AG darf ein Grußwort auf dem Kongress sprechen.
> – Auf der Homepage der Stiftung wird dem Sponsor gedankt, wobei das Logo der AG verlinkt ist, man also über das Logo zur Homepage des Sponsors gelangt.
>
> In diesen Fällen ist das Sponsoring als aktives Sponsoring dem wirtschaftlichen Geschäftsbetrieb zuzuordnen. Es unterliegt grundsätzlich der Ertragsteuer und dem Regelsatz der Umsatzsteuer.

229 Im Hinblick auf die **Umsatzsteuer** ist danach zu unterscheiden, ob eine Leistungs-/Gegenleistungsbeziehung im Sinne des Umsatzsteuerrechts besteht. „Die Besteuerung einer Lieferung oder sonstigen Leistung als Umsatz gegen Entgelt nach § 1 Absatz 1 Nummer 1 Satz 1 UStG setzt das Bestehen eines unmittelbaren Zusammenhangs zwischen der erbrachten Leistung und dem empfangenen Gegenwert voraus." (BMF 13.11.2012, BStBl. I 2012, 1169). Dieser unmittelbare Zusammenhang ist entsprechend dem BMF-Schreiben noch nicht gegeben, wenn der Empfänger der Zuwendung auf Plakaten, in Veranstaltungshinweisen, in Ausstellungskatalogen, auf seiner Internetseite oder in anderer Weise auf die Unterstützung durch den Sponsor lediglich

IV. Darstellung einzelner Sachverhalte in der GuV

hinweist. Dieser Hinweis kann unter Verwendung des Namens, Emblems oder Logos des Sponsors, jedoch ohne besondere Hervorhebung oder Verlinkung zu dessen Internetseiten, erfolgen. Für Sachleistungen des Sponsors gilt das Gesagte ebenfalls (vgl. OFD Karlsruhe, Verfügung vom 29.2.2016, mit Beispielen zu den Ausführungen des BMF-Schreibens vom 13.11.2012). Die Abgrenzung entspricht damit der ertragsteuerlichen Sicht des *passiven Sponsorings*.

Darüber hinaus konkretisiert ein BMF-Schreiben aus 2014 (BMF 25.7.2014, BStBl. I 2014, 1114) die Abgrenzung dahingehend, dass auch in dem Fall, in dem der *Sponsor* auf seine Unterstützung ohne besondere Hervorhebung hinweist, kein Leistungsaustauschverhältnis i.S.d. Umsatzsteuerrechts vorliegt. Dagegen ist von einem solchen auszugehen, wenn dem Sponsor das ausdrückliche Recht eingeräumt wird, die Sponsoringmaßnahme im Rahmen eigener Werbung zu vermarkten (vgl. auch Abschn. 1.1 Abs. 23 UStAE, S. 3 und 4).

Problematisch ist der Fall, dass ein Sponsor ein *ganzes Bündel von Leistungen* für sein Entgelt erhält, wobei die Leistungen teilweise als nicht steuerbare Leistungen im Rahmen eines passiven Sponsorings und teilweise als wirtschaftlicher Geschäftsbetrieb einzustufen sind. Werden die Leistungen in *einem* Vertrag geregelt, kann dies dazu führen, dass sämtliche Leistungen von der Finanzverwaltung dem wirtschaftlichen Geschäftsbetrieb zugeordnet werden, zumindest dann, wenn kein objektiver Aufteilungsmaßstab existiert. Auch umsatzsteuerlich wird in diesem Fall das gesamte Leistungsbündel dem Regelsatz von 19 % unterworfen. 230

Hier empfiehlt es sich, ggf. Einzelverträge für verschiedene Leistungen abzuschließen. Im Bereich der Umsatzsteuer empfiehlt es sich, bei der Vergütung vertraglich zu regeln, dass das Entgelt zuzüglich etwaig anfallender Umsatzsteuer geschuldet wird. Der Sponsor wird mit einer solchen Regelung nicht belastet, da ihm die Umsatzsteuer regelmäßig als Vorsteuerabzug erstattet wird.

In der Praxis besteht darüber hinaus häufig das Problem, dass die Einnahmen aus dem Sponsoring zu versteuern sind, jedoch Betriebsausgaben, die den Sponsoringeinnahmen zuzurechnen sind, bei der geförderten Stiftung regelmäßig nur in minimaler Höhe anfallen (hinsichtlich der Zurechnung von Ausgaben im wirtschaftlichen Geschäftsbetrieb → Rn. 234). 231

Beispiele Sponsoring und Betriebsausgaben

Die Stiftung „Gegen das Vergessen" forscht im Bereich von Demenzerkrankungen und führt jährlich einen Kongress mit namhaften Wissenschaftlern durch, der dem Zweckbetrieb der Stiftung zugeordnet ist. Um die Kosten des Kongresses zu decken, wird ein Sponsoringvertrag mit einem Pharmaunternehmen abgeschlossen, wobei die Stiftung dem Unternehmen u.a. die Möglichkeit zu einem Grußwort auf dem Kongress, einen Werbeflyer und die Aufstellung eines Informationsstands einräumt.

> Das Sponsoring und die entsprechenden Einnahmen fallen in die Sphäre des wirtschaftlichen Geschäftsbetriebs. Sämtliche Ausgaben für die Veranstaltung sind allerdings dem Zweckbetrieb zuzurechnen und können nicht in Abzug gebracht werden. Lediglich unmittelbar mit dem Vertragsabschluss zusammenhängende Kosten (z.B. steuerliche Prüfung des Vertrags) sind dem Sponsoring als Ausgaben zuzurechnen.

In solchen Fällen, in denen Werbung im Zusammenhang mit der steuerbegünstigten Tätigkeit einschließlich Zweckbetrieben erfolgt, ist es der Stiftung freigestellt, eine **Pauschalversteuerung der Sponsoringeinnahmen** vorzunehmen, indem der Besteuerung pauschal 15 % der Einnahmen als Gewinn zugrunde gelegt werden (§ 64 Abs. 6 Nr. 1 AO).

5. Abgrenzung des Ergebnisses aus wirtschaftlichen Geschäftsbetrieben

232 Für einen wirtschaftlichen Geschäftsbetrieb (der auch ein Zweckbetrieb sein kann), ist **handelsrechtlich** ein kaufmännischer Abschluss aufzustellen, wenn dieser einen „nach Art und Umfang in kaufmännischer Weise eingerichteten Geschäftsbetrieb (...) erfordert" (§ 1 Abs. 2 HGB). Streng genommen kann daher die Situation entstehen, dass die Stiftung als Ganzes keinen kaufmännischen Jahresabschluss aufstellt, für den wirtschaftlichen Geschäftsbetrieb eine solche Verpflichtung aber besteht. In diesen Fällen wird in der Praxis allerdings regelmäßig für die gesamte Stiftung ein kaufmännischer Jahresabschluss aufgestellt, für den kaufmännischen Bereich gibt es dann einen Teil-Abschluss (zu dieser Vorgehensweise rät auch das IDW, vgl. IDW RS HFA 5 Rn. 22). Das Erfordernis eines „in kaufmännischer Weise eingerichteten Geschäftsbetriebs" als Abgrenzungskriterium ist nur schwer operationalisierbar, zumal es sich nur auf den wirtschaftlichen Bereich der Stiftung bezieht, nicht auf die Stiftung insgesamt. In der Praxis ist es sinnvoll, sich an den Grenzwerten des HGB zu orientieren, die für Einzelkaufleute gelten.

> Bei Einzelkaufleuten hat der Gesetzgeber eine kaufmännische Buchführung und Bilanzierung vorgesehen, wenn an den Abschlussstichtagen von zwei aufeinanderfolgenden Geschäftsjahren die Grenzen von 600.000 EUR Umsatzerlöse oder 60.000 EUR Jahresüberschuss überschritten sind (§ 241a HGB). Die Vorschrift gilt nur für Einzelkaufleute und damit nicht für Stiftungen, kann aber als Orientierungshilfe zur Auslegung des § 1 HGB verwendet werden.

233 **Steuerrechtlich** ist für einen wirtschaftlichen Geschäftsbetrieb ebenfalls nicht notwendigerweise eine Bilanz aufzustellen. Es ist allerdings eine (separate) Gewinnermittlung nach den Vorschriften des Einkommensteuerrechts durchzuführen. Diese kann – abhängig von der Größe des wGB – als *Einnahmen-Überschussrechnung* nach § 4 Abs. 3 EStG (auch EÜR) oder in Form einer Steuerbilanz (§§ 4 Abs. 1, 5 Abs. 1 EStG) erfolgen. Die separate Gewinnermitt-

IV. Darstellung einzelner Sachverhalte in der GuV

lung ist notwendig, weil zum einen der Gewinn des (steuerpflichtigen) wirtschaftlichen Geschäftsbetriebs der Besteuerung unterliegt, und zum anderen, weil in diesem Bereich keine Verluste erwirtschaftet werden dürfen (vgl. hierzu im Einzelnen *Buchna/Leichinger/Seeger/Brox*: Gemeinnützigkeit im Steuerrecht, 11. Aufl. 2015, S. 131 ff.) Sämtliche wirtschaftliche Aktivitäten werden hierbei zusammengenommen und bilden „den einen" (steuerpflichtigen) wirtschaftlichen Geschäftsbetrieb der Stiftung (§ 64 Abs. 2 AO). Weiterhin gilt eine sog. *Nichtaufgriffsgrenze* von Einnahmen einschließlich Umsatzsteuer in Höhe von 35.000 EUR, unterhalb derer keine Besteuerung stattfindet (§ 64 Abs. 3 AO).

Nach § 140 AO hat die Stiftung dann eine **Steuerbilanz** aufzustellen, wenn sie verpflichtet ist, dies nach anderen Gesetzen zu tun. Hierunter fällt insbesondere die Pflicht zur Bilanzierung nach Handelsrecht. Darüber hinaus hat sie für ihren wirtschaftlichen Geschäftsbetrieb eine Steuerbilanz aufzustellen, wenn die Umsatzerlöse 600.000 EUR übersteigen oder ein Gewinn im Gewerbebetrieb von mehr als 60.000 EUR im abgelaufenen Wirtschaftsjahr erwirtschaftet worden ist (vgl. § 141 Abs. 1 AO).

Besteht keine Verpflichtung zur Erstellung einer Steuerbilanz für den wGB, wird in der Praxis häufig eine **Einnahmen-Überschussrechnung** i.S.d. § 4 Abs. 3 EStG für diesen Bereich erstellt, auch wenn die Stiftung insgesamt *bilanziert*. Bei der EÜR handelt es sich um eine spezielle Form der Einnahmen-Ausgabenrechnung, bei der u.a. Investitionen in längerfristig genutzte Vermögensgegenstände nicht direkt als Ausgabe gezeigt werden, sondern wie bei einer Bilanzierung über Abschreibungen abgebildet werden (Zur Einnahmen-Überschussrechnung im Einzelnen → Kapitel D Rn. 15 f.).

Für die **Ermittlung des Ergebnisses des wGB** sind die Einnahmen und Ausgaben bzw. die Erträge und Aufwendungen von denen der übrigen Bereiche der Stiftung abzugrenzen. Dies ist für die *Einnahmenseite* relativ unproblematisch. Insbesondere fallen *Umsatzerlöse* grundsätzlich nur im Rahmen eines (steuerpflichtigen oder steuerbefreiten) wirtschaftlichen Geschäftsbetriebs an.

234

Auf der *Ausgabenseite* ist die Aufteilung dagegen häufig schwierig, weil beispielsweise Personal sowohl für den wGB als auch für den ideellen Bereich tätig ist. Bei der Zuordnung der Ausgaben zum wGB sind sämtliche Betriebsausgaben zu berücksichtigen, die durch den wirtschaftlichen Geschäftsbetrieb *veranlasst* sind. Das sind insbesondere die Ausgaben, die *unmittelbar* dem Bereich zuzuordnen sind, weil sie ohne diesen nicht oder nicht in dieser Höhe angefallen wären (AEAO zu § 64 Nr. 4).

Für **gemischt veranlasste Aufwendungen**, deren Veranlassung sowohl im ideellen Bereich als auch im Gewerbebetrieb liegt, schied bisher eine Zuordnung zum wGB grundsätzlich aus, wenn die primäre Veranlassung **(Primärkostenprinzip)** im ideellen Bereich liegt. Mit Urteil vom 15.1.2015 hat der BFH seine Rechtsprechung hierzu geändert (BFH 15.1.2015 – I R 48/13, DB 2015, 1019). Leitsatz des Urteils ist: „Vorrangig aus dem ideellen (außersteuerlichen) Bereich eines Sportvereins veranlasste Aufwendungen, die durch den Gewerbebetrieb mitveranlasst sind, können anteilig den gewerblichen Bereich zuzuordnen sein." Voraussetzung sind allerdings objektivierbare zeitliche und quantitative Kriterien zur Abgrenzung. Das Urteil ist mittlerweile in den AEAO aufgenommen worden und insofern auch Auffassung der Finanzverwaltung (vgl. AEAO zu § 64 Nr. 6).

> **Beispiel gemischt veranlasste Kosten**
> Die Denkmal-Stiftung hat sich dem Denkmalschutz verpflichtet. Sie betreibt darüber hinaus einen Verlag, der Bücher, Zeitschriften, Weihnachtskarten und ähnliches vertreibt. Der Verlag wird als wirtschaftlicher Geschäftsbetrieb eingestuft.
> - Der Verlag verfügt über einige Maschinen, sowie zwei Fahrzeuge, welche (nahezu) ausschließlich vom Verlag genutzt werden. Die Anschaffungen sind durch den Verlag veranlasst, der steuerfreie Anteil ist heraus zu rechnen.
> - Die Räumlichkeiten sind angemietet. Hier liegt mit den vom wGB genutzten Quadratmetern ein objektiver Maßstab für die anteilige Miete sowie die Mietnebenkosten vor. Entsprechend kann aufgeteilt werden.
> - Verschiedene Mitarbeiter sind (auch) für den Verlag tätig. Die Verlagsleiterin ist unstreitig (nur) für den Verlag tätig. Andere Mitarbeiter sind anteilig für den Verlag tätig. Hier könnte durch eine Zeitaufschreibung (zumindest über einen gewissen Zeitraum) der Nachweis für einen Verteilungsschlüssel geführt werden. Der Vorstand, der natürlich auch für den Verlag verantwortlich ist, ist dagegen primär für den ideellen Bereich zuständig, so dass seine Aufwendungen nicht aufzuschlüsseln sind, sondern vollständig dem ideellen Bereich zuzuordnen sind.

Eine Aufteilung gemischt veranlasster Kosten ist in der Praxis teilweise schwierig. Hier bietet es sich gerade für kleinere Stiftungen ohne entsprechende Kostenrechnung an, mit der Finanzverwaltung einen **Gemeinkostenzuschlagssatz** festzulegen, der dann als Annäherung an die tatsächliche Verhältnisse gesehen werden kann und den Ermittlungs- und Nachweisprozess deutlich vereinfacht.

6. Abgrenzung des Ergebnisses aus Vermögensverwaltung

235   Für gemeinnützige Stiftungen ist die Abgrenzung des Bereichs der Vermögensverwaltung in der Rechnungslegung von großer Bedeutung. Dies hat zwei Gründe: Zum einen darf der Bereich der Vermögensverwaltung steuerrechtlich – ebenso wie der Bereich des (steuerpflichtigen) wirtschaftlichen Geschäftsbetriebs – nicht (dauerhaft) Verluste erzielen, da der Ausgleich dieser Verluste durch den ideellen Bereich eine Mittelfehlverwendung darstellt.

IV. Darstellung einzelner Sachverhalte in der GuV

Vgl. hierzu im Einzelnen *Buchna/Leichinger/Seeger/Brox:* Gemeinnützigkeit im Steuerrecht, 11. Aufl. 2015, S. 139 ff., *Schauhoff,* DStR 1998, 701. Der Anwendungserlass verweist in diesem Zusammenhang auf die Ausführungen zu den Verlusten im wirtschaftlichen Geschäftsbetrieb (AEAO zu § 64 Nr. 5).

Zum anderen ist die Bildung der sog. *freien Rücklage* nach § 62 Abs. 1 Nr. 3 AO aus dem Ergebnis aus Vermögensverwaltung deren wichtigster Anwendungsfall. Hiernach kann ein Drittel des Überschusses aus der Vermögensverwaltung in die Rücklage eingestellt werden (§ 62 Abs. 1 Nr. 3 AO; daneben können höchstens 10% der sonstigen zeitnah zu verwendenden Mittel in die Rücklage eingestellt werden, → Kapitel C Rn. 67).

Zur Vermögensverwaltung zählen Erträge aus der Anlage und Verzinsung des Stiftungsvermögens sowie weiterer Mittel, die (zunächst) nicht verwendet und daher ertragsbringend angelegt werden. Hierzu gehören einerseits *Zins- und Dividendenerträge,* zum anderen *Miet- und Pachterträge.*

Bei der Einstufung als „Vermögensverwaltung" ergeben sich teilweise Abgrenzungsfragen zum „wirtschaftlichen Geschäftsbetrieb". So wird die Investition einer Stiftung in eine Beteiligung an einem anderen Unternehmen grundsätzlich der Vermögensverwaltung zugerechnet. Erträge aus Anteilen an einer *gewerblichen Kommanditgesellschaft* sind demgegenüber wegen der Unternehmerstellung des Kommanditisten (hier der Stiftung) i.d.R. dem wirtschaftlichen Geschäftsbetrieb zuzurechnen. Eine Ausnahme besteht wiederum, wenn die gewerblich geprägte KG ihrerseits ausschließlich Vermögensverwaltung und damit keine Gewerbetätigkeit durchführt (BFH 25.5.2011 – I R 60/10, BStBl. II 2012, 858). Hält die Stiftung Anteile an einer *GmbH,* handelt es sich demgegenüber nur unter bestimmten Umständen um eine wirtschaftliche Tätigkeit, beispielsweise wenn Personenidentität in der Geschäftsführung der GmbH und dem Vorstand der Stiftung gegeben ist und damit entscheidender Einfluss auf die Geschäftsführung der Kapitalgesellschaft ausgeübt werden kann (vgl. BFH 30.6.1971 – I R 57/70, BStBl. II 753).

Um das **Ergebnis aus Vermögensverwaltung** ermitteln zu können, müssen die entsprechenden *Aufwendungen* abgesetzt werden. Keine Probleme bereitet i.d.R. die Abgrenzung der Aufwendungen beim Einsatz von externen Dienstleistern. So sind bei der Fremdverwaltung der Finanzanlagen die Kosten des Vermögensverwalters als Aufwendungen anzusetzen, bei der Fremdverwaltung des Immobilienbestands sind es die Kosten des externen Immobilienverwalters. Werden die Tätigkeiten durch die Stiftung selbst erbracht, sind die entsprechenden Personal- und Sachkosten – ggf. anteilig – abzuziehen. Hier ist wiederum eine plausible Schätzung notwendig, die durch eine (zeitweise) Stundenaufschreibung nachgewiesen werden kann.

Neben den Aufwendungen, die zu einem Mittelabfluss führen, stellt sich die Frage, wie mit **Abschreibungen** umzugehen ist. Abschreibungen sind grundsätzlich in die Berechnung des Ergebnisses aus Vermögensverwaltung einzubeziehen. Dies gilt für planmäßige Abschreibungen (z.B. auf vermietete Gebäude) wie auch für außerplanmäßige Abschreibungen (z.B. auf Wertpapiere). Letztere sind bei der Berechnung des Ergebnisses aus Vermögensverwaltung zu berücksichtigen, auch wenn sie grundsätzlich die zeitnah zu verwendenden Mittel nicht kürzen dürfen (vgl. auch *Buchna/Leichinger/Seeger/ Brox:* Gemeinnützigkeit im Steuerrecht, 11. Aufl. 2015, S. 141 mit Verweis auf S. 133 f.). Entsprechend sind *auch realisierte Gewinne und Verluste aus der Umschichtung des Vermögens* in die Berechnung des Ergebnisses aus Vermögensverwaltung einzubeziehen.

Eine Besonderheit ergibt sich bei der **Berechnung der freien Rücklage:** Da *Umschichtungsgewinne* in voller Höhe nicht zeitnah verwendet werden müssen (AEAO zu § 55 Nr. 28) dürfen diese nicht in die Berechnung der freien Rücklage einbezogen werden, da diese ansonsten zweifach (bzw. einmal vollständig und einmal zu einem Drittel) der zeitnahen Mittelverwendung entzogen würden.

239 Für die *Anlage des Stiftungsvermögens* gibt es generell keine gemeinnützigkeits- oder stiftungsrechtlichen Vorgaben. Die Anlageform muss aber den Besonderheiten einer (gemeinnützigen) Stiftung gerecht werden. Hier sind zu nennen:

- Aus dem Grundsatz der Kapitalerhaltung ergibt sich die Notwendigkeit einer eher konservativen Anlage der Mittel.
- Aus der Verpflichtung zur Erfüllung des Satzungszwecks ergibt sich, dass aus der Anlage Erträge zu erwirtschaften sind (thesaurierende Anlageformen sind insofern nur als Beimischung denkbar).
- Schließlich sind die Besonderheiten des Gemeinnützigkeitsrechts zu beachten, wonach eine einseitige und/oder sehr riskante Anlagepolitik zu meiden ist, da sie bis hin zum Verlust der Gemeinnützigkeit führen kann.

Für den Vorstand empfiehlt sich regelmäßig, den Rahmen der Anlagepolitik mittels einer **Anlagenrichtlinie** vorzugeben, an der sich auch externe Vermögensverwalter zu halten haben.

240 Buchungstechnisch werden außerplanmäßige Abschreibungen in der Gewinn- und Verlustrechnung als Aufwand gezeigt und dann nach dem Jahresergebnis durch „Entnahmen aus den Umschichtungsergebnissen" wieder ausgeglichen. Das gleiche gilt für Umschichtungsverluste. Der Posten **Umschichtungsergebnisse** kann hierbei auch negativ werden (vgl. IDW RS HFA 5 Rn. 66; zum Umschichtungsergebnis im Einzelnen → Rn. 145 ff.). Zuschreibungen und Umschichtungsgewinne sind in den Posten Umschichtungsergebnisse, ebenfalls nach dem Jahresergebnis, einzustellen.

V. Anhang

1. Grundlagen zum Anhang

Die Pflicht zur Ergänzung des Jahresabschlusses um einen Anhang ergibt sich aus § 264 Abs. 1 HGB und betrifft zunächst einmal nur Kapitalgesellschaften. Stiftungen sind entsprechend immer dann verpflichtet einen Anhang aufzustellen, wenn sie die Vorschriften für Kapitalgesellschaften anzuwenden haben. Dies betrifft die folgenden Fälle: **241**

- Es handelt sich um eine **Stiftung GmbH oder Stiftung AG**
- Die Stiftung fällt aufgrund ihrer Größe unter das **Publizitätsgesetz**
- Die Stiftung fällt unter ein **Spezialgesetz**, beispielsweise die KHBV oder PBV
- Die **Satzung** sieht die Aufstellung eines Anhangs bzw. die Anwendung der Vorschriften für Kapitalgesellschaften vor

Unabhängig von der Pflicht zur Aufstellung eines Anhangs und auch der Größe der Stiftung empfiehlt das IDW die Aufstellung eines Anhangs unter sinngemäßer Anwendung der handelsrechtlichen Vorschriften der §§ 284 ff. HGB (IDW RS HFA 5 Rn. 39). Begründet wird dies damit, dass die Nachvollziehbarkeit der angewendeten Bilanzierungs- und Bewertungsmethoden aufgrund der Pflicht zur Kapitalerhaltung bei einer Stiftung besonders bedeutsam ist. Die Darstellung der Bilanzierungs- und Bewertungsmethoden ist ein wesentlicher Punkt in jedem Anhang. Auch das Kapitalerhaltungskonzept kann im Anhang dargestellt werden.

> **Beispiel Bilanzierungs- und Bewertungsmethoden**
>
> In die Ulrich Eckstein-Stiftung sind u.a. mehrere Immobilien als Errichtungskapital eingebracht worden. In Folgejahren bringt Eckstein als Zustiftungen Unternehmensanteile an der Eckstein GmbH sowie weitere gelistete Wertpapiere ein.
>
> Ohne Anhang ist nicht ersichtlich, mit welchem Wert die Immobilien und Finanzanlagen angesetzt worden sind, da ein Ansatz zu Zeitwerten aber auch zu Null möglich ist (→ Rn. 83). Wurden die Immobilien zu Zeitwerten eingebracht, sind diese in den Folgejahren abzuschreiben. Auch hier wird nicht klar, über welche Nutzungsdauer die Abschreibung erfolgt. Weiterhin sind die Parameter hinsichtlich der Bewertung der Unternehmensanteile – wenn diese nicht zu Null angesetzt werden, sondern zum „vorsichtig geschätzten Zeitwert" – nicht erkennbar. Schließlich gibt ein Anhang darüber Auskunft, ob die Wertpapiere nach dem gemilderten oder zum strengen Niederstwertprinzip bewertet wurden.

242 Der Anhang hat drei Funktionen. Zu unterscheiden sind:
- Erläuterungsfunktion
- Ergänzungsfunktion
- Entlastungsfunktion

Wichtigste Funktion des Anhangs ist die **Erläuterungsfunktion**. So sind die Bilanzierungs- und Bewertungsmethoden und deren Änderungen zu erläutern. Daneben sind Angaben zu einzelnen Posten, z.b. Restlaufzeiten der Verbindlichkeiten oder Erläuterungen zu wesentlichen Rückstellungen, zu machen (§ 285 Nr. 1 und 12 HGB).

Eine weitere Aufgabe des Anhang ist die **Ergänzungsfunktion**: Insbesondere im Anhang von mittelgroßen und großen Kapitalgesellschaften sind eine Reihe von ergänzenden Angaben zu machen. Dies reicht von Angaben zu den *Bezügen der Geschäftsführungs- und Aufsichtsorgane* über Informationen zu *wesentlichen Beteiligungen* bis hin zu Angaben zu *Investitionen in Spezialfonds* (vgl. § 285 Nr. 9, 11 und 26 HGB).

Schließlich werden Angaben, die eigentlich in der Bilanz oder Gewinn- und Verlustrechnung zu machen sind, teilweise in den Anhang ausgelagert, um erstere übersichtlich zu halten (**Entlastungsfunktion**). So werden häufig Aufgliederungen z.b. der Forderungen oder Verbindlichkeiten im Anhang gemacht.

243 Ergänzende Angaben können wahlweise auch unter der Bilanz gemacht werden. Dies führt allerdings zu einer gewissen Unübersichtlichkeit der Bilanz. Nur wenn ein Anhang aufgestellt wird, vermittelt der Jahresabschluss „unter Beachtung der Grundsätze ordnungsmäßiger Buchführung ein den tatsächlichen Verhältnissen entsprechendes Bild der Vermögens-, Finanz- und Ertragslage" (§ 264 Abs. 2 S. 1 HGB). Bei Stiftungen kommt als eine Besonderheit hinzu, dass im Anhang z.B. Aussagen über die Zeitwerte des Grundstockvermögens gemacht werden können und so die Frage nach der (realen) Kapitalerhaltung auch vom externen Adressaten beantwortet werden kann (IDW RS HFA 5 Rn. 59). Dies betrifft insbesondere die Stiftungsaufsicht (vgl. auch *Koss*, Rechnungslegung von Stiftungen, 2003, S. 146).

In der Praxis ist leider zu beobachten, dass selbst sehr große und auch komplexe Stiftungen ihren Jahresabschluss nicht um einen Anhang ergänzen. Aus den oben genannten Gründen und vor dem Hintergrund zunehmender Forderungen nach Transparenz sollte gerade bei diesen Stiftungen ein Anhang aufgestellt werden.

Die im Folgenden dargestellten wesentlichen Inhalte des Anhangs sind je nach Größe einer Kapitalgesellschaft verpflichtend. Kleine Kapitalgesellschaften müssen die meisten Angaben nicht machen. Ein freiwillig aufgestellter Anhang einer Stiftung sollte sich hinsichtlich der Angaben zumindest grundsätzlich an den Größenkriterien für Kapitalgesellschaften orientieren, kann sich aber theoretisch auch auf die Mindestangaben beschränken.

2. Wesentliche Inhalte des Anhangs

Die Vorschriften zu den einzelnen Inhalten des Anhangs sind größtenteils in den §§ 284 und 285 HGB geregelt. Entsprechend § 288 Abs. 1 und 2 HGB brauchen kleine bzw. mittelgroße Kapitalgesellschaften eine Reihe von Angaben nicht zu machen, wobei insbesondere die kleinen Kapitalgesellschaften von zahlreichen Angabepflichten befreit sind. Der Anhang hat im Jahr 2010 eine Aufwertung durch das BilMoG erfahren, durch welches eine Reihe von zusätzlichen Punkten in § 285 HGB ergänzt wurden. In 2016 wurden im Rahmen des BilRuG die Angabepflichten noch einmal moderat erweitert und Punkte teilweise, z.B. aus dem Lagebericht, in den Anhang verlagert (vgl. hierzu *Lüdenbach/Freiberg*: BilRuG-RefE: Nur „punktuelle Änderungen?" In BB 2014, 2019 ff., *Lüdenbach/Freiberg*: BilRuG-RegE: Mehr als selektive Nachbesserungen?", BB 2015, 263 ff.).

Im Folgenden werden die für Stiftungen wichtigsten Anhangangaben kurz skizziert. Abschließend wird beschrieben, welche Angaben hiervon für eine kleine Kapitalgesellschaft Pflicht sind, um darzustellen, welchen Umfang ein freiwillig aufgestellter Anhang einer Stiftung nach HGB mindestens haben muss.

Bilanzierungs- und Bewertungsmethoden sowie deren Änderungen
Nach § 284 Abs. 2 Nr. 1 und 2 HGB müssen die auf die Posten des Jahresabschlusses angewandten **Bilanzierungs- und Bewertungsmethoden** angegeben werden, sowie Änderungen in den Methoden quantifiziert und begründet werden. Gerade diese Vorschrift hilft, einen kaufmännischen Jahresabschluss, der durch eine Reihe von Wahlrechten und Ermessensspielräumen geprägt ist, nachvollziehen zu können.
Beispiele für solche Gestaltungsspielräume bei einer Stiftung sind:

— Wertansatz von unentgeltlich erworbenen Vermögensgegenständen (z.B. Zustiftungen) zum Wert von Null oder einem vorsichtig geschätzten Zeitwert. Bei letzterem bestehen zudem Ermessensspielräume bei der Wertermittlung (→ Rn. 82 ff.).
— Wahlrecht zur Aktivierung von Entwicklungskosten (→ Rn. 62 ff.).
— Festlegung, wann eine Wertminderung bei Wertpapieren des Anlagevermögens voraussichtlich von Dauer ist und entsprechend eine Abschreibung vorgenommen werden muss (→ Rn. 90 ff.).
— Einschätzung der Höhe von Rückstellungen, Festlegung von Parametern z.B. bei Pensionsrückstellungen.

Anlagenspiegel
Nach § 284 Abs. 3 HGB ist der Anlagespiegel zwingend im Anhang zu zeigen (früher auch wahlweise in oder unter der Bilanz). Dazu heißt es: „Im Anhang ist die Entwicklung der einzelnen Posten des Anlagevermögens in einer gesonderten Aufgliederung darzustellen. Dabei sind, ausgehend von den gesamten Anschaffungs- und Herstellungskosten, die Zugänge, Abgänge,

Umbuchungen und Zuschreibungen des Geschäftsjahrs sowie die Abschreibungen gesondert aufzuführen." Zu den Abschreibungen sind weitere Angaben zu machen (§ 284 Abs. 3 S. 2 HGB).

Restlaufzeiten von Forderungen und Verbindlichkeiten

247 Entsprechend § 268 Abs. 4 und 5 HGB sind (eigentlich in der Bilanz) bei den Forderungen und Verbindlichkeiten diejenigen separat anzugeben, welche eine **Restlaufzeit** von mehr als einem Jahr haben. Bei den Verbindlichkeiten sind zusätzlich solche anzugeben, welche eine Restlaufzeit von über 5 Jahren haben (§ 285 Nr. 1a HGB). Außerdem sind Besicherungen von Verbindlichkeiten anzugeben.

In der Praxis wird sehr häufig ein *Verbindlichkeitenspiegel* in den Anhang aufgenommen, welcher die einzelnen Posten der Verbindlichkeiten in die Restlaufzeiten „unter einem Jahr", „über einem Jahr" und „davon über fünf Jahre" unterteilt.

Nicht in der Bilanz enthaltende Geschäfte

248 Nach § 285 Nr. 3 HGB sind im Anhang Angaben zu Art und Zweck, aber auch Risiken und Vorteilen von **nicht in der Bilanz enthaltenen Geschäften** zu machen. Als Beispiele werden u.a. genannt (IDW: Anhangangaben nach §§ 285 Nr. 3, 314 Abs. 1 Nr. 2 HGB zu nicht in der Bilanz enthaltenen Geschäften (IDW RS HFA 32) Rn. 8):

– Factoring und Asset Backed Securities-Transkationen
– unechte Pensionsgeschäfte
– Leasinggeschäfte (auch verdeckt) einschließlich Sale-and-lease-back
– Auslagerung von betrieblichen Funktionen

Die Angaben sind zu machen, wenn sie für die Beurteilung der Finanzlage notwendig sind. Mit der Angabe soll die Auslagerung z.B. von Risiken sichtbar gemacht werden. Hintergrund ist, dass z.B. Forderungsverkäufe oder Sale-and-lease-back-Transaktionen häufig vorgenommen werden, wenn die wirtschaftliche Situation der Organisation kritisch ist.

Sonstige finanzielle Verpflichtungen

249 Nach § 285 Nr. 3a HGB sind wesentliche **sonstige finanzielle Verpflichtungen** anzugeben, die sich nicht aus dem Jahresabschluss ergeben. Dies sind z.B. langfristige Mietverträge oder vertragliche Bindungen anderer Art. Bei Förderstiftungen sind hier insbesondere auch langfristige Förderzusagen, sofern sie nicht vollständig im Jahresabschluss passiviert sind, anzugeben.

Angaben bei Anwendung des Umsatzkostenverfahrens

250 Erfolgt die Gliederung der Gewinn- und Verlustrechnung nach dem Umsatzkostenverfahren, sind im Anhang der *Personalaufwand* und der *Materialaufwand* separat zu nennen, da diese Angaben in der GuV nicht mehr erkennbar sind (§ 285 Nr. 8 HGB). Entsprechend der Empfehlung des IDW sollten diese Angaben bei Anwendung des **Umsatzkostenverfahrens**, wenn kein Anhang

erstellt wird, in der Gewinn- und Verlustrechnung vermerkt werden (IDW RS HFA 5 Rn. 51).

Angaben zur Geschäftsführung und zu Mitgliedern der Aufsichtsorgane
Zur **Geschäftsführung** und dem **Aufsichtsorgan** sind unterschiedliche Angaben zu machen: Die einzelnen Mitglieder sind mit Namen und Berufsbezeichnung zu nennen (§ 285 Nr. 10 HGB). Außerdem sind die Bezüge für die jeweilige Gruppe anzugeben (§ 285 Nr. 9 HGB). 251

Angaben zu Beteiligungen
Hat die Stiftung **Beteiligungen** an anderen Unternehmen, sind Name und Sitz des jeweiligen Unternehmens anzugeben; außerdem die Höhe des Anteils am Eigenkapital, die Höhe des Eigenkapitals sowie das Ergebnis des letzten Geschäftsjahres der Beteiligung (§ 285 Nr. 11 HGB). 252

Beteiligungen definieren sich nach § 271 Abs. 1 HGB als „Anteile an anderen Unternehmen, die bestimmt sind, dem eigenen Geschäftsbetrieb durch Herstellung einer dauerhaften Verbindung zu jedem Unternehmen zu dienen". Bei einem Anteil von 20 % wird eine Beteiligung vermutet, allerdings kann auch schon bei Anteilen unterhalb von 20 % die genannte Definition einschlägig sein.

Wesentliche Rückstellungen
Sonstige Rückstellungen sind, wenn sie einen nicht unerheblichen Umfang haben, im Anhang zu erläutern (§ 285 Nr. 12 HGB). Dies wird bei Stiftungen häufig Projektrückstellungen und ggf. Personalrückstellungen betreffen. 253

Finanzanlagen, die über ihren beizulegenden Zeitwert angesetzt werden
Wie dargestellt, werden **Finanzanlagen** im Anlagevermögen nach dem gemilderten Niederstwertprinzip bewertet (→ Rn. 90 ff.). Dies führt dazu, dass ggf. der Kurswert eines Wertpapiers zum Stichtag unter dem bilanzierten Wert liegt, weil der Bilanzierende von einer kurzfristigen Erholung der Kurswerte ausgeht. In diesem Fall sind nach § 285 Nr. 18 HGB anzugeben: 254

– Der Buchwert und der beizulegende Wert (Zeitwert),
– Gründe für die Unterlassung der Abschreibung einschließlich der Anhaltspunkte, die für eine nichtdauernde Wertminderung sprechen.

Geschäfte mit nahestehenden Unternehmen und Personen
Entsprechend § 285 Nr. 21 HGB sind zumindest die wesentlichen nicht zu marktüblichen Bedingungen zustande gekommenen **Geschäfte mit nahestehenden Unternehmen und Personen** anzugeben. 255

Bei gemeinnützige Stiftungen können die nicht marktüblichen Konditionen zwei grundlegende Ausprägungen annehmen: Verzichtet die nahestehende Person auf ihr zustehende Gegenleistungen, so handelt es sich insoweit um Aufwandsspenden, die unkritisch für die Stiftung sind und u.E. auch nicht zu nennen sind. Der umgekehrte Fall, dass die Gegenleistung der Stiftung zu hoch ist, ist bei Wesentlichkeit anzugeben. Dieser Fall führt allerdings auch zu gemeinnützigkeitsrechtlichen Fragestellungen, da ein Verstoß gegen § 55 Abs. 1 Nr. 3 zu vermuten ist: „Die Körperschaft darf keine Person durch Ausgaben, die dem Zweck der Körperschaft fremd sind, oder durch unverhältnismäßig hohe Vergütungen begünstigen" (sog. „Begünstigungsverbot").

Der Begriff der *nahestehenden Unternehmen und Personen* orientiert sich bei der Vorschrift an der Auslegung internationaler Standards (IAS 24) und ist weit auszulegen. Er umfasst neben verbundenen Unternehmen auch Personen, die sog. Schlüsselpositionen im Management bekleiden, sowie deren Angehörige (vgl. hierzu im Einzelnen IDW: Anhangangaben nach §§ 285 Nr. 21, 314 Abs. 1 Nr. 13 HGB zu Geschäften mit nahe stehenden Unternehmen und Personen (IDW RS HFA 33) Rn. 8 und IAS 24.9 bis IAS 24.12).

Beispiel nahestehende Personen

Die Horst Schlemmer-Stiftung ist an mehreren operativ tätigen GmbHs beteiligt. Stiftungsvorstand ist Schlemmer selbst. Außerdem überwacht ein Kuratorium die Tätigkeit des Vorstandes.

Als *nahestehende Unternehmen* gelten die Tochterunternehmen. Der Stiftungsvorstand, die Kuratoriumsmitglieder und die Geschäftsführer der Tochterunternehmen gelten als *nahestehende Personen*. Daneben können wichtige weitere Personen, z.B. Bereichsleiter, als Schlüsselpositionen eingestuft werden.

In Bezug auf alle genannten Personen gelten darüber hinaus die Ehegatten, Lebenspartner oder Kinder ebenfalls als nahestehende Personen.

Angaben zu Anteilen an Spezialfonds
Nach § 285 Abs. 2 Nr. 26 HGB müssen bestimmte **Angaben u.a. zu Anteilen an Sondervermögen** im Sinne des § 1 Abs. 10 KAGB gemacht werden. Die Vorschrift ist im Rahmen des BilMoG aufgenommen worden und stellt einen Ersatz dafür dar, dass alternativ auch eine Bilanzierung der Einzelwerte solcher Fondsanteile und Konsolidierung dieser im Konzernabschluss als Möglichkeit diskutiert worden war (vgl. auch *Hoffmann/Lüdenbach*, NWB Kommentar Bilanzierung, 5 Aufl. 2014, S. 1539 ff.).

Im Einzelnen sind dies:

- eine Aufgliederung nach Anlagezielen
- Marktwerte
- Differenz zum Buchwert
- im Geschäftsjahr erfolgte Ausschüttung
- Beschränkung in der Möglichkeit der täglichen Rückgabe
- Gründe für eine unterlassene Abschreibung und Anhaltspunkte, dass eine Wertminderung voraussichtlich nicht von Dauer ist.

V. Anhang

Angabe und Erläuterung von außergewöhnlichen Aufwendungen und Erträgen
Bis zum Jahresabschluss 2016 waren außerordentliche Erträge und Aufwendungen in der Gewinn- und Verlustrechnung zu zeigen. Mit dem BilRuG wurde die Angabe in der GuV gestrichen und dafür eine Erläuterung der Posten im Anhang ergänzt (§ 285 Nr. 31 HGB). Dadurch sollte verhindert werden, dass diese Posten innerhalb der GuV das operative Ergebnis entlasten, was bisher nicht unerheblichen Gestaltungsspielraum bot. Damit die Information über den Charakter der Posten nicht verloren geht, ist nun die Anhangsangabe eingeführt worden. Die Anhangsangabe geht allerdings weiter. Nunmehr sind **Aufwendungen und Erträge von außergewöhnlicher Größenordnung oder außergewöhnlicher Bedeutung** anzugeben. Es sind insofern alle Einmaleffekte, die das Ergebnis beeinflusst haben, anzugeben, sofern sie eine erhebliche Größenordnung oder Bedeutung haben, anzugeben. 256

Vorgänge von besonderer Bedeutung, die nach dem Bilanzstichtag eingetreten sind
Vorgänge von besonderer Bedeutung, die nach dem Bilanzstichtag eingetreten sind, waren bis 2015 im Lagebericht darzustellen (§ 289 Abs. 2 Nr. 1 HGB a.F.). Hier sind Ereignisse darzustellen, welche, wenn sie sich vor dem Stichtag ereignet hätten, einen wesentlichen Einfluss auf die Vermögens-, Finanz- und Ertragslage gehabt hätten (§ 285 Nr. 33 HGB). 257

Nach § 288 HGB bestehen für kleine Kapitalgesellschaften **zahlreiche Erleichterungen**, da diese eine Reihe der oben genannten Angaben nicht tätigen müssen. So können u.a. die folgenden Angaben unterbleiben: 258

- Nicht in der Bilanz enthaltene Geschäfte
- Sonstige finanzielle Verpflichtungen
- Angaben zu den Bezügen der Geschäftsführung
- Angaben zu den Rückstellungen
- Geschäfte mit nahestehenden Unternehmen und Personen

Beim Umsatzkostenverfahren sind nur die Personalaufwendungen separat auszuweisen. Im Ergebnis verbleiben insbesondere die folgenden Angaben:

- Angaben zu den Bilanzierungs- und Bewertungsvorschriften und deren Änderungen
- Angaben zu unterbliebenen Abschreibungen auf Finanzanlagen
- Restlaufzeiten
- Namen der Gremienmitglieder
- Angaben zu Beteiligungen.

Beschränkt sich eine Stiftung also auf die Mindestangaben, ist ein Anhang wenig aufwendig. Stets sind jedoch insbesondere die wichtigen Erläuterungen der Bilanzierungs- und Bewertungsmethoden aufzunehmen, die eine detaillierte externe Beurteilung des Jahresabschlusses erst ermöglichen, weshalb ein Anhang für Stiftungen, gleich welcher Größenordnung, immer anzuraten ist.

VI. Lagebericht

1. Grundlagen zum Lagebericht

259 Anders als Bilanz, Gewinn- und Verlustrechnung und Anhang – kurz der Jahresabschluss – ist der Lagebericht nicht ausschließlich vergangenheitsorientiert sondern liefert zusätzlich Informationen zur **voraussichtlichen künftigen Entwicklung** der Stiftung. Er stellt insofern ein eigenes Rechnungslegungswerk dar und ist – anders als der Anhang – nicht Teil des Jahresabschlusses. Ein Lagebericht ist zwingend nur von mittelgroßen und großen Kapitalgesellschaften aufzustellen (§ 264 Abs. 1 Satz 1 und 4 HGB).

Zielsetzung des Lageberichtes ist es, Informationen zur Lage, Geschäftsverlauf und Geschäftsergebnis der Stiftung abzugeben und dabei ein den „tatsächlichen Verhältnissen entsprechendes Bild" zu vermitteln (§ 289 Abs. 1 S. 1 HGB). Dieser Teil ist *vergangenheitsorientiert* und stellt eine verbale Erläuterung und Vertiefung des Jahresabschlusses dar. Daneben ist auch auf die voraussichtliche künftige Entwicklung der Stiftung mit ihren wesentlichen Chancen und Risiken einzugehen. Diese Ausführungen sind *zukunftsorientiert* und verlangen z.T. konkrete Prognosen (vgl. auch *Deutsches Rechnungslegungs Standard Committee (DRSC):* DRS 20 Konzernlagebericht Rn. 118 ff.).

260 Bei Stiftungen stellt sich die Frage, ob ein Lagebericht aufgestellt werden sollte. Grundsätzlich besteht auch bei Stiftungen über die *Informationsfunktion* ein Interesse der Jahresabschlussadressaten an Informationen über den Jahresabschluss hinaus und insbesondere auch an einem Ausblick auf die weitere Entwicklung der Stiftung. Entsprechend empfiehlt *Koss* auch für jede Stiftung – auch kleineren Stiftungen – die Ergänzung des Jahresabschlusses um einen Lagebericht (vgl. *Koss*: Rechnungslegung von Stiftungen, 2003, S. 148). Das IDW empfiehlt die Aufstellung eines Lageberichts ebenfalls grundsätzlich für alle Stiftungen, insbesondere aber für Stiftungen, welche die Größenkriterien des § 267 Abs. 2 und 3 HGB überschreiten und eine gewisse Komplexität aufweisen (IDW RS HFA 5 Rn. 40 und 41).

> Hinsichtlich der Problematik der Übertragung der Größenkriterien des § 267 HGB wird auf die Ausführungen unter → Rn. 37 verwiesen. In Bezug auf den Lagebericht sollte daher u.E. ausschließlich auf die Komplexität der Stiftung abgestellt werden.

261 Stiftungen sind entsprechend aller Landesstiftungsgesetze verpflichtet, einen **Bericht über die Erfüllung des Satzungszwecks (Tätigkeitsbericht)** aufzustellen. Für diesen Bericht gibt es keine Vorgaben (vgl. zum Tätigkeitsbericht im Einzelnen → Kapitel D Rn. 53 ff.), i.d.R. wird er aber vergangenheitsorientiert ausgelegt und ersetzt insofern nicht einen Lagebericht im handelsrechtlichen Sinne. Andererseits gibt es Überschneidungen. So werden die Erläuterungen im Lagebericht zum Geschäftsverlauf regelmäßig den Stiftungszweck betreffen. Entsprechend schlägt das IDW auch vor, die Angaben des Tätigkeitsberichts ganz oder teilweise in den Lagebericht aufzunehmen (IDW RS HFA 5 Rn. 42).

Um insbesondere kleinere Stiftungen zu entlasten und gleichwohl unter dem Blickwinkel der Transparenz die Informationen eines Lageberichts zu erhalten, können die beiden Berichte bei bilanzierenden Stiftungen sinnvollerweise zu einem **Lage- und Tätigkeitsbericht** zusammengefasst werden. Auf diese Weise können auch kleinere Stiftungen ohne viel Aufwand die zusätzlichen, zukunftsorientierten Angaben des Lageberichts vornehmen, ohne ein weiteres Rechnungslegungswerk aufstellen zu müssen.

Wird ein Wirtschaftsprüfer mit der Durchführung einer Jahresabschlussprüfung beauftragt, umfasst diese auch immer einen aufgestellten Lagebericht (→ Kapitel F Rn. 32 f.). Im Falle eines zusammengefassten Lage- und Tätigkeitsberichts umfasst die Prüfung insofern auch den Tätigkeitsbericht.

2. Wesentliche Inhalte des Lageberichts

Erläuterung von Geschäftsverlauf, Geschäftsergebnis und Lage der Stiftung

Der Lagebericht erläutert verbal die Lage und den Geschäftsverlauf der Stiftung und gibt insofern weitere Informationen über den Jahresabschluss hinaus. Mit der Lage der Stiftung ist die **Vermögens-, Finanz- und Ertragslage** der Stiftung gemeint, wobei die Erläuterungen zur Vermögens- und Ertragslage eine Analyse von Bilanz und Gewinn- und Verlustrechnung darstellen, während die Finanzlage auf die Liquiditätssituation der Stiftung eingeht, z.B. mit Hilfe einer Kapitalflussrechnung.

Nach § 289 Abs. 1 HGB sind in die Analyse die bedeutsamsten **finanziellen Leistungsindikatoren** einzubeziehen. Unter finanziellen Leistungsindikatoren werden Kennzahlen verstanden, die sich in der Rechnungslegung unmittelbar betragsmäßig niederschlagen (vgl. im Einzelnen BeBiKo/*Grottel* § 289 Rn. 55 mit Verweis auf § 315 Rn. 91). Bei einer Stiftung könnten hier beispielsweise die Ergebnisse einzelner Sphären (z.B. das „Ergebnis aus Vermögensverwaltung"), die Eigenkapitalquote oder die Verwaltungskostenquote genannt werden.

Große Kapitalgesellschaften haben zusätzlich bedeutsame **nichtfinanzielle Leistungsindikatoren** darzustellen. Als Beispiele im HGB werden „Informationen über Umwelt- und Arbeitnehmerbelange" genannt (vgl. § 289 Abs. 3 HGB). Wenngleich die Vorschrift nur für große Kapitalgesellschaften einschlägig ist und insofern auch nur für eine Stiftung zwingend ist, die sich z.B. mittels Satzung verpflichtet hat, die Anforderungen an große Kapitalgesellschaften anzuwenden, erscheinen solche Informationen bei Einrichtungen, welche weniger über finanzielle als vielmehr nichtfinanzielle Leistungsindikatoren gesteuert werden, äußerst sinnvoll. Bei einer Förderstiftung können hier z.B. Erläuterungen zu den geförderten Zwecken sowie zur Höhe der verplanten, bewilligten und ausgezahlten Mittel erfolgen. Damit ist dann die Verbindung zum Bericht über die Erfüllung des Satzungszwecks hergestellt, der insofern in den Lagebericht integriert werden kann (als Lage- und Tätigkeitsbericht).

Erläuterung der voraussichtlichen Entwicklung (Prognosebericht)

264 Bei den Erläuterungen zur **voraussichtlichen Entwicklung** der Stiftung geht es über den Jahresabschluss hinaus um eine Zukunftsprognose. Dieser Teil wird auch **Prognosebericht** genannt. Insofern ist zunächst der *Prognosezeitraum* festzulegen. Generell wurde hier ein Zeitraum von 2 Jahren vom Bilanzstichtag an als sinnvoll erachtet, zumal die Aufstellung und Veröffentlichung des Jahresabschlusses und des Lageberichtes häufig erst Monate nach dem Bilanzstichtag abgeschlossen sind). Abweichend von dieser bis dahin h.M. fordert das DRSC seit 2013 für Konzernlageberichte einen Prognosezeitraum von (nur noch) mindestens einem Jahr: In DRS 20 heißt es hierzu: Als Prognosezeitraum ist mindestens ein Jahr, gerechnet vom letzten Konzernabschlussstichtag, zugrunde zu legen. Der Zeitraum, auf den sich die Prognosen beziehen, ist anzugeben. Absehbare Sondereinflüsse auf die wirtschaftliche Lage des Konzerns nach dem Prognosezeitraum sind darzustellen und zu analysieren (*Deutsches Rechnungslegungs Standard Committee (DRSC):* DRS 20 Konzernlagebericht Rn. 127). Gleichzeitig wurden die Anforderungen an die Prognosegenauigkeit erhöht. Da die Vorschriften für den Lagebericht eines Jahresabschlusses (§ 289 HGB) und eines Konzernabschlusses (§ 315 HGB) nahezu identisch sind, haben die Interpretationen des DRSC auch eine Ausstrahlungswirkung auf den Lagebericht im Jahresabschluss, so dass man nunmehr auch für den Einzelabschluss auf den Prognosezeitraum von einem Jahr abstellt (vgl. BeBiKo/*Grottel* § 289 Rn. 60 mit Verweis auf die Ausführungen zum Konzernabschluss).

Für Stiftungen hängt der Prognosezeitraum von der konkreten Tätigkeit ab. Ein Zeitraum von einem Jahr sollte in jedem Fall zugrunde gelegt werden; je nach Tätigkeit kann auch ein Zeitraum von mehreren Jahren sinnvoll sein (wenn beispielsweise langfristige Projekte gefördert werden).

Erläutert werden sollten die voraussichtliche Entwicklung der Vermögens-, Finanz- und Ertragslage sowie die wesentlichen Eckdaten der Stiftungstätigkeit. Das können je nach Tätigkeit der Stiftung z.B. die Zinsentwicklung, das Spendenaufkommen, Investitionen, Kostensteigerungen der Projektarbeit oder die Entwicklung der Verwaltungskosten sein.

Erläuterung der wesentlichen Chancen und Risiken; Berichterstattung über das Risikomanagementsystem

265 Es ist auf die **wesentlichen Chancen und Risiken** der zukünftigen Entwicklung einzugehen. Chancen und Risiken sollten gleichwertig dargestellt werden, wobei auf Risiken auch einzugehen ist, wenn es Risikoausgleichseffekte gibt (vgl. BeBiKo/*Grottel* § 289 Rn. 60 i.V.m. § 315 Rn. 133). Die Risikoausgleicheffekte können aber genannt werden. Insbesondere ist auf bestandsgefährdende Risiken einzugehen; diese sind auch als solche zu bezeichnen.

Weiterhin soll der Lagebericht auf die **Risikomanagementziele und -methoden** und auf einzelne Risiken, wie Liquiditätsrisiken und Risiken aus Zahlungsstromschwankungen eingehen (§ 289 Abs. 2 Nr. 1 und 2 HGB).

Angaben zu Forschung und Entwicklung
Schließlich soll auf den Bereich **Forschung und Entwicklung** eingegangen werden. Dies ist insbesondere für Stiftungen, die (auch) im Bereich der Forschung tätig sind, relevant. Hier könnten z.B. Angaben zu den Aufwendungen für Forschung und Entwicklung sowie zur Anzahl der Mitarbeiter in diesem Bereich gemacht werden.

VII. Konzernabschluss

In Bezug auf einen Konzernabschluss ergeben sich im Zusammenhang mit Stiftungen zwei Fragestellungen:

— Zum einen stellt sich die Frage, ob eine Stiftung, die Anteile an anderen Unternehmen hält, unter bestimmten Umständen verpflichtet ist, einen Konzernabschluss aufzustellen (→ Rn. 268 ff.).
— Zum anderen ist zu klären, ob eine Stiftung ggf. als Zweckgesellschaft in einen Konzernabschluss einzubeziehen (→ Rn. 277 ff.) ist.

Beide Themen haben mit dem Bilanzrechtsmodernisierungsgesetz ab dem Jahr 2010 neue Brisanz bekommen. Daneben wird im Folgenden kurz auf die wichtigsten Besonderheiten eines Konzernabschlusses eingegangen, da unabhängig von einer Pflicht zur Aufstellung oftmals auch freiwillige Konzernabschlüsse von Stiftungen erstellt werden (→ Rn. 282 ff.).

1. Verpflichtung einer Stiftung zur Aufstellung eines Konzernabschlusses

Stiftungen halten häufig Beteiligungen an anderen Unternehmen, beispielsweise weil sie einzelne Aktivitäten auf Tochtergesellschaften ausgelagert haben oder weil sie ihr Stiftungskapital in Anteilen an anderen Unternehmen investiert haben. Damit stellt sich die Frage, ob sie in diesen Fällen verpflichtet sind, einen Konzernabschluss aufzustellen.

Die Vorschriften für den Konzernabschluss sind in den §§ 290 ff. HGB geregelt. Sie befinden sich damit im Bereich der *zusätzlichen Vorschriften für Kapitalgesellschaften* (§§ 264 ff. HGB). Stiftungen haben insofern, selbst wenn sie als Kaufmann i.S.d. HGB eingestuft werden (weil sie beispielsweise einen großen wirtschaftlichen Geschäftsbetrieb führen), zwingend nur die Vorschriften für alle Kaufleute zu beachten (§§ 238 bis 263 HGB) und können insofern aus dem HGB heraus nicht verpflichtet werden, einen Konzernabschluss aufzustellen (eine Ausnahme hiervon stellt wiederum die Stiftung GmbH bzw. Stiftung AG dar).

Allerdings rät das IDW dazu, bei einer gewissen Komplexität der Tätigkeit und dem Überschreiten der Größenkriterien des § 267 Abs. 2 und 3 HGB die Vorschriften für den Jahresabschluss von Kapitalgesellschaften (§§ 264 ff. HGB) analog anzuwenden (IDW RS HFA 5 Rn. 40). Diese umfassen dann auch die Aufstellung eines Konzernabschlusses.

269 Unabhängig von den Vorschriften des HGB kann sich eine Konzernrechnungslegungspflicht aus dem **Publizitätsgesetz** heraus ergeben (§ 11 PublG). Weil Unternehmen unabhängig von ihrer konkreten Rechtsform ab einer gewissen Größenordnung gesamtwirtschaftlich von Bedeutung sind, schreibt das PublG für diese Unternehmen eine ähnliche Rechenschaftslegung wie für Kapitalgesellschaften vor (vgl. *ADS*, zu § 11 PublG, Rn. 7). Um insofern zu einer Konzernrechnungslegungspflicht zu kommen, müssen mehrere Punkte greifen:

- Es muss ein Konzernverbund mit einer Konzernmutter und mindestens einem Tochterunternehmen vorliegen.
- Die Obergesellschaft muss unmittelbar oder mittelbar einen beherrschenden Einfluss auf das Tochterunternehmen ausüben können.
- Es müssen bestimmte Größenkriterien überschritten werden.
- Bei der Obergesellschaft muss es sich um ein „Unternehmen" handeln.

270 Bis 2009 mussten Unternehmen, um einer Konzernrechnungslegungspflicht zu unterliegen, unter einheitlicher Leitung stehen und diese einheitliche Leitung musste auch tatsächlich ausgeübt werden. Dies war gerade bei gemeinnützigen Stiftungen häufig nicht der Fall. Mit dem BilMoG haben sich die Vorschriften dahingehend geändert, dass es nunmehr entsprechend dem Konzept der Beherrschungsmöglichkeit ausreicht, wenn ein beherrschender Einfluss mittelbar oder unmittelbar ausgeübt werden *kann*.

Beherrschender Einfluss wird entsprechend dem DRS 19 des DRSC wie folgt definiert: „Unmittelbare oder mittelbare Bestimmung der Finanz- und Geschäftspolitik eines anderen Unternehmens. Dies setzt die Fähigkeit zur Durchsetzung der wesentlichen Entscheidungen in bedeutenden Unternehmensbereichen (...) voraus" (Deutscher Rechnungslegungs Standard Nr. 19 (DRS 19) Pflicht zur Konzernrechnungslegung und Abgrenzung des Konsolidierungskreises, Rn. 6). Entsprechend dieser Regelung wird nunmehr eine Stiftung, die die Mehrheit der Anteile an einem Unternehmen hält, regelmäßig unter diese Norm fallen.

271 In der Praxis finden sich allerdings auch nicht selten Konstruktionen, bei denen eine bewusste Trennung zwischen der Inhaberschaft der Anteile an einem Beteiligungsunternehmen und den entsprechenden Stimmrechten besteht (vgl. *Oser*, StuB 2012, 18, diese Konstellation findet sich des Öfteren bei großen unternehmensverbundenen Stiftungen). In diesen Fällen greift § 296 HGB, der eine Ausnahme von der Konzernrechnungslegungspflicht für den

VII. Konzernabschluss

Fall sieht, dass erhebliche und andauernde Beschränkungen der Ausübung der Rechte des Mutterunternehmens bestehen (§ 296 Abs. 1 Nr. 1 HGB über den Verweis in § 13 Abs. 2 S. 1 PublG). Die Rechte müssen dann allerdings so beschränkt sein, dass der beherrschende Einfluss tatsächlich und auch dauerhaft nicht mehr möglich ist.

> **Beispiele beherrschender Einfluss**
>
> Die Wohlfahrt-Stiftung ist im Bereich der Altenpflege tätig. Sie hat verschiedene Tochterunternehmen, welche Altenheime betreiben und an denen die Stiftung die Mehrheit der Stimmrechte hält. In diesem Falle wird stets ein Mutter-/Tochterverhältnis unterstellt, auch wenn kein tatsächlicher Einfluss ausgeübt wird.
>
> An der Haus-Sonnenschein GmbH hält die Wohlfahrt-Stiftung 40% der Anteile. Vertraglich hat sie allerdings weitreichende Einflussmöglichkeiten und kann (muss nicht) de facto alle wesentlichen Entscheidungen beeinflussen und sich letztendlich auch durchsetzen. Auch hier gilt ein Mutter-/Tochterverhältnis.
>
> Die Bernd-Stromberg Stiftung hält 90% der Anteile an der Capitol-AG. Anteile und Stimmrechte sind getrennt. Die Stimmrechte werden von der Capitol-KG gehalten, zu der die Stiftung keine Beziehung hält. Trotz der Mehrheit der Anteile hat die Stiftung keine Möglichkeit der Beherrschung. Es ist kein Konzernabschluss zu erstellen.

Nach dem Publizitätsgesetz sollen die Vorschriften für Kapitalgesellschaften des HGB sinngemäß nur auf große Konzernstrukturen angewendet werden. Hierzu müssen an drei aufeinanderfolgenden Konzernabschlussstichtagen zwei der drei folgenden **Größenmerkmale** überschritten werden:

- Die Bilanzsumme der Konzernbilanz übersteigt 65 Mio. EUR.
- Die Umsatzerlöse der Konzern-Gewinn- und Verlustrechnung eines Zeitraums von 12 Monaten übersteigen 130 Mio. EUR.
- Die inländischen Konzernunternehmen haben in den letzten 12 Monaten durchschnittlich mehr als 5.000 Arbeitnehmer beschäftigt.

Anders als beim Einzelabschluss einer Stiftung sind insbesondere die ersten beiden Merkmale im Konzern sehr schnell erreicht, wenn Tochterunternehmen operativ tätig sind und z.B. Krankenhäuser oder Altenheime oder auch Industrieunternehmen betreiben.

Selbst wenn für die Stiftung die Beherrschungsmöglichkeit besteht und die Größenmerkmale überschritten sind, stellt sich weiter die Frage, ob es sich bei der Stiftung um ein **Unternehmen** i.S.d. Vorschrift handelt. Diese Fragestellung ist durchaus umstritten.

Sowohl das HGB als auch das PublG sehen keine Legaldefinition des Begriffs vor. Die Rechtsauslegung zum Unternehmensbegriff des AktG kann, so wird argumentiert, aufgrund anderer Schutzziele nicht ohne weiteres auf das PublG übertragen werden (vgl. *Oser*: Droht eine Konzernrechnungslegungspflicht für Stiftungen? In: StuB 2012, 18). Zwar wird die „rechtsfähige Stiftung bürgerlichen Rechts, wenn sie ein Gewerbe betreibt" explizit in § 3 Abs. 1 Nr. 4 PublG als Unternehmen eingestuft, diese Festlegung gilt allerdings nicht für den Abschnitt des Publizitätsgesetzes, der sich mit der Konzernrechnungslegung befasst.

Oser sieht als notwendige Voraussetzung „die Verfolgung eigener Interessen kaufmännischer oder gewerblicher Art in einer nach Außen in Erscheinung tretenden Organisation" (*Oser*, StuB 2012, 18) um zu einer Einstufung als Unternehmen zu kommen und weist auf das sog. ADAC-Urteil hin (BGH 29.9.1982 – I ZR 88/80, DB 1983, 491) sowie auf einen Beschluss des LG München, welcher sich 2001 explizit mit der Fragestellung der Konzernrechnungslegungspflicht des ADAC beschäftigt hatte (vgl. LG München I 30.8.2001, DB 2003, 1318).

274   Die Parallele zum Vereinsrecht ist insofern naheliegend als dass die Vorschriften zur Stiftung auf den Verein verweisen (§ 86 Abs. 1 BGB). Entsprechend dem LG München I stellt „der Unternehmensbegriff des PublG insgesamt auf eine eigene erwerbswirtschaftliche Tätigkeit" ab (LG München I 30.8.2001, DB 2002, 1318). Danach sind zumindest die typischen Stiftungen, welche Anteile an gewerbetreibenden Unternehmen im Rahmen der Vermögensverwaltung halten jedoch selbst keine gewerbliche Tätigkeit ausführen, nicht zur Konzernrechnungslegung verpflichtet. Das Argument ist hier, dass dem Gläubigerschutz Genüge getan ist, wenn die erwerbswirtschaftlichen Tochterunternehmen ihrerseits (weil sie in der Rechtsform der GmbH betrieben werden) ihre Zahlen offen legen müssen. Zur Konzernrechnungslegungspflicht käme danach insbesondere eine Stiftung, die selbst eine gewerbliche Tätigkeit in umfangreichem Maße ausübt.

275   Das ADAC-Urteil und auch der Beschluss des LG München sind deutlich kritisiert worden (vgl. *Segna*: Publizitätspflicht eingetragener Vereine? In DB 2003, 1311 ff., *Niehus*: Konzernrechnungslegungspflicht von Groß-Vereinen, DB 2003, 1125 ff., *Reuter* ZHR 1987, 359 ff.). Gleichwohl hat die Rechtsprechung bis heute bestand und es wird regelmäßig auf sie verwiesen (zuletzt *Oser* StuB 2012, 18 f.). Zuletzt hat der Gesetzgeber auch im Rahmen des BilRuG das Thema nicht aufgegriffen.

276   In der Praxis ist zu beobachten, dass Stiftungen regelmäßig keinen Konzernabschluss aufstellen oder zumindest nicht veröffentlichen (z.B. im Geschäftsbericht). Es gibt Konstellationen, bei denen ein Konzernabschluss einer Stiftung keine zusätzlichen Informationen liefert, weil die Geschäftstätigkeit der Stiftung z.B. stark von der der Tochterunternehmen abweicht (beispielsweise bei reinen Förderstiftungen mit hohem Kapitalstock, die an einem Krankenhauskonzern beteiligt sind), so dass auch Gründe der Transparenz nicht für eine Aufstellung sprechen. Hier ist es sinnvoller, den Konzernabschluss auf der Stufe unterhalb der Stiftung zu erstellen. Grundsätzlich empfiehlt es sich aber, vor allem wenn wesentliche Tätigkeiten auf Tochter-

VII. Konzernabschluss 277, 278 **E**

gesellschaften ausgegliedert wurden oder ein umfassender Liefer- und Leistungsverkehr zwischen Stiftung und Tochterunternehmen besteht, unter dem Blickwinkel der Transparenz einen Konzernabschluss aufzustellen (vgl. auch IDW RS HFA 5 Rn. 34).

2. Einbeziehung einer Stiftung als Zweckgesellschaft in einen Konzernabschluss

Neben der Frage, ob eine Stiftung als Obergesellschaft einen Konzernabschluss aufzustellen hat oder freiwillig aufstellt, ergibt sich die Fragestellung, ob eine Stiftung als Zweckgesellschaft in einen Konzernabschluss einer anderen Gesellschaft unter bestimmten Umständen einbezogen werden muss. Bis zur Änderung des HGB durch das Bilanzrechtsmodernisierungsgesetz im Jahre 2010 wurde die Frage regelmäßig verneint. 277

Vor in Kraft treten des BilMoG war es erforderlich, dass es sich um ein „Unternehmen" handeln muss, welches dann ggf. in einen Konzernabschluss einzubeziehen war (zur Unternehmenseigenschaft einer Stiftung → Rn. 273). Daneben war es insbesondere erforderlich, dass das Mutterunternehmen Anteile am Tochterunternehmen hielt. Nach altem Handelsrecht galt das Konzept der „einheitlichen Leitung". Danach war ein Konzernabschluss aufzustellen, wenn Unternehmen unter der einheitlichen Leitung eines Mutterunternehmens standen und das Mutterunternehmen Anteile an dem einzubeziehenden Unternehmen hält (was bei einer Stiftung nicht möglich ist; vgl. auch § 290 Abs. 1 HGB a.F.).

Nach § 290 Abs. 2 HGB war (und ist weiterhin) darüber hinaus immer ein Konzernabschluss aufzustellen, wenn dem Mutterunternehmen

1. die Mehrheit der Stimmrechte zusteht,
2. das Recht zusteht, die Mehrheit der Mitglieder des Verwaltungs-, Leitungs- oder Aufsichtsorgans zu bestellen oder abzuberufen und es gleichzeitig Gesellschafter ist,
3. das Recht zusteht, einen beherrschenden Einfluss auf Grund eines Beherrschungsvertrages oder einer Satzungsbestimmung auszuüben.

Auch für diese Fälle war (und ist) regelmäßig eine Gesellschafterstellung notwendig, in den beiden ersten Fällen explizit, im dritten Fall zumindest implizit (vgl. hierzu *Dreyer/Gabriel:* Einbeziehung einer Stiftung als Tochterunternehmen in einen Konzernabschluss nach Inkrafttreten des BilMoG, Der Konzern 2011, S. 477).

Mit dem Bilanzrechtsmodernisierungsgesetz im Jahr 2010 wurde das Konzept der einheitlichen Leitung aufgegeben und durch die Möglichkeit zur Beherrschung ersetzt (→ Rn. 270). Daneben wurde § 290 Abs. 2 HGB um eine weitere Ziffer ergänzt. Ein Konzernabschluss ist nun (u.a.) aufzustellen, wenn das Mutterunternehmen einen beherrschenden Einfluss auf ein anderes Unternehmen ausüben kann, wobei ein beherrschender Einfluss stets besteht, wenn 278

Berndt 257

4. „es bei wirtschaftlicher Betrachtung die Mehrheit der Risiken und Chancen eines Unternehmens trägt, dass zur Erreichung eines eng begrenzten und genau definierten Ziels des Mutterunternehmens dient (Zweckgesellschaft). Neben Unternehmen können Zweckgesellschaften auch sonstige juristische Personen des Privatrechts oder unselbstständige Sondervermögen des Privatrechts, ausgenommen Spezial-Sondervermögen i.S.d. § 2 Abs. 3 des Investmentgesetzes (...) sein" (§ 290 Abs. 2 Nr. 4 HGB).

Insofern ist die Konsolidierung einer Stiftung als Zweckgesellschaft möglich und unter bestimmten Umständen auch notwendig (vgl. *Dreyer/Gabriel*, Einbeziehung einer Stiftung als Tochterunternehmen in einen Konzernabschluss nach Inkrafttreten des BilMoG, in: Der Konzern 2011, S. 478).

279 Es stellt sich die Frage, wann eine Stiftung als eine Zweckgesellschaft im Sinne der genannten Vorschrift einzustufen ist. Zur Auslegung können die internationalen Regeln des IFRS herangezogen werden, da sich der Gesetzgeber bei der Aufnahme der Vorschrift in das HGB ebenfalls eng an den Vorschriften des IAS 27 und des SIC 12 orientiert hat (so auch BeBiKo/*Grottel/ Kreher* § 290 Rn. 67, *Ernst/Seidler* BB 2009, 768). Die genannten Vorschriften sind zwar für Geschäftsjahre, die nach dem 1. Januar 2013 begonnen haben, für IFRS-Abschlüsse durch IFRS 10 ersetzt, der seinerseits eine Abkehr vom „Risk and Reward-Approach" des SIC 12 vorsieht, gleichwohl ist für die Auslegung des § 290 Abs. 2 Nr. 4 HGB die Vorschrift des SIC 12 weiterhin heranzuziehen, weil die HGB-Vorschrift hierauf basiert.

280 SIC 12 sah die folgenden Kriterien für eine Einstufung als Zweckgesellschaft vor (vgl. BeBiKo/*Grottel/Kreher* § 290 Rn. 76):

– Die Geschäftstätigkeit einer Zweckgesellschaft wird zugunsten der Bedürfnisse eines anderen Unternehmens ausgeübt.
– Ein anderes Unternehmen kann mittels Entscheidungsmacht die Mehrheit des Nutzens aus der Zweckgesellschaft ziehen oder hat diese Entscheidungsmacht mittelbar über einen „Autopilot"-Mechanismus.
– Ein anderes Unternehmen hat das Recht, die Mehrheit des Nutzens aus der Zweckgesellschaft zu ziehen und ist deshalb auch den Risiken aus der Zweckgesellschaft ausgesetzt.

Dabei stellen die Kriterien nur Indizien dar, jedes einzelne Kriterium ist eine (widerlegbare) Vermutung eines Mutter-Tochterverhältnisses.

281 Im Rahmen eines sog. **„Autopilot"-Mechanismus** muss die Verfassung der Zweckgesellschaft eine genau definierte und eng umschriebene Zwecksetzung vorsehen, die Entscheidungsbefugnisse der Leitung der Zweckgesellschaft sind insofern stark eingeschränkt. Eine solche Zwecksetzung ist einer Stiftung quasi immanent, da es ja gerade keine Gesellschafter gibt und sich Stiftungsvorstand und Stiftungsaufsicht alleine am Stifterwille (= Stiftungszweck, niedergelegt in der Stiftungssatzung) zu orientieren haben.

Wenn die Zwecksetzung den Bedürfnissen eines anderen Unternehmens dient und dieses Unternehmen zudem die Risiken z.B. eines Vermögensverlustes trägt, dürfte eine Konsolidierung geboten sein. Hierbei wird man auch nicht notwendigerweise eine Ausschüttung an das Mutterunternehmen als Indiz für die Mehrheit der Chancen fordern können. Die Förderung der Bedürfnisse des Mutterunternehmens (auf welche Weise auch immer) reicht aus. Insofern können auch steuerbegünstigte Stiftungen als Zweckgesellschaften einzustufen sein. Eine Konsolidierung wird daher insbesondere bei Stiftungen, die durch Unternehmen errichtet worden sind (unternehmensverbundene Stiftungen) häufig geboten sein, z.B. wenn ein Unternehmen seine „Corporate Social Responsibility"-Aktivitäten auf eine Stiftung auslagert. Häufig ist dies dann auch mit Gremienidentität verbunden.

Im Ergebnis werden Stiftungen, die in einen Konzernverbund integriert sind und dem Verbund durch ihre Tätigkeit dienen, regelmäßig zu konsolidieren sein.

3. Grundzüge der Konzernrechnungslegung

Hat eine Stiftung einen Konzernabschluss aufzustellen oder stellt sie freiwillig einen Konzernabschluss auf, so hat sie die Vorschriften der §§ 290 ff. HGB zu beachten. Ein Verbundabschluss, der diese Vorschriften nicht beachtet, darf sich nicht „Konzernabschluss" nennen.

Bestandteile eines *Konzernabschlusses* sind die *Konzernbilanz*, die *Konzern-Gewinn- und Verlustrechnung*, der *Konzernanhang* die *Konzernkapitalflussrechnung* sowie der *Eigenkapitalspiegel* (§ 297 Abs. 1 HGB, gilt über § 13 Abs. 2 PublG analog). Daneben ist ein Konzernabschluss immer um einen *Konzernlagebericht* zu ergänzen (§ 298 Abs. 1 HGB, § 13 Abs. 2 PublG), eine *Segmentberichterstattung* ist nur für kapitalmarktorientierte Unternehmen verpflichtend.

Über § 298 HGB gelten die meisten Vorschriften für den Jahresabschluss auch für den Konzernabschluss. Auch die Vorschrift für den Konzernlagebericht (§ 315 HGB) ist im Wesentlichen identisch mit der Vorschrift für den Jahresabschluss.

Die grundsätzliche Idee eines Konzernabschlusses entspricht der sog. **Einheitstheorie**. Der Konzernabschluss stellt die Lage des Konzernverbundes so dar, dass die verbundenen Unternehmen als eine wirtschaftliche Einheit gesehen werden und die rechtlich selbstständigen Unternehmen wie Betriebsstätten eines einzelnen Unternehmens behandelt werden (vgl. BeBiKo/*Winkeljohann/Rimmelspacher* § 297 Rn. 190). Es werden insofern nicht, wie in einem Jahresabschluss, die Anteile an den Tochterunternehmen gezeigt, sondern stattdessen die einzelnen Vermögensgegenstände und Schulden der Tochterunternehmen in den Konzernabschluss aufgenommen. Damit hierdurch nicht Posten doppelt im Konzernabschluss erscheinen, werden bestimmte Verrechnungen vorgenommen (sog. Konsolidierungen).

Technisch geht man bei einem Konzernabschluss wie folgt vor:

— Im ersten Schritt werden die Jahresabschlüsse ggf. angepasst. Es ist notwendig, dass Bilanzierungs- und Bewertungswahlrechte und Ermessensspielräume einheitlich ausgeübt werden. Deshalb sind die Jahresabschlüsse auf einheitliche Konzernansätze anzupassen (sog. **Handelsbilanz II**).

- Danach wird ein **Summenabschluss** erstellt, indem die einzelnen Posten der Bilanzen und Gewinn- und Verlustrechnungen aufaddiert werden.
- Im Rahmen der **Kapitalkonsolidierung** werden die (zumeist) beim Mutterunternehmen bilanzierten Anteile an dem jeweiligen Tochterunternehmen mit dem Eigenkapital des jeweiligen Tochterunternehmens verrechnet (§ 301 HGB). Die im Einzelabschluss des Mutterunternehmens bilanzierte Beteiligung wird im Ergebnis durch die Vermögensgegenstände und Schulden des Tochterunternehmens ersetzt.
- Hat das Mutterunternehmen z.b. eine Forderung gegen sein Tochterunternehmen, so ist die Forderung (bzw. Verbindlichkeit des Tochterunternehmens) aus Konzernsicht irrelevant, mit anderen Worten sie existiert nicht. Deshalb werden konzerninterne Forderungen und Verbindlichkeiten im Rahmen der **Schuldenkonsolidierung** eliminiert (§ 303 HGB).
- Ähnliches gilt, wenn innerhalb des Konzerns Geschäfte mit Gewinnaufschlag getätigt werden. Solche Geschäfte ohne Außenbeziehung sind für den Konzernabschluss nicht relevant, weshalb die Gewinnaufschläge aus konzerninternen Umsätzen im Rahmen der **Zwischenergebniseliminierung** heraus gerechnet werden (§ 304 HGB).
- Schließlich führen diese internen Umsätze innerhalb des Konzerns auch zu Doppelerfassungen in der Gewinn- und Verlustrechnung. Daher sind im Rahmen der **Aufwands- und Ertragskonsolidierung** Umsatzerlöse und andere interne Erträge mit den entsprechenden Aufwendungen zu verrechnen (§ 305 HGB).

286 Die **Einheitstheorie** bedeutet, dass von allen Tochterunternehmen, die vollkonsolidiert werden, sämtliche Vermögensgegenstände und Schulden *vollständig* in den Konzernabschluss aufgenommen werden, auch wenn das Mutterunternehmen nur z.B. 80 % der Anteile am Tochterunternehmen hält. Die Minderheitsanteile von 20 % werden über Ausgleichsposten im Eigenkapital in Höhe ihres Anteils am Eigenkapital abgebildet (§ 307 HGB). Dies entspricht der Idee, dass das Mutterunternehmen über die Vermögensgegenstände des Tochterunternehmens *insgesamt* die Beherrschung hat und die Minderheitsgesellschafter lediglich am erwirtschafteten Ergebnis des Konzernverbunds partizipieren.

287 Neben der Vollkonsolidierung kommt für den Fall, dass mehrere Gesellschaften ein Unternehmen gemeinsam führen, eine quotale Einbeziehung der Vermögensgegenstände und Schulden in Betracht (sog. **Quotenkonsolidierung**).

Die Quotenkonsolidierung ist eher unüblich und betrifft den Fall, dass z.B. zwei Unternehmen jeweils 50 % an einem Tochterunternehmen halten und keiner der beiden auf andere Weise (z.B. über einen Beherrschungsvertrag) die Beherrschung über das Tochterunternehmen ausübt.

Schließlich kommt bei Unternehmen, auf die das Mutterunternehmen einen maßgeblichen Einfluss hat (sog. assoziierte Unternehmen), eine Einbeziehung

VII. Konzernabschluss

at Equity in Betracht (§§ 311, 312 HGB). Die **Equity-Bewertung** stellt eine vereinfachte Konsolidierung dar, bei der auf der Aktivseite nur ein Beteiligungswert gezeigt. Anders als beim Ansatz der Beteiligung zu Anschaffungskosten verändert sich der Beteiligungswert bei der Equity-Bewertung je nach Veränderung des Eigenkapitals der Beteiligung (vgl. im Einzelnen BeBiKo/ *Winkeljohann/Lewe* § 312 Rn. 1 ff.).

Der Konzernabschluss ist um eine **Konzernkapitalflussrechnung** zu ergänzen. Das DRSC hat mit Datum vom 4.2.2014 die Stellungnahme „DRS 21 – Kapitalflussrechnung" herausgebracht, welche die alte Stellungnahme DRS 2 ersetzt hat und an der sich die Erstellung einer Kapitalflussrechnung zu orientieren hat (Für die Stellungnahmen des DRSC gilt über § 342 HGB, dass mit Anerkennung der Stellungnahmen durch das Bundesministerium der Justiz, die Vermutung gilt, dass diese GoB darstellen („Grundsätze ordnungsmäßiger Buchführung" → Rn. 5 f. Vgl. zu den Unterschieden DRS 2 zu DRS 21 *Rimmelspacher/ Reitmeier*: DRS 21: Neue Grundsätze für die handelsrechtliche Kapitalflussrechnung, in WPg 2014, 789 ff.). Während die Gewinn- und Verlustrechnung Aufwendungen und Erträge darstellt, also periodisierte Werte, welche z.T. nicht zahlungswirksam sind (z.B. Abschreibungen), sollen mittels einer Kapitalflussrechnung die Veränderung der Finanzmittel gezeigt und ihre Ursachen dargestellt werden, indem die einzelnen Zahlungsströme abgebildet werden (vgl. *Lüdenbach/Hoffmann:* NWB Kommentar Bilanzierung, 9. Aufl., § 297 HGB Rn. 6.). Sie soll insofern die *Finanzlage* erläutern, während die Bilanz die *Vermögenslage* und die GuV die *Ertragslage* wiedergibt.

Hierbei wird so vorgegangen, dass zunächst ein Finanzmittelfonds definiert wird und im zweiten Schritt die Veränderungen dieses Finanzmittelfonds durch Darstellung und Systematisierung der einzelnen Zahlungsströme erläutert werden.

Als **Finanzmittelfonds** wird der Bestand an Zahlungsmitteln und Zahlungsmitteläquivalenten verstanden (DRS 21.9). Letztere werden „als Liquiditätsreserve gehaltene, kurzfristige, äußerst liquide Finanzmittel, die jederzeit in Zahlungsmittel umgewandelt werden können und nur unwesentlichen Wertschwankungen unterliegen" (DRS 21.9) definiert. Mit der engen Definition des Finanzmittelfonds soll verhindert werden, dass dieser durch Bewertungsänderungen, also zahlungsunwirksame Vorgänge, beeinflusst wird. Insofern ist in den meisten Fällen auch nicht die Höhe bzw. Veränderung des Finanzmittelfonds die wesentliche Aussage einer Kapitalflussrechnung, sondern die Ursachen für dessen Veränderung.

Um die Veränderungen des Finanzmittelfonds zu erläutern, werden die Zahlungsströme der Stiftung in drei Cashflows unterteilt (vgl. DRS 21.9). Die folgenden Cashflows werden unterschieden:

– Cashflow aus laufender Tätigkeit
– Cashflow aus Investitionstätigkeit
– Cashflow aus Finanzierungstätigkeit

Der **Cashflow aus laufender Tätigkeit** zeigt, inwieweit aus der Geschäftstätigkeit der Stiftung ohne Investitionen und Finanzierungsaktivitäten ein positiver Zahlungsstrom erwirtschaftet wird. Dieser Cashflow kann direkt (also mittels Darstellung von Zahlungsströmen) oder indirekt (abgeleitet aus der Veränderung von Bilanzposten) ermittelt werden (DRS 21.24). In der Praxis ist eine direkte Ermittlung regelmäßig mit erheblichen Schwierigkeiten verbunden, so dass dieser Cashflow nahezu immer indirekt ermittelt wird (in diesem Fall müssen z.b. Abschreibungen aus dem Periodenergebnis heraus gerechnet werden).

Der **Cashflow aus Investitionstätigkeit** ist dagegen zwingend nach der direkten Methode darzustellen. Hier werden vor allem Auszahlungen für Investitionen in das Anlagevermögen gezeigt, daneben Einzahlungen, wenn Anlagevermögen veräußert wird. Der Cashflow ist i.d.R. negativ und zeigt, wie stark die Stiftung investiert. Dies ist gerade bei Stiftungen mit größerem Immobilienbestand von Interesse.

Der **Cashflow aus Finanzierungstätigkeit** ist ebenfalls nach der direkten Methode darzustellen. Hier werden Einzahlungen aus Eigenkapitalzuführungen (Zustiftungen, Sonstige Einzahlungen) und Fremdkapitalzuführungen (Kredite) sowie entsprechende Auszahlungen (z.B. Rückzahlung eines Kredits) gezeigt.

292   DRS 21 sieht vor, dass **Zuschüsse und Zuwendungen** der Finanzierungstätigkeit zuzuordnen sind. Eine weitere Definition, was unter Zuschüssen und Zuwendungen zu verstehen ist, erfolgt nicht, eine weite Abgrenzung ist aber grundsätzlich sinnvoll. Damit werden z.B. *laufende Spenden* unter der Finanzierungstätigkeit gezeigt, so dass Spenden sammelnde Stiftungen im Ergebnis unter der laufenden Tätigkeit vor allem Ausgaben zeigen. Hier könnte überlegt werden, aufgrund der Besonderheiten des Geschäftsmodells von Spenden sammelnden Stiftungen das Modell anzupassen.

> So könnten beispielsweise die Spenden zur Finanzierung der laufenden Tätigkeit als Einnahmen im Cashflow aus laufender Tätigkeit gezeigt werden, die Spenden für Investitionen und zweckgebundenen Spenden im Cashflow aus Finanzierung. Alternativ könnten sämtliche Spenden im Finanzierungsbereich erfasst und anschließend die Spenden zur Finanzierung der laufenden Tätigkeit in diesen Bereich umgegliedert werden. Wichtig ist hierbei die Transparenz der Darstellung.

293   Die Ergänzung des Jahresabschlusses um eine Kapitalflussrechnung ist nur für Konzernabschlüsse vorgeschrieben. Sie ist allerdings auch für Jahresabschlüsse sinnvoll, da sie Informationen über die Finanzlage liefert. Auch DRS 20 empfiehlt die im Lagebericht vorzunehmende Analyse der Finanzlage mittels einer Kapitalflussrechnung (vgl. DRS 20.93).

294   Neben der Kapitalflussrechnung ist der Konzernabschluss nach HGB zwingend um einen **Eigenkapitalspiegel** zu ergänzen. Der Eigenkapitalspiegel ist eine Besonderheit eines Konzernabschlusses, weil hier zum einen einige Buchungen direkt im Eigenkapital erfolgen und nicht in der Gewinn- und Verlustrechnung gezeigt werden, zum anderen werden die Anteile der Min-

derheitsgesellschafter im Eigenkapital ausgewiesen, so dass der Eigenkapitalspiegel grundlegend zwischen dem „Eigenkapital des Mutterunternehmens" und dem „Eigenkapital der Minderheitsgesellschafter" unterscheidet. Detaillierte Regelungen finden sich im Standard des DRSC „DRS 7 – Konzerneigenkapital und Konzerngesamtergebnis". Die angepasste Gliederung des Eigenkapitalspiegels auf die Besonderheiten einer Stiftung sieht wie folgt aus:

  Stiftungskapital
+ Kapitalrücklage
+/- Erwirtschaftetes Konzerneigenkapital
+/- Kumuliertes übriges Konzernergebnis, soweit auf das Mutterunternehmen entfallend

= **Eigenkapital des Mutterunternehmens**
+ Eigenkapital der Minderheitsgesellschafter
  (davon Minderheitenkapital)
  (davon kumuliertes übriges Konzernergebnis, soweit auf die Minderheitsgesellschafter entfallend)

= **Konzerneigenkapital**

Bei dem *erwirtschafteten Konzerneigenkapital* handelt es sich um thesaurierte Gewinne, beim *kumulierten übrigen Konzernergebnis* um erfolgsneutrale Eigenkapitaländerungen. *Zustiftungen* werden allerdings nicht hier, sondern im Stiftungskapital ausgewiesen.

Für Stiftungen könnte die Erstellung eines Eigenkapitalspiegels auch auf der Ebene des Jahresabschlusses durchaus sinnvoll sein, weil einerseits die Ergebnisverwendung (Bildung von Ergebnisrücklagen, Entnahmen und Zuführungen zum Posten Umschichtungsergebnisse) hier übersichtlich dargestellt werden kann, und andererseits einige Posten erfolgsneutral, also ohne Berührung der GuV, gebucht werden (Zustiftungen, Dotierung der Kapitalrücklage). Hierzu macht es Sinn, das „Erwirtschaftete Eigenkapital" weiter zu untergliedern, zumindest in „Ergebnisrücklagen" und „Umschichtungsergebnisse".

F. Prüfung der Rechnungslegung von Stiftungen

Übersicht

	Rn.
F. Prüfung der Rechnungslegung von Stiftungen	1
I. Prüfung durch die Stiftungsaufsicht	2
1. Prüfungspflicht	2
2. Prüfungsgegenstand	5
3. Prüfung durch die kirchliche Stiftungsaufsicht	8
II. Prüfung durch einen Wirtschaftsprüfer	12
1. Prüfungspflicht	12
2. Möglichkeiten prüferischer Tätigkeiten durch einen Wirtschaftsprüfer	16
a) Überblick	16
b) Erstellung des Jahresabschlusses	18
c) Durchführung vereinbarter Untersuchungshandlungen	21
d) Prüferische Durchsicht	22
e) Prüfung von Abschlüssen für einen speziellen Zweck	25
f) Prüfung von Finanzaufstellungen und deren Bestandteilen	28
g) Jahresabschlussprüfung	30
3. Durchführung einer Jahresabschlussprüfung	31
a) Mindestumfang einer Jahresabschlussprüfung	31
b) Erweiterungen des Prüfungsgegenstandes	37
aa) Erhaltung des Stiftungsvermögens	38
bb) Satzungsgemäße Verwendung der Stiftungsmittel	45
cc) Einhaltung steuerlicher Vorschriften der Abgabenordnung	49
dd) Ordnungsmäßigkeit der Geschäftsführung	52
c) Geringere Prüfungstiefe und geringerer Prüfungsumfang	55
3. Durchführung der Prüfung	57
4. Ergebnis der Prüfung	64
a) Prüfungsbericht	65
b) Bestätigungsvermerk	68
c) Prüfungsvermerk des Wirtschaftsprüfers	71
d) Bescheinigung	73
5. Siegelpflicht	74
III. Prüfung durch das Finanzamt	76
1. Veranlagung und Außenprüfung	77
2. Besonderheiten bei gemeinnützigen Stiftungen	79
a) Mittelverwendungspflicht	81
b) Vermögensbindung	82
c) Allgemeines Gemeinnützigkeitsrecht	83

           d) Wirtschaftliche Geschäftsbetriebe 84
           e) Spendenbescheinigungen 86
      IV. Prüfung durch die Rechnungshöfe 90
           1. Prüfungsrecht 90
           2. Prüfungsdurchführung 92
      V. Interne Revision in der Stiftung 93
      VI. Exkurs: Compliance Management System in der Stiftung 96
           1. Notwendigkeit und Ausgestaltung von Compliance
              Management Systemen 96
           2. Tax Compliance Management System in der Stiftung 99

1   Die Rechnungslegung von Stiftungen wird durch unterschiedliche Institutionen einer Prüfung unterzogen. Die originäre Prüfungspflicht liegt dabei bei der *Stiftungsaufsicht*, welche sich bei dieser Aufgabe aber anderer Prüfungsinstanzen, z.B. eines Wirtschaftsprüfers, bedienen kann (→ Rn. 2 ff.). In vielen Fällen lassen sich Stiftungen – auch ohne Vorgabe der Stiftungsaufsicht – durch einen *Wirtschaftsprüfer* prüfen, obwohl die Stiftungsgesetze eine (weitere) externe Pflichtprüfung regelmäßig nicht vorsehen (→ Rn. 12 ff.).
     Daneben ist insbesondere die *Finanzverwaltung* eine weitere wichtige Prüfungsinstanz für Stiftungen (→ Rn. 76 ff.). Dies gilt sowohl für steuerbegünstigte als auch nicht steuerbegünstigte Stiftungen, wobei bei ersteren der Schwerpunkt auf der Überprüfung der Einhaltung der Vorgaben des Gemeinnützigkeitsrechts liegt.
     Weitere Prüfungsinstanzen sind beispielsweise die *Rechnungshöfe* des Bundes und der Länder (→ Rn. 90 ff.). Im Anschluss daran wird auf die Möglichkeit einer internen Prüfung durch eine *interne Revision* eingegangen (→ Rn. 93 ff.). Abschließend wird in einem Exkurs ein kurzer Blick auf die Notwendigkeit und Ausgestaltung eines *Compliance Management Systems* in der Stiftung eingegangen (→ Rn. 96 ff.).

I. Prüfung durch die Stiftungsaufsicht

1. Prüfungspflicht

2   Das originäre Prüfungsrecht über Stiftungen übt die Stiftungsaufsicht im Rahmen ihrer Rechtsaufsicht aus. Gewisse **Mitwirkungsrechte** der Stiftungsaufsicht im Rahmen der Errichtung der Stiftung, bei Zweckänderungen und bei der Aufhebung der Stiftung ergeben sich bereits aus dem BGB (§§ 80 ff. BGB, vgl. auch *Arndt*, Rechnungslegung durch Stiftungen und deren Prüfung durch die Stiftungsaufsicht, npoR 2010, 93). Die darüber hinausgehenden umfassenden **Informations- und Prüfungsrechte** für die Stiftungsaufsicht ergeben sich aus den einzelnen Landesstiftungsgesetzen.

I. Prüfung durch die Stiftungsaufsicht 3, 4 F

Das Recht bzw. insbesondere auch die Pflicht zur Prüfung von Stiftungen ist in den einzelnen Landesstiftungsgesetzen unterschiedlich geregelt.

Ausdrücklich wird die Pflicht zur Prüfung durch die Stiftungsaufsicht lediglich in zwei Stiftungsgesetzen genannt: Bayern (Art. 16 Abs. 2 S. 1 BayStG) und Hessen (§ 12 Abs. 2 S. 1 HessStiftG). Andere Stiftungsgesetze weisen mittelbar auf diese Pflicht hin (§ 8 Abs. 2 i.V.m. Abs. 2 StiftG Bln, Umkehrschluss aus § 6 Abs. 3 StiftGBbg, mittelbar aus § 5 Abs. 2 Satz 3 HambStiftG, mittelbar aus § 7 Abs. 1 StiftG NRW, § 9 Abs. 2 StiftG RhPf, § 11 Abs. 3 SaarlStiftG, und § 10 Abs. 2 StiftG Schl-H.). In den übrigen Bundesländern werden den Aufsichtsbehörden Prüfungsrechte im Rahmen ihrer Rechtsaufsicht eingeräumt, wobei der Prüfungsgegenstand unterschiedlich definiert wird (§ 9 Abs. 3 StiftG BaWü, § 12 Abs. 1 Satz 2 BremStiftG, § 12 Abs. 1 Satz 2 HessStiftG, § 5 StiftG M-V, § 11 Abs. 1 i.V.m. Abs. 4 Satz 2 NStiftG, § 19 Abs. 1 Satz 1 SächsStiftG, § 19 Abs. 1 Satz 2 StiftG LSA, § 19 Abs. 1 Satz 2 ThürStiftG).

Sämtliche Stiftungsgesetze sehen für die Stiftungsaufsicht die Möglichkeit 3 vor, eine Prüfung der Verwaltung, der Geschäfts- und Kassenbuchführung oder der Jahres(ab)rechnung durch Dritte vornehmen zu lassen. Diese Rechte beinhalten auch die Prüfung der Rechnungslegung. Als Prüfer kommen jeweils Wirtschaftsprüfer und Wirtschaftsprüfungsgesellschaften in Betracht, teilweise sind aber ausdrücklich auch weitere Prüfungsberechtigte angesprochen.

Als weitere Prüfungsberechtigte werden Prüfungsverbände, Behörden (der öffentlichen Verwaltung), vereidigte Buchprüfer und Buchprüfungsgesellschaften genannt (vgl. z.B. § 7 Abs. 1 S. 2 StiftG NRW: Hier wird zusätzlich die Prüfungsstelle eines Sparkassen- und Giroverbands genannt).

Die Stiftungsgesetze einer Reihe von Bundesländern sehen vor, dass sich 4 eine Prüfung durch Dritte auch auf die **Erhaltung des Stiftungsvermögens** und die **satzungsgemäße Mittelverwendung** zu erstrecken hat (vgl. Art. 25 Abs. 3 Satz 1 und Abs. 4 Satz 2 BayStG, § 8 Abs. 2 Satz 3 StiftG Bln, § 12 Abs. 2 Satz 2 HessStiftG, § 10 Abs. 2 StiftG Schl-H, § 7 Abs. 6 StiftG LSA und § 11 Abs. 3 SaarlStiftG). In diesen Bundesländern gibt es insofern zwar ebenfalls keine allgemeine Prüfungspflicht durch Dritte, wenn diese aber freiwillig mit einer Prüfung beauftragt werden, besteht eine Pflicht zur Erweiterung dieser Prüfung.

Führt die Stiftung freiwillig oder auf Verlangen der Stiftungsaufsicht eine Prüfung z.B. durch einen Wirtschaftsprüfer durch, so soll die Stiftungsaufsicht nach den jeweiligen Stiftungsgesetzen in einer Reihe von Ländern auf eine (nochmalige) eigene Prüfung verzichten. Voraussetzung hierfür ist allerdings, dass die freiwillige Prüfung um die oben genannten beiden Punkte erweitert wird.

Im Einzelnen wird dies explizit in Länder Bayern, Berlin, Brandenburg, Hessen, Niedersachsen, Nordrhein-Westfalen, Rheinland-Pfalz, Saarland und Schleswig-Holstein im entsprechenden Landesstiftungsgesetz erwähnt, vgl. Art. 25 Abs. 3 Satz 2 und Abs. 4 Satz 3 BayStG, § 8 Abs. 2 Satz 5 StiftG Bln, § 6 Abs. 3 Satz 2

StiftGBbg, § 12 Abs. 2 Satz 3 HessStiftG, § 11 Abs. 4 Satz 1 NStiftG, § 7 Abs. 1 Satz 2 StiftG NRW, § 9 Abs. 2 Satz 3 StiftG RhPf, § 11 Abs. 3 Satz 2 SaarlStiftG, § 10 Abs. 3 Satz 2 StiftG Schl-H.

Dieser Verzicht der Stiftungsaufsicht auf eine eigene Prüfung dürfte ein wesentlicher Grund für viele freiwillig beauftragte Prüfungen durch Wirtschaftsprüfer sein.

2. Prüfungsgegenstand

5 Der Prüfungsgegenstand einer Prüfung durch die Stiftungsaufsicht im Rahmen ihrer Rechtsaufsicht bezieht sich auf die Einhaltung der Vorschriften des Stiftungsrechts und der Satzung der jeweiligen Stiftung. Das Stiftungsrecht umfasst dabei die bundesrechtlichen Vorschriften der §§ 80 ff. BGB sowie das jeweilige Landesstiftungsgesetz. Auch wenn viele Stiftungsgesetze in diesem Zusammenhang sehr allgemein von „Gesetzen" sprechen, bedeutet dies nicht, dass die Stiftungsaufsicht die Einhaltung sämtlicher die Stiftung berührenden Gesetze zu überwachen hat (so heißt es in § 6 Abs. 2 StiftG NRW, dass es Aufgabe der Stiftungsaufsicht ist, zu prüfen, „(ob) die *Tätigkeit der Stiftung* im Einklang mit Recht und Gesetz steht". Vgl. zur Auslegung auch *Arndt*, npoR 2010, 93).

6 Sämtliche Landesstiftungsgesetze sehen mittlerweile die Verpflichtung für Stiftungen vor, jährlich innerhalb einer bestimmten Frist (zwischen 4 und 12 Monaten je nach Bundesland) einen Rechenschaftsbericht vorzulegen. Dieser besteht aus der *Jahres(ab)rechnung*, der *Vermögensübersicht* und dem *Bericht über die Erfüllung des Stiftungszwecks* (*Tätigkeitsbericht*).

Vgl. § 9 Abs. 2 StiftG BaWü, Art. 16 Abs. 1 Satz 4 BayStG, § 8 Abs. 1 Nr. 2 StiftG Bln, § 6 Abs. 2 StiftG Bbg, § 12 Abs. 2 BremStiftG, §§ 5 Abs. 2 i.V.m. 4 Abs. 4 HambStiftG, § 12 Abs. 2 Satz 3 HessStiftG, § 4 Abs. 2 StiftG M-V, § 11 Abs. 3 NStiftG, § 7 Abs. 1 Satz 2 StiftG NRW, § 9 Abs. 2 Satz 1 StiftG RhPf, § 11 Abs. 2 Nummer 2 SaarlStiftG, § 6 Abs. 2 SächsStiftG, § 7 Abs. 5 StiftG LSA, § 10 Abs. 1 StiftG Schl-H und § 8 Abs. 4 ThürStiftG.

Hinsichtlich der Prüfung des Rechenschaftsberichts und insbesondere der Rechnungslegung durch die Stiftungsaufsicht handelt es sich um eine eher formelle Prüfung. Schwerpunkte dieser Prüfung sind entsprechend der Vorgabe für die Aufsicht (Einhaltung stiftungsrechtlicher Vorschriften) die Erhaltung des Stiftungsvermögens und die satzungsmäßige Verwendung der Stiftungsmittel.

Die Mitarbeiter der Stiftungsaufsicht sind in der Regel keine Kaufleute, sondern Verwaltungsbeamte oder Juristen. Während der Wirtschaftsprüfer sich beispielsweise im Rahmen der Prüfung der Kapitalerhaltung eher für die Kapitalerhaltung aus wirtschaftlicher Sicht interessiert, kommt es der Stiftungsaufsicht auf den tatsächlichen und nicht unbedingt auf den wirtschaftlichen Verbleib des Grundstockvermögens in der Stiftung an.

I. Prüfung durch die Stiftungsaufsicht

Die Stiftungsaufsicht bevorzugt in der Vermögensübersicht eine inventarisierte Darstellung der zum Stichtag vorhandenen Wirtschaftsgüter, vorzugsweise mit Angabe der Verkehrswerte. Alternativ können aber auch fortgeführte Anschaffungskosten angesetzt werden. Vielfach gewünscht ist eine Kennzeichnung des Grundstockvermögens. Denn die Stiftungsaufsicht prüft die Vermögenserhaltung i.d.R. rein gegenständlich, also mit der Frage, ob die übertragenen Vermögensgegenstände noch im Eigentum der Stiftung stehen.

> **Beispiel Prüfung Kapitalerhaltung durch die Stiftungsaufsicht**
>
> Das Vermögen der Ansgar Schönstein Stiftung besteht aus den Geschäftsanteilen an der Plastische Kunst GmbH sowie aus Aktien verschiedener Unternehmen. Außerdem wurde eine Bildersammlung eingebracht.
> – Bei den Anteilen an der Plastische Kunst GmbH steht im Vordergrund, ob die Anteile noch im Eigentum der Stiftung sind. Die Wertentwicklung ist eher nachrangig, regelmäßige Wertgutachten werden von der Aufsicht nicht verlangt.
> – Auch im Hinblick auf die Bildersammlung steht die Frage im Fokus, ob die Sammlung noch im Eigentum der Stiftung steht, oder (teilweise) veräußert wurde.
> – Im Bereich der Aktien werden handelsrechtliche Abschreibungen auf noch im Bestand befindliche Aktien weniger kritisch gesehen. Erst bei Realisierung der Verluste werden diese problematisiert.
>
> Entsprechend dieser gegenständlichen Sichtweise werden Umschichtungsergebnisse teilweise als (zu erhaltendes) Stiftungskapital eingestuft. (Zur Kapitalerhaltung im Detail → Kapitel E Rn. 155 ff.; zu der Frage der Behandlung von Umschichtungsergebnissen → Kapitel E Rn. 145 ff.)

Bei einer Einnahmen-Ausgaben-Rechnung geht die Stiftungsaufsicht i.d.R. wie folgt vor: In der einzureichenden Einnahmen-Ausgaben-Rechnung sind sämtliche liquiden Bewegungen zu erfassen. Das Ergebnis wird um den Effekt aus Vermögensumschichtungen bereinigt. So errechnet die Stiftungsaufsicht die erwirtschafteten und zu verwendenden Mehreinnahmen. Übersteigen die Ausgaben die Einnahmen, so dürfen diese Mehrausgaben nicht das Stiftungsvermögen angreifen. Sie müssen vielmehr durch Rücklagen gedeckt sein. Wie sich die Rücklagen durch Zuführungen und Entnahmen entwickeln, ist in der Verlängerung zur Einnahmen-Ausgaben-Rechnung oder in einer Nebenrechnung darzustellen. Eine ganze Reihe von Stiftungsaufsichten haben mittlerweile für die Einnahmen-Ausgaben-Rechnung und die Vermögensübersicht Mustervorlagen entworfen, die dann auch zwingend von den Stiftungen zu verwenden sind.

Die Nachweispflicht wird von jeder Stiftungsaufsicht unterschiedlich gehandhabt. Teilweise werden gar keine Dokumente verlangt. Hingegen sind in Bayern zusammen mit der Rechnungslegung die Buchführungsunterlagen, Belege und Nachweise zur Jahresrechnung, Vermögensübersicht und dem Bericht über die Erfüllung des Stiftungszwecks einzureichen (§ 4 Abs. 1 Satz 1 Nr. 4 AVBayStG). Allerdings werden Stiftungen in Bayern häufig auch aufgefordert, ihre Jahresrechnung nur noch in längeren Zeitabschnitten, beispielsweise nur noch alle drei Jahre, einzureichen. Die Stiftungsaufsicht Berlin bittet in ihren Erläuterungen zu den zu verwendenden Mustern zur Jahresrechnung und Vermögensübersicht, mit diesen die Bank- und Depotauszüge einzureichen. In vielen Fällen wird darüber hinaus auch ein Nachweis der Feststellung der Jahresrechnung verlangt.

3. Prüfung durch die kirchliche Stiftungsaufsicht

8   Kirchliche Stiftungen sind nach den meisten Landesstiftungsgesetzen von der *staatlichen Aufsicht* ganz oder teilweise freigestellt, und unterliegen stattdessen der *kirchlichen Stiftungsaufsicht*. Hintergrund ist das Selbstbestimmungsrecht der Kirchen nach Art. 140 GG i.V.m. Art. 137 Abs. 3 WRV. Die Regelungen zur kirchlichen Stiftungsaufsicht sind in den einzelnen Bundesländern unterschiedlich.

Kirchliche Stiftungen sind nach den folgenden Landestiftungsgesetzen von der staatlichen Stiftungsaufsicht freigestellt: Art. 23 Abs. 1 BayStG, § 16 Abs. 2 Nr. 5 BremStiftG, § 5 Abs. 1 HambStiftG, § 20 Abs. 4 HessStiftG; § 11 Abs. 3 StiftG M-V; § 20 Abs. 2 S. 5 NStiftG, § 14 Abs. 5 StiftG NRW, § 12 Abs. 3 StiftG RhPf., § 19 Abs. 4 SaarStiftG. In anderen Ländern gilt ein Vorrang der Aufsicht durch die Kirche; nur falls diese nicht ausgeübt wird, gilt die staatliche Stiftungsaufsicht: § 25 Abs. 1 StiftG BaWü, § 12 Abs. 2 StiftG LSA, § 16 Abs. 2 ThürStiftG. Nach § 18 Abs. 2 StiftG Schl-H müssen staatliche und kirchliche Stiftungsaufsichtsbehörde bei Fragen kirchlicher Stiftungen Einvernehmen herbeiführen. Das Stiftungsgesetz Berlin erwähnt die kirchlichen Stiftungen nicht, das Stiftungsgesetz Brandenburg hat ebenfalls keine Regeln zur kirchlichen Stiftungsaufsicht.

Tendenziell gilt, dass für die Errichtung und Beendigung einer Stiftung zumindest in den meisten Fällen eine Abstimmung mit der staatlichen Stiftungsbehörde erfolgt, während die laufende Stiftungsaufsicht ausschließlich bei den kirchlichen Stiftungsaufsichtsbehörden liegt.

9   Das Stiftungsaufsichtsrecht der Evangelischen Landeskirchen orientiert sich stark an den Landesstiftungsgesetzen, wohingegen das Stiftungsaufsichtsrecht der katholischen Kirche mit dem Codex Iuris Canonici (CIC) von 1983 eine eigenständige Regelung aufweist (vgl. Stumpf/Suerbaum/Schulte/Pauli/ *Schulte*: Stiftungsrecht 3. Aufl. 2018, S. 416). Aufgaben und Funktionen der Stiftungsaufsichtsbehörden sind:

– Kontrolle über die Stiftungen und deren Stiftungsorgane
– Schutz der Stiftung
– Beratung der Stiftung

I. Prüfung durch die Stiftungsaufsicht

Auch das Instrumentarium der kirchlichen Stiftungen zur Durchsetzung dieser Funktionen ist in etwa identisch mit dem der staatlichen Stiftungsaufsicht. Beim Einsatz der folgenden Instrumente ist stets der **Grundsatz der Verhältnismäßigkeit** zu beachten (vgl. Stumpf/Suerbaum/Schulte/Pauli/*Schulte:* Stiftungsrecht, 3 Aufl. 2018, S. 419 ff.).

– Informationsrechte
– Genehmigungsvorbehalte
– Beanstandungsrecht
– Anordnung und Ersatzvornahmen
– Abberufung und Bestellung von Organmitgliedern
– Aufsichtliche Maßnahmen im Bereich des Haushalts- und Rechnungswesen
– Aufhebung und Umwandlung

Insbesondere die Instrumente der *Anordnung* und *Ersatzvornahmen* wie auch der *Abberufung von Organmitgliedern* oder *Bestellung eines Sachwalters* sind als ultima ratio zu sehen.

Die Vorschriften zur **katholischen Stiftungsaufsicht** finden sich in den Canones 1301, 1302 CIC und gehen teilweise über eine Rechtsaufsicht hinaus. So sind die Stiftungsaufsichtsbehörden nicht auf eine Rechtmäßigkeitskontrolle beschränkt, sie können auch Zweckmäßigkeitserwägungen einfließen lassen (vgl. *Busch:* Die Vermögensverwaltung und das Stiftungsrecht im Bereich der katholischen Kirche, in *Listl/Pirson* (Hrsg.), Handbuch des Staatskirchenrechts der Bundesrepublik Deutschland, 2. Aufl. 1994, Band 1, S. 947). Thematisiert werden in dem Regelwerk sowohl selbständige als auch unselbständige Stiftungen (Canon 1303 CIC).

Die konkreten Aufgaben der kirchlichen Stiftungsaufsicht sind in einzelnen Stiftungsordnungen, z.B. der Stiftungsordnung für das Erzbistum Köln (StiftO EBK) geregelt. Nach § 5 StiftO EBK hat die Stiftung eine Jahresrechnung und einen Tätigkeitsbericht aufzustellen, durch einen Wirtschaftsprüfer prüfen zu lassen und der Stiftungsaufsicht innerhalb von 12 Monaten vorzulegen.

Die Vorschriften zur **evangelischen Stiftungsaufsicht** orientieren sich sehr stark an den staatlichen Landesstiftungsgesetzen, grundlegend sind sie in § 2 des Kirchengesetzes über rechtsfähige Stiftungen des bürgerlichen Rechts (StiftG EKvW) geregelt. Hiernach führt das Landeskirchenamt die Stiftungsaufsicht, diesem ist „unverzüglich nach Ablauf des Geschäftsjahres eine Jahresrechnung mit Vermögensübersicht und einem Bericht über die Erfüllung der Stiftungszwecke vorzulegen" (§ 2 Abs. 4 StiftG EKvW).

Konkretisiert werden die Aufgaben und Befugnisse der Stiftungsaufsichtsbehörden in kirchlichen Stiftungsaufsichtsgesetzen.

Als Beispiel sei das „Kirchengesetz über die kirchliche Aufsicht für rechtsfähige kirchliche Stiftungen" vom 18. Januar 1979 der Evangelischen Kirche im Rheinland genannt. § 3 des Gesetzes listet eine Reihe von genehmigungspflichtigen Rechtsgeschäften, § 4 weitere zustimmungspflichtige Rechtsgeschäfte auf. Insofern gehen die Pflichten nach diesem Gesetz teilweise über das aktuelle Landesstiftungsgesetz hinaus.

II. Prüfung durch einen Wirtschaftsprüfer

1. Prüfungspflicht

12   Die Pflicht zur Prüfung durch einen Wirtschaftsprüfer ist im **Handelsrecht** geregelt. Danach haben sich mittelgroße und große Kapitalgesellschaften durch einen Abschlussprüfer prüfen zu lassen (§ 316 Abs. 1 HGB). Damit fallen Stiftungen nur dann unter diese Regelung, wenn es sich um eine Stiftung GmbH oder Stiftung AG handelt, die Stiftung also in der Rechtsform einer Kapitalgesellschaft besteht (→ Kapitel E Rn. 8). Die *Rechtsform Stiftung* ist auch dann nicht nach dem *Handelsrecht* zur Prüfung durch einen Wirtschaftsprüfer verpflichtet, wenn sie verpflichtet ist, einen handelsrechtlichen Jahresabschluss aufzustellen, weil sie einen größeren wirtschaftlichen Geschäftsbetrieb und damit ein Gewerbe i.S.d. § 1 HGB betreibt.

13   Eine Prüfungspflicht kann sich allerdings nach dem **Publizitätsgesetz** ergeben. Hier wird die Stiftung bürgerlichen Rechts explizit genannt (§ 1 Abs. 1 Nr. 4 PublG). Für sehr große Stiftungen, deren Gewerbetätigkeit mindestens zwei der folgenden drei Kriterien an drei Stichtagen hintereinander überschreitet, ergibt sich hieraus eine Prüfungspflicht durch einen Wirtschaftsprüfer analog dem Handelsrecht (§§ 1 Abs. 1, 3 Abs. 1 Nr. 4, 6 Abs. 1 PublG): *Bilanzsumme* > 65 Mio. EUR; *Umsatzerlöse* > 130 Mio. EUR; > 5.000 *Arbeitnehmer*.

In diesem Fall gelten die §§ 316 ff. HGB analog auch für die Stiftung. In der Praxis wird die genannte Bilanzsumme zwar häufig überschritten sein, das Überschreiten der übrigen Kriterien zumindest auf Ebene des Jahresabschlusses ist allerdings, anders als beim Konzernabschluss, für den die gleichen Größenkriterien gelten (→ Kapitel E Rn. 272), sehr unwahrscheinlich und dürfte nur bei Anstaltsstiftungen vorstellbar sein. Die klassische Förderstiftung wird dagegen regelmäßig nicht hierunter fallen.

14   Eine Prüfungspflicht könnte sich darüber hinaus aus **Spezialgesetzen** ergeben, wenn also die Stiftung bestimmte Einrichtungen betreibt und entsprechende Gesetze zu beachten hat. Wenn die Stiftung z.B. ein Krankenhaus betreibt, kann sich eine Prüfungspflicht aus der jeweiligen Landeskrankenhausgesetzgebung ergeben (z.B. § 30 KHGG NRW). Wird eine Hochschule in Form einer Stiftung geführt, so ist der entsprechende Jahresabschluss in NRW beispielsweise ebenfalls von einem Wirtschaftsprüfer einer Jahresabschlussprüfung zu unterziehen (§ 12 Abs. 3 HWFVO NRW).

Schließlich besteht nach den Landesstiftungsgesetzen die Möglichkeit für die Stiftungsaufsicht, z.B. einen Wirtschaftsprüfer oder einen anderen Experten zu beauftragen (z.B. § 7 Abs. 3 StiftG NRW). Hier liegt die eigentliche Prüfungspflicht aber bei der Stiftungsaufsicht – diese delegiert die Prüfung dann z.B. an einen Wirtschaftsprüfer als Experten. Die Kosten für die Prüfung hat allerdings in jedem Fall die Stiftung zu tragen.

II. Prüfung durch einen Wirtschaftsprüfer 15 F

Dabei handelt es sich in diesen Fällen häufig um anlassbezogene Prüfungen, d.h. der Wirtschaftsprüfer wird nicht mit der Prüfung des Jahresabschlusses beauftragt, sondern überprüft bestimmte Sachverhalte. Teilweise wird dieses Recht auf das Vorliegen von Anhaltspunkten für Verstöße (NRW) oder eines wichtigen Grundes (Saarland) beschränkt. Vgl. § 9 Abs. 3 StiftG BaWü (Prüfung der Verwaltung), Art. 12 Abs. 3 Nr. 2 BayStG (Prüfung der Geschäfts- und Kassenführung), § 7 Abs. 2 StiftG Bbg (Prüfung der Verwaltung), § 12 Abs. 1 BremStiftG (Prüfung der Verwaltung), § 6 Abs. 1 HambStiftG (Prüfung der Verwaltung), § 12 Abs. 1 HessStiftG (Prüfung der Geschäfts- und Kassenführung), § 5 StiftG M-V (Prüfung der Verwaltung), § 7 Abs. 3 StiftG NRW (Prüfung der Verwaltung), § 11 Abs. 4 SaarlStiftG (Prüfung der Verwaltung), § 7 Abs. 1 SächsStiftG (Prüfung der Geschäfts- und Kassenführung), § 8 Abs. 2 StiftG Schl-H (Prüfung der Geschäfts- und Kassenführung).

Art. 16 Abs. 4 BayStG sieht demgemäß eine angeordnete Prüfung der Jahresrechnung vor, § 11 Abs. 4 NStifG die Prüfung der Stiftung. In Sachsen kann in Einzelfällen die Vorlage eines Prüfungsberichts verlangt werden (§ 6 Abs. 3 SächsStiftG), ebenso in Schleswig-Holstein (§ 10 Abs. 1 StiftG Schl-H). Nach § 10 Abs. 3 StiftG LSA kann die Stiftungsaufsicht die satzungsgemäße Verwendung der Stiftungsmittel und die Erhaltung des Grundstockvermögens prüfen lassen.

Im Ergebnis bleibt festzuhalten, dass es grundsätzlich keine generelle Verpflichtung für Stiftungen gibt, sich durch einen Wirtschaftsprüfer prüfen zu lassen. Gleichwohl lässt sich ein großer Teil aller Stiftungen über alle Größenklassen hinweg freiwillig prüfen. 15

Nach einer Studie des Bundesverbandes Deutscher Stiftungen aus dem Jahr 2010 lassen sich 52 % aller Stiftungen freiwillig durch einen Wirtschaftsprüfer prüfen (vgl. Bundesverband Deutscher Stiftungen/*Falk/Zeidler/Kramer:* Führung, Steuerung und Kontrolle in der Stiftungspraxis, 2010, S. 25). Darunter fallen auch die Stiftungen, bei denen sich die Prüfung aus der Satzung ergibt, da sich die freiwillige Prüfung von der gesetzlichen Prüfung abgrenzt. In diesen Fällen hat der Stifter die Entscheidung zur Prüfung getroffen.

Die Gründe hierfür dürften vielfältig sein:

– Bei kleineren Stiftungen mit nur einem Stiftungsvorstand und keinem weiteren Gremium ist der Vorstand häufig an einer regelmäßigen externen Kontrolle interessiert, da die Einhaltung sämtlicher Vorgaben insbesondere für gemeinnützige Stiftungen herausfordernd ist.
– Bei größeren Stiftungen dürften insbesondere die Aufsichtsorgane an einer externen Prüfung, die diesen – häufig ehrenamtlich tätigen – Organmitgliedern Sicherheit gibt, interessiert sein.
– Die Aussicht, nicht von der Stiftungsaufsicht (ein weiteres Mal) geprüft zu werden, wird ebenfalls eine Rolle spielen.
– Die Satzung sieht häufig eine Jahresabschlussprüfung durch einen Wirtschaftsprüfer vor.

2. Möglichkeiten prüferischer Tätigkeiten durch einen Wirtschaftsprüfer

a) Überblick

16 Wenn ein Wirtschaftsprüfer beauftragt wird, soll er i.d.R. eine Jahresabschlussprüfung im Sinne des HGB durchführen. Wenn eine Jahresabschlussprüfung beauftragt wird, so wird sie in vielen Fällen erweitert, insbesondere um die beiden bereits genannten Ergänzungen, den Schwerpunkten der Prüfung durch die Stiftungsaufsicht: *Erhaltung des Stiftungsvermögens* und *satzungsgemäße Verwendung der Stiftungsmittel* (freiwillig, oder weil das jeweilige Stiftungsgesetz dies vorsieht; → Rn. 37).

17 Ein Wirtschaftsprüfer muss aber nicht notwendigerweise eine Jahresabschlussprüfung in Anlehnung an § 317 HGB durchführen, auch andere Prüfungsformen sind denkbar.

Bei einer Prüfung handelt es sich grundsätzlich um einen **Soll-Ist-Vergleich**. Die – mehr oder weniger konkreten – Rechnungslegungsnormen für Stiftungen bilden dabei das *Soll-Objekt*, der Prüfer vergleicht dann den vorliegenden Rechnungsabschluss und die zugrunde liegende Buchhaltung mit diesen Vorgaben. Die einzelnen Möglichkeiten der Prüfung unterscheiden sich nun danach,

– wie konkret die zugrundeliegenden Rechnungslegungsnormen sind,
– welcher Grad an Sicherheit hinsichtlich des Prüfungsergebnisses gewünscht ist.

So sind die Rechnungslegungsnormen für eine Einnahmen-/Ausgabenrechnung mit Vermögensübersicht weniger konkret als die für einen kaufmännischen Jahresabschluss; eine prüferische Durchsicht führt zu einem geringeren Sicherheitsgrad als eine Jahresabschlussprüfung.

Die folgende Grafik zeigt die Möglichkeiten des Einsatzes eines Wirtschaftsprüfers im Rahmen der Prüfung des Jahresabschlusses bzw. der Jahresrechnung:

II. Prüfung durch einen Wirtschaftsprüfer

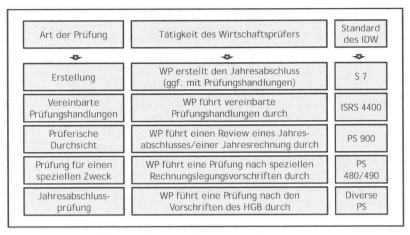

Abb. 38: Prüfungsmöglichkeiten eines Abschlussprüfers

In der letzten Spalte sind die Standards des **Instituts der Wirtschaftsprüfer (IDW)** genannt, die sich mit der genannten Prüfungsform befassen. Eine wesentliche Aufgabe des IDW ist es, über die Entwicklung sog. Prüfungsstandards (PS) dem Wirtschaftsprüfer bestimmte Vorgaben hinsichtlich seiner Prüfung zu machen, welche dazu beitragen, dass Prüfungen durch Wirtschaftsprüfer einen möglichst einheitlichen Standard aufweisen. Dabei beziehen sich die meisten Prüfungsstandards des IDW auf die im HGB geregelte Jahresabschlussprüfung. Allerdings sind, wie dargestellt, auch weitere Formen der Prüfung geregelt.

Im Folgenden werden die einzelnen Möglichkeiten der Prüfung durch einen Wirtschaftsprüfer dargestellt, wobei der Schwerpunkt auf der handelsrechtlichen Jahresabschlussprüfung liegt.

b) Erstellung des Jahresabschlusses

Bei der **Erstellung des Jahresabschlusses** durch den Wirtschaftsprüfer ist die gleichzeitige Durchführung einer Jahresabschlussprüfung nicht möglich, da dies gegen das *Selbstprüfungsverbot* verstoßen würde (§ 319 Abs. 3 Nr. 3 Buchstabe a HGB). Der Abschlussprüfer kann keinen Bestätigungsvermerk zu einem Jahresabschluss erteilen, den er selbst erstellt hat. Gleichwohl gibt ein Jahresabschluss, der durch einen Wirtschaftsprüfer erstellt worden ist und dieser im Rahmen seiner Arbeiten zusätzlich bestimmte Prüfungshandlungen im Hinblick auf die zu verbuchenden Unterlagen durchgeführt hat, dem Adressaten eine höhere Sicherheit, als wenn der Abschluss ohne weitere Prüfungshandlungen durch die Stiftung selbst erstellt worden wäre. Insofern unterscheidet der Standard des Instituts der Wirtschaftsprüfer e.V. IDW S7

Grundsätze für die Erstellung von Jahresabschlüssen zwischen den drei folgenden Fällen:

- Erstellung des Jahresabschlusses ohne Beurteilungen
- Erstellung des Jahresabschlusses mit Plausibilitätsbeurteilungen
- Erstellung des Jahresabschlusses mit umfassenden Beurteilungen

19 Im Falle der **Erstellung ohne Beurteilungen erstellt** der Wirtschaftsprüfer anhand der ihm vorgelegten Unterlagen der Buchführung und des Inventars den Jahresabschluss, ggf. mit Anhang, ohne die Unterlagen auf Ordnungsmäßigkeit oder Plausibilität hin zu beurteilen. Voraussetzung ist allerdings, dass keine offensichtlichen Anhaltspunkte für Zweifel an der Ordnungsmäßigkeit vorliegen (IDW S7 Rn. 32 f.).

Bei der **Erstellung mit Plausibilitätsbeurteilungen** führt der Wirtschaftsprüfer neben den eigentlichen Erstellungsarbeiten Befragungen und analytische Beurteilungen durch. Untersuchungshandlungen sollten zumindest die folgenden sein (IDW S7 Rn. 40):

- Befragung zum Verfahren der Erfassung und Verarbeitung von Geschäftsvorfällen im Rechnungswesen
- Befragung zu allen wesentlichen Abschlussaussagen
- analytische Beurteilungen der einzelnen Abschlussaussagen (Vergleiche mit dem Vorjahr, Kennzahlenvergleiche)
- Befragung nach wichtigen Beschlüssen mit Auswirkung auf den Jahresabschluss
- Abgleich des Gesamteindrucks des Jahresabschlusses mit den im Verlauf der Erstellung erlangten Informationen.

Wird eine **Erstellung mit umfassenden Beurteilungen** durchgeführt, ähnelt das Vorgehen dem bei der Durchführung einer Jahresabschlussprüfung. So ist auch die Angemessenheit und Wirksamkeit des rechnungslegungsbezogenen internen Kontrollsystems zu beurteilen (→ Rn. 61). Daneben wird er Prüfungshandlungen durchführen, wie sie sonst typisch für eine Jahresabschlussprüfung sind, beispielsweise die Durchführung einer Inventurbeobachtung oder die Einholung von Salden- und Bankbestätigungen (IDW S7 Rn. 49).

20 Die Erstellung eines Jahresabschluss endet mit einer Bescheinigung und einem Erstellungsbericht (letzterer ist eine Empfehlung des IDW, IDW S7 Rn. 68). Ein Bestätigungsvermerk darf nicht erteilt werden, auch nicht in der Variante Erstellung mit umfassenden Beurteilungen. Aus der Bescheinigung muss klar die Reichweite der Tätigkeit des Prüfers hervorgehen und insbesondere, welche der oben genannten Varianten zur Anwendung gekommen ist.

In der Praxis findet sich häufig die Variante Erstellung des Jahresabschlusses mit Plausibilitätsbeurteilungen. Eine umfassende Beurteilung findet sich dagegen selten.

c) Durchführung vereinbarter Untersuchungshandlungen

In manchen Fällen ist es sinnvoll, den Wirtschaftsprüfer mit ganz bestimmten Untersuchungshandlungen zu beauftragen. Diese Art von „Prüfung" basiert auf dem International Standard on Related Services 4400 (ISRS 4400); dort wird von *Agreed-Upon Procedures* gesprochen.

Bei der **Durchführung vereinbarter Untersuchungshandlungen** führt der Prüfer einzelne Untersuchungshandlungen, die detailliert mit dem Auftraggeber abgestimmt sind, durch. Dabei ist die Besonderheit dieser Art von Untersuchung, dass der Wirtschaftsprüfer Art und Umfang seiner Tätigkeiten nicht eigenverantwortlich bestimmt, sondern diese ihm vom Auftraggeber dezidiert vorgegeben werden (vgl. WPH-Edition, Band Assurance, Kapitel T, Rn. 5). Ein Ermessenspielraum zur Gestaltung der Prüfung ist hier insoweit nicht gegeben. Entsprechend kann der Wirtschaftsprüfer auch kein Gesamturteil abgeben, sondern nur über seine festgestellten Tatsachen in Bezug auf die durchgeführten Untersuchungshandlungen berichten. Das Prüfungsurteil ist in diesem Fall aufgrund der Feststellungen des Wirtschaftsprüfers durch den Adressaten selbst zu fällen.

Die Aussagekraft einer solchen Beauftragung ist tendenziell eher gering, allerdings kann sie durchaus sinnvoll sein. In einigen Fällen geht es der Stiftung darum, dass ein fremder Dritter noch einmal bestimmte Zahlen oder Bedingungen bestätigt. In einfach strukturierten Fällen ist dies z.B. im Bereich der Bestätigung einer bestimmten *Mittelverwendung* denkbar.

d) Prüferische Durchsicht

Im Rahmen einer **prüferischen Durchsicht** wird der Jahresabschluss bzw. die Jahresrechnung einer kritischen Würdigung durch den Wirtschaftsprüfer auf der Grundlage einer *Plausibilitätsbeurteilung* unterzogen. Zielsetzung ist es, die Glaubwürdigkeit der im Abschluss enthaltenen Informationen zu erhöhen, ohne dabei den Grad an Sicherheit einer Jahresabschlussprüfung zu erreichen (IDW Prüfungsstandard: Grundsätze für die prüferische Durchsicht von Abschlüssen (IDW PS 900) Rn. 5). In der Praxis werden prüferische Durchsichten beispielsweise bei eher unkritischen, nicht originär prüfungspflichtigen Tochterunternehmen einer Stiftung durchgeführt.

Die Durchführung der prüferischen Durchsicht beschränkt sich im Wesentlichen auf Befragungen und analytische Beurteilungen (IDW PS 900 Rn. 18). Dabei hat der Wirtschaftsprüfer auch seine Kenntnisse über die Geschäftstätigkeit und das Umfeld, die Branche und das Kontrollsystem der Stiftung zu berücksichtigen. Typische Untersuchungshandlungen des Prüfers sind (IDW PS 900 Rn. 21):

- Befragung zu den angewandten Rechnungslegungsgrundsätzen und Bilanzierungspraktiken
- Befragung zu den Abläufen in der Stiftung

- Befragung zu allen wesentlichen Aussagen in der Rechnungslegung
- analytische Beurteilungen (Vorjahresvergleich, Bilden von Kennzahlen)
- Einsicht in die Protokolle der Gremien
- Kritisches Durchgehen des Jahresabschlusses

24 Während das Urteil zu einer Jahresabschlussprüfung mit einer positiven Gesamtaussage schließt (vorausgesetzt die Prüfung endet ohne Einwendungen), kann bei einer prüferischen Durchsicht immer nur eine negative Aussage formuliert werden.

Die Formulierung der „Bescheinigung nach prüferischer Durchsicht" endet entsprechend IDW PS 900, Anhang, wie folgt: „Auf der Grundlage unserer prüferischen Durchsicht sind uns keine Sachverhalte bekannt geworden, die uns zu der Annahme veranlassen, dass der Jahresabschluss in wesentlichen Belangen nicht in Übereinstimmung mit den deutschen handelsrechtlichen Vorschriften (wenn diese Grundlage waren) aufgestellt worden ist ...".

e) Prüfung von Abschlüssen für einen speziellen Zweck (Einnahmen-Ausgabenrechnung mit Vermögensübersicht)

25 Eine Jahresabschlussprüfung kann nur durchgeführt werden, wenn ein *handelsrechtlicher Jahresabschluss* aufgestellt und geprüft wird. Wenn die Stiftung also eine **Einnahmen-Ausgabenrechnung** mit **Vermögensübersicht** erstellt, ist eine Abschlussprüfung nach HGB nicht möglich. Gleichwohl wird auch hier häufig ein Wirtschaftsprüfer damit beauftragt, die Jahresrechnung zu prüfen. In diesen Fällen ist zunächst das Soll-Objekt festzulegen, da für Einnahmen-Ausgabenrechnungen und Vermögensübersichten nur sehr rudimentär ausgeprägte gesetzliche Vorgaben existieren.

Wirtschaftsprüfer werden – über den genannten Fall hinaus – häufig beauftragt, **Abschlüsse für einen bestimmten Zweck** zu prüfen (beispielsweise einen Pro-Forma Abschluss im Rahmen eines Verkaufsprozesses). Daher hat das IDW Ende 2014 im Rahmen eines Prüfungsstandards grundlegende Regelungen für die Durchführung solcher Aufträge aufgestellt (IDW Prüfungsstandard: Prüfung von Abschlüssen, die nach Rechnungslegungsgrundsätzen für einen bestimmten Zweck aufgestellt wurden (IDW PS 480)). Unter diese Vorschrift fällt auch die Prüfung einer Einnahmen-Ausgabenrechnung mit einer Vermögensübersicht (IDW PS 480 Rn. 4).

26 In den Fällen des IDW PS 480 wird, anders als bei der prüferischen Durchsicht oder vereinbarten Prüfungshandlungen, eine vollständige Prüfung durchgeführt, lediglich das zu prüfende Objekt ist kein Jahresabschluss i.S.d. §§ 238 ff. HGB oder der IFRS. Aus diesem Umstand ergeben sich bestimmte Besonderheiten:

- Im Rahmen der Auftragsannahme muss der Wirtschaftsprüfer feststellen, ob die zur Anwendung vorgesehenen Rechnungslegungsgrundsätze unter den gegebenen Umständen *vertretbar* sind.

II. Prüfung durch einen Wirtschaftsprüfer 27 **F**

- Der Wirtschaftsprüfer kann keinen Bestätigungsvermerk erteilen. Der zu erteilende Vermerk zur Prüfung wird stattdessen als *Prüfungsvermerk des Wirtschaftsprüfers* bezeichnet.
- Der Wirtschaftsprüfer hat in diesem Prüfungsvermerk die *maßgebenden Rechnungslegungsgrundsätze* und den *Zweck* des Abschlusses zu beschreiben und darauf hinzuweisen, dass der Abschluss für diesen speziellen Zweck erstellt ist und für andere Zwecke ggf. nicht geeignet ist.

Für eine Jahresrechnung existieren kaum gesetzliche Vorgaben, so dass sowohl bei der Fragestellung, was in die Einnahmen-Ausgabenrechnung und in die Vermögensübersicht aufzunehmen ist, als auch hinsichtlich der Frage nach der Bewertung in der Vermögensübersicht erhebliche Gestaltungsspielräume bestehen. Im Rahmen des **Konzeptes der Vertretbarkeit** muss der Wirtschaftsprüfer entsprechend entscheiden, ob die angewandten Rechnungslegungsmethoden vor dem Hintergrund des Zwecks der Aufstellung der Jahresrechnung, Information der Stiftungsaufsicht, vertretbar sind. 27

Aufgrund der fehlenden Vorgaben könnte z.B. festgelegt werden, dass die Empfehlungen der IDW Stellungnahme IDW RS HFA 5 angewendet werden sollen. Oft werden aber auch die anzuwendenden Rechnungslegungsnormen in einer Anlage zur Jahresrechnung dargelegt. Dann muss der Wirtschaftsprüfer zunächst überprüfen, ob die in der Anlage dargestellten Rechnungslegungsgrundsätze für den Zweck vertretbar sind und bestätigt anschließend (nach Prüfung) dass diese korrekt angewendet worden sind.

Beispiele der Vertretbarkeit

Die Franz Pfiffig-Stiftung lässt ihre Jahresrechnung durch einen Wirtschaftsprüfer prüfen, die entsprechenden Rechnungslegungsgrundsätze, die der Stellungnahme IDW RS HFA 5 entsprechen sollen, sind in einer Anlage zur Jahresrechnung dargestellt. Pfiffig weist in seiner Vermögensrechnung ausschließlich Vermögenswerte aus, obwohl höhere Kreditverbindlichkeiten bestehen. Außerdem bewertet er einige Wertpapiere zum Zeitwert, um hier keinen Vermögensverlust zeigen zu müssen.

Die Rechnungslegungsgrundsätze sind vor dem Hintergrund der IDW-Stellungnahme zur Rechnungslegung nicht vertretbar. Zum einen fordert die Stellungnahme IDW RS HFA 5, dass auch (zumindest wesentliche) Schulden in die Vermögensübersicht aufzunehmen sind (IDW RS HFA 5 Tz. 87), zum anderen ist eine Bewertung zum Zeitwert nur insgesamt möglich (IDW RS HFA 5 Tz. 91).

Beide Punkte wären auch ohne den Verweis auf IDW RS HFA 5 vor dem Hintergrund der Grundsätze ordnungsmäßiger Rechnungslegung, insbesondere der *Grundsätze der Vollständigkeit* (fehlende Verbindlichkeiten) und der *Bewertungsstetigkeit* (unterschiedliche Bewertung von Wertpapieren) als kritisch einzustufen (→ Kapitel D Rn. 5).

Für den **Prüfungsvermerk des Wirtschaftsprüfers** gibt die Stellungnahme eine Musterformulierung vor, die entsprechend der jeweils angewandten Rechnungslegungsgrundsätze anzupassen ist (IDW PS 480 Anlage 2 → Rn. 71 f.).

f) Prüfung von Finanzaufstellungen und deren Bestandteilen

28 In einigen Fällen wird ein Wirtschaftsprüfer beauftragt, lediglich einzelne Finanzaufstellungen (z.B. eine Bilanz) oder sogar nur einzelne Bestandteile solcher Finanzaufstellungen, also einzelne Posten oder Konten, zu prüfen, also keine vollständigen Abschlüsse.

Beispiele für Finanzaufstellungen
- Bilanz
- Vermögensrechnung
- Einnahmen-Überschussrechnung nach § 4 Abs. 3 EStG (für wirtschaftlichen Geschäftsbetrieb)
- Mittelverwendungsrechnung

Beispiele für Bestandteile von Finanzaufstellungen
- Höhe der Verwaltungskosten
- Höhe des Stiftungskapitals
- Umsatzerlöse eines wirtschaftlichen Geschäftsbetriebs
- Abgrenzung des Zweckbetriebs

Mit diesen Fällen hat sich das IDW mit dem Prüfungsstandard IDW PS 490 beschäftigt (IDW Prüfungsstandard: Prüfung von Finanzaufstellungen und deren Bestandteile (IDW PS 490)).

29 Für den Standard gelten im Wesentlichen die Ausführungen zur Prüfung der Abschlüsse für einen speziellen Zweck (IDW PS 480 → Rn. 25 ff.), insbesondere ist wiederum die *Vertretbarkeit* der zur Anwendung vorgesehenen Rechnungslegungsgrundsätze zu prüfen und als Prüfungsergebnis ist wiederum ein *Prüfungsvermerk des Wirtschaftsprüfers* zu erteilen, für den der Prüfungsstandard mehrere Formulierungsbeispiele aufführt (IDW PS 490 Anlage 2).

Darüber hinaus hat der Wirtschaftsprüfer, wenn er nicht zeitgleich mit der Prüfung des Abschlusses beauftragt ist, festzustellen, ob die Prüfung der einzelnen Finanzaufstellung bzw. des Bestandteils hiervon von ihm praktisch durchführbar ist (IDW PS 490 Rn. 14). Ggf. hat er den Auftrag abzulehnen. Hier geht es darum, festzustellen, ob ein angemessenes Prüfungsurteil ohne vertiefte Kenntnisse der Stiftung möglich ist.

g) Jahresabschlussprüfung

Erstellt die Stiftung einen (verpflichtenden oder freiwilligen) Jahresabschluss nach Handelsrecht und beauftragt sie einen Wirtschaftsprüfer, so wird sie i.d.R eine **Jahresabschlussprüfung** nach § 317 HGB durchgeführt haben wollen. Der Vorteil einer Jahresabschlussprüfung ist, dass sowohl das Soll-Objekt (die Vorgaben des Handelsrechts) als auch das prüferische Vorgehen durch den Wirtschaftsprüfer (anhand zahlreicher Prüfungsstandards des IDW) sehr konkret vorgegeben sind, was eine standardisierte Vorgehensweise und ein Prüfungsurteil mit hoher Aussagekraft ermöglicht. 30

Andererseits passen die Normen des HGB und auch das prüferische Vorgehen nur bedingt zu den Anforderungen an die Prüfung der Rechnungslegung einer Stiftung. Daher werden Jahresabschlussprüfungen von Stiftungen häufig erweitert, z.B. um die Prüfung des *Erhalts des Stiftungsvermögens* oder die *satzungsgemäße Verwendung der Stiftungsmittel*.

Im Folgenden wird vertiefend auf die Jahresabschlussprüfung eingegangen. Dabei wird zunächst der Mindestumfang beschrieben und daran anschließend die typischen Erweiterungen der Jahresabschlussprüfung einer Stiftung dargestellt. Abschließend wird der Ablauf der Durchführung einer Jahresabschlussprüfung kurz skizziert und die Darstellung des Ergebnisses erläutert.

3. Durchführung einer Jahresabschlussprüfung

a) Mindestumfang einer Jahresabschlussprüfung

Der **Umfang der Jahresabschlussprüfung** ist in § 317 HGB geregelt. Auch eine freiwillige Jahresabschlussprüfung muss dem Mindestumfang gesetzlicher Abschlussprüfungen entsprechen (IDW PS 200: Ziele und allgemeine Grundsätze der Durchführung von Abschlussprüfungen, Rn. 5). 31

Gegenstand einer Jahresabschlussprüfung ist der Jahresabschluss und ein ggf. aufgestellter Lagebericht sowie die zu Grunde liegende Buchführung. Ziel der Prüfung ist es, festzustellen, „ob die gesetzlichen Vorschriften und sie ergänzende Bestimmungen des Gesellschaftsvertrages oder der Satzung beachtet worden sind" (§ 317 Abs. 1 S. 2 HGB). Bei der Prüfung handelt es sich insofern um eine Ordnungsmäßigkeitsprüfung. Geprüft wird, ob die gesetzlichen Vorschriften eingehalten werden, nicht dagegen, ob beispielsweise die Entscheidungen des Vorstands oder der Geschäftsführung zweckmäßig sind. 32

Der Bericht über die Erfüllung des Stiftungszwecks (*Tätigkeitsbericht*) ist selbst nicht Gegenstand der Abschlussprüfung. Wenn dieser geprüft werden soll, muss die Jahresabschlussprüfung um diese Prüfung erweitert werden. Der Prüfer hat diesen Bericht allerdings in jedem Fall auf Unstimmigkeiten zum Jahresabschluss hin kritisch durchzusehen (vgl. hierzu im Einzelnen IDW-Prüfungsstandard: Die Beurteilung von zusätzlichen Informationen, die von Unternehmen zusammen mit dem Jahresabschluss veröffentlicht werden (IDW PS 202)). In dem Fall, dass der Tätigkeitsbericht mit dem Lagebericht 33 zusammengefasst wird, ist dieser allerdings Gegenstand der Abschlussprüfung und ist mithin vollständig zu prüfen. Auch bei einer Erweiterung der Prüfung um die satzungsmäßige Verwendung der Stiftungsmittel steht der Tätigkeitsbericht im Mittelpunkt.

34 Die Jahresabschlussprüfung ist in erster Linie darauf ausgerichtet, Fehler und Verstöße im Hinblick auf die gesetzlichen Vorschriften *zur Rechnungslegung* aufzudecken. Der Prüfer hat seine Prüfung allerdings so anzulegen, dass *Unrichtigkeiten und Verstöße gegen sonstige gesetzliche Vorschriften*, die sich wesentlich auf die Lage des Unternehmens auswirken, erkannt werden (§ 317 Abs. 1 S. 3 HGB). Über solche Unrichtigkeiten und Verstöße hat er in einem separaten Kapitel im Prüfungsbericht zu berichten (§ 321 Abs. 1 S. 3 HGB). Bei gemeinnützigen Stiftungen sind dies insbesondere die *Vorschriften des Gemeinnützigkeitsrechts*. Ohne eine Erweiterung der Prüfung um die Einhaltung steuererrechtlicher Vorgaben der Abgabenordnung (→ Rn. 49 ff.) hat der Abschlussprüfer in diesem Bereich nur vertiefende Prüfungshandlungen durchzuführen, wenn er wesentliche Rückwirkungen auf den zu prüfenden Jahresabschluss erwartet, oder sich bei der Durchführung der Prüfung Anhaltspunkte für Verstöße gegen diese Vorschriften ergeben (IDW PS 740 Rn. 17, vgl. auch IDW-Prüfungsstandard: zur Aufdeckung von Unregelmäßigkeiten im Rahmen der Jahresabschlussprüfung (IDW PS 210)).

Da der Verlust der Gemeinnützigkeit in den meisten Fällen erhebliche Rückwirkungen auf den zu prüfenden Jahresabschluss haben dürfte, kann der Abschlussprüfer dieses Rechtsgebiet nicht außer Acht lassen. Er wird sich zumindest ein grundlegendes Bild hinsichtlich der Einhaltung gemeinnützigkeitsrechtlicher Vorschriften verschaffen und entsprechende Expertise haben bzw. ggf. hinzuziehen müssen. Folgende Unterlagen sollten – auch ohne eine Erweiterung der Prüfung – im Bereich des Gemeinnützigkeitsrechts eingesehen werden:

– Feststellungsbescheid zur Einhaltung der satzungsmäßigen Voraussetzungen (§ 60a AO)
– Gem-Erklärung mit Anlagen (inkl. Tätigkeitsbericht des Stiftungsvorstandes)
– Freistellungsbescheid/Anlage zum Körperschaftsteuerbescheid
– Bericht über die letzte Außenprüfung
– Schriftverkehr mit dem Finanzamt

35 Bei der Berechnung der *Rücklagen nach der Abgabenordnung* kommt es darauf an, ob diese in der Bilanz gezeigt werden oder nicht. Werden die Rücklagen innerhalb der Bilanz ausgewiesen, unterliegen sie wie jeder andere Bilanzposten der Abschlussprüfung. Werden sie in einer Nebenrechnung entwickelt, ist ihre Überprüfung abhängig davon, welche Auswirkungen ein Fehler auf den Abschluss hat.

Auswirkungen auf den Jahresabschluss haben insbesondere Verstöße gegen das Gemeinnützigkeitsrecht, wenn die Aberkennung der Gemeinnützigkeit droht. Wird gegen den *Grundsatz der zeitnahen Mittelverwendung* verstoßen, führt dies dagegen regelmäßig dazu, dass der Stiftung nach Kenntnis durch die Finanzverwaltung eine Frist zur Verausgabung der Mittel gesetzt wird. In diesem Fall ist daher kein wesentlicher Fehler im Jahresabschluss zu vermuten.

Im Ergebnis ist die Jahresabschlussprüfung darauf ausgerichtet, die Richtigkeit des Jahresabschlusses festzustellen, wobei der Grundsatz der Wesentlichkeit gilt. Über erkannte Verstöße gegen weitere Gesetze, die sich nicht wesentlich auf den Jahresabschluss oder den Lagebericht auswirken, ist nicht im Bestätigungsvermerk, wohl aber im Prüfungsbericht zu berichten. 36

b) Erweiterungen des Prüfungsgegenstandes

Die Jahresabschlussprüfung nach HGB ist darauf ausgerichtet, Unternehmen in Form von Kapitalgesellschaften, die regelmäßig als Profit-Unternehmen am Markt agieren, daraufhin zu prüfen, ob die gesetzlichen Vorgaben für den Jahresabschluss eingehalten wurden. Der Vorteil einer Jahresabschlussprüfung ist, dass es mit dem handelsrechtlichen Jahresabschluss ein standardisiertes Sollobjekt gibt und auch die Vorgehensweise bei der Prüfung durch das Gesetz und die Vorgaben des IDW detailliert festgelegt ist. Nachteilig für Stiftungen ist, dass der beschriebene Mindestumfang teilweise an den Erwartungen der Adressaten eines Jahresabschlusses einer Stiftung vorbeigeht. So ist die Stiftungsaufsicht an der Erhaltung des Stiftungsvermögens und der satzungsmäßigen Verwendung der Stiftungsmittel interessiert, die Finanzverwaltung vorwiegend an der Einhaltung steuerrechtlicher Vorschriften. 37

Um diesen Nachteil auszugleichen, werden Jahresabschlussprüfungen von Stiftungen häufig erweitert. In einer Reihe von Bundesländern ist eine Erweiterung um die Themen der Stiftungsaufsicht (Satzungsmäßige Mittelverwendung und Erhaltung des Stiftungsvermögens) im entsprechenden Landesstiftungsgesetz verpflichtend vorgesehen (vgl. Art. 25 Abs. 3 Satz 1 und Abs. 4 Satz 2 BayStG, § 8 Abs. 2 Satz 3 StiftG Bln, § 12 Abs. 2 Satz 2 HessStiftG; § 10 Abs. 2 StiftG Schl-H, § 7 Abs. 6 StiftG LSA, § 11 Abs. 3 SaarlStiftG).

Die wichtigsten Erweiterungen werden im Folgenden dargestellt (vgl. hierzu auch IDW PS 740: Prüfung von Stiftungen, Rn. 18).

aa) Erhaltung des Stiftungsvermögens

Wird der Wirtschaftsprüfer zusätzlich mit der Prüfung der Erhaltung des Stiftungsvermögens beauftragt, muss zunächst geklärt werden, was das „Sollobjekt" der Prüfung ist, wie also das „zu erhaltende Stiftungsvermögen" abzugrenzen ist. Die Landesstiftungsgesetze geben hier keine weitere Konkretisierung. Grundsätzlich ist auch hier zunächst immer der **Stifterwille** maßgebend, der sich idealerweise aus der Satzung ergibt. 38

Bei den meisten Stiftungen stehen nicht die einzelnen als Stiftungsvermögen eingebrachten Vermögensgegenstände im Fokus, sondern deren Wert, der bei einer bilanzierenden Stiftung passivisch im Stiftungskapital abgebildet wird. Daher wird, wenn der Stifter keine konkreten Vorgaben gemacht hat, der Nachweis des Erhalts des Stiftungsvermögens regelmäßig über den Erhalt des passivisch ausgewiesenen Stiftungskapitals geführt (**Konzept der Kapitalerhaltung**, vgl. IDW RS HFA 5 Rn. 9). Im Ausnahmefall kann eine gegenständliche Betrachtung des Stiftungsvermögens sinnvoll sein, wenn der Stifter Vermögensgegenstände eingebracht hat, die gegenständlich erhalten werden sollen (z.b. ein Denkmal oder eine Bildersammlung, **Konzept der Vermögens- bzw. Substanzerhaltung**). Grundsätzlich ist auch eine Mischung der Konzepte denkbar (vgl. zur Erhaltung des Stiftungsvermögens im Detail → Kapitel E Rn. 155 ff.).

> **Beispiele Erhaltungskonzepte**
>
> Die Ferdinand-Fleißig-Stiftung wird mit einem Stiftungskapital von 1 Mio. EUR errichtet, die in Wertpapieren angelegt sind. Zusätzlich werden sämtliche Anteile an der Ferdinand-Fleißig GmbH sowie eine wertvolle Bildersammlung eingebracht, wobei Unternehmen und Bilder nicht veräußert werden dürfen.
>
> Bei der Frage nach der Erhaltung des Stiftungsvermögens wird man hinsichtlich der Unternehmensbeteiligung und der Bildersammlung auf die gegenständliche Vermögenserhaltung, hinsichtlich der Wertpapiere auf die wertmäßige Kapitalerhaltung abstellen.

39   Im zweiten Schritt stellt sich im Rahmen des Konzeptes der Kapitalerhaltung die Frage, ob das Stiftungskapital, also der Wert des Stiftungsvermögens, *nominell* oder *real* zu erhalten ist. Auch hier ist zunächst der Stifterwille zu betrachten. Wenn die Satzung explizit oder durch Auslegung den realen Kapitalerhalt fordert, so ist dieser auch Prüfungsgegenstand des Wirtschaftsprüfers. Wenn die Satzung keine Ausführungen zum Konzept der Kapitalerhaltung enthält, sollte der Vorstand zwar bestrebt sein, dass Stiftungskapital real zu erhalten, „da ansonsten die Ertragskraft (der Stiftung) unter Berücksichtigung von Preissteigerungen im Zeitablauf abnimmt" (IDW RS HFA 5 Rn. 10). Eine reale Kapitalerhaltung kann aber – sofern die Satzung dies nicht explizit vorsieht – nicht gefordert werden, da die entsprechenden Landesstiftungsgesetze hierzu keine Ausführungen machen (allerdings legen einzelne Stiftungsaufsichten den Grundsatz zur Kapitalerhaltung regelmäßig als Verpflichtung zur realen Kapitalerhaltung aus). Der Wirtschaftsprüfer wird in diesem Fall seiner Prüfung daher die *nominelle Kapitalerhaltung* zugrunde legen.

40   Die **Prüfung einer gegenständlichen Vermögenserhaltung** erfolgt durch Inaugenscheinnahme der Vermögensgegenstände bzw. durch andere geeignete Prüfungsnachweise. Neben der Prüfung des Vorhandenseins schließt die Prüfung der entsprechenden Nachweise auch die Prüfung einer angemessenen Werterhaltung ein. Wurde z.B. ein Gebäude eingebracht, stellt sich die

Frage, ob notwendige Sanierungs-, Wartungs- oder Reparaturarbeiten pflichtgemäß vom Vorstand durchgeführt werden, bei einer Unternehmensbeteiligung ist zu prüfen, ob die Beteiligung im Hinblick auf die getroffenen Satzungsregelungen der Stiftung (Einflussmöglichkeiten durch Kapitalanteil, Stimmrecht, Sitz Kontrollorgane, etc.) dem Grunde und der Höhe nach erhalten bleibt (z.b. durch Teilnahme an Kapitalerhöhungsmaßnahmen des Beteiligungsunternehmens).

Grundsätzlich ist, mit Ausnahme der genannten Konstellationen, der Wert eines Vermögensgegenstandes bei der gegenständlichen Vermögenserhaltung allerdings nachrangig (Beispielsweise muss für eine Kunstsammlung nicht regelmäßig ein Wertgutachten erstellt werden, um den Wert der Sammlung nachzuweisen). Es kann aber zu der Situation kommen, in welcher die eingebrachten Vermögensgegenstände zwar erhalten ist, der *Kapitalerhaltungsgrundsatz* aber trotzdem nicht erfüllt ist: Dies ist dann der Fall, wenn die über das Stiftungskapital hinausgehenden Eigenkapitalbestandteile negativ sind (z.B. aufgrund negativer Umschichtungsergebnisse oder eines negativen Ergebnisvortrags). In diesem Fall würde der Vorstand den (gegenständlichen) Vermögenserhaltungsgrundsatz wahren (z.b. die Erhaltung einer Kunstsammlung), aber die Stiftung könnte dennoch aufgrund von Verlusten den Anforderungen des Kapitalerhaltungsgrundsatzes nicht gerecht werden, bzw. im Extremfall zahlungsunfähig oder überschuldet sein.

> **Beispiel gegenständliche Vermögenserhaltung**
>
> Ansgar Schönstein hat sich dem Denkmalschutz verschrieben. Er bringt einige unter Denkmalschutz stehende Gebäude seiner Heimatstadt als Stiftungskapital in seine „Denk mal!-Stiftung" ein. Er setzt sie hierzu mit vorsichtig geschätzten Zeitwerten von 2 Mio. EUR an.
> Wären die Gebäude wertmäßig zu erhalten, so müssten die 2 Mio. EUR erhalten bleiben, Abschreibungen müssten bei einer bilanzierenden Stiftung verdient werden. Bei einer gegenständlichen Vermögenserhaltung reicht es aus, dass für die Gebäude entsprechende Erhaltungsmaßnahmen durchgeführt werden und die Gebäude weiterhin im Bestand der Stiftung sind.
> Wenn nun aber, über die nicht liquiditätswirksamen Abschreibungen hinaus, regelmäßig Verluste bei der Stiftung anfallen, z.B. weil die Stiftung nicht über ausreichend weitere Einnahmequellen verfügt, um ihre Kosten zu decken, wird sie dauerhaft nicht überlebensfähig sein. Diese Verluste laufen zunächst gegen die 2 Mio. ausgewiesenes Stiftungskapital. Hier kann die Vermögenserhaltung nicht als gegeben angesehen werden. Würde beispielsweise das Stiftungsvermögen im Rahmen der Erstbewertung mit Null angesetzt, würde die Stiftung in diesem Fall ein negatives Eigenkapital ausweisen.

Dies kann insbesondere dann der Fall sein, wenn die Stiftung nicht mit ausreichend ertragsbringendem Vermögen ausgestattet worden ist und es dem Vorstand nicht gelingt, ausreichend weitere Mittel zu akquirieren.

41 Bei der **Prüfung der nominellen Kapitalerhaltung** ist zu prüfen, ob dem zu erhaltenden Stiftungskapital, bestehend aus dem Errichtungskapital zuzüglich späterer Zustiftungen, das aktuelle Eigenkapital der Stiftung noch entspricht, soweit dieses, bewertet zu tatsächlichen Werten, dauerhaft der Stiftung zur Verfügung steht. Bei der Prüfung werden dazu dem historischen Stiftungskapital (Errichtungskapital und Zustiftungen) die folgenden Posten gegenübergestellt (IDW RS HFA 5 Rn. 58):

- das in der Rechnungslegung ausgewiesene Stiftungskapital
- zzgl. stille Reserven im Stiftungsvermögen
- abzgl. stille Lasten im Stiftungsvermögen
- zzgl. positive Umschichtungsergebnisse
- abzgl. negative Umschichtungsergebnisse
- zzgl. dauerhaft verfügbare Rücklagen (Kapitalrücklage, frei verfügbare Ergebnisrücklagen)
- abzgl. Verlustvortrag

Für die Beurteilung und Berücksichtigung von **stillen Reserven** sind erforderlichenfalls Wertgutachten von Sachverständigen, z.B. für Immobilien, Geschäftsanteile, Kunstsammlungen, einzuholen. Dies wird der Wirtschaftsprüfer immer dann fordern, wenn die Frage nach der Kapitalerhaltung kritisch ist und nur mittels Einbeziehung der stillen Reserven nachgewiesen werden kann. Ansonsten werden solche Expertisen in angemessenen Abständen eingeholt. Bei den Ergebnisrücklagen sind nur **frei verfügbare Rücklagen** zu berücksichtigen, da Projektrücklagen bereits verplant sind und sich insofern nicht zur dauerhaften Werterhaltung des Stiftungskapitals eignen.

42 Im Rahmen der **Prüfung der realen Kapitalerhaltung** wird grundsätzlich wie bei der Prüfung der nominellen Kapitalerhaltung vorgegangen, mit der Ausnahme, dass das *indexierte Stiftungskapital* als Sollobjekt den genannten Posten gegenübergestellt wird (IDW RS HFA 5 Rn. 58). Um das indexierte Stiftungskapital zu ermitteln, ist das aktuelle Stiftungskapital jährlich um den Inflationsausgleich zu erhöhen. Hierzu „sollte grundsätzlich der harmonisierte Verbraucherpreisindex verwendet werden, es sei denn, dass im Einzelfall ein Branchenindex sachgerechter erscheint" (IDW RS HFA Rn. 58, Fußnote 24).

43 Unabhängig vom tatsächlichen Erhalt des Stiftungskapitals wird der Wirtschaftsprüfer immer auch prüfen, ob der Vorstand einen plausiblen Plan zur dauerhaften Erhaltung des Vermögens verfolgt (IDW PS 740 Rn. 18). Gefordert wird mithin ein auf mehrere Jahre angelegtes **Kapitalerhaltungskonzept** (IDW RS HFA 5 Rn. 10). Sofern die Prüfung der (nominellen oder nach der Satzung geforderten realen) Kapitalerhaltung zu einem Stichtag zu dem Ergebnis führt, dass das Stiftungskapital zu diesem Stichtag nicht im vollen Umfang erhalten ist, wird der Prüfer dies im Prüfungsbericht und im Prü-

fungsergebnis vermerken. Gleichzeitig wird sich der Prüfer im Rahmen der Prüfung des Kapitalerhaltungskonzepts anschauen, auf welche Weise das Stiftungskapital wieder aufgefüllt werden soll (IDW RS HFA 5 Rn. 60).

Über Auftragserweiterungen ist im **Prüfungsbericht** innerhalb eines separaten Kapitels zu berichten. Im Rahmen der Prüfung des Erhalts des Stiftungsvermögens sollte der Prüfer das angewendete Vermögenserhaltungskonzept nennen und, insbesondere wenn die reale Kapitalerhaltung zugrunde gelegt wird, dessen Berechnung darstellen. Ist das Vermögen nicht erhalten, sollten die Ursachen und die Planung zur Wiederauffüllung anhand des Kapitalerhaltungskonzeptes aufgezeigt werden. 44

bb) Satzungsgemäße Verwendung der Stiftungsmittel

Ist der Abschlussprüfer damit beauftragt, die satzungsgemäße Verwendung der Stiftungsmittel zu bestätigen, wird ein besonderer Fokus auf die Prüfung der Projekte bzw. Förderungen der Stiftung gelegt. Es ist in diesem Zusammenhang zu unterscheiden, ob die Stiftung primär eigene Projekte durchführt, oder es sich um eine Förderstiftung handelt. Der Prüfer wird einen Abgleich mit den in der Satzung festgelegten Stiftungszwecken vornehmen, wobei die Zweckmäßigkeit der Entscheidungen der Stiftungsorgane nicht zu beurteilen ist (IDW PS 740 Rn. 18). Im Falle dieser Prüfungserweiterung ist der **Bericht über die Erfüllung des Stiftungszwecks (Tätigkeitsbericht)** ein wichtiger Teil der Abschlussprüfung (Zum Tätigkeitsbericht → Kapitel D Rn. 53 ff.). 45

Bei der Prüfung wird es sich nicht notwendigerweise um eine Vollprüfung handeln. Insbesondere wenn die Stiftung zahlreiche Projekte und/oder Förderungen durchführt, wird der Prüfer systemorientiert prüfen und sich dann auf eine Stichprobe von Projekten bzw. Förderungen stützen (vgl. zum systemorientierten Prüfungsansatz → Rn. 61). Im Falle der **operativ tätigen Stiftung** wird der Prüfer eine detaillierte Kostenrechnung (einschließlich Kostenträgerrechnung) erwarten und entsprechend prüfen. Im Falle der **Förderstiftung** wird dagegen regelmäßig eine solche nicht vorliegen. Hier wird der Fokus auf die Prüfung des Vorliegens objektiver Förderkriterien, dem Vergabeprozess und die Überwachung der Mittelvergabe liegen. 46

Wenn Mittel an andere Institutionen weitergegeben werden (mittelbare Förderung), ist auch der Nachweis der ordnungsmäßigen Verwendung der Mittel entsprechend der Stiftungssatzung zu hinterfragen. 47

Die Prüfungserweiterung ergibt sich aus dem *Stiftungsrecht*. Allerdings ergeben sich Überschneidungen zum *Gemeinnützigkeitsrecht*, da auch hiernach die Mittel satzungsgemäß zu verwenden sind (§ 55 Abs. 1 Nr. 1 S. 1 AO). Grundsätzlich wird es keinen Widerspruch geben, zumal bei einer Mittelweiterleitung im Inland gemeinnützigkeitsrechtlich die Bestätigung, dass die geförderte Einrichtung als steuerbegünstigt anerkannt ist, und die Satzungszwecke partiell identisch sind, ausreicht. 48

Auch die Regelungen zur Höhe der Mittelweitergabe entsprechend § 58 Nr. 1 und 2 AO beinhalten keinen Widerspruch zum Stiftungsrecht, da auch stiftungsrechtlich davon ausgegangen werden sollte, dass der Stifter, wenn er eine überwiegende Weiterleitung wünscht, dies in der Satzung zum Ausdruck bringt (so die Forderung des § 58 Nr. 1 AO). Abweichungen könnten sich bei Förderungen im Ausland ergeben. Hier sind die Anforderungen an den Nachweis einer satzungsgemäßen Weitergabe steuerlich regelmäßig sehr hoch, so dass die Situation auftreten kann, dass die Mittel stiftungsrechtlich satzungsgemäß verwendet wurden, gemeinnützigkeitsrechtlich aufgrund fehlender Nachweise aber eine Mittelfehlverwendung vorliegt (vgl. zu den Anforderungen an eine Förderung im Ausland BFH 21.1.2015 – X R 7/13, DB 2015, 1259 und zuletzt für Österreich FG Berlin-Brandenburg 3.9.2015 – 1 K 1004/14). Ob sich hieraus Konsequenzen ergeben, wird der Abschlussprüfer dann im Rahmen seiner allgemeinen Abschlussprüfung würdigen müssen.

cc) Einhaltung steuerlicher Vorschriften der Abgabenordnung

49 Auch ohne die Prüfungserweiterung um die Einhaltung steuerlicher Vorschriften der Abgabenordnung hat der Abschlussprüfer grundsätzlich sicherzustellen, dass sich nicht aus Verstößen insbesondere gegen das Gemeinnützigkeitsrecht Rückwirkungen auf den Jahresabschluss ergeben, die zu einem anderen Ergebnis der Jahresabschlussprüfung geführt hätten (→ Rn. 34). Er hat die Prüfung aber nicht darauf auszurichten, dass das Gemeinnützigkeitsrecht vollumfänglich eingehalten wird. Wird die Prüfung hingegen um die Einhaltung steuerlicher Vorschriften der Abgabenordnung erweitert, ist hier ein Schwerpunkt im Rahmen der Prüfung zu legen.

50 Folgende Prüfungsfelder kommen in diesem Fall in Betracht:
- Prüfung der satzungsgemäßen Verwendung der Mittel im Sinne des Gemeinnützigkeitsrechts (zur Abgrenzung zum Stiftungsrecht → Rn. 48)
- Prüfung der zeitnahen Mittelverwendung einschließlich der Rücklagenbildung und Vermögenszuführung nach § 62 AO und deren Abbildung in der Mittelverwendungsrechnung
- Abgrenzung der 4-Sphären und der richtigen Zuordnung der Mittel zu diesen Sphären (einschließlich z.B. der Zuordnung von Gemeinkosten der Verwaltung zu einem wirtschaftlichen Geschäftsbetrieb)
- Ordnungsmäßige Ausstellung von Zuwendungsbescheinigungen.

51 In der Regel wird der Abschlussprüfer hier einen Steuerexperten hinzuziehen. Im Ergebnis beurteilt er, ob wesentliche Verstöße gegen die Vorschriften der Abgabenordnung bestehen; er wird umgekehrt nicht bestätigen können, dass sämtliche Voraussetzungen für die Gemeinnützigkeit eingehalten sind – dies kann nur durch die Finanzverwaltung erfolgen (vgl. zur Prüfung der Finanzverwaltung → Rn. 76 ff.).

dd) Ordnungsmäßigkeit der Geschäftsführung

52 Eine Erweiterung, die bei Unternehmen, an denen die öffentliche Hand die Mehrheit der Anteile hält, verpflichtend ist, ist die Prüfung nach § 53 Haushaltsgrundsätzegesetz (HGrG) über die Ordnungsmäßigkeit der Geschäftsführung. Diese eigentlich für den öffentlichen Bereich vorgesehene Prüfungserweiterung wird einerseits regelmäßig bei öffentlich-rechtlichen Stiftungen oder Stiftungen, die mit öffentlichen Mitteln finanziert worden sind, beauftragt, andererseits lassen auch sonstige Stiftungen des bürgerlichen Rechts, die gemeinnützig sind, ihre Jahresabschlussprüfung teilweise freiwillig um die Prüfung der Ordnungsmäßigkeit der Geschäftsführung erweitern. Der Grund hierfür dürfte in der Vorgabe des § 63 Abs. 3 AO liegen, wonach die Stiftung den Nachweis führen muss, „dass ihre tatsächliche *Geschäftsführung* den Erfordernissen des Absatzes 1 entspricht".

53 Zielsetzung dieser Prüfung ist es, festzustellen, ob der Vorstand seine Aufgaben sorgfältig und gewissenhaft erfüllt hat, ob der Stiftungsvorstand ordnungsmäßig besetzt ist und seine Aufgabenverteilung und Befugnisse sachgerecht geregelt sind, ob die Organisation der Stiftungsverwaltung zweckentsprechend ausgestaltet ist und ob die Stiftung über ein geeignetes internes Kontrollsystem verfügt (IDW PS 740 Rn. 18). Aufgabe des Prüfers ist es, die Angemessenheit der Verwaltungsorganisation und die Plausibilität der getätigten Stiftungsgeschäfte zu untersuchen, nicht aber die Zweckmäßigkeit stiftungspolitischer Entscheidungen zu beurteilen (IDW PS 740 Rn. 18).

54 Das IDW hat einen Fragenkatalog entwickelt, nach dem Wirtschaftsprüfer die Prüfung nach § 53 HGrG durchführen sollen. Der Fragenkatalog ist in die folgenden 16 Fragenkreise untergliedert, zu denen jeweils eine Reihe von Detailfragen folgen (IDW PS 720: Berichterstattung über die Erweiterung der Abschlussprüfung nach § 53 HGrG):

Fragenkatalog nach § 53 HGrG	
Fragenkreis 1:	Tätigkeit von Überwachungsorganen und Geschäftsleitung sowie individualisierte Offenlegung der Organbezüge
Fragenkreis 2:	Aufbau- und ablauforganisatorische Grundlagen
Fragenkreis 3:	Planungswesen, Rechnungswesen, Informationssystem und Controlling
Fragenkreis 4:	Risikofrüherkennungssystem
Fragenkreis 5:	Finanzgeschäfte, andere Termingeschäfte Optionen und Derivate
Fragenkreis 6:	Interne Revision
Fragenkreis 7:	Übereinstimmung der Rechtsgeschäfte und Maßnahmen mit Gesetz, Satzung, Geschäftsordnung, Geschäftsanweisung und bindenden Beschlüssen des Überwachungsorgans

Fragenkreis 8:	Durchführung von Investitionen
Fragenkreis 9:	Vergaberegelungen
Fragenkreis 10:	Berichterstattung an das Überwachungsorgan
Fragenkreis 11:	Ungewöhnliche Bilanzposten und stille Reserven
Fragenkreis 12:	Finanzierung
Fragenkreis 13:	Eigenkapitalausstattung und Gewinnverwendung
Fragenkreis 14:	Rentabilität/Wirtschaftlichkeit
Fragenkreis 15:	Verlustbringende Geschäfte und ihre Ursachen
Fragenkreis 16:	Ursachen des Jahresfehlbetrags und Maßnahmen zur Verbesserung der Ertragslage

Wird die Jahresabschlussprüfung einer Stiftung um den § 53 HGrG erweitert, sollte der Abschlussprüfer den Fragebogen des IDW mit Augenmaß bearbeiten. Einerseits sind die Fragenkreise, soweit einschlägig, vollständig zu bearbeiten, andererseits können die Anforderungen an Stiftungen (je nach Größe) beispielsweise an ein Risikofrüherkennungssystem (Fragenkreis 4) nicht mit denen an eine Aktiengesellschaft verglichen werden.

c) Geringere Prüfungstiefe und geringerer Prüfungsumfang

55 Jahresabschlussprüfungen bei Stiftungen sind i.d.R. freiwillige Prüfungen. Dies gilt auch bei einer satzungsmäßigen Verpflichtung zur Prüfung, da insoweit keine gesetzliche Pflicht vorliegt und der Stifter sich auch hätte anders entscheiden können. Wird eine freiwillige Jahresabschlussprüfung durchgeführt, so hat sie gleichwohl dem Mindestumfang gesetzlicher Abschlussprüfungen zu entsprechen, um dem Adressaten des Bestätigungsvermerks keinen irreführenden Eindruck zu vermitteln (IDW Prüfungsstandard: Ziele und allgemeine Grundsätze der Durchführung von Abschlussprüfungen (IDW PS 200) Rn. 5; für Stiftungen IDW PS 740 Rn. 11). Hierzu gehören neben dem zu prüfenden Jahresabschluss auch die Buchführung und ein ggf. aufzustellender Lagebericht.

56 Wünscht der Stiftungsvorstand eine *geringere Prüfungstiefe* oder einen *geringeren Prüfungsumfang*, so handelt es sich insoweit nicht mehr um eine Jahresabschlussprüfung i.S.d. HGB und es kann kein Bestätigungsvermerk erteilt werden. Bezieht sich der Wunsch auf eine **geringere Prüfungstiefe** liegt insoweit eine *prüferische Durchsicht* vor, deren Ergebnis eine entsprechende Bescheinigung ist (→ Rn. 22 ff.).

Soll ein **geringerer Prüfungsumfang** vereinbart werden, wird es sich regelmäßig um eine *Prüfung nach den Prüfungsstandards IDW PS 480 oder IDW PS 490* handeln (→ Rn. 25 ff. und → Rn. 28 ff.). In diesem Fall ist das Ergebnis der Prüfung ein *Prüfungsvermerk des Wirtschaftsprüfers*. Auch wenn die Vorschriften des HGB auf den aufzustellenden und zu prüfenden Jahresabschluss nur teilweise nicht angewendet werden, handelt es sich nicht mehr um eine Jahresabschlussprüfung nach HGB, sondern um eine Prüfung nach IDW PS 480. Der

II. Prüfung durch einen Wirtschaftsprüfer

Wirtschaftsprüfer hat in diesem Fall im Rahmen der Auftragsannahme die *Vertretbarkeit* der angewandten Rechnungslegungsgrundsätze zu würdigen.

> **Beispiele für geringere Prüfungsumfänge**
>
> – Die Norbert Neureich-Stiftung finanziert sich im Wesentlichen aus der Dividende der Neureich AG. Da die Einnahmen der Zukunft dadurch relativ volatil sind, sollen für beschlossene Projekte ausreichend Rückstellungen gebildet werden. Eine Abzinsung der Projektrückstellungen nach § 253 Abs. 2 Satz 1 HGB ist daher nicht erwünscht.
> – Die Satzung der Ansgar-Schönstein Stiftung sieht die Erstellung eines Lageberichts vor. Neureich lässt die Stiftung freiwillig durch einen Wirtschaftsprüfer prüfen (die Satzung sagt hierzu nichts). Um Kosten zu sparen soll der Lagebericht allerdings nicht in die Prüfung einbezogen werden.
>
> In beiden Fällen handelt es sich nicht um Jahresabschlussprüfungen i.S. von § 317 HGB. Vielmehr sind es Prüfungen nach IDW PS 480.

3. Durchführung der Prüfung

Wird eine *freiwillige* Jahresabschlussprüfung nach § 317 HGB analog durchgeführt, so hat die Prüfung gleichwohl nach den gleichen Standards zu erfolgen, welche für Pflichtprüfungen von Kapitalgesellschaften gelten, wenn ein entsprechender Bestätigungsvermerk erteilt werden soll. 57

Gegenstand der Prüfung ist der *Jahresabschluss* (Bilanz, Gewinn- und Verlustrechnung und ggf. Anhang), ein ggf. aufgestellter *Lagebericht* sowie die dem Jahresabschluss zugrunde liegende *Buchführung*. Die Buchführung hat beispielsweise nachvollziehbar, unveränderlich, vollständig, zeitgerecht und geordnet zu erfolgen (IDW PS 200 Rn. 12). Zielsetzung ist es festzustellen, ob diese Prüfungsgegenstände den gesetzlichen Vorschriften und der Satzung entsprechen (§ 317 Abs. 1 Satz 2 HGB). Der Abschlussprüfer hat insoweit nicht nur gesetzliche Vorgaben, sondern auch satzungsmäßige Vorgaben zu überprüfen. Hieraus ergeben sich, auch ohne Erweiterung der Prüfung, gewisse Anforderungen an die Prüfung der Kapitalerhaltung, der satzungsgemäßen Mittelverwendung sowie den Vorgaben des Gemeinnützigkeitsrechts (→ Rn. 34). Durch die Abschlussprüfung soll die Verlässlichkeit und damit Glaubwürdigkeit der Informationen des Jahresabschlusses und des Lageberichts erhöht werden (IDW PS 200 Rn. 8). 58

Der Abschlussprüfer muss keine lückenlose Prüfung durchführen, vielmehr wird er regelmäßig seine Prüfungshandlungen in Form von Stichproben durchführen. Die Auswahl der Stichproben erfolgt *risiko- und systemorientiert*. Das bedeutet, dass der Abschlussprüfer seine Prüfungshandlungen auf Basis der folgenden Grundlagen festlegt (IDW PS 200 Rn. 20): 59

- Kenntnisse über die Geschäftstätigkeit der Stiftung sowie ihrem wirtschaftlichem und rechtlichem Umfeld,
- Erwartungen über mögliche Fehler,
- Beurteilung der Wirksamkeit des rechnungslegungsbezogenen internen Kontrollsystems.

60 **Risikoorientierung** bedeutet insofern die Einbeziehung der Erwartung von Fehlern bei der Festlegung von Prüfungshandlungen. So werden bei einer fördernden Stiftung, die ihre Erträge durch einen in Eigenregie verwalteten Vermögensstock finanziert, die Bereiche Projektaufwand (Auswahl, Genehmigung und Abwicklung von Förderungen) und Vermögensverwaltung tendenziell eine höhere Fehlerwahrscheinlichkeit aufweisen, als z.B. das Sachanlagevermögen.

61 Unter **Systemorientierung** ist die Einbeziehung des rechnungslegungsbezogenen internen Kontrollsystems zu verstehen. Dazu nimmt der Abschlussprüfer die wesentlichen Prozesse der Stiftung auf (z.B. Personalprozess, Einkaufsprozess oder Fördermittelprozess) und stellt fest, inwieweit der Stiftungsvorstand durch Einrichtung eines **internen Kontrollsystems** (IKS) Fehler in der Verarbeitung zu vermeiden bzw. aufzudecken versucht. Ist das IKS grundsätzlich geeignet, Fehler zu verhindern, wird im zweiten Schritt das vorhandene IKS mittels Stichproben auf seine Wirksamkeit während des Prüfungszeitraums getestet (Kontrolltests). Kommt der Prüfer zu der Erkenntnis, dass das IKS sowohl geeignet als auch wirksam ist, kann er seine Belegprüfungen (Einzelfallprüfungen) in diesem Prüfungsfeld reduzieren.

62 Die Prüfungshandlungen des Abschlussprüfers umfassen insofern *Kontrolltests, analytische Prüfungshandlungen* sowie *Einzelfallprüfungen*. Dabei werden die Kontrolltests regelmäßig im Rahmen einer Vorprüfung bereits im zu prüfenden Jahr durchgeführt.

Bei Stiftungen, mit Ausnahme von sehr großen Stiftungen, wird das Interne Kontrollsystem regelmäßig nicht sehr stark (formal) ausgeprägt sein. Gleichwohl sollten auch kleinere Stiftungen über ein IKS verfügen. Ein internes Kontrollsystem betrifft nicht nur Kontrollen im EDV-System. Vielmehr umfasst es sämtliche systematisch angelegten und dokumentierten Kontrollen innerhalb der Stiftung. Das könnte zum Beispiel auch bei einer kleineren Stiftung das **Vier-Augen-Prinzip** sein, weil z.B. ausgehende Förderzahlungen immer noch durch eine zweite Person überprüft und abgezeichnet werden müssen.

63 Der Abschlussprüfer hat an seine Prüfung mit einer *kritischen Grundhaltung* heranzugehen und muss dabei auch berücksichtigen, dass Fehler, Täuschungen, Vermögensschädigungen und andere Gesetzesverstöße bestehen können. Er hat hierbei allerdings kein „besonderes Misstrauen" (IDW PS 200 Rn. 17) an den Tag zu legen, insbesondere ist keine forensische Prüfung durchzuführen.

4. Ergebnis der Prüfung

Das Ergebnis einer Jahresabschlussprüfung i.S.d. HGB ist zweigeteilt: Der **64** Abschlussprüfer hat einerseits einen **Prüfungsbericht** aufzustellen (§ 321 HGB), zum anderen ist Ergebnis der **Bestätigungsvermerk** (§ 322 HGB), auch *Testat* genannt, welcher grundsätzlich für die Allgemeinheit gedacht ist. Während der Prüfungsbericht das Ergebnis der Prüfung für den Auftraggeber (intern) darstellt, also den Stiftungsvorstand und ggf. ein Aufsichtsgremium, dokumentiert der Bestätigungsvermerk das Prüfungsergebnis nach außen (BeBiKo/*Schmidt/Küster*, § 322 Rn. 8).

Im Bereich der Stiftungen ist diese Abgrenzung so nicht vorgesehen, weil zum einen die Stiftungsaufsicht nach einigen Landesstiftungsgesetzen explizit einen Anspruch auf die Vorlage des Prüfungsberichts hat bzw. in den übrigen Bundesländern ebenfalls den Bericht regelmäßig ausgehändigt bekommt, zum anderen eine weitere Offenlegungspflicht für Stiftungen nicht besteht (Kapitel G). Große Kapitalgesellschaften haben dagegen die Pflicht, den Bestätigungsvermerk beim Bundesanzeiger offenzulegen (§ 325 Abs. 1 S. 1 HGB).

Allerdings gibt es eine Reihe von Stiftungen die sich nicht nur freiwillig durch einen Wirtschaftsprüfer prüfen lassen, sondern darüber hinaus das Prüfungsergebnis in Form des Bestätigungsvermerks auf Ihrer Homepage oder innerhalb eines Geschäftsberichts veröffentlichen.

Wird keine Jahresabschlussprüfung durchgeführt, sondern z.B. eine Jahresrechnung geprüft oder ein geringerer Prüfungsumfang vereinbart, kann kein Bestätigungsvermerk erteilt werden. In diesen Fällen kommt entweder ein *Prüfungsvermerk des Wirtschaftsprüfers* (→ Rn. 71 f.) oder eine *Bescheinigung* (→ Rn. 73) in Betracht.

a) Prüfungsbericht

Der Abschlussprüfer hat einen schriftlichen Bericht über seine Prüfung **65** abzufassen, dessen grobe Struktur durch § 321 HGB vorgegeben ist. So hat er gleich zu Beginn des Berichtes („vorab", § 321 Abs. 1 S. 2 HGB) Stellung zur Lagebeurteilung durch den Stiftungsvorstand zu nehmen, wenn die Stiftung einen Lagebericht aufstellt. Außerdem hat er über *bestandsgefährdende* oder *entwicklungsbeeinträchtigende Tatsachen* zu berichten und darzustellen, wenn ihm *Gesetzes- oder Satzungsverstöße* aufgefallen sind (§ 321 Abs. 1 S. 2 und 3 HGB).

Im Hauptteil des Berichts muss der Prüfer auf die wesentlichen Bewer- **66** tungsgrundlagen und den Einfluss von Änderungen in den Bewertungsgrundlagen eingehen. Hierbei hat er auf die wesentlichen *Bilanzierungs- und Bewertungswahlrechte*, *Ausübung von Ermessenspielräumen* und *sachverhaltsgestaltende Maßnahmen* einzugehen (§ 321 Abs. 2 S. 4 HGB). Bei den **Bilanzierungs- und Bewertungswahlrechten** handelt es sich um explizit im Gesetz vorgesehene Wahlrechte (z.B. die Möglichkeit der Aktivierung von Entwicklungskosten → Kapitel E Rn. 62 ff.), während sich **Ermessensspielräume** implizit aus dem

Gesetz ergeben, wenn die Vorschriften so offen gehalten sind, dass eine Bandbreite von Wertansätzen möglich ist (z.b. die Bewertung der Rückstellungen → Kapitel E Rn. 56). Bei **sachverhaltsgestaltenden Maßnahmen** handelt es sich um solche Maßnahmen, deren Durchführung das Bild des Jahresabschlusses deutlich verändert (z.b. eine Saleand-lease-back-Transaktion im Bereich der Gebäude oder des Fuhrparks). Hintergrund der Berichterstattung über die Bewertungsgrundlagen ist, dass die Rechnungslegung nach HGB eine Reihe solcher Gestaltungsspielräume eröffnet und der Abschlussprüfer sicherstellen soll, dass diese nicht einseitig ausgeübt worden sind, so dass das Gesamtbild des Jahresabschlusses verzerrt ist und nicht mehr der tatsächlichen Lage der Stiftung entspricht.

67   Die wesentlichen Posten des Jahresabschlusses sind weiterhin aufzugliedern und ausreichend zu erläutern (§ 321 Abs. 2 S. 5 HGB), allerdings ist hiermit nicht mehr die früher übliche Aufgliederung aller Posten gemeint. Vielmehr soll auf solche „Zahlenfriedhöfe" verzichtet werden (BeBiKo/*Schmidt/Deicke*, § 321 Rn. 111). Gerade bei kleineren Stiftungen, deren internes Reporting nicht stark ausgeprägt ist, wird der Abschlussprüfer allerdings auch heute noch häufig mit einer solchen erläuternden Anlage beauftragt. Über **Erweiterungen des Prüfungsauftrags** ist in einem separaten Abschnitt zu berichten. Dies gilt beispielsweise für die typischen Erweiterungen zur Überprüfung der *Erhaltung des Stiftungsvermögens* (→ Rn. 38 ff.) und der *satzungsgemäßen Verwendung der Stiftungsmittel* (→ Rn. 45 ff.).

Die Gliederung des Prüfungsberichtes sieht damit wie folgt aus (vgl. IDW PS 450 n.F. Rn. 12 und Rn. 21 ff.; BeBiKo/*Schmidt/Deicke*, § 321 Rn. 153):

A. Prüfungsauftrag
B. Grundsätzliche Feststellungen
   I. Lage der Stiftung
      1. Stellungnahme zur Lagebeurteilung des Stiftungsvorstands
      2. Entwicklungsbeeinträchtigende oder bestandsgefährdende Tatsachen
   II. Unregelmäßigkeiten
      1. Unregelmäßigkeiten in der Rechnungslegung
      2. Sonstige Unregelmäßigkeiten
C. Gegenstand, Art und Umfang der Prüfung
D. Feststellungen und Erläuterungen zur Rechnungslegung
   I. Ordnungsmäßigkeit der Rechnungslegung
   II. Gesamtaussage des Jahresabschlusses
      1. Feststellungen zur Gesamtaussage des Jahresabschlusses
      2. Wesentliche Bewertungsgrundlagen und Änderungen in den Bewertungsgrundlagen
      3. Sachverhaltsgestaltende Maßnahmen

II. Prüfung durch einen Wirtschaftsprüfer

E. Feststellungen aus Erweiterungen des Prüfungsauftrags
  I. Erhaltung des Stiftungsvermögens
  II. Satzungsmäßige Verwendung der Stiftungsmittel
F. Wiedergabe des Bestätigungsvermerks

Anlagen:

Obligatorisch: Bilanz, GuV, Anhang, ggf. Lagebericht, Auftragsbedingungen

Fakultativ: Rechtliche und wirtschaftliche Grundlagen, umfassende Aufgliederung und Erläuterung der Posten des Jahresabschlusses

b) Bestätigungsvermerk

Der Bestätigungsvermerk stellt das zusammengefasste Urteil zur Jahresabschlussprüfung dar. Das IDW hatte in einem Prüfungsstandard (IDW PS 400 a.f.) Regelungen wie auch Musterformulierungen für den Bestätigungsvermerk aufgestellt. Dieser Standard ist mit Datum vom 30. November 2017 vollständig überarbeitet worden und durch weitere Standards ergänzt worden. Die neue Rechtslage ist für sog. PIE (Public interested Entities) bereits für den Jahresabschluss 2017 anzuwenden, für Nicht-PIE, worunter auch nahezu alle Stiftungen fallen dürften, ist die Anwendung für den Abschluss zum 31. Dezember 2018 verpflichtend. Hiernach kann das Prüfungsurteil in den folgenden Varianten erteilt werden (vgl. IDW PS 400 n.F. Rn. 23 ff.; IDW PS 405 Modifizierungen des Prüfungsurteils im Bestätigungsvermerk Rn. 4):

– Uneingeschränktes Prüfungsurteil (nicht modifizierter Bestätigungsvermerk)
– Eingeschränktes Prüfungsurteil
– Versagtes Prüfungsurteil
– Erklärung der Nichtabgabe eines Prüfungsurteils

Ein **uneingeschränktes Prüfungsurteil** wird erteilt, wenn keine *wesentlichen* Beanstandungen gegen Buchführung, Jahresabschluss und einem ggf. aufgestellten Lagebericht vorliegen. Damit können in diesem Falle durchaus Fehler vorliegen und nicht korrigiert worden sein, sie dürfen nur nicht wesentlich sein. Die Wesentlichkeit legt dabei der Wirtschaftsprüfer adressatenorientiert anhand bestimmter Kennzahlen des Jahresabschlusses fest.

Ein **eingeschränktes Prüfungsurteil** ist zu erteilen, wenn der Abschlussprüfer *wesentliche* Beanstandungen gegen abgrenzbare Teile der Buchführung oder des Jahresabschlusses hat, und diese auch nicht im Rahmen der Abschlussprüfung korrigiert wurden (vgl. IDW PS 405 Rn. 27 ff.). Die Beanstandungen sind im Bestätigungsvermerk explizit zu benennen.

Einen **versagtes Prüfungsurteil** wird der Abschlussprüfer erteilen, wenn sich die Beanstandungen auf wesentliche Teile der Rechnungslegung beziehen und diese zu umfassenden Auswirkungen auf Abschluss und Lagebericht führen (vgl. IDW PS 405 Rn. 33 ff. Beispiele für umfassende tatsächliche oder mögliche Auswirkungen finden sich in IDW PS 400 Rn. 7g). Ein typischer Fall ist eine nicht ordnungsgemäße Buchführung.

Eine **Erklärung der Nichtabgabe eines Prüfungsurteils** wird der Abschlussprüfer dann abgeben, wenn es ihm aufgrund sog. Prüfungshemmnisse nicht möglich ist, Teile des Abschlusses zu prüfen und dies wesentliche und umfassende Auswirkungen auf den Abschluss haben kann (vgl. IDW PS 405 Rn. 37 ff. Dies ist dann der Fall, wenn die geprüfte Stiftung nicht in der Lage ist, Prüfungsnachweise vorzulegen, z.b. über ein Tochterunternehmen, welches aber wesentlich für den Jahresabschluss der Stiftung ist.

69 Unabhängig von einer Modifizierung hat der Abschlussprüfer im Bestätigungsvermerk auf eine eventuelle **Bestandsgefährdung** der Stiftung hinzuweisen (§ 322 Abs. 2 S. 3 HGB, vgl. auch IDW PS 270 n.F.). Der Hintergrund ist der Folgende: Besteht eine Bestandsgefährdung für die Stiftung, hat der Stiftungsvorstand diese im Lagebericht (falls ein solcher nicht erstellt wird, im Anhang) darzustellen. Wird dies angemessen getan und ergeben sich auch ansonsten keine Beanstandungen, ist ein uneingeschränktes Prüfungsurteil abzugeben. Insofern stellt ein uneingeschränktes Prüfungsurteil kein „Gesundheitstestat" oder „Gütesiegel" dar (vgl. auch BeBiKo/*Schmidt/Küster*, § 322 Rn. 11 mit weiteren Nennungen). Damit es hier nicht zu einer „Erwartungslücke" kommt, da in der Öffentlichkeit durchaus teilweise eine solche Erwartung an den Bestätigungsvermerk gestellt wird, wird die Aussage zur Bestandsgefährdung im Testat noch einmal aufgegriffen.

Nach dem neuen Prüfungsstandard IDW PS 406 Hinweise im Bestätigungsvermerk, sind nun weitere Hinweise möglich und ggf. in Zukunft auch üblich. Dies kann z.b. ein Hinweis zur Hervorhebung von wichtigen Sachverhalten sein (IDW PS 406 Rn. 10 f.).

70 Für den Bestätigungsvermerk gab es einen vom IDW festgelegten Aufbau, der sich in der Praxis auch durchgesetzt hatte (IDW PS 400 a.F. Anlage 1). Nach der überarbeiteten Stellungnahme sieht der Aufbau nun wie folgt aus (vgl. IDW PS 400 Rn. 30 ff.):

– Überschrift
– Empfänger
– Was wurde gemacht? – Prüfung des Jahresabschlusses nach den Vorschriften des HGB
– Prüfungsurteile:
– Jahresabschluss (und ggf. Lagebericht) entsprechen den Vorschriften
– Keine Einwendungen (bzw. Nennung der Einwendungen)
– Grundlage für die Prüfungsurteile (Hinweis auf HGB und IDW)
– Ggf. weitere Themen (Hinweise, sonstige Informationen)
– Verantwortung der gesetzlichen Vertreter und des Aufsichtsorgans
– Verantwortung des Abschlussprüfers
– Ort, Datum, Unterschrift

II. Prüfung durch einen Wirtschaftsprüfer

c) Prüfungsvermerk des Wirtschaftsprüfers

Wenn kein kaufmännischer Jahresabschluss erstellt wird, der vollumfänglich den Vorschriften des HGB entspricht, und insbesondere, wenn eine Stiftung eine Einnahmen-Ausgabenrechnung mit einer Vermögensübersicht erstellt, kann kein Bestätigungsvermerk erteilt werden. In diesen Fällen ist ein **Prüfungsvermerk des Wirtschaftsprüfers** zu erteilen (IDW PS 480 Rn. 20). Auch für diesen Vermerk sieht das IDW einen formelmäßigen Aufbau vor, der sich grundsätzlich am Bestätigungsvermerk orientiert und für den auch die meisten Ausführungen zum Bestätigungsvermerk gelten (vgl. IDW PS 480 Anlage 2; IDW PS 480 Rn. 22 mit Verweis auf IDW PS 400 (Grundsätze für die ordnungsmäßige Erteilung von Bestätigungsvermerken bei Abschlussprüfungen)). Als wesentliche Abweichungen zum Bestätigungsvermerk, neben der Bezeichnung, sind zu nennen (IDW PS 480 Rn. 22):

– Es sind Zweck des Abschlusses sowie die Adressaten des Abschlusses zu nennen
– es ist auf die Verantwortlichkeit des Stiftungsvorstands für die Vertretbarkeit der angewendeten Rechnungslegungsgrundsätze hinzuweisen

Bei der Nennung des Zwecks des Abschlusses sollte auch darauf hingewiesen werden, dass der Abschluss für andere Zwecke möglicherweise nicht geeignet ist.

Der Zweck einer Jahresrechnung in Form einer einfachen Einnahmen-Ausgabenrechnung mit Vermögensübersicht ist beispielsweise die Erfüllung der Pflicht zur Vorlage dieser Rechnung bei der Stiftungsaufsicht, die sich regelmäßig aus den Landesstiftungsgesetzen ergibt. Möglicherweise ist die erstellte Jahresrechnung aber für steuerliche Zwecke nicht geeignet, weil für den wirtschaftlichen Geschäftsbetrieb keine Einnahmen-Überschussrechnung erstellt worden ist. Für diese wären andere Rechnungslegungsgrundsätze anzuwenden (konkret z.B. der Ausweis längerfristiger Investitionen über Abschreibungen nach § 4 Abs. 3 EStG).

Wenn nur einzelne *Finanzaufstellungen* oder deren *Bestandteile von Finanzaufstellungen* vom Wirtschaftsprüfer zu prüfen sind, ist ebenfalls ein Prüfungsvermerk des Wirtschaftsprüfers zu erteilen (IDW PS 490 Rn. 20, für Beispiele → Rn. 28).

d) Bescheinigung

Nachdem die meisten prüferischen Tätigkeiten des Wirtschaftsprüfers entweder mit einem Bestätigungsvermerk oder mit einem Prüfungsvermerk des Wirtschaftsprüfers enden, werden Bescheinigungen nur noch in den folgenden Fällen erteilt:

– Der Wirtschaftsprüfer *erstellt* den Jahresabschluss mit oder ohne Prüfungshandlungen (→ Rn. 18 ff.),

– der Abschlussprüfer nimmt eine *prüferische Durchsicht* vor (→ Rn. 22 ff.),
– der Abschlussprüfer erteilt eine Bescheinigung *im Rahmen der Abschlussprüfung* aufgrund einer Verpflichtung aus einem Spezialgesetz (z.B. KHG).

Bei Bestätigungen nach **Spezialgesetzen** ist danach zu unterscheiden, ob der Wirtschaftsprüfer als *Teil seiner Abschlussprüfung* bestimmte Werte bestätigen soll oder ob er *neben der Abschlussprüfung* weitere Bestätigungen durchführt. Im ersten Fall wird eine Bescheinigung erstellt, im zweiten Fall handelt es sich um einen Fall des IDW PS 490, entsprechend ist ein Prüfungsvermerk des Wirtschaftsprüfers zu erteilen.

Gibt es keine Vorgaben zum Aufbau der Bescheinigung, wird diese regelmäßig in Anlehnung an den Aufbau des Bestätigungsvermerks erstellt. Wichtig ist, dass der Umfang der Tätigkeit des Wirtschaftsprüfers deutlich wird. So muss bei einer *Erstellung des Abschlusses* dies klar aus der Bescheinigung hervor gehen. Bei einer *prüferischen Durchsicht* kann der Wirtschaftsprüfer nur eine negative Aussage treffen (in dem Sinne, dass sich keine Anhaltspunkte ergeben haben, die dagegen sprechen, dass die Buchführung und der Jahresabschluss nicht ordnungsmäßig sind, vgl. zum Vorschlag des IDW: IDW PS 900: Grundsätze für die prüferische Durchführung von Abschlüssen, Rn. 26 und die Anlagen zum Prüfungsstandard → Rn. 24),

5. Siegelpflicht

74   Wenn der Wirtschaftsprüfer eine Jahresabschlussprüfung nach HGB durchführt und entsprechend auch einen Bestätigungsvermerk nach § 322 HGB erteilt, stellt sich die Frage, ob er verpflichtet ist, sein Berufssiegel zu führen. Bis 2007 hatte der Wirtschaftsprüfer immer dann das Siegel zu verwenden, wenn er Erklärungen aufgrund gesetzlicher Vorschriften abgibt. Solche Vorschriften ergaben sich teilweise aus den Landesstiftungsgesetzen, so dass je nach Landesstiftungsgesetz von einer Siegelpflicht ausgegangen wurde (vgl. WPK-Magazin 1/2005, 32f.).

75   Nach § 48 Abs. 1 Satz 1 WPO sind Wirtschaftsprüfer nunmehr ausdrücklich nur noch dann zur Siegelführung verpflichtet, wenn sie Erklärungen abgeben, die Ihnen gesetzlich vorbehalten sind. Die Pflicht knüpft damit an eine gesetzliche Vorbehaltsaufgabe an (vgl. WPK-Magazin 3/2008, 32). Nach Anpassung der Stiftungsgesetze sieht kein Landesstiftungsgesetz die Prüfung der Jahresrechnung als eine Vorbehaltsaufgabe für einen Wirtschaftsprüfer an, vielmehr obliegt die eigentliche Prüfung den Stiftungsbehörden. Damit besteht in keinem Fall die Pflicht zur Siegelführung (vgl. Homepage der Wirtschaftsprüferkammer: Siegelführung bei der Prüfung von Stiftungen, http://www.wpk.de/mitglieder/praxishinweise/siegelfuehrung).

Eine freiwillige Siegelführung ist allerdings möglich, sofern der Jahresabschluss und die entsprechende Prüfung dem HGB entsprechen und ein Bestätigungsvermerk erteilt wird. Da die Siegelführung für den Wirtschaftsprüfer mit weiteren Kontrollen verbunden ist, wird die Jahresabschlussprüfung durch eine freiwillige Siegelführung allerdings tendenziell teurer.

III. Prüfung durch das Finanzamt

Eine Prüfung der Stiftung durch das Finanzamt findet in jedem Fall statt, auch wenn der Umfang der Prüfung in das Ermessen des Finanzamtes gestellt ist. Dieses entscheidet darüber, welche Unterlagen es ergänzend zu der Steuererklärung von der Stiftung einfordert und ob es über die Prüfung im Rahmen der Veranlagung hinaus eine zusätzliche Außenprüfung anordnet. Das gilt gleichermaßen für die steuerbegünstigte und die steuerpflichtige Stiftung. 76

1. Veranlagung und Außenprüfung

Im **Veranlagungsverfahren** prüft das Finanzamt die zu führenden Bücher und Aufzeichnungen für steuerliche Zwecke und zwar regelmäßig auf Grundlage des mit der Steuererklärung eingereichten Abschlusses. Dabei werden steuerpflichtige Stiftungen jährlich veranlagt. Bei gemeinnützigen Stiftungen findet die Veranlagung grundsätzlich im Abstand von drei Jahren statt (AEAO zu § 59 AO Nr. 7). Überprüft wird dabei, ob in den einzelnen Veranlagungszeiträumen die Voraussetzungen der Steuerbefreiung vorlagen. Eine jährliche Veranlagung wird hingegen durchgeführt, wenn die steuerbegünstigte Stiftung öffentliche Zuschüsse erhält oder mit ihrem wirtschaftlichen Geschäftsbetrieb steuerpflichtig ist (OFD Düsseldorf 16.12.1982, StEK KStG § 5 Nr. 49). 77

Eine vollständige Prüfung der geführten Bücher und Aufzeichnungen einschließlich der Abschlüsse erfolgt bei größeren Stiftungen im Rahmen einer **Außenprüfung**. Dies gilt auch für gemeinnützige Stiftungen, wenn eine Prüfung an Amtsstelle nach Art und Umfang der zu prüfenden Sachverhalte nicht zweckmäßig ist (§ 193 Abs. 2 Nr. 2 AO). Bei jährlichen Einnahmen von über 6 Mio. EUR erfüllen steuerbegünstigte Stiftungen die Voraussetzungen eines Großbetriebes, für die grundsätzlich eine Anschlussprüfung vorgesehen ist bei denen sich die Prüfungszeiträume aneinander anschließen (§ 4 Abs. 2 BpO). 78

2. Besonderheiten bei gemeinnützigen Stiftungen

Bei steuerbegünstigten Stiftungen ist Prüfungsgegenstand im Rahmen der Veranlagung und der Außenprüfung die formelle und materielle Satzungsmäßigkeit. Es wird also geprüft, ob die Satzung mit den abgabenrechtlichen Vorgaben zur Gemeinnützigkeit und die tatsächliche Geschäftsführung wiederum mit der Satzung in Einklang stehen. Im Regelfall sind von der Stiftung dafür die *aktuelle Satzung*, die *Jahresrechnung*, die *Mittelverwendungsrechnung*, ein *steuerlicher Rücklagenspiegel* sowie einen *Tätigkeitsbericht* vorzulegen. 79

80 Ein Verstoß gegen die formelle oder materielle Satzungsmäßigkeit kann unterschiedliche **Rechtsfolgen** nach sich ziehen und zwar

- die Bestimmung einer Frist seitens des Finanzamtes zur Verwendung von unzulässig angesammelten zeitnah zu verwendenden Mitteln (→ Rn. 81),
- der rückwirkende, bis zu zehnjährige Entzug der Steuerbegünstigung bei einem satzungsmäßigen oder tatsächlichen Verstoß gegen die Vermögensbindung (→ Rn. 82),
- die Versagung der Steuerbegünstigung für einen Veranlagungszeitraum oder -zeitpunkt bei einem Verstoß gegen allgemeine Bestimmungen gegen das Gemeinnützigkeitsrechts (→ Rn. 83) insbesondere die zahlreichen Mittelverwendungsgebote und Mittelverwendungsverbote,
- die Erhöhung des zu versteuernden Gewinns der Stiftung, wenn ein wirtschaftlicher Geschäftsbetrieb erst im Nachhinein erkannt wird oder der Gewinn, insbesondere in Bezug auf gemischte Kosten, nicht zutreffend ermittelt wurde (→ Rn. 84 f.) oder
- die Spendenhaftung für fehlerhaft oder unzulässig ausgestellte Spendenbescheinigungen (→ Rn. 86 ff.).

a) Mittelverwendungspflicht

81 Die steuerbegünstigte Stiftung muss ihre Mittel grundsätzlich zeitnah für steuerbegünstigte Zwecke einsetzen. Eine zeitnahe Mittelverwendung ist gegeben, wenn die Mittel spätestens in den auf den Zufluss **folgenden zwei Wirtschaftsjahren** für die steuerbegünstigten satzungsmäßigen Zwecke verwendet werden (§ 55 Abs. 1 Nr. 5 AO). Eine Vermögensansammlung ist nur ausnahmsweise im Rahmen der zulässigen Bildung steuerlicher Rücklagen sowie der zulässigen Zuführung zum Vermögen erlaubt. Insbesondere anhand der Mittelverwendungsrechnung prüft die Finanzverwaltung eine mögliche Überschreitung der Mittelverwendungsfrist. Hat die Stiftung unzulässig Mittel angesammelt, wird das Finanzamt ihr eine **angemessene Frist** für deren Verwendung setzen (§ 63 Abs. 4 AO). Kommt die Stiftung ihrer Verpflichtung nach, wird insoweit kein Verstoß gegen die Mittelverwendungsfrist angenommen (AEAO zu § 63 AO Nr. 2). Erst wenn die Stiftung die gesetzte Frist für die Mittelverwendung nicht einhält, gilt die tatsächliche Geschäftsführung als nicht ordnungsgemäß und es liegt ein Verstoß gegen das allgemeine Gemeinnützigkeitsrecht vor.

b) Vermögensbindung

82 Die Stiftung hat den Grundsatz der Vermögensbindung zu beachten, indem sie ihr vorhandenes Vermögen bei Auflösung oder Wegfall der steuerbegünstigten Zwecke ausschließlich für steuerbegünstigte Zwecke verwendet (§ 55 Abs. 1 Nr. 4 AO). Durch die Finanzverwaltung wird zum einen geprüft, ob die **Satzung** der Stiftung eine Vermögensbindung für steuerbegünstigte Zwe-

III. Prüfung durch das Finanzamt

cke sowie einen steuerbegünstigten Anfallsberechtigten vorsieht. Zum anderen wird ein Verstoß gegen die Vermögensbindung aber auch angenommen, wenn die tatsächliche Geschäftsführung zu einem (nahezu) gesamten **Verbrauch** des Vermögens für satzungsfremde Zwecke führt (AEAO Nr. 6 zu § 61 AO). Ein Verstoß gegen die Vermögensbindung wird besonders schwer geahndet und zieht eine Nachversteuerung für die letzten zehn Jahre nach sich (§ 61 Abs. 3 AO).

c) Allgemeines Gemeinnützigkeitsrecht

Im Gegensatz zu einem Verstoß gegen die Vermögensbindung kann ein Verstoß gegen allgemeine Bestimmungen des Gemeinnützigkeitsrechts mit dem Entzug der Steuerbegünstigung je nach Steuerart für den betroffenen Veranlagungszeitraum oder Besteuerungszeitpunkt geahndet werden (AEAO Nr. 3 Sätze 2 und 3 zu § 51 Abs. 1 AO). Mit nachfolgenden **Prüfungsschwerpunkten** ist bei einer gemeinnützigen Stiftung sowohl im Rahmen der Veranlagung als auch bei einer Außenprüfung üblicherweise zu rechnen:

– Der **Wortlaut der Satzung** der Stiftung muss während des gesamten Besteuerungszeitraums (AEAO Nr. 7 zu § 60 AO) inhaltlich der Mustersatzung entsprechen (§ 60 Abs. 1 Satz 2 AO i.V.m. Anlage 1 zur AO) und darf nur ausnahmsweise davon abweichen (AEAO Nr. 2 Sätze 2 und 3 zu § 60 AO), damit ein Feststellungsbescheid über die Einhaltung der satzungsmäßigen Voraussetzungen ergehen kann (§ 60a AO). Hat die Stiftung bereits vor dem 1. Januar 2009 bestanden, muss die Stiftung ihre Satzung nicht allein zur Anpassung an die Mustersatzung ändern. Wird die Satzung, gleich aus welchem Grund, geändert, sind die Vorgaben der Mustersatzung zwingend zu beachten, um die Steuerbegünstigung nicht zu gefährden.
– Nach Aufgabe der *Geprägetheorie* (BFH 15.7.1998 – I R 156/94, BStBl. II 2002, 162 und BFH 4.4.2007 – I R 76/05, BStBl. II 2007, 631) sind die Vermögensverwaltung sowie, die Unterhaltung eines wirtschaftlichen Geschäftsbetriebes auch in größerem Umfang unschädlich, wenn sie der Beschaffung von Mitteln zur Erfüllung der steuerbegünstigten Aufgabe dienen. Allerdings müssen diese Tätigkeiten dem steuerbegünstigten Zweck untergeordnet sein. Die vermögensverwaltende oder wirtschaftliche Betätigung dürfen keinen davon losgelösten Zweck oder gar **Hauptzweck der Stiftung** darstellen (AEAO Nr. 1 Sätze 3 und 4 zu § 56 AO).
– Werden Mittel der gemeinnützigen Stiftung in einem unangemessenen Umfang zur Deckung von **Verwaltungskosten** oder **Spendenwerbung** verwendet, wird darin eine fehlerhafte Mittelverwendung gesehen. Feste Obergrenzen sind weder durch die Finanzverwaltung noch durch die Rechtsprechung festgelegt, es kommt vielmehr auf den Einzelfall an (AEAO Nr. 18 bis 21 zu § 55 Abs. 1 Nr. 1 AO). In der Praxis wird die Grenze, mit Ausnahme der Gründungsphase, im Verhältnis zu den Einnahmen regelmäßig bei 30 Prozent angenommen, die Grenze von 50 Prozent sollte

auf keinen Fall überschritten werden. Zu den Verwaltungskosten zählt auch die **Organvergütung**. Eine solche darf nur auf Grund eines Satzungsvorbehaltes gezahlt werden (§ 27 Abs. 3, § 40 i.V.m. § 86 Satz 1 BGB). Soll der Vorstand oder ein anderes Organ nicht nur einen Auslagenersatz, sondern eine Tätigkeitsvergütung erhalten, muss die Satzung dies durch eine Öffnungsklausel oder Ermächtigungsklausel vorsehen.
– Die Stiftung darf ihre Mittel nur durch die abgabenrechtlich erlaubte Bildung **steuerlicher Rücklagen** (→ Kapitel C Rn. 55 ff.) sowie im Rahmen der erlaubten Zuführung zum Vermögen (→ Kapitel C Rn. 84 ff.) thesaurieren. Darüber hinaus angesammelte Mittel verstoßen gegen die Mittelverwendungsfrist (→ Rn. 81), wenn sie nicht in den auf den Zufluss folgenden zwei Wirtschaftsjahren für die steuerbegünstigten satzungsmäßigen Zwecke verwendet werden (§ 55 Abs. 1 Nr. 5 AO). Der Nachweis der zeitnahen Mittelverwendung ist anhand der Mittelverwendungsrechnung (→ Kapitel C Rn. 46 ff.) zu führen.
– Durch die Mittelverwendungsrechnung ist weiterhin die Einhaltung der zahlreichen Mittelverwendungsverbote (→ Kapitel C Rn. 51) nachzuweisen. Satzungsgemäß zu verwendende Mittel darf die Stiftung regelmäßig nicht in ihrem steuerpflichtigen wirtschaftlichen Geschäftsbetrieb einsetzen, nicht an steuerpflichtige Körperschaften weitergeben und nicht zur Vergabe von Darlehen nutzen.

d) Wirtschaftliche Geschäftsbetriebe

84 Die korrekte Abgrenzung der vier Sphären, insbesondere des Zweckbetriebs oder der Vermögensverwaltung zum steuerpflichtigen wirtschaftlichen Geschäftsbetrieb, ist einer der Schwerpunkte steuerlicher Prüfungen. Im Mittelpunkt steht regelmäßig die Frage, ob es bislang **unerkannte** *steuerpflichtige wirtschaftliche Geschäftsbetriebe* gibt. Wird ein solcher erst nachträglich erkannt, sind zum einen die Erträge der Besteuerung zu unterwerfen und zum anderen ist zu prüfen, ob dieser nicht mit zeitnah zu verwendenden Mitteln finanziert wurde.

85 Die Abgrenzung der Tätigkeitsbereiche ist auch bedeutend für die Zuordnung **gemischter Kosten** (AEAO Nr. 4 bis 6 zu § 64 Abs. 1 AO), also solcher Aufwendungen, die sowohl durch den steuerbefreiten also auch durch den steuerpflichtigen Bereich verursacht sind. Vorrangig durch den ideellen nichtsteuerlichen Bereich veranlasste Aufwendungen, die durch einen wirtschaftlichen Geschäftsbetrieb mit veranlasst sind, können anteilig dem wirtschaftlichen Bereich zugeordnet werden (BFH 15.1.2015 – I R 48/13, 2. Leitsatz). Die gewerbliche Mitveranlassung kann aber nur berücksichtigt werden, wenn objektivierbare zeitliche oder quantitative Kriterien für die Abgrenzung der Veranlassungszusammenhänge vorhanden sind. Sind die ideellen und gewerblichen Beweggründe untrennbar ineinander verwoben, ist nur der primäre Veranlassungszusammenhang zu berücksichtigen (AEAO Nr. 5 zu § 64 Abs. 1

AO) mit der Folge, dass eine Berücksichtigung des anteiligen Aufwandes bei der Gewinnermittlung des wirtschaftlichen Geschäftsbetriebes ausscheidet.

e) Spendenbescheinigungen

Abzugsfähige Spenden (§ 10b EStG, § 9 Abs. 1 Nr. 2 KStG, § 9 Nr. 5 GewStG) muss die Stiftung dem Spender durch eine förmliche Zuwendungsbestätigung nachweisen. Ohne diese Bestätigung der empfangenden Stiftung ist der Spendenabzug auf Seiten des Spenders ausgeschlossen. Zuwendungsbestätigungen sind nach **amtlichem Muster** auszustellen (§ 50 Abs. 1 Satz 1 EStDV). Die von der Stiftung selbst herzustellenden Bescheinigungen müssen zwar nur die im Einzelfall einschlägigen Angaben enthalten, im Übrigen sind die Wortwahl und Reihenfolge aber zwingend beizubehalten (BMF 7.11.2013 – IV C 4 – S 2223/07/0018, BStBl. I 2013, 1333). 86

Zuwendungsbescheinigungen dürfen nur ausgestellt werden, wenn der Körperschaftsteuer- oder Freistellungsbescheid nicht älter als fünf Jahre ist oder der Feststellungsbescheid (§ 60a AO) nicht älter als drei Jahre ist (§ 63 Abs. 5 AO). Nur ausnahmsweise genügt dem Spender ein Bareinzahlungsbeleg oder eine Buchungsbestätigung der Bank, wenn die Zuwendung zur Linderung der Not in Katastrophenfällen erfolgt oder die Zuwendung den Höchstbetrag von 200 EUR nicht übersteigt (§ 50 Abs. 2 EStDV).

Wird von der Stiftung vorsätzlich oder grob fahrlässig eine unrichtige Bescheinigung ausgestellt oder wird die Zuwendung nicht satzungsgemäß verwendet, haften die Stiftung und der Stiftungsvorstand (*Schmidt*, § 10b EStG, Rn. 52) für die entgangene Steuer. Diese **Spendenhaftung** wird mit 30 Prozent des zugewendeten Betrages angesetzt (§ 10b Abs. 4 Satz 3 EStG). 87

Vor dem Hintergrund der Spendenhaftung muss sich aus der Buchführung die tatsächliche Verwendung für gemeinnützige Zwecke ergeben. Außerdem muss Stiftung jeweils ein **Doppel** der erstellten Bestätigung aufbewahren (§ 50 Abs. 4 EStDV). Es gelten dafür die allgemeinen steuerlichen Aufbewahrungsfristen. Die ordnungsgemäße Aufzeichnung setzt voraus, dass jede einzelne Spende vollständig unter Beachtung des Saldierungsverbots erfasst wird. Die Zuwendungsbestätigung stellt, weil sie Grundlage für eine Buchung ist, einen *Buchungsbeleg* dar, der zehn Jahre aufzubewahren ist (§ 147 Abs. 1 Nr. 4 i.V. Abs. 3 Satz 1, 1. Alt. AO), es sei denn die Festsetzungsfrist für den Ausstellungstag der Zuwendungsbestätigung ist noch nicht abgelaufen (§ 147 Abs. 3 Satz 3 AO). Letzteres führt regelmäßig zu einer Verlängerung der Frist auf einen tatsächlichen Zeitraum von zwölf Jahren. 88

Abgrenzungsfragen ergeben sich in der Praxis häufig im Bereich des **Sponsorings**. Während Einnahmen für die Duldung von Werbemaßnahmen des Sponsors mit dem Namen der Stiftung, ohne dass sich diese sich an der Werbung beteiligt, noch als Spende angesehen werden, führen die ausdrückliche Einräumung des Rechts, die Sponsoringmaßnahme vermarkten zu dürfen (BMF 25.7.2014 – IV D 2 – S 7100/08/10007:003, BStBl. I 2014, 1114) sowie 89 die aktive Mitwirkung an einer Werbung für den Sponsor (BFH 28.11.1961 – I 34/61 U, BStBl. III 1962, 73) zur Annahme eines wirtschaftlichen Geschäftsbetriebes der Stiftung. Unabhängig vom Betriebsausgabenabzug des Sponsors können die Einnahmen bei der Stiftung solche des ideellen Bereichs, der Vermögensverwaltung oder des wirtschaftlichen Geschäftsbetriebes sein (BMF 18.2.1998 – IV B 2 – S 2144 – 40/98, BStBl. I 1998, 212, Anm. III). Für Einnahmen im ideellen Bereich darf die Stiftung keine Zuwendungsbestätigung ausstellen (→ Kapitel E Rn. 226 ff.).

IV. Prüfung durch die Rechnungshöfe

1. Prüfungsrecht

90 Eine ordnungsmäßige Rechnungslegung ist nicht nur für privatrechtliche Institutionen, sondern selbstverständlich auch für die öffentliche Verwaltung eine Notwendigkeit. Entsprechend wurde für diesen Bereich ein von den ausführenden Instanzen unabhängiges Prüfungssystem installiert, welches darauf ausgerichtet ist, „eine Bewirtschaftung öffentlicher Ressourcen zu gewährleisten, die den Prinzipien der Ordnungsmäßigkeit und Wirtschaftlichkeit entspricht" (*Marten/Quick/Ruhnke:* Wirtschaftsprüfung, 5. Aufl. 2015, S. 21). Die entsprechenden Rechtsnormen finden sich im Haushaltsgrundsätzegesetz (HGrG), in der Bundeshaushaltsordnung (BHO) sowie in den entsprechenden Landeshaushaltsordnungen (LHO).

Der konkrete Prüfungsauftrag an die Rechnungshöfe ergibt sich aus § 42 Abs. 1 HGrG: „Die gesamte Haushalts- und Wirtschaftsführung des Bundes und der Länder einschließlich ihrer Sondervermögen und Betriebe wird von Rechnungshöfen geprüft." Die Vorschriften in §§ 88 Abs. 1 BHO und LHO entsprechen dieser Regelung.

91 Die Prüfung wird auf Bundesebene durchgeführt durch den **Bundesrechnungshof**, auf Landesebene durch die **Landesrechnungshöfe**. Die Rechnungshöfe sind unabhängig von den Finanzbehörden und stellen insofern öffentlich-rechtliche Instanzen des Prüfungswesens dar (vgl. *Marten/Quick/Ruhnke:* Wirtschaftsprüfung, 5. Aufl. 2015, S. 22).

Im Bereich der Stiftungen unterliegen insbesondere die *Stiftungen öffentlichen Rechts* der Prüfung durch die Rechnungshöfe. Daneben errichtet die öffentliche Hand allerdings auch häufig Stiftungen bürgerlichen Rechts. Auch in diesen Fällen wird dem jeweiligen Rechnungshof regelmäßig ein Prüfungsrecht eingeräumt, da die Stiftung mit öffentlichen Mitteln finanziert worden ist.

2. Prüfungsdurchführung

92 Die Rechnungshöfe agieren unabhängig und entscheiden in eigener Verantwortung, wann und wie eine Prüfung durchgeführt wird. Damit ist die

Prüfung durch den Rechnungshof, anders als die Prüfung durch den Wirtschaftsprüfer, nicht notwendigerweise eine Jahresprüfung; sie kann allerdings jährlich erfolgen (vgl. z.B. § 89 Abs. 2 BHO: „Der Bundesrechnungshof kann nach seinem Ermessen die Prüfung beschränken und Rechnungen ungeprüft lassen"). Auch hinsichtlich des Umfangs wird regelmäßig keine alle Bereiche der Stiftung betreffende Prüfung durchgeführt. Nach § 89 Abs. 1 BHO hat der Bundesrechnungshof folgende Prüfungsfelder (identische Vorschriften finden sich in den entsprechenden LHO):

- die Einnahmen, Ausgaben, Verpflichtungen zur Leistung von Ausgaben, das Vermögen und die Schulden
- Maßnahmen, die sich finanziell auswirken können
- Verwahrungen und Vorschüsse
- Verwendung der Mittel, die zur Selbstbewirtschaftung zugewiesen sind.

Bei Stiftungen, die durch die öffentliche Hand errichtet oder zumindest mit Mitteln der öffentlichen Hand ausgestattet sind, wird ein Schwerpunkt immer auf der Verwendung der Mittel der öffentlichen Hand liegen.

Der Fokus der Prüfung durch die Rechnungshöfe liegt auf der Einhaltung der relevanten Vorschriften, der Frage, ob die Einnahmen und Ausgaben begründet und die Rechnungslegungswerke ordnungsgemäß aufgestellt worden sind sowie der Frage, ob wirtschaftlich und sparsam verfahren wird (vgl. § 90 BHO). Bei kaufmännischen Abschlüssen wird auch nach kaufmännischen Grundsätzen geprüft (§ 92 BHO). Entsprechend kann hier auf die Ausführungen zur Wirtschaftsprüfung verwiesen werden (→ Rn. 57 ff.).

V. Interne Revision in der Stiftung

Die interne Revision, welche auch als Innenrevision bezeichnet wird, ist, anders als die bisher genannten Prüfungsinstanzen, eine *interne* Prüfungsinstitution, welche von der Unternehmensführung eingesetzt wird und i.d.R. auch mit eigenen Mitarbeitern besetzt ist. Damit diese gleichwohl ihre Unabhängigkeit und Objektivität bewahren kann, sind die entsprechenden Mitarbeiter von den zu prüfenden Einheiten der Stiftung abgekoppelt und unterstehen direkt der Führung, also dem Stiftungsvorstand.

Zielsetzung einer internen Revision ist es, den Vorstand bei seiner eigenen Kontrollausübung zu unterstützen. Die Ausübung der Kontrollfunktion gelingt einem Vorstand bei einfach strukturierten Stiftungen regelmäßig recht gut, so dass es hier einer internen Revision nicht bedarf. „Überschreitet die Größe (der Stiftung) oder die Komplexität der Geschäftsvorfälle jedoch einen gewissen Wert, ist die Delegation der Kontrollfunktion unvermeidbar" (*Peemöller/Kregel*: Grundlagen der Internen Revision, 2. Auflage 2014, S. 4). Einen Problemfall stellen Stiftungen dar, welche eine gewisse Komplexität aufweisen, ohne die Größe zu haben, dass eine Abteilung „Interne Revision" zwingend erforderlich erscheint. Die folgende Grafik stellt die Größenkategorien von Stiftungen im Hinblick auf die interne Revision dar, wobei der Übergang fließend ist (in Anlehnung an *Peemöller/Kregel:* Grundlagen der Internen Revision, 2. Auflage 2014, S. 4):

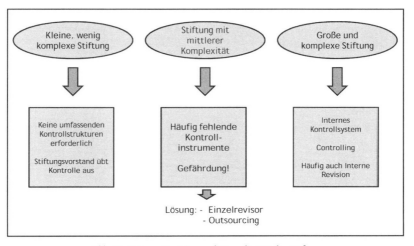

Abb. 39: Interne Revision und Komplexität der Stiftung

94   Ein eigener Revisor, erst recht eine eigene Abteilung Innenrevision, ist für die meisten, durchaus auch komplexeren, Stiftungen häufig mit sehr viel Aufwand verbunden. Der Stiftungsvorstand steht daher häufig vor einer klassischen „Make or Buy"-Entscheidung, da er grundsätzlich auch die Möglichkeit hat, die interne Revision durch einen externen Dienstleister, also beispielsweise durch einen Wirtschaftsprüfer, durchführen zu lassen. Bei einem (partiellen) **Outsourcing** sind wiederum verschiedene Konstellationen denkbar (vgl. auch *Peemöller/Kregel:* Grundlagen der Internen Revision, 2. Auflage 2014, S. 11, S. 371 ff., vgl. zur Zusammenarbeit der internen Revision mit dem Abschlussprüfer auch IDW PS 321: Interne Revision und Abschlussprüfung):

– Gerade kleinere Stiftungen mit einer gewissen Komplexität werden die interne Revision regelmäßig vollständig auslagern. Ein externer Dienstleister wird also mit der Durchführung vorher definierter Prüfungen insbesondere die Systemabläufe betreffend, beauftragt.
– Bei größeren Stiftungen könnte ein Einzelrevisor immer auch auf externe Unterstützung zurückgreifen.
– Selbst bei einer eigenen Revisionsabteilung könnte der Spitzenbedarf durch externe Prüfer abgedeckt werden oder es könnten Synergien aus der Kooperation mit dem Abschlussprüfer genutzt werden.

Die inhaltlichen Aufgaben der internen Revision ergeben sich aus deren 95
Definition. Die folgende Definition des Deutschen Instituts für Interne Revision e.V. (DIIR) basiert auf einer internationalen Definition des Institute of Internal Auditors: „Die Interne Revision erbringt unabhängige und objektive Prüfungs- und Beratungsdienstleistungen, welche darauf ausgerichtet sind, Mehrwerte zu schaffen und die Geschäftsprozesse zu verbessern. Sie unterstützt die Organisation bei der Erreichung ihrer Ziele, indem sie mit einem systematischen und zielgerichteten Ansatz die Effektivität des Risikomanagements, der Kontrollen und der Führungs- und Überwachungsprozesse bewertet und diese verbessern hilft" (*DIIR – Deutsches Institut für Interne Revision e.V.* (Hrsg.): Internationale Standards für die berufliche Praxis der Internen Revision 2017, S. 13).

Wichtig ist hierbei einerseits der sehr weite Fokus einschließlich des Risikomanagements und der Corporate Governance, andererseits auch der beratende Ansatz, was letztendlich bedeutet, dass neben der eigentlichen Prüfung auch Verbesserungsvorschläge unterbreitet werden.

Hinsichtlich der konkreten Vorgehensweise im Rahmen der Prüfungstätigkeit der internen Revision kann auf die Ausführungen zur Jahresabschlussprüfung, insbesondere zum systemorientierten Prüfungsansatz, verwiesen werden (→ Rn. 61 f.).

VI. Exkurs: Compliance Management System in der Stiftung

1. Notwendigkeit und Ausgestaltung von Compliance Management Systemen

In engem Zusammenhang mit den unterschiedlichen Prüfungsinstitutionen 96
im Stiftungsbereich steht die Frage nach den Compliance-Strukturen in der zu prüfenden Stiftung. Unter *Compliance* wird dabei die Einhaltung von Gesetzen, Richtlinien und freiwilligen Selbstverpflichtungen verstanden (vgl. IDW PS 980 Rn. 5). Das Thema hat seit einer Reihe von Jahren bei Profit-Unternehmen eine hohe Relevanz insbesondere auch aufgrund der Verpflichtung für Aktiengesellschaften, ein Risikofrüherkennungssystem einzurichten, welches bei kapitalmarktorientierten Aktiengesellschaften auch durch den Wirtschaftsprüfer in die Jahresabschlussprüfung einzubeziehen ist (vgl. 317 Abs. 4 HGB i.V.m. §§ 91 Abs. 2 AktG). Auch im Non-Profit-Sektor gewinnt das Thema in neuerer Zeit an Relevanz (vgl. zur Compliance im Non-Profit-Bereich *Ritter:* Compliance im Non-Profit-Bereich, in S&S 3/2014, Rote Seiten). Einige Fälle, bei denen Kontrollstrukturen im Non-Profit-Sektor versagt haben, zeigen die Notwendigkeit eines *angemessenen* (und damit nicht überdimensionierten) Compliance-Systems im Non-Profit-Be-

reich und insofern auch für Stiftungen (vgl. die Beispiele bei *Ritter:* Compliance im Non-Profit-Bereich, in S&S 3/2014, Rote Seiten, S. 9 f.). Die Bedeutung des Themas ist auch aufgrund einiger Gerichtsentscheidungen in den letzten Jahren gestiegen, bei denen das Fehlen eines Compliance Management Systems zu negativen Konsequenzen geführt hat, bzw. ein vorhandenes CMS bußgeldmindernd wirken kann (vgl. zur Vorstandspflicht zur Einrichtung eines CMS für den Bereich des Aktienrechts LG München I, 10.12.2013 – 5 HK O 1387/10. Das Urteil hat die persönliche Haftung des Vorstandes deutlich ausgeweitet und gilt als Präzedenzfall. Entsprechend einem neueren BGH-Urteil ist es für die Bemessung der Höhe einer Geldbuße von Bedeutung, inwieweit ein effizientes Compliance Management System eingerichtet ist, welches auf die Vermeidung von Regelverstößen ausgerichtet sein muss, vgl. BGH 9.5.2017 – 1 StR 265/16, BB 2017, 1931).

97   Unter einem *Compliance Management System* (CMS) ist die Gesamtheit der eingeführten Grundsätze und Maßnahmen eines Unternehmens (einer Stiftung) zu verstehen, die auf die Sicherstellung eines regelkonformen Verhaltens der gesetzlichen Vertreter und der Mitarbeiter des Unternehmens (der Stiftung) sowie ggf. von Dritten abzielen (vgl. IDW PS 980 Rn. 6). Die Einführung eines solchen Systems, welches im ersten Schritt auch nur Teilbereiche der Stiftung umfassen kann, hat, über das oben Gesagte hinaus, aufgrund eines BMF-Schreibens zu § 153 AO eine besondere Bedeutung für den *steuerlichen Bereich* erlangt (→ Rn. 99 ff.). Insofern ist eine Einführung eines CMS für den Bereich Steuern von besonderer Bedeutung.

98   Zur Ausgestaltung von Compliance-Management-Systemen hat sich die vorgeschlagene Vorgehensweise des IDW durchgesetzt, welches entsprechend dem Prüfungsstandard IDW PS 980 bei einem CMS zwischen den folgenden Grundelementen unterscheidet (vgl. IDW PS 980 Rn. 23):

– Compliance-Kultur
– Compliance-Ziele
– Compliance-Risiken
– Compliance-Programm
– Compliance-Organisation
– Compliance-Kommunikation
– Compliance-Überwachung und -Verbesserung

Unter der *Compliance –Kultur* wird insbesondere die Einstellung der Stiftungsführung zum Thema Compliance verstanden. Dabei geht es um das „Vorleben" einer auf die Einhaltung von Vorschriften ausgerichteten Grundeinstellung und dem „tone at the top" bzw. auch dem „tone from the top", also die Kommunikation der Stiftungsführung nach unten.

Die *Compliance-Ziele* stellen die Ziele dar, die mit dem CMS erreicht werden sollen. Hierzu gehört auch, dass z.B. bestimmte Teilbereiche festgelegt werden, die besonders relevant sind oder mit denen bei der Einrichtung eines CMS gestartet werden soll. Dies kann beispielsweise der Bereich Steuern sein.

VI. Exkurs: Compliance Management System in der Stiftung

Aus den Compliance-Zielen werden die *Compliance-Risiken* abgeleitet, welche dann hinsichtlich ihrer Eintrittswahrscheinlichkeit und die dann möglichen Folgen zu analysieren sind.
Im nächsten Schritt ist das eigentliche *Compliance-Programm* festzulegen. Dieses besteht aus unterschiedlichen Maßnahmen. Unterschieden werden kann hierbei zwischen präventiven und dedektiven Maßnahmen. Zu den *präventiven Maßnahmen* gehören z.b. Richtlinien oder Checklisten, Schulungen oder Zugriffsberechtigungen. *Dedektive Maßnahmen* umfassen beispielsweise prozessintegrierte Kontrollen, Überprüfungen oder die Einrichtung eines Hinweisgebersystems („whistleblower-system").
Bei der *Compliance-Organisation* geht es um die Zuordnung von Rollen und Verantwortlichkeiten sowie die Überprüfung, inwieweit Aufbau- und Ablauforganisation angepasst werden müssen.
Schließlich ist die *Compliance-Kommunikation* von erheblicher Bedeutung. Hier geht es um die Information der jeweils betroffenen Mitarbeiter, aber auch um die Festlegung von Sanktionen bei Verstößen.
Die Compliance-*Überwachung und –Verbesserung* ist nicht prozessintegriert und kann z.B. durch die interne Revision erfolgen, wenn die Stiftung über eine solche verfügt (→ Rn. 93 f.). Alternativ kann ein externer Wirtschaftsprüfer hiermit beauftragt werden. Gerade für die Überwachung ist die Dokumentation des CMS von hoher Relevanz. Neben der eigentlichen Überwachung geht es darum, das Vorhandene immer wieder in Frage zu stellen und entsprechend zu verbessern.

2. Tax Compliance Management System in der Stiftung

Eine besondere Bedeutung hat die Thematik der Einhaltung von Regeln unter dem Stichwort *Tqx Compliance Management System* hinsichtlich steuerlicher Fragestellungen bekommen. Maßgeblich hierzu beigetragen hat ein BMF-Schreiben aus dem Jahr 2016, welches die Konsequenzen aus dem Erkennen und der Korrektur von Fehlern in abgegebenen Steuererklärungen davon abhängig macht, inwieweit die Stiftung über ein „innerbetriebliches Kontrollsystem" verfügt (vgl. BMF 23.05.2016, BStBl. I 2016, 490). Konkret heißt es hierzu: „Hat der Steuerpflichtige ein innerbetriebliches Kontrollsystem eingerichtet, das der Erfüllung der steuerlichen Pflichten dient, kann dies ggf. ein Indiz darstellen, das gegen das Vorliegen eines Vorsatzes oder der Leichtfertigkeit sprechen kann" (BMF 23.5.2016, BStBl. I 2016, 490, Tz. 2.6 letzter Absatz). Hieraus wird in der Literatur eine gewisse Pflicht zur Einrichtung eines Tax-CMS verstanden, wenngleich der Umkehrschluss bei fehlendem Vorliegen nicht gemacht werden sollte (vgl. *Erdbrügger*, npoR 5/2016, S. 206 ff., *Erdbrügger/Jehke*, BB 41/2016, S. 2455 ff.).
Unter einem Tax-CMS wird „ein abgegrenzter Teilbereich eines CMS (verstanden), dessen Zweck die vollständige und zeitgerechte Erfüllung steuerlicher Pflichten ist" (IDW Praxishinweis: Ausgestaltung und Prüfung eines

Tax Compliance Management Systems gemäß IDW PS 980 (IDW Praxishinweis 1/2016)). Vor dem Hintergrund, dass sich steuerbegünstigte Stiftungen hier in einer besonderen Situation befinden – bei Nichteinhaltung wesentlicher steuerlicher Vorschriften droht ihnen die Aberkennung der Gemeinnützigkeit mit entsprechenden weitreichenden Folgen – sollte daher bei der Einrichtung eines CMS u.E. der Teilbereich Steuern zunächst angegangen werden.

100 Das BMF-Schreiben vom 23.05.2016 hat das IDW zum Anlass genommen, einen Praxishinweis herauszubringen, der sich insbesondere müssen steuerlichen Teilbereich eines CMS befasst (IDW Praxishinweis: Ausgestaltung und Prüfung eines Tax Compliance Management Systems gemäß IDW PS 980 (IDW Praxishinweis 1/2016)). Hier finden sich umfassende Erläuterungen zu den sieben Elementen in Bezug auf den Steuerbereich. Wichtig ist hierbei, dass ein Tax-CMS sich nicht auf die Steuerabteilung beschränkt, sondern große Teile der Stiftung umfasst. Hieraus folgt auch, dass die Auslagerung der Steuerthemen auf einen externen Steuerberater nicht dazu führt, dass ein Tax-CMS für die Stiftung nicht relevant ist.

101 Auch ein steuerliches CMS kann wiederum mehrere Teilbereiche umfassen, beispielsweise Gemeinnützigkeitsrecht, Umsatzsteuer oder Lohnsteuer. Aus Sicht des Gemeinnützigkeitsrechts ist die Vorgabe des § 63 Abs. 3 AO von erheblicher Bedeutung. Danach muss bei einer steuerbegünstigten Stiftung die Geschäftsführung auf die ausschließliche und unmittelbare Erfüllung der steuerbegünstigten Zwecke gerichtet sein und den Bestimmungen entsprechen, die die Satzung über die Voraussetzungen für Steuervergünstigungen enthält. Als zu beachtende Themenkomplexe können exemplarisch, sofern im Einzelfall einschlägig, die folgenden genannt werden:

– Satzungsgestaltung
– Vergütungen an Organe und Dritte
– Lohnsteuer
– Spenden
– Einwerben von Drittmitteln und Sponsorengeldern
– Zeitnahe Mittelverwendung
– Investitionen mit Eigenmitteln in der Sphäre der Vermögensverwaltung und des steuerpflichtigen wirtschaftlichen Geschäftsbetriebes
– Ausgliederungen/Umwidmungen
– Verrechnungspreise mit Tochterunternehmen, wenn diese nicht gemeinnützig sind
– Kooperationen
– Defizitäre steuerpflichtige und vermögensverwaltende Tätigkeiten
– Umsatzsteuerliche Themenstellungen (z.B. Abgrenzung der Sphären, Organschaft)

Die Auflistung dient dabei eher einem Brainstorming als dass sämtliche Themen bei der einzelnen Stiftung einschlägig sein müssen.

VI. Exkurs: Compliance Management System in der Stiftung

Zur Einrichtung eines Tax-CMS in einer Stiftung seien exemplarisch einige wichtige Schritte aufgelistet (vgl. *Berndt/Schneider*: Auch ohne Vorsatz strafbar, DIE STIFTUNG 3/2018, S. 28 f.). Hierbei sollte sich grundsätzlich an den Elementen des IDW PS 980 orientiert werden, wobei das CMS die Größe und die Komplexität der Stiftung (z.B., ob ein Auslandsbezug gegeben ist) berücksichtigen sollte. Im Einzelfall kommt es dabei auf die Strukturen der Stiftung sowie darauf an, was bereits vorliegt.

- Zunächst ist auch für ein Tax-CMS festzulegen, ob sämtliche Steuerarten umfasst sind, oder sich zunächst auf einzelne Teilbereiche beschränkt wird.
- Anschließend sollte eine Bestandsaufnahme des Vorhandenen gemacht werden. Häufig sind viele Themen in Checklisten, Richtlinien o.ä. durchaus bereits geregelt, eine Systematik, insbesondere eine systematische Dokumentation, fehlt aber.
- Nach der Bestandaufnahme ist die Organisation der steuerlichen Themen kritisch zu hinterfragen. Dabei nimmt die Steuerabteilung oder der externe Steuerberater eine wichtige Funktion ein, das Steuerthema beschränkt sich aber nicht auf eine Abteilung bzw. Funktion. Ggf. sind in den Abläufen und/oder Verantwortlichkeiten Anpassungen vorzunehmen.
- Um die steuerlich relevanten Themen präsent zu haben, bietet es sich an, einerseits Problemstellungen der Vergangenheit, z.B. im Rahmen einer Betriebsprüfung, zu analysieren, zum anderen aktuell diskutierte steuerliche Fragestellungen (über Literatur oder Seminare) zu sammeln.
- Schließlich ist ein Fahrplan in Bezug auf die einzelnen Elemente zu entwickeln und Verantwortlichkeiten sind festzulegen.
- Ein wichtiger Punkt ist zudem die Kommunikation der Themen in der Stiftung. So könnten Schulungen zu den alle Mitarbeiter betreffenden Themen durchgeführt werden.

G. Publizität von Stiftungen

Übersicht

	Rn.
G. Publizität von Stiftungen	1
I. Begriff	1
II. Gesetzliche Offenlegungsvorschriften	3
1. Handelsrecht	4
2. Landesstiftungsrecht	7
3. Informationsfreiheitsrecht	11
4. Steuerrecht	12
a) Steuererklärung	13
b) Elektronische Bilanz	16
III. Freiwillige Transparenz im dritten Sektor	18
IV. Transparenzregister	25
1. Hintergrund	25
2. Anwendungsbereich bei rechtsfähigen und nichtrechtsfähigen Stiftungen	27
3. Eintragungspflichtige Angaben und Frist zur Eintragung	31
4. Bestimmung des wirtschaftlich Berechtigten einer Stiftung	33
a) Treugeber, Trustee oder Protektor	35
b) Mitglied des Vorstandes	36
c) Begünstigter	37
d) Gruppe, zu deren Gunsten das Vermögen verwaltet oder verteilt werden soll	41
e) Personen mit sonstigem beherrschendem Einfluss auf die Vermögensverwaltung oder Ertragsverteilung	42
f) Sonstige wirtschaftlich Berechtigte	44
5. Einsichtnahme	46

I. Begriff

Im Rechtsverkehr hat der Begriff der *Publizität* unterschiedliche Bedeutungen, unter anderem im Sachen- oder Registerrecht. Der allgemeine Sprachgebrauch versteht unter Publizität öffentliches Bekanntsein oder Offenlegung. Dieses Kapitel geht ausschließlich auf die *Rechnungslegungspublizität* der Stiftung ein, also die Offenlegung der Jahresabrechnung gegenüber anderen als den eigenen Organen der Stiftung. 1

2 Bei Stiftungen hat die Publizität einen besonderen Stellenwert. Denn anders als die übrigen juristischen Personen hat die Stiftung keine Mitglieder, Gesellschafter oder ein vergleichbares Organ, welches von Gesetzes wegen die Rechnungslegung des Vorstandes überwachen könnte. Nur wenn die Satzung dies vorschreibt, erfolgt eine Kontrolle der Rechnungslegung oder eine Feststellung der Jahresabrechnung durch ein weiteres satzungsmäßiges Organ. Als Ersatz für den bei Stiftungen grundsätzlich fehlenden Interessenausgleich durch ein entsprechendes Organ kommt der *externen Publizität* neben der Stiftungsaufsicht deshalb eine besondere Bedeutung zu.

II. Gesetzliche Offenlegungsvorschriften

3 Weder das bürgerliche Recht noch die landesrechtlichen Stiftungsgesetze kennen eine stiftungsspezifische Rechnungslegungspublizität. Lediglich gegenüber der Stiftungsaufsicht und der Finanzverwaltung findet eine gesetzliche Offenlegung der Rechnungslegung statt. Nur ausnahmsweise kommt es für eine Stiftung bei Anwendbarkeit des Publizitätsgesetzes zu einer gesetzlichen Veröffentlichungspflicht gegenüber der Allgemeinheit. Davon zu unterscheiden ist die in der Praxis unter dem Stichwort *Transparenz* immer häufiger anzutreffende *freiwillige Publizität*, welche insbesondere auch die Veröffentlichung der Jahresabrechnung der Stiftung umfasst.

1. Handelsrecht

4 Eine ausdrückliche Verpflichtung zur Offenlegung der Rechnungslegung gegenüber der Öffentlichkeit findet sich ausschließlich im Handelsrecht (§ 325 Abs. 1 Satz 1 HGB). Allerdings gilt diese Vorschrift in entsprechender Anwendung nur für Stiftungen, die mit ihrem Einzel- (§ 9 Abs. 1 PublG) oder Konzernabschluss (§ 15 Abs. 1 PublG) dem **Publizitätsgesetz** unterliegen. Um der gesetzlichen Offenlegungspflicht zu entsprechen, ist der Einzel- oder Konzernabschluss binnen zwölf Monate nach dem Abschlussstichtag elektronisch beim Betreiber des elektronischen Bundesanzeigers einzureichen (§ 9 Abs. 1 oder § 15 Abs. 1 PublG i.V.m. § 325 HGB). Eine Ausnahme hiervon stellt die Stiftung GmbH dar, für die das Handelsrecht unmittelbar gilt (→ Kapitel E Rn. 10).

5 Unabhängig von der Eintragung in ein Handelsregister unterliegt eine rechtsfähige Stiftung des bürgerlichen Rechts, wenn sie ein *Gewerbe* betreibt (§ 3 Abs. 1 Nr. 4 PublG), sowie eine Stiftung, die *Kaufmann* ist oder als Kaufmann im Handelsregister eingetragen ist (§ 3 Abs. 1 Nr. 5 PublG), grundsätzlich dem Geltungsbereich des Publizitätsgesetzes. Neben den Stiftungen, die als Kaufleute in das Handelsregister eingetragen sind, kommt eine Anwendung des Publizitätsgesetzes auf Stiftungen damit nur in Betracht, wenn eine Stiftung ein Gewerbe im Sinne des Handelsrechts betreibt. Der Begriff des

II. Gesetzliche Offenlegungsvorschriften

Gewerbes kennt allerdings keine gesetzliche Definition. Die bloße Vermögensverwaltung, insbesondere durch Kapitalanlage, Anteilsverwaltung sowie Vermietung und Verpachtung, ist jedenfalls kein Gewerbe und zwar unabhängig von der Höhe der verwalteten Werte. Viele Stiftungen, welche zwar die Größenkriterien des Publizitätsgesetzes überschreiten (→ Rn. 6), werden somit, wenn sie nur vermögensverwaltend tätig sind, grundsätzlich nicht vom Publizitätsgesetz und seiner Offenlegungspflicht erfasst. Nur wenn der Umfang, die Komplexität und die Anzahl der mit der Vermögensverwaltung verbundenen Geschäfte ein gewisses Maß an (betrieblicher) Organisation erfordern, beispielsweise in Bezug auf die Anzahl der Geschäftsbeziehungen oder Geschäftsvorfälle, die Buchführung und Bilanzierung, die Zahl und Funktionen der Beschäftigten, die Inanspruchnahme und Gewährung von Krediten, die geographische Ausdehnung ihrer Tätigkeiten sowie die Größe der für ihre Tätigkeiten erforderlichen Räumlichkeiten, kann die Vermögensverwaltung aus handelsrechtlicher Sicht ausnahmsweise in ein Gewerbe umschlagen (Baumbach/Hopt/*Hopt*, § 1 HGB, Rn. 17) und damit den Geltungsbereich des Publizitätsgesetzes eröffnen.

Ist die Stiftung unternehmerisch tätig, gelangen die Offenlegungsvorschriften des Publizitätsgesetzes allerdings erst zur Anwendung, wenn die Stiftung an drei aufeinanderfolgenden Abschlussstichtagen jeweils zwei der drei folgenden Merkmale erfüllt: **6**

(1) Jahresbilanzsumme von mehr als 65 Mio. EUR,
(2) Umsatzerlöse einer Geschäftsjahres von mehr als 130 Mio. EUR und
(3) mehr als 5.000 Arbeitnehmer im Jahresdurchschnitt.

Diese *Schwellenwerte* gelten sowohl für den Einzelabschluss als auch für einen etwaigen Konzernabschluss der Stiftung (§ 1 Abs. 1 und § 11 Abs. 1 PublG). Werden die Größenkriterien überschritten, tritt für die Stiftung neben der Pflicht zur Aufstellung eines (Konzern-)Abschlusses nach handelsrechtlichen Grundsätzen (§ 5 und § 13 PublG) und der Prüfung durch einen (Konzern-)Abschlussprüfer (§ 6 und § 14 PublG) auch die Pflicht zur Offenlegung des (Konzern-)Abschlusses (§ 9 und § 15 PublG) ein (vgl. zur Verpflichtung zur Aufstellung und Offenlegung eines Konzernabschlusses → Kapitel E Rn. 268 ff.).

2. Landesstiftungsrecht

Alle Landesstiftungsgesetze enthalten Regelungen über die Rechnungslegung (→ Kapitel B Rn. 16). Diese finden sich jeweils in engem Zusammenhang mit der von der zuständigen Behörde auszuübenden Aufsicht. Aus diesem Zusammenhang lässt sich bereits auf den Zweck der Rechnungslegungsvorschriften schließen. Anders als die handelsrechtliche Rechnungslegung hat die stiftungsrechtliche Rechnungslegung nicht die Geschäftspartner oder Gesellschafter als Adressaten, sondern die Stiftungsaufsicht. Sie dient der Stiftungsaufsicht zur zahlenmäßigen Kontrolle der satzungsgemäßen Vermögenserhaltung und Mittelverwendung. **7**

8 Stiftungen sind grundsätzlich verpflichtet, ihre Jahresabrechnung, Vermögensübersicht sowie den Bericht über die Erfüllung des Stiftungszwecks bei der zuständigen behördlichen Stiftungsaufsicht innerhalb der gesetzlichen **Vorlagefrist** nach Ende eines Geschäftsjahres

- auf Verlangen in Bremen (§ 12 Abs. 2 Nr. 2 BremStiftG),
- binnen vier Monaten in Berlin (§ 8 Abs. 1 Nr. 2 StiftG Bln),
- binnen fünf Monaten in Niedersachsen (§ 11 Abs. 3 NStiftG),
- binnen sechs Monaten in Baden-Württemberg (§ 9 Abs. 2 Nr. 3 SiftG BaWü), Bayern (Art. 16 Abs. 1 Satz 4 BayStG), Brandenburg (§ 6 Abs. 2 StiftG Bbg), Hamburg (§ 5 Abs. 2 Satz 1 HambStiftG), im Saarland (§ 11 Abs. 2 Satz 1 Nr. 2 SaarlStiftG), in Sachsen (§ 6 Abs. 2 SächsStiftG) und Thüringen (§ 8 Abs. 4 Satz 1 ThürStiftG),
- binnen acht Monaten in Schleswig-Holstein (§ 10 Abs. 1 StiftG Schl-H),
- binnen neun Monaten in Hessen (§ 7 Nr. 2 HessStiftG), Rheinland-Pfalz (§ 9 Abs. 2 Satz 1 StiftG RhPf) und Mecklenburg-Vorpommern (§ 4 Abs. 2 Nr. 2 StiftG M-V),
- binnen zwölf Monaten in Nordrhein-Westfalen (§ 7 Abs. 1 Satz 1 StiftG NRW) und Sachsen-Anhalt (§ 7 Abs. 5 StiftG LSA)

einzureichen.

9 Teilweise sehen die Landesstiftungsgesetze eine gesetzlich angeordnete **Verlängerung** der Vorlagefrist vor, wenn der behördlichen Stiftungsaufsicht ein *Prüfungsbericht* eingereicht wird. Entsprechende Verlängerungen gibt es in Berlin von vier auf acht Monate (§ 8 Abs. 1 Nr. 2 BlnStiftG) und in Hamburg von sechs auf neun Monate (§ 5 Abs. 2 Satz 1 HambStiftG). Auf *Antrag* oder *von Amts wegen* kann die Stiftungsaufsicht in Baden-Württemberg (§ 9 Abs. 2 Nr. 2 Satz 2 StiftG BaWü), Bayern (Art. 16 Abs. 2 Satz 4 BayStG, bis zu drei Jahre), Hamburg (§ 5 Abs. 2 Satz 2 HambStiftG), Rheinland-Pfalz (§ 9 Abs. 2 Satz 2 StiftG RhPf), im Saarland (§ 11 Abs. 2 Satz 3 SaarlStiftG), in Sachsen (§ 6 Abs. 4 SächsStiftG), Schleswig-Holstein (§ 10 Abs. 4 StiftG Schl-H) und Thüringen (§ 12 Abs. 2 Satz 2 ThürStiftG) die Vorlage in größeren als jährlichen Zeitabständen zulassen.

10 Die vorstehende Pflicht zur Vorlage der Rechnungslegung durch eine Stiftung bei der behördlichen Stiftungsaufsicht besteht nicht in allen Bundesländern uneingeschränkt. Teilweise schränken die Landesstiftungsgesetze den *persönlichen Anwendungsbereich* ein. Von der Geltung des jeweiligen Landesstiftungsgesetzes und damit von der Vorlagepflicht bei der behördlichen Stiftungsaufsicht sind **befreit** die

- *kirchlichen Stiftungen* in Brandenburg (§ 4 Abs. 3 Satz 1 StiftG Bbg), Bremen (§ 16 Abs. 2 Nr. 5 BremStiftG), Hessen (§ 20 Abs. 4 HessStiftG), Mecklenburg-Vorpommern (§ 11 Abs. 3 StiftG M-V), Niedersachsen (§ 20 Abs. 2 Satz 4 NStiftG), Nordrhein-Westfalen (§ 14 Abs. 5 Satz 2 NStiftG), Rheinland-Pfalz (§ 12 Abs. 3 StiftG RhPf), Sachsen (§ 14 Abs. 3 Satz 2 SächsStiftG) und Thüringen (§ 16 Abs. 2 ThürStiftG). Diese unterliegen aber

II. Gesetzliche Offenlegungsvorschriften 11, 12 **G**

regelmäßig den kirchlichen Stiftungsgesetzen, die ähnliche Pflichten zur fristgerechten Einreichung bei der jeweiligen kirchlichen Stiftungsaufsicht vorsehen.
– *privatnützigen Stiftungen (Familienstiftungen)* in Berlin (§ 10 Abs. 2 Satz 2 StiftG Bln, wenn die Rechnungslegung durch ein stiftungseigenes Kontrollorgan geprüft wird), Brandenburg (§ 4 Abs. 3 Satz 2 StiftG Bbg), Bremen (§ 17 Satz 2 BremStiftG), Hamburg (§ 5 Abs. 1 Satz 2 HambStiftG), Hessen (§ 21 Abs. 2 HessStiftG); Niedersachsen (§ 10 Abs. 2 NStiftG), Nordrhein-Westfalen (§ 7 Abs. 4 StiftG NRW), Rheinland-Pfalz (§ 9 Abs. 1 Satz 3 StiftG RhPf) und im Saarland (§ 10 Abs. 3 Satz 1 SaarlStiftG).
– *Stiftungen des öffentlichen Rechts*, wenn nicht das jeweilige Landesstiftungsgesetz die entsprechende Geltung für öffentlich-rechtliche Stiftungen ausdrücklich vorsieht. Anwendbar sind die Landesstiftungsgesetze und damit die Vorlagepflicht bei der behördlichen Stiftungsaufsicht nur auf öffentlich-rechtliche Stiftungen in Baden-Württemberg (§ 1 BaWüStiftG), Bayern (Art. 1 Abs. 2 BayStG), Hessen (§ 1 HessStiftG), Rheinland-Pfalz (§ 3 Abs. 1 StiftG RhPf), Sachsen (§ 1 SächsStiftG), Sachsen-Anhalt (§ 2 StiftG LSA) und Thüringen (§ 3 Abs. 1 ThürStiftG).

3. Informationsfreiheitsrecht

Mit der Übersendung an die Stiftungsaufsicht wird die Jahresrechnung zu einer amtlichen Information, die grundsätzlichen dem Anwendungsbereich der Landesinformationsfreiheitsgesetze unterliegt. Solche gibt es in Berlin, Brandenburg, Bremen, Hamburg, Mecklenburg-Vorpommern, Nordrhein-Westfalen, Rheinland-Pfalz, Sachsen, Schleswig-Holstein und Thüringen. In Hamburg (§ 3 Abs. 2 Nr. 9 HambStiftG), Nordrhein-Westfalen (§ 12 Abs. 6 StiftG NRW), Sachsen-Anhalt (§ 7 Abs. 6 StiftG LSA) sowie Thüringen (§ 1 Abs. 2 Nr. 2 ThürStiftG) sind Angelegenheiten der Stiftungsaufsicht allerdings aus dem Anwendungsbereich der Informationsfreiheit ausgenommen. Daher unterliegen die eingereichten Rechnungslegungswerke von Stiftungen zurzeit nur in Berlin, Brandenburg, Bremen Mecklenburg-Vorpommern, Rheinland-Pfalz, im Saarland, in Sachsen und Schleswig-Holstein der Möglichkeit der Einsichtnahme nach dem jeweils geltenden Landesinformationsfreiheitsgesetz. Auf diesem Wege erhalten Dritte die Möglichkeit, die bei der Stiftungsaufsicht vorhandenen Unterlagen einzusehen. 11

4. Steuerrecht

Neben der Stiftungsaufsicht erhält auch die Finanzverwaltung zwingend einen Einblick in das Rechnungswesen der Stiftung. Unterlagen, die bereits zwingend der Steuererklärung beizufügen sind (§ 150 Abs. 4 Satz 1 AO), kann das Finanzamt im Rahmen der Mitwirkungspflicht der Stiftung von dieser anfordern (§ 90 AO). Wegen des Steuergeheimnisses (§ 30 AO) sind die der Finanzverwaltung übermittelten Daten aber grundsätzlich unzugänglich für Dritte. 12

a) Steuererklärung

13 Die Steuererklärungen sind grundsätzlich nach amtlichen Vordruck abzugeben (§ 150 Abs. 1 Satz 1 AO) und zwar allesamt auf elektronischem Weg. Die Finanzbehörde kann auf Antrag zur Vermeidung unbilliger Härten auf die elektronische Übermittlung verzichten, wenn die Stiftung erst die technische Möglichkeit zur elektronischen Übermittlung schaffen müsste. Die Frist für die Abgabe der Jahressteuererklärungen endet am 31. Juli des auf den Veranlagungszeitraum folgenden Kalenderjahr (§ 149 Abs. 2 Satz 1 AO).

14 Die Pflicht zur Abgabe einer **Körperschaft- und Gewerbesteuererklärung** trifft grundsätzlich auch Stiftungen, bei denen nach Abzug des körperschaft- oder gewerbesteuerlichen Freibetrages ein steuerpflichtiges Einkommen nicht verbleibt. Denn die Finanzverwaltung kann erst anhand der jährlich abzugebenden Steuererklärung überprüfen, ob ein steuerpflichtiges Einkommen gegeben ist oder nicht. Wird eine Körperschaftsteuererklärung eingereicht, sind dieser unter anderem beizufügen:

– bei Gewinnermittlung durch Bilanzierung und Einkünften aus Land- und Forstwirtschaft („Anlage LuF"), Gewerbebetrieb („Anlage G") und selbständiger Arbeit („Anlage S") die unverkürzte Bilanz auf den Schluss des jeweiligen Wirtschaftsjahres (§ 60 Abs. 1 Satz 1 EStDV) und die dazugehörige unverkürzte *Gewinn- und Verlustrechnung* (§ 60 Abs. 1 Satz 2 EStDV) nebst einer *steuerlichen Überleitungsrechnung* (§ 60 Abs. 2 Satz 1 EStDV) oder einer *Steuerbilanz* (§ 60 Abs. 2 Satz 2 EStDV) soweit eine solche aufgestellt wurde.

– bei Gewinnermittlung durch Einnahmen-Überschuss-Rechnung und Einkünften aus Land- und Forstwirtschaft, Gewerbebetrieb und selbständiger Arbeit ist die amtliche *„Anlage EÜR"* zu verwenden, nur in Härtefällen genügt statt der elektronischen Übermittlung eine formlose Einnahmen-Überschuss-Rechnung. Soweit mehrere Betriebe vorliegen, ist die *„Anlage EÜR"* für jeden einzelnen Betrieb zu verwenden. Die Abgabepflicht gilt auch für Stiftungen, die nicht zur Buchführung verpflichtet sind. Davon abweichend brauchen steuerbegünstigte Stiftungen den Vordruck nur dann abzugeben, wenn die Einnahmen einschließlich der Umsatzsteuer aus den wirtschaftlichen Geschäftsbetrieben die Besteuerungsgrenze von 35.000 Euro im Jahr (§ 64 Abs. 3 AO) übersteigt. Einzutragen sind die Beträge des einheitlichen wirtschaftlichen Geschäftsbetriebes (§ 64 Abs. 2 AO).

– bei Einkünften aus allen Einkunftsarten idealerweise eine *Zusammenstellung* der Einnahmen und Werbungskosten.

– ein Anhang, *Geschäfts-, Prüfungs-* oder *Tätigkeitsbericht*, soweit ein solcher vorliegt (§ 60 Abs. 3 Satz 1 EStDV).

– der Beschluss des zuständigen Organs über die Feststellung des Jahresabschlusses oder der Jahresabrechnung.

15 Aber auch wenn die steuerbegünstigte Stiftung überhaupt keine steuerpflichtigen Einkünfte erzielt, muss sie zur Überprüfung der Gemeinnützigkeit mindestens im Abstand von drei Jahren die **Gemeinnützigkeitserklärung**

II. Gesetzliche Offenlegungsvorschriften

("Anlage Gem") vorlegen (AEAO Nr. 3 Satz 3 zu § 59 AO). Denn die steuerliche Gewinnermittlung hat grundsätzlich nichts mit dem gemeinnützigkeitsrechtlichen Mittelverwendungsnachweis zu tun. Der Gemeinnützigkeitserklärung sind beizufügen *(OFD Niedersachsen,* Frage-Antwort-Katalog zum Bereich Gemeinnützigkeit, VI. 4.):

- eine möglichst weitgehend aufgegliederte Gegenüberstellung der Einnahmen und Ausgaben getrennt nach Jahren und den steuerlichen Sphären
- eine Aufstellung über das Vermögen
- etwaige Geschäfts- oder Tätigkeitsberichte
- Angaben zu den steuerlichen Rücklagen

Betreibt die Stiftung einen wirtschaftlichen Geschäftsbetrieb mit jährlichen Einnahmen von über 35.000 Euro, muss sie zusätzlich eine Körperschaft- und Gewerbesteuererklärung abgeben. Und auch wenn die Prüfung auf Grundlage der vereinfachten Gemeinnützigkeitserklärung ergeben sollte, dass voraussichtlich Steuern zu zahlen sind, wird das Finanzamt die Stiftung regelmäßig um die Abgabe einer Körperschaft- und Gewerbesteuererklärung bitten.

b) Elektronische Bilanz

Eine Stiftung, die auf Grund satzungsmäßiger, steuerrechtlicher (→ Rn. 17 ff.) oder anderer gesetzlicher Bestimmungen (→ Rn. 14 und 15) oder freiwillig (BMF 28.9.2011, BStBl. I 2011, 855, Tz. 1) bilanziert, kann zur Übermittlung der Bilanz sowie der Gewinn- und Verlustrechnung nebst steuerlicher Überleitungsrechnung (BMF 28.9.2011, BStBl. I 2011, 855, Rn. 24) oder alternativ der Steuerbilanz, jeweils nach amtlich vorgeschriebenem Datensatz *(Taxonomie),* durch Datenfernübertragung verpflichtet sein (§ 5b Abs. 1 Sätze 1 und 3 EStG, sog. *„E-Bilanz").* Nicht steuerbegünstigte Stiftungen trifft diese Verpflichtung, wenn sie Gewinneinkünfte erzielen (→ Rn. 9) und den Gewinn durch Betriebsvermögensvergleich ermitteln (→ Rn. 10). Steuerbegünstigte Stiftungen, die bilanzieren, werden von der Übermittlungspflicht nur dann erfasst, wenn sie mindestens einen steuerpflichtigen wirtschaftlichen Geschäftsbetrieb unterhalten und die Bruttoeinnahmen der wirtschaftlichen Geschäftsbetriebe insgesamt die Besteuerungsgrenze (35.000 EUR; § 64 Abs. 3 AO) überschreiten (BMF 19.12.2013, DStR 2014, 100, Anm. „körperschaftsteuerbefreite Institutionen" und Anlage). Die Einkünfte der nicht steuerbegünstigten Stiftung, die nicht unter die Gewinneinkünfte fallen, und die Sphären der steuerbegünstigten Stiftung, die kein wirtschaftlicher Geschäftsbetrieb sind, unterliegen hingegen auch dann nicht der Pflicht zur elektronischen Übermittlung, wenn für diese Bereiche eine Bilanz aufgestellt wird.

Die Taxonomie definiert die verschiedenartigen Elemente, wie etwa die einzelnen Positionen von Bilanz und Gewinn- und Verlustrechnung, als auch ihre Beziehung zueinander. Die Taxonomie gleicht damit einem erweiterten

G 17

Kontenrahmen, den die Finanzverwaltung als *Mindeststandard* definiert. Für gemeinnützige Stiftungen kann sich die Nutzung der Taxonomie aus verschiedenen Gründen als schwierig erweisen. Denn oftmals fehlt es trotz Bilanzierung der Stiftung als Ganzes an einer konkreten Zuordnung von Wirtschaftsgütern, Rückstellungen und Schulden zum steuerpflichtigen wirtschaftlichen Geschäftsbetrieb und damit an einer Teilbereichs-Bilanz und Teilbereichs-Gewinn- und Verlustrechnung des wirtschaftlichen Geschäftsbetriebes. Stattdessen werden die steuerpflichtigen Gewinne in der Praxis, trotz einer etwaigen originären Bilanzierungspflicht, die auch den steuerpflichtigen wirtschaftlichen Geschäftsbetrieb umfasst (insbesondere nach § 140 AO, Rn. 14), regelmäßig mit Duldung der lokalen Finanzbehörden, durch eine Einnahmen-Überschuss-Rechnung oder durch Anwendung von Pauschalen ermittelt. Dies hat auch die Finanzverwaltung erkannt und für steuerbegünstigte Körperschaften weitreichende Erleichterungen zugelassen (BMF 19.12.2013, DStR 2014, 100, Anm. „Körperschaften mit steuerpflichtigen wirtschaftlichen Geschäftsbetrieben"). Steuerbegünstigte Stiftungen, die zwar eine die steuerlichen Sphären (→ Rn. 4) übergreifende Gesamt-Bilanz und Gesamt-Gewinn- und Verlustrechnung aufstellen, können entweder

- neben der Gesamt-Bilanz und Gesamt-Gewinn- und Verlustrechnung eine gesonderte Teilbereichs-Bilanz nebst Teilbereichs-Gewinn- und Verlustrechnung für den steuerpflichtigen wirtschaftlichen Geschäftsbetrieb oder
- ausschließlich eine Teilbereichs-Bilanz nebst Teilbereichs-Gewinn- und Verlustrechnung für den steuerpflichtigen wirtschaftlichen Geschäftsbetrieb, oder
- ausschließlich eine Teilbereichs-Gewinn- und Verlustrechnung für den steuerpflichtigen wirtschaftlichen Geschäftsbetrieb, oder
- ausschließlich das steuerliche Ergebnis der wirtschaftlichen Geschäftsbetriebe als Einzelbetrag, wahlweise ergänzt um die freiwillige Übermittlung der bisherigen Nebenrechnung,

übermitteln. Zwar kann die Finanzverwaltung auf Antrag der Stiftung auf die elektronische Übermittlung verzichten, wenn diese mit einer unbilligen Härte verbunden wäre (§ 5b Abs. 2 Satz 2 EStG i.V.m. § 150 Abs. 8 AO). Mit der letztgenannten Möglichkeit, das Ergebnis der wirtschaftlichen Geschäftsbetriebe als Einzelbetrag ohne weitere Erläuterung zu übermitteln, dürfte diese unbillige Härte allerdings nur sehr selten vorliegen.

III. Freiwillige Transparenz im dritten Sektor

Erfolgt die Offenlegung von Angelegenheiten der Stiftung, insbesondere 18
auch der Rechnungslegung, gegenüber der Öffentlichkeit nicht auf Grund gesetzlicher Anordnung oder wird die Einsichtnahme nicht durch eine gesetzliche Regelung ermöglicht, spricht man von freiwilliger Transparenz. Gemeint sind freiwillige Veröffentlichungen sowie Satzungsgestaltungen, welche eine Offenlegung, unter anderem der Rechnungslegung, vorschreiben. Grund für eine freiwillige Transparenz ist neben Werbezwecken die Erkenntnis, dass die bestehenden gesetzlichen Regelungen nicht ausreichen, um ineffektives Handeln und Missbrauch zu verhindern. Insofern schafft Transparenz Vertrauen in eine Organisation, welche ihre Zahlen veröffentlicht. Insbesondere durch verschiedene Skandale auch im Non-Profit-Bereich ist das Informationsinteresse der Öffentlichkeit und damit der potentiellen Spender und Zustifter aber auch deren Nutzern am Wirken der gemeinnützigen Einrichtungen erheblich gewachsen.

Wer freiwillig offenlegt kann dies nach eigenem Selbstverständnis tun oder 19
sich einem dem zahlreichen nicht gesetzlichen Kodizes unterwerfen. Vorreiter und bekanntester Standard im gemeinnützigen Bereich ist das *DZI-Spenden-Siegel*. Auf Antrag prüft das *Deutsche Zentralinstitut für soziale Fragen* eine Stiftung und verleiht bei erfolgreicher Prüfung für ein Jahr das Siegel. Unter anderem wird eine Veröffentlichung der Rechnungslegung auf der stiftungseigenen Internetseite vorgeschrieben, wobei der Jahresbericht inhaltliche Mindestanforderungen erfüllen muss und bei Überschreiten bestimmter Größenkriterien zu prüfen ist. Ähnliche Anforderungen an die Rechnungslegung, deren Prüfung und Publizität gelten für Stiftungen, die Mitglied im *Deutschen Spendenrat e.V.* werden möchten. Ebenfalls Vorgaben, wenngleich nicht im Detaillierungsgrad der beiden vorgenannten Standardsetter, ergeben sich aus den *Grundsätzen Guter Stiftungspraxis* des *Bundesverbandes Deutscher Stiftungen*. Diese drei Institutionen zählen auch zu den neun Trägern der *Initiative Transparente Zivilgesellschaft*, welche ebenfalls eine Selbstverpflichtungserklärung herausgibt, mit der sich die unterzeichnende Stiftung zur Veröffentlichung bestimmter Informationen verpflichtet. Daneben gibt es eine große Anzahl weiterer Kodizes verschiedener Institutionen und insbesondere auch der großen Verbände der freien und kirchlichen Wohlfahrtspflege.

IV. Transparenzregister

1. Hintergrund

Zum 26. Juni 2017 wurde das Gesetz über das Aufspüren von Gewinnen 25
aus schweren Straften, kurz *Geldwäschegesetz* (GwG) in wesentlichen Punkten geändert (BGBl. I 2017, 1822 ff.). Die Änderungen dienen der fristgerechten

Umsetzung der durch die *Panama Papers* beeinflussten 4. Geldwäsche-Richtlinie des Europäischen Parlaments und des Europäischen Rats (Richtlinie (EU) 2015/849 des Europäischen Parlaments und des Rates vom 20. Mai 2015 zur Verhinderung der Nutzung des Finanzsystems zum Zwecke der Geldwäsche und der Terrorismusfinanzierung, zur Änderung der Verordnung (EU) Nr. 648/2012 des Europäischen Parlaments und des Rates und zur Aufhebung der Richtlinie 2005/60/EG des Europäischen Parlaments und des Rates und der Richtlinie 2006/70/EG der Kommission). Ziel ist die Bekämpfung von Geldwäsche, Terrorismus und organisierter Kriminalität (Begr. RegE BT-Drs. 18/11555, 88 f.). Um dieses Ziel zu verwirklichen, wurde insbesondere ein elektronisches Transparenzregister eingeführt (§§ 18 ff. GwG), in dem Angaben zu den *wirtschaftlich Berechtigten* von juristischen Personen vorzunehmen sind. Mitteilungspflichtig sind auch Stiftungen, obwohl sich dies aufgrund des Wesens der Stiftung als rechtlich selbständiger Vermögensmasse, die weder Gesellschafter noch Mitglieder hat, nicht auf den ersten Blick erschließt (*Zimmermann/Raddatz*, Die Entwicklung des Stiftungsrechts 2017, NJW 2018, 516, IV.1.).

26 Den im Transparenzregister hinterlegten Angaben wird nach der Gesetzesbegründung allerdings kein *öffentlicher Glaube* beigemessen (Begr. RegE, BT-Drs. 18/11555, 125; § 18 Abs. 4 Satz 3 GwG). Informationen aus dem Transparenzregister entbinden daher nicht von der Einsichtnahme in andere Legitimationsunterlagen zur Feststellung der vertretungsberechtigten Personen. Die Legitimation der Vorstandsmitglieder von rechtsfähigen Stiftungen erfolgt daher weiterhin durch Vorlage einer von der Stiftungsaufsicht ausgestellten Vertretungsbescheinigung.

2. Anwendungsbereich bei rechtsfähigen und nichtrechtsfähigen Stiftungen

27 Rechtsfähige Stiftungen haben als juristische Personen des Privatrechts die Pflicht, Angaben zu ihren wirtschaftlich Berechtigten einzuholen, aufzubewahren, auf aktuellem Stand zu halten und der registerführenden Stelle unverzüglich zur Eintragung in das Transparenzregister mitzuteilen (§ 20 Abs. 1 GwG iVm §§ 19 Abs. 3 Nr. 2, 3 Abs. 3 GwG). Ob es sich dem Zweck nach um eine Familienstiftung, Unternehmensstiftung oder eine steuerbegünstigte Stiftung handelt, ist nicht entscheidend, weil das Geldwäschegesetz, anders als das Steuerrecht, keine besonderen Regelungen für steuerbegünstigte Einrichtungen vorsieht (BVA, Transparenzregister – Fragen und Antworten, Stand 19. Juni 2018, Frage II.2.).

28 Bei nichtrechtsfähigen Stiftungen besteht diese Pflicht hingegen nur, wenn der Stiftungszweck aus Sicht des Stifters *eigennützig* ist (§ 21 Abs. 2 Nr. 1 GwG). Der begründete Gesetzesentwurf der Bundesregierung enthält keine konkrete Klarstellung dazu, wann der Zweck aus Sicht des Stifters eigennützig ist. Mit der Regelung sollen solche Konstellationen erfasst werden, die mit *Trusts* ver-

IV. Transparenzregister

gleichbar sind (§ 21 Abs. 2 GwG verweist auf die nach Abs. 1 für Truts geltenden Pflichten). Dies sei bei nichtrechtsfähigen Stiftungen nur der Fall, wenn der Stiftungszweck aus Sicht des Stifters eigennützig ist (Begr. RegE, BT-Drs. 18/11555, 131). *Eigennutz* unter Berücksichtigung des Zweckes bedeutet demnach, dass der Stifter mittels Gründung einer nichtrechtsfähigen Stiftung natürlichen Personen (sich selbst oder anderen Personen) durch finanzielle Zuwendungen Einfluss einräumt, aufgrund dessen Geldwäsche betrieben oder Terrorismus und organisierte Kriminalität gefördert werden könnten. Daher besteht die Pflicht zur Mitteilung der wirtschaftlich Berechtigten bei nichtrechtsfähigen Familien- oder Unternehmensstiftungen, bei denen in der Satzung insbesondere natürliche Personen als Begünstigte genannt werden. Sind nach dem Willen des Stifters hingegen keine natürlichen Personen begünstigt und werden somit *uneigennützige* Zwecke, insbesondere gemeinnützige, mildtätige oder kirchliche Zwecke zum Wohle der Allgemeinheit verfolgt, ist die nichtrechtsfähige Stiftung nicht mitteilungspflichtig (*Zimmermann/Raddatz*, Die Entwicklung des Stiftungsrechts 2017, NJW 2018, 516, IV.1.; *Bundesverband Deutscher Stiftungen*, Das neue Transparenzregister – Das müssen Sie jetzt tun!, abrufbar unter: https://www.stiftungen.org/fileadmin/stiftungen_org/Stiftungen/Stiftungsmanagement/Transparenzregister.pdf). Da aber eine nichtrechtsfähige Stiftung regelmäßig durch eine sie betreuende juristische Person handelt und diese wiederum verpflichtet ist, selbst Angaben zu ihren wirtschaftlich Berechtigten zu machen, ist auch bei der von dieser betreuten nichtrechtsfähigen Stiftung sichergestellt, dass die wirtschaftlich Berechtigten der für die nichtrechtsfähige Stiftung im Rechtsverkehr handelnden juristischen Person durch das Transparenzregister identifiziert werden können. Die Abgrenzung nach dem Merkmal der *Eigennützigkeit* für Zwecke der Meldepflicht unterscheidet sich damit von der steuerlichen Frage, wann eine nicht rechtsfähige Stiftung *wirtschaftlich selbständig* und damit ein eigenes Steuersubjekt ist (OFD Frankfurt – 30.8.2011, S 0170 A – 41 – St 53, DStR 2012, 610).

Die Mitteilungspflicht gilt zwar als erfüllt, wenn sich die erforderlichen Angaben zum wirtschaftlich Berechtigten bereits aus Eintragungen aus dem Handelsregister, dem Partnerschaftsregister, dem Genossenschaftsregister, dem Vereinsregister oder dem Unternehmensregister ergeben (§ 20 Abs. 2 Satz 1 GwG). Da die Stiftungsregister oder Stiftungsverzeichnisse der einzelnen Bundesländer nicht genannt werden und Stiftungen auch nicht an einem organisierten Markt notiert sind, greift diese Befreiungsnorm nicht für Stiftungen (BAV, Transparenzregister – Fragen und Antworten, Stand 19. Juni 2018, Frage I.1.). Derzeit existiert ein Stiftungsregister, dem öffentlicher Glaube ähnlich dem Handels- oder Vereinsregister, beigemessen wird, nicht. Im Rahmen der aktuellen Stiftungsrechtsreform wird die Einführung eines solchen Registers diskutiert. Die Bund-Länder-Arbeitsgruppe hat hierzu eine Machbarkeitsstudie vorgeschlagen, in deren Rahmen Kosten und Nutzen eines solchen Registers gegenübergestellt werden sollen (vgl. Bericht der Bund-Länder-Arbeitsgruppe „Stiftungsrecht" an die Ständige Konferenz der Innenminister und –senatoren der Länder vom 9. September 2016 S. 93 ff.).

3. Eintragungspflichtige Angaben und Frist zur Eintragung

31 Der Stiftungsvorstand hat Mitteilungen zu den wirtschaftlich Berechtigten der Stiftung in dem von der Bundesanzeiger Verlag GmbH geführten elektronischen Transparenzregister vorzunehmen (https://www.transparenzregister. de). Auf der Internetseite ist zunächst eine Basisregistrierung vorzunehmen, bei der eine E-Mail-Adresse und ein Passwort zu vergeben sind. Es folgt dann die sogenannte erweiterte Registrierung, bei der Adress- und Kontaktdaten zu der Person eingegeben werden sollen, die die Eintragung vornimmt. Danach kann die transparenzpflichtige Rechtseinheit, also beispielsweise eine rechtsfähige Stiftung, mit Adressangaben angelegt werden. Schließlich sind dann die wirtschaftlich Berechtigten der Rechtseinheit anzugeben (https://www.transparenzregister.de/treg/de/KurzanleitungTransparenzregister.pdf). Das Gesetz verlangt hinsichtlich des wirtschaftlich Berechtigten Angaben zum Vor- und Nachnamen, Geburtsdatum, Wohnort und zur Art und zum Umfang des wirtschaftlichen Interesses (§ 19 Abs. 1 GwG). Bei den mit Trusts vergleichbaren eigennützigen nichtrechtsfähigen Stiftungen sind zusätzlich Angaben zur Staatsangehörigkeit des wirtschaftlich Berechtigten zu machen (§ 21 Abs. 1 Satz 1 GwG). Zusätzlich soll angegeben werden, für welchen Zeitraum eine Person als wirtschaftlich berechtigt gilt, soweit dies bekannt ist. Eine *Rechnungslegungspublizität* ergibt sich aus dem Transparenzregister bislang aber noch nicht.

32 Für seit dem 1. Oktober 2017 neu gegründete nichtrechtsfähige Stiftungen oder neu anerkannte Stiftungen ist keine Frist zur erstmaligen Eintragung vorgesehen, so dass die Angabe der wirtschaftlich Berechtigten im Zweifel unverzüglich vorzunehmen ist, weil ansonsten eine Ordnungswidrigkeit angenommen wird (§ 56 Abs. 1 Nr. 55 lit. d) GwG). Die Mitteilungen für die vor diesem Tag bereits bestehenden Stiftungen sollten bis zum 1. Oktober 2017 an das Transparenzregister erfolgen (§ 59 Abs. 1 GwG). Die Angaben zu den wirtschaftlich Berechtigten müssen ferner auf aktuellem Stand gehalten werden, weil ansonsten ebenfalls eine Ordnungswidrigkeit angenommen wird (§ 56 Abs. 1 Nr. 55 lit. c) GwG). Die gemachten Angaben sind daher zumindest jährlich zu überprüfen (Begr. RegE, BT-Drs. 18/11555, 127; *Krais* CCZ 2017, 98 (104); *Schaub* DStR 2017, 1438 (1439)).

4. Bestimmung des wirtschaftlich Berechtigten einer Stiftung

33 Hinsichtlich der Angabe zu Art und Umfang des wirtschaftlichen Interesses enthält das elektronische Transparenzregister auszuwählende Vorgaben, die sich am Gesetzestext orientieren. Für Stiftungen sind insbesondere die fünf auswählbaren Kategorien relevant, die sich an den geregelten Fallgruppen orientieren (§ 3 Abs. 3 Nr. 1 bis Nr. 5 GwG).

34 Ferner ist bei den Angaben zu den wirtschaftlich Berechtigten eine zusätzliche Kategorie auszufüllen, die sich für Stiftungen nicht unmittelbar aus dem Gesetz ergibt. Dies ist die Angabe zum *Typ des wirtschaftlich Berechtigten*. Auch

IV. Transparenzregister

wenn es sich nicht um eine gesetzlich vorgeschriebene Pflichtangabe handeln dürfte, kann die Mitteilung des wirtschaftlich Berechtigten im elektronischen Transparenzregister nicht abgeschlossen werden, wenn diese Angabe unterbleibt. Unter dieser Kategorie ist entweder „tatsächlicher wirtschaftlich Berechtigter" oder „fiktiver wirtschaftlich Berechtigter" auszuwählen. So gelten die gesetzlichen Vertreter, also die vertretungsberechtigten (im Sinne des § 26 BGB) Mitglieder des Vorstandes der Stiftung, als fiktive wirtschaftlich Berechtigte (Fiktion), weil sie im Gegensatz zu den Destinatären keine tatsächliche Begünstigung durch Zuwendungen erfahren.

a) Treugeber, Trustee oder Protektor

Zu den wirtschaftlich Berechtigten zählt jede natürliche Person, die bei Stiftungen, mit denen treuhänderisch Vermögen verwaltet oder verteilt oder die Verwaltung oder Verteilung durch Dritte beauftragt wird, als Treugeber, Verwalter von Trusts (Trustee) oder Protektor handelt (§ 3 Abs. 3 Nr. 1 GwG). Für eine rechtsfähige Stiftung ist diese Norm grundsätzlich nicht einschlägig, weil diese regelmäßig keinen Treugeber, Trustee oder Protektor hat, es sei denn, sie hält Teile ihres Vermögens ausnahmsweise nur treuhänderisch und hat somit den Treugeber anzugeben. Bei nicht gemeinnützigen nichtrechtsfähigen Stiftungen, die aufgrund eines Treuhandverhältnisses errichtet worden sind, ist regelmäßig der Stifter als Treugeber anzugeben. Bei gemeinnützigen nichtrechtsfähigen Stiftungen kommt die Angabe des Treugebers, Trustees oder Protektors nicht in Betracht, weil diese schon gar nicht mitteilungspflichtig ist (→ Rn. 28).

b) Mitglied des Vorstandes

Als wirtschaftlich Berechtigter ist jede natürliche Person einzutragen, die Mitglied des Vorstandes ist (§ 3 Abs. 3 Nr. 2 GwG). Mit *Vorstand* sind die nach dem bürgerlichen Recht zur Vertretung berechtigten Personen gemeint (§ 26 BGB), auch wenn diese nach der Stiftungssatzung eine andere Bezeichnung führen (bspw. Stiftungsleiter, Aufsichtsrat oder Geschäftsführer). Die Meldepflicht gilt auch für den Vorstand einer steuerbegünstigten Stiftung (BAV, Transparenzregister – Fragen und Antworten, Stand 19. Juni 2018, Frage I.6.), obwohl das Vorstandsmitglied wegen des Begünstigungsverbotes (→ Kapitel C Rn. 52) nicht vom Vermögen der steuerbegünstigen Stiftung profitieren kann. Die Mitglieder des Vorstandes der Stiftung gelten dabei als *fiktive wirtschaftlich Berechtigte* (→ Rn. 34).

c) Begünstigter

Jede natürliche Person, die als Begünstigte bestimmt worden ist, ist als wirtschaftlich Berechtigte anzusehen (§ 3 Abs. 3 Nr. 3 GwG). Nicht gemeinnützige Stiftungen müssen daher die in der Satzung ausdrücklich genannten begünstigten natürlichen Personen melden. Begünstigte sind dabei nur die Destinatäre, die einen *satzungsmäßigen Anspruch* auf Leistungen der Stiftung haben. Sind natürliche Personen nur nachrangig bedacht (Ausfallbegünstigte), so erhalten diese erst einen Anspruch gegen die Stiftung, wenn die Begünstigten höherer Klassen ausgefallen sind und sind deshalb erst dann als Begünstigte zu melden, wenn diese einen eigenen Anspruch erhalten (BVA, Transparenzregister – Fragen und Antworten, Stand 19. Juni 2018, Frage I.5.). Das gleiche dürfte auch für Destinatäre gelten, die nicht schon kraft Satzung, sondern erst durch einen Beschluss der zuständigen Organe der Stiftung die Reststellung eines Destinatärs und somit einen Anspruch erlangen. Der Stifter gilt nicht automatisch als wirtschaftlich Berechtigter, sondern nur, wenn er zugleich Begünstigter der Stiftung ist (BVA, Transparenzregister – Fragen und Antworten, Stand 19. Juni 2018, Frage I.7.).

38   Ob etwaige *Destinatäre*, die einen satzungsmäßigen Anspruch auf eine angemessene Unterstützung zum Lebensunterhalt gegenüber einer steuerbegünstigten Stiftung haben (§ 58 Nr. 6 AO), als wirtschaftlich Berechtigte anzusehen sind, ist schwierig zu beurteilen. Zum einen besteht zwar ein Anspruch des Stifters oder seiner nächsten Angehörigen, zum anderen ist dieser aber an bestimmte Voraussetzungen und regelmäßig auch an einen entsprechenden Beschluss des zuständigen Stiftungsorgans geknüpft. Wegen des fehlenden konkreten satzungsmäßigen Anspruch sind der Stifter oder seine nächsten Angehörigen, die nur einen etwaigen Anspruch auf eine Stifterrente haben, nach der hier vertretenen Ansicht deshalb nicht als wirtschaftlich Berechtigte anzusehen (so auch Bundesverband Deutscher Stiftungen, Das neue Transparenzregister- Das müssen Sie jetzt tun!, Seite 3 oben, abrufbar unter https://www.stiftungen.org/fileadmin/stiftungen_org/Stiftungen/Stiftungsmanagement/Transparenzregister.pdf).

39   Bei *steuerbegünstigten* Stiftungen stellt insbesondere sich die Frage, ob jede natürliche hilfsbedürftige Person, die eine Zuwendung von der Stiftung erhält, von dieser als wirtschaftlich Berechtigter angeben werden muss. Abgesehen von dem erheblichen Verwaltungsaufwand für die Stiftung und dem Datenschutzinteresse des Empfängers, könnte es hilfebedürftige Personen abschrecken, Hilfe von der Stiftung in Anspruch zu nehmen, wenn diese natürliche Person dafür dauerhaft im Transparenzregister genannt wird. Der Beschluss des Vorstandes, eine einzelne natürliche Person zu fördern, ist deshalb lediglich als Konkretisierung zu verstehen, wie die Stiftung die Allgemeinheit unterstützt. Eine Meldung dieser hilfsbedürftigen Personen als wirtschaftlich Berechtigte kommt nicht in Betracht (BVA, Transparenzregister – Fragen und Antworten, Stand 19. Juni 2018, Frage I.2.).

40   Zu den wirtschaftlich Berechtigten einer Stiftung zählen nicht die natürlichen Personen, die Zahlungen der Stiftung auf Grund einer Übertragung von *belastetem Vermögen* erhalten. Denn bei vor der Übertragung des Vermögens auf die Stiftung bestehenden Belastungen (bspw. Nießbrauch, Grundschuld, Rentenschuld, Vermächtnis) ist anerkannt, dass diese Belastungen von vornherein das der Stiftung zugewendete Vermögen gemindert haben (für steuer-

begünstigte Stiftungen siehe Koenig/*Koenig*, 3. Aufl. 2014, AO § 58 Rn. 15; Klein/*Gersch,* 13. Aufl. 2016, AO § 58 Rn. 9). Die Erfüllung dieser sogenannten vorbehaltenen Rechte ist bei steuerbegünstigten Stiftungen gemeinnützigkeitsunschädlich, da sich die Gemeinnützigkeitsvorschriften nur auf das einer Stiftung tatsächlich zur Verfügung stehende Vermögen beziehen. Die Stiftung hat aber zu keinem Zeitpunkt Zugriff auf den belasteten Vermögensteil oder deren Früchte. Es ist somit nicht die Stiftung, die in solchen Konstellationen den Anspruchsberechtigten begünstigt, sondern derjenige, der dem Anspruchsberechtigten den Anspruch zuvor eingeräumt hat. Eine Meldung des Anspruchsberechtigten aus belastet erworbenen Vermögen der Stiftung als wirtschaftlich Berechtigten kommt somit nicht in Betracht.

d) Gruppe, zu deren Gunsten das Vermögen verwaltet oder verteilt werden soll

Sofern die natürliche Person, die Begünstigte des verwalteten Vermögens werden soll, noch nicht bestimmt ist, ist als wirtschaftlich Berechtigte die Gruppe von natürlichen Personen anzusehen, zu deren Gunsten das Vermögen verwaltet oder verteilt werden soll (§ 3 Abs. 3 Nr. 4 GwG). Bei nicht steuerbegünstigten Stiftungen wird sich dieser Kreis regelmäßig anhand der Satzung eingrenzen lassen (bspw. Nachkömmlinge des Stifters als potentiell begünstigte einer Familienstiftung oder ehemalige Mitarbeiter einer Unternehmensstiftung; so auch BVA, Transparenzregister – Fragen und Antworten, Stand 19. Juni 2018, Frage I.4.). Bei steuerbegünstigten Stiftungen, die regelmäßig die Allgemeinheit fördern, wird man nur ausnahmsweise von einer meldepflichtigen *Gruppe* sprechen können, wenn die Satzung ausdrücklich eine einschränkende Formulierung enthält, aus der sich die Begünstigung einer *abgrenzbaren, kleinen Gruppe* ableiten lässt (bspw. Studierende einer konkret bezeichneten Fakultät einer bestimmten Universität; so auch Bundesverband Deutscher Stiftungen, Das neue Transparenzregister – Das müssen Sie jetzt tun!, Seite 3, abrufbar unter https://www.stiftungen.org/fileadmin/stiftungen_org/Stiftungen/Stiftungsmanagement/Transparenzregister.pdf).

e) Personen mit sonstigem beherrschendem Einfluss auf die Vermögensverwaltung oder Ertragsverteilung

Als wirtschaftlich Berechtigter ist bei Stiftungen auch jede natürliche Person anzusehen, die auf sonstige Weise unmittelbar oder mittelbar *beherrschenden Einfluss* auf die Vermögensverwaltung oder Ertragsverteilung ausübt (§ 3 Abs. 3 Nr. 5 GwG). Für das Bestehen eines beherrschenden Einflusses wird auf die handelsrechtliche Definition zurückgegriffen (§ 3 Abs. 2 Satz 4 GwG i.V.m. § 290 Abs. 2 bis 4 HGB, auf den, wenn nicht direkt, jedenfalls für Zwecke der Auslegung des Abs. 3 zurückgegriffen werden kann). Ein beherrschender Einfluss liegt bei einer Stimmrechtsmehrheit vor oder wenn einer Person mehrheitlich sonstige Rechte zustehen (§ 290 Abs. 2 HGB). Eine natürliche

Person mit beherrschendem Einfluss (im Sinne des § 3 Abs. 3 Nr. 5 GwG) ist nur anzunehmen, wenn diese aufgrund ihrer Stellung andere Personen bei Entscheidungen zur Vermögensverwaltung oder Ertragsverteilung überstimmen kann oder diese Entscheidungen allein für die Stiftung treffen kann. Da die Vorstandsmitglieder ohnehin wirtschaftlich Berechtigte sind (→ Rn. 36), wird diese Regelung in der Praxis wenig Anwendung finden.

43 Ist neben oder an Stelle des Vorstandes ein Organ (bspw. Stiftungsrat oder Kuratorium) oder eine Person, ohne Organ zu sein (bspw. der Stifter), kraft Satzung oder Stiftungsgeschäft berechtigt, alleinige *Entscheidungen zur Vermögensverwaltung oder Ertragsverteilung* zu treffen, kommt eine Meldung dieser Person als solche mit sonstigem beherrschendem Einfluss in Betracht. Nicht ausreichend ist hingegen eine beratende Funktion der Person oder des Organs (beispielhafte Fallgruppen siehe Bundesverband Deutscher Stiftungen, Das neue Transparenzregister – Das müssen Sie jetzt tun!, Seite 4, abrufbar unter: https://www.stiftungen.org/fileadmin/stiftungen_org/Stiftungen/Stiftungsmanagement/Transparenzregister.pdf). Ebenfalls nicht ausreichend dürfte ein mindestens zweiköpfiges Organ oder eine Personengruppe sein (*Nadwornik*, npoR 2017, 233, III. 1. b) ee); a.A. *Bundesverband Deutscher Stiftungen*, Das neue Transparenzregister – Das müssen Sie jetzt tun!, Seite 3, abrufbar unter: https://www.stiftungen.org/fileadmin/stiftungen_org/Stiftungen/Stiftungsmanagement/Transparenzregister.pdf), weil es an dem beherrschendem Einfluss ein einzelnen Person fehlt.

f) Sonstige wirtschaftlich Berechtigte

44 Wirtschaftlich Berechtigter ist darüber hinaus jede natürliche Person, in deren Eigentum oder unter deren Kontrolle der Vertragspartner letztlich steht (§ 3 Abs. 1 Nr. 1 GwG). Diese allgemeine Definition ist bei rechtsfähigen Stiftungen nicht anwendbar, weil Niemand – auch nicht der Stifter, Eigentümer einer rechtsfähigen Stiftung ist. Nicht rechtsfähige Stiftungen müssen ohnehin ihren Treugeber angeben (→ Rn. 35), soweit diese überhaupt meldepflichtig sind (→ Rn. 28).

45 Auch natürliche Personen, auf deren Veranlassung eine Transaktion durchgeführt oder eine Geschäftsbeziehung letztlich begründet werden kann (§ 3 Abs. 1 Nr. 2 GwG) sind wirtschaftlich Berechtigte und damit eintragungspflichtig, wobei es sich hierbei regelmäßig um Personen des Vorstandes oder solche mit beherrschendem Einfluss handeln wird, die ohnehin eintragungspflichtig sind (→ Rn. 36). Dies gilt auch für den Stifter, der nicht schon kraft seiner Eigenschaft als Stifter als *sonstiger wirtschaftlich Berechtigter* gilt, sondern nur dann, wenn er die gesetzlichen Kriterien erfüllt.

5. Einsichtnahme

Vollständige Einsichtsrechte in das Transparenzregister haben nur die im Gesetz genannten Aufsichts- und Strafverfolgungsbehörden (§ 23 Abs. 1 S. 1 Nr. 1 lit. a) bis f) GwG). Das Einsichtsrecht der Behörden ist uneingeschränkt, soll jedoch nur aus konkretem Anlass erfolgen, wobei dieser nicht in bestimmter Form nachgewiesen werden muss.

Die gesetzlich *Verpflichteten* (im Sinne des § 2 Abs. 1 GwG) haben ebenfalls Einsichtsrechte, allerdings nur, wenn sie der registerführenden Stelle darlegen, dass die Einsichtnahme zur Erfüllung ihrer Sorgfaltspflichten (im Sinne des § 10 Abs. 3 GwG) erfolgt. Insbesondere Kreditinstitute und Versicherungsunternehmen, Rechtsanwälte und Notare, Steuerberater und Wirtschaftsprüfer können daher zur Identifizierung und Kontrolle ihrer Vertragspartner aus Anlass der Begründung oder Überwachung einer Geschäftsbeziehung oder bei Durchführung einer Transaktion fallbezogen Einsicht nehmen.

Darüber hinaus soll die Einsicht ins Transparenzregister jedermann ermöglicht werden, der der registerführenden Stelle darlegt, dass er ein berechtigtes Interesse an der Einsichtnahme hat (§ 23 Abs. 1 S. 1 Nr. 3 GwG). Nach der Gesetzesbegründung besteht ein derartiges Interesse insbesondere, wenn ein Bezug zur Verhinderung und Bekämpfung von Geldwäsche nachvollziehbar vorgebracht wird (Begr. RegE, BT-Drs. 18/11555, 133). Im Übrigen weist die Gesetzesbegründung auf den gleichlautenden grundbuchrechtlichen Begriff (§ 12 GBO) hin, so dass auch ein verständiges, durch die Sachlage gerechtfertigtes Interesse für die Einsicht ausreichen kann. Das Bundesverwaltungsamt nennt in diesem Zusammenhang ausdrücklich die Möglichkeit, dass Journalisten und Nichtregierungsorganisationen Einsichtsrechte haben können (BVA, Transparenzregister – Fragen und Antworten, Stand 19. Juni 2018, Frage V.3.), so dass Informationen des Transparenzregisters im Rahmen einer Recherche auch der Öffentlichkeit zugänglich gemacht werden könnten. Das Einsichtsrecht für jedermann ist allerdings in der Regel auf den Vor- und Nachnamen, Art und Umfang des wirtschaftlichen Interesses, Monat und Jahr der Geburt und auf das Wohnsitzland des jeweiligen wirtschaftlich Berechtigten beschränkt (§ 23 Abs. 1 S. 2 GwG). Der Tag des Geburtsdatums und der Wohnort des wirtschaftlich Berechtigten werden nicht bekannt gegeben, es sei denn, diese Angaben ergeben sich bereits aus anderen öffentlichen Registern. Die registerführende Stelle kann das Einsichtsrecht auf Antrag bei Vorliegen eines überwiegenden schutzwürdigen Interesses beschränken (§ 23 Abs. 2 GwG). Die Voraussetzung ist erfüllt, wenn Tatsachen die Annahme rechtfertigen, dass die Einsichtnahme den wirtschaftlich Berechtigten der Gefahr aussetzen würde, Opfer der im Gesetz genannten Straftaten zu werden oder der wirtschaftlich Berechtigte minderjährig oder geschäftsunfähig ist.

H. Besonderheiten der Rechnungslegung von Krankenhäusern in der Rechtsform der Stiftung

Übersicht

	Rn.
H. Besonderheiten der Rechnungslegung von Krankenhäusern in der Rechtsform der Stiftung	1
I. Vorbemerkung	1
II. Vorgegebener Rahmen der Krankenhaus-Buchführungsverordnung	4
1. Kaufmännisches Rechnungswesen	4
2. Geschäftsjahr	5
3. Gliederungsvorschriften	6
4. Bilanzierungspflichten beim Krankenhausträger	10
III. Posten des Jahresabschlusses im Detail	12
1. Sonderposten aus Zuwendungen zum Anlagevermögen	12
2. Ausgleichsposten für Eigenmittelförderung	17
3. Ausgleichsposten aus Darlehensförderung	22
4. Unfertige Leistungen	27
5. Forderungen und Verbindlichkeiten nach dem Krankenhausfinanzierungsrecht	30
6. Krankenhausspezifische Rückstellungen	39
a) Rückstellung auf Grund von Prüfungen des Medizinischen Dienstes der Krankenkassen	39
b) Rückstellung für Aufbewahrung von Geschäftsunterlagen	42
c) Rückstellung für Schadensfälle	43
d) Rückstellung für Fördermittelrückzahlungsrisiken	44
7. Umsatzerlöse	46
IV. Anhang und Lagebericht	52
V. Kosten- und Leistungsrechnung	55
VI. Jahresabschlussprüfung	57
1. Pflicht zur Prüfung und Gegenstand der Abschlussprüfung von Krankenhäusern	57
2. Bescheinigungen des Abschlussprüfers für Krankenhäuser	61

I. Vorbemerkung

In 2001 wurden 6,3 % der deutschen Krankenhäuser in der Rechtsform einer Stiftung betrieben (vgl. *Deutsches Krankenhausinstitut*, 2002). Im Zuge der zu beobachtenden Krankenhausprivatisierungen der vergangenen Jahre hat

1

sich dieser Anteil weiter verringert. Nach eigenen Berechnungen werden aktuell weniger als 100 Krankenhäuser in Deutschland in der Rechtsform einer Stiftung betrieben.

Für diese Krankenhausstiftungen gelten zunächst die gesetzlichen Vorschriften, die bei der Rechnungslegung von Stiftungen zu berücksichtigen und die in den vorangegangenen Kapiteln ausführlich beschrieben worden sind.

Neben diesen Vorschriften haben Krankenhäuser, die in den Anwendungsbereich der **Krankenhaus-Buchführungsverordnung (KHBV)** fallen, die dort aufgeführten Vorschriften zur Rechnungslegung und Buchführung zu beachten. Anknüpfungspunkt für den Anwendungsbereich der KHBV ist nicht die Kaufmannseigenschaft oder die Rechtsform, in der das Krankenhaus betrieben wird, sondern die *wirtschaftliche Einheit Krankenhaus selbst*. Für Krankenhäuser, auf die das Krankenhausfinanzierungsgesetz (KHG) keine Anwendung findet und bestimmte nicht förderungsfähige Einrichtungen gemäß § 1 Abs. 2 KHBV, gelten die Bestimmungen der KHBV nicht.

2   Krankenhausleistungen sind in Deutschland Bestandteil des verfassungsrechtlich definierten Grundbedarfs der Daseinsvorsorge (§ 1 Abs. 1 KHG). Die Finanzierung der Krankenhausleistungen soll durch das sog. „duale Prinzip" gewährleistet werden. Danach sollen *Investitionskosten* im Wege öffentlicher Förderung von den Bundesländern übernommen werden. Die *Betriebs- oder Benutzerkosten* sollen von den Krankenkassen, anderen Sozialleistungsträgern oder Selbstzahlern getragen werden. Vor dem Hintergrund dieser speziellen Finanzierungssystematik ist auch die Existenz der besonderen Rechnungslegungsvorschriften für Krankenhäuser gemäß KHBV zu betrachten.

Gemäß § 4 KHG werden „die Krankenhäuser dadurch wirtschaftlich gesichert, dass
1. ihre Investitionskosten im Wege öffentlicher Förderung übernommen werden und sie
2. leistungsgerechte Erlöse aus den Pflegesätzen, die nach Maßgabe dieses Gesetzes auch Investitionskosten enthalten können, sowie Vergütungen für vor- und nachstationäre Behandlung und für ambulantes Operieren erhalten."

3   Eine Verpflichtung zur Rechnungslegung nach bestimmten Vorschriften aus Spezialgesetzen bzw. -verordnungen kann neben Krankenhäusern auch *Pflegeeinrichtungen, Werkstätten für Behinderte, Kindergärten, Rettungsdienste* und andere Einrichtungen im sozialen Bereich betreffen.

Im Folgenden werden die spezialgesetzlichen Anforderungen an das Rechnungswesen und die Buchführung von Krankenhäusern in der Rechtsform einer Stiftung näher betrachtet.

II. Vorgegebener Rahmen der Krankenhaus-Buchführungsverordnung

1. Kaufmännisches Rechnungswesen

Die im Handelsgesetzbuch geregelte Verpflichtung, Bücher zu führen, gilt gemäß § 1 Abs. 1 KHBV auch für Krankenhäuser, und zwar unabhängig davon, ob das Krankenhaus Kaufmann im Sinne des Handelsgesetzbuchs ist, und unabhängig von der Rechtsform, in der das Krankenhaus betrieben wird. Entsprechend hat auch eine Stiftung, die ein Krankenhaus betreibt, zumindest für den Krankenhausbereich nach Handelsrecht Rechnung zu legen.

Grundsätzlich gilt, dass immer dann, wenn die stationären oder teilstationären Leistungen eines Krankenhauses nach den Vorschriften des Krankenhausentgeltgesetzes (KHEntgG) oder nach der Bundespflegesatzverordnung (BPflV) vergütet werden, auch die Vorschriften der KHBV anzuwenden sind (vgl. IDW Stellungnahme zur Rechnungslegung: Rechnungslegung von Krankenhäusern (IDW RS KHFA 1) Rn. 10).

Nicht unter diese Regelung fallen Krankenhäuser im Straf- oder Maßregelvollzug, Polizei- und Bundeswehrkrankenhäuser, Krankenhäuser der Träger der allgemeinen Renten- und der gesetzlichen Unfallversicherung sowie bestimmte nicht nach den Bestimmungen des Krankenhausfinanzierungsgesetzes geförderte Krankenhäuser (§ 1 Abs. 2 KHBV).

Durch die KHBV werden sämtliche Krankenhäuser, die in ihren Anwendungsbereich fallen, zur doppelten kaufmännischen Buchführung verpflichtet (§ 3 S. 1 KHBV). Damit geht die KHBV sogar über die Bestimmungen des HGB hinaus, das in § 238 HGB ein bestimmtes Buchführungssystem nicht explizit vorschreibt. Als lex specialis verweist die KHBV für die Rechnungslegungs- und Buchführungsvorschriften auf die allgemeinen Bestimmungen des Handelsgesetzbuches (HGB). Demnach muss die Buchführung eines Krankenhauses so beschaffen sein, dass sie einem sachverständigen Dritten einen Überblick über die Geschäftsvorfälle und die Lage des Krankenhauses in angemessener Zeit verschaffen kann. Die Form der Handelsbücher eines Krankenhauses wird konkretisiert durch einen speziellen Kontenrahmen, der auf die besonderen Erfordernisse des Krankenhausfinanzierungsrechts abgestellt ist.

2. Geschäftsjahr

Geschäftsjahr ist das Kalenderjahr (§ 2 KHBV). Die nach § 240 Abs. 2 HGB eingeräumte Freiheit, ein vom Kalenderjahr abweichendes Geschäftsjahr festzulegen, besteht nach KHBV nicht. Diese Regelung korrespondiert mit den Bestimmungen des § 15 BPflV und des § 15 KHEntgG, wonach die Entgelte eines Krankenhauses für das Kalenderjahr abgerechnet werden.

H 6–9   H. Besonderheiten der Rechnungslegung von Krankenhäusern

3. Gliederungsvorschriften

6   Gemäß § 4 Abs. 1 KHBV ist die *Bilanz* nach Anlage 1, die *Gewinn- und Verlustrechnung* nach Anlage 2 und der *Anlagennachweis* nach Anlage 3 der KHBV zu gliedern. Bilanz und Gewinn- und Verlustrechnung sind auf die besonderen Erfordernisse des Krankenhausfinanzierungsrechts und die Struktur des Krankenhausbetriebs abgestellt.

7   Der wesentliche Unterschied zwischen der Bilanz nach § 266 HGB und der nach Anlage 1 KHBV besteht in der Erweiterung letzterer um die folgenden krankenhausspezifischen Posten:

- Forderungen und Verbindlichkeiten nach dem Krankenhausfinanzierungsrecht
- Ausgleichsposten aus Darlehensförderung
- Ausgleichsposten für Eigenmittelförderung
- Sonderposten aus Zuwendungen zur Finanzierung des Sachanlagevermögens

Die **Forderungen/Verbindlichkeiten nach dem Krankenhausfinanzierungsrecht** beinhalten zum einen die Forderungen und Verbindlichkeiten aus Fördermitteln sowie zum anderen die Forderungen und Verbindlichkeiten nach den Regelungen von KHEntgG, BPflV und KHG, die sich auf Grund der Ermittlung von Mehr- bzw. Mindererlösen ergeben (→ Rn. 30 ff.).

Die **Ausgleichsposten aus Darlehensförderung und für Eigenmittelförderung** sind krankenhausspezifische Bilanzierungshilfen, die vom Gesetzgeber zur Darstellung der ergebnisneutralen Verbuchung von Fördermitteln vorgesehen sind (→ Rn. 17 ff.).

Die **Sonderposten aus Zuwendungen zur Finanzierung des Sachanlagevermögens** beinhalten die zweckentsprechend für die Anschaffung von aktivierten Anlagegütern verwendeten Fördermittel, die vermindert werden um den Betrag der bis zum Bilanzstichtag angefallenen Abschreibungen auf diese geförderten Anlagegüter (→ Rn. 12 ff.).

8   Bei der Gewinn- und Verlustrechnung nach KHBV fällt zunächst auf, dass diese deutlich tiefer als die nach § 275 HGB untergliedert ist. Die Gewinn- und Verlustrechnung nach der KHBV enthält im Vergleich zum Schema nach HGB zwölf zusätzliche Posten. Für die Umsatzerlöse nach HGB sieht die KHBV fünf verschiedene Posten vor (Erlöse aus Krankenhausleistungen, aus Wahlleistungen, aus ambulanten Leistungen des Krankenhauses, Nutzungsentgelte der Ärzte und Umsatzerlöse nach § 277 Abs. 1 HGB, soweit nicht in den Nummern 1 bis 4 enthalten → Rn. 46 ff.). Darüber hinaus sind die Posten 11 bis 19 für die erfolgsneutrale Verbuchung der Investitionsaufwendungen vorgesehen.

9   Die KHBV sieht für die Darstellung der Gewinn- und Verlustrechnung ausschließlich das **Gesamtkostenverfahren** vor.

4. Bilanzierungspflichten beim Krankenhausträger

Betreibt die Stiftung als Krankenhausträger *neben dem Krankenhaus noch andere Einrichtungen* (z.b. Pflegeeinrichtung, Rehabilitationsklinik, Werkstatt für Behinderte) kann ausschließlich die wirtschaftliche Einheit Krankenhaus in einer Buchführung und einem Jahresabschluss nach KHBV dargestellt werden (IDW RS KHFA 1, Rn. 22). Lediglich untergeordnete Tätigkeiten eines Krankenhausträgers dürfen in den Jahresabschluss einbezogen werden. Als Kriterien für den Umfang der untergeordneten Tätigkeiten kommen insbesondere die nach § 267 HGB anzuwendenden Größenkriterien *Umsatzerlöse*, *Bilanzsumme* und *Arbeitnehmer* in Betracht (→ Kapitel E Rn. 8). 10

Damit hat die Stiftung in diesem Fall immer zwei Jahresabschlüsse zu erstellen: einen für die Gesamtstiftung und einen für den Zweckbetrieb „Krankenhaus". Für die Stiftung insgesamt ist streng genommen auch die Aufstellung einer Einnahmen-Ausgabenrechnung mit Vermögensübersicht möglich. Da diese allerdings auch das Krankenhaus umfassen müsste, wird dieser Fall in der Realität nicht vorkommen (vgl. auch die Empfehlung zur einheitlichen Rechnungslegung in IDW RS HFA 5 Rn. 22).

Betreibt eine Stiftung mehr als ein Krankenhaus, so unterliegt sie mit jedem Krankenhaus den Buchführungs- und Rechnungslegungspflichten nach der KHBV. Sie hat in diesem Fall also einen Jahresabschluss für die Stiftung und für jedes Krankenhaus einen eigenen Jahresabschluss nach KHBV aufzustellen (vgl. IDW RS KHFA 1, Rn. 26). 11

III. Posten des Jahresabschlusses im Detail

1. Sonderposten aus Zuwendungen zum Anlagevermögen

Das duale Finanzierungssystem (→ Rn. 2 ff.) bewirkt zumindest theoretisch, dass Investitionskosten von der öffentlichen Hand (den Bundesländern) und Betriebskosten von den Benutzern (den Kostenträgern oder Selbstzahlern) getragen werden. Das für den Krankenhausbetrieb notwendige Anlagevermögen soll durch Fördermittel nach dem KHG finanziert werden. In der Praxis sinkt allerdings der Anteil der Investitionen, die von den Ländern gefördert werden, seit Jahren kontinuierlich. Das Fördervolumen ist von ca. EUR 3,6 Milliarden in 1991 auf ca. EUR 2,7 Milliarden in 2011 zurückgegangen. Preisbereinigt entspricht dies einem Rückgang von ca. 50% (vgl. *Schulze*: KU Gesundheitsmanagement, Mai 2014, S. 12). 12

Die Behandlung der öffentlichen Zuschüsse im Jahresabschluss des Krankenhauses ist geregelt in § 5 Abs. 2 und 3 KHBV. Demnach sind Investitionszuschüsse von öffentlich-rechtlichen Körperschaften als „Sonderposten aus Zuweisungen und Zuschüssen der öffentlichen Hand" und Fördermittel nach dem KHG bzw. den Landeskrankenhausgesetzen als „Sonderposten aus För- 13 dermitteln nach dem KHG" auszuweisen. Diese Sonderposten werden in Höhe der Abschreibungen, die auf die durch sie finanzierten Vermögensgegenstände entfallen, ertragswirksam aufgelöst. Dadurch entsprechen die Sonderposten zum Jahresabschluss immer exakt den Restbuchwerten der damit finanzierten Vermögensgegenstände.

14 *Handelsrechtlich* besteht das Wahlrecht, finanzielle Zuwendungen zu einer Investition entweder von den Anschaffungskosten abzusetzen, sofort erfolgswirksam zu vereinnahmen oder in einen gesonderten Passivposten einzustellen (vgl. BeBiKo/*Schubert/Gadek*, § 255 Rn. 116 f.) Das Institut der Wirtschaftsprüfer empfiehlt im handelsrechtlichen Jahresabschluss eines Krankenhauses die Bildung eines Sonderpostens, da der Einblick in die Vermögenslage der Gesellschaft bei erheblichen Zuwendungen beeinträchtigt wäre, wenn die Zuwendungen von den Anschaffungskosten/Herstellungskosten abgesetzt würden (IDW RS KHFA 1 Rn. 14).

15 In Nordrhein-Westfalen werden die Investitionskosten von Krankenhäusern durch jährliche Pauschalbeträge gefördert (§ 18 KHGG NRW), mit denen das Krankenhaus im Rahmen der Zweckbindung der Fördermittel wirtschaften kann. Da die Pauschalmittel jährlich neu bewilligt werden, ist eine bilanzielle Erfassung von Baupauschalen künftiger Jahre nicht möglich (IDW RS KHFA 1 Rn. 33). Bei größeren Investitionsmaßnahmen, die mit zukünftigen Pauschalmitteln finanziert werden sollen, sind deshalb Umfinanzierungen und Anhangangaben erforderlich, um ein den tatsächlichen Verhältnissen entsprechendes Bild der Vermögens-, Finanz- und Ertragslage zu vermitteln.

Neben NRW fördern auch Brandenburg, Bremen und das Saarland mittels Investitionspauschalen, weitere Bundesländer werden in Kürze folgen (Hessen, Sachsen-Anhalt und Thüringen planen die Umstellung).

16 In den meisten Bundesländern werden Einzelfördermittel ausschließlich für Anschaffungs- oder Herstellungskosten von Investitionen gewährt. In Nordrhein-Westfalen sieht § 21 Abs. 5 KHGG NRW darüber hinaus die Nutzung der Pauschalmittel auch zur Finanzierung von Krediten für förderfähige Investitionsmaßnahmen vor.

2. Ausgleichsposten für Eigenmittelförderung

17 Nach § 5 Abs. 5 KHBV ist in Höhe der Abschreibungen auf die aus Eigenmitteln des Krankenhausträgers vor Beginn der Förderung – gemeint ist in den alten Bundesländern vor Inkrafttreten des KHG im Jahr 1972 bzw. im Beitrittsgebiet vor dem 1. Januar 1991 – finanzierten Vermögensgegenstände auf der Aktivseite ein Ausgleichsposten für Eigenmittelförderung zu bilden. Der Fördertatbestand ergibt sich aus § 9 Abs. 2 Nr. 4 KHG i.V.m. dem jeweiligen Landesrecht (in Nordrhein-Westfalen ist das z.B. der § 26 KHGG NRW). Danach erhält der Krankenhausträger nach Feststellung des Ausscheidens aus dem Krankenhausplan ein dem Anteil der Eigenmittel entsprechenden Ausgleich für die Abnutzung während der Zeit der Förderung gewährt.

III. Posten des Jahresabschlusses im Detail

Buchhalterisch werden die Abschreibungen auf die mit diesen Eigenmitteln 18
finanzierten Vermögensgegenstände des Anlagevermögens durch einen Ertrag
aus der Einstellung von Ausgleichsposten für Eigenmittelförderung neutralisiert. Durch diese Vorschrift wird das betroffene Krankenhaus zumindest
buchmäßig genauso gestellt wie das Krankenhaus, das direkt gefördert wurde.

Beim Ausgleichsposten für Eigenmittelförderung handelt es sich nicht um 19
einen Vermögensgegenstand im Sinne des Handelsgesetzbuches. Hintergrund
ist, dass der Anspruch auf Eigenmittelförderung frühestens dann entsteht,
wenn das Krankenhaus aus dem Krankenhausplan ausscheidet. Die tatsächliche
Gewährung von Fördermitteln ist somit an eine Bedingung geknüpft, die erst
in ferner Zukunft oder gar nicht eintreten kann. Um gleichwohl zu einer
Aktivierung zu gelangen, sieht der Gesetzgeber in § 5 Abs. 5 KHBV die Aktivierungspflicht des Ausgleichspostens für Eigenmittelförderung als Bilanzierungshilfe vor.

Bei der Werthaltigkeit des Ausgleichspostens für Eigenmittelförderung ist 20
zu berücksichtigen, dass vom Krankenhaus der Nachweis über die Existenz
des Anspruchs zu erbringen ist. Da es sich um Investitionen handelt, die in den
alten Bundesländern vor Inkrafttreten des KHG im Jahr 1972 getätigt worden
sind, wird das möglicherweise nicht immer gelingen.

Ein Ausgleichsanspruch besteht darüber hinaus dann nicht mehr, wenn nach
dem KHG oder nach dem Landesgesetz eine Ersatzinvestition gefördert wurde
und die Mittel oder ihr Gegenwert noch im Vermögen des Krankenhausträgers vorhanden sind (vgl. z.B. § 26 Abs. 3 KHGG NRW).

In einem handelsrechtlichen Abschluss wird der Ansatz des Ausgleichspostens für Eigenmittelförderung auf Grund der branchenspezifischen Vorschriften als zulässig erachtet (IDW RS KHFA 1 Rn. 42). 21

3. Ausgleichsposten aus Darlehensförderung

Der Ausgleichsposten aus Darlehensförderung resultiert aus den förder- 22
rechtlichen Bestimmungen des § 9 Abs. 2 Nr. 3 KHG. Für Lasten aus Darlehen,
die vor Aufnahme des Krankenhauses in den Krankenhausplan für förderungsfähige Investitionen des Krankenhauses aufgenommen wurden, ist in
Höhe des Teils der jährlichen Abschreibungen auf die mit diesen Mitteln finanzierten Vermögensgegenstände des Anlagevermögens, der nicht durch den
Tilgungsanteil der Fördermittel gedeckt ist (Abschreibungsbetrag > Tilgungsbetrag), in der Bilanz auf der Aktivseite ein Ausgleichsposten für Darlehensförderung zu bilden. Ist im umgekehrten Fall der Tilgungsanteil der Fördermittel aus der Darlehensförderung höher als die jährlichen Abschreibungen
auf die mit diesen Mitteln finanzierten Vermögensgegenstände des Anlagevermögens, ist in der Bilanz in Höhe des überschießenden Betrags auf der
Passivseite ein Ausgleichsposten aus Darlehensförderung zu bilden.

Auch der Ausgleichsposten aus Darlehensförderung resultiert aus dem du- 23
alen Finanzierungssystem, und seine Bildung bzw. Auflösung hat die Neu-

tralisierung der Aufwendungen bzw. Erträge aus den mit Darlehen finanzierten Investitionen zur Folge.

24 Sofern es zwischen den Anschaffungskosten eines geförderten Vermögensgegenstandes und dem Darlehensstand zum Zeitpunkt des Inkrafttretens des KHG eine Differenz gab, wird ab dem Zeitpunkt, in dem das förderungsfähige Darlehen vollständig getilgt wird, der damit finanzierte Vermögensgegenstand aber noch nicht vollständig abgeschrieben ist, ein aktiver Ausgleichsposten aus Darlehensförderung aufgebaut. Nach den Regelungen der Landeskrankenhausgesetze (vgl. z.B. § 25 Abs. 2 KHGG NRW) hat das Krankenhaus bei Ausscheiden aus dem Krankenhausplan ein Anspruch auf Fördermittel. Im umgekehrten Fall (die während der Förderzeit geförderten Tilgungsbeträge sind höher als die Abschreibungen für förderungsfähige Investitionen) ist der Unterschiedsbetrag vom Krankenhaus an die Fördermittelbehörde zu erstatten.

25 Wie beim Ausgleichsposten für Eigenmittelförderung fordern die Landeskrankenhausgesetze, dass der Krankenhausträger den Nachweis der Existenz eines etwaigen Anspruchs zu erbringen hat. Soweit dieser Nachweis nicht oder nicht vollumfänglich erbracht werden kann, ist der Posten insoweit aufzulösen. Sofern der Ausgleichsposten für Darlehensförderung erfolgswirksam gebildet wurde, ist auch die Auflösung des Ausgleichspostens erfolgswirksam zu erfassen.

26 In einem handelsrechtlichen Abschluss kann der Ausgleichsposten aus Darlehensförderung auf Grund der Förderung der Darlehenstilgung zum Nominalwert angesetzt werden (IDW RS KHFA 1 Rn. 15).

4. Unfertige Leistungen

27 Bei den unfertigen Leistungen eines Krankenhauses handelt es sich um erbrachte Leistungen an Patienten, die vor dem Abschlussstichtag 31. Dezember aufgenommen wurden, und deren Behandlung erst im neuen Jahr beendet wird. Die Abrechnung dieser Leistungen kann nach den Bestimmungen der KHEntgG erst mit der Entlassung des Patienten erfolgen, weil erst dann sämtliche abrechnungsrelevanten Haupt- und Nebendiagnosen sowie Behandlungen feststehen.

28 Die bis zum Abschlussstichtag erbrachten *Fallpauschalenleistungen* sind deswegen als unfertige Leistungen zu aktivieren und unter dem Posten „Unfertige Leistungen" im Vorratsvermögen auszuweisen. Es gelten die Bewertungsvorschriften des strengen Niederstwertprinzips gemäß § 253 Abs. 1 Satz 1 i.V.m. § 255 Abs. 2 HGB. Die Gegenbuchung zur Aktivierung der unfertigen Leistungen erfolgt unter dem Posten „Bestandsveränderungen". Ein Ausweis unter den Umsatzerlösen scheidet wegen fehlender Gewinnrealisierung am Abschlussstichtag nach § 252 Abs. 1 Nr. 4 HGB aus.

29 Gemäß IDW (IDW RS KHFA 1 Rn. 63) sollen die Herstellungskosten grundsätzlich anhand einer Kostenstellen- und Kostenträgerrechnung ermittelt werden. In der Praxis sind aber überwiegend vereinfachte Schätzverfahren

III. Posten des Jahresabschlusses im Detail

anzutreffen, da die Mehrzahl der Krankenhäuser zwar über eine Kostenstellen- nicht aber über eine Kostenträgerrechnung verfügt. Bei dem einfachsten Schätzverfahren werden die DRG-Erlöse einschließlich der Zu- und Abschläge um einen Gewinnabschlag gemindert und dann durch die Verweildauer des Patienten dividiert. Der sich so ergebende Betrag wird mit der Zahl der bis zum Bilanzstichtag angefallenen Belegungstage multipliziert. Bei dieser Bewertung wird unterstellt, dass die bei Behandlung der Patienten entstandenen Kosten sich gleichmäßig über die Verweildauer des Patienten verteilen.

5. Forderungen und Verbindlichkeiten nach dem Krankenhausfinanzierungsrecht

Unter den Forderungen und Verbindlichkeiten nach dem Krankenhausfinanzierungsrecht werden grundsätzlich zwei unterschiedliche Sachverhalte bilanziert. Zum einen sind das die Forderungen und Verbindlichkeiten, die mit der Gewährung von Fördermitteln im Zusammenhang stehen. Zum anderen sind das Forderungen und Verbindlichkeiten, die nach den besonderen Regelungen des KHEntgG und der BPflV zu bilanzieren sind. 30

Unter den **Forderungen aus Fördermitteln** sind die durch einen schriftlichen Bescheid bewilligten, aber am Bilanzstichtag noch nicht ausgezahlten Fördermittel auszuweisen. Bei Einstellung der Forderung ist ein gleichlautender Ertrag aus Fördermitteln zu buchen. Erträge aus Fördermitteln, die entweder zweckentsprechend für die Anschaffung von aktivierten Anlagegütern verwendet wurden oder die zum Jahresabschluss noch nicht zweckentsprechend verwendet wurden, sind durch die Buchung von Aufwendungen in gleicher Höhe zu neutralisieren. Dadurch wird sichergestellt, dass Erträge aus Fördermitteln das Jahresergebnis nicht im Zeitpunkt der Bewilligung beeinflussen. Im Falle der Anschaffung von aktivierten Vermögensgegenständen des Anlagevermögens werden die Erträge erst parallel zu den Abschreibungen ergebniswirksam (→ Rn. 13). 31

Demnach beinhalten die **Verbindlichkeiten aus Fördermitteln** vor allem die bewilligten Fördermittel, die noch nicht zweckentsprechend verwendet wurden. Sie stellen damit den passiven Gegenposten zum Guthaben aus Fördermitteln dar. 32

Werden die als Verbindlichkeit passivierten noch nicht zweckentsprechend verwendeten Fördermittel in einem späteren Geschäftsjahr zweckentsprechend verwendet, erfolgt eine Umbuchung von den Verbindlichkeiten in den Sonderposten nach dem KHG. 33

Unter den **Forderungen und Verbindlichkeiten nach dem KHEntgG und der BPflV** werden Erlösausgleiche bilanziert, die sich ergeben, weil die tatsächlich erbrachten Leistungen einen Krankenhauses in Art und Menge abweichen von den zwischen Krankenhaus und Kostenträgern prospektiv vereinbarten Leistungen. Werden die erzielten Erlöse des Krankenhauses verglichen mit dem vereinbarten Erlösbudget, führt dies in aller Regel zu Mehr- oder Mindererlösen, die gemäß § 5 Abs. 4 KHEntgG in Form von 34

Mehr- oder Mindererlösausgleichen über einen Zuschlag oder Abschlag auf die abgerechnete Höhe der DRG-Fallpauschalen und die Zusatzentgelte sowie auf die sonstigen Entgelte verrechnet werden. Hintergrund der Erlösausgleiche ist, dass Krankenhäuser im Falle von Mehrerlösen nur die Mittel behalten sollen, die sie benötigen, um im Zusammenhang mit den Mehrerlösen entstandene zusätzliche variable Kosten zu decken, bzw. im Falle von Mindererlösen zumindest ihre Fixkosten decken zu können. Seit dem Geschäftsjahr 2017 ist der Fixkostendegressionsabschlag zu beachten.

35 Mindererlöse werden ab dem Jahr 2007 grundsätzlich zu 20% ausgeglichen; sonstige Mehrerlöse zu 65% (vgl. § 4 Abs. 3 KHEntgG). Zur Ermittlung der Mehr- oder Mindererlöse hat der Krankenhausträger eine vom Jahresabschlussprüfer bestätigte Aufstellung über die Erlöse vorzulegen.

36 Gemäß IDW RS KHFA 1 Rn. 84 ist mit Ablauf des Pflegesatzzeitraums ein Ausgleichsanspruch bzw. eine Ausgleichsverpflichtung dem Grunde nach entstanden und damit im Jahresabschluss zu berücksichtigen. Eine Vereinbarung zwischen den Pflegesatzparteien bzw. eine Festsetzung durch die Schiedsstelle oder Genehmigung durch die Genehmigungsbehörde ist dafür nicht erforderlich.

37 Die Bewertung der Ausgleichsforderung hat im Hinblick auf mögliche Minderungen aus Vorsichtsgründen und unter Berücksichtigung der Praxis der Pflegesatzverhandlungen nach Vornahme angemessener Abschläge zu erfolgen (IDW RS KHFA 1 Rn. 85).

38 Die Ausgleichsforderungen oder -verbindlichkeiten sind als Davon-Vermerk unter den Forderungen oder Verbindlichkeiten nach dem Krankenhausfinanzierungsrecht auszuweisen.

6. Krankenhausspezifische Rückstellungen

a) Rückstellung auf Grund von Prüfungen des Medizinischen Dienstes der Krankenkassen (MDK)

39 Gemäß § 275 SGB V ist der MDK berechtigt, auf Anforderung der Krankenkassen bei einem Krankenhaus eine Prüfung bereits abgerechneter Fälle vorzunehmen. Dadurch besteht für das Krankenhaus das Risiko von Erlösausfällen auf Grund von nachträglichen Rechnungskürzungen.

40 In Folge der nachträglichen Rechnungskürzung ist zu unterscheiden, ob die Krankenkasse die dem Abrechnungsfall zugrunde liegende Rechnung bereits beglichen hat oder nicht. Ist die Forderung noch nicht beglichen, so ist eine Wertberichtigung der entsprechenden Forderung vorzunehmen. Ist die Forderung durch die Krankenkasse bereits beglichen worden, ist eine angemessene Rückstellung für das Rückzahlungsrisiko zu bilanzieren.

41 Auf der Grundlage der Erlösausfälle der Vergangenheit kann das Krankenhaus den Erlösausfall je geprüften Fall ermitteln und mit der Zahl der noch strittigen Fälle multiplizieren. Bei der Bewertung der MDK-Rückstellung sind neben dem geschätzten Rückzahlungsbetrag auch die im Krankenhaus

III. Posten des Jahresabschlusses im Detail

im Zusammenhang mit der Bearbeitung der MDK-Anfragen entstehenden Kosten (z.b. des Medizincontrollings) zu berücksichtigen. Eine Saldierung der Rückstellung mit erwarteten Einnahmen aus der Aufwandspauschale nach § 275 Abs. 1 c SGB V ist nicht zulässig.

b) Rückstellung für Aufbewahrung von Geschäftsunterlagen

Für zukünftige Aufwendungen aus der Erfüllung gesetzlicher (§ 257 HGB und § 147 AO) oder vertraglicher Aufbewahrungspflichten ist eine Verbindlichkeitenrückstellung nach § 249 Abs. 1 Satz 1 HGB zu bilden (vgl. IDW Rechnungslegungshinweis: Rückstellungen für die Aufbewahrung von Geschäftsunterlagen sowie für die Aufstellung, Prüfung und Offenlegung von Abschlüssen und Lageberichten nach § 249 Abs. 1 HGB (IDW RH HFA 1.009), Rn. 4 → Kapitel E Rn. 185).

Krankenhäuser haben neben den genannten Normen weitere Vorschriften zur Aufbewahrung von Unterlagen zu beachten (Landeskrankenhausgesetze, Röntgenverordnung, Strahlenschutzverordnung; daneben sind nach § 630 f. Abs. 3 BGB Patientenakten 10 Jahre aufzubewahren). Die Rückstellung für diese Sachleistungsverpflichtung ist in Höhe des notwendigen Erfüllungsbetrags mit den Vollkosten für die Zeit der Aufbewahrungspflicht zu bewerten. Zu den Vollkosten zählen der Aufwand für die Archivierung, auf die Archivierung entfallende Miet- und sonstige Raumkosten, Personalkosten, Kosten der Datenspeicherung usw. Es handelt sich um eine langfristige Rückstellung, die mit den von der Deutschen Bundesbank bekannt gegebenen Diskontierungssätzen abzuzinsen ist (§ 253 Abs. 2 HGB, → Kapitel E Rn. 56). Auf Grund des Verbots der Bildung von Aufwandsrückstellungen nach Streichung des § 249 Abs. 2 HGB a.F. im Rahmen des BilMoG darf die Rückstellung für Aufbewahrung von Geschäftsunterlagen insoweit nicht gebildet werden, als diese länger als gesetzlich oder vertraglich vorgeschrieben aufbewahrt werden.

c) Rückstellung für Schadensfälle

Soweit Risiken aus Behandlungsfehlern nicht durch eine entsprechende Versicherung abgedeckt sind, sind Rückstellungen für Regressansprüche gegen das Krankenhaus zu bilden. Grundsätzlich gilt, dass für gesetzliche oder vertragliche Schadenersatzverpflichtungen Rückstellungen zu bilden sind, wenn nach den bis zur Bilanzaufstellung bekannt gewordenen Verhältnissen am Bilanzstichtag das Bestehen der Verpflichtung und die Inanspruchnahme wahrscheinlich sind. Dabei genügt es, dass auf Grund konkreter Umstände ernsthaft damit gerechnet werden muss, dass den Anspruch begründende Tatsachen bekannt werden (vgl. BeBiKo/*Schubert*, § 249 Rn. 100). Damit sind nicht nur bekannte sondern auch bislang nicht bekannte Behandlungsfehler, die bis zum Bilanzstichtag verursacht worden sind, dem Grunde nach rückstellungspflichtig. In der Praxis werden für bislang nicht bekannte Schadensfälle Pauschalrückstellungen auf der Basis von Erfahrungen der Vergangenheit gebildet.

d) Rückstellung für Fördermittelrückzahlungsrisiken

44 In den meisten Landeskrankenhausgesetzen ist geregelt, dass gewährte Fördermittel zurückgefordert werden können, wenn sie nicht zweckentsprechend verwendet worden sind.

So heißt es z.b. in § 28 Abs. 2 KHGG NRW: „Werden nach diesem Gesetz geförderte Investitionsmaßnahmen zu Zwecken außerhalb der stationären Krankenversorgung umgewidmet oder stellt das Krankenhaus seinen Betrieb ein, sollen die Bewilligungen der Fördermittel im Umfang der Umwidmung oder Betriebseinstellung zurückgenommen oder widerrufen werden."

45 Rückzahlungsrisiken bestehen somit bei Fehlverwendungen der erhaltenen Fördermittel. Im Bereich der Einzelfördermittel können solche Risiken aus der Änderung der ursprünglichen der Beantragung der Fördermittel zu Grunde liegenden Bauplanung resultieren, wenn diese Änderungen im Nachgang nicht erneut mit der Fördermittelbehörde abgestimmt worden sind. Im Bereich der pauschalen Fördermittel kann es zu Rückzahlungsverpflichtungen kommen, wenn z.B. Fördermittel für Anlagegüter eingesetzt werden, die in der Folge für sowohl stationäre als auch ambulante Zwecke eingesetzt werden. In Höhe des Anteils der Nutzung für ambulante Zwecke liegt in diesem Fall eine nicht zweckentsprechende Verwendung vor.

Die Rückstellungshöhe bemisst sich nach der in der Vergangenheit bereits gebuchten Abschreibung der mit den nicht zweckentsprechend verwendeten Fördermitteln finanzierten Anlagegegenstände zuzüglich anfallender Zinsen.

7. Umsatzerlöse

46 Die Umsatzerlöse des Krankenhauses beinhalten wie oben beschrieben die Nr. 1 bis 4 der Gewinn- und Verlustrechnung nach KHBV, also die *Erlöse aus Krankenhausleistungen*, die *Erlöse aus Wahlleistungen*, die *Erlöse aus ambulanten Leistungen* des Krankenhauses, die *Nutzungsentgelte der Ärzte* und die *Umsatzerlöse nach § 277 Abs. 1 HGB, soweit nicht in den Nummern 1 bis 4 enthalten*.

47 Die **Erlöse aus Krankenhausleistungen** umfassen im Wesentlichen die Erlöse aus der Abrechnung von Fallpauschalen und Zusatzentgelten nach der Fallpauschalenverordnung (FPV) sowie von tagesgleichen Entgelten mit Basis- und Abteilungspflegesätzen auf der Grundlage der BPflV.

48 Das neue Vergütungsmodell für psychiatrische und psychosomatische Krankenhäuser wurde für alle Krankenhäuser verpflichtend zum 1. Januar 2018 eingeführt (§ 17d Abs. 4 KHG) und löst die tagesgleichen Entgelte nach der BPflV ab. Bis Ende des Jahres 2019 wird das Vergütungssystem für die Krankenhäuser budgetneutral umgesetzt. Ab dem Jahr 2020 sind der krankenhausindividuelle Basisentgeltwert und der Gesamtbetrag nach den näheren Bestimmungen der BPflV anzupassen.

49 Die **Erlöse aus Wahlleistungen** beinhalten Erlöse aus gesondert berechenbaren Leistungen, die in den Allgemeinen Vertragsbestimmungen des Krankenhauses als Wahlleistungen i.S.d. § 17 KHEntgG und § 22 BPflV angeboten werden. Typische Wahlleistungen sind neben den ärztlichen Wahlleistungen die besonderen Leistungen für Telefon, Fernsehen und Einzelzimmer.

Die **Erlöse aus ambulanten Leistungen** des Krankenhauses beinhalten die Erlöse aus Krankenhausambulanzen. Das sind die sog. Institutsleistungen, die das Krankenhaus mit Hilfe seiner angestellten ärztlichen, pflegerischen und sonstigen Mitarbeiter als alleiniger Vertragspartner und Leistungsschuldner erbringt. Voraussetzung für die Leistungserbringung ist ein zwischen Krankenhaus und zuständiger Kassenärztlicher Vereinigung abgeschlossener Institutsvertrag. Neben den Erlösen aus Institutsambulanzen werden unter den Erlösen aus ambulanten Leistungen des Krankenhauses auch die Erlöse aus Chefarztambulanzen, die Erlöse aus ambulanten Operationen nach § 115b SGB V, die Erlöse aus ambulanten Behandlungen nach § 116a und § 116b SGB V und die Erlöse eines rechtlich unselbständigen medizinischen Versorgungszentrums ausgewiesen. 50

Bei den **Nutzungsentgelten der Ärzte** handelt es sich um Abgaben der Chefärzte, die diese für die Nutzung von Ausstattung und Geräten des Krankenhauses im Rahmen ihrer Privatliquidation an das Krankenhaus leisten. Voraussetzung dafür ist, dass die behandelnden Ärzte die erbrachten ärztlichen Leistungen gegenüber den Patienten selbst liquidieren können. Hat das Krankenhaus das Liquidationsrecht nicht dem behandelnden Arzt überlassen, sondern die Wahlleistung als Krankenhausleistung berechnet, fallen keine Nutzungsentgelte an. 51

Durch das BilRUG wurde der Umsatzbegriff des § 277 Abs. 1 HGB erweitert. Damit sind einige Erlöse, die bislang als sonstige betriebliche Erträge auszuweisen waren, unter den Umsatzerlösen zu erfassen. Das hat im Gliederungsschema der Gewinn- und Verlustrechnung nach Anlage 2 zur KHBV die Ergänzung um die Nummer 4a „Umsatzerlöse nach § 277 Abs. 1 des HGB, soweit nicht in den Nummern 1 bis 4 enthalten, erforderlich gemacht. Hier werden ab dem Geschäftsjahr 2016 Rückvergütungen, Vergütungen und Sachbezüge, Erträge aus Hilfs- und Nebenbetrieben (z.B. Apotheke, Küche, Wäscherei) und sonstige Erträge ausgewiesen. 51a

IV. Anhang und Lagebericht

Neben Bilanz und Gewinn- und Verlustrechnung ist der **Anhang** ein gleichwertiger Bestandteil des Jahresabschlusses. Für Krankenhäuser in der Rechtsform einer Stiftung gelten die Vorschriften des § 4 Abs. 3 KHBV. Im Vergleich zum Anhang eines Krankenhauses, das in der Rechtsform einer Kapitalgesellschaft geführt wird und das die Vorschriften des Handelsgesetzbuches zu beachten hat, hat der Anhang gemäß KHBV einen deutlich geringeren Umfang (zu den wesentlichen Inhalten eines Anhangs nach HGB → Kapitel E Rn. 244). Andererseits haben Stiftungen grundsätzlich keine 52

Verpflichtung zur Aufstellung eines Anhangs, so dass sich für eine Stiftung, die ein Krankenhaus betreibt, insofern höhere Anforderungen ergeben (vgl. IDW RS HFA 5 Rn. 39, wonach ein Anhang nicht verpflichtend ist jedoch dringend empfohlen wird). Der Anhang nach KHBV hat mindestens die folgenden Angaben zu umfassen:

- die auf die Posten der Bilanz und der Gewinn- und Verlustrechnung angewandten Bilanzierungs- und Bewertungsmethoden (§ 284 Abs. 2 Nr. 1 HGB); in diesem Zusammenhang ist darzustellen, wie im konkreten Fall Wahlrechte ausgeübt und Ermessensspielräume ausgefüllt wurden,
- Angabe und Begründung der Abweichungen von Bilanzierungs- und Bewertungsmethoden und Darstellung ihres Einflusses auf die Vermögens-, Finanz- und Ertragslage (§ 284 Abs. 2 Nr. 3 HGB),
- Angabe von vor dem 1. Januar 1987 erworbenen Pensionsansprüchen sowie mittelbaren Pensionsverpflichtungen, für die keine Rückstellungen nach § 249 Abs. 1 Satz 1 HGB gebildet wurden (Art. 28 Abs. 2 EGHGB),
- Anlagennachweis entsprechend der Gliederung nach Anlage 3 zur KHBV,
- Zusätzliche Angaben im Anhang, wenn auf Grund besonderer Umstände der Jahresabschluss kein den tatsächlichen Verhältnissen entsprechendes Bild der Vermögens-, Finanz- und Ertragslage des Krankenhauses vermittelt (§ 264 Abs. 2 HGB),
- Nennung einer fehlenden Vergleichbarkeit von Vorjahreszahlen sowie Anpassung von Vorjahreszahlen (§ 265 Abs. 2 HGB),
- Angabe des Gewinn-/Verlustvortrages bei Aufstellung der Bilanz unter vollständigen bzw. teilweisen Verwendung des Jahresergebnisses (§ 268 Abs. 1 HGB). Alternativ kann der „Gewinn-/Verlustvortrag" auch in der Bilanz angegeben werden (§ 268 Abs. 1 Satz 2 HGB),
- Außerplanmäßige Abschreibungen auf das Anlagevermögen (§ 253 Abs. 3 Satz 3 und 4 HGB) soweit kein gesonderter Ausweis in der Gewinn- und Verlustrechnung erfolgt.

53 Gemäß § 284 Abs. 2 Nr. 1 HGB müssen die auf die Posten der Bilanz und der Gewinn- und Verlustrechnung angewandten Bilanzierungs- und Bewertungsmethoden angegeben werden. Dabei ist darzustellen, wie im konkreten Fall Wahlrechte ausgeübt und Ermessensspielräume ausgefüllt wurden. Die Angabepflicht bezieht sich auf Methoden; Angaben und Erläuterungen über den Inhalt, die Zusammensetzung und die Veränderungen gegenüber dem Vorjahr fallen nicht unter diese Vorschrift (vgl. BeBiKo/*Grottel*, § 284 Rn. 100).

54 Krankenhäuser in der Rechtsform einer Stiftung, die einen Jahresabschluss nach KHBV aufstellen, sind nicht verpflichtet, einen **Lagebericht** aufzustellen. Schreiben andere Rechnungslegungsvorschriften dies vor bzw. wird auf freiwilliger Basis ein Lagebericht aufgestellt, sind die Regelungen des § 289 HGB sinngemäß anzuwenden (→ Kapitel E Rn. 259 ff.).

Stiftungen sind auch generell nicht verpflichtet, einen Lagebericht aufzustellen, wohl aber einen Bericht über die Erfüllung des Stiftungszwecks (auch Tätigkeitsbericht genannt → Kapitel D Rn. 53). Dies gilt auch für Stiftungen, die ein Krankenhaus betreiben

V. Kosten- und Leistungsrechnung

Krankenhäuser werden gemäß § 8 KHBV dazu verpflichtet, eine Kosten- und Leistungsrechnung zu führen, die eine betriebsinterne Steuerung sowie eine Beurteilung der Wirtschaftlichkeit und Leistungsfähigkeit erlaubt.

Dabei hat der Verordnungsgeber den Schwerpunkt der Kosten- und Leistungsrechnung auf die Kostenstellenrechnung gelegt. Das Krankenhaus hat demnach die auf Grund seiner Aufgaben und Strukturen erforderlichen Kostenstellen zu bilden. Es sollen, sofern hierfür Kosten und Leistungen anfallen, mindestens die Kostenstellen gebildet werden, die sich aus dem Kostenstellenrahmen der Anlage 5 der KHBV ergeben. Bei abweichender Gliederung dieser Kostenstellen soll durch ein ordnungsgemäßes Überleitungsverfahren die Umschlüsselung auf den Kostenstellenrahmen sichergestellt werden. Darüber hinaus sind die Kosten aus der Buchführung nachprüfbar herzuleiten, und die Kosten und Leistungen sind verursachungsgerecht nach Kostenstellen zu erfassen.

VI. Jahresabschlussprüfung

1. Pflicht zur Prüfung und Gegenstand der Abschlussprüfung von Krankenhäusern

KHBV und KHG enthalten keine eigenen Bestimmungen zur Prüfungspflicht von Krankenhäusern. Allerdings kann durch Landesrecht die Pflichtprüfung des Jahresabschlusses eines Krankenhauses vorgeschrieben werden. Davon machen aktuell die Bundesländer Brandenburg, Hamburg, Hessen, Mecklenburg-Vorpommern, Nordrhein-Westfalen, Saarland, Sachsen und Thüringen Gebrauch.

So heißt es z.B. in § 30 KHGG NRW:

„(1) Der Jahresabschluss ist unter Einbeziehung der Buchführung durch eine Wirtschaftsprüferin, einen Wirtschaftsprüfer oder eine Wirtschaftsprüfungsgesellschaft (Abschlussprüfung) zu prüfen. Hat das Krankenhaus einen Lagebericht aufzustellen, so ist auch dieser in die Prüfung einzubeziehen.

(2) Die Prüfung des Jahresabschlusses erstreckt sich insbesondere auf die zweckentsprechende, sparsame und wirtschaftliche Verwendung der Fördermittel nach § 18 Abs. 1. Sind nach dem abschließenden Ergebnis der Prüfung Einwendungen zu er-

H 58–61 H. Besonderheiten der Rechnungslegung von Krankenhäusern

heben, ist die Bestätigung einzuschränken oder zu versagen. Soweit die Bestätigung versagt oder eingeschränkt erteilt wird, ist der Abschlussbericht der zuständigen Behörde vorzulegen."

58 Der Prüfungsgegenstand gemäß § 30 Abs. 1 KHGG NRW entspricht der handelsrechtlichen Jahresabschlussprüfung. Nach § 30 Abs. 2 KHGG NRW ist ein gegenüber einer handelsrechtlichen Prüfung erweiterter Prüfungsgegenstand vorgeschrieben. Dieser umfasst in Nordrhein-Westfalen die zweckentsprechende, sparsame und wirtschaftliche Verwendung der Fördermittel. Am umfangreichsten ist die Jahresabschlussprüfung im Bundesland Hamburg geregelt. Neben der Verwendung der Fördermittel erstreckt sich die Prüfung dort auf die Ordnungsmäßigkeit der Geschäftsführung und des Rechnungswesens und die wirtschaftlichen Verhältnisse einschließlich der Entwicklung der Vermögens- und Ertragslage sowie der Liquidität und Rentabilität des Krankenhauses und der Ursachen eines eventuell in der Gewinn- und Verlustrechnung ausgewiesenen Fehlbetrags.

59 Wird im Rahmen der Jahresabschlussprüfung der Prüfungsauftrag auf die Prüfung der Verwendung pauschaler Fördermittel nach dem jeweiligen Landeskrankenhausrecht erweitert, so ist über das Ergebnis der Prüfung im Prüfungsbericht zu berichten. Gemäß § 21 Abs. 8 KHGG NRW ist wie in einigen anderen Bundesländern auch bei den zuständigen Fördermittelbehörden ein gesonderter Vermerk erforderlich. Hierin kommt das besondere Interesse an einer ordnungsgemäßen Verwendung der von den jeweiligen Bundesländern bereitgestellten Fördermittel zum Ausdruck. In der bisherigen Praxis wurden, obwohl dies in den landesgesetzlichen Regelungen nicht explizit gefordert ist, in den Bestätigungsvermerken (a.F.) Zusätze hinsichtlich der zweckentsprechend, sparsamen und wirtschaftlichen Verwendung der Fördermittel aufgenommen – Gemäß dem Entwurf einer Neufassung des IDW-Prüfungsstandards: Zum erweiterten Umfang der Jahresabschlussprüfung von Krankenhäusern nach Landeskrankenhausrecht (IDW EPS 650 n.F.) wurde klargestellt, dass eine solche Erweiterung nicht sachgerecht ist.

60 Wird das Krankenhaus in der Rechtsform der Stiftung geführt und sehen die landeskrankenhausrechtlichen Vorschriften keine Pflichtprüfung des nach den Vorschriften der KHBV aufgestellten Jahresabschlusses des Krankenhauses vor, so wird zumeist ein Auftrag zur freiwilligen Prüfung des KHBV-Abschlusses erteilt (vgl. IDW Prüfungshinweis: Zur Erteilung des Bestätigungsvermerks bei Krankenhäusern (IDW PH 9.400.1 Tz. 7)), die nach Art und Umfang einer gesetzlichen Prüfung nach §§ 316 ff. HGB unter Berücksichtigung der Vorschriften der KHBV entspricht.

2. Bescheinigungen des Abschlussprüfers für Krankenhäuser

61 Neben der Jahresabschlussprüfung bestehen gesetzliche Pflichten für Krankenhäuser, die die Erteilung von Bescheinigungen durch den Abschlussprüfer erforderlich machen. Dazu zählen u.a.:

– Bestätigung der Aufstellung über die Erlöse gemäß § 4 Abs. 3 Satz 7 KHEntgG
– Vermerk des Abschlussprüfers gemäß § 17a Abs. 7 Satz 2 KHG
– Bestätigung des Abschlussprüfers im Rahmen des Pflege-Förderprogramms gemäß § 4 Abs. 8 KHEntgG
– Bestätigung des Abschlussprüfers im Rahmen des Hygiene-Förderprogramms ist nun geregelt in § 4 Abs. 9 KHEntgG.

Nach § 4 Abs. 3 Satz 7 KHEntgG hat der Krankenhausträger zur Ermittlung der Mehr- oder Mindererlöse eine vom Abschlussprüfer bestätigte Aufstellung über die der Ausgleichsberechnung zu Grunde gelegten Erlöse nach § 7 Satz 1 Nr. 1 und 2 KHEntgG vorzulegen. **62**

§ 17a KHG sieht vor, dass ausbildende Krankenhäuser mit den Krankenkassen ein sogenanntes Ausbildungsbudget vereinbaren. Dieses soll die Kosten der Ausbildungsstätten decken. Gemäß § 17a Abs. 7 KHG sollen die finanziellen Mittel des Ausbildungsbudgets zweckgebunden für die Ausbildung verwendet werden. Um dies nachzuweisen, hat der Krankenhausträger eine vom Abschlussprüfer bestätigte Aufstellung über die Einnahmen aus dem Ausgleichsfonds und den in Rechnung gestellten Zuschlägen, über Erlösabweichungen zum vereinbarten Ausbildungsbudget und über die zweckgebundene Verwendung der Mittel vorzulegen. **63**

Die bei der Neueinstellung oder Aufstockung vorhandener Teilzeitstellen von ausgebildetem Pflegepersonal mit einer Berufserlaubnis nach § 1 Abs. 1 Krankenpflegegesetz in der unmittelbaren Patientenversorgung auf bettenführenden Stationen zusätzlich entstehenden Personalkosten werden für die Jahre 2016 bis 2018 zu 90 Prozent finanziell gefördert und ab dem Jahr 2019 vollständig finanziert. Für eine entsprechende Prüfung hat das Krankenhaus den anderen Vertragsparteien eine Bestätigung des Jahresabschlussprüfers vorzulegen. **63a**

Die zur Erfüllung der Anforderungen des Infektionsschutzgesetzes erforderliche personelle Ausstattung wird bei Einhaltung der Anforderungen zur Qualifikation und zum Bedarf, die in der Empfehlung zu personellen und organisatorischen Voraussetzungen zur Prävention nosokomialer Infektionen der Kommission für Krankenhaushygiene und Infektionsprävention benannt werden, in den Jahren 2013 bis 2019 finanziell gefördert. Zum Nachweis der zweckentsprechenden Verwendung der Fördermittel haben die Krankenhäuser eine Bestätigung des Jahresabschlussprüfers vorzulegen (§ 4 Abs. 9 KHEntgG i.V.m. § 4 Abs. 8 KHEntgG). **64**

Hinsichtlich der Formulierung der genannten Bescheinigungen gilt, dass es sich bei diesen jeweils um *Bestandteile von Finanzaufstellungen* handelt. Insofern gelten grundsätzlich die Ausführungen des IDW-Prüfungsstandards „Prüfung von Finanzaufstellungen und deren Bestandteilen (IDW PS 490). Der Wirtschaftsprüfer wird entsprechend sein Prüfungsergebnis in Form eines *Prüfungsvermerks des Wirtschaftsprüfers* formulieren (IDW PS 490 Rn. 20), vgl. hierzu im Detail→ Kapitel F Rn. 28 f. Im Einzelfall ist vom Wirtschafts- **65** prüfer allerdings zu überprüfen, ob es sich um eine Erweiterung der Jahresabschlussprüfung handelt, oder um eine separate Bescheinigung. Im ersten Fall ist auch im Prüfungsbericht auf das Prüfungsergebnis einzugehen und der Prüfer wird zusätzlich eine Bescheinigung erteilen (z.b. Bescheinigung der Investitionspauschalen nach § 18 KHGG NRW, zu den unterschiedlichen Berichterstattungen des Wirtschaftsprüfers → Kapitel F Rn. 17 ff.).

Sachregister

Die Zahlen verweisen auf die Randnummern in den Kapiteln.

Abschlüsse für einen speziellen Zweck F 25
Abschreibungen
  außerplanmäßige **E** 54
  planmäßige **E** 53
ADAC-Urteil E 273 ff.
Admassierungsverbot E 135
Adressaten
  der Rechnungslegung
  – externe **B** 6
  – interne **B** 5
AfA-Tabellen
  Vermögensübersicht **D** 36
Anhang
  Empfehlung zur Aufstellung **E** 241
  Funktionen **E** 242
  Grundlagen **E** 241 ff.
  nach KHBV **H** 52 f.
  Pflicht zur Aufstellung **E** 241
  Sonstige finanzielle Verpflichtungen **E** 249
Anhangsangaben
  Erleichterungen
  – für kleine Kapitalgesellschaften **E** 258
  im Einzelnen **E** 244 ff.
  Nahe stehende Unternehmen und Personen **E** 255
Anlagenrichtlinie E 239
Anlagenspiegel E 246
Anlagevermögen
  Abgrenzung
  – Zweckbestimmung **E** 59
  Abgrenzung zum

  – Umlaufvermögen **E** 58 ff.
  Abschreibungen **E** 61
  Begriff **E** 34, 58
Ansatzvorschriften E 26 ff.
Anschaffungskosten E 51
  Bestandteile **E** 51
Anschaffungskostenprinzip
  Begriff **E** 51
Anstaltsstiftung A 22
Arbeits- und Dienstleistungen
  unentgeltlich
  – Bewertung **E** 86
Außenprüfung F 78
  Prüfungsschwerpunkte **F** 83
Außerordentliche Aufwendungen und Erträge
  Anhangsangaben **E** 256
Aufbewahrungspflichten
  für Rechnungslegungsunterlagen **B** 59
Auflagenspenden E 222
Aufstellungsfristen
  Handelsgesetzbuch **B** 57
  Publizitätsgesetz **B** 57
  Rechnungslegungsunterlagen **B** 56 f.
  Spezialgesetze **B** 57
Aufwandsrückstellungen E 169
Aufwandsspenden
  Behandlung **E** 219 *s.a. Verzichtsspende*
Aufwandszuschüsse E 73
Aufzeichnungspflichten
  originär steuerliche
  – im Einzelnen **C** 19

Sachregister

Ausfallbegünstigte G 37
Ausgleichposten
 aus Darlehensförderung bei Krankenhäusern **H** 22 ff.
 für Eigenmittelförderung **H** 17 ff.
Ausleihungen E 119
Ausschüttungsbemessungsfunktion
 der Rechnungslegung **B** 3
Ausweisvorschriften E 33 ff.
Autopilot-Mechanismus E 281

Begünstigungsverbot G 36
Beihilferecht
 europäisches **E** 70, 76 ff.
Beihilfeverbot
 Vorraussetzungen **E** 77
Beizulegender Wert
 bei börsennotierten Wertpapieren **E** 103
 – BMF-Schreiben **E** 104
 Interpretation **E** 94
Belastung G 40
Berechtigter
 wirtschaftlich **G** 33 ff.
 – fiktiver **G** 34; **G** 36
 – tatsächlicher **G** 34
 – Typ **G** 34
Bericht über die Erfüllung des Stiftungszwecks B 16; **D** 53 ff.
 s.a. Tätigkeitsbericht
Berliner Muster D 2
Bescheinigung
 des Abschlussprüfers
 – Krankenhäuser **H** 61 ff.
 des Wirtschaftsprüfers
 – Anwendungsfälle **F** 73
 – Inhalt **F** 73
Besitzposten
 in der Vermögensübersicht **D** 30
Bestätigungsvermerk F 68 ff.
 eingeschränkt **F** 68
 Gliederung **F** 70

 Hinweis auf Bestandsgefährdung **F** 69
 Modifizierung des Prüfungsurteils **F** 68
 uneingeschränkt **F** 68
Bestandsgefährdung
 Bestätigungsvermerk **F** 69
Bestandsverzeichnis B 12
Beteiligungen
 an gemeinnützigen Einrichtungen
 – Bewertung **E** 110 ff.
Bewertungsstetigkeit
 Begriff **E** 50
Bewertungsvorschriften E 49 ff.
Bilanz
 Grundzüge **B** 42
Bilanzgliederung
 Anpassungen **E** 36
 für Stiftungen **E** 38
Bilanzidentität
 Begriff **E** 50
Bilanzierung
 Ansatzvorschriften **E** 25
 Ausweisvorschriften **E** 25
 Bewertungsvorschriften **E** 25
Bilanzierungs- und Bewertungsmethoden
 Anhangsangabe **E** 245
Bilanzierungspflichten
 beim Krankenhausträger **H** 10 f.
Bilanzrechtsmodernisierungsgesetz
 Zielsetzung **E** 27 *s.a. BilMoG*
BilMoG
 Einbeziehung in Konzernabschluss als
 – Zweckgesellschaft **E** 278
BilRuG
 Größenkriterien **E** 8 *s.a. Bilanzrichtlinie-Umsetzungsgesetz*
Buchführung
 doppelte **B** 51
 einfache **B** 51

Sachregister

kameralistische **B** 51 *s.a. Kameralistik*
Methoden **B** 50 f.
Buchführungs- und Aufzeichnungspflichten
  abgeleitete **C** 18 ff. *s.a. Aufzeichnungspflichten*
  originär steuerliche **C** 23 ff. *s.a. Aufzeichnungspflichten*
  steuerliche **C** 16 ff. *s.a. Aufzeichnungspflichten*
Buchführungspflicht
  derivative
  – steuerliche **B** 25 *s.a. abgeleitete Buchführungspflicht*
  für Kapitalgesellschaften **E** 3
  nach Handelsrecht **E** 2 ff.
  originäre **B** 25
  Publizitätsgesetz **E** 11
  sämtliche Kaufleute **E** 4
  Schwellenwerte nach § 241a HGB **E** 2
Bürgerstiftung
  Begriff **A** 26
Bundesanzeiger G 31
Bundespflegeverordnung H 4
Bundesrechnungshof F 91
  s.a. Rechnungshöfe

Compliance Management System
  Bedeutung **F** 96
  Definition **F** 97
  Elemente **F** 98
  Tax Compliance Management System **F** 99 ff.
  CMS **F** 96 ff. *s.a. Compliance Management System*

Daseinsvorsorge
  Beihilferecht **E** 78
Datenschutz G 39
Davon-Vermerke C 50
DCF-Verfahren E 110
Destinatäre G 37; **G** 38

Deutsche Prüfstelle für Rechnungslegung E 23 *s.a. DPR*
Deutscher Spendenrat e.V.
  Selbstverpflichtung zur Rechnungslegung **B** 38
Deutsches Zentralinstitut für soziale Fragen (dzi) B 38
Dokumentationsfunktion
  der Rechnungslegung **B** 2

E-Bilanz G 16
  bei gemeinnützigen Einrichtungen **G** 17
  Taxonomie **G** 17
Eigenkapital E 124 ff.
Eigenkapitalgliederung
  von Stiftungen **E** 39 ff. nach
  – IDW RS HFA 5 **E** 39
Eigenkapitalspiegel E 294 ff.
Eigennutz G 28
Einfluss
  beherrschender **G** 42 ff.
Einheitsrechnungslegung D 46
Einkommensstiftung
  Begriff **A** 14
Einkunftsarten
  Gewinneinkünfte **C** 7
  steuerliche **C** 8 ff.
  Überschusseinkünfte **C** 9
Einnahmen/Ausgaben
  Abgrenzung
  – Einzahlungen/Auszahlungen **D** 3
Einnahmen-Ausgabenrechnung
  als Einnahmen-Überschussrechnung
  – Abgrenzung Einnahmen und Ausgaben **D** 17
  – Gliederung **D** 22 f. als
  – Mittelverwendungsrechnung **D** 51
  Grundzüge **B** 41
  Kapitalflussrechnung **D** 8 ff.
  – Abgrenzung Einnahmen und Ausgaben **D** 8

351

Sachregister

- Gliederung **D** 9 ff.
- Kostengliederung **D** 11
- Mittelverwendungsrechnung **D** 50
- Zahlungsströme **D** 9 ff.

Konzeptionen
- Überblick **D** 7

nach § 63 Abs. 3 AO **D** 24 ff.

Einnahmen-Überschussrechnung
Abschreibungen **D** 18
Grundlagen **D** 15 f.
Grundzüge **B** 41
wirtschaftlicher Geschäftsbetrieb **B** 26

Einreichungsfristen
für Rechnungslegungsunterlagen **B** 56 f.

Einsichtsrechte G 47

Einzelbewertung
Begriff **E** 50

Elektronische Bilanz G 16
s.a. E-Bilanz

Entlastungsfunktion
des Anhangs **E** 242

Entscheidungskriterien
Jahresrechnung bzw.
- Jahresabschluss **B** 43 ff.

Entwicklung
Begriff **E** 64

Entwicklungskosten E 62 ff.
Aktivierung **E** 63
Bestandteile **E** 68
Entwicklungsphase **E** 64
Forschungsphase **E** 64

EPSAS E 21

Ergänzungsfunktion
Anhangs **E** 242

Ergebnisrücklagen E 134 ff.
Gliederung **E** 137
Zusammensetzung **E** 41

Ergebnisverwendungsrechnung
innerhalb Gewinn- und Verlustrechnung **E** 43

Ergebnisvortrag E 44

Erhaltung des Stiftungsvermögens
Prüfung durch
- Wirtschaftsprüfer **F** 38 ff.

Erläuterungsfunktion
des Anhangs **E** 242

Erlöse aus ambulanten Leistungen H 50

Erlöse aus Krankenhausleistungen H 47

Erlöse aus Wahlleistungen H 49

Ermessensspielräume
der Rechnungslegung **B** 9

Errichtungskapital
Begriff **E** 126

Ertragssphäre
Stiftung **E** 135

Ertragswertverfahren E 110

European Foundation Centre (EFC)
Selbstverpflichtung zur Rechnungslegung **B** 37

Familienstiftung A 19

Fiduziarische Stiftung *s. Treuhandstiftung s.a. unselbständige Stiftung*

Fiktion G 34

Finanzanlagevermögen
Bewertung
- Anschaffungskostenprinzip **E** 88
Gliederung **E** 87
Zeitwertbewertung **E** 113

Finanzbuchhaltung
Begriff **B** 1 *s.a. Buchführung*

Finanzierungsmehrbedarf C 107 ff.

Förderstiftung
Begriff **A** 20

Forderungen
aus Fördermitteln bei
- Krankenhäusern **H** 31
Bewertung **E** 119 ff.
Einzelwertberichtigungen **E** 121

Sachregister

nach dem KHEntgG und der
BPflV **H** 34
Pauschalwertberichtungen **E** 122
unverzinsliche **E** 123
Formkaufmann E 3
Forschung
Begriff **E** 64
Forschung und Entwicklung
Lagebericht **E** 266
Freie Rücklage
Berechnung **C** 72
Einsatzmöglichkeiten **C** 70 f.
Grundlagen **C** 70 f.
Nachholung **C** 73
Fremdkapital
Gliederung **E** 167

Gebührenordnungen C 106
Geldscheintheorie C 50 f.
Geldwäschegesetz G 25
**Gemeinnützigkeitserklärung
G** 15
Gemischte Aufwendungen
Steuerliche Sphären
– Zuordnung **C** 43
Genossenschaftsregister G 29
Gesamtkostenverfahren
Gliederungsvorschlag
– für Stiftungen **E** 197
Merkmale **E** 195
Vorteile **E** 198
Geschäftsjahr
nach KHBV **H** 5
Geschäftsunfähigkeit G 48
Gewinnermittlung
für unternehmerische Einkünfte
C 13
Gewinn- und Verlustrechnung
Gesamtkostenverfahren **E** 47
Gliederung **E** 45 ff. nach
– Funktionsbereichen **E** 195
– Gesamtkostenverfahren
E 194 ff.
– Kostenarten **E** 195 nach

– Umsatzkostenverfahren
E 194 ff.
Grundzüge **B** 42
Kontenform **E** 48
Mischformen
– Gesamt- und Umsatzkosten-
verfahren **E** 202
Staffelform **E** 47
Umsatzkostenverfahren **E** 47
Gewinnverwendung C 107
Gläubigerschutzfunktion
der Rechnungslegung **B** 3
GoBD B 59
**Grundsätze guter Stiftungspra-
xis B** 36
**Grundsätze ordnungsmäßiger
Buchführung**
Jahresrechnung
– Darstellung **D** 5 f. s.a. *GoB*
**Grundsätze ordnungsmäßiger
Rechnungslegung**
für bilanzierende Stiftungen
E 5 f. s.a. *Grundsätze ordnungs-
mäßiger Buchführung*
Grundschuld G 40
Grundstockvermögen
Begriff **E** 125
davon-Vermerke **E** 128
Selbständige Stiftungen bürger-
lichen Rechts **A** 7 f.
Zuordnung Anlage- oder Um-
laufvermögen **E** 127

Handelsrecht
Gesetzliche Normen zur Rech-
nungslegung **B** 17
Handelsregister G 29
Herstellungskosten
Begriff **E** 51
Bestandteile **E** 51

Ideeller Bereich
Aufzeichnungspflicht
– Zwecke **C** 36

Sachregister

IDW
Stellungnahmen zur Rechnungslegung
– Überblick **D** 4 s.a. *Institut der Wirtschaftsprüfer*
IFRS für Small and Medium-sized Entities E 23
IKS F 61 s.a. *Internes Kontrollsystem*
Informationsfreiheitsrecht G 11
Informationsfunktion
der Rechnungslegung **B** 2
Institut der Wirtschaftsprüfer
Grundlegendes **B** 33 ff.
Stellungnahme zur Prüfung von
– Stiftungen **E** 13
– Vereinen **E** 15
Stellungnahme zur Rechnungslegung von
– Spenden sammelnden Organisationen **E** 16
– Stiftungen **E** 13
– Vereinen **E** 15
Stellungnahmen
– Verpflichtungscharakter **E** 14
Stellungnahmen zur Rechnungslegung
– Überblick **D** 4 s.a. *IDW*
Interesse
berechtigtes **G** 48
schutzwürdiges **G** 48
International Accounting Standards (IAS) E 20
International Accounting Standards Board (IASB) E 20
International Accounting Standards Comittee (IASC) E 20
International Financial Reporting Standards (IFRS) E 18, 20 ff.
Internationale Rechnungslegung E 18 ff.
Interne Revision F 93 ff.
Internes Kontrollsystem F 61 s.a. *IKS*

Investitionszuschüsse E 73
bedingt rückzahlbare **E** 75
Bruttomethode **E** 73
Nettomethode **E** 73
Vereinnahmung **E** 74

Jahresabrechnung B 16 s.a. *Jahresrechnung*
Jahresabschluss
Feststellung **B** 58
Unterschrift **B** 58
Vorteile **B** 45
Jahresabschlusserstellung
durch Wirtschaftsprüfer **F** 18 ff.
mit Plausibilitätsbeurteilungen
ohne Beurteilungen **F** 19
umfassenden Beurteilungen **F** 19
Jahresabschlussprüfung F 30 ff.
Durchführung **F** 57
Ergebnis **F** 64 ff.
Erweiterungen
– Überblick **F** 37
Gegenstand **F** 32 ff. 58
Mindestumfang **F** 31
Prüfungshandlungen **F** 62
– Gemeinnützigkeitsrecht **F** 34 f.
risikoorientierte **F** 60
systemorientierte **F** 61
von Krankenhäusern **H** 57 ff.
– Pflicht nach KHGG NRW **H** 57
Jahresrechnung
Abgrenzung **D** 1 f.
Vorteile **B** 45
Zufluss- und Abflussprinzip **D** 3
Jedermann G 48
Journalisten G 48
Jubiläumsrückstellungen E 179

Kameralistik
Grundzüge **B** 40
Kapitalanlage
Vorgaben **E** 239

354

Sachregister

Kapitalbeteiligungserhaltungsrücklage
  Grundlagen **C** 75 ff.
Kapitalerhaltung
  Nachweis in der
  – Rechnungslegung **E** 163 ff.
  nominelle
  – Berechnung **F** 41
  – Nachweis **E** 165 f.
  reale **E** 166
  – Berechnung **F** 42
Kapitalerhaltungskonzept
  E 163; **F** 38
  im Tätigkeitsbericht **E** 164
Kapitalerhaltungsrücklage
  E 137
Kapitalgesellschaften
  Größenkriterien **E** 8
  Schwellenwerte
  – Anwendung auf Stiftungen **E** 37
  Vorschriften **E** 7 f.
Kapitalrücklage E 130 ff.
  Begriff **E** 130, 42
  Einstellung von Erbschaften **E** 132a
  steuerrechtliche Einordnung **E** 133
Kapitalstiftung
  Begriff **A** 14
kaufmännischer Jahresabschluss
  Normen **E** 1 ff. *s.a. Jahresabschluss*
  Pflicht zur Aufstellung nach
  – Handelsrecht **E** 2 ff.
Kaufmannseigenschaft B 18
Konkreter Finanzierungsbedarf
  wohlfahrtspflegerische Gesamtsphäre **C** 103 ff.
Kontenplan B 52
Kontenrahmen B 53
Konzept der Kapitalerhaltung E 159 f.
  F 38 *s.a. Konzept der Werterhaltung*
  nominelle Kapitalerhaltung **E** 160
  reale Kapitalerhaltung **E** 160
Konzept der Substanzerhaltung
  F 38
  in der Vermögensübersicht **D** 43
Konzept der Vertretbarkeit F 27
Konzept der Werterhaltung
  D 44 *s.a. Konzept der Kapitalerhaltung*
Konzeption der Vermögens- bzw. Substanzerhaltung E 158
Konzernabschluss E 267 ff.
  Aufstellungspflicht für
  – Stiftungen **E** 268 ff.
Konzernkapitalflussrechnung
  E 288 ff.
  Behandlung Zuschüsse und Zuwendungen **E** 292
  Cashflows **E** 291
  Finanzmittelfonds **E** 290
Konzernrechnungslegung
  Einheitstheorie **E** 284
  Equity-Bewertung **E** 287
  Grundzüge **E** 282 ff.
  Konsolidierungen **E** 285
  Quotenkonsolidierung **E** 287
  Transparenz **E** 276
Konzernrechnungslegungspflicht E 12
  Schwellenwerte
  – nach Publizitätsgesetz **E** 272
Kosten- und Leistungsrechnung
  Begriff **B** 1
  eines Krankenhauses **H** 55
Krankenhäuser
  Gliederungsvorschriften **H** 6 ff.
Krankenhaus-Buchführungsverordnung H 1
  Pflicht zur handelsrechtlichen Rechnungslegung **B** 22
Krankenhausentgeltgesetz H 4
Krankenhausfinanzierung
  duales Prinzip **H** 2
Krankenhausstiftungen
  Anzahl **H** 1
Kreditinstitute G 47

Sachregister

Lagebericht
DRS 20 **E** 259
finanzielle Leistungsindikatoren **E** 263
Forschung und Entwicklung **E** 266
Geschäftsverlauf **E** 262
Grundlagen **E** 259 ff.
Krankenhaus **H** 54
nichtfinanzielle Leistungsindikatoren **E** 263
Verhältnis zum Tätigkeitsbericht **E** 261
Vermögens-, Finanz- und Ertragslage **E** 262
voraussichtliche Entwicklung **E** 264
wesentliche Chancen und Risiken **E** 265
Lage- und Tätigkeitsbericht **E** 261
Landesrechnungshöfe **F** 91 s.a. *Rechnungshöfe*
Landesstiftungsgesetze
Rechtsstand **B** 15
Vorschriften zur Jahresrechnung **B** 16

Massenspenden **E** 221
MDK **H** 39 ff. s.a. *Medizinischer Dienst der Krankenkassen*
Medizinischer Dienst der Krankenkassen **H** 39 ff. s.a. *MDK*
Mehrerlösausgleiche **H** 34 ff.
Mehrerlöse **H** 34 ff.
Mindererlösausgleiche **H** 34 ff.
Mindererlöse **H** 34 ff.
Minderjährigkeit **G** 48
Mittel
steuerliche
– Begriff **C** 47
Umqualifizierung **C** 88
zeitnah zu verwendende **C** 48
Mittelverwendung
gemeinnützige

– Nachweis **C** 32
Nachweis satzungsmäßiger in der
– Vermögensübersicht **D** 48
Nachweis zeitnahe **D** 49
satzungsgemäße
– Nachweis **B** 4
zeitnahe **A** 9; **C** 43
Mittelverwendungsgebote **C** 51
Mittelverwendungsrechnung
bei bilanzierenden Stiftungen **C** 93
Grundlagen **C** 46 ff.
Modellrechnungen **C** 91 ff.
Nachweis zeitnahe Mittelverwendung **B** 27
Zu- und Abflussprinzip **C** 90
Mittelverwendungsverbote **C** 52
Mittelvortrag **C** 53 ff.

Neubewertungsrücklage **E** 114, 139
Vermögensübersicht **D** 40
Nichtregierungsorganisationen **G** 48
Niederstwertprinzip
gemildertes **E** 54, 90
strenges **E** 54, 90
– im Umlaufvermögen **E** 117
Vermögensübersicht **D** 37
Nießbrauch **G** 40
Notare **G** 47
Nutzungsentgelte der Ärzte **H** 51
Nutzungsgebundenes Kapital **E** 151 ff.
Rücklagencharakter **E** 154
Sonderpostencharakter **E** 154
Nutzungsgebundenes Vermögen **C** 96

Offenlegung
von Rechnungslegungsunterlagen **B** 60
Offenlegungspflicht
gesetzliche **G** 3 ff.
Handelsrecht **G** 4 f.

Sachregister

Landesstiftungsrecht **G** 7 ff.
Publizitätsgesetz **G** 4 ff.
– Schwellenwerte **G** 6
Steuerrecht **G** 12 ff.
Öffentlich-rechtliche Stiftungen
  Merkmale **A** 12 f. *s.a. Rechtsfähige Stiftung des öffentlichen Rechts*
Öffentlicher Glaube G 26
Öffentlichkeit G 48
Ordnungsmäßigkeit der Geschäftsführung
  Fragenkatalog nach § 53 HGrG **F** 54
Ordnungswidrigkeit G 32
Organbeschluss
  zur Rücklagenbildung und -auflösung **C** 57 *s.a. Beschluss*

Panama Papers G 25
Partnerschaftsregister G 29
Periodenabgrenzung
  Begriff **E** 50
Person
  hilfsbedürftige **G** 39
Pflege-Buchführungsverordnung
  Pflicht zur handelsrechtlichen Rechnungslegung **B** 22
Planungsrechnung
  Begriff **B** 1
Protektor G 35
Prüferische Durchsicht
  Ergebnis
  – negative Aussage **F** 24
  – typische Untersuchungshandlungen **F** 23
  durch Wirtschaftsprüfer **F** 22 ff.
Prüfung
  der gegenständlichen Vermögenserhaltung **F** 40
  durch das Finanzamt **F** 76 ff.
  – gemeinnütziger Stiftungen **F** 79 f.
  – Mittelverwendungspflicht **F** 81

– Sponsoring **F** 89
– Vermögensbindung **F** 82
– wirtschaftliche Geschäftsbetriebe **F** 84 f.
durch die Rechnungshöfe **F** 90 ff.
durch Wirtschaftsprüfer
– Gründe **F** 15
geringere Prüfungstiefe
– Jahresabschlussprüfung **F** 56
geringerer Prüfungsumfang **F** 56
Landesstiftungsgesetze **F** 2 ff.
nominellen Kapitalerhaltung **F** 41
realen Kapitalerhaltung **F** 42
von Abschlüssen für einen speziellen Zweck **F** 25 ff.
von Finanzaufstellungen und deren
– Bestandteilen **F** 28 f.
Prüfungsbericht F 65 ff.
  Bewertungsgrundlagen **F** 66
  Bilanzierungs- und Bewertungswahlrechte **F** 66
  Gliederung **F** 67
Prüfungserweiterung
  Berichterstattung im
  – Prüfungsbericht **F** 44
  Einhaltung steuerlicher Vorschriften **F** 49 f.
  – Prüfungsfelder **F** 49
  Erhaltung des Stiftungsvermögens **F** 4
  Ordnungsmäßigkeit der Geschäftsführung **F** 52 ff.
  satzungsmäßige Mittelverwendung **F** 4
Prüfungsvermerk
  des Wirtschaftsprüfers **F** 27 bei
  – Krankenhäusern **H** 65
Prüfungsvermerk des Wirtschaftsprüfers
  Einnahmen-Ausgabenrechnung und Vermögensübersicht **F** 71

Sachregister

Inhalt **F** 71 f.
Primärkostenprinzip E 234
Prognosebericht E 264
Projektrücklagen E 170
   Grundlagen **C** 58 ff. *s.a. Förderrücklagen*
Projektrückstellungen E 169, 182
   Abzinsung **E** 173 ff.
   Bewertung **E** 172 ff.
   Gruppenbewertung **E** 176
   Kostensteigerungen **E** 172
Projektverbindlichkeiten E 169
Projektverpflichtungen
   Abgrenzung **E** 171
Protektor G 35
Publizität
   Begriff **G** 1
   externe **G** 2
   von Rechnungslegungsunterlagen **B** 60
Publizitätsgesetz
   Buchführungspflicht **E** 11
   Konzernrechnungslegungspflicht **E** 269
   Pflicht zur handelsrechtlichen Rechnungslegung **B** 21

Quersubventionierungsverbot C 103

Rechenschaftsfunktion
   der Rechnungslegung **B** 2
Rechnungsabgrenzungsposten
   Begriff **E** 35
Rechnungshöfe
   Prüfung **F** 90 ff.
   Prüfungsdurchführung **F** 92
   Prüfungsrecht **F** 90 f.
Rechnungslegung
   Adressaten **B** 5 f.
   einheitliche **D** 45 ff.
   externe **B** 1
   Funktionen **B** 2
   Gesetzliche Normen **B** 10 ff.
   kaufmännische

   – Grundzüge **B** 42
   Rahmenbedingungen **B** 48 ff.
   Vorschriften **D** 1 ff.
Rechnungslegungsmethoden
   Entscheidungskriterien **B** 46 f.
   Überblick **B** 39 ff.
Rechnungslegungspflicht
   Beginn **B** 48
   Ende **B** 49
   für Krankenhäuser **H** 3
   handelsrechtliche
   – Schwellenwerte **C** 25
   Landesstiftungsgesetze **D** 1
   steuerliche **C** 23
   Vergleich steuerliche und handelsrechtliche **C** 26
Rechnungslegungspublizität
   Begriff **G** 1
Rechnungslegungsvorschriften
   Anstaltsstiftungen
   – Überblick **B** 29
   besondere **B** 28 ff.
   Haushaltsrecht **B** 30
   Kapitalgesellschaften **B** 28
Rechnungswesen
   Begriff **B** 1
Rechtsanwälte G 47
Rechtsgrundlagen
   Selbständige Stiftungen bürgerlichen Rechts **A** 7 f.
Rentenschuld G 40
Restlaufzeiten
   Forderungen und Verbindlichkeiten **E** 247
Rücklagen
   Begriff **E** 170
   frei verfügbare **E** 138
   gemeinnützigkeitsrechtliche in der
   im wirtschaftlichen Geschäftsbetrieb **C** 78
   in der Vermögensverwaltung **C** 78
   – Vermögensübersicht **D** 52

Sachregister

steuerliche **C** 56 ff. *s.a. Rücklagen, gemeinnützigkeitsrechtliche*
– Abzinsung **C** 66
– Ausweis **C** 79 ff.
– Beibehaltung **C** 79
– Berechnung **C** 61
– Bildung **C** 79
– Nebenrechnung **C** 81
– Liquiditätsvorsorge als **C** 58
steuerliche versus handelsrechtliche **C** 58 f.
steuerrechtliche
– Charakter **E** 141 *s.a. Rücklagen, gemeinnützigkeitsrechtliche* in
– Stiftungsbilanz **E** 140 ff. *s.a. Rücklagen, gemeinnützigkeitsrechtliche*
stiftungsrechtliche **E** 141 ff.
zweckgebundene **E** 138
Rücklagenbildung
stiftungsrechtlich **E** 136
Rücklagenspiegel C 79 ff.
Beispiel **C** 83
Rückstellungen
Abzinsung **E** 56
Altersteilzeitvereinbarungen **E** 179
ausstehende Rechnungen **E** 183
Begriff **E** 169
Bewertung **E** 56
für Aufbewahrung von Geschäftsunterlagen **E** 185
für Abfindungen **E** 179
für die Aufbewahrung von Geschäftsunterlagen **H** 42
für Prüfungen des MDK **H** 39 ff..
für Fördermittelrückzahlungsrisiken **H** 44 f.
in der Vermögensübersicht **D** 38
Jahresabschlusskosten
– Aufstellung **E** 184
– Prüfung **E** 184
– Veröffentlichung **E** 184
Pensionen **E** 178 *s.a. Pensionsrückstellungen*

Prozesskosten **E** 181
Schadensfälle bei
– Krankenhäusern **H** 43
Sonderzahlungen **E** 179
unterlassene Instandhaltung **E** 180
Sachspenden
Bewertung **E** 218, 82
Sachzuwendungen
in der Einnahmen-Ausgabenrechnung
– Einnahmen-Überschussrechnung **D** 20
– Kapitalflussrechnung **D** 14
Satzung
Pflicht zur handelsrechtlichen Rechnungslegung **B** 23, 32
Satzungsmäßigkeit
Verstoß
– Rechtsfolgen **F** 80
Schulden
Begriff **E** 31
Selbstverpflichtungen
zur Rechnungslegung **B** 36 ff.
Selbstzweckstiftung
Begriff **A** 17
Siegelpflicht F 74 f.
Soll-Ist-Vergleich F 17
Sonderposten
aus Zuwendungen zum Anlagevermögen bei
– Krankenhäusern **H** 12 ff.
für längerfristig gebundene Spenden **E** 221
noch nicht satzungsgemäß verwendete Spenden **E** 221
noch nicht verbrauchte Spenden **E** 221
Spenden
Erfassung
– Normalfall **E** 216 ff.
– bei Spenden sammelnden Organisationen **E** 220 ff.
frei verfügbare

Sachregister

– Erfassung im Normalfall
  E 216
freie E 221
in der Gewinn- und Verlustrechnung E 213 ff.
Sonderposten
– Spenden sammelnden Organisationen E 221
zweckgebundene
– Erfassung im Normalfall E 217
Spenden sammelnde Organisation
Abgrenzung E 17, 214 f.
Spendenausweis
bei Spenden sammelnden Organisationen
– Beurteilung E 225
– Überleitung E 223
Spendenbescheinigungen F 86 ff.
Spendenhaftung F 87
Spendenverbrauch
Verwendungsfiktion E 224
Spezialfonds
als Vermögensgegenstand E 106
Anhangsangaben E 255
Bewertung E 105 ff.
– Kriterien des IDW E 107
Investmentsteuerreform E 105
Sponsoring
aktives E 228
ertragsteuerliche Behandlung E 228
passives E 228
umsatzsteuerliche Behandlung E 229 ff.
Zuordnung von Betriebsausgaben E 231
Sponsoringeinnahmen
Begriff E 226
Pauschalversteuerung E 231
Sponsoringerlass E 227
Steuerberater G 47
Steuerbilanz
Grenzwerte nach Abgabenordnung D 16

Steuererklärung G 13 ff.
Steuerliche Sphären
Ertragsteuer C 6
Gliederung C 40
handelsrechtliche C 4
Kostenweiterbelastungen C 42
Umsatzsteuer C 5
Steuerrecht
Gesetzliche Normen zur Rechnungslegung B 24 ff.
Steuerungsfunktion
der Rechnungslegung B 2
Stichtagsbewertung
Begriff E 50
Stifter G 37
Stifterrente G 38
Stifterwille
Erhaltung des Stiftungsvermögens F 38
Stiftung
als Kapitalgesellschaft
– Rechtsform A 29 f.
als Rechtsform A 1 f., 6
Anzahl A 3 f.
auf Zeit A 15
Begriff A 1
Einbeziehung in Konzernabschluss E 277 ff.
Ersatzformen A 28 ff.
europäische E 19
für den Stifter A 17
in Liquidation B 49
kirchliche
– Begriff A 25
kommunale A 24
Mischformen A 27
nichtrechtsfähige G 28
operativ tätige A 21
privatnützige A 16
privatrechtliche A 24 s.a. selbständige Stiftung bürgerlichen Rechts
rechtsfähige G 27
Transparenz B 60
Unternehmen

360

Sachregister

- Konzernrechnungslegungspflicht **E** 273
Zweckgesellschaft
des öffentlichen Rechts **E** 277 ff.
- Begriff **A** 24

Stiftung AG A 29

Stiftung & Co. KG
Begriff **A** 18
Zulässigkeit **A** 33

Stiftung GmbH
Bilanzierung **E** 10
Vorschriften **A** 29

Stiftungsaufsicht
evangelische **F** 11
Informations- und Prüfungsrechte **F** 2
katholische **F** 10
kirchliche **F** 8 ff.
Mitwirkungsrechte **F** 2
Prüfungsgegenstand **F** 5 ff.
Prüfungspflicht **F** 2

Stiftungsaufsichtsrecht
Vorschriften **F** 9

Stiftungsausprägungen
Selbständige Stiftungen bürgerlichen Rechts
- Rechtsgrundlagen **A** 7 f.
- Vermögensausstattung **A** 8 f.

Stiftungsgremien
Kuratorium
- weitere Gremien **A** 10
Vorstand **A** 10

Stiftungskapital
Abgrenzung **E** 125 ff.
Gliederung **E** 126
separater Ausweis **E** 40

Stiftungsmerkmale
Abgrenzungen **A** 5 f.

Stiftungsmittel
satzungsgemäße Verwendung **F** 45 ff.

Stiftungsrecht
Bürgerliches Recht
- Rechtsnormen **B** 12 f.
Geschichte und Zahlen **A** 2 f.

Grundlagen **A** 1 f.
Landesstiftungsrecht **B** 14 ff.

Stiftungsrechtsreform
Definition Stiftung **A** 5
- Stand der Reform **B** 13

Stiftungsregister B 60

Stiftungsverein A 31 f.

Stiftungszweck
Merkmale **A** 1 f.
Systematisierung **A** 16 ff.

Stille Reserven
Einbeziehung in Vermögenserhaltung **F** 41

Substanzerhaltung
Nachweis **E** 165

Substanzwertverfahren E 110

Surrogationsprinzip E 145

Tätigkeitsbericht D 53 ff. *s.a. Bericht über die Erfüllung des Stiftungszwecks*
Abgrenzung zum
- Anhang **D** 57
- Lagebericht **D** 58
Adressat **D** 54
Inhalte **D** 55
nach Steuerrecht **C** 101 f.
Rechtsgrundlage **D** 53

Tax-CMS F 99 ff.

Tax Compliance Management Sytem F 99 ff.

Transparenz
freiwillige **G** 18 f.

Transparenzregister G 25 f.
Einführung **B** 60
- Einsichtnahme **G** 46 f.
- Mitteilungspflichten **G** 29
- nichtrechtsfähige Stiftungen **G** 27
- rechtsfähige Stiftungen **G** 77
- öffentlicher Glaube **G** 26
- Vertretungsbescheinigung **G** 26

Trennungsrechnung
im Beihilferecht **E** 78

Sachregister

Treugeber G 35
Treuhänder
  Anforderungen **E** 189
Treuhandstiftung
  als Treuhandvertrag **E** 187
  als Schenkung unter Auflage
    E 187
  Anzahl **A** 3 f.
  Auflösung **E** 190
  Begriff **E** 186 s.a. *unselbständige Stiftung*
  Bilanzierungs- und Bewertungsmethoden **E** 193
  Grundsätze guter Verwaltung von **B** 36
  Nichtrechtsfähigkeit **E** 187
  selbständiges Steuersubjekt **E** 188
  Zusammenfassung mehrerer Stiftungen **E** 192
  Zwecke **A** 2 f.
Treuhandverhältnis E 187
  Grundsätze guter Verwaltung von Treuhandstiftungen **E** 189
Treuhandvermögen E 186 ff.
  Aufgliederung **E** 192
  Ausweis beim
  – Treuhänder **E** 191
Trust G 28
Trustee G 35

Umlaufvermögen
  Begriff **E** 34, 58
  Gliederung **E** 115
Umsatzerlöse
  des Krankenhauses **H** 46 ff.
Umsatzkostenverfahren
  Anhangsangaben **E** 250
  Anwendung bei Stiftungen **E** 201
  Empfehlung des IDW **E** 196
  Gliederungsvorschlag
  – für Stiftungen **E** 197
  Merkmale **E** 195

  Schlüsselung der
  – Kosten **E** 200
  Vorteile **E** 199
Umschichtungsergebnisse
  E 145 ff.
  Ausweis **E** 147, 40
  im Steuerrecht **E** 150
  Zusammensetzung **E** 147
Umschichtungsrücklage
  Begriff **E** 148
Unfertige Leistungen
  bei Krankenhäusern **H** 27 ff.
Unselbständige Stiftung
  Abgrenzung **A** 11 s.a. *Treuhandstiftung*
  des öffentlichen Rechts **A** 13 s.a. *Nicht rechtsfähige Stiftungen öffentlichen Rechts*
Unterhaltsstiftung
  Begriff **A** 19
Unternehmensbeteiligungsstiftung A 18
  Pflicht zur handelsrechtlichen Rechnungslegung **B** 19
Unternehmensfortführung
  Begriff **E** 50
Unternehmensregister G 29
Unternehmensselbstzweckstiftung A 18
Unternehmensträgerstiftung
  A 18 s.a. *Unternehmensbezogene Stiftung*
  Pflicht zur handelsrechtlichen Rechnungslegung **B** 19 s.a. *Unternehmensbezogene Stiftung*
Unternehmensverbundene Stiftung
  Begriff **A** 18
Unterstützung
  zum Lebensunterhalt **G** 38
Untersuchungshandlungen
  vereinbarter durch
  – Wirtschaftsprüfer **F** 21 s.a. *Agreed-Upon Procedures*
Urlaubsrückstellungen E 179

Sachregister

Veranlagungsverfahren F 77
Verbindlichkeiten
  aus Fördermitteln bei
  – Krankenhäusern **H** 32 f.
  Begriff **E** 169
  Bewertung **E** 55
  nach dem KHEntgG und der
    BPflV **H** 34
Verbrauchsstiftung
  Begriff **A** 15
Vereinsregister G 29
Vermächtnis G 40
Vermögen
  steuerlich
  – Begriff **C** 85 ff.
Vermögensausstattung
  Selbständige Stiftungen bürgerlichen Rechts
  – Grundstockvermögen **A** 7 f.
  – Sonstiges Vermögen **A** 7 f.
Vermögensbildung
  Erbschaften **C** 86
  Spendenaufruf **C** 86
  steuerlich
  – gesetzlicher Katalog **C** 86
  Zustiftung **C** 86
Vermögenserhaltung
  Beispiel Reale Werterhaltung
  – Vermögensübersicht **D** 44
  Konzept der Substanzerhaltung
    in der **D** 43
  Konzept der Werterhaltung
    D 44
  Nachweis **B** 4; **E** 155 ff. *s.a. Kapitalerhaltung*; **D** 42 ff.
Vermögenserhaltungskonzeptionen E 155 f.
  nominelle Kapitalerhaltung
    E 156
  reale Kapitalerhaltung **E** 156
  Vermögens- bzw. Substanzerhaltung **E** 156
Vermögensgegenstand
  Aktivierungsverbot **E** 29
  Begriff **E** 28

unentgeltlich erworbene
  – Ansatz **E** 30
  – Bewertung **E** 82 ff.
  – Bewertungswahlrecht **E** 83
  – Zeitwertbewertung **E** 83 f.
  – Zuordnung Anlage- oder Umlaufvermögen **E** 85
Vermögenssphäre
  der Stiftung **E** 135
Vermögensübersicht B 16
  Ansatz der Vermögenswerte
    D 29 ff.
  Bewertung **D** 36 ff.
  – Ansatz zu Buchwerten **D** 38
  – Ansatz zu Zeitwerten **D** 39
  Bewertung der Schulden **D** 38
  Forderungen **D** 30
  Gliederung **D** 32 ff.
  – Kontenform **D** 33
  – Staffelform **D** 33
  Gliederung der Eigenmittel
    D 35
  Grundlagen **D** 27 f.
  Grundzüge **B** 41
  Periodenabgrenzung **D** 30
  Schulden **D** 31
  steuerliche **C** 44
Vermögensverwaltung
  Abgrenzung **E** 235 ff.
  Abschreibungen **E** 238
  Aufzeichnungspflicht
  – Zwecke **C** 32
  Ergebnis **E** 238
Vermögenswerte
  unentgeltlich erworbene
  – Vermögensübersicht **D** 41
  in der Vermögensübersicht **D** 30
Versagungsvermerk F 68
Versicherungsunternehmen G 47
Vertretungsbescheinigung G 26
Verwaltungskosten
  Abgrenzung nach
  – Deutscher Spendenrat **E** 208
  – dzi **E** 207
  – Handelsrecht **E** 206

363

Sachregister

Angemessenheit **E** 210 ff.
– steuerrechtlich **E** 211
– stiftungsrechtlich **E** 212
aus steuerrechtlicher Sicht **E** 205
Bedeutung **E** 203 ff.
Schlüsselung **E** 209
stiftungsrechtlicher Sicht **E** 204
Verwendungsfrist
für Mittel
– Zu- und Abflussprinzip **C** 95
Vier-Augen-Prinzip F 63
Vier-Sphären-Theorie B 27; **C** 6
Vorlagepflicht
der Rechnungslegung **G** 8
– Verlängerung **G** 9
Vorratsstiftung
Begriff **A** 14
Vorsichtsprinzip E 50
Vorstand G 36
Mitglied **G** 36
Vorstiftung B 48

Wahlrechte
in der Rechnungslegung **B** 9
Wertaufholung E 95
Wertminderung
Ausmaß
– Kriterien **E** 102
Dauer **E** 101 f.
voraussichtlich dauernde **E** 90 ff.
– Kriterien des IDW **E** 92 f.
– Steuerrecht **E** 91
Wertpapiere
börsennotierte
– Bewertung **E** 100 ff.
des Umlaufvermögens **E** 116 ff.
festverzinsliche **E** 96 ff.
Zuordnung
– Anlagevermögen/Umlaufvermögen **E** 60
Wiederbeschaffungsrücklage
Grundlagen **C** 62 ff.
versus Projektrücklagen **C** 67 f.
Wirtschaftlich Berechtigter
beherrschender Einfluss **G** 42 f.

Bestimmung **G** 33 f.
natürliche Personen **G** 35 f.
Transparenzregister **G** 25 f.
Wirtschaftlicher Geschäftsbetrieb
Abgrenzung **E** 232 ff.
– handelsrechtlich **E** 232
– steuerrechtlich **E** 233
Aufzeichnungspflicht
– Zwecke **C** 39
Einnahmen-Überschussrechnung **E** 233
Gemeinkostenzuschlagssatz **E** 234
gemischt veranlasste Kosten **E** 234
Steuerbilanz **E** 233
Wirtschaftsprüfer G 47
prüferische Tätigkeit
– Überblick **F** 16 f.
Prüfungspflicht **F** 12 ff.
– Handelrecht **F** 12
– Publizitätsgesetz **F** 13
– Spezialgesetz **F** 14
Wohlfahrtspflege
Besonderheiten **C** 103 f.
Gewinnabsicht **C** 106 f.
Klassische Einrichtungen **C** 104 f.

Zeitwerte
Ansatz bei
– Finanzanlagen **E** 113
Vermögensübersicht in der **D** 39 f.
Zu- und Abflussprinzip
in der Mittelverwendungsrechnung **C** 90
zeitnahe Mittelverwendung **C** 48
Zuschüsse
Begriff **E** 69
Bilanzierung **E** 69 ff.
ohne Stellungnahmen IDW **E** 69
private
– Begriff **E** 71

Sachregister

- mit Gegenleistungsverpflichtung **E** 80, 81
- Systematisierung **E** 79

Zuschüsse der öffentlichen Hand
Begriff **E** 70 *s.a. Zuwendungen der öffentlichen Hand*

Zustiftung
Bewertung **E** 82

Zuwendungen der öffentlichen Hand E 72 ff.

nicht rückzahlbare **E** 73
Systematisierung **E** 72

Zweckbetriebe
Aufzeichnungspflicht
- Zwecke **C** 38

Zweckgesellschaft E 277
Kriterien **E** 280